손해평가사 2차

한권으로 끝내기

문제편

시대에듀

손해평가사 2차 [문제편]

한권으로 끝내기

손해평가사 2차 시험을 위한 이론서

제1과목 | 농작물재해보험 및 가축재해보험의 이론과 실무

제2과목 | 농작물재해보험 및 가축재해보험 손해평가의 이론과 실무

농업정책보험금융원 페이지(www.apfs.kr)

손해평가사 → 손해평가사 주요업무 에서 다운로드 받을 수 있습니다.

Always **with you**

사람의 인연은 길에서 우연하게 만나거나 함께 살아가는 것만을 의미하지는 않습니다.
책을 펴내는 출판사와 그 책을 읽는 독자의 만남도 소중한 인연입니다.
시대에듀는 항상 독자의 마음을 헤아리기 위해 노력하고 있습니다. 늘 독자와 함께하겠습니다.

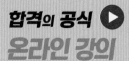

보다 깊이 있는 학습을 원하는 수험생들을 위한
시대에듀의 동영상 강의가 준비되어 있습니다.
www.sdedu.co.kr → 회원가입(로그인) → 강의 살펴보기

손해평가사는 공정하고 객관적인 농업재해보험의 손해평가를 하기 위해 피해사실의 확인, 보험가액 및 손해액의 평가, 그 밖의 손해평가에 필요한 사항에 대한 업무를 수행하는 자로서 농어업재해보험법에 따라 국가자격인 손해평가사 자격을 취득해야 합니다.

손해평가사 2차 시험을 준비하기 위해서는 농업정책보험금융원 홈페이지에 등재된 「농업재해보험 손해평가의 이론과 실무」 이론서를 꼼꼼히 학습해야 합니다.

지금까지 출제된 2차 시험을 분석해 보면 손해평가사의 직무에 관한 문제들이 주로 출제되고 있으며, 특히 누적감수과실수 산정, 피해율 산정, 보험금 산정 문제들이 심화문제로 출제되고 있습니다.

또한, 농업정책보험금융원에서 발표한 이론서를 충분히 학습한 수험생이라면 기본적으로 풀 수 있는 문제와 이를 바탕으로 실무에 필요한 종합적인 수준의 문제가 출제되고 있으며, 손해평가사로서 평가 실무를 수행할 수 있는 역량을 묻는 문제들이 출제되고 있습니다.

「손해평가사 2차 한권으로 끝내기(문제편)」는 2025년 농업정책보험금융원에서 발표한 이론서 내용을 체계적으로 정리하여 수험생들이 학습하기에 편리하도록 구성하였습니다.

시험과 관련하여 법령·고시·규정 등을 적용해서 정답을 구하여야 하는 문제는 시험 시행일 기준으로 시행 중인 법률과 기준 등을 적용하여 그 정답을 구하여야 하기 때문에 가장 최근에 개정된 법령·고시·규정 등을 반영하였습니다.

아무쪼록 본서가 손해평가사를 준비하는 수험생들에게 등대와 같은 지침서로서 역할을 하길 바랍니다.

대표 편저자 씀

이 책의 구성 및 특징

STEP 01 다양한 적중예상문제를 통한 학습내용 점검

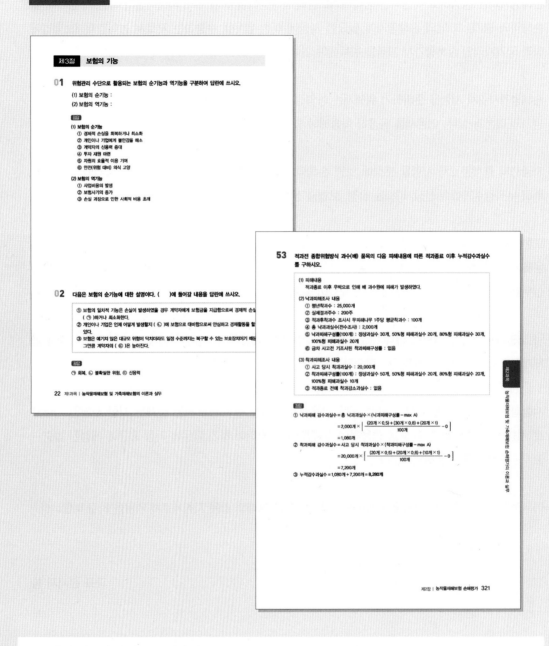

- 2025년 농업정책보험금융원에서 발표한「농업재해보험 손해평가의 이론과 실무」이론서의 주요내용을 학습할 수 있도록 적중예상문제를 구성하였습니다.
- 상세한 해설로 혼자서도 학습할 수 있도록 구성하였습니다.

COMPOSITION

STEP 02 기출유형문제를 통한 출제경향 파악

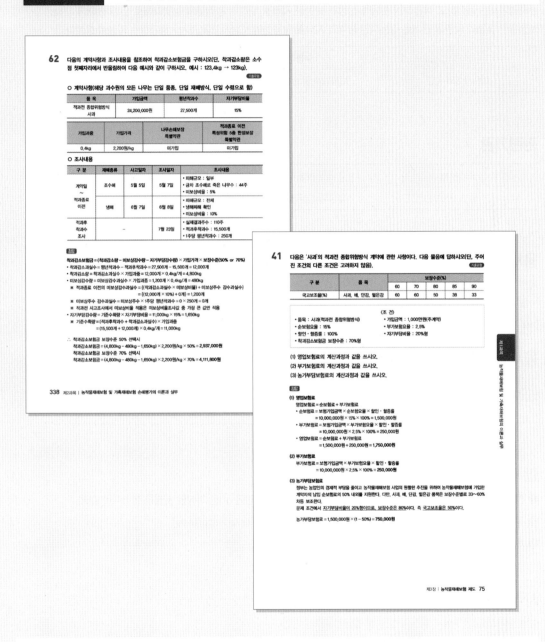

• 2025년 농업정책보험금융원에서 발표한 「농업재해보험 손해평가의 이론과 실무」 이론서 내용을 반영한 기출유형문제를 수록하였습니다.

• 다양한 기출유형문제를 통해 출제경향을 파악하고 문제풀이능력 향상에 도움이 되도록 하였습니다.

자격시험 소개

손해평가사란?

손해평가사는 공정하고 객관적인 손해액 산정과 보험금 지급을 위하여 농작물의 농업재해로 인한 손해에 대해 보험관련 법규와 약관을 근거로 전문적인 능력과 지식을 활용하여 보험사고를 조사 · 평가하는 일을 수행한다.

수행직무		
피해사실의 확인	보험가액 및 손해액의 평가	그 밖의 손해평가에 필요한 사항

관련기관

소관부처	운용기관	시행기관
농림축산식품부(재해보험정책과)	농업정책보험금융원(보험 2부)	한국산업인력공단

응시자격

제한 없음

※ 「농어업재해보험법」 제11조의4 제4항에 해당하는 사람은 그 처분이 있은 날부터 2년이 지나지 아니한 경우 시험에 응시할 수 없음

응시수수료 및 납부방법

1차 시험 응시수수료	2차 시험 응시수수료	납부방법
20,000원	33,000원	전자결제(신용카드, 계좌이체, 가상계좌 중 택일)

합격기준 및 합격자발표

❶ 매 과목 100점을 만점으로 하여 매 과목 40점 이상과 전 과목 평균 60점 이상인 사람을 합격자로 결정
❷ 큐넷 손해평가사 홈페이지 합격자발표 : 60일간(www.Q-Net.or.kr/site/loss)
❸ ARS (☎1666-0100) 합격자발표 : 4일간

자격증 발급

농업정책보험금융원에서 자격증 신청 및 발급업무를 수행한다.

접수방법

큐넷 손해평가사 홈페이지(www.Q-Net.or.kr/site/loss)에서 접수

AGRICULTURE INSURANCE CLAIM ADJUSTER

시험일정

구 분	원서접수기간	시행지역	시험일자	합격자발표
2차 시험	2025.7.21.~2025.7.25.	서울, 부산, 대구, 광주, 대전, 인천, 제주	2025.8.30.	2025.11.19.

시험과목 및 방법

구 분	시험과목	문항수	시험시간	시험방법
2차 시험	❶ 농작물재해보험 및 가축재해보험의 이론과 실무 ❷ 농작물재해보험 및 가축재해보험 손해평가의 이론과 실무	과목별 10문항	120분	주관식

※ 기활용된 문제, 기출문제 등도 변형 · 활용되어 출제될 수 있음
※ 2차 시험의 답안은 농업정책보험금융원에서 등재된 「농업재해보험 손해평가의 이론과 실무」를 기준으로 작성

손해평가사 자격시험 시행현황

구 분		2015	2016	2017	2018	2019	2020	2021	2022	2023	2024
1차	대 상	5,684명	3,655명	3,240명	3,716명	6,614명	9,752명	15,385명	15,796명	16,903명	17,871명
	응 시	4,002명	2,879명	2,374명	2,594명	3,901명	8,193명	13,230명	13,361명	14,107명	14,037명
	응시율	70.4%	78.8%	73.3%	69.8%	59.0%	84.0%	86.0%	84.6%	83.5%	78.6%
	합 격	1,865명	1,761명	1,444명	1,949명	2,486명	5,748명	9,508명	9,067명	10,830명	9,343명
	합격률	46.6%	61.2%	60.8%	75.1%	63.7%	70.2%	71.9%	67.9%	76.8%	66.6%
2차	대 상	2,935명	2,442명	1,939명	2,372명	3,254명	5,855명	10,136명	10,686명	11,732명	11,291명
	응 시	2,260명	1,852명	1,538명	1,934명	2,712명	4,937명	8,699명	9,016명	9,977명	9,584명
	응시율	77.0%	75.8%	79.3%	81.5%	83.3%	84.3%	85.8%	84.4%	85.1%	84.9%
	합 격	430명	167명	260명	129명	153명	566명	2,233명	1,017명	1,390명	566명
	합격률	19.0%	9.0%	16.9%	6.7%	5.6%	11.5%	25.7%	11.3%	13.9%	5.9%

〈자료출처 : 한국산업인력공단, Q-net 홈페이지〉

수험자 유의사항

I. 1·2차 시험 공통 수험자 유의사항

01 수험원서 또는 제출서류 등의 허위작성·위조·기재오기·누락 및 연락불능의 경우에 발생하는 불이익은 전적으로 수험자 책임입니다.

02 수험자는 시험 시행 전까지 시험장 위치 및 교통편을 확인하여야 하며(단, 시험실 출입은 할 수 없음), 시험 당일 교시별 입실시간까지 신분증, 수험표, 필기구를 지참하고 해당 시험실의 지정된 좌석에 착석하여야 합니다.

03 본인이 원서 접수시 선택한 시험장이 아닌 다른 시험장이나 지정된 시험실 좌석 이외에는 응시 할 수 없습니다.

04 시험시간 중에는 화장실 출입이 불가하고, 시험시간 1/2 경과 전까지 퇴실할 수 없으므로 과다 한 수분섭취를 자제하는 등 건강관리에 유의하시기 바랍니다.

05 일부교시 결시 또는 기권, 답안카드(답안지) 제출 불응한 수험자는 해당 교시 이후 시험에 응시 할 수 없습니다.

06 시험 종료 후 감독위원의 답안카드(답안지) 제출 지시에 불응한채 계속 답안카드(답안지)를 작성 하는 경우 당해 시험은 무효처리하고 부정행위자로 처리될 수 있으니 유의하시기 바랍니다.

07 수험자는 감독위원의 지시에 따라야 하며, 부정한 행위를 한 수험자에 대하여는 당해 시험을 무효처리하고, 그 처분이 있은 날로부터 2년간 응시자격이 정지되오니 주의하시기 바랍니다.

08 개인용 손목시계를 준비하시어 시험시간을 관리하시기 바라며, 휴대전화기 등 데이터를 저장할 수 있는 전자기기는 시계대용으로 사용할 수 없습니다.

09 전자계산기는 필요시 1개만 사용할 수 있고 공학용 및 재무용 등 데이터 저장기능이 있는 전자 계산기는 수험자 본인이 반드시 메모리(SD카드 포함)를 제거, 삭제(리셋, 초기화)하고 시험위원이 초기화 여부를 확인할 경우에는 협조하여야 합니다. 메모리(SD카드 포함) 내용이 제거되지 않은 계산기는 사용 불가하며 사용시 부정행위로 처리될 수 있습니다.

10 시험시간 중에는 통신기기 및 전자기기[휴대용 전화기, 휴대용 개인정보단말기(PDA), 휴대용 멀티미디어 재생장치(PMP), 휴대용 컴퓨터, 휴대용 카세트, 디지털 카메라, 음성파일 변환기(MP3), 휴대용 게임기, 전자사전, 카메라펜, 시각표시 외의 기능이 부착된 시계, 스마트워치 등]를 일체 휴대할 수 없으며, 금속(전파)탐지기 수색을 통해 시험 도중 관련 장비를 휴대하다가 적발될 경우 실제 사용 여부와 관계없이 당해 시험을 정지(퇴실) 및 무효(0점) 처리하며 부정행위자로 처리될 수 있음을 유의하기 바랍니다.

11 지워지는 사인펜은 사용할 수 없으니 유의하시기 바랍니다.

12 시험 당일 시험장 내에는 주차공간이 없거나 협소하므로 대중교통을 이용하여 주시고, 교통 혼잡이 예상되므로 미리 입실할 수 있도록 하시기 바랍니다.

13 시험장은 전체가 금연구역이므로 흡연을 금지하며, 쓰레기를 함부로 버리거나 시설물이 훼손되지 않도록 주의 바랍니다.

14 응시편의 제공을 요청하고자 하는 수험자(장애인 등)는 한국산업인력공단 큐넷 손해평가사 홈페이지(http://www.Q-Net.or.kr/site/loss) 공지사항에 게시된 "국가전문자격시험 유형별 응시편의 제공사항 안내"를 확인하여 주기 바랍니다.

15 접수 취소시 시험응시 수수료 환불은 정해진 기간 이외에는 환불받을 수 없음을 유의하시기 바랍니다. 또한 특별 추가(빈자리) 원서접수는 선착순 접수되므로 조기에 마감될 수 있으며, 이 기간에는 취소 및 환불이 불가합니다.

16 가답안 발표 후 의견제시 사항은 반드시 정해진 기간 내에 제출하여야 합니다.

17 기타 시험일정, 운영 등에 관한 사항은 해당 자격 큐넷 홈페이지(http://www.Q-Net.or.kr/site/loss)의 시행공고를 확인하시기 바라며, 미확인으로 인한 불이익은 수험자의 귀책입니다.

Ⅱ. 2차 시험 수험자 유의사항

01 국가전문자격 주관식 답안지 표지에 기재된 '답안지 작성시 유의사항'을 준수하시기 바랍니다.

02 수험자 인적사항·답안지 등 작성은 반드시 검은색 필기구만 사용하여야 합니다(그 외 연필류, 유색필기구 등으로 작성한 답항은 채점하지 않으며 0점 처리).
　※ 필기구는 본인 지참으로 별도 지급하지 않음
　※ 지워지는 펜 사용 불가

03 답안지의 인적사항 기재란 외의 부분에 특정인임을 암시하거나 답안과 관련 없는 특수한 표시를 하는 경우, 답안지 전체를 채점하지 않으며 0점 처리합니다.

04 답안 정정시에는 반드시 정정 부분을 두 줄(=)로 긋고 다시 기재하여야 하며, 수정액 등을 사용 했을 경우 채점상의 불이익을 받을 수 있으므로 사용하지 마시기 바랍니다.
　※ 답안 정정 횟수는 제한이 없고 수정테이프는 사용 가능하나 수정액은 사용할 수 없음

시험 전
꼭 확인해주세요!

이 책의 차례

이 책의 차례

AGRICULTURE INSURANCE CLAIM ADJUSTER

손해평가사 2차

한권으로 끝내기
문제편

제1과목

농작물재해보험 및 가축재해보험의 이론과 실무

제1장 보험의 이해

제1절 위험과 보험

01 일상생활에 따른 위험의 사례를 다음 구분에 따라 답란에 쓰시오.

① 개인의 경우 :

② 가정의 경우 :

③ 기업의 경우 :

④ 국가의 경우 :

정답

① **개인의 경우** : 자동차로 출근하거나 일터로 가는 도중에 발생하는 교통사고, 일터에서 화재나 기계적 오작동 등에 의한 사고 위험 등

② **가정의 경우** : 가족의 질병이나 사고, 가장의 실직이나 소득원의 단절, 가족의 사망 등의 위험 등

③ **기업의 경우** : 제품을 생산하는 공장에서의 화재, 영업활동을 하는 직원의 질병이나 사고 위험, 자금회전이 제때에 이루어지지 않아 부도날 위험 등

④ **국가의 경우** : 대형 건물의 화재나 붕괴, 육·해·공에서의 교통사고, 공단에서의 폭발사고, 강력한 태풍으로 인한 대규모 정전이나 인명 피해 및 농작물 피해 등

02 다음은 일상생활에 따른 위험에 대한 설명이다. (   )에 들어갈 내용을 답란에 쓰시오.

> 개인이든 기업이든 국가든 일단 위험이 발생하면 육체적 및 정신적 고통과 아울러 막대한 (㉠)을 초래한다. 그러나 이러한 위험이 항상 발생하는 것이 아니라, (㉡)이 상존하는 것이며, 실제로 언제 어떤 규모로 발생할지는 누구도 알 수 없다.

정답

㉠ 경제적 손실, ㉡ 발생 가능성

03 위험과 리스크(risk)는 학자에 따라 엄밀하게 다른 의미로 쓰는 경우가 있다. 다음 지문의 ( )에 들어갈 내용을 답란에 쓰시오.

> 일반적으로 위험은 '(㉠)'을 뜻하는 말로 쓰이며, 리스크(risk)는 엄밀하게는 위험과 다른 의미로 쓰는 경우가 있는데 리스크(risk)를 사전에서 찾아보면 "(㉡)"로 정의되어 있다.

정답

㉠ 앞으로 안 좋은 일이 일어날 수 있는 가능성
㉡ 위험에 직면할 가능성이나 기회(possibility or chance of meeting danger, suffering, loss, injury, etc)

04 위험(리스크, risk)에 대해 합의된 정의는 없지만, 지금까지 정리된 위험의 개념을 5가지 이상 답란에 쓰시오.

정답

① 손실의 기회(the chance of loss)
② 손실의 가능성(the possibility of loss)
③ 불확실성(uncertainty)
⑤ 실제 결과와 기대했던 결과와의 차이(the dispersion of actual from expected result)
⑥ 기대와는 다른 결과가 나올 확률(probability of any outcome different from the one expected)

05 위험(리스크, risk)과 관련된 개념으로 손인(Peril)과 위태(Hazard), 손해(Loss)를 구분하여 답란에 서술하시오.

① 손인(Peril) :
② 위태(Hazard) :
③ 손해(Loss) :

정답

① **손인(Peril)** : 손인(Peril)은 손해(Loss)의 원인으로서 일반적으로 '사고'라고 부르는 것이다. 화재, 폭발, 지진, 폭풍우, 홍수, 자동차 사고, 도난, 사망 등을 예로 들 수 있다.
② **위태(Hazard)** : 위태(Hazard)는 위험 상황 또는 위험한 상태를 말하며, '위험 상황'이나 '위험' 또는 '해이' 등으로 사용하기도 한다. 즉 위태는 특정한 사고로 인하여 발생할 수 있는 손해의 가능성을 새로이 창조하거나 증가시킬 수 있는 상태를 말한다.
③ **손해(Loss)** : 손해(Loss)는 위험한 상황(Hazard)에서 사고(Peril)가 발생하여 초래되는 물리적·경제적·정신적 손해이다. 즉, 손해는 손인(Peril)의 결과로 발생하는 가치의 감소를 의미한다.

06 위험(리스크, risk)과 관련된 개념으로 위태(Hazard)와 손인(Peril) 및 손해(Loss)의 관계를 답란에 서술하시오.

정답

위태(Hazard)와 손인(Peril) 및 손해(Loss)의 관계
위태는 사고발생 가능성은 있으나 사고가 발생하지는 않은 단계이고, 손인은 이러한 위험 상황에서 실제로 위험이 발생한 단계를 말하며, 손해는 위험사고가 발생한 결과가 초래되는 가치의 감소, 즉 손실을 의미한다.

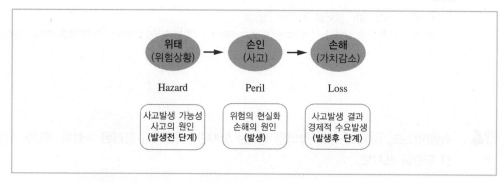

[위태와 손인 및 손해의 구분]

07 위험(리스크, risk)의 유형을 분류하는 기준을 답란에 쓰시오.

정답

위험의 유형을 분류하는 기준
① 위험의 속성을 측정할 수 있는가?
② 손실의 기회(chance of loss)나 이득의 기회(chance of gain)가 존재하는가?
③ 위험의 속성이 시간에 따라 변하는가?
④ 위험이 미치는 범위가 얼마나 큰가?

08 위험(리스크, risk) 중 객관적 위험(objective risk)과 주관적 위험(subjective risk)의 구분 기준과 특징을 답란에 서술하시오.

① 객관적 위험(objective risk) :
② 주관적 위험(subjective risk) :

정답

위험 속성의 측정 여부에 따라 객관적 위험(objective risk)과 주관적 위험(subjective risk)으로 구분한다.
① **객관적 위험(objective risk)** : 실증자료 등이 있어 확률 또는 표준편차와 같은 수단을 통해 측정 가능한 위험으로, 보험의 대상이 되는 위험을 말한다.
② **주관적 위험(subjective risk)** : 개인의 특성에 따라 평가가 달라져 측정이 곤란한 위험을 말한다.

09 위험(리스크, risk) 중 순수위험(pure risk)과 투기적 위험(speculative risk)을 답란에 서술하시오.

① 순수위험(pure risk) :

② 투기적 위험(speculative risk) :

정답

① **순수위험(pure risk)** : 손실의 기회만 있고 이득의 기회는 없는 위험이다. 즉, 순수위험은 이득의 범위가 0에서 −∞이다. 홍수, 낙뢰, 화재, 폭발, 가뭄, 붕괴, 사망이나 부상 및 질병 등이 여기에 해당한다. → 보험의 대상이 되는 위험

② **투기적 위험(speculative risk)** : 손실의 기회도 있지만 이익을 얻는 기회도 있는 위험을 말한다. 즉, 투기적 위험의 이득의 범위는 −∞부터 +∞까지 광범위하다.

10 위험의 속성에 손실의 기회(chance of loss)만 있는가, 이득의 기회(chance of gain)도 함께 존재하는가에 따라 순수위험(pure risk)과 투기적 위험(speculative risk)으로 구분할 수 있다. 다음 구분에 따라 순수위험(pure risk)을 서술하시오.

① 재산손실위험(property loss risk) :

② 간접손실위험(indirect loss risk) :

③ 배상책임위험(liability risk) :

④ 인적손실위험(human risk) :

정답

① **재산손실위험(property loss risk)** : 자연재해 또는 사고에 의하여 각종 재산상의 손실을 초래하는 위험을 말한다. 재산손실위험은 일반적으로 자연재해나 사고의 직접적인 결과로 입게 되는 재산상 피해위험을 의미한다.

② **간접손실위험(indirect loss risk)** : 재산손실위험에서 파생되는 2차적인 경제적 손실위험을 말한다. 즉 화재로 공장 가동이 중단되거나 영업활동을 못하게 되는 경우 생산 중단이나 영업 중단을 하더라도 고정비용은 지출되어야 하므로, 추가적인 비용이 발생한다. 또한 생산 중단이나 영업 중단으로 순소득도 감소하게 되는데 이를 '간접손실위험'이라고 한다.

③ **배상책임위험(liability risk)** : 자신의 과실이나 부주의로 제3자에게 물질적, 정신적 피해를 입힌 경우 법적으로 그러한 피해에 대하여 배상할 책임이 있는데, 이러한 손해배상책임으로 인한 손실위험을 '배상책임위험'이라고 한다. 즉 배상책임위험은 피해자가 야기한 손해의 법적 회복에 필요한 추가 비용의 발생, 기업 활동의 제약 또는 법규의 준수 강제, 벌금 납부, 기업 이미지 손상 등을 동반한다.

④ **인적손실위험(human risk)** : 사망, 질병, 부상, 노령화, 실직 등 조직이나 개인에게 직접적으로 영향을 미치는 위험을 말한다. 즉 인적손실위험은 소득의 감소 및 단절, 신체 및 생명의 손실 등을 야기하는데 단기적인 것도 있지만 장기적이거나 영구적인 것도 있다.

11 위험(리스크, risk) 중 정태적 위험(static risk)과 동태적 위험(dynamic risk)에 대한 설명이다. (   )에 들어갈 내용을 답란에 쓰시오.

> 위험의 (㉠)나 (㉡)가 시간에 따라 변하는지 그 여부에 따라 정태적 위험(static risk)과 동태적 위험(dynamic risk)으로 구분한다. 정태적 위험은 (㉢) 사고와 같이 시간의 경과에 따라 성격이나 발생 정도가 크게 변하지 않을 것으로 예상되는 위험을 말한다. 동태적 위험은 시간 경과에 따라 성격이나 발생 정도가 변하여 예상하기가 어려운 위험으로 소비자 기호의 변화, (㉣)과 같은 것이 이에 해당한다.

정답

㉠ 발생 빈도
㉡ 발생 규모
㉢ 화산 폭발, 지진 발생
㉣ 시장에서의 가격 변동, 기술의 변화, 환율 변동

12 위험(리스크, risk) 중 특정적 위험(specific risk)과 기본적 위험(fundamental risk)에 대한 설명이다. (   )에 들어갈 내용을 답란에 쓰시오.

> 특정적 위험은 (㉠)으로, 기본적 위험은 (㉡)으로 불리기도 한다. 특정적 위험은 피해 당사자에게 한정되거나 매우 제한적 범위 내에서 손실을 초래하는 위험을 말한다. (㉢) 등은 가족이나 가까운 친척에 영향을 준다.
> 반면에 기본적 위험은 불특정 다수나 사회 전체에 손실을 초래하는 위험을 의미한다. (㉣) 같은 위험은 사회 전체에 영향을 준다.

정답

㉠ 한정적 위험
㉡ 근원적 위험
㉢ 주택 화재나 도난, 가족의 사망이나 부상
㉣ 대규모 파업, 실업, 폭동, 태풍

13 위험(리스크, risk) 중 담보위험과 비담보위험 및 면책위험에 대해 비교·서술하시오.

① 담보위험 :

② 비담보위험 :

③ 면책위험 :

정답

① **담보위험** : 담보위험은 보험자가 책임을 부담하는 위험이다.
　예 자동차보험에서 운행으로 인한 사고 등
② **비담보위험** : 보험자가 담보하는 위험에서 제외한 위험으로 '부담보위험'이라고도 한다.
　예 자동차보험에서 산업재해에 해당하는 위험을 제외한 경우 등
③ **면책위험** : 보험자가 책임을 면하기로 한 위험이다.
　예 계약자 등의 고의에 의한 사고 또는 전쟁위험 등

14 위험(리스크, risk) 중 보험에 적합한 위험을 3가지 이상 답란에 쓰시오.

정답

① 객관적 위험
② 순수위험
③ 정태적 위험
④ 특정적 위험

15 일반적으로 농업부문 위험의 유형은 다음 4가지로 구분할 수 있다. 각 위험에 대해 서술하시오.

① 생산위험 :

② 가격위험 :

③ 제도적 위험 :

④ 인적 위험 :

정답

① **생산위험** : 농축산물 생산과정에서 기후변화나 병해충, 가축질병 발생 등으로 인한 생산량과 품질의 저하에 따른 위험을 말한다.
② **가격위험** : 생산한 농산물의 가격변동에 따른 위험을 말한다.
③ **제도적 위험** : 농업 관련 세금, 농산물 가격 및 농업소득지지, 환경규제, 식품안전, 노동 및 토지 규제 등 정부정책과 제도 등의 변동에 따른 위험을 말한다.
④ **인적 위험** : 인적 위험은 개별 농민 혹은 농가 구성원의 사고, 질병, 사망 등에 따른 위험을 말한다.

16 위험관리의 정의와 그 의의에 대한 설명이다. (   )에 들어갈 내용을 답란에 쓰시오.

> 위험관리란 위험을 발견하고 그 발생 빈도나 심도를 분석하여 가능한 (㉠)으로 손실발생을 최소화하기
> 위한 제반 활동을 의미한다.
> 위험관리는 (㉡)이 개인이나 조직에 미칠 수 있는 바람직하지 않은 영향을 최소화하기 위한 합리적,
> 조직적인 관리 또는 (㉢)의 한 형태이다.

정답

㉠ 최소의 비용
㉡ 우연적인 손실
㉢ 경영활동

17 위험관리의 일반적인 목표를 2가지 이상 답란에 쓰시오.

정답

① 최소의 비용으로 손실(위험비용)을 최소화하는 것
② 개인이나 조직의 생존을 확보하는 것

18 위험관리의 일반적인 목적을 사전적 목적과 사후적 목적으로 구분하여 서술하시오.

① 사전적 목적 :

② 사후적 목적 :

정답

① **사전적 목적** : 경제적 효율성 확보, 불안의 해소, 타인에 전가할 수 없는 법적 의무의 이행 그리고 기업의 최고
경영자에게 예상되는 위험에 대하여 안심을 제공하는 것 등이다.
② **사후적 목적** : 생존, 활동의 계속, 수익의 안정화, 지속적 성장, 사회적 책임의 이행 등이다.

19 위험관리의 구성 요소를 4가지 이상 답란에 쓰시오.

정답

① **지식(Knowledge)** : 위험 원인과 잠재적인 결과(outcomes) 등을 파악하는 활동
② **보험(Insurance)** : 위험관리 차원에서 사고로부터 발생가능한 손실의 위험을 적정한 보험상품 가입을 통해 전가하는 것
③ **보호(Protection)** : 좋지 않은 결과의 가능성을 축소하는 활동
④ **대응(Coping)** : 좋지 않은 결과를 사후적으로 완화하는 활동

20 다음은 위험관리의 구성 요소 중 '지식(Knowledge)'에 대한 설명이다. (   )에 들어갈 내용을 답란에 쓰시오.

> 위험 원인과 (㉠) 등을 파악하는 활동을 의미한다. 즉, 불확실성과 위험의 구분에 따르면, 지식은 결과와 결과의 발생 가능성이 정확히 알려져 있지 않은 사건에서 결과와 결과의 발생 가능성이 정확히 알려져 있는 사건으로의 전환, 즉 (㉡)에서 (㉢)으로의 전환을 의미한다. 농업에 있어서는 생산량, 기온, 강수량 등의 분포를 파악하는 활동이 이에 해당한다.

정답

㉠ 잠재적인 결과(outcomes)
㉡ 불확실성(uncertainty)
㉢ 위험(risk)

21 위험관리 방법으로 사용되는 위험통제 방법과 위험자금조달 방법에 대해 답란에 서술하시오.

정답

위험관리 방법은 발생할 위험을 어떻게 대응하느냐에 따라 ① 위험통제를 통한 대비 방법과 ② 위험자금조달을 통한 대비 방법으로 구분한다.
위험통제를 통한 대비 방법은 발생하는 위험을 줄이거나 해소하기 위하여 동원하는 물리적 방법을 의미하며, 위험자금조달을 통한 대비 방법은 위험 발생으로 인한 경제적 손실을 해결하는 재무적 방법을 의미한다.

22 위험관리 방법 중 물리적 위험관리(위험통제를 통한 대비) 방법 5가지를 쓰시오. 기출유형

> **정답**

① 위험회피(risk avoidance)
② 손실통제(loss control)
③ 위험요소의 분리
④ 계약을 통한 위험전가(risk transfer)
⑤ 위험을 스스로 인수하는 방법(risk taking)

23 위험관리 방법 중 위험회피(risk avoidance)와 손실통제(loss control)에 대해 답란에 서술 하시오.

① 위험회피(risk avoidance) :

② 손실통제(loss control) :

> **정답**

① **위험회피(risk avoidance)** : 가장 기본적인 위험 대비 수단으로서 손실의 가능성을 원천적으로 회피해버리는 방법이다. 손실 가능성을 회피하면 별다른 위험관리 수단이 필요 없다는 점에서 가장 편리한 방법일 수 있으나, 위험회피가 항상 가능한 것은 아니다. 또한 위험회피는 또 다른 위험을 초래할 수도 있으며, 상당한 이득을 포기해야 하는 경우도 발생한다.
② **손실통제(loss control)** : 손실의 발생 횟수나 규모를 줄이려는 기법, 도구 또는 전략을 의미한다. 손실통제는 손실이 발생할 경우 그것을 복구하기 위해 소요되는 비용이 간접비용과 기타 비용으로 인해 급격히 증가할 수 있으므로 손실의 발생을 사전적으로 억제, 예방, 축소하는 것이 바람직하다는 인식을 전제로 하고 있다.

24 손실통제(loss control) 방법을 손실예방(loss prevention)과 손실감소(loss reduction)로 구분하여 서술하고, 그 예를 쓰시오.

① 손실예방(loss prevention) :

② 손실감소(loss reduction) :

정답

① **손실예방(loss prevention)** : 특정 손실의 발생 가능성 또는 손실발생의 빈도를 줄이려는 조치를 말한다.
　　예 고속도로의 속도제한, 홍수 예방 댐 건설, 음주단속, 방화벽 설치, 교통사고 예방 캠페인 등
② **손실감소(loss reduction)** : 스프링클러와 같이 특정 손실의 규모를 줄이는 조치를 말한다.
　　예 자동차의 에어백과 안전띠 장착

구 분	정 의
사전적 손실감소	특정 사건이나 사고로부터 피해를 입을 수 있는 재산, 인명 또는 기타 유가물의 수와 규모를 줄이는 것
사후적 손실감소	손실의 확대를 방지하고 사고의 영향이 확산되는 것을 억제하기 위하여 비상대책이나 구조대책, 재활서비스, 보험금 또는 보상금의 청구 등

25 위험관리 방법 중 위험요소의 분리는 위험분산 원리에 기초하는데, 복제(duplication)와 격리(separation)로 구분할 수 있다. 복제와 격리에 대해 서술하시오.

① 복제(duplication) :

② 격리(separation) :

정답

① **복제(duplication)** : 주요한 설계 도면이나 자료, 컴퓨터 디스크 등을 복사하여 원본이 파손된 경우에도 쉽게 복원하여 재난적 손실을 방지할 수 있는 방법이다.
② **격리(separation)** : 손실의 크기를 감소시키기 위하여 시간적·공간적으로 나누는 방법으로서 위험한 시간대에 사람들이 한꺼번에 몰리지 않도록 하거나 재산이나 시설 등을 여러 장소에 나누어 격리함으로써 손실 규모가 커지지 않도록 한다. 위험물질이나 보관물품을 격리 수용하는 방법도 이에 해당한다.

26 다음은 위험관리 방법 중 계약을 통한 위험전가 방법과 위험을 스스로 인수하는 방법에 대한 설명이다. ( )에 들어갈 내용을 답란에 쓰시오.

> ① 계약을 통한 위험전가(risk transfer) 방법 : 발생 손실로부터 야기될 수 있는 (㉠) 책임을 계약을 통해 (㉡)에게 전가하는 방법이다. 임대차 계약이나 하도급 또는 하청 작업 등이 이에 해당한다.
> ② 위험을 스스로 인수하는 방법 : 위험에 대해 어떠한 조치도 취하지 않고 방치하는 경우이다. 즉 스스로 위험을 (㉢)하는 것이다. 위험으로 인한 손실이 크지 않을 수도 있고, 위험으로 인식하지 못하거나 인식하지만 별다른 대응방법이 없을 경우에 해당된다고 할 수 있다.

정답

㉠ 법적, 재무적
㉡ 제3자
㉢ 감당(risk taking)

27 위험관리 방법 중 위험자금조달(risk financing)을 통한 대비 방법(재무적 위험관리)의 종류를 답란에 쓰시오.

정답

① 위험보유(risk retention)
② 위험을 제3자에게 전가
③ 위험결합을 통한 위험발생 대비

28 다음은 위험관리 방법 중 위험보유(risk retention)에 대한 설명이다. ( )에 들어갈 내용을 답란에 쓰시오.

> 위험보유(risk retention)는 (㉠)을 자신이 부담하는 것을 말한다. 위험을 스스로 인수하여 경제적 위험을 완화하는 것으로 각자의 경상계정에서 손실을 흡수하는 것을 말한다. 즉, 준비금이나 기금의 적립, 보험가입 시 자기책임분 설정, (㉡) 등이 이에 해당한다. 위험보유는 자신도 모르는 사이에 위험을 보유하는 (㉢)와 위험발생 사실을 인지하면서 위험관리의 효율적 관리를 목적으로 위험을 보유하는 (㉣)로 구분할 수 있다.

정답

㉠ 우발적 손실
㉡ 자가보험
㉢ 소극적 위험보유
㉣ 적극적 위험보유

29 다음은 위험관리 방법 중 위험결합을 통한 위험발생 대비 방법에 대한 설명이다. (   )에 들어갈 내용을 답란에 쓰시오.

> 다수의 (㉠)을 결합하여 위험발생에 대비하는 것으로 (㉡)이 이에 해당한다. 비슷한 위험을 가진 사람들끼리 모여 공동으로 위험에 대응함으로써 개인이 감당할 수 없는 규모의 위험을 대비하는 방법이다. (㉡)은 계약자 또는 피보험자(이하 "계약자"로 한다)의 위험을 계약에 의해 보험자에게 떠넘기는 것으로 (㉢)의 대표적인 방법이다.

정답

㉠ 동질적 위험, ㉡ 보험, ㉢ 위험전가

30 위험관리 방법을 선택할 경우에 고려(예측)할 필요가 있는 사항을 3가지 이상 쓰시오.

정답

위험관리 방법을 선택할 경우에 고려(예측)할 필요가 있는 사항(3가지)
① 위험발생 빈도와 손실 규모를 예측해야 한다.
② 각각의 위험통제 기법과 위험재무 기법이 위험의 속성(발생 빈도 및 손실 규모)에 미칠 영향과 예상손실 예측에 미칠 영향을 고려해야 한다.
③ 각각의 위험관리 기법에 소요될 비용을 예측해야 한다.

31 다음은 위험 속성에 따른 위험관리 방법을 도표화 한 것이다. 빈 칸에 들어갈 내용을 답란에 쓰시오.

손실 규모(심도) ＼ 손실 횟수(빈도)	적음(少)	많음(多)
작음(小)	㉠	㉢
큼(大)	㉡	㉣

정답

㉠ 위험보유, ㉡ 위험전가 - 보험, ㉢ 손실통제, ㉣ 위험회피

32 대표적인 농업부문 위험 요인인 생산위험과 가격위험을 관리하기 위한 방안들은 다음과 같다. (　　)에 들어갈 내용을 답란에 쓰시오.

> ① 생산위험 관리 방안 : 생산의 위험을 여러 종류의 생산물에 분산시켜 전체 생산의 위험을 감소시키는 (㉠) 방법이 있다. 어느 한 농작물의 생산이 감소할 경우, 다른 농작물의 생산으로 이를 완화하는 방식이 생산의 다각화이다. 다음으로 농작물 보험에 가입하는 것이다. 수확량의 감소로 손실을 입었을 때, 보험에 가입하여 생산량 감소로 인한 수입 감소의 위험을 어느 정도 줄일 수 있다. 농작물보험의 한 형태인 (㉡)에 가입하여 기상재해나 병충해 등 생산의 위험을 완화할 수 있다.
> ② 가격위험 관리 방안 : (㉠)는 생산의 위험뿐만 아니라 가격위험도 낮출 수 있다. 특히 서로 다른 시기에 동일한 작물을 경작하는 시간 배분적 다각화를 통해 가격 변동의 위험을 완화할 수 있다. 또한 농작물 보험의 한 형태인 (㉢) 가입을 통해 수확량 감소 위험뿐만 아니라 가격하락에 따른 위험을 완화할 수 있다. 이외에도 현재 정해진 가격으로 미래의 일정 시점에 상품의 인도 및 대금 지급을 약정하는 (㉣), 농가가 대량수요처나 가공공장 등과 장기 공급계약을 하고 생산 및 판매하는 (㉤) 등을 통해 가격위험을 관리할 수 있다.

정답

㉠ 영농 다각화(diversification)
㉡ 농업재해보험(yield insurance)
㉢ 수입보장보험
㉣ 선도거래(forward transaction)
㉤ 계약생산

33 농업위험에 대한 정책개입의 이유와 주요 정책 수단을 답란에 쓰시오.

정답

① **농업위험에 대한 정책개입의 이유** : 국내외적으로 다양한 농업경영위험에 직면하는 농업생산자들은 영농 다각화, 계약재배, 선도거래, 선물 및 옵션시장 활용, 판매시기 조절, 가공제품 개발 등의 자구적 노력을 하고 있다. 하지만 농업은 다른 산업에 비해 기후와 병해충 등 인간이 통제하기 어려운 다양한 변수들에 의해 많은 영향을 받을 뿐 아니라 수급 특성상 가격 불확실성이 매우 크기 때문에 개별 농업생산자가 직면하는 다양한 경영위험을 관리하기는 매우 어려운 측면이 있다. 따라서 어느 국가나 개별 농가가 모두 해결하기 어려운 경영위험을 줄여주기 위한 정책 수단을 마련하는 것이 필수적이다.
② **농업위험의 유형과 정책 수단**

위험의 유형	주요 정책 수단
생산위험	농작물재해보험(수량보험, 수입보험), 비보험작물재해지원, 긴급농업재해대책
가격위험	최저가격보장제, 가격손실보상제, 수입손실보상제, 수입보장보험
제도위험	환경보전 및 식품안전 규제에 대한 비용분담, 장려금 지원, 영농컨설팅 및 전업을 위한 교육훈련 지원, FTA 피해보전직불제 등
인적위험	농업인안전보험, 농기계보험, 농업고용인력 중개지원 등

01 다음은 보험의 정의에 대한 설명이다. (   )에 들어갈 내용을 답란에 쓰시오.

> 보험이란 위험결합으로 불확실성을 확실성으로 전환시키는 사회적 제도를 말한다. 즉, 보험은 다수의
> (㉠) 위험을 한 곳에 모으는 (㉡)을(를) 통해 가계나 기업이 우연적인 사고발생으로 입게 되는 (㉢)을
> (를) 다수의 동질적 위험의 결합으로 얻게 되는 (㉣)로 대체하는 것이다.

정답

㉠ 동질적인, ㉡ 위험결합 행위(pooling), ㉢ 실제 손실(actual loss), ㉣ 평균손실(average loss)

02 보험의 정의를 경제적, 사회적, 법적 및 수리적 관점에서 서술하시오.

① 경제적 관점 :

② 사회적 관점 :

③ 법적 관점 :

④ 수리적 관점 :

정답

① **경제적 관점** : 보험의 근본 목적은 재무적 손실에 대한 불확실성, 즉 위험의 감소(reduction of risk)이며, 그것을 달성하기 위하여 위험전가(transfer of risk) 및 위험결합(pooling or combination of risk)을 이용한다. 보험은 개별적 위험과 집단적 위험을 모두 감소시키는 기능을 갖고 있다. 경제적 관점에서 특히 중요한 보험의 속성은 위험을 결합하여 위험을 감소시키는 것이다.

② **사회적 관점** : 보험은 사회의 구성원에게 발생한 손실을 다수인이 부담하는 것을 목적으로 하며, 손실의 분담(sharing of loss)을 가능케 하는 것은 다수인으로부터 기금을 형성할 수 있기 때문이다. 예기치 못한 손실이 사회에 발생하지만 그 손실이 누구에게 나타나는가는 불확실하며, 이러한 불확실성(위험)에 대비하기 위하여 사회적 제도로서 보험을 만든 것이다.

③ **법적 관점** : 보험은 보험자와 피보험자 또는 계약자 사이에 맺어진 재무적 손실의 보전(indemnity of financial loss)을 목적으로 하는 법적 계약이다. 법적인 관점에서 보험의 이해가 중요한 것은 보험과 다른 제도를 명확히 구별하고, 실질적 제도 운용의 원칙과 방법을 파악하는 데에 있기 때문이다. 법에 의한 제도적 뒷받침 없는 보험은 현실적으로 존재할 수 없다.

④ **수리적 관점** : 보험은 확률이론과 통계적 기법을 바탕으로 미래의 손실을 예측하여 배분하는 수리적 제도이다. 즉 보험제도의 실제 운영은 수리적 이론과 기술을 바탕으로 하고 있기 때문에 보험에 대한 이해가 수리적 관점에서 필요하다.

03 다음은 보험의 특성 중 '예기치 못한 손실의 집단화'에 대한 설명이다. (   )에 들어갈 내용을 답란에 쓰시오.

---

① 예기치 못한 손실이란 계약자나 피보험자의 입장에서 전혀 예상할 수 없었던 불의의 손실을 의미하며, 계약자나 피보험자의 (㉠)은 보상하지 않는다는 의미이다.
② 손실의 집단화(the pooling of fortuitous losses)란 손실을 한데 모음으로써 개별위험을 손실집단으로 전환시키는 것을 의미한다. 위험을 집단화하기 전에는 각자가 개별위험에 대해 책임을 져야 하지만 손실을 집단화함으로써 개별적 위험의 의미는 퇴색하고, 개인이 부담해야 하는 (㉡)은 위험집단의 (㉢)로 대체된다. 손실을 집단화할 때 중요한 것은 발생 빈도와 (㉣)면에서 동종의 손실이거나 그와 비슷한 것이어야 한다.

정답

㉠ 고의적인 손실, ㉡ 실제 손실, ㉢ 평균손실, ㉣ 평균손실의 규모

04 다음은 보험의 특성 중 '위험분담'과 '위험전가'에 대한 설명이다. (   )에 들어갈 내용을 답란에 쓰시오.

---

① (㉠)는(은) 다른 측면에서 보면 위험을 서로 나누어 부담하는 (㉡)이 된다. 위험분산은 개별적으로 부담하기 힘든 손실을 나누어 분담함으로써 손실로부터의 회복을 보다 용이하게 한다. 이러한 상호부조 관계가 당사자간의 자율적인 (㉢)을(를) 통해 달성된다는 점이 보험의 주요한 특징이다.
② 보험은 계약에 의한 (㉣)이다. 계약을 통해 재정적으로 능력이 취약한 개인이나 조직(기업)이 재정적인 능력이 큰 (㉤)에게 개인이나 조직(기업)의 위험을 전가하는 것이다. 특히 (㉥)는 적지만 (㉦)가 커서 스스로 부담하기 어려운 위험을 (㉤)에게 전가함으로써 개인이나 조직(기업)이 위험에 대해 보다 효과적으로 대응할 수 있게 해주는 장치이다.

정답

㉠ 위험의 집단화
㉡ 위험분담(risk sharing)
㉢ 시장거래
㉣ 위험의 전가(risk transfer)
㉤ 보험자
㉥ 빈도
㉦ 규모

05 보험의 원칙 중 실손보상의 원칙과 대수의 법칙을 답란에 서술하시오.

① 실손보상의 원칙 :

② 대수의 법칙 :

정답

① **실손보상의 원칙** : 보험자가 보상하는 손실 보상(indemnification)은 실제로 발생한 손실을 원상회복하거나 교체할 수 있는 금액으로 한정되며, 보험 보상을 통해 이익을 보는 경우는 없게 된다는 원칙이다. 실손보상의 원칙은 중요한 보험의 원칙 중 하나로 발생손실만큼만 보상을 받게 되므로, 보험사기 행위와 같은 도덕적 위태를 줄일 수 있다.

② **대수의 법칙** : 대수의 법칙은 표본이 클수록 결과가 점점 예측된 확률에 가까워진다는 통계학적 정리이다. 즉, 표본의 수가 늘어날수록 또는 실험 횟수를 보다 많이 거칠수록 결과 값은 예측된 값으로 수렴하는 현상을 말하며, '평균의 법칙(the law of averages)'이라고도 한다. 계약자가 많아질수록 보험자는 보다 정확하게 손실을 예측할 수 있다.

06 보험의 성립조건을 5가지 이상 답란에 쓰시오.

정답

① 동질적 위험의 다수 존재
② 손실의 우연적 발생
③ 한정적 손실
④ 비재난적 손실
⑤ 확률적으로 측정 가능한 손실
⑥ 경제적으로 부담 가능한 보험료

07 다음은 보험의 성립조건 중 '동질적 위험의 다수 존재'에 대한 설명이다. (   )에 들어갈 내용을 답란에 쓰시오.

① 동질적 위험이란 (㉠)와 (㉡)가 같거나 유사한 위험을 의미한다. 특성이 같거나 유사한 위험끼리 결합되어야 동일한 보험료(체계)가 적용되어도 (㉢)을 유지할 수 있기 때문이다.
② 동질적 위험이 '다수' 존재해야 한다는 것은 손실 예측이 정확해지기 위해서는 (㉣)이 적용될 수 있을 정도로 사례가 많아야 한다.
③ 동질적 위험어 각각 (㉤)이어야 한다. (㉤)이라는 것은 하나의 손실발생이 다른 손실발생과 무관하다는 것을 의미한다.

정답

㉠ 발생의 빈도, ㉡ 피해 규모, ㉢ 형평성, ㉣ 대수의 법칙, ㉤ 독립적

08 다음은 보험의 성립조건 중 '손실의 우연적 발생'에 대한 설명이다. (   )에 들어갈 내용을 답란에 쓰시오.

> 보험이 가능하려면 손실이 인위적이거나 의도적이지 않고, 누구도 예기치 못하도록 순수하게 우연적으로 발생한 것이어야 한다. 계약자의 (㉠) 의도가 개입될 여지가 없는 (㉡) 위험만이 보험화가 가능하다. 사고발생 여부가 고의성이 있는지 모호할 경우 (㉢)가 고의성을 입증해야 하며, 입증하지 못하면 (㉣)으로 간주된다.

정답

㉠ 고의나 사기, ㉡ 통제 불가능한, ㉢ 보험자, ㉣ 우연적인 것

09 다음은 보험의 성립조건으로 '한정적 손실'이어야 하는 이유와 사례를 들어 답란에 서술하시오.

① 이유 :

② 사례 :

정답

① **이유** : 보험이 가능하기 위해서는 피해 원인과 발생 시간, 장소 및 피해 정도 등을 명확하게 판별하고 측정할 수 있는 위험이어야 한다. 피해 원인과 피해 장소 및 범위, 그리고 피해 규모 등을 정확하게 판단하기 어려우면 정확한 손실 예측이 어렵고, 이에 따라 보험료 계산이 불가능하며, 보험으로 인수하기 어렵기 때문이다.

② **사례** : 급속하게 퍼지는 전염병이나 질병의 경우 언제 어떻게 어느 정도의 규모로 발생할지 또 후유증 유무 및 정도 등을 예측할 수 없어 손실을 한정 지을 수 없다. 즉, 이와 같이 대규모로 발생하는 전염병이나 질병은 보험 대상으로 하기 어렵다.

10 다음은 보험의 성립조건으로 '비재난적 손실'이어야 하는 이유와 사례를 들어 답란에 서술하시오.

① 이유 :

② 사례 :

정답

① **이유** : 손실 규모가 지나치게 크지 않아야 한다. 손실이 재난적일 만큼 막대하다면 보험자가 감당하기 어려워 파산하게 되고, 결국 대다수 계약자가 보장을 받을 수 없는 상황으로 전개될 수 있기 때문이다.

② **사례** : 재난적 규모의 손실발생은 지진이나 쓰나미 등 천재지변의 경우에 자주 발생한다. 최근에는 천재지변만이 아닌 9·11사건과 같이 인위적인 사고도 재난 규모로 발생하기도 한다.

11 다음은 보험의 성립조건 중 '확률적으로 측정 가능한 손실'에 대한 설명이다. (   )에 들어갈 내용을 답란에 쓰시오.

> 보험으로 가능하기 위해서는 손실발생 가능성, 즉 손실발생확률을 (㉠)할 수 있는 위험이어야 한다. 장차 발생할 손실의 (㉡)를 예측할 수 없으면 (㉢) 계산이 어렵다. 정확하지 않은 예측을 토대로 보험을 설계할 경우 보험을 지속적으로 운영하기 어려우며, 결국 보험을 중단하게 되는 상황도 벌어진다.

정답

㉠ 추정, ㉡ 빈도나 규모, ㉢ 보험료

12 보험의 성립조건 중 '경제적으로 부담 가능한 보험료'이어야 하는 이유를 답란에 서술하시오.

정답

경제적으로 부담 가능한 보험료
확률적으로 보험료 계산이 가능하더라도, 즉 계산할 수는 있다고 하더라도 산출되는 보험료 수준이 너무 높아 보험 가입대상자들에게 부담으로 작용하면 보험을 가입할 수 없어 보험으로 유지되기 어렵다. 보험이 가능한 위험이 되기 위해서는 그 위험이 발생하는 빈도와 손실 규모로 인한 손실이 종적(시간적) 및 횡적(계약자간)으로 분산 가능한 수준이어야 한다.

01 위험관리 수단으로 활용되는 보험의 순기능과 역기능을 구분하여 답란에 쓰시오.

(1) 보험의 순기능 :

(2) 보험의 역기능 :

정답

(1) **보험의 순기능**
① 경제적 손실을 회복하거나 최소화
② 개인이나 기업에게 불안감을 해소
③ 계약자의 신용력 증대
④ 투자 재원 마련
⑤ 자원의 효율적 이용 기여
⑥ 안전(위험 대비) 의식 고양

(2) **보험의 역기능**
① 사업비용의 발생
② 보험사기의 증가
③ 손실 과장으로 인한 사회적 비용 초래

02 다음은 보험의 순기능에 대한 설명이다. (   )에 들어갈 내용을 답란에 쓰시오.

---

① 보험의 일차적 기능은 손실이 발생하였을 경우 계약자에게 보험금을 지급함으로써 경제적 손실을 (㉠)하거나 최소화한다.
② 개인이나 기업은 언제 어떻게 발생할지 (㉡)에 보험으로 대비함으로써 안심하고 경제활동을 할 수 있다.
③ 보험은 예기치 않은 대규모 위험이 닥치더라도 일정 수준까지는 복구할 수 있는 보호장치이기 때문에 그만큼 계약자의 (㉢)은 높아진다.

정답

㉠ 회복, ㉡ 불확실한 위험, ㉢ 신용력

03 다음은 보험의 순기능에 대한 설명이다. (   )에 들어갈 내용을 답란에 쓰시오.

① 다수의 계약자로부터 납부된 보험료가 모이면 거액의 자금이 형성되고, 이러한 자금을 자금이 필요한 기업 등에게 제공함으로써 (㉠)에도 기여할 수 있다.
② 보험을 통해 예상되는 (㉡)을 해소할 수 있다면 투자자 입장에서는 유한한 자원을 보다 효율적으로 활용하게 된다.
③ 보험에 가입하더라도 보험료 부담을 줄이기 위해서는 각종 (㉢)에 스스로 대비하는 노력을 해야 한다.

정답

㉠ 경제성장, ㉡ 손실 위험, ㉢ 위험발생

04 다음은 보험의 역기능에 대한 설명이다. (   )에 들어갈 내용을 답란에 쓰시오.

① 보험사업을 유지하기 위해서는 불가피하게 비용이 초래된다. 이러한 비용(지출)은 보험이 없다면 다른 분야에 유용하게 사용될 수 있는 것이다. 즉, 사회 전체로 보면 (㉠)이라고 할 수 있다.
② 고의로 사고를 발생시켜 보험금을 받는 (㉡)도 종종 발생한다.
③ 보험에 가입한 손실이 발생할 경우 손실의 크기를 부풀려 (㉢)를 늘리려는 경향이 있다.

정답

㉠ 기회비용, ㉡ 보험사기, ㉢ 보험금 청구 규모

05 보험사업을 유지하기 위해서는 불가피하게 비용이 초래된다. 이러한 비용에 해당하는 항목을 5가지 이상 쓰시오.

정답

주요 비용 항목
① 보험자 직원의 인건비
② 보험 판매 수수료
③ 건물 임차료 및 유지비
④ 각종 세금 및 공과금
⑤ 영업이윤
⑥ 광고비 및 판촉비

06 보험사업의 역기능 중 보험사기의 증가로 초래할 수 있는 결과를 답란에 서술하시오.

> 정답

보험은 다수가 결합하여 위험에 대비하는 건전한 제도임에도 불구하고, 이를 악용하는 사례가 증가하면 보험 본연의 취지를 퇴색시키고 사회 질서를 문란하게 한다. 이러한 사례가 증가할 경우, 이로 인해 발생하는 추가 비용은 다수의 선의의 계약자에게 부담으로 전가되어 <u>보험사업의 정상적 운영을 어렵게 하고, 극단적인 경우에는 보험 자체가 사라지는 결과를 초래할 수도 있다.</u>

07 보험사업의 역기능 중 보험금 과잉 청구의 경우를 사례를 들어 답란에 서술하시오.

> 정답

① 자동차 충돌로 인한 사고발생시 충돌로 인한 고장이나 부품만이 아니라, 사고 전에 있던 결함이 있는 부분까지도 자동차보험으로 청구하는 경우
② 경미한 자동차 사고로 병원에 입원한 경우 과잉진료를 하거나 완치되었음에도 불구하고 진료비를 늘리기 위하여 퇴원을 미루어 결과적으로 보험금이 과잉 지급되는 결과를 초래하는 경우

08 보험계약의 성립과정에서 역선택(adverse selection)과 도덕적 해이(moral hazard)가 발생하는 원인에 대해 답란에 서술하시오.

> 정답

보험은 보험자가 계약자의 정보를 완전히 파악한 상태에서 설계하는 것이 가장 이상적이다. 따라서 보험자가 최대한 노력하여 계약자의 정보를 완전히 확보하려고 하지만 현실적으로 쉽지 않다. <u>보험자가 계약자에 대한 정보를 완전히 파악하지 못하고 계약자는 자신의 정보를 보험자에게 제대로 알려주지 않아 정보 비대칭(asymmetric information)이 발생하면 역선택(adverse selection)과 도덕적 해이(moral hazard)가 발생한다.</u>

09 다음은 보험시장의 역선택(adverse selection)에 대한 설명이다. (   )에 들어갈 내용을 답란에 쓰시오.

> 보험자는 보험에 가입하려는 계약자의 위험을 정확하게 파악하고 측정할 수 있어야 손실을 정확히 예측할 수 있으며, 적정한 (㉠)을(를) 책정·부과할 수 있다. 따라서 보험자는 계약자의 (㉡)을(를) 파악하여 보험을 판매할 것인지 거부할 것인지를 결정한다. 그러나 보험자가 계약자의 (㉡)을(를) 제대로 파악하지 못하여 계약자 또는 피보험자가 보험자보다 더 많은 (㉢)을(를) 가지고 있는 상태가 되면, (㉢)을(를) 갖지 못한 보험자 입장에서 볼 때 바람직하지 못한 계약자와 거래를 할 가능성이 높아지는 (㉣) 현상이 일어날 수 있다. 즉, 보험자는 (㉤)이 낮은 사람이 보험에 가입하기 원하지만, 막상 가입을 원하는 사람들을 보면 대부분 (㉤)이 한층 더 높은 사람들일 가능성이 높다.

> 정답

㉠ 보험료, ㉡ 위험 특성, ㉢ 정보, ㉣ 역선택, ㉤ 사고의 확률

10 다음은 보험시장에서 발생하는 도덕적 해이(moral hazard)에 대한 설명이다. (　)에 들어갈 내용을 답란에 쓰시오.

> 도덕적 해이는 일단 보험에 가입한 사람들이 최선을 다해 나쁜 결과를 미연에 방지하려는 (㉠) 경향을 의미한다. 광의로 보면 윤리적으로나 법적으로 자신이 해야 할 최선을 다하지 않고 일부러 (㉡) 전반을 지칭한다. 즉, 계약자가 보험에 가입한후부터 평소의 관리를 소홀히 한다거나 손실이 발생할 경우 (㉢)을(를) 하지 않는 경우 등이 도덕적 해이에 해당한다.

정답

㉠ 노력을 하지 않는, ㉡ 게을리 하는 것, ㉢ 경감하려는 노력

11 다음은 보험시장에서 발생하는 역선택(adverse selection)과 도덕적 해이(moral hazard)의 공통점에 대한 설명이다. (　)에 들어갈 내용을 답란에 쓰시오.

> 역선택과 도덕적 해이는 (㉠)에 비해 (㉡)의 비율이 클수록 발생 가능성이 높고, (㉢)은(는) 역선택이나 도덕적 위태를 야기한 당사자에게 귀착되는 반면, (㉣)은(는) 보험자와 다수의 선의의 계약자들에게 돌아가 결국 보험사업의 정상적 운영에 악영향을 미친다는 점에서 유사하다.

정답

㉠ 보험가액, ㉡ 보험금액, ㉢ 이익, ㉣ 피해

12 보험시장에서 발생하는 역선택(adverse selection)과 도덕적 해이(moral hazard)의 차이점을 답란에 서술하시오.

정답

역선택과 도덕적 해이의 차이점
역선택은 계약 체결 전에 예측한 위험보다 높은 위험(집단)이 가입하여 사고발생률을 증가시키는데 비해 도덕적 해이는 계약 체결후 계약자가 사고발생 예방 노력 수준을 낮추는 선택을 한다는 점이다.

01 일반적인 '손해보험의 정의'와 보험업법 제2조(정의)에서 정의된 '손해보험상품'을 답란에 서술하시오.

① 손해보험의 정의 :

② 손해보험상품 :

정답

① **손해보험의 정의** : 손해보험이란 보험사고발생시 손해가 생기면 생긴 만큼 손해액을 산정하여 보험금을 지급하는 보험을 말한다.

② **손해보험상품** : 손해보험상품이란 위험보장을 목적으로 우연한 사건(질병・상해 및 간병은 제외한다)으로 발생하는 손해(계약상 채무불이행 또는 법령상 의무불이행으로 발생하는 손해를 포함한다)에 관하여 금전 및 그 밖의 급여를 지급할 것을 약속하고 대가를 수수하는 계약으로서 대통령령으로 정하는 계약을 말한다.

02 다음은 손해보험의 의의에 대한 설명이다. (   )에 들어갈 내용을 답란에 쓰시오.

> 실제로 '손해보험'이라는 보험상품은 없으며, (㉠)을(를) 제외한 대부분의 보험을 포괄하는 의미라고 할 수 있다. 엄격한 의미에서는 손해보험은 (㉡)을(를) 말하지만, 실질적으로는 (㉢) 중 생명 침해를 제외한 신체에 관한 보험도 포함한다고 할 수 있다.

정답

㉠ 생명보험, ㉡ 재산보험, ㉢ 생명보험

03 손해보험의 원리・원칙을 5가지 이상 답란에 쓰시오.

정답

손해보험의 원리・원칙
① 위험의 분담
② 위험 대량의 원칙
③ 급부 반대급부 균등의 원칙
④ 수지상등의 원칙
⑤ 이득금지의 원칙

04 다음은 손해보험의 원리에 대한 설명이다. (   )에 들어갈 내용을 답란에 쓰시오.

> ① 손해보험은 계약자가 (㉠)을(를) 구성하여 위험을 분담하게 되는데 독일의 보험학자 「마네즈」는 보험을 일컬어 '(㉡)' 서로 위험을 분담하는 제도라고 하였다.
> ② 수학이나 통계학에서 적용되는 (㉢)을(를) 보험에 응용한 것이 위험 대량의 원칙이다. 위험 대량의 원칙은 보험에 있어서 사고발생 확률이 잘 적용되어 합리적 경영이 이루어지려면 위험이 대량으로 모여서 하나의 위험단체를 구성해야 한다는 것이다. 이로 인해 보험계약은 (㉣)의 특성을 갖게 된다.

정답

㉠ 보험단체
㉡ 1인은 만인을 위하여, 만인은 1인을 위하여
㉢ 대수의 법칙
㉣ 단체성

05 다음은 손해보험의 원리에 대한 설명이다. (   )에 들어갈 내용을 답란에 쓰시오.

> ① 급부 반대급부 균등의 원칙에서 '급부(給付)'는 계약자가 내는 (㉠)을(를) 의미하며, '반대급부(反對給付)'는 보험자로부터 받게 되는 (㉡)을(를) 의미한다. 즉 위험집단 구성원 각자가 부담하는 보험료는 (㉢)에 (㉣)을(를) 곱한 금액과 같다.
> ② 수지상등의 원칙은 보험자가 받아들이는 (㉤)과 사고시 지급하는 (㉥)이 같아야 한다는 원칙이다.
> ③ 수지상등의 원칙이 (㉦) 관점에서 본 보험 수리적 원칙인데 반하여 급부 반대급부 균등의 원칙은 (㉧)의 관점에서 본 원칙이라 할 수 있다.

정답

㉠ 보험료
㉡ 보험금에 대한 기대치
㉢ 평균지급보험금
㉣ 사고발생의 확률
㉤ 수입보험료 총액
㉥ 지급보험금 총액
㉦ 계약자 전체
㉧ 계약자 개개인

06 손해보험의 원칙 중 '이득금지의 원칙'이 적용되는 이유와 '이득금지의 원칙'을 실현하기 위한 대표적인 법적 규제를 답란에 쓰시오.

정답

(1) '이득금지의 원칙'이 적용되는 이유

손해보험의 가입 목적은 손해의 보상에 있으므로 피보험자는 보험사고발생시 실제로 입은 손해만을 보상받아야 하며, 그 이상의 보상을 받아서는 안 된다. 계약자가 손해보험에 가입하고 사고가 발생한 결과 피보험자가 사고발생 직전의 경제 상태보다 더 좋은 상태에 놓이게 된다면 보험에 의해 부당한 이익을 얻는 것이 된다. 이럴 경우 그 이득을 얻기 위해 인위적인 사고를 유발할 요인이 될 수 있고, 결과적으로 공공질서나 미풍양속을 해칠 우려가 있어 "보험에 의해 이득을 보아서는 안 된다"는 이득금지의 원칙이 손해보험의 대원칙으로 적용되고 있다.

(2) '이득금지의 원칙'을 실현하기 위한 대표적인 법적 규제
① 초과보험
② 중복보험
③ 보험자대위 등에 관한 규정 등

07 다음에 제시하는 손해보험의 원리에 대한 산식을 완성하시오.

> ① 급부 반대급부 균등의 원칙
>
> $$보험료 = (\quad) \times (\quad)$$
>
> ② 수지상등의 원칙
>
> $$수입보험료 \ 합계 = 지출보험금의 \ 합계$$
> $$(\quad) \times (\quad) = (\quad) \times (\quad)$$

정답

① 급부 반대급부 균등의 원칙

$$보험료 = (평균지급보험금) \times (사고발생 \ 확률)$$

② 수지상등의 원칙

$$수입보험료 \ 합계 = 지출보험금의 \ 합계$$
$$(계약자 \ 수) \times (보험료) = (사고발생 \ 건수) \times (평균지급보험금)$$

08 「상법」상 손해보험 계약의 의의를 답란에 서술하시오.

정답

손해보험 계약의 의의
손해보험은 피보험자의 재산에 직접 생긴 손해 또는 다른 사람에게 입힌 손해를 배상함으로써 발생하는 피보험자의 재산상의 손해를 보상해주는 보험이다. 「상법」(제638조)에서는 "보험계약은 당사자 일방이 약정한 보험료를 지급하고 재산 또는 생명이나 신체에 불확정한 사고가 발생할 경우에 상대방이 일정한 보험금이나 그 밖의 급여를 지급할 것을 약정함으로써 효력이 생긴다"라고 규정하여 보험계약의 의의를 정의하고 있다.

09 다음에 제시한 손해보험 계약의 법적 특성을 답란에 서술하시오.

① 유상계약성 :
② 상행위성 :
③ 계속계약성 :

정답

① **유상계약성** : 손해보험 계약은 계약자의 보험료 지급과 보험자의 보험금 지급을 약속하는 유상계약(有償契約)이다.
② **상행위성** : 손해보험 계약은 상행위이며(상법 제46조), 영업행위이다.
③ **계속계약성** : 손해보험 계약은 한 때 한 번만의 법률행위가 아니고 일정 기간에 걸쳐 당사자간에 권리의무 관계를 존속시키는 법률행위이다.

10 다음에 제시한 손해보험 계약의 법적 특성을 답란에 서술하시오.

① 불요식 낙성계약성 :
② 쌍무계약성 :
③ 부합계약성 :
④ 최고 선의성 :

정답

① **불요식 낙성계약성** : 손해보험 계약은 정해진 요식행위를 필요로 하지 않고 계약자의 청약과 보험자의 승낙이라는 당사자 쌍방간의 의사 합치만으로 성립하는 불요식 낙성계약(諾成契約)이다.
② **쌍무계약성** : 보험자인 손해보험회사의 손해보상의무와 계약자의 보험료 납부의무가 대가(對價) 관계에 있으므로 쌍무계약(雙務契約)이다.
③ **부합계약성** : 손해보험 계약은 동질의 많은 계약을 간편하고 신속하게 처리하기 위해 계약조건을 미리 정형화하고 있어 부합계약(附合契約)에 속한다. 부합계약이란 당사자 일방이 만들어 놓은 계약조건에 상대방 당사자는 그대로 따르는 계약을 말한다.
④ **최고 선의성** : 손해보험 계약에 있어 보험자는 사고의 발생 위험을 직접 관리할 수 없기 때문에 도덕적 해이의 발생 가능성이 큰 계약이다. 따라서 신의성실의 원칙이 무엇보다도 중요시되고 있다.

11 다음은 손해보험계약의 법적 특성이다. 각 특성에 대하여 서술하시오. 기출유형

(1) 유상계약성 :

(2) 쌍무계약성 :

(3) 상행위성 :

(4) 최고선의성 :

(5) 계속계약성 :

정답

(1) 유상계약성

손해보험계약은 계약자의 보험료 지급과 보험자의 보험금 지급을 약속하는 유상계약(有償契約)이다.

(2) 쌍무계약성

보험자인 손해보험회사의 손해보상의무와 계약자의 보험료 납부의무가 대가(對價) 관계에 있으므로 쌍무계약(雙務契約)이다.

(3) 상행위성

손해보험계약은 상행위이며(상법 제46조), 영업행위이다.

(4) 최고선의성

손해보험계약에 있어 보험자는 사고의 발생 위험을 직접 관리할 수 없기 때문에 도덕적 위태의 야기 가능성이 큰 계약이다. 따라서 신의성실의 원칙이 무엇보다도 중요시되고 있다.

(5) 계속계약성

손해보험계약은 한 때 한 번만의 법률행위가 아니고 일정 기간에 걸쳐 당사자간에 권리의무 관계를 존속시키는 법률행위이다.

12 다음 보기 중 손해보험 계약의 법적 특성에 해당되는 것을 모두 골라 답란에 쓰시오.

㉠ 불요식 낙성계약성	㉡ 무상계약성
㉢ 편무계약성	㉣ 상행위성
㉤ 부합계약성	㉥ 최고 선의성
㉦ 계속계약성	

정답

㉠, ㉣, ㉤, ㉥, ㉦

해설

손해보험 계약의 법적 특성
① 불요식 낙성계약성
② 유상계약성
③ 쌍무계약성
④ 상행위성
⑤ 부합계약성
⑥ 최고 선의성
⑦ 계속계약성

13 다음은 보험계약의 법적 원칙 중 실손보상의 원칙(principle of indemnity)에 대한 설명이다. ( )에 들어갈 내용을 답란에 쓰시오.

> ㉠ 실손보상의 원칙은 문자 그대로 실제 손실을 보상한다는 것으로, 보험의 기본인 ( )과 일맥상통한다.
> ㉡ 실손보상 원칙의 목적 중 하나는 피보험자의 재산을 손해 발생 이전의 상태로 회복시키는 것이다. 사고 이전의 상태로 회복시키는 것을 넘어 ( )을(를) 얻을 수는 없다.
> ㉢ 또 다른 목적은 ( )을(를) 감소시키는 것이다.

정답

㉠ 이득금지 원칙, ㉡ 이득, ㉢ 도덕적 해이

14 실손보상 원칙의 예외에 해당되는 기평가계약(valued policy), 대체비용보험(replacement cost insurance) 및 생명보험(life insurance)에 대해 답란에 서술하시오.

정답

(1) 기평가계약(valued policy)
전손(全損)이 발생한 경우 미리 약정한 금액을 지급하기로 한 계약이다. 골동품, 미술품 및 가보 등과 같이 손실발생 시점에서 손실의 현재가치를 산정할 수 없는 경우 계약자와 보험자가 합의한 금액으로 계약을 하게 된다. 즉 보험가액이 사고발생시의 가액을 초과하더라도 사고발생시의 가액을 기준으로 하여 손해액을 산정하지 아니하고, 계약된 금액을 기준으로 손해액을 산정하므로 실손보상 원칙의 예외가 된다.

(2) 대체비용보험(replacement cost insurance)
손실지급액을 결정할 때 감가상각을 고려하지 않는 보험이다. 손실이 발생한 경우, 새것으로 교체할 수밖에 없는 물건이나 감가상각을 따지는 것이 아무 의미도 없는 경우 대체비용보험이 적용된다. 즉 감가상각이 반영된 실제 손해를 보상하는 것이 아니고, 재조달가 전액을 보상하게 되므로 실손보상 원칙의 예외가 된다.

(3) 생명보험(life insurance)
생명보험은 실손보상의 원칙이 적용되지 않는다. 사망이나 부상의 경우 실제 손실이 얼마나 되는지 측정할 방법이 없어 인간의 생명에 감가상각의 개념을 적용할 방법이 없기 때문이다. 생명보험의 경우 미리 약정한 금액으로 보험계약을 체결하고 보험사고가 발생하면 약정한 금액을 보험금으로 지급받는다.

15 다음은 보험계약의 법적 원칙 중 보험자대위의 원칙에 대한 설명이다. (   )에 들어갈 내용을 답란에 쓰시오.

> 보험사고발생시 피보험자가 보험의 목적에 관하여 아직 (㉠)을(를) 가지고 있거나 또는 제3자에 대하여 (㉡)을(를) 취득하는 경우가 있다. 이런 경우 보험자가 이에 개의치 않고 보험금을 지급한다면 오히려 피보험자에게 (㉢)을(를) 주는 결과가 된다. 그래서 상법은 보험자가 피보험자에게 보험금을 지급한 때에는 일정한 요건 아래 계약자 또는 피보험자가 가지는 (㉣)가 보험자에게 (㉤)하는 것으로 하고 있는데 이를 보험자대위라 한다.

정답

㉠ 잔존물, ㉡ 손해배상청구권, ㉢ 이중의 이득, ㉣ 권리, ㉤ 이전

16 보험자대위는 보험의 목적에 관한 보험대위(목적물대위 또는 잔존물대위)와 제3자에 대한 보험대위(청구권대위)로 구분할 수 있다. 목적물대위(잔존물대위)와 제3자에 대한 보험대위(청구권대위)를 비교·서술하시오.

정답

(1) 목적물대위(잔존물대위)
보험의 목적이 전부 멸실한 경우 보험금액의 전부를 지급한 보험자는 그 목적에 대한 피보험자의 권리를 취득하는데 (상법 제681조), 이것을 보험의 목적에 관한 보험자대위라 한다. 보험목적물이 보험사고로 인하여 손해가 발생한 경우 전손해액에서 잔존물 가액을 공제한 것을 보상하면 되지만, 그렇게 하려면 계산을 위하여 시간과 비용이 들어 비경제적일 뿐만 아니라 한시라도 빨리 피보험물에 투하한 자본을 회수할 것을 희망하는 피보험자의 이익을 보호할 수 없다. 따라서 잔존물을 무시하고 전손으로 보아 보험자는 보험금액의 전부를 지급하고 그 대신 잔존물에 대한 권리를 취득하게 한 것이다.

(2) 제3자에 대한 보험대위(청구권대위)
손해가 제3자의 행위로 인하여 발생한 경우 보험금을 지급한 보험자는 그 지급한 금액의 한도 내에서 그 제3자에 대한 계약자 또는 피보험자의 권리를 취득하는데 이것을 제3자에 대한 보험자대위라 한다.

17 보험자대위 원칙(principle of subrogation)의 목적을 3가지 이상 답란에 서술하시오.

정답

보험자대위 원칙(principle of subrogation)의 목적
① 피보험자가 동일한 손실에 대해 책임이 있는 제3자와 보험자로부터 이중보상을 받아 이익을 얻는 것을 방지하는데 있다.
② 보험자가 보험자대위권을 행사하게 함으로써 과실이 있는 제3자에게 손실발생의 책임을 묻는 효과가 있다.
③ 보험자대위권은 계약자나 피보험자의 책임 없는 손실로 인해 보험료가 인상되는 것을 방지한다.

18 다음은 피보험이익의 원칙에 대한 설명이다. (   )에 들어갈 내용을 답란에 쓰시오.

> 피보험이익은 (㉠)가 보험목적물에 대해 가지는 (㉡)을(를) 의미한다. 즉, 계약자가 보험목적물에
> 보험사고가 발생하면 경제적 손실을 입게 될 때 피보험이익이 있다고 한다. 피보험이익이 존재해야 (㉢)에
> 가입할 수 있으며, 피보험이익이 없으면 (㉢)에 가입할 수 없다.

정답

㉠ 계약자, ㉡ 경제적 이해관계, ㉢ 보험

19 피보험이익 원칙(principle of insurable interest)의 목적을 3가지 이상 답란에 서술하시오.

정답

피보험이익 원칙(principle of insurable interest)의 목적
① 피보험이익은 도박을 방지하는데 필수적이다.
② 피보험이익은 도덕적 위태를 감소시킨다.
③ 피보험이익은 계약자의 손실 규모와 같으므로 손실의 크기를 측정하게 해준다.

20 다음은 최대선의의 원칙에 대한 설명이다. (   )에 들어갈 내용을 답란에 쓰시오.

> 최대선의의 원칙은 보험계약시 계약 당사자에게 다른 일반 계약보다 훨씬 높은 (㉠)과 (㉡)을(를)
> 요구한다. 즉 보험계약에서는 자신에게 (㉢)도 보험자에게 고지를 해야 하는데, 계약 체결 후에도 (㉣)
> 등이 부과되기 때문이다.

정답

㉠ 정직성
㉡ 선의 혹은 신의성실
㉢ 불리한 사실
㉣ 위험의 증가, 위험의 변경금지의무

21 최대선의의 원칙은 고지의무, 은폐 및 담보(보증) 등의 원리에 의해 유지되고 있다. 각 제도의 특징을 답란에 서술하시오.

정답

(1) 고지의무

고지(또는 진술)는 계약자가 보험계약이 체결되기 전에 보험자가 요구하는 사항에 대해 사실 및 의견을 제시하는 것을 말한다. 보험자는 계약을 체결할 때 진술된 내용을 토대로 계약의 가부 및 보험료를 결정한다. 진술한 내용이 사실과 달라 보험자가 계약 전에 알았다면 보험계약을 체결하지 않거나 다른 계약조건으로 체결되었을 정도라면 허위진술(misrepresentation)에 해당되어 보험자의 선택에 의해 계약이 해제될 수 있다.

계약자는 보험계약과 관련한 진술에서 고의가 아닌 실수 또는 착오에 의해 사실과 다른 내용을 진술할 수도 있으나 효과는 허위진술과 동일하다. 「상법」 제651조에서는 "보험계약 당시에 계약자 또는 피보험자가 고의 또는 중대한 과실로 인하여 중요한 사항을 고지하지 아니하거나 부실의 고지를 한 때에는 보험자는 그 사실을 안 날로부터 1월 내에, 계약을 체결한 날로부터 3년 내에 한하여 계약을 해지할 수 있다"라고 규정하여 계약자가 고지의무를 위반하면 보험계약이 해지될 수 있음을 규정하고 있다.

(2) 은폐(의식적 불고지)

은폐(의식적 불고지)는 계약자가 보험계약시에 보험자에게 중대한 사실(보험계약 체결에 영향을 줄 수 있는 사항)을 고지하지 않고 의도적이거나 무의식적으로 숨기는 것을 말하며, 법적인 효과는 기본적으로 고지의무위반과 동일하나 보험의 종류에 따라 차이가 있다. 따라서 계약자는 중대한 사실을 고지하지 않거나 의도적이나 무의식적으로 숨기고 있어서는 안 된다.

(3) 담보(보증)

보험계약의 일부로서 피보험자가 진술한 사실이나 약속을 의미한다. 담보는 보험계약의 성립과 효력을 유지하기 위하여 계약자가 준수해야 하는 조건이다.

22 다음은 최대선의의 원칙을 유지하는 '담보(보증)'에 대한 설명이다. (   )에 들어갈 내용을 답란에 쓰시오.

담보는 고지(진술)와 달리 계약자가 보험자에게 약속한 보험계약상의 조건이기 때문에 위반하게 되면 중요성의 정도에 관계없이 보험자는 보험계약을 (㉠)할 수 있다. 담보는 사용되는 형태에 따라 상호간에 묵시적으로 약속한 (㉡)와 계약서에 명시적으로 약속한 (㉢)로 구분된다. 또한 보증 내용의 특성에 따라 (㉣)과 (㉤)으로 구분된다. (㉣)은 피보험자가 보험계약의 전 기간을 통해 이행할 것을 약속한 조건을 의미하며, (㉤)은 보험계약이 성립되는 시점에서 어떤 특정의 사실 또는 조건이 진실이거나 이행되었다는 것을 약속하는 것이다.

정답

㉠ 해제 또는 해지
㉡ 묵시담보(implied warranty)
㉢ 명시담보(expressed warranty)
㉣ 약속보증(promissory warranty)
㉤ 긍정보증(affirmative warranty)

23 보험계약 당사자 중 보험자의 의무를 3가지 이상 답란에 서술하시오.

정답

보험자의 의무
① **설명의무** : 보험계약시 계약자에게 보험상품에 대해 상세하게 설명하여 계약자가 충분히 이해한 상황에서 보험상품을 선택할 수 있도록 도와야 한다.
② **보험금 지급의무** : 보험사고가 발생하면 신속하게 손해사정 절차를 거쳐 피보험자에게 보험금이 지급되도록 해야 한다.
③ **건실한 보험경영** : 보험자는 보험경영을 건실하게 하여야 한다.

24 보험계약 당사자 중 보험계약자 또는 피보험자의 의무에 관한 다음 내용을 각각 답란에 서술하시오.

(1) 고지의무
(2) 통지의무
(3) 손해방지경감의무

정답

(1) 고지의무
고지의무는 보험계약자 또는 피보험자가 보험계약 체결에 있어 보험자가 보험사고발생 가능성을 측정하는데 필요한 중요한 사항에 대하여 진실을 알려야 할 보험계약상의 의무를 말한다. 고지의무를 이행하지 않는다고 해서 보험자가 강제적으로 그 수행을 강요하거나 불이행을 이유로 손해배상을 청구할 수 있는 것은 아니며, 보험자는 고지의무위반을 사유로 보험계약을 해지할 수 있을 뿐이다. 고지는 법률상으로 구두 또는 서면의 방법 등 어느 것도 가능하고 명시적이든 묵시적이든 상관은 없다.

(2) 통지의무
통지의무는 보험계약의 효과로 발생된 의무로서 보험기간 중에 일정한 사실의 발생을 보험자에게 알리는 보험계약자 또는 피보험자의 의무이다. 여기에는 위험변경·증가의 통지의무, 위험유지의무, 보험사고발생의 통지의무 등이 있다.

(3) 손해방지경감의무
「상법」 제680조에는 "손해보험계약에서 계약자와 피보험자는 보험사고가 발생한 경우, 손해의 방지와 경감을 위하여 노력하여야 한다"고 규정하고 있다.

25 보험계약자 또는 피보험자의 통지의무에 관한 다음 내용을 각각 답란에 서술하시오.

(1) 위험변경 · 증가의 통지의무

(2) 위험유지의무

(3) 보험사고발생의 통지의무

> **정답**

(1) 위험변경 · 증가의 통지의무
보험계약자 또는 피보험자가 <u>보험사고발생의 위험이 현저하게 변경 또는 증대된 사실을 안 때에는 지체 없이 보험자에게 통지하여야 한다.</u>

(2) 위험유지의무
보험기간 중에 <u>보험계약자 또는 피보험자나 보험수익자는 스스로 보험자가 인수한 위험을 보험자의 동의 없이 증가시키거나 제3자에 의해 증가시키도록 하여서는 안 될 의무를 지고 있다.</u>

(3) 보험사고발생의 통지의무
보험계약자 또는 피보험자나 보험수익자는 <u>보험사고의 발생을 안 때에는 지체 없이 보험자에게 통지해야 한다.</u>

26 보험계약자 또는 피보험자는 손해의 방지와 경감을 위하여 노력하여야 한다. 손해방지경감의무의 인정 이유를 답란에 서술하시오.

> **정답**

손해방지경감의무의 인정 이유
손해방지경감의무는 <u>보험계약의 신의성실의 원칙에 기반을 둔 것으로서 보험자나 보험단체 및 공익 보호라는 측면에서 인정된다.</u> 또한 보험사고의 우연성 측면에서도 고려해 볼 수 있는데 손해방지경감의무를 이행하지 아니함으로써 늘어난 손해는 우연성을 결여한 것으로 볼 수 있다.

27 다음은 보험계약자 또는 피보험자의 손해방지경감의무에 대한 설명이다. ( )에 들어갈 내용을 답란에 쓰시오.

> 「상법」상 손해방지경감의무를 지는 자는 (㉠)이다(상법 제680조). 또한 (㉠)의 대리권이 있는 대리인과 (㉡)도 손해방지경감의무를 진다. (㉠)가 다수인 경우, 각자 이 의무를 지는 것으로 본다. 그러나 이 의무는 (㉢)에서만 발생하는 의무로서 인보험의 (㉣)는 손해방지경감의무를 부담하지 아니한다.

> **정답**

㉠ 계약자와 피보험자, ㉡ 지배인, ㉢ 손해보험, ㉣ 보험수익자

28 보험계약자 또는 피보험자의 손해방지경감의무 존속기간에 관한 다음 질문에 답을 하시오.

① 발생 시점 :

② 사고 자체의 예방이 포함되는지 여부 :

③ 소멸 시점 :

> **정답**
>
> ① **발생 시점** : 보험사고가 발생하여 손해가 발생할 것이라는 것을 계약자나 피보험자가 안 때부터이다.
> ② **사고 자체의 예방이 포함되는지 여부** : 보험사고발생 전의 보험기간은 손해방지경감의무 존속기간이 아니며, 사고 자체를 막아야 하는 것은 포함되지 않는다.
> ③ **소멸 시점** : 손해방지경감의무를 부담하는 기간은 손해방지 가능성이 있는 기간 동안 존속하는 것으로 보아야 하므로 소멸 시점은 손해방지의 가능성이 소멸한 때이다.

29 다음은 손해방지경감의무의 방법과 노력의 정도에 대한 설명이다. ( )에 들어갈 내용을 답란에 쓰시오.

> 손해방지경감의무의 방법은 계약자나 피보험자가 그 상황에서 손해방지를 위하여 (㉠) 방법이면 된다. 손해방지경감의무 이행을 위한 노력은 계약자나 피보험자가 그들의 (㉡)을 위하여 할 수 있는 정도의 노력이면 된다고 본다. 그러나 손해방지경감의무의 방법과 노력의 정도는 임의로 정할 수 있는 것은 아니며, 보험계약의 (㉢)에 의거하여 사안별로 판단되어야 한다.

> **정답**
>
> ㉠ 일반적으로 기대되는, ㉡ 이익, ㉢ 최대선의의 원칙

30 손해방지경감의무 위반의 효과에 대해 답란에 서술하시오.

> **정답**
>
> **손해방지경감의무 위반의 효과**
> 계약자 또는 피보험자가 손해방지경감의무를 해태한 경우의 효과에 대해서는 「상법」상 별다른 규정이 없다. 그러나 개별 손해보험 약관에서는 계약자 등이 고의 또는 중대한 과실로 이를 게을리한 때에는 방지 또는 경감할 수 있었을 것으로 밝혀진 값을 손해액에서 공제한다고 규정하고 있다. 즉 우리나라 손해보험 약관에서는 경과실로 인한 손해방지경감의무 위반의 경우에는 보험자의 보험금 지급책임을 인정하고 중과실 또는 고의의 경우에만 보험자의 보험금 지급책임(늘어난 손해)을 면제하고 있다. 이는 손해방지경감의무 위반을 구분하는 기준이 모호하고, 이로 인한 계약자 또는 피보험자의 불이익을 방지하고자 하는 의도로 보인다.

31 다음은 손해방지경감 비용의 보상에 대한 설명이다. (   )에 들어갈 내용을 답란에 쓰시오.

> ① 손해방지는 보험단체나 공익에 도움이 될 뿐만 아니라, 결과적으로 보험자가 보상하는 손해액이 (㉠)되므로 보험자에게도 이익이 된다. 이에 따라 우리 「상법」에서는 손해방지를 위하여 계약자 등이 부담하였던 (㉡)과 보상액이 보험금액을 초과한 경우라도 보험자가 이를 부담하게 하였다(상법 제680조). 여기서 (㉡)이란 비용지출 결과 실질적으로 손해의 경감이 있었던 것만을 의미하지는 않고 그 상황에서 손해경감 목적을 가지고 한 (㉢)에 대한 비용이 포함된다고 본다.
>
> ② 일부보험의 경우에는 손해방지 비용은 보험금액의 보험가액에 대한 비율에 따라서 (㉣)가 부담하고, 그 잔액은 (㉤)가 부담한다.

[정답]

㉠ 감소, ㉡ 필요 또는 유익한 비용, ㉢ 타당한 행위, ㉣ 보험자, ㉤ 피보험자

32 다음은 보험증권(insurance policy)에 대한 설명이다. (   )에 들어갈 내용을 답란에 쓰시오.

> ① 보험증권은 보험계약 체결에서 그 계약이 (㉠)되었음과 그 내용을 (㉡)하기 위하여 보험자가 작성하여 (㉢)후 계약자에게 교부하는 증서이다.
>
> ② 보험증권은 보험계약 (㉣)의 증거로서 보험계약이 (㉣)한 때 교부한다. 보험증권은 유가증권이 아니라, 단지 (㉤)으로서 배서나 인도에 의해 양도된다.

[정답]

㉠ 성립, ㉡ 증명, ㉢ 기명, 날인, ㉣ 성립, ㉤ 증거증권

33 보험증권의 내용은 크게 3부분으로 구성되는데 그 내용을 답란에 쓰시오.

[정답]

보험증권의 내용
① 보험계약청약서의 기재내용에 따라 작성되는 표지의 계약자 성명과 주소, 피보험자의 성명과 주소, 보험에 붙여진 목적물, 보험계약기간, 보험금액, 보험료 및 보험계약 체결 일자 등이 들어가는 부분
② 보험자가 보상하는 손해와 보상하지 않는 손해 등의 계약내용이 인쇄된 보통보험약관
③ 어떠한 특별한 조건을 더 부가하거나 삭제할 때 쓰이는 특별보험약관

34 보험증권의 법적 성격을 5가지 이상 답란에 쓰시오.

보험증권의 법적 성격
① **요식증권성** : 보험증권은 일정사항을 기재해야 한다는 의미에서 요식증권의 성격을 갖는다.
② **증거증권성** : 보험증권은 보험계약의 성립을 증명하기 위해 보험자가 발행하는 증거증권이다.
③ **면책증권성** : 보험증권은 보험자가 보험금 등의 급여 지급에 있어 제시자의 자격과 유무를 조사할 권리는 있으나, 의무는 없는 면책증권이다.
④ **상환증권성** : 실무적으로 보험자는 보험증권과 상환으로 보험금 등을 지급하고 있으므로 일반적으로 상환증권의 성격을 갖는다.
⑤ **유가증권성** : 일부 종류 보험의 경우에 보험증권은 유가증권의 성격을 지닌다. 법률상 유가증권은 기명식에 한하지 않고 지시식(指示式) 또는 무기명식으로 발행할 수 있다.

35 다음에서 설명하는 보험증권의 법적 성격을 답란에 쓰시오.

> 보험자는 보험금 등의 급여를 지급함에 있어 보험증권 제시자의 자격 유무를 조사할 권리는 있으나 의무는 없다. 그 결과 보험자는 보험증권을 제시한 사람에 대해 악의 또는 중대한 과실이 없이 보험금 등을 지급한 때에는 증권제시자가 권리자가 아니라 하더라도 그 책임을 부담하지 않는다.

면책증권성

보험증권은 보험자가 보험금 또는 기타의 급여를 함에 있어서 증권을 제시하는 자의 자격을 조사할 권리는 있어도 의무는 없는 면책증권이다.

36 보험자가 보험증권에 기재하여야 하는 사항을 7가지 이상 답란에 쓰시오.

보험증권의 기재사항
① 보험의 목적
② 보험사고의 성질
③ 보험금액
④ 보험료와 그 지급 방법
⑤ 보험기간을 정한 때에는 그 시기(始期)와 종기(終期)
⑥ 무효와 실권(失權)의 사유
⑦ 계약자의 주소와 성명 또는 상호
⑧ 보험계약의 연월일
⑨ 보험증권의 작성지와 그 작성 연월일

37 다음은 보험약관에 대한 설명이다. (   )에 들어갈 내용을 답란에 쓰시오.

> ① 보험약관은 보험자와 계약자 또는 피보험자간에 (㉠)을(를) 규정하여 약속하여 놓은 것이다. 보험약관
> 은 통상 (㉡)하여 사용되고 있다.
> ② 보험약관은 보통보험약관과 특별보험약관으로 구분된다. 보통보험약관은 보험자가 일반적인 보험계약
> 의 내용을 미리 (㉢)으로 정하여 놓은 약관이다. 보통보험약관을 (㉣)하기 위한 보험약관을 특별보
> 험약관이라고 한다. (㉤)이 (㉥)에 우선하여 적용된다.

정답

㉠ 권리 · 의무
㉡ 표준화
㉢ 정형적
㉣ 보충, 변경 또는 배제
㉤ 특별보험약관
㉥ 보통보험약관

38 보통보험약관의 효력에 관한 다음의 내용을 각각 답란에 서술하시오.

(1) 보험약관의 구속력
(2) 허가를 받지 않는 보험약관의 사법상의 효력

정답

(1) 보험약관의 구속력
  보통보험약관의 내용을 보험계약의 내용으로 하겠다는 구체적인 의사가 있는 경우뿐만 아니라, 그 의사가 명백하지
  아니한 경우에도 보험약관의 구속력이 인정된다. 보통보험약관은 반대의 의사표시가 없는 한 당사자가 그 약관의
  내용을 이해하고, 그 약관에 따를 의사의 유무를 불문하고 약관의 내용이 합리적인 한 보험계약의 체결과 동시에
  당사자를 구속하게 된다.

(2) 허가를 받지 않는 보험약관의 사법상의 효력
  금융위원회의 허가를 받지 아니한 보통보험약관에 의하여 보험계약이 체결된 경우, 사법상의 효력의 문제는
  그 효력을 인정하는 것이 타당하다. 물론 허가를 받지 않은 약관을 사용한 보험자가 보험업법상의 제재를 받는
  것은 당연하고, 또한 금융위원회의 허가를 받지 아니하고 자신의 일방적인 이익을 도모하거나 공익에 어긋나는
  약관을 사용한 때에는 그 효력은 인정되지 않는다.

39 보통보험약관의 해석에 관한 내용이다. (   )에 들어갈 내용을 쓰시오.

① 기본 원칙 : 보험약관은 보험계약의 성질과 관련하여 (㉠)에 따라 공정하게 해석되어야 하며, 계약자에 따라 다르게 해석되어서는 안 된다. 보험약관상의 (㉡)과 (㉢)간에 충돌이 발생하는 경우 (㉢)이 우선한다.
② 작성자불이익의 원칙 : 보험약관의 내용이 모호한 경우에는 (㉣)에게 엄격·불리하게 (㉤)에게 유리하게 풀이해야 한다.

[정답]

㉠ 신의성실의 원칙, ㉡ 인쇄조항(printed), ㉢ 수기조항(hand written), ㉣ 보험자, ㉤ 계약자

[해설]

보통보험약관의 해석

① 기본 원칙 : 보험약관은 보험계약의 성질과 관련하여 (**신의성실의 원칙**)에 따라 공정하게 해석되어야 하며, 계약자에 따라 다르게 해석되어서는 안 된다. 보험 약관상의 (**인쇄조항**)과 (**수기조항**)간에 충돌이 발생하는 경우 (**수기조항**)이 우선한다.
② 작성자불이익의 원칙 : 보험약관의 내용이 모호한 경우에는 (**보험자**)에게 엄격·불리하게 (**계약자**)에게 유리하게 풀이해야 한다.

40 다음은 보통보험약관의 해석 원칙에 대한 설명이다. (   )에 들어갈 내용을 답란에 쓰시오.

① 기본 원칙 : 당사자의 개별적인 해석보다는 법률의 일반 해석 원칙에 따라 보험계약의 (㉠)을(를) 고려하여 각 규정의 뜻을 합리적으로 해석해야 한다. 보험약관은 보험계약의 성질과 관련하여 (㉡)에 따라 공정하게 해석되어야 하며, 계약자에 따라 다르게 해석되어서는 안 된다. 보험약관상의 인쇄 조항(printed)과 수기조항(hand written)간에 충돌이 발생하는 경우 (㉢)이 우선한다. 당사자가 사용한 용어의 표현이 (㉣)하고, 통상적인 일반적인 뜻(plain, ordinary, popular ; POP)을 받아들이고 이행되는 용례에 따라 풀이해야 한다.
② 작성자불이익의 원칙 : 보험약관의 내용이 (㉤)한 경우, 즉 하나의 규정이 객관적으로 여러 가지 뜻으로 풀이되는 경우나 해석상 의문이 있는 경우에는 (㉥)에게 엄격·불리하게, (㉦)에게 유리하게 풀이해야 한다는 원칙을 말한다.

[정답]

㉠ 단체성·기술성, ㉡ 신의성실의 원칙, ㉢ 수기조항, ㉣ 모호하지 아니한 평이, ㉤ 모호, ㉥ 보험자, ㉦ 계약자

41 다음은 재보험의 의의와 특성에 대한 설명이다. (   )에 들어갈 내용을 답란에 쓰시오.

> ① 재보험이란 보험자가 계약자 또는 피보험자와 계약을 체결하여 인수한 보험의 (㉠)을(를) 다른 보험자에게 넘기는 것으로 보험기업 경영에 중요한 역할을 한다.
> ② 재보험 계약은 원보험 계약의 효력에 영향을 미치지 않는다(상법 제661조). 이것은 원보험 계약과 재보험 계약이 법률적으로 (㉡)임을 명시한 것이다.
> ③ 재보험 계약은 (㉢)의 일종으로서 (㉣) 계약에 속한다.

[정답]

㉠ 일부 또는 전부, ㉡ 독립된 별개의 계약, ㉢ 책임보험, ㉣ 손해보험

42 재보험의 기능을 4가지 이상 답란에 쓰시오.

[정답]

재보험의 기능
① 위험 분산
② 원보험자의 인수 능력(capacity)의 확대로 마케팅 능력 강화
③ 경영의 안정화
④ 신규 보험상품의 개발 촉진

43 재보험의 기능 중 '위험 분산' 기능을 세분하면 ① 양적 분산기능, ② 질적 분산기능, ③ 장소적 분산기능 등으로 나눌 수 있다. 각 기능의 특징을 답란에 서술하시오.

[정답]

① **양적 분산기능** : 재보험은 원보험자가 인수한 위험의 전부 또는 일부를 분산시킴으로써 한 보험자로서는 부담할 수 없는 커다란 위험을 인수할 수 있도록 한다.
② **질적 분산기능** : 원보험자가 특히 위험률이 높은 보험종목의 위험을 인수한 경우, 이를 재보험으로 분산시켜 원보험자의 재정적 곤란을 구제할 수 있도록 한다.
③ **장소적 분산기능** : 원보험자가 장소적으로 편재한 다수의 위험을 인수한 경우, 이를 공간적으로 분산시킬 수 있도록 한다.

제2장 농업재해보험 특성과 필요성

제1절 농업의 산업적 특성

01 농작물을 생산(재배)하는 농업은 자연조건의 상태에 따라 성공과 실패, 풍흉이 달라지는 산업적 특성이 있다. 이에 해당하는 3대 자연조건을 답란에 쓰시오.

정답

① 물(수분)
② 온도(빛)
③ 토지(농지)

02 농업재해의 특성 5가지만 쓰시오. **기출유형**

정답

① 불예측성
② 광역성
③ 동시성·복합성
④ 계절성
⑤ 피해의 대규모성
⑥ 불가항력성

03 농업은 자연조건과 불가분의 관계에 있다. 자연조건들 중 어느 하나라도 과다하거나 과소하면 다양한 농업재해들이 발생한다. 농업재해의 특징을 5가지 이상 답란에 쓰시오.

정답

농업재해의 특징
① **불예측성** : 농업재해는 언제 어디에서 어느 정도로 발생할지 예측하기가 어렵다.
② **광역성** : 농업재해는 발생하는 범위가 매우 넓다.
③ **동시성 · 복합성** : 농업재해는 한 번 발생하면 동시에 여러 가지 재해가 발생한다.
④ **계절성** : 동일한 재해라도 계절에 따라 영향은 달라진다.
⑤ **피해의 대규모성** : 가뭄이나 장마, 태풍 등이 발생하면 이로 인한 피해는 막대하다.
⑥ **불가항력성** : 최근 들어 지구온난화에 의한 이상기후로 자연재해는 예측하기도 어렵고 일단 발생하면 피해 규모도 막대하다. 농업재해는 농가 및 국가 차원에서도 지속적으로 대비책을 강구하고 있지만 불가항력적인 부분이 크다.

04 다음은 농업재해의 특징에 대한 설명이다. (   )에 들어갈 내용을 답란에 쓰시오.

> ① 여름철에는 장기간 비가 계속 내리는 장마가 발생하는데 장마가 오래 지속되면 (㉠)가 발생한다. 장마 중에 강풍을 동반한 (㉡)가 발생하기도 한다.
> ② 우리나라의 경우 연간 강수량 중 절반 이상이 (㉢)에 집중된다. 태풍의 경우 언제나 막대한 피해를 초래하지만, 특히 (㉣) 태풍은 일 년 농사에 치명적이다.
> ③ 재해가 일정 지역을 넘어서 대규모로 발생하면 특정 지역의 문제가 아니라 (㉤) 문제가 된다.

정답

㉠ 습해 및 저온 피해, ㉡ 집중호우, ㉢ 여름철, ㉣ 늦여름이나 가을, ㉤ 범국가적인

05 농업재해의 '불가항력성'을 극복하기 위한 농가 및 국가 차원의 대비책을 답란에 서술하시오.

정답

① **농가** : 지역의 기후조건에 적합한 작목과 품종을 선택하여 비배관리도 적절히 함으로써 최대의 수확을 거두려고 한다.
② **국가 차원** : 저수지나 댐을 만들어 가뭄과 홍수에 대비하고, 경지정리와 관 · 배수시설 등 농업생산 기반을 조성하여 농업인의 영농활동을 수월하게 한다.

01 농가가 직면하는 농업경영위험을 열거하고, 이러한 다양한 농업경영위험에 직면하는 농업생산자들의 자구적인 노력을 서술하시오.

정답

(1) 농가가 직면하는 농업경영위험

① 농축산물 생산과정에서 기후변화나 병해충 발생 등으로 인한 생산량과 품질의 저하에 따른 <u>생산위험</u>

② 생산한 농산물 혹은 농업용 투입재의 가격변동에 따른 가격위험, 대출 관련 이자율, 농업자금 접근성 등 재무 관련 상황 변화에 따른 <u>재무위험</u>

③ 세금, 가격 및 소득지지, 환경규제, 식품안전, 노동 및 토지 규제 등 정부정책과 제도 등의 변동에 따른 <u>제도적 위험</u>

④ 농가 가족구성원의 사고, 질병, 사망 등에 다른 <u>인적위험</u> 등

(2) 농업경영위험에 직면하는 농업생산자들의 자구적인 노력

다양한 농업경영위험에 직면하는 농업생산자들은 ① 영농 다각화, ② 계약재배 및 판매 다각화, ③ 선물 및 옵션시장 활용, ④ 효율적 재무관리, ⑤ 농외소득 창출 등의 자구적 노력을 하고 있다.

02 다음은 농업재해의 특수성에 대한 설명이다. ( )에 들어갈 내용을 답란에 쓰시오.

> ㉠ ( ) : 농업재해는 불시에 광범위한 지역에서 동시다발적으로 발생하며, 그 영향이 어느 범위까지 미칠지 알기 어렵다.
> ㉡ ( ) : 광범위한 지역에서 동시에 발생하기 때문에 설령 예측이 가능하다고 하더라도 대처하는데 한계가 있다.
> ㉢ ( ) : 발생지역에 따라 피해 정도의 차이가 크다.
> ㉣ ( ) : 동일한 재해라도 농작물에 주는 영향이 계절에 따라 다르다.
> ㉤ ( ) : 이상기상으로 인한 대규모 재해는 인간이 대응하는데 한계가 있다.

정답

㉠ 예측 불가능성, ㉡ 동시 광역성, ㉢ 피해의 불균일성, ㉣ 피해 발생의 이질성, ㉤ 불가항력성

03 농업재해에 대한 국가적 책임을 규정하고 있는 법적 근거를 제시하고 구체적 내용을 답란에 서술하시오.

> **정답**

(1) 헌 법

「헌법」 제34조 제6항에는 "국가는 재해를 예방하고 그 위험으로부터 국민을 보호하기 위해 노력하여야 한다"라고 규정하여 국가의 책임으로 하고 있다.

(2) 재난 및 안전관리기본법

「재난 및 안전관리기본법」 제4조 제1항에는 "국가와 지방자치단체는 재난이나 그 밖의 각종 사고로부터 국민의 생명·신체 및 재산을 보호할 책무를 지고, 재난이나 그 밖의 각종 사고를 예방하고 피해를 줄이기 위하여 노력하여야 하며, 발생한 피해를 신속히 대응·복구하기 위한 계획을 수립·시행하여야 한다"라고 규정하여 국가책임을 명확히 하고 있다.

04 「농어업재해대책법」에 근거한 국가와 지방자치단체의 농업재해대책을 제시하고, 그 한계점을 답란에 서술하시오.

> **정답**

(1) 국가와 지방자치단체의 농업재해대책(농어업재해대책법 제3조)
　① 재해를 예방하기 위한 장비·기자재 또는 인력 및 비용의 지원 및 동원에 관한 사항
　② 재해 발생시의 농업용 시설, 농경지, 농작물 등의 복구에 관한 사항
　③ 재해를 입은 농가에 대한 지원에 관한 사항
　④ 그 밖에 재해대책의 시행에 관한 사항

(2) 한계점

「농어업재해대책법」에 근거한 농업재해대책은 <u>개별 농가의 재해로 인한 손실을 보전하는 것이 아니라, 집단적으로 발생한 재해 지역의 농가에게 재해복구를 지원하는데 목적이 있다</u>. 즉, 농업재해대책은 재해복구지원대책이지 재해로 인한 손실을 보전하는 제도는 아니기 때문에 재해를 입은 농가의 손실을 보전하는 데에는 한계가 있다.

05 다음은 농업재해보험의 필요성에 대한 설명이다. (   )에 들어갈 내용을 답란에 쓰시오.

> WTO 체제가 출범하면서 그동안 농가를 직접 지지해오던 (㉠)은(는) 축소하거나 폐지해야 한다. 자유무역 질서에 영향을 줄 수 있는 각국의 농업정책들은 축소하거나 폐지하기로 합의했기 때문이다. 그러나 각국의 열악한 농업을 보완하는 정책은 허용되는데, (㉡)와 (㉢) 등이 이에 해당한다. 따라서 WTO 체제하에서도 허용되는 정책인 (㉢)을 농가 지원을 위한 수단으로 적극 활용할 필요가 있다.

정답

㉠ 가격정책, ㉡ 직접지불제, ㉢ 농업재해보험

06 다음은 농업재해대응에서 정부의 역할에 대한 설명이다. (   )에 들어갈 내용을 답란에 쓰시오.

> 정부의 역할은 농업인이 대응하기 어렵거나 시장 기구에 의존하여 해결하기 어려운 위험을 관리하고 기반을 마련하는데 있다. 이때, 위험의 (㉠)을(를) 기준으로 정부개입 수준을 결정할 수 있다. 위험 영향이 크고, 다수 농가들에게 상호 연관이 있는 경우에는 정부개입이 (㉡)되어야 하는 반면, 위험발생 가능성이 높지만, 위험이 발생해도 피해손실 정도가 크지 않은 위험(통상 위험)이나 개별 농가에 특정적으로 나타나는 위험에 대해서는 (㉢)가 강화되어야 한다.

정답

㉠ 크기와 범위, ㉡ 강화, ㉢ 자율 관리

07 보험시장에서 농업재해보험의 거래가 실패하는 이유와 정책보험으로서 농업재해보험을 국가가 개입해야 하는 이유를 답란에 서술하시오.

정답

(1) 농업재해보험의 거래가 실패하는 이유

자유경쟁시장에서는 모든 상품(보험도 상품)은 수요와 공급이 일치하는 점에서 가격이 결정되고 거래가 이루어진다. 즉 수요(D)와 공급(S)이 만나는 점에서 시장균형 가격(P)이 결정되고, 시장균형 수량(Q)만큼의 거래가 이루어진다 [그림 (A)]. 그러나 수요와 공급이 만나지 않으면 거래가 이루어지지 않는데, 농업재해보험이 이에 해당한다[그림 (B)]. 농업재해보험의 경우 재해의 빈도와 규모가 크고, 자연재해에 대한 손해평가의 복잡성과 경제력이 취약한 농업인을 대상으로 하므로 민간보험회사가 자체적으로 농업재해보험을 개발하여 운영하는 것은 현실적으로 어려운 측면이 있기 때문이다.

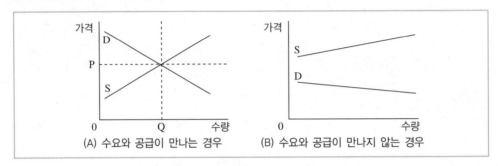

[수요와 공급]

(2) 정책보험으로서 농업재해보험을 국가가 개입해야 하는 이유

농업인 입장에서는 농업재해보험이 필요하다는 것은 알지만 높은 가격(보험료)을 지불하고 보험을 구입(가입)하기에는 경제력이 부족하다. 한편 보험자의 입장에서는 농업재해보험을 운영하기 위해서는 일정한 가격을 유지해야 하는데 가격을 낮추어 회사가 손해를 보면서까지 농업재해보험을 판매할 수는 없다. 이러한 상황에서는 보험자가 농업재해보험상품을 판매한다고 하더라도 거래가 이루어지기는 어렵다. 따라서 농업재해보험을 활성화하기 위해서는 국가가 개입해야 한다. 즉 국가는 농가가 부담할 보험료의 일부를 지원함으로써 농가의 구매력을 높여 수요를 증가시키고(D → D′), 공급자인 보험자에게는 운영비를 지원한다든가 재보험을 통해 위험비용을 줄여줌으로써 저렴한 가격에서도 공급이 가능하도록 한다(S → S′). 결국은 변경된 수요와 공급이 만나는 수준에서 가격(P₀)이 결정되어 Q₀만큼의 농업재해보험이 거래된다. 이와 같이 농업재해보험이 보험시장에서 시장원리에 의해 거래되기 어려운 경우에 국가가 개입하게 된다.

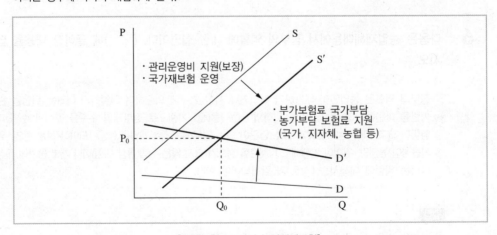

[정책보험으로서의 농업재해보험]

01 농업재해보험의 특징을 5가지 이상 답란에 쓰시오.

정답

농업재해보험의 특징
① 농작물재해보험은 자연재해로 인한 피해를 대상으로 하는 특수한 보험이다.
② 농작물·가축같은 생물(生物)의 특성상 손해액을 정확하게 평가하는 것은 어렵다.
③ 농업재해는 그 위험을 세분화하기가 쉽지 않다.
④ 경제력에 따른 보험료 일부를 차등 지원한다.
⑤ 농업재해보험은 농업생산과정에서의 재해로 인한 농작물·가축 손실을 보험 대상으로 하고 있다(물보험).
⑥ 농작물재해보험은 농작물의 생육이 확인되는 시기부터 농작물을 수확할 때까지의 기간에 발생하는 재해를 대상으로 하고 있다(단기 소멸성 보험).
⑦ 농업재해보험은 국가가 직·간접적으로 개입하는 정책보험으로 운영하고 있다.

02 다음은 농업재해보험의 특징에 대한 설명이다. 옳은 것(○)과 옳지 않은 것(×)을 구분하여 표시하시오.

① 민영보험사에서 취급하는 일반보험은 자연재해로 인한 피해를 보상한다. (   )
② 농작물은 생물이기 때문에 재해가 발생한 이후의 기상조건에 따라 재해 발생 이후의 작황이 크게 달라지기 때문에 손해액을 정확하게 평가하는 것은 어렵다. (   )
③ 위험의 정도에 따라 위험이 낮은 계약자와 높은 계약자를 구분하여 보험료를 부과할 수 없다. (   )
④ 사람을 대상으로 하는 인(人)보험이 아니라 농작물이라는 물질을 대상으로 하는 물(物)보험이다. (   )
⑤ 농작물재해보험의 보험기간은 2년 이상으로 장기보험에 해당한다. (   )

정답

① ×, ② ○, ③ ×, ④ ○, ⑤ ×

해설
① 민영보험사에서 취급하는 일반보험은 자연재해로 인한 피해를 보상하지 않는다.
③ 위험이 낮은 계약자와 높은 계약자를 구분하여 위험의 정도에 따라 적절한 수준의 보험료를 부과함으로써 지속가능한 보험구조를 형성하는 것이 중요하다.
⑤ 농작물재해보험의 보험기간은 농작물이 생육을 시작하는 봄부터 농작물을 수확하는 가을까지로 그 기간은 1년 미만이므로 단기보험에 해당한다.

03 농작물재해보험에 대한 국가의 재정적 지원에도 불구하고 국가재보험을 실시하는 이유를 답란에 서술하시오.

정답

농작물재해보험에 대한 국가의 재정적 지원에도 불구하고 농작물재해보험사업자는 대규모 농업재해가 발생할 경우 그 위험을 다 감당하기 어렵기 때문에 재해보험사업에 참여하기를 꺼리는 경우가 있다. 따라서 국가에서 재해보험사업자가 인수한 책임의 일부를 나누어가지는 국가재보험을 실시한다.

제4절   농업재해보험의 기능

01   농업재해보험의 기능을 5가지 이상 답란에 쓰시오.

[정답]

농업재해보험의 기능
① 재해농가의 손실 회복
② 농가의 신용력 증대
③ 농촌지역 경제 및 사회 안정화
④ 농업정책의 안정적 추진
⑤ 재해 대비 의식 고취
⑥ 농업 투자의 증가
⑦ 지속가능한 농업발전과 안정적 식량공급에 기여

02   다음은 농업재해보험의 기능에 대한 설명이다. 옳은 지문에 해당하는 것을 모두 골라 답란에 쓰시오.

> ① 농업재해보험을 통해 보험금이 지급되면 재해를 입은 농가는 경제적 손실을 완전히 회복하게 된다.
> ② 농업재해보험에 가입했다는 것만으로 농가의 신용을 보증하는 결과가 된다.
> ③ 농업재해보험을 통해 일정 수준의 수입이 보장되더라도 지역경제에 불안 요소로 작용할 수 있다.
> ④ 농업재해보험에 가입했더라도 재해로 농가에 경제적 타격이 심한 경우 회복이 불가능할 수도 있다.
> ⑤ 농업재해보험에 가입하지 않는 농가들도 재해 발생시 이웃 농가가 보험금을 받아 경제적 손실을 복구해 평년과 비슷한 경제생활을 하는 것을 목격하면서 농업재해보험의 기능과 중요성을 인식하게 된다.

[정답]

②, ⑤

[해설]

① 농업재해보험을 통해 보험금이 지급되면 재해를 입은 농가는 경제적 손실의 상당 부분을 회복하게 된다. 즉 원상회복까지는 아니다.
③ 농업재해보험을 통해 일정 수준의 수입이 보장되기 때문에 지역경제에 불안 요소로 작용하지는 않는다.
④ 농업재해보험은 재해로 농가에 경제적 타격이 심하더라도 상당한 수준까지 회복할 수 있도록 돕기 때문에 사회적으로도 안정된 분위기가 지속될 수 있다.

03 다음은 농업재해보험의 기능에 대한 설명이다. (   )에 들어갈 내용을 답란에 쓰시오.

---

① 농가는 농업재해보험에 가입하여 감소한 위험만큼 대출을 증가시켜 (㉠)을(를) 확대할 수 있게 된다.
② 농가의 농업경영위험 완화와 농업경영 안정화에 핵심적 장치라 할 수 있는 농업재해보험은 국가·사회적으로도 필수적인 지속가능한 (㉡)과 국민에 대한 안정적 (㉢)에 기여한다.

[정답]

㉠ 농업 투자, ㉡ 농업발전, ㉢ 식량공급

01　농작물재해보험 제도의 도입 취지와 목적을 답란에 서술하시오.

정답

농작물재해보험 제도의 도입 취지와 목적

태풍 및 우박 등 빈번하게 발생하는 자연재해로 인한 농작물의 피해를 적정하게 보전하여 줄 수 있는 농작물재해보험 제도를 도입함으로써 자연재해로 인한 농작물 피해에 대한 농가소득안전망을 구축하여 <u>농업소득의 안정과 농업생산성의 향상에 기여하려는 목적</u>으로 농작물재해보험법이 2001년 1월 26일 제정되었다.

02　다음은 농어업재해보험법의 연혁을 나타낸 표이다. (　　)에 들어갈 내용을 답란에 쓰시오.

연 도	주요 내용
2010년	• 농어업관련 재해보험을 농어업재해보험법으로 통합·일원화 • 재해보험의 적용 대상을 농작물에서 양식수산물, (㉠) 시설물로 확대 • 재해보험의 대상 재해를 자연재해에서 (㉡)까지 포괄
2012년	농작물재해보험의 목적물에 (㉢)을(를) 별도로 규정하여 범위를 명확히 함
(㉣)	농업재해보험사업의 관리를 위한 농림축산식품부장관의 권한 및 위탁 근거 규정을 신설하고 전문손해평가인력의 양성 및 자격제도를 도입
2017년	• 농업재해보험사업 관리 등을 「농업·농촌 및 식품산업기본법」에 근거하여 설립된 (㉤)으로 위탁 • 손해평가사 자격시험의 실시 및 관리에 관한 업무를 (㉥)에 위탁
2020년	양식수산물재해보험사업의 관리에 관한 업무를 (㉦)에 위탁
2022년	(㉧)이 농어업재해보험 발전 기본계획 및 시행계획을 수립·시행
2023년	• 4개 분과위원회(㉨)를 신설함 • 보험가입자가 이의가 있을 때 손해평가에 대해 (㉩)이 가능하도록 함

정답

㉠ 가축 및 농어업용

㉡ 병충해, 조수해(鳥獸害), 질병 및 화재

㉢ 임산물재해보험

㉣ 2014년

㉤ 농업정책보험금융원

㉥ 한국산업인력공단

㉦ 농업정책보험금융원

㉧ 농림축산식품부장관과 해양수산부장관

㉨ 농작물재해보험분과위원회, 임산물재해보험분과위원회, 가축재해보험분과위원회, 양식수산물재해보험분과위원회

㉩ 이의신청

03 농업재해보험 관련 주요 법령과 행정규칙 및 주요 법률을 다음 표의 빈 칸에 쓰시오.

주요 법령	
행정규칙	
주요 법률	

정답

농업재해보험 관련 주요 법령과 행정규칙 및 주요 법률

주요 법령	• 농어업재해보험법 • 농어업재해보험법 시행령
행정규칙	• 농업재해보험 손해평가요령 • 농업재해보험에서 보상하는 보험목적물의 범위 • 농업재해보험의 보험목적물별 보상하는 병충해 및 질병 규정 • 농업재해보험통계 생산관리 수탁관리자 지정 • 재보험사업 및 농업재해보험사업의 운영 등에 관한 규정 • 농어업재해재보험기금운용 규정 등
주요 법률	• 농업·농촌 및 식품산업기본법 • 농어업재해대책법 • 농어업인의 안전보험 및 안전재해예방에 관한 법률 • 농어업경영체 육성 및 지원에 관한 법률 • 보험업법 • 산림조합법 • 풍수해보험법 • 농업협동조합법 등

04 다음 내용을 규정하고 있는 농업재해보험 관련 주요 법령을 답란에 쓰시오.

농어업재해보험심의회의 구체적인 사항, 재해보험에서 보상하는 재해의 범위, 계약자의 기준, 손해평가인 관련 사항, 손해평가사 자격시험 실시 및 자격 관련 사항, 업무위탁, 재정지원, 농어업재해재보험기금에 대한 구체적인 사항, 시범사업 등에 대해 규정하고 있다.

정답

농어업재해보험법 시행령

05 다음 내용을 규정하고 있는 농업재해보험 관련 주요 법령을 답란에 쓰시오.

> 손해평가인의 위촉 및 업무와 교육, 손해평가의 업무위탁, 손해평가반 구성, 교차손해평가, 피해 사실 확인, 손해평가 준비 및 평가 결과 제출, 손해평가 결과 검증, 손해평가 단위, 농작물·가축·농업시설물의 보험계약 및 보험금 산정, 농업시설물의 보험가액 및 손해액 산정, 손해평가 업무방법서 등에 관한 사항을 규정하고 있다.

정답

농업재해보험 손해평가요령

06 다음은 농업재해보험 관련 행정규칙의 주요 내용을 나타낸 표이다. 빈 칸에 알맞은 내용을 쓰시오.

행정규칙	주요 내용
농업재해보험에서 보상하는 보험목적물의 범위	
농업재해보험의 보험목적물별 보상하는 병충해 및 질병 규정	
농어업재해재보험기금운용 규정	
재보험사업 및 농업재해보험사업의 운영 등에 관한 규정	

정답

농업재해보험 관련 행정규칙

행정규칙	주요 내용
농업재해보험에서 보상하는 보험목적물의 범위	보험목적물(농작물, 임산물, 가축)에 대해 규정
농업재해보험의 보험목적물별 보상하는 병충해 및 질병 규정	농작물의 병충해 및 가축의 축종별 질병에 대해 규정
농어업재해재보험기금운용 규정	농어업재해재보험기금의 효율적인 관리·운용에 필요한 세부적인 사항에 대해 규정
재보험사업 및 농업재해보험사업의 운영 등에 관한 규정	농어업재해보험법 및 동법 시행령에 의한 재보험사업 및 농업재해보험사업의 업무위탁, 약정체결 등에 대한 필요한 세부적인 사항에 대해 규정

제1과목 농작물재해보험 및 가축재해보험의 이론과 실무

제2장 ㅣ 농업재해보험 특성과 필요성 55

제3장 농작물재해보험 제도

| 제1절 | 제도 일반 |

01 농작물재해보험의 실시 배경에 대해 답란에 서술하시오.

> **정답**
>
> **농작물재해보험의 실시 배경**
> 정부는 재해 발생시 「농어업재해대책법」에 의해 정책자금 이자 상환 연장, 학자금 지원, 대파종비, 농약대 등을 지원하고 있으나, 개별 농가의 입장에서는 지원 수준이 미미하여 경영 안정에 실질적인 도움이 되지 못하고 있었다. 이에 따라 농작물재해보험은 1970년대 중반부터 그 필요성이 제기되어 왔으나, 보험사업을 시작하기 위한 사전 정보, 즉 경작 상황, 자연재해의 발생 및 피해에 대한 자료가 구축되어 있지 않은 상황이었고, 보험의 필요성에 대한 공감대가 형성되어 있지 않은 상태임에 따라 정책으로 도입되지 않았다. 농작물재해보험 제도 도입의 결정적인 계기가 된 것은 1999년 8월 제7호 태풍 '올가'로 인한 극심한 피해 때문이었다. 이러한 극심한 피해로 농업을 포기하는 농가가 속출함에 따라 2001년에 농작물재해보험이 도입되었다. 2001년 3월 1일 시행된 「농작물재해보험법」에 근거하여 2001년 3월 17일 사과, 배 2개 품목을 중심으로 9개 시·도내 51개 군에서 보험상품을 판매함으로써 농작물재해보험 사업이 시행되었다. 2024년 현재 농작물재해보험 제도는 전국을 대상으로 하여 총 76개 품목에 대해 보험상품을 운영하고 있다.

02 농작물재해보험을 추진하는 법적 근거를 답란에 쓰시오.

> **정답**
>
> ① 농어업재해보험법
> ② 농어업재해보험법 시행령
> ③ 농업재해보험 손해평가요령
> ④ 보조금의 예산 및 관리에 관한 법률

03 다음은 농작물재해보험의 사업운영에 대한 설명이다. (   )에 들어갈 내용을 답란에 쓰시오.

> ① 농작물재해보험의 사업주관부서는 (㉠)이고, 사업관리기관은 (㉡)이다. (㉡)은 「농어업재해
>   보험법」 제25조의2(농어업재해보험 사업관리) 제2항에 의거 (㉠)로부터 농작물재해보험 사업관
>   리업무를 수탁받아 수행한다.
> ② 사업시행기관은 사업관리기관과 약정체결을 한 재해보험사업자로, 현재 농작물재해보험 사업자는
>   (㉢)이다.
> ③ 농작물재해보험의 손해평가를 담당할 손해평가사의 자격시험의 실시 및 관리에 대한 업무 수행 주체는
>   (㉠)로부터 수탁받은 (㉣)이다.

[정답]

㉠ 농림축산식품부, ㉡ 농업정책보험금융원, ㉢ NH농협손해보험, ㉣ 한국산업인력공단

04 농작물재해보험의 사업운영의 주관부서 및 관리기관을 답란에 쓰고, 주요 업무 내용을 서술하시오.

[정답]

(1) 주관부서 및 관리기관
 ① **주관부서** : 농림축산식품부
 ② **관리기관** : 농업정책보험금융원

(2) 주요 업무 내용
 ① **농림축산식품부** : 재해보험 관계법령의 개정, 보험료 및 운영비 등 국고 보조금 지원 등 전반적인 제도 업무를 총괄한다.
 ② **농업정책보험금융원** : 재해보험사업의 관리·감독, 재해보험 상품의 연구 및 보급, 재해 관련 통계 생산 및 데이터베이스 구축·분석, 손해평가인력 육성, 손해평가기법의 연구·개발 및 보급, 재해보험사업의 약정체결 관련 업무, 손해평가사 제도 운용 관련 업무, 농어업재해재보험기금 관리·운용 업무 등을 한다.

05 농작물재해보험의 재해보험사업자와 농업재해보험심의회의 주요 업무 내용을 답란에 서술하시오.

 ① 재해보험사업자 :
 ② 농업재해보험심의회의 :

[정답]

 ① **재해보험사업자** : 재해보험사업자(NH농협손해보험)는 보험상품의 개발 및 판매, 손해평가, 보험금 지급 등 실질적인 보험사업 운영을 한다.
 ② **농업재해보험심의회** : 농업재해보험심의회는 재해보험 목적물 선정, 보상하는 재해의 범위, 재해보험사업 재정지원, 손해평가 방법 등 농업재해보험의 중요사항에 대해 심의한다.

06 「농어업재해보험법」상 농작물재해보험의 보험가입자와 보험가입자의 기준을 답란에 서술하시오.

① 보험가입자 :

② 보험가입자의 기준 :

정답

① **보험가입자** : 농작물재해보험에 가입할 수 있는 자는 농림업에 종사하는 개인 또는 법인이다.
② **보험가입자의 기준** : 농림축산식품부장관이 고시하는 농작물을 재배하는 자이다.

07 농작물재해보험에 가입하기 위한 3가지 요건을 답란에 서술하시오.

정답

① 보험에 가입하려는 농작물을 재배하는 지역이 해당 농작물에 대한 농작물재해보험 사업이 실시되는 지역이어야 한다.
② 보험 대상 농작물이라고 하더라도 경작 규모가 일정 규모 이상이어야 한다.
③ 보험가입시에 보험료의 50% 이상의 정책자금 지원 대상에 포함되기 위해서는 농업경영체 등록이 되어야 한다.

08 다음은 농작물재해보험 대상 품목 및 가입자격(2024년 기준)을 나타낸 표이다. 빈 칸에 알맞은 내용을 쓰시오.

품목명	가입자격
사과, 배, 단감, 떫은감, 감귤, 포도, 복숭아, 자두, 살구, 매실, 참다래, 대추, 유자, 무화과	
밤, 호두, 마늘, 양파, 감자, 고구마, 고추, 양배추, 브로콜리, 오미자, 복분자, 오디, 인삼, 수박(노지), 두릅, 블루베리	
옥수수, 콩, 배추, 무, 파, 단호박, 당근, 팥, 시금치(노지), 양상추	
벼, 밀, 보리, 메밀, 귀리	

농작물재해보험 대상 품목 및 가입자격(2024년 기준)

품목명	가입자격
사과, 배, 단감, 떫은감, 감귤, 포도, 복숭아, 자두, 살구, 매실, 참다래, 대추, 유자, 무화과	농지의 보험가입금액(생산액 또는 생산비) 200만원 이상
밤, 호두, 마늘, 양파, 감자, 고구마, 고추, 양배추, 브로콜리, 오미자, 복분자, 오디, 인삼, 수박(노지), 두릅, 블루베리	농지의 보험가입금액(생산액 또는 생산비) 200만원 이상
옥수수, 콩, 배추, 무, 파, 단호박, 당근, 팥, 시금치(노지), 양상추	농지의 보험가입금액(생산액 또는 생산비) 100만원 이상
벼, 밀, 보리, 메밀, 귀리	농지의 보험가입금액(생산액 또는 생산비) 50만원 이상

09 다음은 농작물재해보험 대상 품목 및 가입자격(2024년 기준)을 나타낸 표이다. 빈 칸에 알맞은 내용을 쓰시오.

품목명	가입자격
농업용 시설물 및 시설작물 버섯재배사 및 버섯작물	
차, 조사료용 벼, 사료용 옥수수	

농작물재해보험 대상 품목 및 가입자격(2024년 기준)

품목명	가입자격
농업용 시설물 및 시설작물 버섯재배사 및 버섯작물	단지 면적이 300m^2 이상
차, 조사료용 벼, 사료용 옥수수	농지의 면적이 1,000m^2 이상

10 2024년 현재 보험 대상 농작물(보험의 목적물)의 품목을 다음 구분에 따라 답란에 쓰시오.

① 과수작물(14개 품목) :

② 식량작물(12개 품목) :

③ 채소작물(13개 품목) :

④ 특용작물(3개 품목) :

⑤ 임산물(8개 품목) :

⑥ 버섯작물(3개 품목) :

⑦ 시설작물(23개 품목) :

① **과수작물(14개 품목)** : 사과, 배, 단감, 감귤(온주밀감류, 만감류), 포도, 복숭아, 자두, 살구, 매실, 참다래, 유자, 무화과, 블루베리
② **식량작물(12개 품목)** : 벼, 밀, 보리, 감자(봄재배, 가을재배, 고랭지재배), 고구마, 옥수수, 콩, 팥, 메밀, 귀리
③ **채소작물(13개 품목)** : 양파, 마늘, 고추, 양배추, 배추, 무, 파, 당근, 브로콜리, 단호박, 시금치(노지), 양상추, 수박(노지)
④ **특용작물(3개 품목)** : 인삼, 오디, 차(茶)
⑤ **임산물(8개 품목)** : 떫은감, 대추, 밤, 호두, 복분자, 오미자, 표고버섯, 두릅
⑥ **버섯작물(3개 품목)** : 느타리버섯, 새송이버섯, 양송이버섯
⑦ **시설작물(23개 품목)** : 국화, 장미, 백합, 카네이션, 딸기, 오이, 토마토, 참외, 고추, 호박, 수박, 멜론, 파프리카, 부추, 시금치, 상추, 가지, 배추, 파(대파·쪽파), 무, 미나리, 쑥갓, 감자

11 다음은 보험사업 실시지역에 대한 설명이다. (   )에 들어갈 내용을 답란에 쓰시오.

> 시범사업은 주산지 등 일부 지역(특정 품목의 경우 전국)에서 실시하며, 시범사업을 거쳐 전국적으로 확대된 본사업은 주로 전국에서 실시한다. 다만, 일부 품목의 경우 품목의 특성상 사업지역을 한정할 필요가 있는 경우에는 사업지역을 제한한다. 재해보험사업자는 시범사업 실시지역의 추가, 제외 또는 변경이 필요한 경우 그 내용을 (㉠)과 사전 협의하여야 한다. (㉡)차 이상 시범사업 품목 중에서 (㉢)에 심의에 따라 본사업으로 전환될 수 있다.

㉠ 농림축산식품부장관, ㉡ 3년, ㉢ 농업재해보험심의회

12 다음은 보험 대상 재해의 범위에 대한 설명이다. (   )에 들어갈 내용을 답란에 쓰시오.

> ① 보험 대상 범위를 어떻게 정하느냐에 따라 특정위험방식과 종합위험방식으로 구분한다. 2024년 현재 특정위험방식은 (㉠)에 해당되며, 종합위험방식은 다시 적과전 종합위험방식과 수확전 종합위험방식, 종합위험방식으로 구분하는데 적과전 종합위험방식은 (㉡)에 해당되며, 수확전 종합위험방식은 (㉢)에 해당된다. 종합위험방식은 특정위험방식과 적과전 종합위험방식, 수확전 종합위험방식을 제외한 품목에 해당된다.
> ② 종합위험방식(적과전 종합위험방식, 수확전 종합위험방식 포함)은 보험 대상으로 하는 주요 재해를 기본적으로 보장하고(주계약), 주요 재해 이외에 (㉣)을(를) 특약으로 추가보장 혹은 부보장(계약자 선택)할 수 있다.

㉠ 인삼, ㉡ 사과, 배, 단감, 떫은감, ㉢ 복분자, 무화과, ㉣ 특정 재해

13 2024년도 현재 보험 대상 품목별 대상 재해를 일부 나타낸 표이다. 빈 칸에 알맞은 내용을 쓰시오.

구 분	대상 품목	대상 재해
특정위험	인삼	
적과전 종합위험	사과, 배, 단감, 떫은감	• 적과전 : • 적과후 :
	(특약) 나무보장	• 적과전(특약) : • 적과후(특약) :
수확전 종합위험	복분자	• 5월 31일 이전 : • 6월 1일 이후 :
	무화과	• 7월 31일 이전 : • 8월 1일 이후 :

정답

보험 대상 품목별 대상 재해

구 분	대상 품목	대상 재해
특정위험	인삼	태풍(강풍), 폭설, 집중호우, 침수, 조수해, 화재, 우박, 폭염, 냉해
적과전 종합위험	사과, 배, 단감, 떫은감	• 적과전 : 자연재해, 조수해(鳥獸害), 화재 • 적과후 : 태풍(강풍), 우박, 화재, 지진, 집중호우, 일소피해, 가을동상해
	(특약) 나무보장	• 적과전(특약) : 태풍, 우박, 집중호우, 지진, 화재 한정보장 • 적과후(특약) : 가을동상해, 일소피해 부보장
수확전 종합위험	복분자	• 5월 31일 이전 : 자연재해, 조수해, 화재 • 6월 1일 이후 : 태풍(강풍), 우박
	무화과	• 7월 31일 이전 : 자연재해, 조수해, 화재 • 8월 1일 이후 : 태풍(강풍), 우박

14 2024년도 현재 보험 대상 품목별 대상 재해를 일부 나타낸 표이다. 빈 칸에 알맞은 내용을 쓰시오.

구 분	대상 품목	대상 재해
종합위험	참다래, 매실, 자두, 포도, 유자, 살구	
	복숭아	
	밀, 고구마, 옥수수, 콩, 차, 오디, 밤, 대추, 오미자, 양파	
	마늘	
	호두	
	고추, 감자	

제1과목 농작물재해보험 및 가축재해보험의 이론과 실무

보험 대상 품목별 대상 재해

구 분	대상 품목	대상 재해
종합위험	참다래, 매실, 자두, 포도, 유자, 살구	자연재해, 조수해(鳥獸害), 화재
	복숭아	자연재해, 조수해, 화재, 병충해(세균구멍병)
	밀, 고구마, 옥수수, 콩, 차, 오디, 밤, 대추, 오미자, 양파	자연재해, 조수해, 화재
	마늘	자연재해, 조수해, 화재 ※ 특약 : 조기파종보장
	호두	자연재해, 조수해, 화재 ※ 특약 : 조수해 부보장
	고추, 감자	자연재해, 조수해, 화재, 병충해

15 2024년도 현재 보험 대상 품목별 대상 재해를 일부 나타낸 표이다. 빈 칸에 알맞은 내용을 쓰시오.

구 분	대상 품목	대상 재해
종합위험	감귤(온주밀감류) (특약) 나무보장, 　　　과실손해추가보장	(㉠) ※ 특약 : (㉡)
	감귤(만감류) (특약) 나무보장, 　　　수확량감소추가보장	(㉢)

㉠ 자연재해, 조수해(鳥獸害), 화재(12월 20일 이전)
㉡ 수확개시 이후 동상해보장(12월 21일 이후)
㉢ 자연재해, 조수해, 화재

16 종합위험보장 벼(조사료용 벼 제외) 상품의 병해충보장 특별약관에서 보장하는 병해충 5가지만 쓰시오.

기출유형

흰잎마름병, 벼멸구, 도열병, 줄무늬잎마름병, 깨씨무늬병

병해충보장 특별약관에서 보장하는 병해충
흰잎마름병, 벼멸구, 도열병, 줄무늬잎마름병, 깨씨무늬병, 먹노린재, 세균성벼알마름병

17 2024년도 현재 보험 대상 품목별 대상 재해를 일부 나타낸 표이다. 빈 칸에 알맞은 내용을 쓰시오.

구 분	대상 품목	대상 재해
종합위험	해가림시설(인삼)	( )
	농업용 시설물, 버섯재배사, 부대시설	( ) ※ 특약 : ( )
	비가림시설 (포도, 대추, 참다래)	( ) ※ 특약 : ( )
	시설작물, 버섯작물	( ) ※ 특약 : ( )

정답

보험 대상 품목별 대상 재해

구 분	대상 품목	대상 재해
종합위험	해가림시설(인삼)	자연재해, 조수해, 화재
	농업용 시설물, 버섯재배사, 부대시설	자연재해, 조수해 ※ 특약 : 화재, 화재대물배상책임, 수해 부보장
	비가림시설 (포도, 대추, 참다래)	자연재해, 조수해 ※ 특약 : 화재, 비가림시설 부보장
	시설작물, 버섯작물	자연재해, 조수해 ※ 특약 : 화재, 화재대물배상책임

18 농작물재해보험대상 밭작물 품목 중 자기부담금이 잔존보험가입금액의 3% 또는 5%인 품목 2가지를 쓰시오.　　　　　　　　　　　　　　　　　　　　　　　　　　　　　　　기출유형

정답

브로콜리, 고추

해설

브로콜리, 고추의 경우 보험금 산정시 잔존보험가입금액의 3% 또는 5%를 자기부담금으로 차감한다.

19 다음은 농작물재해보험의 보장유형(자기부담금)에 대한 설명이다. (   )에 들어갈 내용을 답란에 쓰시오.

> ① 수확량을 보장하는 상품의 경우 평년 수준의 (㉠)과 (㉡)을 기준으로 하여 보험가입금액을 산출하고, 이를 기준으로 보장유형을 설정한다. 현재 농작물재해보험의 보장유형은 (㉢) 사이에서 품목에 따라 다양하다.
> ② 생산비를 보장하는 품목 중 브로콜리, 고추의 경우 보험금 산정시 잔존보험가입금액의 (㉣)를 자기부담금으로 차감하며, 시설작물의 경우 손해액 (㉤)까지는 계약자 본인이 부담하고, 손해액이 (㉤)을 초과하는 경우 손해액 전액을 보상한다.
> ③ 농업시설의 경우 시설의 종류에 따라 (㉥)까지 한도 내에서 손해액의 (㉦)를 자기부담금으로 적용한다. 다만, 해가림시설을 제외한 농업용 시설물과 비가림시설 보험의 (㉧)의 경우 화재로 인한 손해 발생시 자기부담금을 적용하지 않는다.

정답

㉠ 가입수확량
㉡ 가입가격
㉢ 60%~90%
㉣ 3% 또는 5%
㉤ 10만원
㉥ 최소 10만원에서 최대 100만원
㉦ 10%
㉧ 화재특약

20 보험 대상 품목별 보장수준을 일부 나타낸 표이다. 사과, 배, 단감, 떫은감의 보장수준을 참고하여 다른 품목의 보장수준을 표의 빈 칸에 "○"로 표시하시오.

품 목	보장수준(보험가입금액의 %)				
	60	70	80	85	90
사과, 배, 단감, 떫은감	○	○	○	○	○
참다래, 매실, 자두, 포도					
복숭아, 감귤, 무화과, 복분자, 인삼, 벼					
밀, 고구마, 옥수수, 콩, 팥, 차, 오디, 밤, 대추, 오미자, 양파, 감자, 마늘, 대파, 단호박, 시금치(노지)					
배추(봄, 가을), 무(가을), 쪽파(실파), 호두, 두릅, 블루베리, 수박(노지), 귀리					

정답

보험 대상 품목별 보장수준

품 목	보장수준(보험가입금액의 %)				
	60	70	80	85	90
사과, 배, 단감, 떫은감	○	○	○	○	○
참다래, 매실, 자두, 포도	○	○	○	○	○
복숭아, 감귤, 무화과, 복분자, 인삼, 벼	○	○	○	○	○
밀, 고구마, 옥수수, 콩, 팥, 차, 오디, 밤, 대추, 오미자, 양파, 감자, 마늘, 대파, 단호박, 시금치(노지)	○	○	○	○	○
배추(봄, 가을), 무(가을), 쪽파(실파), 호두, 두릅, 블루베리, 수박(노지), 귀리	○	○	○	–	–

21 다음은 보험 대상 품목별 보장수준을 일부 나타낸 표이다. 표의 빈 칸에 자기부담금을 쓰시오.

품 목	자기부담금
브로콜리, 고추	
해가림시설(인삼)	
농업용 시설물, 버섯재배사 및 부대시설, 비가림시설(포도, 대추, 참다래)	
시설작물, 버섯작물	

정답

보험 대상 품목별 보장수준

품 목	자기부담금
브로콜리, 고추	잔존보험가입금액의 3% 또는 5%
해가림시설(인삼)	최소 10만원에서 최대 100만원 한도 내에서 손해액의 10%를 적용
농업용 시설물, 버섯재배사 및 부대시설, 비가림시설(포도, 대추, 참다래)	최소 30만원에서 최대 100만원 한도 내에서 손해액의 10%를 적용 (단, 피복재 단독사고는 최소 10만원에서 최대 30만원 한도 내에서 손해액의 10%를 적용하고, 화재로 인한 손해는 자기부담금을 적용하지 않음)
시설작물, 버섯작물	손해액이 10만원을 초과하는 경우 손해액 전액 보상(단, 화재로 인한 손해는 자기부담금을 적용하지 않음)

22 보험 대상 품목별 보장수준과 관련하여 자기부담금에 대한 설명이다. (   )에 들어갈 내용을 답란에 쓰시오.

> ① 보장형별 보험가입금액의 (㉠) 해당액은 자기부담금으로서 보험계약시 (㉡)가 선택하며, 자기부담금 이하의 손해는 계약자 또는 피보험자가 부담하기 때문에 보험금을 지급하지 않는다.
> ② 보장에 대한 구체적인 사항은 (㉢)에 따른다.

정답

㉠ 40%, 30%, 20%, 15%, 10%
㉡ 계약자
㉢ 농작물재해보험 약관

23 다음은 품목별 보험 가입단위에 대한 설명이다. (   )에 들어갈 내용을 답란에 쓰시오.

> ① 농작물은 필지에 관계없이 논두렁 등으로 경계 구분이 가능한 (㉠)로 가입한다. 다만, 읍·면·동을 달리하는 농지를 가입하는 경우, 동일 계약자가 추진사무소를 달리하여 농지를 가입하는 경우 등 사업관리기관(농업정책보험금융원)과 (㉡)이 별도 협의한 예외 사항의 경우 1계약자가 (㉢)으로 가입할 수 있다.
> ② 농업용 시설물·시설작물, 버섯재배사·버섯작물은 (㉣) 단위로 가입 가능하며, 단지내 인수제한 목적물 및 (㉤)은 제외된다.

정답

㉠ 농지별
㉡ 사업시행기관(재해보험사업자)
㉢ 2증권
㉣ 하우스 1단지
㉤ 타인 소유 목적물

24 다음은 농작물재해보험 판매기간에 대한 설명이다. (   )에 들어갈 내용을 답란에 쓰시오 (단, 판매기간은 월 단위로 기재하시오).

> ① 농작물재해보험 판매기간은 농작물의 특성에 따라 타 손해보험과 다르게 판매기간을 정하고 있으며, 작물의 (㉠)와 연계하여 판매한다.
> ② 재해보험사업자는 보험사업의 안정적 운영을 위해 태풍 등 기상 상황에 따라 판매기간 중이라도 판매를 중단할 수 있다. 다만, 일정한 기준을 수립하여 운영하여야 하며, 판매를 중단한 경우 그 기간을 (㉡)에 지체 없이 알려야 한다.

정답

㉠ 생육시기, ㉡ 농업정책보험금융원

25 다음은 농작물재해보험 판매기간을 일부 나타낸 표이다. 표의 빈 칸에 알맞은 내용을 쓰시오 (단, 판매기간은 월 단위로 기재하시오).

품 목	판매기간
사과, 배, 단감, 떫은감	㉠
농업용 시설물 및 시설작물 (수박, 딸기, 오이, 토마토, 참외, 고추, 호박, 국화, 장미, 파프리카, 멜론, 상추, 부추, 시금치, 배추, 가지, 파, 무, 백합, 카네이션, 미나리, 쑥갓, 감자)	㉡
버섯재배사 및 버섯작물 (양송이, 새송이, 표고, 느타리)	㉢
밤, 대추, 수박(노지), 고추, 호두	㉣
고구마, 옥수수, 사료용 옥수수	㉤
감귤, 단호박	㉥

정답

㉠ 1~2월, ㉡ 2~12월, ㉢ 2~12월, ㉣ 4~5월, ㉤ 4~6월, ㉥ 5월

26 다음은 농작물재해보험 판매기간을 일부 나타낸 표이다. 표의 빈 칸에 알맞은 내용을 쓰시오 (단, 판매기간은 월 단위로 기재하시오).

품 목	판매기간
감자	• 봄재배 : • 고랭지재배 : • 가을재배 :
배추	• 봄 : • 고랭지 : • 가을 : • 월동 :
무	• 가을 : • 고랭지 : • 월동 :
파	• 대파 : • 쪽파, 실파 :
벼, 조사료용 벼	
참다래, 콩, 팥	

농작물재해보험 판매기간

품 목	판매기간
감자	• 봄재배 : 4~5월 • 고랭지재배 : 5~6월 • 가을재배 : 8~9월
배추	• 봄 : 3~4월 • 고랭지 : 4~6월 • 가을 : 8~9월 • 월동 : 9~10월
무	• 가을 : 8~9월 • 고랭지 : 4~6월 • 월동 : 8~10월
파	• 대파 : 4~6월 • 쪽파, 실파 : 8~10월
벼, 조사료용 벼	4~6월
참다래, 콩, 팥	6~7월

27 다음은 농작물재해보험 판매기간을 일부 나타낸 표이다. 표의 빈 칸에 알맞은 내용을 쓰시오 (단, 판매기간은 월 단위로 기재하시오).

품 목	판매기간
인삼	
당근	
양상추	
양배추, 메밀	
브로콜리	
마늘	
차, 양파, 시금치(노지)	
밀, 보리, 귀리	
포도, 유자, 자두, 매실, 복숭아, 오디, 복분자, 오미자, 무화과, 살구, 두릅, 블루베리	

정답

농작물재해보험 판매기간

품 목	판매기간
인삼	4~5월, 11월
당근	7~8월
양상추	7~9월
양배추, 메밀	8~9월
브로콜리	8~10월
마늘	9~11월
차, 양파, 시금치(노지)	10~11월
밀, 보리, 귀리	10~12월
포도, 유자, 자두, 매실, 복숭아, 오디, 복분자, 오미자, 무화과, 살구, 두릅, 블루베리	11~12월

28 농작물재해보험에 가입하는 절차를 답란에 쓰시오.

정답

농작물재해보험에 가입하는 절차
보험가입 안내(지역대리점 등) → 가입신청(계약자) → 현지 확인(보험목적물 현지조사를 통한 서류와 농지정보 일치 여부 확인 등) → 청약서 작성 및 보험료 수납(보험가입금액 및 보험료 산정) → 보험증권 발급(지역대리점)

29 다음은 농작물재해보험 가입 및 보험료 납부에 대한 설명이다. (   )에 들어갈 내용을 답란에 쓰시오.

> ① 농작물재해보험은 (㉠)와 판매 위탁계약을 체결한 지역대리점(지역농협 및 품목농협) 등에서 보험모집 및 판매를 담당한다.
> ② 보험료 납입은 보험가입시 (㉡)을 원칙으로 하되 현금, 즉시이체 또는 신용카드로 납부할 수 있다. 보험료는 (㉢) 납부시 할부 납부가 가능하다. 보험료의 납입은 보험계약 인수와 연계되어 시행되며, 계약 인수에 이상이 없을 경우에는 보험료 납부가 가능하나, (㉣) 중에는 사전수납할 수 없다.

정답

㉠ 재해보험사업자(NH농협손해보험), ㉡ 일시납(1회납), ㉢ 신용카드, ㉣ 인수심사

30 다음은 농작물재해보험 보험료율 및 보험료의 할인·할증 적용에 대한 설명이다. (   )에 들어갈 내용을 답란에 쓰시오.

① 보험료율은 각 주계약, 특약의 지역별로 자연재해의 특성을 반영하여 산정된다. 기본적으로 보험료율을 산출하는 지역단위는 (㉠)이다. 시·군내 자연재해로 인한 피해의 양상이 상이하여 보험료가 공정하지 않다는 지적이 제기되어, 2022부터 (㉡) 품목, 2024년부터 (㉢) 품목을 대상으로 통계신뢰도를 일정수준 충족하는 읍·면·동에 대해 시범적으로 보험료율 산출 단위 세분화(시·군·구 → 읍·면·동)를 적용한다.
② 보험료의 할인·할증의 종류는 각 품목별 (㉣)에 따라 적용되며, 과거의 (㉤) 및 (㉥)에 따른 할인·할증, 방재시설별 할인율 등을 적용한다.

정답

㉠ 시·군·구 또는 광역시·도, ㉡ 사과, 배, ㉢ 단감, 떫은감, ㉣ 재해보험 요율서, ㉤ 손해율, ㉥ 가입연수

31 다음은 농작물재해보험 보험료 산정시 방재시설 판정기준에 대한 설명이다. (   )에 들어갈 내용을 답란에 쓰시오.

방재시설	판정기준
방상팬	• 방상팬은 팬 부분과 기둥 부분으로 나뉘어짐 • 팬 부분의 날개 회전은 원심식으로 모터의 힘에 의해 돌아가며 좌우 180도 회전가능하며 팬의 크기는 면적에 따라 조정 • 기둥 부분은 높이 (㉠) 이상
서리방지용 미세살수장치	서리피해를 방지하기 위해 설치된 살수량 (㉡)의 미세살수장치
방풍림	높이가 6m 이상의 영년생 침엽수와 상록활엽수가 (㉢) 이하의 간격으로 과수원 둘레 전체에 식재되어 과수원의 바람 피해를 줄일 수 있는 나무
방풍망	망구멍 가로 및 세로가 (㉣)의 망목네트를 과수원 둘레 전체나 둘레 일부(1면 이상 또는 전체 둘레의 20% 이상)에 설치
방충망	망구멍이 가로 및 세로가 (㉤) 이하 망목네트로 과수원 전체를 피복
방조망	망구멍의 가로 및 세로가 (㉥)를 초과하고 새의 입출이 불가능한 그물

정답

㉠ 6m, ㉡ 500~800L/10a, ㉢ 5m, ㉣ 6~10mm, ㉤ 6mm, ㉥ 10mm

32 농작물재해보험 보험료 방재시설 할인율의 방재시설 판정기준에 관한 내용이다. (   )에 들어갈 내용을 쓰시오. 기출유형

> ① 방풍림은 높이가 (㉠)미터 이상의 영년생 침엽수와 상록활엽수가 (㉡)미터 이하의 간격으로 과수원 둘레 전체에 식재되어 과수원의 바람 피해를 줄일 수 있는 나무
> ② 방풍망은 망구멍 가로 및 세로가 6~10mm의 망목네트를 과수원 둘레 전체나 둘레 일부[1면 이상 또는 전체 둘레의 (㉢)% 이상]에 설치
> ③ 방충망은 망구멍이 가로 및 세로가 (㉣)mm 이하의 망목네트로 과수원 전체를 피복
> ④ 방조망은 망구멍의 가로 및 세로가 (㉤)mm를 초과하고 새의 입출이 불가능한 그물, 주 지주대와 보조 지주대를 설치하여 과수원 전체를 피복

정답

㉠ 6, ㉡ 5, ㉢ 20, ㉣ 6, ㉤ 10

해설

방재시설 판정기준
① 방풍림은 높이가 (6)미터 이상의 영년생 침엽수와 상록활엽수가 (5)미터 이하의 간격으로 과수원 둘레 전체에 식재되어 과수원의 바람 피해를 줄일 수 있는 나무이다.
② 방풍망은 망구멍 가로 및 세로가 6~10mm의 망목네트를 과수원 둘레 전체나 둘레 일부[1면 이상 또는 전체 둘레의 (20)% 이상]에 설치한다.
③ 방충망은 망구멍이 가로 및 세로가 (6)mm 이하의 망목네트로 과수원 전체를 피복한다.
④ 방조망은 망구멍의 가로 및 세로가 (10)mm를 초과하고 새의 입출이 불가능한 그물이며, 주 지주대와 보조 지주대를 설치하여 과수원 전체를 피복한다.

33 다음은 농작물재해보험 보험기간 적용 및 보험가입금액 산출에 대한 설명이다. (   )에 들어갈 내용을 답란에 쓰시오.

> ① 보험기간은 농작물재해보험이 보장하는 기간을 말하며, 특정위험방식 · 종합위험방식의 품목별로 (㉠)를 감안하여 보험기간을 따로 정하고 있다. 보험기간의 구체적인 사항은 해당 (㉡)에 기술된다.
> ② 보험가입금액은 기본적으로 (㉢)에 (㉣)을 곱하여 산출한다. 다만, 품목 또는 보장형태에 따라 구체적인 사항을 별도로 정한다.

정답

㉠ 생육기, ㉡ 보험약관, ㉢ 가입수확량, ㉣ 가입(표준)가격

34 다음은 품목별·보장형태별 보험가입금액 산출에 대한 설명이다. (   )에 들어갈 내용을 답란에 쓰시오.

---

① 수확량감소보장 보험가입금액은 가입수확량에 (㉠)을 곱하여 산출하며, 천원 단위는 절사한다. (㉠)은 보험에 가입할 때 결정한 보험의 목적물(농작물)의 kg당 (㉡)으로 과실의 경우 한 과수원에 다수의 품종이 혼식된 경우에도 품종과 관계없이 동일하게 적용한다.

② 벼의 보험가입금액은 가입 단위 농지별로 가입수확량(kg 단위)에 (㉢)을 곱하여 산출한다. 벼의 (㉢)은 보험가입 연도 직전 5개년의 시·군별 (㉣) 최근 5년 평균값에 민간 RPC지수를 반영하여 산출한다.

정답

㉠ 가입가격
㉡ 평균가격(나무손해보장 특별약관의 경우에는 보험에 가입한 나무의 1주당 가격)
㉢ 표준(가입)가격(원/kg)
㉣ 농협 RPC 계약재배 수매가

35 다음은 품목별·보장형태별 보험가입금액 산출에 대한 설명이다. (   )에 들어갈 내용을 답란에 쓰시오.

---

① 버섯(표고, 느타리, 새송이, 양송이)의 보험가입금액은 하우스 단지별 연간 재배 예정인 버섯 중 생산비가 가장 높은 버섯의 보험가액의 (㉠) 범위 내에서 보험가입자(계약자)가 10% 단위로 보험가입금액을 결정한다.

② 농업용 시설물의 보험가입금액은 단지내 하우스 1동 단위로 설정하며, 산정된 재조달 기준가액의 (㉡) 범위 내에서 산출한다. 단, 기준금액 산정이 불가능한 (㉢) 등은 계약자의 고지사항 및 관련 서류를 기초로 보험가액을 추정하여 보험가입금액을 결정한다.

③ 인삼의 보험가입금액은 연근별 (보상)가액에 (㉣)을(를) 곱하여 결정한다.

④ 인삼 해가림시설의 보험가입금액은 재조달가액에 (㉤)을(를) 감하여 결정한다.

정답

㉠ 50%~100%
㉡ 90%~130%(10% 단위)
㉢ 콘크리트조, 경량 철골조, 비규격 하우스
㉣ 재배면적(m^2)
㉤ 감가상각률

36 다음은 농어업재해보험법상 손해평가에 대한 설명이다. (   )에 들어갈 내용을 답란에 쓰시오.

> ① 재해보험사업자는 「농어업재해보험법」 제11조 및 농림축산식품부장관이 정하여 고시하는 (㉠)에
> 따라 손해평가를 실시하여야 하며, 손해평가시 고의로 진실을 숨기거나 허위로 손해평가를 해서는
> 안 된다.
> ② 손해평가에 참여하고자 하는 손해평가사는 (㉡)에게, 손해평가인은 (㉢)가 주관하는 교육을 정기적
> 으로 받아야 하며, 손해평가사는 1회 이상 실무교육을 이수하고 (㉣)마다 1회 이상의 보수교육을
> 이수하여야 한다. 손해평가인 및 손해사정사, 손해사정사 보조인은 (㉤) 이상 정기교육을 필수적으로
> 받아야 하며, 필수 교육을 이수하지 않았을 경우에는 손해평가를 할 수 없다.

정답

㉠ 「농업재해보험 손해평가요령」, ㉡ 농업정책보험금융원, ㉢ 재해보험사업자, ㉣ 3년, ㉤ 연 1회

37 다음은 농업재해보험 재보험에 대한 설명이다. (   )에 들어갈 내용을 답란에 쓰시오.

> 농작물재해보험사업 품목에 대해 일정 부분은 정부가 국가재보험으로 인수하며, 재해보험사업자는 국가(농
> 업정책보험금융원)와 재보험에 관하여 별도의 약정을 체결한다. 재해보험사업자가 보유한 부분의 손해는
> 재해보험사업자가 자체적으로 민영보험사와 (㉠) 체결을 통해 재보험 출재할 수 있다. 재해보험사업자가
> 민영보험사에 재보험으로 출재할 경우에는 출재방식, 금액, 비율 등 실적 내용을 (㉡)에 제출하여야
> 한다.

정답

㉠ 재보험약정, ㉡ 농업정책보험금융원

38 다음은 농작물재해보험의 보험금 지급에 대한 설명이다. (   )에 들어갈 내용을 답란에 쓰
시오.

> 재해보험사업자는 계약자(또는 피보험자)가 재해발생 사실 통지시 지체 없이 지급할 보험금을 결정하고,
> 지급할 보험금이 결정되면 (㉠) 이내에 보험금 지급한다. 지급할 보험금이 결정되기 전이라도 피보험자의
> 청구가 있을 때에는 재해보험사업자가 추정한 보험금의 (㉡) 상당액을 가지급금으로 지급한다.

정답

㉠ 7일, ㉡ 50%

39 농작물재해보험의 손해평가 및 보험금 지급과정을 다음 제시된 순서대로 서술하시오.

① 보험사고 접수 :

② 보험사고 조사 :

③ 지급보험금 결정 :

④ 보험금 지급 :

정답

손해평가 및 보험금 지급과정
① **보험사고 접수** : 계약자·피보험자는 재해보험사업자에게 보험사고발생 사실을 통보한다.
② **보험사고 조사** : 재해보험사업자는 보험사고 접수가 되면 손해평가반을 구성하여 보험사고를 조사하고, 손해액을 산정한다.
③ **지급보험금 결정** : 보험가입금액과 손해액을 검토하여 결정한다.
④ **보험금 지급** : 지급할 보험금이 결정되면 7일 이내에 지급하되, 지급보험금이 결정되기 전이라도, 피보험자의 청구가 있으면 추정보험금의 50%까지 보험금 지급이 가능하다.

40 정부는 농업인의 경제적 부담을 줄이고 농작물재해보험 사업의 원활한 추진을 위하여 농작물재해보험에 가입한 계약자의 납입 순보험료를 지원한다. 아래 도표는 정부의 농가부담보험료 지원 비율(2024년 기준)을 나타낸 표이다. 빈 칸에 들어갈 내용을 답란에 쓰시오.

구 분	품 목	보장수준(%)				
		60	70	80	85	90
국고 보조율(%)	사과, 배, 단감, 떫은감	60				
	벼	60				

정답

정부의 농가부담보험료 지원 비율(2024년 기준)

구 분	품 목	보장수준(%)				
		60	70	80	85	90
국고 보조율(%)	사과, 배, 단감, 떫은감	60	60	50	38	33
	벼	60	55	50	38	35

41 다음은 '사과'의 적과전 종합위험방식 계약에 관한 사항이다. 다음 물음에 답하시오(단, 주어진 조건외 다른 조건은 고려하지 않음). `기출유형`

구 분	품 목	보장수준(%)				
		60	70	80	85	90
국고보조율(%)	사과, 배, 단감, 떫은감	60	60	50	38	33

〈조 건〉
- 품목 : 사과(적과전 종합위험방식)
- 순보험요율 : 15%
- 할인 · 할증률 : 100%
- 착과감소보험금 보장수준 : 70%형
- 가입금액 : 1,000만원(주계약)
- 부가보험요율 : 2.5%
- 자기부담비율 : 20%형

(1) 영업보험료의 계산과정과 값을 쓰시오.

(2) 부가보험료의 계산과정과 값을 쓰시오.

(3) 농가부담보험료의 계산과정과 값을 쓰시오.

`정답`

(1) 영업보험료

영업보험료 = 순보험료 + 부가보험료
- 순보험료 = 보험가입금액 × 순보험요율 × 할인 · 할증률
  = 10,000,000원 × 15% × 100% = 1,500,000원
- 부가보험료 = 보험가입금액 × 부가보험요율 × 할인 · 할증률
  = 10,000,000원 × 2.5% × 100% = 250,000원
- 영업보험료 = 순보험료 + 부가보험료
  = 1,500,000원 + 250,000원 = **1,750,000원**

(2) 부가보험료

부가보험료 = 보험가입금액 × 부가보험요율 × 할인 · 할증률
  = 10,000,000원 × 2.5% × 100% = **250,000원**

(3) 농가부담보험료

정부는 농업인의 경제적 부담을 줄이고 농작물재해보험 사업의 원활한 추진을 위하여 농작물재해보험에 가입한 계약자의 납입 순보험료의 50% 내외를 지원한다. 다만, 사과, 배, 단감, 떫은감 품목은 보장수준별로 33~60% 차등 보조한다.
문제 조건에서 <u>자기부담비율이 20%형이므로, 보장수준은 80%이다.</u> 즉 <u>국고보조율은 50%이다.</u>

농가부담보험료 = 1,500,000원 × (1 − 50%) = **750,000원**

42 다음은 농작물재해보험의 추진 절차를 도식화하여 나타낸 것이다. ㉠, ㉡, ㉢, ㉣에 들어갈 내용을 답란에 쓰시오.

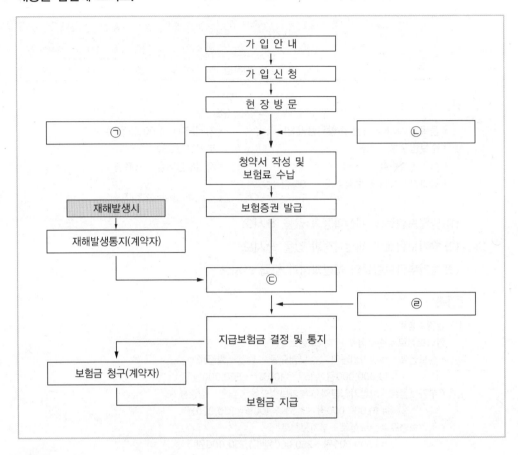

정답

㉠ 평년착과량·평년수확량(또는 표준수확량, 생산비)

㉡ 가입가격(표준가격)

㉢ 피해사실 확인 및 손해평가(피해율 산정 등)

㉣ 검증조사(재해보험사업자, 재보험사업자)

제2절 농작물재해보험 상품내용

1 과수작물 : 적과전 종합위험방식Ⅱ 상품

01 적과전 종합위험방식Ⅱ 상품에 가입할 수 있는 대표적인 과수작물 4가지를 답란에 쓰시오.

정답

사과, 배, 단감, 떫은감

02 적과전 종합위험방식Ⅱ 상품의 과실손해보장 보통약관에서 보상하는 재해를 다음 구분에 따라 답란에 서술하시오.

① 적과종료 이전 :

② 적과종료 이후 :

정답

① **적과종료 이전** : 자연재해[태풍피해, 우박피해, 동상해, 호우피해, 강풍피해, 냉해(冷害), 한해(旱害 : 가뭄피해), 조해(潮害), 설해(雪害), 폭염(暴炎), 기타 자연재해], 조수해, 화재

② **적과종료 이후** : 태풍(강풍), 우박, 지진, 화재, 집중호우, 가을동상해, 일소피해

03 적과전 종합위험방식Ⅱ 상품의 보통약관에서 적과종료 이전에 보상하는 재해를 답란에 정의하시오.

① 태풍피해 :

② 우박피해 :

③ 동상해 :

④ 호우피해 :

⑤ 강풍피해 :

정답

① **태풍피해** : 기상청 태풍주의보이상 발령할 때 발령지역의 바람과 비로 인하여 발생하는 피해

② **우박피해** : 적란운과 봉우리적운 속에서 성장하는 얼음알갱이나 얼음덩이가 내려 발생하는 피해

③ **동상해** : 서리 또는 기온의 하강으로 인하여 농작물 등이 얼어서 발생하는 피해

④ **호우피해** : 평균적인 강우량 이상의 많은 양의 비로 인하여 발생하는 피해

⑤ **강풍피해** : 강한 바람 또는 돌풍으로 인하여 발생하는 피해

04 적과전 종합위험방식Ⅱ 상품의 보통약관에서 적과종료 이전에 보상하는 재해를 답란에 정의하시오.

① 한해(旱害 ; 가뭄피해) :

② 냉해(冷害) :

③ 조해(潮害) :

④ 설해(雪害) :

⑤ 폭염(暴炎) :

> **정답**
>
> ① **한해(旱害 ; 가뭄피해)** : 장기간의 지속적인 강우 부족에 의한 토양수분 부족으로 인하여 발생하는 피해
> ② **냉해(冷害)** : 농작물의 성장기간 중 작물의 생육에 지장을 초래할 정도의 찬기온으로 인하여 발생하는 피해
> ③ **조해(潮害)** : 태풍이나 비바람 등의 자연현상으로 인하여 연안지대의 경지에 바닷물이 들어와서 발생하는 피해
> ④ **설해(雪害)** : 눈으로 인하여 발생하는 피해
> ⑤ **폭염(暴炎)** : 매우 심한 더위로 인하여 발생하는 피해

05 다음은 적과전 종합위험방식Ⅱ 상품의 보통약관에서 적과종료 이후에 보상하는 재해 중 "태풍(강풍)"에 대한 설명이다. 괄호 안에 들어갈 내용을 답란에 쓰시오.

> 기상청에서 태풍에 대한 기상특보(태풍주의보 또는 태풍경보)를 발령한 때 발령지역의 (㉠)를 말하며, 최대 순간풍속 (㉡) 이상의 바람을 포함한다. 이때 바람의 세기는 과수원에서 가장 가까운 (㉢) 기상관측소(기상청 설치 또는 기상청이 인증하고 실시간 관측 자료를 확인할 수 있는 관측소)에 나타난 측정자료 중 가장 (㉣) 수치의 자료로 판정한다.

> **정답**
>
> ㉠ 바람과 비, ㉡ 14m/sec, ㉢ 3개, ㉣ 큰

06 적과전 종합위험방식 II 상품의 보통약관에서 적과종료 이후에 보상하는 재해에 대한 설명이다. (   )에 들어갈 내용을 답란에 쓰시오.

> ① 지진 : 지구 내부의 급격한 운동으로 지진파가 지표면까지 도달하여 지반이 흔들리는 자연지진을 말하며, 대한민국 기상청에서 규모 (㉠) 이상의 지진통보를 발표한 때이다. 지진통보에서 발표된 진앙이 과수원이 위치한 시·군 또는 그 시·군과 인접한 시군에 위치하는 경우에 피해를 인정한다.
> ② 집중호우 : 기상청에서 호우에 대한 기상특보(호우주의보 또는 호우경보)를 발령한 때 발령지역의 비 또는 농지에서 가장 가까운 (㉡)의 기상관측장비(기상청 설치 또는 기상청이 인증하고 실시간 관측 자료를 확인할 수 있는 관측소)로 측정한 12시간 누적강수량이 (㉢) 이상인 강우상태를 말한다.
> ③ 가을동상해 : 서리 또는 기온의 하강으로 인하여 (㉣)이 얼어서 생기는 피해를 말하며, 육안으로 판별 가능한 결빙증상이 지속적으로 남아 있는 경우에 피해를 인정한다. 잎 피해는 (㉤) 품목에 한하여 (㉥)까지 발생한 가을동상해로 나무의 전체 잎 중 (㉦) 이상이 고사한 경우에 피해를 인정한다.

정답

㉠ 5.0, ㉡ 3개소, ㉢ 80mm, ㉣ 과실 또는 잎, ㉤ 단감, 떫은감, ㉥ 10월 31일, ㉦ 50%

07 과실손해보장의 일소피해보장 보통약관에 관한 다음 내용을 각각 서술하시오. 기출유형

(1) 일소피해의 정의
(2) 일소피해보장 보통약관의 담보조건
(3) 적과전 종합위험방식 과수 품목의 일소피해보장 보통약관의 보험기간

정답

(1) 일소피해의 정의
폭염(暴炎)으로 인해 보험의 목적에 일소(日燒)가 발생하여 생긴 피해를 말하며, '일소'란 <u>과실이 태양광에 노출되어 과피 또는 과육이 괴사되어 검게 그을리거나 변색되는 현상</u>을 말한다.

(2) 일소피해보장 보통약관의 담보조건
폭염은 대한민국 기상청에서 폭염특보(폭염주의보 또는 폭염경보)를 발령한 때 과수원에서 가장 가까운 3개소의 기상관측장비(기상청 설치 또는 기상청이 인증하고 실시간 관측 자료를 확인할 수 있는 관측소)로 측정한 낮 <u>최고기온이 연속 2일 이상 33℃ 이상으로 관측된 경우</u>를 말하며, <u>폭염특보가 발령한 때부터 해제한 날까지 일소가 발생한 보험의 목적</u>에 한하여 보상한다. 이때 폭염특보는 과수원이 위치한 지역의 폭염특보를 적용한다.

(3) 적과전 종합위험방식 과수 품목의 일소피해보장 보통약관의 보험기간
① **보장개시** : 적과종료 이후
② **보장종료** : 판매개시연도 9월 30일

08 다음은 적과전 종합위험보장방식에 대한 설명이다. (   )에 들어갈 내용을 답란에 쓰시오.

---

① 적과전 종합위험보장방식이란 (㉠)에 대해 보험기간 개시일부터 통상적인 적과를 끝내는 시점까지는 (㉡)에 해당하는 종합적인 위험을 보장하고, 적과후부터 보험기간 종료일까지는 (㉢)에 해당하는 특정한 위험에 대해서만 보장하는 방식을 말한다.

② 보장개시일부터 통상적인 적과를 끝내는 시점까지의 기간 동안 사고가 발생했을 경우에는 가입 당시 정한 (㉣)과 적과종료 직후 조사된 (㉤)의 차이를 보상하고, 적과후부터 보험기간 종료일까지는 (㉢)에 해당하는 재해가 발생할시에 약관에 따라 해당 재해로 감소된 양을 조사하여 보상한다.

[정답]

㉠ 보험의 목적
㉡ 자연재해, 조수해, 화재
㉢ 태풍(강풍), 집중호우, 우박, 화재, 지진, 가을동상해, 일소피해
㉣ 평년착과량
㉤ 적과후착과량

09 다음은 적과전 종합위험방식 보통약관에서 적과종료 이전 "보상하지 않는 손해"의 일부 내용이다. 괄호 안에 들어갈 내용을 답란에 쓰시오.

• 계약자, 피보험자 또는 이들의 법정대리인의 (㉠)로 인한 손해
• 제초작업, 시비관리 등 통상적인 (㉡)을(를) 하지 않아 발생한 손해
• 원인의 직·간접을 묻지 않고 (㉢)으로 발생한 손해
• 보상하지 않는 재해로 제방, 댐 등이 (㉣)되어 발생한 손해
• 하우스, 부대시설 등의 (㉤)로 생긴 손해
• 보상하는 자연재해로 인하여 발생한 (㉥) 등 간접손해
• 「식물방역법」 제36조(방제명령 등)에 의거 금지 병해충인 (㉦) 발생에 의한 폐원으로 인한 손해 및 정부 및 공공기관의 (㉧)으로 발생한 손해

[정답]

㉠ 고의 또는 중대한 과실
㉡ 영농활동
㉢ 병해충
㉣ 붕괴
㉤ 노후 및 하자
㉥ 동녹(과실에 발생하는 검은 반점 병)
㉦ 과수 화상병
㉧ 매립

10 다음은 적과전 종합위험방식 보통약관에서 적과종료 이후 "보상하지 않는 손해"의 일부 내용이다. 괄호 안에 들어갈 내용을 답란에 쓰시오.

> • 수확기에 계약자 또는 피보험자의 (㉠)로 수확하지 못하여 발생한 손해
> • 농업인의 부적절한 (㉡)으로 인하여 발생한 손해
> • 최대 순간풍속 (㉢) 미만의 바람으로 발생한 손해
> • 저장성 약화, 과실경도 약화 등 (㉣)으로 판별되지 않는 손해
> • 전쟁, 혁명, 내란, 사변, (㉤), 기타 이들과 유사한 사태로 생긴 손해

정답

㉠ 고의 또는 중대한 과실, ㉡ 적엽(잎 제거), ㉢ 14m/sec, ㉣ 육안, ㉤ 폭동, 소요, 노동쟁의

11 적과전 종합위험방식의 적과종료 이후 보상하지 않는 손해에 관한 내용의 일부이다. ( ) 에 들어갈 내용을 쓰시오. `기출유형`

> • 제초작업, 시비관리 등 통상적인 (㉠)을 하지 않아 발생한 손해
> • 최대 순간풍속 (㉡)의 바람으로 발생한 손해
> • 농업인의 부적절한 (㉢)으로 인하여 발생한 손해
> • 병으로 인해 낙엽이 발생하여 (㉣)에 과실이 노출됨으로써 발생한 손해
> • 「식물방역법」 제36조(방제명령 등)에 의거 금지 병해충인 과수 (㉤) 발생에 의한 폐원으로 인한 손해 및 정부 및 공공기관의 매립으로 발생한 손해

정답

㉠ 영농활동, ㉡ 14m/sec 미만, ㉢ 적엽(잎 제거), ㉣ 태양광, ㉤ 화상병

12 적과전 종합위험방식 과실손해보장 보통약관에서 대상재해, 대상품목별 보험기간을 나타낸 표이다. 괄호 안에 들어갈 알맞은 내용을 쓰시오. `기출유형`

대상재해		대상품목	보험기간	
			보장개시	보장종료
적과 종료 이전	자연재해, 조수해, 화재	사과, 배	(㉠)	(㉢)
		단감, 떫은감	(㉡)	(㉣)

정답

㉠ 계약체결일 24시
㉡ 계약체결일 24시
㉢ 적과종료 시점(다만, 판매개시연도 6월 30일을 초과할 수 없음)
㉣ 적과종료 시점(다만, 판매개시연도 7월 31일을 초과할 수 없음)

13 적과전 종합위험방식 과실손해보장 보통약관에서 대상재해, 대상품목별 보험기간을 나타낸 표이다. 괄호 안에 들어갈 알맞은 내용을 쓰시오. 〔기출유형〕

대상재해		대상품목	보험기간	
			보장개시	보장종료
적과 종료 이후	가을 동상해	사과, 배	(㉠)	(㉢)
		단감, 떫은감	(㉡)	(㉣)

〔정답〕

㉠ 판매개시연도 9월 1일
㉡ 판매개시연도 9월 1일
㉢ 판매개시연도 수확기종료 시점(다만, 판매개시연도 11월 10일을 초과할 수 없음)
㉣ 판매개시연도 수확기종료 시점(다만, 판매개시연도 11월 15일을 초과할 수 없음)

14 적과전 종합위험방식 과실손해보장 보통약관에서 대상재해, 대상품목별 보험기간을 나타낸 표이다. 괄호 안에 들어갈 알맞은 내용을 쓰시오.

대상재해		대상품목	보험기간	
			보장개시	보장종료
적과 종료 이후	태풍(강풍), 우박, 집중호우, 화재, 지진	사과, 배, 단감, 떫은감	(㉠)	(㉢)
	일소피해		(㉡)	(㉣)

〔정답〕

㉠ 적과종료 이후
㉡ 적과종료 이후
㉢ 판매개시연도 수확기종료 시점(다만, 판매개시연도 11월 30일을 초과할 수 없음)
㉣ 판매개시연도 9월 30일

15 적과전 종합위험방식 나무손해보장 특별약관에서 대상재해, 대상품목별 보험기간을 나타낸 표이다. 괄호 안에 들어갈 알맞은 내용을 쓰시오.

대상재해	대상품목	보험기간	
		보장개시	보장종료
(㉠)	사과, 배, 단감, 떫은감	(㉡)	(㉢)

정답

㉠ 자연재해, 조수해, 화재
㉡ 판매개시연도 2월 1일(다만, 2월 1일 이후 보험에 가입하는 경우에는 계약체결일 24시)
㉢ 이듬해 1월 31일

16 적과전 종합위험방식 과실손해보장의 보험가입금액에 관하여 다음 내용을 서술하시오.

기출유형

① 보험가입금액 설정방법 :
② 가입가격 :
③ 보험가입금액의 감액 :

정답

① **보험가입금액 설정방법** : 가입수확량에 가입가격을 곱하여 산출된 금액(천원 단위 절사)으로 한다.
② **가입가격** : 보험에 가입할 때 결정한 과실의 kg당 평균가격(나무손해보장 특별약관의 경우에는 보험에 가입한 결과주수의 1주당 가격)으로 한 과수원에 다수의 품종이 혼식된 경우에도 품종과 관계없이 동일하다.
③ **보험가입금액의 감액** : 적과종료후 '기준수확량'이 '가입수확량'보다 적은 경우 가입수확량 조정을 통해 보험가입금액을 감액한다.

17 적과전 종합위험방식 나무손해보장 특약의 보험가입금액에 관하여 다음 내용을 서술하시오.

① 보험가입금액 설정방법 :
② 보험가입금액의 감액 :

정답

① **보험가입금액 설정방법** : 보험에 가입한 결과주수에 1주당 가입가격을 곱하여 계산한 금액으로 한다.
② **보험가입금액의 감액** : 보험에 가입한 결과주수가 과수원내 실제결과주수를 초과하는 경우에는 보험가입금액을 감액한다.

18 다음은 적과전 종합위험방식 과실손해보장의 보험가입금액 감액에 대한 설명이다. 다음 보기 중 옳지 않은 내용만을 골라 답란에 쓰시오.

> ⊙ 적과종료후 기준수확량이 가입수확량보다 적은 경우 가입수확량 조정을 통해 보험가입금액을 감액한다.
> ⊙ 보험가입금액을 감액한 경우에는 계산한 차액보험료를 환급한다.
> © 차액보험료는 적과후착과수 조사일이 속한 달의 말일 이내에 지급한다.
> ⊜ 적과후착과수조사 이후 착과수가 적과후착과수보다 작은 경우에는 지급한 차액보험료를 다시 정산한다.

정답

©, ⊜

해설

© 차액보험료는 적과후착과수 조사일이 속한 달의 다음 달 말일 이내에 지급한다.
⊜ 적과후착과수조사 이후 착과수가 <u>적과후착과수보다 큰 경우</u>에는 지급한 차액보험료를 다시 정산한다.

19 적과전 종합위험방식 과수 품목에서 보통약관에 따라 보험가입금액을 감액한 경우 환급하는 차액보험료에 대한 설명이다. 괄호 안에 들어갈 내용을 쓰시오.

> • 차액보험료 = [감액분 계약자부담보험료 × (⊙)] − 미납입보험료
> • 감액분 계약자부담보험료는 감액한 가입금액에 해당하는 (ⓒ)이다.

정답

⊙ 감액미경과비율, ⓒ 계약자부담보험료

20 적과전 종합위험방식 과수 품목에서 보통약관에 따라 보험가입금액을 감액한 경우에는 감액 미경과비율에 따라 계산한 차액보험료를 환급한다. 다음 구분에 따라 감액미경과비율표의 빈 칸에 알맞은 내용을 쓰시오.

① 적과종료 이전 특정위험 5종 한정보장 특별약관에 가입하지 않은 경우

품 목	착과감소보험금 보장수준 50%형	착과감소보험금 보장수준 70%형
사과, 배	⊙	ⓒ
단감, 떫은감	©	⊜

② 적과종료 이전 특정위험 5종 한정보장 특별약관에 가입한 경우

품 목	착과감소보험금 보장수준 50%형	착과감소보험금 보장수준 70%형
사과, 배	⑩	⑭
단감, 떫은감	⑭	⑯

㉠ 70%, ㉡ 63%, ㉢ 84%, ㉣ 79%, ㉤ 83%, ㉥ 78%, ㉦ 90%, ㉧ 88%

21 단감 '부유' 품종을 경작하는 A씨는 적과전 종합위험방식 보험에 가입하면서 적과종료 이전 특정위험 5종 한정보장 특별약관에도 가입하였다. (1) 보험가입금액이 감액된 경우의 차액보험료 산출방법에 대해 서술하고, (2) 다음 조건의 차액보험료를 계산하시오(단, 풀이과정을 반드시 쓰시오). `기출유형`

> • 적과후착과량 : 1,000kg
> • 기준수확량 : 1,100kg
> • 계약자부담보험금 : 100만원
> • 감액분 계약자부담보험료 : 10만원
> • 미납입보험료 : 없음
> • 평년착과량 : 1,300kg
> • 주계약 보험가입금액 : 1,000만원
> • 과수원별 할인·할증률 : 0%
> • 감액미경과비율 : 88%

(1) 차액보험료 산출방법 :

(2) 차액보험료 계산 :

(1) 차액보험료 산출방법

보험가입금액을 감액한 경우 아래와 같이 계산한 차액보험료를 환급한다.
① 차액보험료 = (감액분 계약자부담보험료 × 감액미경과비율) − 미납입보험료
   ※ 감액분 계약자부담보험료는 감액한 가입금액에 해당하는 계약자부담보험료이다.
② 차액보험료는 적과후착과수 조사일이 속한 달의 다음달 말일 이내에 지급한다.

(2) 차액보험료 계산

차액보험료 = (감액분 계약자부담보험료 × 감액미경과비율) − 미납입보험료
         = (10만원 × 88%) − 0원 = 88,000원

∴ **차액보험료 = 88,000원**

※ 적과종료 이전 특정위험 5종 한정보장 특별약관에 가입하고, 착과감소보험금 보장수준이 70%형인 경우 단감의 감액미경과비율은 88%이다.

22 적과전 종합위험방식 과수 품목에서 보험료의 구성은 다음과 같다. 괄호 안에 들어갈 내용을 답란에 쓰시오.

> 영업보험료는 지급보험금의 재원이 되는 (㉠)와 보험사업자의 경비 등으로 사용되는 (㉡)로 구성되며, 다음과 같이 산출한다.
> • 영업보험료 = (㉠) + (㉡)

㉠ 순보험료, ㉡ 부가보험료

23 적과전 종합위험방식 과수 품목에서 보험료의 산출식을 다음 구분에 따라 답란에 쓰시오.

(1) 과실손해보장 보통약관 적용보험료 :

(2) 나무손해보장 특별약관 적용보험료 :

정답

(1) 과실손해보장 보통약관 적용보험료

보통약관 보험가입금액 × 지역별 보통약관 영업요율 × (1 + 부보장 및 한정보장 특별약관 할인율) × (1 + 손해율에 따른 할인·할증률) × (1 + 방재시설할인율)

(2) 나무손해보장 특별약관 적용보험료

특별약관 보험가입금액 × 지역별 특별약관 영업요율 × (1 + 손해율에 따른 할인·할증률)

24 적과전 종합위험방식 과수 품목의 보험료환급에 관한 설명이다. 괄호 안에 들어갈 내용을 답란에 쓰시오.

`기출유형`

보험계약이 (㉠)된 때에는 다음과 같이 보험료를 반환한다.
① 계약자 또는 피보험자의 책임 없는 사유에 의하는 경우 : 무효인 경우에는 납입한 계약자부담보험료의 (㉡)을 반환하고, 효력상실 또는 해지의 경우에는 해당 월 (㉢)에 따라 '환급보험료'를 계산한다.
② 계약자 또는 피보험자의 책임 있는 사유에 의하는 경우 : 계산한 해당 월 (㉢)에 따라 계산된 환급보험료를 지급한다. 다만, 계약자 또는 피보험자의 고의 또는 (㉣)로 무효가 된 경우는 보험료를 반환하지 않는다.
③ 계약의 (㉠)로 인하여 반환해야 할 보험료가 있을 때에는 계약자는 환급금을 청구하여야 하며, 청구일의 다음 날부터 지급일까지의 기간에 대하여 '보험개발원이 공시하는 (㉤)'을 연단위 복리로 계산한 금액을 더하여 지급한다.

정답

㉠ 무효, 효력상실 또는 해지, ㉡ 전액, ㉢ 미경과비율, ㉣ 중대한 과실, ㉤ 보험계약대출이율

25 계약자 또는 피보험자의 책임 없는 사유에 의하여 보험계약이 효력상실 또는 해지되는 경우에 아래와 같이 '환급보험료'를 계산한다. 괄호 안에 들어갈 내용을 답란에 쓰시오.

환급보험료 = ( ) × ( )

정답

환급보험료 = (계약자부담보험료) × (미경과비율)
※ 계약자부담보험료는 최종 보험가입금액 기준으로 산출한 보험료 중 계약자가 부담한 금액이다.

26 적과전 종합위험방식 과수 품목의 보험료환급시 '계약자 또는 피보험자의 책임 있는 사유'에 해당되는 내용을 답란에 쓰시오.

정답

계약자 또는 피보험자의 책임 있는 사유
① 계약자 또는 피보험자가 임의 해지하는 경우
② 사기에 의한 계약, <u>계약의 해지</u> 또는 중대 사유로 인한 해지에 따라 계약을 취소 또는 해지하는 경우
  ※ **계약의 해지** : 계약자 또는 피보험자의 고의로 손해가 발생한 경우나 고지의무·통지의무 등을 해태한 경우의 해지를 말한다.
③ 보험료 미납으로 인하여 계약이 효력을 상실한 경우

27 적과전 종합위험방식 과실손해보장 과수 품목의 과실손해보험금 지급사유 및 보험금 산출방식을 답란에 쓰시오.

(1) 보험금 지급사유
(2) 보험금 산출방식

정답

(1) **보험금 지급사유**
    보상하는 재해로 인해 적과종료 이후 누적감수량이 자기부담감수량을 초과하는 경우
    ※ 자기부담감수량 = 기준수확량 × 자기부담비율

(2) **보험금 산출방식**
    과실손해보험금 = (적과종료 이후 누적감수량 – 자기부담감수량) × 가입가격
    ※ 착과감소량이 존재하는 경우 과실손해보험금의 자기부담감수량은 (착과감소량 – 미보상감수량)을 제외한 값으로 하며, 이때 자기부담감수량은 0보다 작을 수 없다.

28 적과전 종합위험방식 과수 품목의 적과종료 이전 착과감소보험금 지급사유 및 보험금 산출방식에 대한 설명이다. 괄호 안에 들어갈 내용을 답란에 쓰시오.

> ① 보험금 지급사유
>   적과종료 이전 보상하는 재해로 인하여 (㉠)에 피해가 발생하고 착과감소량이 자기부담감수량을 초과하는 경우
>   ※ 자기부담감수량 = (㉡) × 자기부담비율
> ② 보험금 산출방식
>   착과감소보험금 = [착과감소량 – (㉢) – 자기부담감수량] × 가입가격 × 보장수준(㉣)

정답

㉠ 보험의 목적, ㉡ 기준수확량, ㉢ 미보상감수량, ㉣ 50% or 70%

29 적과전 종합위험방식 나무손해보장 특별약관의 보험금 지급사유 및 보험금 산출방식을 답란에 쓰시오.

(1) 보험금 지급사유
(2) 보험금 산출방식

> **정답**

(1) 보험금 지급사유
   보험기간 내에 보상하는 재해로 피해율이 자기부담비율을 초과하는 경우
   ※ 자기부담비율 : 5%

(2) 보험금 산출방식
   보험금 = 보험가입금액 × (피해율 − 자기부담비율)
   ※ 피해율 = 피해주수(고사된 나무) ÷ 실제결과주수

30 적과전 종합위험방식 과수 품목의 적과종료 이전 착과감소보험금의 계산에 대한 설명이다. 괄호 안에 들어갈 내용을 답란에 쓰시오.

> ① 착과감소보험금 보장수준(50% or 70%)은 계약할 때 (㉠)가 선택한 보장수준으로 한다.
> ② 50%형은 (㉡) 가능하나, 최근 3년간 누적 적과전 손해율이 (㉢) 이상인 경우 50%형만 가입 가능하다.
> ③ 보험금의 지급 한도에 따라 계산된 보험금이 '(㉣)'을 초과하는 경우에는 '(㉣)'을 보험금으로 한다.

> **정답**

㉠ 계약자, ㉡ 임의선택, ㉢ 120%, ㉣ 보험가입금액 × (1 − 자기부담비율)

31 적과전 종합위험방식 과수 품목의 보험금 계산시 자기부담비율에 대한 설명이다. 괄호 안에 들어갈 내용을 답란에 쓰시오.

> • 과실손해보장의 자기부담비율은 지급보험금을 계산할 때 피해율에서 차감하는 비율로서, 계약할 때 계약자가 선택한 비율(㉠)로 한다.
> • 나무손해보장 특별약관의 자기부담비율은 (㉡)로 한다.

> **정답**

㉠ 10%, 15%, 20%, 30%, 40%, ㉡ 5%

32 적과전 종합위험방식 보험상품에 가입하는 경우 다음과 같은 조건에서 과실손해보장의 자기부담금과 태풍(강풍)·집중호우 나무손해보장 특약의 보험가입금액 및 자기부담금을 산출하시오(단, 결과주수 1주당 가입가격은 10만원이다). `기출유형`

> '신고' 배 6년생 700주를 실제 경작하고 있는 A씨는 최근 3년간 동 보험에 가입하였으며, 3년간 수령한 보험금이 순보험료의 120% 미만이었다. 과실손해보장의 보험가입금액은 1,000만원으로서 최저 자기부담비율을 선택하고, 특약으로는 태풍(강풍)·집중호우 나무손해보장 특약만을 선택하여 보험에 가입하고자 한다.

구 분	내 용
과실손해보장의 자기부담금	① 풀이과정 : ② 답 :
태풍(강풍)·집중호우 나무손해보장 특약의 보험가입금액	① 풀이과정 : ② 답 :
태풍(강풍)·집중호우 나무손해보장 특약의 자기부담금	① 풀이과정 : ② 답 :

`정답`

구 분	내 용
과실손해보장의 자기부담금	① 풀이과정 : 과실손해보장의 자기부담비율은 지급보험금을 계산할 때 피해율에서 차감하는 비율로서, 계약할 때 계약자가 선택한 비율(10%, 15%, 20%, 30%, 40%)로 한다. 자기부담비율의 선택 기준은 다음과 같다. • 10%형 : 최근 3년간 연속 보험가입 과수원으로서 3년간 수령한 보험금이 순보험료의 120% 미만인 경우에 한하여 선택 가능하다. • 15%형 : 최근 2년간 연속 보험가입 과수원으로서 2년간 수령한 보험금이 순보험료의 120% 미만인 경우에 한하여 선택 가능하다. • 20%형, 30%형, 40%형 : 제한 없음 따라서, 최근 3년간 연속 보험가입 과수원으로서 3년간 수령한 보험금이 순보험료의 120% 미만인 경우에 해당하므로, 10%형 자기부담비율을 선택한다. 자기부담금 = 1,000만원 × 10% = 100만원 ② 답 : **100만원**
태풍(강풍)·집중호우 나무손해보장 특약의 보험가입금액	① 풀이과정 : 나무손해보장 특약의 보험가입금액은 보험에 가입한 결과주수에 1주당 가입가격(10만원)을 곱하여 산정한다. 보험가입금액 = 700주 × 10만원/주 = 7,000만원 ② 답 : **7,000만원**
태풍(강풍)·집중호우 나무손해보장 특약의 자기부담금	① 풀이과정 : 나무손해보장 특약의 자기부담비율은 5%로 한다. 자기부담금 = 7,000만원 × 5% = 350만원 ② 답 : **350만원**

33 적과전 종합위험방식 과수 품목의 다음 특별약관 3가지를 답란에 서술하시오.

① 적과종료 이전 특정위험 5종 한정보장 특별약관 :

② 적과종료 이후 가을동상해 부보장 특별약관 :

③ 적과종료 이후 일소피해 부보장 특별약관 :

정답

특별약관의 종류
① **적과종료 이전 특정위험 5종 한정보장 특별약관** : 보상하는 재해에도 불구하고 적과종료 이전에는 보험의 목적이 태풍(강풍), 우박, 집중호우, 화재, 지진 등의 재해로 입은 손해만을 보상한다.
② **적과종료 이후 가을동상해 부보장 특별약관** : 보상하는 재해에도 불구하고 적과종료 이후 가을동상해로 인해 입은 손해는 보상하지 않는다.
③ **적과종료 이후 일소피해 부보장 특별약관** : 보상하는 재해에도 불구하고 적과종료 이후 일소피해로 인해 입은 손해는 보상하지 않는다.

34 적과전 종합위험방식 나무손해보장 특별약관에서 보장하는 내용을 답란에 서술하시오.

기출유형

정답

나무손해보장 특별약관
보험의 목적이 적과종료 이전과 동일한 보상하는 재해[자연재해, 조수해(鳥獸害), 화재]로 인해 입은 손해를 보상하며, 이때 보험의 목적은 보통약관에서 담보하는 농작물(사과, 배, 단감, 떫은감)의 나무를 말한다.

35 적과전 종합위험방식 나무손해보장 특별약관에서 보상하지 않는 손해에 대한 설명이다. 괄호 안에 들어갈 내용을 답란에 쓰시오.

- 계약자, 피보험자 또는 이들의 법정대리인의 (㉠)로 인한 손해
- 제초작업, 시비관리 등 (㉡) 영농활동을 하지 않아 발생한 손해
- 피해를 입었으나 (㉢) 나무 손해
- 병충해 등 (㉣)에 의해 생긴 나무 손해
- 하우스, 부대시설 등의 (㉤)로 생긴 손해

정답

㉠ 고의 또는 중대한 과실, ㉡ 통상적인, ㉢ 회생 가능한, ㉣ 간접손해, ㉤ 노후 및 하자

36 농작물재해보험에 따른 적과전 종합위험방식 나무손해보장 특별약관에서 정하는 보상하는 손해와 보상하지 않는 손해를 답란에 각각 서술하시오. [기출유형]

보상하는 손해	
보상하지 않는 손해	

정답

보상하는 손해	보험의 목적[보통약관에서 담보하는 농작물(사과, 배, 단감, 떫은감)의 나무]이 적과종료 이전과 동일한 보상하는 재해(자연재해, 조수해, 화재)로 인해 입은 손해
보상하지 않는 손해	• 계약자, 피보험자 또는 이들의 법정대리인의 고의 또는 중대한 과실로 인한 손해 • 제초작업, 시비관리 등 통상적인 영농활동을 하지 않아 발생한 손해 • 보상하지 않는 재해로 제방, 댐 등이 붕괴되어 발생한 손해 • 피해를 입었으나 회생 가능한 나무손해 • 토양관리 및 재배기술의 잘못된 적용으로 인해 생기는 나무손해 • 병충해 등 간접손해에 의해 생긴 나무손해 • 하우스, 부대시설 등의 노후 및 하자로 생긴 손해 • 계약 체결 시점 현재 기상청에서 발령하고 있는 기상특보 발령지역의 기상특보 관련 재해로 인한 손해 • 보상하는 손해에 해당하지 않은 재해로 발생한 손해 • 전쟁, 혁명, 내란, 사변, 폭동, 소요, 노동쟁의, 기타 이들과 유사한 사태로 생긴 손해

37 적과전 종합위험방식 과실손해보장 약관에서 다음의 용어를 정의하시오.

① 시비관리 :

② 기상특보 관련 재해 :

정답

① **시비관리** : 수확량 또는 품질을 높이기 위해 비료성분을 토양 중에 공급하는 것을 말한다.
② **기상특보 관련 재해** : 태풍, 호우, 홍수, 강풍, 풍랑, 해일, 대설, 폭염 등을 포함한다.

38 적과전 종합위험방식 과실손해보장 계약인수 관련 수확량에 대한 설명이다. 괄호 안에 들어갈 내용을 답란에 쓰시오.

> • 표준수확량 : 과거의 통계를 바탕으로 (㉠) 등을 고려하여 산출한 나무 1주당 예상수확량이다.
> • 평년착과량 : (㉡) 산정 및 적과종료전 보험사고발생시 (㉢) 산정의 기준이 되는 착과량을 말한다.
> • 가입수확량 : 보험에 가입한 수확량으로 (㉣)에 곱하여 보험가입금액을 결정하는 수확량을 말한다.
>   평년착과량의 (㉤)를 가입수확량으로 결정한다.

정답

㉠ 품종, 경작형태, 수령, 지역, ㉡ 보험가입금액(가입수확량), ㉢ 감수량, ㉣ 가입가격, ㉤ 100%

39 적과전 종합위험방식 과실손해보장 계약인수 관련 평년착과량에 대한 설명이다. 괄호 안에 들어갈 내용을 답란에 쓰시오.

> • 평년착과량은 자연재해가 없는 이상적인 상황에서 수확할 수 있는 수확량이 아니라, (㉠) 수준의 재해가 있다는 점을 전제로 한다.
> • 최근 5년 이내 보험에 가입한 이력이 있는 과수원은 최근 5개년 (㉡) 및 (㉢)에 의해 평년착과량을 산정하며, 신규 가입하는 과수원은 (㉣)를 기준으로 평년착과량을 산정한다.
> • 과거수확량 자료가 없는 경우(신규 가입) 표준수확량의 (㉤)를 평년착과량으로 결정한다.

정답

㉠ 평년, ㉡ 적과후착과량, ㉢ 표준수확량, ㉣ 표준수확량표, ㉤ 100%

40 적과전 종합위험방식 Ⅱ 과수 상품에서 다음 조건에 따라 2024년의 평년착과량을 구하시오
(단, 제시된 조건외 다른 조건은 고려하지 않음). [기출유형]

(단위 : 개)

구 분	2019년	2020년	2021년	2022년	2023년
표준수확량	7,900	7,300	8,700	8,900	9,200
적과후착과량	미가입	6,500	5,600	미가입	7,100

※ 기준표준수확량은 2019년부터 2023년까지 8,500개로 매년 동일한 것으로 가정함
※ 2024년 기준표준수확량은 9,350개임

[정답]

평년착과량 : 7,920개

[해설]

평년착과량 산출방법

$$평년착과량 = [A + (B - A) \times (1 - \frac{Y}{5})] \times \frac{C}{D}$$

- A = Σ과거 5년간 적과후착과량 ÷ 과거 5년간 가입횟수
  = (6,500개 + 5,600개 + 7,100개) ÷ 3 = 6,400개
- B = Σ과거 5년간 표준수확량 ÷ 과거 5년간 가입횟수
  = (7,300개 + 8,700개 + 9,200개) ÷ 3 = 8,400개
- Y = 과거 5년간 가입횟수 = 3회
- C = 당해 연도(가입연도) 기준표준수확량
  = 9,350개
- D = Σ과거 5년간 기준표준수확량 ÷ 과거 5년간 가입횟수
  = (8,500개 + 8,500개 + 8,500개) ÷ 3 = 8,500개

- 평년착과량 = $[6,400개 + (8,400개 - 6,400개) \times (1 - \frac{3}{5})] \times \frac{9,350개}{8,500개}$
  = [6,400개 + 2,000개 × 0.4] × 1.1 = **7,920개**

41 甲의 사과과수원에 대한 내용이다. 조건 1~3을 참조하여 다음 물음에 답하시오(단, 주어진 조건외 다른 사항은 고려하지 않음). 기출유형

○ 조건 1

- 2019년 사과(홍로/3년생/밀식재배) 300주를 농작물재해보험에 신규로 보험가입 함
- 2020년과 2022년도에는 적과전에 우박과 냉해피해로 과수원의 적과후착과량이 현저하게 감소하였음.
- 사과(홍로)의 일반재배방식 표준수확량은 아래와 같음

수 령	5년	6년	7년	8년	9년
표준수확량	6,000kg	8,000kg	8,500kg	9,000kg	10,000kg

○ 조건 2

[甲의 과수원 과거수확량 자료]

구 분	2019년	2020년	2021년	2022년	2023년
평년착과량	1,500kg	3,200kg	–	4,000kg	3,700kg
표준수확량	1,500kg	3,000kg	4,500kg	5,700kg	6,600kg
적과후착과량	2,000kg	800kg	–	950kg	6,000kg
보험가입 여부	가입	가입	미가입	가입	가입

○ 조건 3

[2024년 보험가입내용 및 조사결과 내용]
- 적과전 종합위험방식 Ⅱ 보험가입(적과종료 이전 특정위험 5종 한정보장 특별약관 미가입)
- 가입가격 : 2,000원/kg
- 보험가입 당시 계약자부담보험료 : 200,000원(미납보험료 없음)
- 자기부담비율 : 20%
- 착과감소보험금 보장수준 50%형 가입
- 2024년 과수원의 적과전 냉해피해로, 적과후착과량이 2,500kg으로 조사됨
- 미보상감수량 없음

(1) 2024년 평년착과량의 계산과정과 값(kg)을 쓰시오.

(2) 2024년 착과감소보험금의 계산과정과 값(원)을 쓰시오.

(3) 만약 2024년 적과전 사고가 없이 적과후착과량이 2,500kg으로 조사되었다면, 계약자 甲에게 환급해야 하는 차액보험료의 계산과정과 값(원)을 쓰시오(보험료는 일원 단위 미만 절사, 예시 : 12,345.678원 → 12,345원).

정답

(1) 2024년 평년착과량의 계산과정

$$평년착과량 = [A + (B - A) \times (1 - \frac{Y}{5})] \times \frac{C}{D}$$

① A = Σ과거 5년간 적과후착과량 ÷ 과거 5년간 가입횟수

= (2,000kg + 800kg + 1,200kg + 6,000kg) ÷ 4 = 2,500kg

※ 2021년 적과후착과량부터는 상한(평년착과량의 300%) 및 하한(평년착과량의 30%)을 적용하므로 2022년 은 하한인 평년착과량(4,000kg) × 30% = 1,200kg을 적용한다.

② B = Σ과거 5년간 표준수확량 ÷ 과거 5년간 가입횟수

= (1,500kg + 3,000kg + 5,700kg + 6,600kg) ÷ 4 = 4,200kg

③ Y = 과거 5년간 가입횟수 = 4

④ C = 당해 연도(가입연도) 기준표준수확량 = 9,000kg

※ 사과 품목의 기준표준수확량은 일반재배방식의 표준수확량으로 산출한다. 즉, 2019년 사과 3년생이므로 가입연도(2024년) 기준표준수확량은 8년생 일반재배방식의 표준수확량을 적용한다.

⑤ D = Σ과거 5년간 기준표준수확량 ÷ 과거 5년간 가입횟수

= [(6,000kg × 50%) + (6,000kg × 75%) + 8,000kg + 8,500kg] ÷ 4 = 6,000kg

※ 과거 기준표준수확량(D) 적용 비율(사과 품목만 해당)
- 3년생 : 일반재배방식의 표준수확량 5년생의 50%
- 4년생 : 일반재배방식의 표준수확량 5년생의 75%

⑥ 평년착과량 = $[A + (B - A) \times (1 - \frac{Y}{5})] \times \frac{C}{D}$

$$= [2,500kg + (4,200kg - 2,500kg) \times (1 - \frac{4}{5})] \times \frac{9,000kg}{6,000kg}$$

= 4,260kg

(2) 2024년 착과감소보험금의 계산과정

착과감소보험금 = (착과감소량 − 미보상감수량 − 자기부담감수량) × 가입가격 × 보장수준(50% or 70%)

① 착과감소량 = 평년착과량 − 적과후착과량 = 4,260kg − 2,500kg = 1,760kg

※ 2024년 과수원의 적과전 냉해피해로, 적과후착과량이 2,500kg으로 조사됨

② 기준수확량 = 적과후착과량 + 착과감소량 = 2,500kg + 1,760kg = 4,260kg

③ 자기부담감수량 = 기준수확량 × 자기부담비율 = 4,260 × 20% = 852kg

④ 착과감소보험금 = (착과감소량 − 미보상감수량 − 자기부담감수량) × 가입가격 × 보장수준(50%)

= (1,760kg − 0kg − 852kg) × 2,000원/kg × 50% = **908,000원**

(3) 차액보험료의 계산과정

차액보험료 = (감액분 계약자부담보험료 × 감액미경과비율) − 미납입보험료

① 보험가입 당시 보험가입금액 = 4,260kg × 2,000원/kg = 8,520,000원

② 감액한 가입금액 = (4,260kg − 2,500kg) × 2,000원/kg = 3,520,000원

※ 2024년 적과전 사고가 없이 적과후착과량이 2,500kg(= 기준수확량)으로 조사됨

③ 감액분 계약자부담보험료 : 감액한 가입금액에 해당하는 계약자부담보험료

감액분 계약자부담보험료 = (3,520,000원 × 200,000원 ÷ 8,520,000원)

= 82,629.1원 = 82,629원(※ 일원 단위 미만 절사)

④ 차액보험료 = (감액분 계약자부담보험료 × 감액미경과비율) − 미납입보험료

= (82,629원 × 70%) − 0원 = 57,840.3원 = **57,840원**(※ 일원 단위 미만 절사)

※ **감액미경과비율** : 사과, 배 품목의 경우 착과감소보험금 보장수준 50%형은 70%임

2 과수작물 : 종합위험방식 상품

01 종합위험방식 상품의 가입대상 품목(18개 품목)을 답란에 쓰시오.

> **정답**
>
> **가입대상 품목(18개 품목)**
> 복숭아, 자두, 매실, 살구, 오미자, 밤, 호두, 유자, 포도, 대추, 참다래, 복분자, 무화과, 오디, 감귤(만감류), 감귤(온주밀감류), 두릅, 블루베리

02 종합위험방식 상품의 가입대상 품목(18개 품목)을 다음 구분에 따라 분류하시오.

① 종합위험 수확감소보장방식 :
② 종합위험 비가림과수 손해보장방식 :
③ 수확전 종합위험 과실손해보장방식 :
④ 종합위험 과실손해보장방식 :

> **정답**
>
> ① **종합위험 수확감소보장방식** : 복숭아, 자두, 매실, 살구, 오미자, 밤, 호두, 유자, 감귤(만감류)
> ② **종합위험 비가림과수 손해보장방식** : 포도, 대추, 참다래
> ③ **수확전 종합위험 과실손해보장방식** : 복분자, 무화과
> ④ **종합위험 과실손해보장방식** : 오디, 감귤(온주밀감류), 두릅, 블루베리

03 종합위험 수확감소보장방식의 가입대상 품목별 보상하는 재해를 나타낸 표이다. 표의 빈 칸에 들어갈 내용을 답란에 쓰시오.

가입대상 품목	보상하는 재해
복숭아	㉠
㉡	㉢

> **정답**
>
> ㉠ 자연재해, 조수해(鳥獸害), 화재, 병충해(※ 복숭아 : <u>세균구멍병</u>에 한해 보장)
> ㉡ 자두, 밤, 호두, 매실, 살구, 오미자, 유자, 감귤(만감류)
> ㉢ 자연재해, 조수해(鳥獸害), 화재

04 종합위험 수확감소보장방식(과수) 품목과 보상하는 재해를 답란에 쓰시오.

① 수확감소보장방식(과수) 품목 :

② 보상하는 재해 :

정답

① **수확감소보장방식(과수) 품목** : 복숭아, 자두, 밤, 매실, 오미자, 유자, 호두, 살구, 감귤(만감류)
② **보상하는 재해** : 자연재해[태풍피해, 우박피해, 동상해, 호우피해, 강풍피해, 한해(가뭄피해), 냉해, 조해(潮害), 설해, 폭염, 기타 자연재해], 조수해, 화재, 병충해
   ※ **병충해** : 특약으로 복숭아에 한해 보장(세균구멍병에 의해 발생하는 손해)

05 다음은 종합위험 수확감소보장방식(과수) 품목에서 보상하지 않는 손해이다. 괄호 안에 들어 갈 내용을 답란에 쓰시오.

- 계약자, 피보험자 또는 이들의 법정대리인의 (㉠)로 인한 손해
- 수확기에 계약자 또는 피보험자의 (㉠)로 수확하지 못하여 발생한 손해
- 제초작업, 시비관리 등 (㉡) 영농활동을 하지 않아 발생한 손해
- 원인의 직・간접을 묻지 않고 (㉢)으로 발생한 손해[다만, 복숭아의 (㉣)으로 인한 손해는 제외]
- 하우스, 부대시설 등의 (㉤)로 생긴 손해
- (㉥)에 해당하지 않은 재해로 발생한 손해

정답

㉠ 고의 또는 중대한 과실, ㉡ 통상적인, ㉢ 병해충, ㉣ 세균구멍병, ㉤ 노후 및 하자, ㉥ 보상하는 손해

06 종합위험 과실손해보장방식 품목과 보상하는 재해를 답란에 쓰시오.

① 과실손해보장방식 품목 :

② 보상하는 재해 :

정답

① **과실손해보장방식 품목** : 오디, 감귤(온주밀감류), 두릅, 블루베리
② **보상하는 재해** : 자연재해, 조수해, 화재

07 종합위험 과실손해보장방식 품목에서 보상하지 않는 손해를 답란에 쓰시오.

정답

보상하지 않는 손해
① 계약자, 피보험자 또는 이들의 법정대리인의 고의 또는 중대한 과실로 인한 손해
② 수확기에 계약자 또는 피보험자의 고의 또는 중대한 과실로 수확하지 못하여 발생한 손해
③ 제초작업, 시비관리 등 통상적인 영농활동을 하지 않아 발생한 손해
④ 원인의 직·간접을 묻지 않고 병해충으로 발생한 손해
⑤ 보상하지 않는 재해로 제방, 댐 등이 붕괴되어 발생한 손해
⑥ 하우스, 부대시설 등의 노후 및 하자로 생긴 손해
⑦ 계약 체결 시점 현재 기상청에서 발령하고 있는 기상특보 발령지역의 기상특보 관련 재해로 인한 손해
⑧ 보상하는 손해에 해당하지 않은 재해로 발생한 손해
⑨ 보상하는 손해에 해당하지 않은 재해로 발생한 생리장해
⑩ 전쟁, 혁명, 내란, 사변, 폭동, 소요, 노동쟁의, 기타 이들과 유사한 사태로 생긴 손해

08 종합위험 비가림과수 손해보장방식 품목의 보상하는 재해를 나타낸 도표이다. 표의 빈 칸에 들어갈 내용을 답란에 쓰시오.

구 분	품 목	보상하는 재해
종합위험 비가림과수 손해보장방식	포도, 대추, 참다래	

정답

보상하는 손해

구 분	품 목	보상하는 재해
종합위험 비가림과수 손해보장방식	포도, 대추, 참다래	자연재해, 조수해, 화재
	비가림시설	자연재해, 조수해, 화재(특약)

09 종합위험 비가림과수 손해보장방식 품목에서 보상하지 않는 손해를 모두 골라 답란에 쓰시오.

㉠ 계약자, 피보험자 또는 이들의 법정대리인의 고의 또는 중대한 과실로 인한 손해
㉡ 보험의 목적의 노후 및 하자로 생긴 손해
㉢ 보상하지 않는 재해로 제방, 댐 등이 붕괴되어 발생한 손해
㉣ 침식활동 및 지하수로 인한 손해
㉤ 전쟁, 내란, 폭동, 소요, 노동쟁의 등으로 인한 손해
㉥ 보상하는 손해에 해당하지 않은 재해로 발생한 손해

정답

㉠, ㉡, ㉢, ㉣, ㉤, ㉥

10 종합위험 비가림과수 손해보장방식 품목에서 보상하지 않는 손해의 일부 내용이다. 괄호 안에 들어갈 내용을 답란에 쓰시오.

> • 수확기에 (㉠)의 고의 또는 중대한 과실로 수확하지 못하여 발생한 손해
> • 자연재해, 조수해가 발생했을 때 생긴 (㉡)로 생긴 손해
> • (㉢) 등 통상적인 영농활동을 하지 않아 발생한 손해
> • (㉣) 현재 기상청에서 발령하고 있는 기상특보 발령지역의 기상특보 관련 재해로 인한 손해
> • 직접 또는 간접을 묻지 않고 농업용 시설물의 (㉤) 등 관계법령의 집행으로 발생한 손해
> • 피보험자가 파손된 보험의 목적의 (㉥)를 지연함으로써 가중된 손해

[정답]

㉠ 계약자 또는 피보험자
㉡ 도난 또는 분실
㉢ 제초작업, 시비관리
㉣ 계약 체결 시점
㉤ 시설, 수리, 철거
㉥ 수리 또는 복구

11 수확전 종합위험 손해보장방식 품목의 보상하는 재해를 나타낸 도표이다. 표의 빈 칸에 들어갈 내용을 답란에 쓰시오.

구 분	품 목	보상하는 재해	
수확전 종합위험 손해보장방식		수확개시 이전	
		수확개시 이후	

[정답]

보상하는 손해

구 분	품 목	보상하는 재해	
수확전 종합위험 손해보장방식	복분자, 무화과	수확개시 이전	자연재해, 조수해, 화재
		수확개시 이후	태풍(강풍), 우박

12 다음은 수확전 종합위험 손해보장방식 품목에서 수확개시 이전에 보상하지 않는 손해의 일부 내용이다. 이에 해당하는 손해를 모두 골라 답란에 쓰시오.

> ㉠ 계약자, 피보험자 또는 이들의 법정대리인의 고의 또는 중대한 과실로 인한 손해
> ㉡ 수확기에 계약자 또는 피보험자의 고의 또는 중대한 과실로 수확하지 못하여 발생한 손해
> ㉢ 제초작업, 시비관리 등 통상적인 영농활동을 하지 않아 발생한 손해
> ㉣ 원인의 직·간접을 묻지 않고 병해충으로 발생한 손해
> ㉤ 하우스, 부대시설 등의 노후 및 하자로 생긴 손해
> ㉥ 계약 체결 시점 현재 기상청에서 발령하고 있는 기상특보 발령지역의 기상특보 관련 재해로 인한 손해

정답

㉠, ㉢, ㉣, ㉤, ㉥

해설

㉡ 수확개시 이후에 보상하지 않는 손해에 해당한다.

13 수확전 종합위험 손해보장방식 품목에서 수확개시 이후에 보상하지 않는 손해의 일부 내용이다. 괄호 안에 들어갈 내용을 답란에 쓰시오.

> • 수확기에 계약자 또는 피보험자의 (㉠)로 수확하지 못하여 발생한 손해
> • 최대 순간풍속 (㉡) 미만의 바람으로 발생한 손해
> • 원인의 직·간접을 묻지 않고 (㉢)으로 발생한 손해
> • (㉣) 등 육안으로 판별되지 않는 손해
> • (㉤) 과실에서 나타나는 손해
> • (㉥), 기타 이들과 유사한 사태로 생긴 손해

정답

㉠ 고의 또는 중대한 과실
㉡ 14m/sec
㉢ 병해충
㉣ 저장성 약화, 과실경도 약화
㉤ 저장한
㉥ 전쟁, 혁명, 내란, 사변, 폭동, 소요, 노동쟁의

14 수확전 종합위험 손해보장방식 품목의 보상하지 않는 손해 중 수확개시 이전과 수확개시 이후 공통적으로 보상하지 않는 손해에 해당하는 것을 모두 골라 답란에 쓰시오.

> ㉠ 계약자, 피보험자 또는 이들의 법정대리인의 고의 또는 중대한 과실로 생긴 손해
> ㉡ 수확기에 계약자 또는 피보험자의 고의 또는 중대한 과실로 수확하지 못하여 발생한 손해
> ㉢ 제초작업, 시비관리 등 통상적인 영농활동을 하지 않아 발생한 손해
> ㉣ 원인의 직·간접을 묻지 않고 병해충으로 발생한 손해
> ㉤ 보상하지 않는 재해로 제방, 댐 등이 붕괴되어 발생한 손해
> ㉥ 최대 순간풍속 14m/sec 미만의 바람으로 발생한 손해
> ㉦ 저장한 과실에서 나타나는 손해
> ㉧ 저장성 약화, 과실경도 약화 등 육안으로 판별되지 않는 손해

정답

㉠, ㉢, ㉣, ㉤

해설

㉡, ㉥, ㉦, ㉧ <u>수확개시 이후 보상하지 않는 손해에 해당한다.</u>

15 다음은 종합위험 수확감소보장방식의 가입대상 품목별 보험기간을 나타낸 표이다. 표의 괄호 안에 들어갈 내용을 답란에 쓰시오.

구 분		보험의 목적	보험기간	
약 관	보 장		보장개시	보장종료
보통 약관	종합위험 수확감소 보장	복숭아, 자두, 매실, 살구, 오미자, 감귤(만감류)	(㉠)	(㉡) 다만, 아래 날짜를 초과할 수 없음 •복숭아 : 이듬해 (㉢) •자두 : 이듬해 (㉣) •매실 : 이듬해 (㉤) •살구 : 이듬해 (㉥) •오미자 : 이듬해 (㉦) •감귤(만감류) : 이듬해 (㉧)
		밤	발아기 다만, 발아기가 지난 경우에는 (㉠)	(㉡) 다만, 판매개시연도 (㉨)을 초과할 수 없음
		호두		(㉡) 다만, 판매개시연도 (㉩)을 초과할 수 없음
		이듬해에 맺은 유자 과실	(㉠)	(㉪) 다만, 이듬해 (㉫)을 초과할 수 없음

ㄱ 계약체결일 24시
ㄴ 수확기종료 시점
ㄷ 10월 10일
ㄹ 9월 30일
ㅁ 7월 31일
ㅂ 7월 20일
ㅅ 10월 10일
ㅇ 2월 말일
ㅈ 10월 31일
ㅊ 9월 30일
ㄱ 수확개시 시점
ㅌ 10월 31일

16 다음은 종합위험 수확감소보장방식의 가입대상 품목별 보험기간을 나타낸 표이다. 표의 빈칸에 들어갈 내용을 답란에 쓰시오.

구 분		보험의 목적	보험기간	
약 관	보 장		보장개시	보장종료
특별 약관	나무손해 보장	복숭아, 자두, 매실, 살구, 유자	㉠	㉢
		감귤(만감류)	㉡	㉣
	수확량 감소 추가보장	복숭아, 감귤(만감류)	㉡	(㉤) 다만, 아래 날짜를 초과할 수 없음 • 복숭아 : 이듬해 (㉥) • 감귤(만감류) : 이듬해 (㉦)

ㄱ 판매개시연도 12월 1일(다만, 12월 1일 이후 보험에 가입하는 경우에는 계약체결일 24시)
ㄴ 계약체결일 24시
ㄷ 이듬해 11월 30일
ㄹ 이듬해 4월 30일
ㅁ 수확기종료 시점
ㅂ 10월 10일
ㅅ 2월 말일

17 다음은 종합위험 비가림과수 손해보장방식의 가입대상 품목별 보험기간을 나타낸 표이다. 표의 괄호 안에 들어갈 내용을 답란에 쓰시오.

구 분		보험의 목적	보험기간	
약 관	보 장		보장개시	보장종료
보통 약관	종합위험 수확감소 보장	포도	(㉠)	수확기종료 시점 다만, (㉤)을 초과할 수 없음
		이듬해에 맺은 참다래 과실	(㉡) 다만, (㉡)가 지난 경우에는 계약 체결일 24시	해당 꽃눈이 성장하여 맺은 과실의 수확기종료 시점 다만, (㉥)을 초과할 수 없음
		대추	(㉢) 다만, (㉢)가 지난 경우에는 계약 체결일 24시	수확기종료 시점 다만, 판매개시연도 (㉦)을 초과할 수 없음
		비가림 시설	(㉣)	• 포도 : (㉧) • 참다래 : (㉨) • 대추 : 판매개시연도 (㉩)

정답

㉠ 계약체결일 24시
㉡ 꽃눈분화기
㉢ 신초발아기
㉣ 계약체결일 24시
㉤ 이듬해 10월 10일
㉥ 이듬해 11월 30일
㉦ 10월 31일
㉧ 이듬해 10월 10일
㉨ 이듬해 6월 30일
㉩ 10월 31일

18 농작물재해보험 종합위험보장 과수품목의 보험기간에 대한 기준이다. ( )에 들어갈 내용을 답란에 쓰시오. `기출유형`

구 분		보장개시	보장종료
해당 보장 및 약관	보험의 목적		
수확감소보장 보통약관	밤	(㉠) 단, (㉠)가 경과한 경우에는 계약체결일 24시	수확기종료 시점 단, 판매개시연도 (㉡)을 초과할 수 없음
보통약관	이듬해에 맺은 참다래 과실	(㉢) 단, (㉢)가 지난 경우에는 계약체결일 24시	해당 꽃눈이 성장하여 맺은 과실의 수확기종료 시점 단, (㉣)을 초과할 수 없음
보통약관	대추	(㉤) 단, (㉤)가 경과한 경우에는 계약체결일 24시	수확기종료 시점 단, 판매개시연도 (㉡)을 초과할 수 없음

`정답`

㉠ 발아기, ㉡ 10월 31일, ㉢ 꽃눈분화기, ㉣ 이듬해 11월 30일, ㉤ 신초발아기

19 다음은 종합위험 비가림과수 손해보장방식의 가입대상 품목별 보험기간을 나타낸 표이다. 괄호 안에 들어갈 내용을 답란에 쓰시오.

구 분		보험의 목적	보험기간	
약 관	보 장		보장개시	보장종료
특별 약관	화재위험 보장	비가림 시설	(㉠)	• 포도 : (㉤) • 참다래 : (㉥) • 대추 : (㉦)
	나무손해 보장	포도	(㉡)	(㉧)
		참다래	(㉢)	(㉨)
	수확량 감소 추가보장	포도	(㉣)	(㉩)

정답

㉠ 계약체결일 24시
㉡ 판매개시연도 12월 1일(다만, 12월 1일 이후 보험에 가입하는 경우에는 계약체결일 24시)
㉢ 판매개시연도 7월 1일(다만, 7월 1일 이후 보험에 가입하는 경우에는 계약체결일 24시)
㉣ 계약체결일 24시
㉤ 이듬해 10월 10일
㉥ 이듬해 6월 30일
㉦ 판매개시연도 10월 31일
㉧ 이듬해 11월 30일
㉨ 이듬해 6월 30일
㉩ 수확기종료 시점(다만, 이듬해 10월 10일을 초과할 수 없음)

20 다음은 수확전 종합위험과실 손해보장방식의 가입대상 품목별 보험기간을 나타낸 표이다. 괄호 안에 들어갈 내용을 답란에 쓰시오.

구 분			보험기간	
약 관	보험의 목적	보 장	보장개시	보장종료
보통 약관	복분자	경작불능 보장	(㉠)	수확개시 시점 다만, 이듬해 (㉦)을 초과할 수 없음
		과실손해 보장	• 이듬해 5월 31일 이전 : (㉡) • 이듬해 6월 1일 이후 : (㉢)	• 이듬해 5월 31일 이전 : 이듬해 5월 31일 • 이듬해 6월 1일 이후 : (㉧)
	무화과	과실손해 보장	• 이듬해 7월 31일 이전 : (㉣) • 이듬해 8월 1일 이후 : (㉤)	• 이듬해 7월 31일 이전 : 이듬해 7월 31일 • 이듬해 8월 1일 이후 : (㉨)
특별 약관	무화과	나무손해 보장	(㉥)	(㉩)

정답

㉠ 계약체결일 24시
㉡ 계약체결일 24시
㉢ 이듬해 6월 1일
㉣ 계약체결일 24시
㉤ 이듬해 8월 1일
㉥ 판매개시연도 12월 1일(다만, 12월 1일 이후 보험에 가입한 경우에는 계약체결일 24시)
㉦ 5월 31일
㉧ 이듬해 수확기종료 시점(다만, 이듬해 6월 20일을 초과할 수 없음)
㉨ 이듬해 수확기종료 시점(다만, 이듬해 10월 31일을 초과할 수 없음)
㉩ 이듬해 11월 30일

21 다음은 종합위험 과실손해보장방식의 가입대상 품목별 보험기간을 나타낸 표이다. 표의 빈 칸에 들어갈 내용을 답란에 쓰시오.

구 분		보험의 목적	보험기간	
약 관	보 장		보장개시	보장종료
보통 약관	종합위험 과실손해 보장	오디	㉠	㉢
		두릅		㉣
		블루베리		㉤
		감귤 (온주밀감류)		㉥
특별 약관	수확개시 이후 동상해보장	감귤 (온주밀감류)	㉡	㉦
	나무손해 보장		㉠	㉧
	과실손해 추가보장			㉨

정답

㉠ 계약체결일 24시
㉡ 판매개시연도 12월 21일
㉢ 결실완료 시점(다만, 이듬해 5월 31일을 초과할 수 없음)
㉣ 수확기종료 시점(다만, 이듬해 5월 15일을 초과할 수 없음)
㉤ 수확기종료 시점(다만, 이듬해 9월 15일을 초과할 수 없음)
㉥ 수확기종료 시점(다만, 판매개시연도 12월 20일을 초과할 수 없음)
㉦ 이듬해 2월 말일
㉧ 이듬해 4월 30일
㉨ 수확기종료 시점(다만, 판매개시연도 12월 20일을 초과할 수 없음)

22 종합위험방식 상품의 보험가입금액을 다음 구분에 따라 답란에 서술하시오.

① 과실손해(수확감소)보장 보험가입금액 :

② 나무손해보장 보험가입금액 :

③ 비가림시설보장 보험가입금액 :

정답

① **과실손해(수확감소)보장 보험가입금액** : 가입수확량에 가입가격을 곱하여 산출한다(천원 단위 절사). 단, 감귤(온주밀감류), 두릅, 블루베리, 무화과는 평년수확량에 표준가격을 곱하여 산출하고, 오디는 표준수확량에 표준가격을 곱하고 표준결실수 대비 평년결실수 비율을 곱하여 산출하며, 복분자는 표준수확량에 표준가격을 곱하고 표준결과모지수 대비 평년결과모지수 비율을 곱하여 산출한다(천원 단위 절사).

② **나무손해보장 보험가입금액** : 가입한 결과주수에 1주당 가입가격을 곱하여 계산한 금액으로 한다. 가입한 결과주수가 과수원내 실제결과주수를 초과하는 경우에는 보험가입금액을 감액한다.

③ **비가림시설보장 보험가입금액** : 비가림시설의 m²당 시설비에 비가림시설 면적을 곱하여 산정한다(천원 단위 절사). 산정된 금액의 80% ~ 130% 범위 내에서 계약자가 보험가입금액을 결정한다(10% 단위 선택).

23 종합위험방식 상품 중 비가림시설에 관한 다음 보험가입금액을 구하시오. `기출유형`

(1) 포도(단지 단위) 비가림시설의 최소 가입면적에서 최소 보험가입금액(단, m²당 시설비는 18,000원이다)

(2) 대추(단지 단위) 비가림시설의 가입면적 300m²에서 최대 보험가입금액(단, m²당 시설비는 19,000원이다)

정답

(1) 포도(단지 단위) 비가림시설의 최소 가입면적에서 최소 보험가입금액

포도비가림시설의 m²당 시설비(18,000원)에 비가림시설 면적을 곱하여 산정한다. 산정된 금액의 80% ~ 130% 범위 내에서 계약자가 보험가입금액을 결정한다.

최소 가입면적은 200m²이므로,

최소 보험가입금액 $= 200m^2 \times 18,000원/m^2 \times 80\% = 2,880,000원$

(2) 대추(단지 단위) 비가림시설의 가입면적 300m²에서 최대 보험가입금액

대추비가림시설의 m²당 시설비(19,000원)에 비가림시설의 면적을 곱하여 산정한다. 산정된 금액의 80% ~ 130% 범위 내에서 계약자가 보험가입금액을 결정한다.

최대 보험가입금액 $= 300m^2 \times 19,000원/m^2 \times 130\% = 7,410,000원$

24 종합위험담보방식 대추 품목 비가림시설에 관한 내용이다. 다음 조건에서 계약자가 가입할 수 있는 보험가입금액의 ① 최솟값과 ② 최댓값을 구하고, ③ 계약자가 부담할 보험료의 최솟값은 얼마인지 쓰시오(단, 화재위험보장 특약은 제외하며, m^2당 시설비는 19,000원이다).

기출유형

- 가입면적 : 2,500m^2
- 지역별 보험요율(순보험요율) : 5%
- 순보험료 정부 보조금 비율 : 50%
- 순보험료 지방자치단체 보조금 비율 : 30%
- 손해율에 따른 할인·할증과 방재시설 할인은 없음

정답

① **보험가입금액의 최솟값**

보험가입금액은 대추비가림시설의 m^2당 시설비(19,000원)에 비가림시설 면적을 곱하여 산정한다. 산정된 금액의 80%~130% 범위 내에서 보험가입금액을 결정한다.
- 보험가입금액의 최솟값 = 2,500m^2 × 19,000원/m^2 × 0.8 = **38,000,000원**

② **보험가입금액의 최댓값**
- 보험가입금액의 최댓값 = 2,500m^2 × 19,000원/m^2 × 1.3 = **61,750,000원**

③ **계약자가 부담할 보험료의 최솟값**
- 보험료 산출(비가림시설보장) = 비가림시설 보험가입금액 × 지역별 영업요율
- 지역별 영업요율 = 5% × [1 − (50% + 30%)]
- 계약자가 부담할 보험료의 최솟값 = 38,000,000원 × 0.05 × 0.2 = **380,000원**

25 다음은 종합위험 수확감소보장방식 보장유형을 나타낸 표이다. 표의 괄호 안에 들어갈 내용을 답란에 쓰시오.

구 분	보험의 목적	지급금액
종합위험 수확감소보장 (보통약관)	복숭아	① 보험금 = (㉡) ② 피해율 = (㉢)
	(㉠)	① 보험금 = (㉣) ② 피해율 = (㉤)

정답

㉠ 자두, 매실, 살구, 오미자, 밤, 호두, 유자, 감귤(만감류)

㉡ 보험가입금액 × (피해율 − 자기부담비율)

㉢ {(평년수확량 − 수확량 − 미보상감수량) + 병충해감수량} ÷ 평년수확량

㉣ 보험가입금액 × (피해율 − 자기부담비율)

㉤ (평년수확량 − 수확량 − 미보상감수량) ÷ 평년수확량

26 다음은 종합위험 수확감소보장방식 보장유형을 나타낸 표이다. 표의 괄호 안에 들어갈 내용을 답란에 쓰시오.

구 분	보험의 목적	지급금액
종합위험 나무손해보장 (특별약관)	(㉠)	① 보험금 = (㉡) ② 피해율 = (㉢) ③ 자기부담비율 = (㉣)
수확량감소 추가보장 (특별약관)	복숭아, 감귤(만감류)	① 보험금 = (㉤) ② 피해율 = (㉥)

정답

㉠ 복숭아, 자두, 매실, 유자, 살구, 감귤(만감류)

㉡ 보험가입금액 × (피해율 − 자기부담비율)

㉢ 피해주수(고사된 나무) ÷ 실제결과주수

㉣ 5%

㉤ 보험가입금액 × (주계약 피해율 × 10%)

　　※ 주계약 피해율은 종합위험 수확감소보장(보통약관)에서 산출한 피해율을 말함

㉥ {(평년수확량 − 수확량 − 미보상감수량) + 병충해감수량} ÷ 평년수확량

27 ○○도 △△시 관내에서 매실과수원(천매 10년생, 200주)을 하는 A씨는 농작물재해보험 매실품목의 나무손해보장 특약에 200주를 가입한 상태에서 보험기간내 침수로 50주가 고사되는 피해를 입었다. A씨의 피해에 대한 나무손해보장 특약의 보험금 산출식을 쓰고, 해당 보험금을 계산하시오(단, 가입가격 = 50,000원/주). **기출유형**

정답

① 산출식

　　보험금 = 보험가입금액 × {피해율 − 자기부담비율(5%)}

　　※ 피해율 = 피해주수(고사된 나무) ÷ 실제결과주수

② 보험금 : 2,000,000원

　　• 나무손해보장 특약 보험가입금액은 결과주수에 가입가격(50,000원/주)을 곱하여 산출한다.

　　• 피해율 = 피해주수(고사된 나무) ÷ 실제결과주수 = 50주 ÷ 200주 = 0.25(= 25%)

　　• 보험금 = 보험가입금액 × {피해율 − 자기부담비율(5%)}

　　　　　　= 200주 × 50,000원/주 × (25% − 5%) = **2,000,000원**

28 다음은 종합위험 수확감소보장방식 보험금 산정에 대한 설명이다. (   )에 들어갈 내용을 답란에 쓰시오.

> ① 복숭아의 세균구멍병으로 인한 피해과는 (㉠)형 피해과실로 인정한다.
> ② 수확량, 피해주수, 미보상감수량 등은 농림축산식품부장관이 고시하는 (㉡)에 따라 조사·평가하여 산정한다.
> ③ 평년수확량은 과거 조사 내용, 해당 과수원의 (㉢) 및 (㉣) 등에 따라 정한 수확량을 활용하여 산출한다.
> ④ 미보상감수량이란 보상하는 재해 이외의 원인으로 감소되었다고 평가되는 부분을 말하며, 계약 당시 이미 발생한 피해, (㉤)으로 인한 피해 및 (㉥) 등으로 인한 수확감소량으로서 피해율 산정시 감수량에서 제외된다.

정답

㉠ 50%, ㉡ 손해평가요령, ㉢ 식재내역·현황, ㉣ 경작상황, ㉤ 병해충, ㉥ 제초상태 불량

29 다음은 종합위험 비가림과수 손해보장방식 보장유형을 나타낸 표이다. 표의 괄호 안에 들어갈 내용을 답란에 쓰시오.

구 분	보험의 목적	지급금액
종합위험 비가림과수 손해보장 (보통약관)	(㉠)	① 보험금 = (㉢) ② 피해율 = (㉣)
비가림시설 화재위험보장 (특별약관)	(㉡)	① 보험금 = (㉤) ② 자기부담금 = (㉥)
종합위험 나무손해보장 (특별약관)	포도, 참다래	① 보험금 = (㉦) ② 피해율 = (㉧) ③ 자기부담비율 = (㉨)
수확량감소 추가보장 (특별약관)	포도	① 보험금 = (㉩) ② 주계약 피해율 = (㉪)

정답

㉠ 포도, 참다래, 대추

㉡ 비가림시설

㉢ 보험가입금액 × (피해율 − 자기부담비율)

㉣ (평년수확량 − 수확량 − 미보상감수량) ÷ 평년수확량

㉤ Min(손해액 − 자기부담금, 보험가입금액)

㉥ 최소 자기부담금(30만원)과 최대 자기부담금(100만원)을 한도로 보험사고로 인하여 발생한 손해액(비가림시설)의 10%에 해당하는 금액. 다만, 피복재 단독사고는 최소 자기부담금(10만원)과 최대 자기부담금(30만원)을 한도로 한다(단, 화재손해는 자기부담금을 적용하지 않음).

㉦ 보험가입금액 × (피해율 − 자기부담비율)

㉧ 피해주수(고사된 나무) ÷ 실제결과주수

㉨ 5%

㉩ 보험가입금액 × (주계약 피해율 × 10%)

㉪ 종합위험 비가림과수 손해보장(보통약관)에서 산출한 피해율

30 다음은 수확전 종합위험 과실손해보장방식 보장유형을 나타낸 표이다. 표의 괄호 안에 들어갈 내용을 답란에 쓰시오.

구 분	보험의 목적	지급금액
경작불능보장 (보통약관)	복분자	보험금 = (㉠)
과실손해보장 (보통약관)	복분자, 무화과	보험금 = (㉡)
나무손해보장 (특별약관)	무화과	① 보험금 = (㉢) ② 피해율 = (㉣) ③ 자기부담비율 = (㉤)

정답

㉠ 보험가입금액 × 일정비율

㉡ 보험가입금액 × (피해율 − 자기부담비율)

㉢ 보험가입금액 × (피해율 − 자기부담비율)

㉣ 피해주수(고사된 나무) ÷ 실제결과주수

㉤ 5%

31 종합위험 과실손해보장 복분자 상품에서 자기부담비율 20%, 보험가입금액이 1,000만원인 경우 보험사고로 인해 과실손해보장보험금 피해율이 50%일 때 지급되는 보험금을 계산하시오.

정답

보험금 = 보험가입금액 × (피해율 − 자기부담비율)
　　　 = 1,000만원 × (50% − 20%)
　　　 = 1,000만원 × 30%
　　　 = 300만원

32 다음은 종합위험 과실손해보장방식 보장유형을 나타낸 표이다. 표의 괄호 안에 들어갈 내용을 답란에 쓰시오.

구 분	보험의 목적	지급금액
종합위험 과실손해보장 (보통약관)	오디	① 보험금 = (㉠) ② 피해율 = (㉡)
종합위험 과실손해보장 (보통약관)	감귤 (온주밀감류)	① 보험금 = (㉢) ② 손해액 = (㉣) ③ 피해율 = (㉤) ④ 자기부담금 = (㉥)

정답

㉠ 보험가입금액 × (피해율 − 자기부담비율)
㉡ (평년결실수 − 조사결실수 − 미보상감수결실수) ÷ 평년결실수
㉢ 손해액 − 자기부담금
㉣ 보험가입금액 × 피해율
㉤ {(등급내 피해과실수 + 등급외 피해과실수 × 50%) ÷ 기준과실수} × (1 − 미보상비율)
㉥ 보험가입금액 × 자기부담비율

33 다음은 종합위험 과실손해보장방식[감귤(온주밀감류)] 보장유형을 나타낸 표이다. 표의 괄호 안에 들어갈 내용을 답란에 쓰시오.

구 분	보험의 목적	지급금액
수확개시 이후 동상해보장 (특별약관)	감귤 (온주밀감류)	① 보험금 = (㉠) ② 손해액 = (㉡) ③ 자기부담금 = (㉢)
종합위험 나무손해보장 (특별약관)		① 보험금 = (㉣) ② 피해율 = (㉤) ③ 자기부담비율 = (㉥)
과실손해 추가보장 (특별약관)		보험금 = (㉦)

정답

㉠ 손해액 – 자기부담금

㉡ {보험가입금액 – (보험가입금액 × 기사고 피해율)} × 수확기 잔여비율 × 동상해 피해율 × (1 – 미보상비율)

㉢ | 보험가입금액 × Min(주계약 피해율 – 자기부담비율, 0) |

㉣ 보험가입금액 × (피해율 – 자기부담비율)

㉤ 피해주수(고사된 나무) ÷ 실제결과주수

㉥ 5%

㉦ 보험가입금액 × 주계약 피해율 × 10%

34 다음은 종합위험 과실손해보장방식(두릅, 블루베리) 보장유형을 나타낸 표이다. 표의 괄호 안에 들어갈 내용을 답란에 쓰시오.

구 분	보험의 목적	지급금액
종합위험 과실손해보장 (보통약관)	두릅	① 보험금 = (㉠) ② 피해율 = (㉡)
종합위험 과실손해보장 (보통약관)	블루베리	① 보험금 = (㉢) ② 꽃 피해조사를 실시하지 않은 경우 피해율 = (㉣) ③ 꽃 피해조사를 실시한 경우 피해율 = (㉤)

정답

㉠ 보험가입금액 × (피해율 – 자기부담비율)

㉡ (피해 정아지수 ÷ 총 정아지수) × (1 – 미보상비율)

㉢ 보험가입금액 × (피해율 – 자기부담비율)

㉣ 과실손해피해율 × (1 – 미보상비율)

㉤ 최종 꽃피해율 + (1 – 최종 꽃피해율) × 과실손해피해율 × (1 – 미보상비율)

35 종합위험 과실손해보장방식 감귤에 관한 내용이다. 다음의 조건 1~2를 참조하여 다음 물음에 답하시오(단, 주어진 조건외 다른 사항은 고려하지 않음). `기출유형`

○ 조건 1

---

① 감귤(온주밀감) / 5년생
② 보험가입금액 : 10,000,000원(자기부담비율 20%)
③ 가입 특별약관 : 동상해과실손해보장 특별약관

○ 조건 2

---

(1) 과실손해조사(수확전 사고조사는 없었음. 주품종 수확 이후 사고발생 함)
  ① 사고일자 : 2024년 11월 15일
  ② 피해사실확인조사를 통해 보상하는 재해로 확인됨
  ③ 표본주수 2주 선정후 표본조사내용
  • 등급내 피해과실수 30개
  • 등급외 피해과실수 24개
  • 기준과실수 280개
  • 미보상비율 : 20%

(2) 동상해과실손해조사
  ① 사고일자 : 2024년 12월 20일
  ② 피해사실확인조사를 통해 보상하는 재해(동상해)로 확인됨
  ③ 표본주수 2주 선정후 표본조사내용

기수확과실	정상과실	80%형 피해과실	100%형 피해과실
86개	100개	50개	50개

  ④ 수확기 잔존비율(%) : 100 − 1.5 × 사고발생일자[사고발생 월 12월 기준]
  ⑤ 미보상비율 : 10%

---

(1) 과실손해보장 보통약관 보험금의 계산과정과 값(원)을 쓰시오.

(2) 동상해과실손해보장 특별약관 보험금의 계산과정과 값(원)을 쓰시오.

`정답`

(1) 과실손해보장 보통약관 보험금의 계산과정

$$보험금 = 손해액 - 자기부담금$$

---

① 손해액 = 보험가입금액 × 피해율 = 10,000,000원 × 12% = 1,200,000원
② 피해율 = (등급내 피해과실수 + 등급외 피해과실수 × 50%) ÷ 기준과실수 × (1 − 미보상비율)
　　　　 = (30개 + 24개 × 50%) ÷ 280개 × (1 − 20%) = 12%
③ 자기부담금 = 보험가입금액 × 자기부담비율
　　　　　　 = 10,000,000 × 20% = 2,000,000원
④ 보험금 = 손해액 − 자기부담금
　　　　 = 1,200,000원 − 2,000,000원 = **0원**
　 ※ 손해액이 자기부담금을 초과하지 않으므로 지급보험금은 0원이다.

(2) 동상해과실손해보장 특별약관 보험금의 계산과정

$$보험금 = 손해액 - 자기부담금$$

① 기사고피해율 = 12% ÷ (1 − 20%) = 15%

　※ **기사고피해율** : 주계약(과실손해보장 보통약관) 피해율을 {1 − (과실손해보장 보통약관 보험금 계산에 적용된) 미보상비율}로 나눈 값과 이전 사고의 동상해 과실손해 피해율을 더한 값을 말한다.

② 수확기 잔존비율 = 100 − 1.5 × 20 = 70%

③ 동상해피해율 = {(동상해 80%형 피해과실수 합계 × 80%) + (동상해 100%형 피해과실수 합계 × 100%)} ÷ 기준과실수

　　　　　　 = (50개 × 80%) + (50개 × 100%) ÷ 200개 = 45%

　※ 기준과실수 = 정상과실수 + 동상해 80%형 피해과실수 + 동상해 100%형 피해과실수

　　　　　　 = 100개 + 50개 + 50개 = 200개

④ 손해액 = {보험가입금액 − (보험가입금액 × 기사고피해율)} × 수확기 잔존비율 × 동상해피해율 × (1 − 미보상비율)

　　　　 = {10,000,000원 − (10,000,000원 × 15%)} × 70% × 45% × (1 − 10%)

　　　　 = 2,409,750원

⑤ 자기부담금 = | 보험가입금액 × Min(주계약 피해율 − 자기부담비율, 0) |

　　　　　　 = | 10,000,000원 × Min(12% − 20%, 0) |

　　　　　　 = 800,000원

⑥ 보험금 = 손해액 − 자기부담금

　　　　 = 2,409,750원 − 800,000원 = **1,609,750원**

36 종합위험방식 상품의 보험금 계산시 자기부담비율에 대한 설명이다. 괄호 안에 들어갈 내용을 답란에 쓰시오.

① 보험사고로 인하여 발생한 손해에 대하여 계약자 또는 피보험자가 부담하는 일정 비율(금액)로 (㉠) 이하의 손해는 보험금이 지급되지 않는다.

② 과실손해위험보장의 자기부담비율은 보험계약시 계약자가 선택한 비율(㉡)이며, 호두, 유자, 두릅, 블루베리 품목의 경우 자기부담비율은 (㉢)이다.

[정답]

㉠ 자기부담비율(금), ㉡ 10%, 15%, 20%, 30%, 40%, ㉢ 20%, 30%, 40%

37 종합위험방식 상품의 자기부담비율(금)에 대한 설명이다. 괄호 안에 들어갈 내용을 답란에 쓰시오.

> ① (과실) 자기부담비율 선택 기준(15%형) : 최근 2년간 연속 보험가입한 계약자로서 2년간 수령한 보험금이 순보험료의 (㉠) 미만인 경우에 한하여 선택 가능하다.
> ② (비가림시설) 자기부담금 : (㉡)의 범위에서 자기부담금을 차감한다. 다만, 피복재 단독사고는 (㉢)의 범위에서 자기부담금을 차감한다.
> ③ 종합위험 나무손해위험보장 특별약관 자기부담비율 : (㉣)

정답

㉠ 120%, ㉡ 30만원 ≦ 손해액의 10% ≦ 100만원, ㉢ 10만원 ≦ 손해액의 10% ≦ 30만원, ㉣ 5%

38 종합위험방식 복분자 상품의 자기부담비율에 따른 경작불능보험금 산출방식에 대한 설명이다. 괄호 안에 들어갈 내용을 답란에 쓰시오.

> ① 보상하는 재해로 식물체 피해율이 (㉠) 이상이고, 계약자가 경작불능보험금을 신청한 경우 아래의 표와 같이 계산한다.
>
> | 자기부담비율 | 경작불능보험금 |
> | --- | --- |
> | 10%형 | 보험가입금액의 (㉡) |
> | 15%형 | 보험가입금액의 (㉢) |
> | 20%형 | 보험가입금액의 (㉣) |
> | 30%형 | 보험가입금액의 (㉤) |
> | 40%형 | 보험가입금액의 (㉥) |
>
> ② 경작불능보험금은 보험목적물이 (㉦)된 것을 확인후 지급되며, 지급후 보험계약은 소멸한다.

정답

㉠ 65%, ㉡ 45%, ㉢ 42%, ㉣ 40%, ㉤ 35%, ㉥ 30%, ㉦ 산지폐기

39 종합위험방식 상품의 가입대상 품목(18개 품목) 중 나무손해보장 특별약관이 없기 때문에 나무가 보장되지 않는 품목을 답란에 쓰시오.

정답

밤, 호두, 오미자, 대추, 복분자, 오디, 두릅, 블루베리

해설

종합위험 나무손해보장 특별약관 대상품목 : 복숭아, 자두, 매실, 살구, 유자, 포도, 참다래, 무화과, 감귤(만감류, 온주밀감류)

40 종합위험방식 상품의 다음 특별약관에 따라 가입 가능한 대상품목을 답란에 쓰시오.

① 수확량감소 추가보장 특별약관 :

② 과실손해 추가보장 특별약관 :

③ 조수해(鳥獸害) 부보장 특별약관 :

④ 수확개시 이후 동상해보장 특별약관 :

⑤ 비가림시설 화재위험보장 특별약관 :

⑥ 수확기 부보장 특별약관 :

⑦ 농작물 부보장 특별약관 :

⑧ 비가림시설 부보장 특별약관 :

⑨ 수확개시 이후 동상해 부보장 특별약관 :

정답

① **수확량감소 추가보장 특별약관** : 복숭아, 포도, 감귤(만감류)
② **과실손해 추가보장 특별약관** : 감귤(온주밀감류)
③ **조수해(鳥獸害) 부보장 특별약관** : 호두
④ **수확개시 이후 동상해보장 특별약관** : 감귤(온주밀감류)
⑤ **비가림시설 화재위험보장 특별약관** : 포도, 대추, 참다래
⑥ **수확기 부보장 특별약관** : 복분자
⑦ **농작물 부보장 특별약관** : 포도, 대추, 참다래
⑧ **비가림시설 부보장 특별약관** : 포도, 대추, 참다래
⑨ **수확개시 이후 동상해 부보장 특별약관** : 감귤(만감류)

41 종합위험방식 호두 상품에서 조수해(鳥獸害) 부보장 특별약관의 적용대상을 답란에 쓰시오.

정답

조수해(鳥獸害) 부보장 특별약관의 적용대상
① 과수원에 조수해 방재를 위한 시설이 없는 경우
② 과수원에 조수해 방재를 위한 시설이 과수원 전체 둘레의 80% 미만으로 설치된 경우
③ 과수원의 가입 나무에 조수해 방제를 위한 시설이 80% 미만으로 설치된 경우

42 종합위험보장 ① 복숭아 상품의 평년수확량 산출식을 쓰고, ② 산출식 구성요소에 대해 설명하시오[단, 과거수확량 자료가 있는 경우(최근 5년 이내 보험가입 이력이 있는 경우)에 해당하며, 과거수확량 산출 관련 다른 조건은 배제한다].　　　　　`기출유형`

　　　`정답`

　　① 복숭아 상품의 평년수확량 산출식

$$\left\{ A + (B-A) + (1-\frac{Y}{5}) \right\} \times \frac{C}{B}$$

　　② 산출식 구성요소
　　　• A(과거 평균수확량) = Σ(과거 5년간 수확량) ÷ Y
　　　• B(과거 평균표준수확량) = Σ(과거 5년간 표준수확량) ÷ Y
　　　• C = 당해 연도(가입연도) 표준수확량
　　　• Y = 과거수확량 산출연도 횟수(가입횟수)

43 종합위험보장 ① 복분자·오디 상품의 평년수확량 산출식을 쓰고, ② 산출식 구성요소에 대해 설명하시오[단, 과거수확량 자료가 있는 경우(최근 5년 이내 보험가입 이력이 있는 경우)에 해당하며, 과거수확량 산출 관련 다른 조건은 배제한다].

　　　`정답`

　　① 복분자·오디 상품의 평년수확량 산출식

$$\left(A \times \frac{Y}{5} \right) + \left\{ B \times (1-\frac{Y}{5}) \right\}$$

　　② 산출식 구성요소

복분자	A(과거 결과모지수 평균) = Σ과거 5개년 포기당 평균결과모지수 ÷ Y B(표준결과모지수) = 포기당 5개(2~4년) 또는 4개(5~11년) Y = 과거수확량 산출연도 횟수(가입횟수) ※ 평년결과모지수는 보험가입연도 표준결과모지수의 50~130% 수준에서 결정한다.
오 디	A(과거 평균결실수) = Σ과거 5개년 결실수 ÷ Y B(평균표준결실수) = Σ과거 5개년 표준결실수 ÷ Y Y = 과거수확량 산출연도 횟수(가입횟수) ※ 평년결실수는 보험가입연도 표준결실수의 130%를 한도로 산출한다.

44 종합위험 수확감소보장 상품에서 보험가입시 특약으로 나무손해보장을 가입할 수 있는 품목 중 과거수확량 자료가 없는 경우 산출된 표준수확량의 70%를 평년수확량으로 결정하는 품목 2가지를 모두 쓰시오.　〔기출유형〕

〔정답〕

유자, 살구

〔해설〕

- **특약으로 나무손해보장을 가입할 수 있는 품목** : 복숭아, 자두, 매실, 살구, 유자, 감귤(만감류)
- **표준수확량의 70%를 평년수확량으로 결정하는 품목** : 살구, 유자

45 종합위험보장 복숭아 상품에서 사고가 발생하여 수확량조사를 한 경우 과거수확량 산출방법은 다음과 같다. 도표의 빈 칸에 들어갈 내용을 답란에 쓰시오.

구 분	수확량
조사수확량 > 평년수확량의 50%	㉠
평년수확량의 50% ≧ 조사수확량	㉡

〔정답〕

㉠ 조사수확량, ㉡ 평년수확량의 50%

46 종합위험보장 감귤(온주밀감류), 블루베리 상품의 경우 과거수확량 산출방법은 다음과 같다. 도표의 빈 칸에 들어갈 내용을 답란에 쓰시오.

구 분	수확량
평년수확량 ≧ 평년수확량 × (1 – 피해율) ≧ 평년수확량의 50%	㉠
평년수확량의 50% > 평년수확량 × (1 – 피해율)	㉡

〔정답〕

㉠ 평년수확량 × (1 – 피해율), ㉡ 평년수확량의 50%

3 논작물

01 종합위험보장방식 벼 상품에서 정하는 용어를 순서대로 답란에 쓰시오.　　　　[기출유형]

> ① (　　　) : 못자리 등에서 기른 모를 농지로 옮겨 심는 일
> ② (　　　) : 물이 있는 논에 종자를 파종하는 방법
> ③ (　　　) : 벼(조곡)의 이삭이 줄기 밖으로 자란 상태
> ④ (　　　) : 개간, 복토 등을 통해 논으로 변경한 농지
> ⑤ (　　　) : 태풍이나 비바람 등의 자연현상으로 인하여 연안지대의 경지에 바닷물이 들어와서 발생하는 피해

[정답]

① 이앙, ② 직파(담수직파), ③ 출수, ④ 전환지, ⑤ 조해(潮害)

02 다음은 논작물 상품에 대한 설명이다. 괄호 안에 들어갈 내용을 답란에 쓰시오.

> ① 가입대상 품목은 (㉠)이다.
> ② 보장방식은 (㉡)이다.
> ③ (㉢)의 피해로 발생하는 보험목적물의 (㉣)에 대하여 보상한다.
> ④ 보험가입금액은 가입수확량에 (㉤)을 곱하여 산정한 금액(천원 단위 절사)으로 한다. 단, 조사료용 벼는 (㉥)와 가입면적을 곱하여 산정한 금액(천원 단위 절사)으로 한다.

[정답]

㉠ 벼, 조사료용 벼, 밀, 보리, 귀리
㉡ 종합위험보장방식 수확감소보장
㉢ 자연재해, 조수해, 화재
㉣ 수확량 감소
㉤ 가입가격
㉥ 보장생산비

03 종합위험 수확감소보장방식(논작물) 품목의 보상하는 재해를 나타낸 도표이다. 표의 빈 칸에 들어갈 내용을 답란에 쓰시오.

구 분	품 목	보상하는 재해
종합위험 수확감소보장방식		
	병충해보장 벼 품목 특약 가입시	※ 보상하는 병충해 : ( )

정답

보상하는 재해

구 분	품 목	보상하는 재해
종합위험 수확감소보장방식	벼, 조사료용 벼, 밀, 보리	자연재해, 조수해, 화재
	병충해보장 벼 품목 특약 가입시	※ 보상하는 병충해 : (흰잎마름병, 줄무늬잎마름병, 벼멸구, 도열병, 깨씨무늬병, 먹노린재, 세균성 벼알마름병)

04 종합위험 수확감소보장방식(논작물) 품목에서 보상하지 않는 손해를 답란에 쓰시오.

정답

보상하지 않는 손해
① 계약자, 피보험자 또는 이들의 법정대리인의 고의 또는 중대한 과실로 인한 손해
② 수확기에 계약자 또는 피보험자의 고의 또는 중대한 과실로 수확하지 못하여 발생한 손해
③ 제초작업, 시비관리 등 통상적인 영농활동을 하지 않아 발생한 손해
④ 원인의 직·간접을 묻지 않고 병해충으로 발생한 손해(다만, 벼 병해충보장 특별약관 가입시는 제외)
⑤ 보상하지 않는 재해로 제방, 댐 등이 붕괴되어 발생한 손해
⑥ 하우스, 부대시설 등의 노후 및 하자로 생긴 손해
⑦ 계약 체결 시점 현재 기상청에서 발령하고 있는 기상특보 발령지역의 기상특보 관련 재해로 인한 손해
⑧ 보상하는 손해에 해당하지 않은 재해로 발생한 손해
⑨ 보상하지 않는 재해로 발생한 생리장해
⑩ 전쟁, 혁명, 내란, 사변, 폭동, 소요, 노동쟁의, 기타 이들과 유사한 사태로 생긴 손해

05 다음은 종합위험보장방식 벼 품목의 보통약관에서 보장하는 보험기간이다. 표의 빈 칸에 들어갈 내용을 답란에 쓰시오.

보 장	보험의 목적	보장개시	보장종료
이앙·직파 불능보장	벼(조곡)	㉠	㉢
재이앙·재직파 보장		㉡	㉢
경작불능보장	벼(조곡), 조사료용 벼	㉡	㉣
	밀, 보리, 귀리	㉠	㉤

정답

㉠ 계약체결일 24시

㉡ 이앙(직파)완료일 24시[다만, 보험계약시 이앙(직파)완료일이 경과한 경우에는 계약체결일 24시]

㉢ 판매개시연도 7월 31일

㉣ 출수기전(다만, 조사료용 벼의 경우 판매개시연도 8월 31일)

㉤ 수확개시 시점

06 다음은 종합위험보장방식 벼 품목의 보통약관에서 보장하는 보험기간이다. 표의 빈 칸에 들어갈 내용을 답란에 쓰시오.

보 장	보험의 목적	보장개시	보장종료
수확불능보장	벼(조곡)	㉠	㉢
수확감소보장	벼(조곡)		
	밀, 보리, 귀리	㉡	㉣

정답

㉠ 이앙(직파)완료일 24시[다만, 보험계약시 이앙(직파)완료일이 경과한 경우에는 계약체결일 24시]

㉡ 계약체결일 24시

㉢ 수확기종료 시점(다만, 판매개시연도 11월 30일을 초과할 수 없음)

㉣ 수확기종료 시점(다만, 이듬해 6월 30일을 초과할 수 없음)

07 농작물재해보험 종합위험방식 벼 품목에서 정하는 보험금 지급사유와 지급금액 산출식을 답란에 서술하시오.

보장명	지급사유	지급금액
이앙·직파불능 보장(보통약관)		
재이앙·재직파 보장(보통약관)		

정답

보장명	지급사유	지급금액
이앙·직파불능 보장(보통약관)	보상하는 재해로 농지 전체를 이앙·직파하지 못하게 된 경우	보험가입금액 × 15%
재이앙·재직파 보장(보통약관)	보상하는 재해로 면적피해율이 10%를 초과하고, 재이앙·재직파한 경우(1회 지급)	보험가입금액 × 25% × 면적피해율 ※ 면적피해율 = (피해면적 ÷ 보험가입면적)

08 농작물재해보험 종합위험 벼 품목의 재이앙·재직파보장방식에 대한 ① 보험의 목적과 ② 보험금 지급사유를 서술하고, ③ 보험금 산출식을 쓰시오. 기출유형

정답

재이앙·재직파보장
① **보험의 목적** : 벼(조곡)
② **보험금 지급사유** : 보상하는 재해로 면적피해율이 10%를 초과하고, 재이앙·재직파한 경우(1회 지급)
③ **보험금 산출식** : 보험가입금액 × 25% × 면적피해율
   ※ 면적피해율 = 피해면적 ÷ 보험가입면적

09 농작물재해보험 종합위험방식 벼 품목에서 정하는 보험금 지급사유와 지급금액 산출식을 답란에 서술하시오(단, 자기부담비율은 15%형 기준임). 기출유형

보장명	지급사유	지급금액
경작불능보장 (보통약관)		
수확감소보장 (보통약관)		
수확불능보장 (보통약관)		

정답

보장명	지급사유	지급금액
경작불능보장 (보통약관)	보상하는 재해로 식물체 피해율이 65% 이상[벼(조곡) 분질미는 60%]이고, 계약자가 경작불능보험금을 신청한 경우	보험가입금액 × 42%
수확감소보장 (보통약관)	보상하는 재해로 피해율이 자기부담비율을 초과하는 경우	보험가입금액 × (피해율 − 자기부담비율) ※ 피해율 = (평년수확량 − 수확량 − 미보상감수량) ÷ 평년수확량
수확불능보장 (보통약관)	보상하는 재해로 벼(조곡) 제현율이 65% 미만[벼(조곡) 분질미는 70%]으로 떨어져 정상 벼로서 출하가 불가능하게 되고, 계약자가 수확불능보험금을 신청한 경우	보험가입금액 × 57%

10 종합위험보장방식 논작물 상품의 가입대상 품목별 보상하는 재해를 나타낸 표이다. 표의 빈칸에 들어갈 내용을 답란에 쓰시오.

가입대상 품목	보상하는 재해
병충해보장 특약 가입시 : ㉠	㉢
㉡	㉣

정답

㉠ 벼, ㉡ 벼, 조사료용 벼, 밀, 보리, 귀리, ㉢ 자연재해, 조수해, 화재, 병충해 7종(특약), ㉣ 자연재해, 조수해, 화재

11 다음은 종합위험보장방식 벼 품목에 대한 설명이다. 괄호 안에 들어갈 내용을 답란에 쓰시오.

> ① 벼 품목은 보상하는 재해로 농지 전체를 이앙·직파하지 못하게 된 경우 (㉠) 대상이 된다. 그러나 (㉡)에 가입시 이앙·직파를 하지 못하게 되어 생긴 손해는 보상하지 않는다.
> ② 벼 품목은 보상하는 재해로 면적피해율이 (㉢)를 초과하고, 해당 면적을 재이앙·재직파한 경우 1회에 한하여 재이앙·재직파 보험금을 지급한다.
> ③ 벼 품목은 보상하는 재해로 제현율이 (㉣) 미만[벼(조곡) 분질미는 (㉤)]으로 떨어져 정상 벼로서 출하가 불가능하게 되고, 계약자가 수확불능보험금을 신청한 경우 수확불능보장 대상이 된다.

정답

㉠ 이앙·직파불능보장, ㉡ 이앙·직파불능 부보장 특별약관, ㉢ 10%, ㉣ 65%, ㉤ 70%

12 종합위험보장방식 벼 품목은 병해충보장 특별약관 가입시 병해충을 보장한다. 보상하는 병해충의 종류를 다음 구분에 따라 답란에 쓰시오.

① 병해 :

② 충해 :

정답

병해충의 종류
① 병해 : 흰잎마름병, 줄무늬잎마름병, 도열병, 깨씨무늬병, 세균성벼알마름병
② 충해 : 벼멸구, 먹노린재

13 종합위험보장 벼 품목에서 수확감소보장 자기부담비율에 대한 설명이다. 괄호 안에 들어갈 내용을 답란에 쓰시오.

> ① 보험계약시 계약자가 선택한 비율(㉠)이며, 벼(조곡), 밀, 보리 품목의 경우 (㉡) 이다.
> ② 수확감소보장 자기부담비율 10%형인 경우 최근 3년간 연속 보험가입 계약자로서 3년간 수령한 보험금이 순보험료의 (㉢) 미만인 경우에 한하여 선택 가능하다.

정답

㉠ 10%, 15%, 20%, 30%, 40%, ㉡ 10%, 15%, ㉢ 120%

14 다음은 종합위험보장 벼 품목에서 자기부담비율에 따른 경작불능보험금 산출방식을 나타낸 도표이다. 괄호 안에 들어갈 내용을 답란에 쓰시오.

자기부담비율	경작불능보험금
10%형	보험가입금액 × (㉠)
15%형	보험가입금액 × (㉡)
20%형	보험가입금액 × (㉢)
30%형	보험가입금액 × (㉣)
40%형	보험가입금액 × (㉤)

정답

㉠ 45%, ㉡ 42%, ㉢ 40%, ㉣ 35%, ㉤ 30%

15 다음은 종합위험보장 벼(조사료용 벼) 품목에서 보장비율 및 경과비율에 따른 경작불능보험금 지급비율에 대한 설명이다. 표의 빈 칸에 들어갈 내용을 답란에 쓰시오.

조사료용 벼의 보장비율은 경작불능보험금 산정에 기초가 되는 비율로 보험가입을 할 때 계약자가 선택한 비율로 하며, 경과비율은 사고발생일이 속한 월에 따라 다음과 같이 계산한다.

월 별	5월	6월	7월	8월
경과비율	㉠	㉡	㉢	㉣

정답

㉠ 80%, ㉡ 85%, ㉢ 90%, ㉣ 100%

16 다음은 종합위험보장 벼 품목에서 자기부담비율에 따른 수확불능보험금 산출방식을 나타낸 도표이다. 괄호 안에 들어갈 내용을 답란에 쓰시오.

자기부담비율	수확불능보험금
10%형	보험가입금액 × (㉠)
15%형	보험가입금액 × (㉡)
20%형	보험가입금액 × (㉢)
30%형	보험가입금액 × (㉣)
40%형	보험가입금액 × (㉤)

정답

㉠ 60%, ㉡ 57%, ㉢ 55%, ㉣ 50%, ㉤ 45%

17 농작물재해보험 '벼'에 관한 내용이다. 다음 물음에 답하시오(단, 보통약관과 특별약관 보험가입금액은 동일하며, 병해충 특약에 가입되어 있음). `기출유형`

○ 계약사항 등
  • 보험가입일 : 2024년 5월 22일
  • 품목 : 벼
  • 재배방식 : 친환경 직파 재배
  • 가입수확량 : 4,500kg
  • 보통약관 영업요율 : 12%
  • 특별약관 영업요율 : 5%
  • 손해율에 따른 할인율 : −13%
  • 직파재배 농지 할증률 : 10%
  • 친환경 재배시 할증률 : 8%

○ 조사내용
  • 민간 RPC(양곡처리장) 지수 : 1.2
  • 농협 RPC 계약재배 수매가(원/kg)

연 도	수매가	연 도	수매가	연 도	수매가
2018	1,300	2020	1,600	2022	2,000
2019	1,400	2021	1,800	2023	2,200

  ※ 계산시 민간 RPC 지수는 농협 RPC 계약재배 수매가에 곱하여 산출할 것

(1) 보험가입금액의 계산과정과 값을 쓰시오.

(2) 수확감소보장 보통약관 적용보험료의 계산과정과 값을 쓰시오(천원 단위 절사).

(3) 병해충보장 특별약관 적용보험료의 계산과정과 값을 쓰시오(천원 단위 절사).

`정답`

(1) 보험가입금액
벼의 보험가입금액은 가입 단위 농지별로 <u>가입수확량에 가입(표준)가격을 곱하여 산출</u>하며, 천원 단위는 절사한다. 단, 벼의 가입가격은 보험가입연도 직전 5개년의 시·군별 농협 RPC 계약재배 수매가 최근 5년 평균값에 민간 RPC 지수를 반영하여 산출한다.
  ① 벼의 가입(표준)가격
    • 농협 RPC 계약재배 수매가 최근 5년 평균값
      = (2,200원 + 2,000원 + 1,800원 + 1,600원 + 1,400원) ÷ 5 = 1,800원
    • 가입(표준)가격 = 1,800원 × 1.2 = 2,160원
  ② 보험가입금액
    보험가입금액 = 가입수확량 × 가입(표준)가격
      = 4,500kg × 2,160원/kg = **9,720,000원**

(2) 수확감소보장 보통약관 적용보험료
보통약관 보험가입금액 × 지역별 보통약관 영업요율 × (1 + 손해율에 따른 할인·할증률) × (1 + 친환경 재배시 할증률) × (1 + 직파재배 농지 할증률)
  = 9,720,000원 × 12% × (1 − 13%) × (1 + 8%) × (1 + 10%)
  = 1,205,544.384원 = **1,200,000원**(※ 천원 단위 절사)

(3) 병해충보장 특별약관 적용보험료

특별약관 보험가입금액×지역별 특별약관 영업요율×(1 + 손해율에 따른 할인·할증률)×(1 + 친환경 재배시 할증률)
×(1 + 직파재배 농지 할증률)

= 9,720,000원×5%×(1 − 13%)×(1 + 8%)×(1 + 10%)

= 502,310.16원 = **500,000원**(※ 천원 단위 절사)

18 종합위험보장 논벼에 관한 내용이다. 계약내용과 조사내용을 참조하여 다음 물음에 답하시오.

기출유형

○ 계약내용
- 보험가입금액 : 3,500,000원
- 가입면적 : 7,000m^2
- 자기부담비율 : 15%

○ 조사내용
- 재이앙전 피해면적 : 2,100m^2
- 재이앙후 식물체 피해면적 : 4,900m^2

(1) 재이앙·재직파보험금과 경작불능보험금을 지급하는 경우를 각각 서술하시오.

(2) 재이앙·재직파보장과 경작불능보장의 보장종료 시점을 각각 쓰시오.

(3) 재이앙·재직파보험금의 계산과정과 값을 쓰시오.

(4) 경작불능보험금의 계산과정과 값을 쓰시오.

정답

(1) 재이앙·재직파보험금과 경작불능보험금을 지급하는 경우
- **재이앙·재직파보험금** : 보험기간 내에 보상하는 재해로 면적피해율이 10%를 초과하고, 재이앙·재직파한 경우 지급한다.
- **경작불능보험금** : 보상하는 손해로 식물체 피해율이 65% 이상[벼(조곡) 분질미는 60%]이고, 계약자가 경작불능보험금을 신청한 경우 지급한다.

(2) 재이앙·재직파보장과 경작불능보장의 보장종료 시점
- **재이앙·재직파보장** : 판매개시연도 7월 31일
- **경작불능보장** : 출수기전(다만, 조사료용 벼의 경우 판매개시연도 8월 31일)

(3) 재이앙·재직파보험금

면적피해율 = 피해면적 ÷ 보험가입면적 = 2,100m^2 ÷ 7,000m^2 = 0.3(= 30%)

※ 면적피해율이 10%를 초과함

재이앙·재직파보험금 = 보험가입금액×25%×면적피해율

= 3,500,000원×25%×30%

= 262,500원

(4) 경작불능보험금

식물체 피해율 = 식물체 피해면적 ÷ 보험가입면적 = 4,900m² ÷ 7,000m² = 0.7(= 70%)

※ 식물체 피해율이 65%를 초과함

자기부담비율이 15%인 경우

경작불능보험금 = 보험가입금액 × 42% = 3,500,000원 × 42% = 1,470,000원

[해설]

1. **재이앙・재직파보험금**

> 보험금 = 보험가입금액 × 25% × 면적피해율
>
> ※ 면적피해율 = 피해면적 ÷ 보험가입면적

2. **경작불능보험금**

> 보험금 = 보험가입금액 × 42%
>
> ※ 자기부담비율이 15%인 경우

19 종합위험보장방식 병해충보장 특별약관(벼 품목)에서 보상하는 병해충의 증상에 대한 설명이다. 그 증상에 해당하는 병해충의 종류를 답란에 쓰시오.

> ① 발병은 보통 출수기 전후에 나타나나 상습발생지에서는 초기에 발병하며, 드물게는 묘판에서도 발병된다. 병징은 주로 엽신 및 엽초에 나타나며, 때에 따라서는 벼알에서도 나타난다. – (   )
> ② 종자, 접촉, 토양의 전염은 하지 않고 매개충인 애멸구에 의하여 전염되는 바이러스병이다. 전형적인 병징은 넓은 황색줄무늬 혹은 황화 증상이 나타나고, 잎이 도장하면서 뒤틀리거나 아래로 처진다. – (   )
> ③ 잎에서 초기병반은 암갈색 타원형 괴사부 주위에 황색의 중독부를 가지고, 시간이 지나면 원형의 대형 병반으로 윤문이 생긴다. 줄기에는 흑갈색 미세 무늬가 발생, 이후 확대하여 합쳐지면 줄기 전체가 담갈색으로 변한다. 이삭줄기에는 흑갈색 줄무늬에서 전체가 흑갈색으로 변한다. – (   )

[정답]

① 흰잎마름병, ② 줄무늬잎마름병, ③ 깨씨무늬병

20 종합위험보장방식 병해충보장 특별약관(벼 품목)에서 보상하는 병해충의 증상에 대한 설명이다. 괄호 안에 들어갈 내용을 답란에 쓰시오.

> ① 도열병균은 진균의 일종으로 (㉠)에 속하며, 종자나 병든 잔재물에서 겨울을 지나 제1차 전염원이되고 제2차 전염은 병반상에 형성된 분생포자가 바람에 날려 (㉡) 전염한다. 잎, 이삭, 이삭가지 도열병이 가장 흔하다.
> ② 세균성벼알마름병은 주로 벼알에 발생하나 (㉢)에도 병징이 보인다. 벼알은 기부부터 황백색으로 변색 및 확대되어 전체가 변색된다. 포장에서 일찍 감염된 이삭은 전체가 엷은 (㉣)을 띠며 고개를 숙이지 못하고 꼿꼿이 서 있으며, 벼알은 배의 발육이 정지되고 쭉정이가 된다.

[정답]

㉠ 자낭균, ㉡ 공기, ㉢ 엽초, ㉣ 붉은색

21 종합위험보장방식 병해충보장 특별약관(벼 품목)에서 보상하는 ① 벼멸구와 ② 먹노린재의 피해 증상을 답란에 서술하시오.

[정답]

① **벼멸구** : 벼멸구 흡즙으로 인한 전형적인 피해 양상은 논 군데군데 둥글게 집중고사 현상이 나타나고, 피해는 고사시기가 빠를수록 수확량도 크게 감소하며, 불완전 잎의 비율이 높아진다. 쌀알의 중심부나 복부가 백색의 불투명한 심복백미와 표면이 우윳빛처럼 불투명한 유백미 또는 과피에 엽록소가 남아있는 청미 등이 발생한다.
② **먹노린재** : 성충과 약충 모두 벼의 줄기에 구침을 박고 흡즙하여 피해를 준다. 흡즙 부위는 퇴색하며 흡즙 부위에서 자란 잎은 피해를 받은 부분부터 윗부분이 마르고 피해가 심하면 새로 나온 잎이 전개하기 전에 말라죽는다. 피해는 주로 논 가장자리에 많이 나타나는데, 생육 초기에 심하게 피해를 받으면 초장이 짧아지고 이삭이 출수하지 않을 수도 있으며, 출수 전후에 피해를 받으면 이삭이 꼿꼿이 서서 말라죽는다.

22 종합위험보장 벼 품목에서 최근 5년 이내 보험가입 이력이 있는 경우 평년수확량의 산출방법은 아래와 같다. 괄호 안에 알맞은 내용을 쓰시오.

$$\left\{A+(B\times D-A)\times(1-\frac{Y}{5})\right\}\times\frac{C}{D}$$	• A(과거 평균수확량) = (㉠) • B = (㉡) • C(가입연도 보정계수) = (㉢) • D(과거 평균보정계수) = (㉣) • Y = (㉤)

[정답]

㉠ Σ(과거 5년간 수확량) ÷ Y
㉡ 가입연도 지역별 기준수확량
㉢ 가입연도의 품종별, 이앙일자별, 재배방식(일반재배, 유기재배, 무농약재배)별 보정계수를 곱한 값
㉣ Σ(과거 5년간 보정계수) ÷ Y
㉤ 과거수확량 산출연도 횟수(가입횟수)

[해설]

보리 · 밀 · 귀리 품목의 평년수확량

평년수확량 = $\left\{A+(B-A)\times(1-\frac{Y}{5})\right\}\times\frac{C}{B}$

• A(과거 평균수확량) = Σ 과거 5년간 수확량 ÷ Y
• B(평균표준수확량) = Σ 과거 5년간 표준수확량 ÷ Y
• C(표준수확량) = 가입연도 표준수확량
• Y = 과거수확량 산출연도 횟수(가입횟수)

23 종합위험보장 벼 상품에서 보험에 가입된 농지에 사고가 발생하여 수확량조사를 한 경우 과거수확량 산출방법이다. 빈 칸에 알맞은 내용을 쓰시오.

구 분	수확량
조사수확량 > 평년수확량의 50%	㉠
평년수확량의 50% ≧ 조사수확량	㉡

[정답]

㉠ 조사수확량, ㉡ 평년수확량의 50%

4 밭작물

01 종합위험 밭작물 상품의 가입대상 품목(21개 품목)을 답란에 쓰시오.

> **정답**
>
> 마늘, 양파, 감자(고랭지재배, 봄재배, 가을재배), 고구마, 옥수수(사료용 옥수수), 양배추, 콩, 팥, 차(茶), 수박(노지), 고추, 브로콜리, 메밀, 단호박, 당근, 배추(고랭지배추, 월동배추, 가을배추, 봄배추), 무(월동무, 고랭지무, 가을무), 시금치(노지), 파(대파, 쪽파·실파), 인삼, 양상추

02 종합위험 밭작물 상품의 가입대상 품목(21개 품목)을 다음 구분에 따라 분류하시오.

① 종합위험 수확감소보장방식 :

② 종합위험 생산비보장방식 :

③ 작물특정 및 시설종합위험 인삼손해보장방식 :

> **정답**
>
> ① **종합위험 수확감소보장방식** : 마늘, 양파, 감자(고랭지재배, 봄재배, 가을재배), 고구마, 옥수수(사료용 옥수수), 양배추, 콩, 팥, 차(茶), 수박(노지)
> ② **종합위험 생산비보장방식** : 고추, 브로콜리, 메밀, 단호박, 당근, 배추(고랭지배추, 월동배추, 가을배추, 봄배추), 무(고랭지무, 월동무, 가을무), 시금치(노지), 파(대파, 쪽파·실파), 양상추
> ③ **작물특정 및 시설종합위험 인삼손해보장방식** : 인삼

03 종합위험 밭작물 상품에서 보상하는 재해와 병충해를 보장하는 품목을 답란에 쓰시오.

① 보상하는 재해 :

② 병충해를 보장하는 품목 :

> **정답**
>
> ① **보상하는 재해** : 자연재해, 조수해(鳥獸害), 화재
> ② **병충해를 보장하는 품목** : 감자, 고추

04 종합위험 수확감소보장 품목의 가입대상 품목별 보상하는 재해를 나타낸 표이다. 표의 빈 칸에 들어갈 내용을 답란에 쓰시오.

가입대상 품목	보상하는 재해
감자(고랭지재배, 봄재배, 가을재배)	㉠
㉡	㉢

[정답]

㉠ 자연재해, 조수해, 화재, 병충해
㉡ 마늘, 양파, 고구마, 옥수수(사료용 옥수수), 양배추, 콩, 팥, 차(茶), 수박(노지)
㉢ 자연재해, 조수해, 화재

05 다음은 종합위험 수확감소보장 품목에서 보상하지 않는 손해의 일부 내용이다. 괄호 안에 들어갈 내용을 답란에 쓰시오.

- 계약자, 피보험자 또는 이들의 법정대리인의 (㉠)로 인한 손해
- 수확기에 계약자 또는 피보험자의 (㉠)로 수확하지 못하여 발생한 손해
- (㉡) 등 통상적인 영농활동을 하지 않아 발생한 손해
- 원인의 직·간접을 묻지 않고 병해충으로 발생한 손해. 다만, (㉢)은 제외한다.
- (㉣) 등의 노후 및 하자로 생긴 손해
- (㉤) 현재 기상청에서 발령하고 있는 기상특보 발령지역의 기상특보 관련 재해로 인한 손해
- 저장성 약화 또는 (㉥) 중에 나타나거나 확인된 손해

[정답]

㉠ 고의 또는 중대한 과실
㉡ 제초작업, 시비관리
㉢ 감자 품목
㉣ 하우스, 부대시설
㉤ 계약 체결 시점(계약 체결 이후 파종 또는 정식시, 파종 또는 정식 시점)
㉥ 저장, 건조 및 유통과정

06 종합위험 생산비보장 품목의 가입대상 품목별 보상하는 재해를 나타낸 표이다. 표의 빈 칸에 들어갈 내용을 답란에 쓰시오.

가입대상 품목	보상하는 재해
고추	㉠
㉡	㉢

정답

㉠ 자연재해, 조수해, 화재, 병충해
㉡ 브로콜리, 메밀, 단호박, 당근, 배추(고랭지 배추, 월동배추, 가을배추, 봄배추), 무, 시금치(노지), 파, 양상추
㉢ 자연재해, 조수해, 화재

07 작물특정 및 시설종합위험 인삼손해보장 품목의 가입대상 품목별 보상하는 재해를 나타낸 표이다. 표의 빈 칸에 들어갈 내용을 답란에 쓰시오.

가입대상 품목	보상하는 재해
인삼(작물)	㉠
㉡	㉢

정답

㉠ 태풍(강풍), 폭설, 집중호우, 침수, 화재, 우박, 냉해, 폭염, 조수해
㉡ 해가림시설(시설)
㉢ 자연재해, 조수해, 화재

08 다음은 인삼(작물 특정위험)에서 보상하는 재해의 정의이다. 괄호 안에 들어갈 내용을 답란에 쓰시오.

① 태풍(강풍) : 기상청에서 태풍에 대한 특보(태풍주의보, 태풍경보)를 발령한 때 해당 지역의 바람과 비 또는 최대 순간풍속 (㉠) 이상의 강풍
② 폭설 : 기상청에서 대설에 대한 특보(대설주의보, 대설경보)를 발령한 때 해당 지역의 눈 또는 24시간 신적설이 (㉡) 이상인 상태
③ 집중호우 : 기상청에서 호우에 대한 특보(호우주의보, 호우경보)를 발령한 때 해당 지역의 비 또는 24시간 누적 강수량이 (㉢) 이상인 상태
④ 침수 : 태풍, 집중호우 등으로 인하여 인삼 농지에 다량의 물[고랑 바닥으로부터 침수 높이가 최소 (㉣) 이상]이 유입되어 상면에 물이 잠긴 상태

정답

㉠ 14m/s, ㉡ 5cm, ㉢ 80mm, ㉣ 15cm

09 다음은 인삼(작물 특정위험)에서 보상하는 재해의 정의이다. 괄호 안에 들어갈 내용을 답란에 쓰시오.

> ① 우박 : (㉠)과 봉우리 적운 속에서 성장하는 얼음알갱이나 얼음덩이가 내려 발생하는 피해
> ② 냉해 : 출아 및 전엽기(4~5월) 중에 해당 지역에 최저 기온 (㉡) 이하의 찬 기온으로 인하여 발생하는 피해를 말하며, (㉢)으로 판별 가능한 냉해 증상이 있는 경우에 피해를 인정한다.
> ③ 폭염 : 해당 지역에 최고 기온 30℃ 이상이 (㉣) 이상 지속되는 상태를 말하며, 잎에 육안으로 판별 가능한 타들어간 증상이 (㉤) 이상 있는 경우에 인정한다.

정답

㉠ 적란운, ㉡ 0.5℃, ㉢ 육안, ㉣ 7일, ㉤ 50%

10 작물특정 및 시설종합위험 인삼손해보장방식의 자연재해에 대한 설명이다. (   )에 들어갈 내용을 쓰시오.   기출유형

> ① 폭설은 기상청에서 대설에 대한 특보(대설주의보, 대설경보)를 발령한 때 해당 지역의 눈 또는 (㉠)시간 신적설이 (㉡)cm 이상인 상태
> ② 냉해는 출아 및 전엽기(4~5월) 중에 해당 지역에 최저 기온 (㉢)℃ 이하의 찬 기온으로 인하여 발생하는 피해를 말하며, 육안으로 판별 가능한 냉해 증상이 있는 경우에 피해를 인정
> ③ 폭염은 해당 지역의 최고 기온 (㉣)℃ 이상이 7일 이상 지속되는 상태를 말하며, 잎에 육안으로 판별 가능한 타들어간 증상이 (㉤)% 이상 있는 경우에 인정

정답

㉠ 24, ㉡ 5, ㉢ 0.5, ㉣ 30, ㉤ 50

해설

인삼의 보상하는 재해
① 폭설은 기상청에서 대설에 대한 특보(대설주의보, 대설경보)를 발령한 때 해당 지역의 눈 또는 (24)시간 신적설이 (5)cm 이상인 상태
② 냉해는 출아 및 전엽기(4~5월) 중에 해당 지역에 최저 기온 (0.5)℃ 이하의 찬 기온으로 인하여 발생하는 피해를 말하며, 육안으로 판별 가능한 냉해 증상이 있는 경우에 피해를 인정
③ 폭염은 해당 지역의 최고 기온 (30)℃ 이상이 7일 이상 지속되는 상태를 말하며, 잎에 육안으로 판별 가능한 타들어간 증상이 (50)% 이상 있는 경우에 인정

11 다음은 인삼(작물 특정위험)에서 보상하지 않는 손해의 일부 내용이다. 괄호 안에 들어갈 내용을 답란에 쓰시오.

- 수확기에 계약자 또는 피보험자의 (㉠)로 수확하지 못하여 발생한 손해
- 제초작업, 시비관리 등 통상적인 (㉡)을(를) 하지 않아 발생한 손해
- 원인의 직접, 간접을 묻지 아니하고 (㉢)로 발생한 손해
- 연작장해, 염류장해 등 (㉣)로 인한 손해
- (㉤) 등의 노후 및 하자로 생긴 손해

정답

㉠ 고의 또는 중대한 과실, ㉡ 영농활동, ㉢ 병해충, ㉣ 생육장해, ㉤ 해가림시설

12 다음은 시설종합위험 해가림시설에서 보상하지 않는 손해의 일부 내용이다. 괄호 안에 들어갈 내용을 답란에 쓰시오.

- 보상하는 재해가 발생했을 때 생긴 (㉠)로 생긴 손해
- 보험의 목적의 (㉡)로 생긴 손해
- 핵연료물질 또는 핵연료물질에 의하여 오염된 물질의 (㉢) 그 밖의 유해한 특성 또는 이들의 특성에 의한 사고로 인한 손해
- 보험의 목적의 (㉣)로 생긴 손해. 그러나, (㉤)로 연소된 다른 보험의 목적에 생긴 손해는 보상한다.
- (㉥)로 기인되지 않은 수도관, 수관 또는 수압기 등의 파열로 생긴 손해
- 국가 및 지방자치단체의 명령에 의한 (㉦) 및 이와 유사한 손해

정답

㉠ 도난 또는 분실
㉡ 노후 및 하자
㉢ 방사성, 폭발성
㉣ 발효, 자연발열, 자연발화
㉤ 자연발열 또는 자연발화
㉥ 화재
㉦ 재산의 소각

13 종합위험 수확감소보장 품목의 보험기간을 나타낸 도표이다. 표의 빈 칸에 들어갈 내용을 답란에 쓰시오.

보 장	가입대상 품목	보장개시	보장종료
종합위험 재파종보장	마늘	㉠	㉡
종합위험 재정식보장	양배추	㉢	㉣

정답

㉠ 계약체결일 24시(다만, 조기파종보장 특약 가입시 해당 특약 보장종료 시점)

㉡ 판매개시연도 10월 31일

㉢ 정식완료일 24시(다만, 보험계약시 정식완료일이 경과한 경우에는 계약체결일 24시이며, 정식완료일은 판매개시연도 9월 30일을 초과할 수 없음)

㉣ 재정식 완료일(다만, 판매개시연도 10월 15일을 초과할 수 없음)

14 종합위험 수확감소보장 품목의 보험기간을 나타낸 도표이다. 표의 빈 칸에 들어갈 내용을 답란에 쓰시오.

보 장	가입대상 품목	보장개시	보장종료
종합위험 경작불능 보장	마늘	㉠	㉡
	콩, 팥		㉣
	양파, 고구마, 감자(고랭지재배), 옥수수, 사료용 옥수수	㉢	㉤
	감자(봄재배, 가을재배)	㉥	
	양배추	㉦	㉧
	수박(노지)	㉨	

농작물재해보험 및 가축재해보험의 이론과 실무

- ㉠ 계약체결일 24시(다만, 조기파종보장 특약 가입시 해당 특약 보장종료 시점)
- ㉡ 수확개시 시점
- ㉢ 계약체결일 24시
- ㉣ 종실비대기전
- ㉤ 수확개시 시점(다만, 사료용 옥수수는 판매개시연도 8월 31일을 초과할 수 없음)
- ㉥ 파종완료일 24시(다만, 보험계약시 파종완료일이 경과한 경우에는 계약체결일 24시)
- ㉦ 정식완료일 24시(다만, 보험계약시 정식완료일이 경과한 경우에는 계약체결일 24시이며, 정식완료일은 판매개시연도 9월 30일을 초과할 수 없음)
- ㉧ 수확개시 시점
- ㉨ 정식완료일 24시(다만, 보험계약시 정식완료일이 경과한 경우에는 계약체결일 24시이며, 정식완료일은 판매개시연도 5월 31일을 초과할 수 없음)

15 종합위험 수확감소보장 품목의 보험기간을 나타낸 도표이다. 괄호 안에 들어갈 내용을 답란에 쓰시오.

보 장	가입대상 품목	보장개시	보장종료
종합위험 수확감소 보장	마늘, 양파, 감자(고랭지재배), 고구마, 옥수수, 콩, 팥	(㉠)	수확기종료 시점 단, 아래 날짜를 초과할 수 없음 • 마늘 : (㉤) • 양파 : 이듬해 6월 30일 • 감자(고랭지재배) : (㉥) • 고구마 : 판매개시연도 10월 31일 • 옥수수 : (㉦) • 콩 : 판매개시연도 11월 30일 • 팥 : (㉧)
	감자(봄재배)	(㉡)	수확기종료 시점 다만, (㉨)을 초과할 수 없음
	감자(가을재배)		수확기종료 시점 다만, 제주는 (㉨), 제주 이외는 판매개시연도 11월 30일을 초과할 수 없음
	양배추	(㉢)	수확기종료 시점 다만, 아래의 날짜를 초과할 수 없음 • 극조생, 조생 : (㉠) • 중생 : 이듬해 3월 15일 • 만생 : 이듬해 3월 31일
	차	(㉣)	햇차 수확종료 시점 다만, (㉤)을 초과할 수 없음
	수박(노지)	(㉤)	수확개시 시점 다만, (㉨)을 초과할 수 없음

정답

㉠ 계약체결일 24시(다만, 마늘의 경우 조기파종보장 특약 가입시 해당 특약 보장종료 시점)

㉡ 파종완료일 24시(다만, 보험계약시 파종완료일이 경과한 경우에는 계약체결일 24시)

㉢ 정식완료일 24시(다만, 보험계약시 정식완료일이 경과한 경우에는 계약체결일 24시이며, 정식완료일은 판매개시연도 9월 30일을 초과할 수 없음)

㉣ 계약체결일 24시

㉤ 이듬해 6월 30일

㉥ 판매개시연도 10월 31일

㉦ 판매개시연도 9월 30일

㉧ 판매개시연도 11월 13일

㉨ 판매개시연도 7월 31일

㉩ 판매개시연도 12월 15일

㉪ 이듬해 2월 말일

㉫ 이듬해 5월 10일

㉬ 정식완료일 24시(다만, 보험계약시 정식완료일이 경과한 경우에는 계약체결일 24시이며, 정식완료일은 판매개시연도 5월 31일을 초과할 수 없음)

㉭ 판매개시연도 8월 10일

---

16 종합위험 생산비보장 품목의 보험기간을 나타낸 도표이다. 표의 빈 칸에 들어갈 내용을 답란에 쓰시오.

보 장	가입대상 품목	보장개시	보장종료
종합위험 생산비 보장	고추	㉠	㉡
	브로콜리	㉢	㉣
	메밀	㉤	㉥

정답

㉠ 계약체결일 24시

㉡ 정식일부터 150일째 되는 날 24시

㉢ 정식완료일 24시(다만, 보험계약시 정식완료일이 경과한 경우에는 계약체결일 24시이며, 정식완료일은 판매개시연도 9월 30일을 초과할 수 없음)

㉣ 정식일로부터 160일이 되는 날 24시

㉤ 파종완료일 24시(다만, 보험계약시 파종완료일이 경과한 경우에는 계약체결일 24시이며, 파종완료일은 판매개시연도 9월 15일을 초과할 수 없음)

㉥ 최초 수확 직전(다만, 판매개시연도 11월 20일을 초과할 수 없음)

17 종합위험 생산비보장 품목의 보험기간을 나타낸 도표이다. 괄호 안에 들어갈 내용을 답란에 쓰시오.

보 장	가입대상 품목	보장개시	보장종료
종합위험 생산비 보장	고랭지무	파종완료일 24시 다만, 보험계약시 파종완료일이 경과한 경우에는 계약체결일 24시 단, 파종완료일은 아래의 일자를 초과할 수 없음 ・고랭지무 : (㉠) ・월동무 : (㉡) ・가을무 : (㉢) ・당근 : (㉣) ・쪽파(실파)[1・2형] : (㉤) ・시금치(노지) : (㉥)	(㋐)
	월동무		(㋒)
	당근		(㋐)
	쪽파(실파)[1형]		(㋐)
	쪽파(실파)[2형]		(㋐)
	시금치(노지)		(㋐)

정답

㉠ 판매개시연도 7월 31일
㉡ 판매개시연도 10월 15일
㉢ 판매개시연도 9월 15일
㉣ 판매개시연도 8월 31일
㉤ 판매개시연도 10월 15일
㉥ 판매개시연도 10월 31일
㋐ 파종일부터 80일째 되는 날 24시
㋒ 최초 수확 직전(다만, 이듬해 3월 31일을 초과할 수 없음)
㋐ 최초 수확 직전(다만, 이듬해 2월 말일을 초과할 수 없음)
㋐ 최초 수확 직전(다만, 판매개시연도 12월 31일을 초과할 수 없음)
㋐ 최초 수확 직전(다만, 이듬해 5월 31일을 초과할 수 없음)
㋐ 최초 수확 직전(다만, 이듬해 1월 15일을 초과할 수 없음)

18 종합위험 생산비보장 품목의 보험기간을 나타낸 도표이다. 괄호 안에 들어갈 내용을 답란에 쓰시오.

보 장	가입대상 품목	보장개시	보장종료
종합위험 생산비 보장	고랭지배추	정식완료일 24시 다만, 보험계약시 정식완료일이 경과한 경우에는 계약체결일 24시 단, 정식완료일은 아래의 일자를 초과할 수 없음 • 고랭지배추 : 판매개시연도 7월 31일 • 가을배추 : (㉠) • 월동배추 : (㉡) • 봄배추 : (㉢) • 대파 : (㉣) • 단호박 : (㉤) • 양상추 : 판매개시연도 8월 31일	정식일부터 70일째 되는 날 24시
	가을배추		(㉥)
	월동배추		(㉦)
	봄배추		(㉧)
	대파		(㉨)
	단호박		(㉩)
	양상추		(㉪)

정답

㉠ 판매개시연도 9월 10일
㉡ 판매개시연도 9월 25일
㉢ 판매개시연도 4월 20일
㉣ 판매개시연도 5월 20일
㉤ 판매개시연도 5월 29일
㉥ 정식일부터 110일째 되는 날 24시(다만, 판매개시연도 12월 15일을 초과할 수 없음)
㉦ 최초 수확 직전(다만, 이듬해 3월 31일을 초과할 수 없음)
㉧ 정식완료일부터 70일째 되는 날 24시
㉨ 정식일부터 200일째 되는 날 24시
㉩ 정식일부터 90일째 되는 날 24시
㉪ 정식일로부터 70일째 되는날 24시(다만, 판매개시연도 11월 10일을 초과할 수 없음)

19 종합위험 생산비보장 품목의 보험기간 중 보장개시일에 관한 내용이다. 다음 해당 품목의 ( )에 들어갈 내용을 쓰시오. 기출유형

품 목	보장개시일	초과할 수 없는 정식(파종)완료일 (판매개시연도 기준)
대파	정식완료일 24일, 다만, 보험계약시 정식완료일이 경과한 경우 계약체결일 24시	(㉠)
고랭지배추	정식완료일 24일, 다만, 보험계약시 정식완료일이 경과한 경우 계약체결일 24시	(㉡)
당근	파종완료일 24일, 다만, 보험계약시 파종완료일이 경과한 경우 계약체결일 24시	(㉢)
브로콜리	정식완료일 24일, 다만, 보험계약시 정식완료일이 경과한 경우 계약체결일 24시	(㉣)
시금치(노지)	파종완료일 24일, 다만, 보험계약시 파종완료일이 경과한 경우 계약체결일 24시	(㉤)

정답

㉠ 6월 15일
㉡ 7월 31일
㉢ 8월 31일
㉣ 9월 30일
㉤ 10월 31일

20 작물특정 및 시설종합위험 인삼손해보장방식 품목의 보험기간을 나타낸 도표이다. 표의 빈 칸에 들어갈 내용을 답란에 쓰시오.

구 분		보장개시	보장종료
1형	인삼	㉠	㉢
	해가림시설		
2형	인삼	㉡	㉣
	해가림시설		

정답

㉠ 판매개시연도 5월 1일(다만, 5월 1일 이후 보험에 가입하는 경우에는 계약체결일 24시)
㉡ 판매개시연도 11월 1일(다만, 11월 1일 이후 보험에 가입하는 경우에는 계약체결일 24시)
㉢ 이듬해 4월 30일 24시(다만, 6년근은 판매개시연도 10월 31일을 초과할 수 없음)
㉣ 이듬해 10월 31일 24시

21 다음은 종합위험 밭작물 상품의 보험가입금액에 대한 설명이다. 괄호 안에 들어갈 내용을 답란에 쓰시오.

> ① 수확감소보장 : 보험가입금액은 (㉠)에 (㉡)을 곱하여 산정한 금액(천원 단위 절사)으로 한다. 단, 사료용 옥수수는 (㉢)와 (㉣)을 곱하여 산정한 금액(천원 단위 절사)으로 한다.
> ② 생산비보장 : 보험가입금액은 재해보험사업자에서 평가한 단위면적당 (㉤)에 보험가입면적을 곱하여 산정한 금액(천원 단위 절사)으로 한다. 보험의 목적이 (㉥)인 경우 손해를 보상한 경우에는 보험가입금액에서 보상액을 뺀 잔액을 손해가 생긴 후의 나머지 보험기간에 대한 잔존보험가입금액으로 한다.

[정답]

㉠ 가입수확량, ㉡ 가입가격, ㉢ 보장생산비, ㉣ 가입면적, ㉤ 보장생산비, ㉥ 고추 또는 브로콜리

22 다음은 작물특정 및 시설종합위험 해가림시설의 보험가입금액의 산출방법이다. 괄호 안에 들어갈 내용을 답란에 쓰시오.

> • 해가림시설 보험가입금액 : 보험가입금액 = (㉠) × (㉡)

[정답]

㉠ 재조달가액, ㉡ 100% − 감가상각률

23 작물특정 및 시설종합위험 해가림시설에서 해가림시설 설치시기에 따른 보험가입금액 감가상각방법을 답란에 서술하시오.

[정답]

해가림시설 설치시기에 따른 감가상각방법
① 계약자에게 설치시기를 고지받아 해당 일자를 기초로 감가상각하되, 최초 설치시기를 특정하기 어려운 때에는 인삼의 정식시기와 동일한 시기로 한다.
② 해가림시설 구조체를 재사용하여 설치를 하는 경우에는 해당 구조체의 최초 설치시기를 기초로 감가상각하며, 최초 설치시기를 알 수 없는 경우에는 해당 구조체의 최초 구입시기를 기준으로 감가상각한다.

24 작물특정 및 시설종합위험 해가림시설에서 해가림시설 설치재료에 따른 보험가입금액 감가상각방법을 답란에 서술하시오.

[정답]

해가림시설 설치재료에 따른 감가상각방법
① 동일한 재료(목재 또는 철재)로 설치하였으나, 설치시기 경과연수가 각기 다른 해가림시설 구조체가 상존하는 경우, 가장 넓게 분포하는 해가림시설 구조체의 설치시기를 동일하게 적용한다.
② 1개의 농지내 감가상각률이 상이한 재료(목재 + 철제)로 해가림시설을 설치한 경우, 재료별로 설치구획이 나뉘어 있는 경우에만 인수 가능하며, 각각의 면적만큼 구분하여 가입한다.

25 다음은 작물특정 및 시설종합위험 인삼손해보장방식 품목에서 해가림시설 보험가입금액 산출 시 경년감가율 적용시점과 연단위 감가상각에 대한 설명이다. 괄호 안에 들어갈 내용을 답란에 쓰시오.

> ① 감가상각은 (㉠)을(를) 기준으로 적용하며, 보험가입금액은 (㉡) 동안 동일하다.
> ② 연단위 감가상각을 적용하며, 경과기간이 (㉢) 미만은 적용하지 않는다.

[정답]

㉠ 보험가입시점, ㉡ 보험기간, ㉢ 1년

26 작물특정 및 시설종합위험 인삼손해보장방식 상품 중 해가림시설에 관한 다음 조건의 보험가입금액을 구하시오. `기출유형`

> • 단위면적당 시설비 : 30,000원
> • 시설유형 : 목재
> • 재배면적 : 300m²
> • 시설년도 : 2019년 4월
> • 내용연수 : 6년
> • 가입시기 : 2024년 11월일 때 인삼 해가림시설의 보험가입금액

[정답]

인삼 해가림시설의 보험가입금액

보험가입금액 = 재조달가액 × (100% − 감가상각률)

• 재조달가액 = 단위면적당 시설비 × 재배면적 = 30,000원/m² × 300m² = 9,000,000원
• 감가상각률 = 경과기간 × 경년감가율 = 5년 × 13.33% = 66.65%
  ※ 경과기간 = 2024년 11월 − 2019년 4월 = 5년 7개월 = 5년(연단위 감가상각을 적용)
  ※ 경년감가율

유 형	내용연수	경년감가율
목재	6년	13.33%
철재	18년	4.44%

∴ 보험가입금액 = 9,000,000원 × (100% − 66.65%) = 3,001,500원
           = **3,000,000원**(※ 천원 단위는 절사함)

27 작물특정 및 시설종합위험 인삼손해보장방식의 해가림시설에 관한 내용이다. 다음 물음에 답하시오(단, A시설과 B시설은 별개 계약임). `기출유형`

시 설	시설유형	재배면적	시설년도	가입시기
A시설	목재B형	3,000m²	2019년 4월	2024년 10월
B시설	07-철인-A-2형	1,250m²	2016년 5월	2024년 11월

(1) A시설의 보험가입금액의 계산과정과 값(원)을 쓰시오.

(2) B시설의 보험가입금액의 계산과정과 값(원)을 쓰시오.

`정답`

(1) A시설의 보험가입금액의 계산과정
① 목재B형 m²당 시설비 : 6,000원/m²
② 경과기간 : 2024년 10월 - 2019년 4월 = 5년 6개월 → 5년(※ 1년 미만은 미적용)
③ 재조달가액 = 단위면적(1m²)당 시설비 × 재배면적(m²)
      = 6,000원/m² × 3,000m² = 18,000,000원
④ 감가상각률 = 13.33%/년 × 5년 = 66.75%
⑤ 보험가입금액 = 재조달가액 × (100% - 감가상각률)
          = 18,000,000원 × (100% - 66.75%) = **6,003,000원**
          = **6,000,000원**(※ 천원 단위 절사)

(2) B시설의 보험가입금액의 계산과정
① 07-철인-A-2형 m²당 시설비 : 6,000원/m²
② 경과기간 : 2024년 11월 - 2016년 5월 = 8년 6개월 → 8년(※ 1년 미만은 미적용)
③ 재조달가액 = 단위면적(1m²)당 시설비 × 재배면적(m²)
      = 6,000원/m² × 1,250m² = 7,500,000원
④ 감가상각률 = 4.44%/년 × 8년 = 35.52%
⑤ 보험가입금액 = 재조달가액 × (100% - 감가상각률)
          = 7,500,000원 × (100% - 35.52%) = **4,836,000원**
          = **4,830,000원**(※ 천원 단위 절사)

[해설]

보험가입금액 산출

① 보험가입금액 = 재조달가액 × (100% − 감가상각률)

　※ 단, 천원 단위 절사

② 재조달가액 = 단위면적(1m²)당 시설비 × 재배면적(m²)

③ 유형별 경년감가율

유 형	내용연수	경년감가율
목재	6년	13.33%
철재	18년	4.44%

④ 단위면적(1m²)당 시설비

유 형	시설비(원)/m²
07-철인-A형	7,200
07-철인-A-1형	6,600
07-철인-A-2형	6,000
07-철인-A-3형	5,100
13-철인-W	9,500
목재A형	5,900
목재A-1형	5,500
목재A-2형	5,000
목재A-3형	4,600
목재A-4형	4,100
목재B형	6,000
목재B-1형	5,600
목재B-2형	5,200
목재B-3형	4,100
목재B-4형	4,100
목재C형	5,500
목재C-1형	5,100
목재C-2형	4,700
목재C-3형	4,300
목재C-4형	3,800

28 다음과 같은 '인삼'의 해가림시설이 있다. 다음 물음에 답하시오(단, 주어진 조건외 다른 조건은 고려하지 않음). `기출유형`

---

① 가입시기 : 2024년 6월
② 농지내 재료별(목재, 철재)로 구획되어 해가림시설이 설치되어 있음

〈해가림시설(목재)〉
○ 시설년도 : 2017년 9월
○ 면적 : 4,000m²
○ 단위면적당 시설비 : 30,000원/m²
  ※ 해가림시설 정상 사용 중

〈해가림시설(철재)〉
○ 전체면적 : 6,000m²
  • 면적 ① : 4,500m²(시설년도 : 2019년 3월)
  • 면적 ② : 1,500m²(시설년도 : 2021년 3월)
○ 단위면적당 시설비 : 50,000원/m²
  ※ 해가림시설 정상 사용 중이며, 면적 ①, ②는 동일 농지에 설치

---

(1) 해가림시설(목재)의 보험가입금액의 계산과정과 값을 쓰시오.
(2) 해가림시설(철재)의 보험가입금액의 계산과정과 값을 쓰시오.

`정답`

(1) 해가림시설(목재)의 보험가입금액
보험가입금액 = 재조달가액 × (100% − 감가상각률)
• 재조달가액 = 4,000m² × 30,000원/m² = 120,000,000원
• 감가상각률 = 경과기간 × 경년감가율 = 6년 × 13.33%/년 = 79.98%
  ※ 경과기간 = 2024년 6월 − 2017년 9월 = 6년 9월 = 6년(※ 경과기간 1년 미만은 미적용)
• 보험가입금액 = 120,000,000원 × (100% − 79.98%) = 24,024,000원 = **24,020,000원**(※ 천원 단위 절사)

> **[저자의 TIP]**
> 해가림시설의 잔가율은 20%로 하지만, **내용연수가 경과한 경우라도 현재 정상 사용 중에 있는 시설은 잔가율을 최대 30%로 수정**하므로 보험가입금액은 다음과 같이 계산할 수도 있다.
> • 보험가입금액 = 120,000,000원 × 30% = **36,000,0000원**
> • 보험가입금액 = 120,000,000원 × 20% = **24,000,0000원**

(2) 해가림시설(철재)의 보험가입금액
동일한 재료(철재)로 설치하였으나, 설치시기 경과연수가 각기 다른 해가림시설 구조체가 상존하는 경우, 가장 넓게 분포하는 해가림시설 구조체의 설치시기를 동일하게 적용한다.
• 재조달가액 = 6,000m² × 50,000원/m² = 300,000,000원
• 감가상각률 = 경과기간 × 경년감가율 = 5년 × 4.44%/년 = 22.2%
  ※ 경과기간 = 2024년 6월 − 2019년 3월 = 5년 3월 = 5년(※ 경과기간 1년 미만은 미적용)
• 보험가입금액 = 300,000,000원 × (100% − 22.2%) = **233,400,000원**

29 작물특정 및 시설종합위험 인삼손해보장방식 해가림시설에서 정하는 잔가율에 관하여 서술하시오. `기출유형`

정답

잔가율
잔가율 20%와 자체 유형별 내용연수를 기준으로 경년감가율을 산출하고, 내용연수가 경과한 경우라도 현재 정상 사용 중에 있는 시설을 당해 목적물의 경제성을 고려하여 잔가율을 최대 30%로 수정할 수 있다.

30 종합위험 수확감소보장 품목의 보장유형에서 ① 보험의 목적과 ② 보험금 지급사유 및 ③ 지급금액 산출식을 답란에 서술하시오.

보 장	보험의 목적	보험금 지급사유	지급금액
종합위험 경작불능 보장 (보통약관)	①	②	③

정답

① **보험의 목적** : 마늘, 양파, 감자(고랭지재배, 봄재배, 가을재배), 고구마, 옥수수, 양배추, 사료용 옥수수, 콩, 팥, 수박(노지)
② **보험금 지급사유** : 보상하는 재해로 식물체 피해율이 65% 이상이고 계약자가 경작불능보험금을 신청한 경우
③ **지급금액** : 보험가입금액 × 일정비율
　　※ 단, 사료용 옥수수 = 보험가입금액 × 보장비율 × 경과비율

31 다음은 수확감소보장 양파 상품의 경작불능보험금에 대한 설명이다. 괄호 안에 알맞은 내용을 쓰시오. `기출유형`

- 경작불능보험금은 보상하는 재해로 식물체 피해율이 (㉠) 이상이고, 계약자가 경작불능보험금을 신청한 경우에 지급한다.
- 자기부담비율이 20%형인 경우 경작불능보험금은 보험가입금액의 (㉡)이다.
- 자기부담비율이 30%형인 경우 경작불능보험금은 보험가입금액의 (㉢)이다.
- 자기부담비율이 40%형인 경우 경작불능보험금은 보험가입금액의 (㉣)이다.

정답

㉠ 65%, ㉡ 40%, ㉢ 35%, ㉣ 30%

32 종합위험 수확감소보장 품목의 보장유형에서 보험의 목적별 보험금 지급사유 및 지급금액 산출식을 나타낸 도표이다. 표의 빈 칸에 들어갈 내용을 답란에 서술하시오.

보 장	보험의 목적	보험금 지급사유	지급금액
종합위험 수확감소 보장 (보통약관)	마늘, 양파, 고구마, 양배추, 콩, 팥, 차(茶), 수박(노지)		
	감자(고랭지 재배, 봄재배, 가을재배)		
	옥수수		

정답

보 장	보험의 목적	보험금 지급사유	지급금액
종합위험 수확감소 보장 (보통약관)	마늘, 양파, 고구마, 양배추, 콩, 팥, 차(茶), 수박(노지)	보상하는 재해로 피해율이 자기부담비율을 초과하는 경우	보험가입금액 × (피해율 − 자기부담비율) ※ 피해율 = (평년수확량 − 수확량 − 미보상감수량) ÷ 평년수확량
	감자(고랭지 재배, 봄재배, 가을재배)	보상하는 재해로 피해율이 자기부담비율을 초과하는 경우	보험가입금액 × (피해율 − 자기부담비율) ※ 피해율 = {(평년수확량 − 수확량 − 미보상감수량) + 병충해감수량} ÷ 평년수확량
	옥수수	보상하는 재해로 손해액이 자기부담금을 초과하는 경우	Min[보험가입금액, 손해액] − 자기부담금 ※ 손해액 = 피해수확량 × 가입가격 ※ 자기부담금 = 보험가입금액 × 자기부담비율

33 종합위험 생산비보장·경작불능보장 품목의 보장유형에서 ① 보험의 목적과 ② 보험금 지급사유 및 ③ 지급금액 산출식을 답란에 서술하시오.

보 장	보험의 목적	보험금 지급사유	지급금액
경작불능 보장 (보통약관)	①	②	④
생산비 보장 (보통약관)		③	⑤

정답

① **보험의 목적** : 메밀, 단호박, 당근, 배추(고랭지배추, 월동배추, 가을배추, 봄배추), 무(고랭지무, 월동무, 가을무), 시금치(노지), 파(대파, 쪽파·실파), 양상추
② **보험금 지급사유** : 보상하는 재해로 식물체 피해율이 65% 이상이고, 계약자가 경작불능보험금을 신청한 경우(해당 농지의 계약 소멸)
③ **보험금 지급사유** : 보상하는 재해로 약관에 따라 계산한 피해율이 자기부담비율을 초과하는 경우
④ **지급금액** : 보험가입금액 × 일정비율
⑤ **지급금액** : 보험가입금액 × (피해율 − 자기부담비율)

34 종합위험 재파종·조기파종·재정식보장 품목의 보장유형에서 보험의 목적별 보험금 지급사유 및 지급금액 산출식을 나타낸 도표이다. 표의 빈 칸에 들어갈 내용을 답란에 서술하시오.

보 장	보험의 목적	보험금 지급사유	지급금액
종합위험 재파종 보장 (보통약관)	마늘		
조기파종 보장 (특별약관)	제주도 지역 농지에서 재배하는 남도종 마늘		
종합위험 재정식 보장 (보통약관)	양배추, 배추(월동배추, 가을배추, 고랭지배추, 봄배추), 브로콜리, 양상추, 대파, 단호박, 고추		

보 장	보험의 목적	보험금 지급사유	지급금액
종합위험 재파종 보장 (보통약관)	마늘	보상하는 재해로 10a당 식물체 주수가 30,000주보다 적어지고, 10a당 30,000주 이상으로 재파종한 경우 (간, 1회 지급)	보험가입금액 × 35% × 표준피해율 ※ 표준피해율(10a 기준) = (30,000 − 식물체 주수) ÷ 30,000
조기파종 보장 (특별약관)	제주도 지역 농지에서 재배하는 남도종 마늘	[재파종보험금] 한지형 마늘 최초 판매개시일 24시 이전에 보상하는 재해로 10a당 식물체 주수가 30,000주보다 적어지고, 10월 31일 이전 10a당 30,000주 이상으로 재파종한 경우	보험가입금액 × 25% × 표준피해율 ※ 표준피해율(10a 기준) = (30,000 − 식물체 주수) ÷ 30,000
		[경작불능 보험금] 한지형 마늘 최초 판매개시일 24시 이전에 보상하는 재해로 식물체 피해율이 65% 이상 발생한 경우	보험가입금액 × 일정비율
		[수확감소보험금] 보상하는 재해로 피해율이 자기부담비율을 초과하는 경우	보험가입금액 × (피해율 − 자기부담비율) ※ 피해율 = (평년수확량 − 수확량 − 미보상감수량) ÷ 평년수확량
종합위험 재정식 보장 (보통약관)	양배추, 배추(월동배추, 가을배추, 고랭지배추, 봄배추), 브로콜리, 양상추, 대파, 단호박, 고추	보상하는 재해로 면적피해율이 자기부담비율을 초과하고 재정식한 경우(단, 1회 지급)	보험가입금액 × 20% × 면적피해율 ※ 면적피해율 = 피해면적 ÷ 보험가입면적

35 종합위험 재파종보장 품목의 보장유형에서 보험의 목적별 보험금 지급사유 및 지급금액 산출식을 나타낸 도표이다. 표의 빈 칸에 들어갈 내용을 답란에 서술하시오.

보 장	보험의 목적	보험금 지급사유	지급금액
종합위험 재파종 보장 (보통약관)	무(월동무, 고랭지무, 가을무), 쪽파·실파, 시금치(노지), 메밀, 당근		

보 장	보험의 목적	보험금 지급사유	지급금액
종합위험 재파종 보장 (보통약관)	무(월동무, 고랭지무, 가을무), 쪽파 · 실파, 시금치(노지), 메밀, 당근	보상하는 재해로 면적피해율이 자기부담비율을 초과하고 재파종한 경우(단, 1회 지급)	보험가입금액×20%×면적피해율 ※ 면적피해율 = 피해면적 ÷ 보험가입면적

36 다음은 종합위험 밭작물 마늘 품목에 대한 설명이다. 괄호 안에 들어갈 내용을 답란에 쓰시오.

> ① 마늘 품목은 보상하는 재해로 10a당 식물체 주수가 (㉠)보다 적어지고, 10a당 (㉠) 이상으로 재파종한 경우 1회에 한하여 재파종보험금을 지급한다.
> ② 조기파종보장 재파종보험금은 남도종 마늘을 재배하는 (㉡) 지역 농지에 적용되며, 한지형 마늘 최초 판매개시일 24시 이전에 보상하는 재해로 10a당 식물체 주수가 (㉠) 보다 적어지고, (㉢) 이전 10a당 (㉠) 이상으로 재파종한 경우 보상한다.

㉠ 30,000주, ㉡ 제주도, ㉢ 10월 31일

37 농작물재해보험 종합위험 재파종 · 재정식보장 상품에 관한 내용이다. 다음 보장방식에 대한 보험의 목적과 보험금 지급사유를 서술하고, 보험금 산출식을 쓰시오(단, 재파종보장의 경우 마늘에 한함). `기출유형`

(1) 재파종보장

(2) 재정식보장

(1) 재파종보장
① **보험의 목적** : 마늘
② **보험금 지급사유** : 보상하는 재해로 10a당 식물체 주수가 30,000주보다 적어지고, 10a당 30,000주 이상으로 재파종을 한 경우(단, 1회 지급)
③ **보험금 산출식** : 보험가입금액×35%×표준피해율
※ 표준피해율(10a기준) = (30,000주 – 식물체 주수) ÷ 30,000주

(2) 재정식보장
① **보험의 목적** : 양배추, 배추(월동배추, 가을배추, 고랭지배추, 봄배추), 브로콜리, 양상추, 대파, 단호박, 고추
② **보험금 지급사유** : 보상하는 재해로 면적피해율이 자기부담비율을 초과하고 재정식한 경우(단, 1회 지급)
③ **보험금 산출식** : 보험가입금액×20%×면적피해율
※ 면적피해율 = 피해면적 ÷ 보험가입면적

38 보험가입금액 100,000,000원, 자기부담비율 20%의 종합위험보장 마늘 상품에 가입하였다. 보험계약후 당해 연도 10월 31일까지 보상하는 재해로 식물체 주수가 10a당 27,000주 되어 10a당 33,000주로 재파종을 한 경우 재파종보험금의 계산과정과 값을 쓰시오. `기출유형`

정답

재파종보험금 = 보험가입금액 × 35% × 표준피해율
- 표준피해율(10a 기준) = (30,000주 − 식물체 주수) ÷ 30,000주
  = (30,000주 − 27,000주) ÷ 30,000주 = 0.1(= 10%)
- 재파종보험금 = 100,000,000원 × 35% × 10% = 3,500,000원

39 종합위험 생산비보장 품목의 보장유형에서 보험의 목적별 보험금 지급사유 및 지급금액 산출식을 나타낸 도표이다. 표의 빈 칸에 들어갈 내용을 답란에 서술하시오.

보 장	보험의 목적	보험금 지급사유	지급금액
종합위험 생산비 보장 (보통약관)	고추		① 병충해가 없는 경우 : ② 병충해가 있는 경우 :
	브로콜리		

정답

보 장	보험의 목적	보험금 지급사유	지급금액

종합위험
생산비
보장
(보통약관)
	고추	보상하는 재해로 약관에 따라 계산한 생산비보장보험금이 자기부담을 초과하는 경우	① 병충해가 없는 경우 :
			  생산비보장보험금 = (잔존보험가입금액 × 경과비율 × 피해율) − 자기부담금
			② 병충해가 있는 경우 :
			  생산비보장보험금 = (잔존보험가입금액 × 경과비율 × 피해율 × 병충해 등급별 인정비율) − 자기부담금
			※ 잔존보험가입금액 = 보험가입금액 − 보상액(기발생 생산비보장보험금 합계액)

	브로콜리		생산비보장보험금 = (잔존보험가입금액 × 경과비율 × 피해율) − 자기부담금 ※ 잔존보험가입금액 = 보험가입금액 − 보상액(기발생 생산비보장보험금 합계액)

40 작물특정 및 시설종합위험 인삼손해보장 품목의 보장유형에서 보험의 목적별 보험금 지급사유 및 지급금액 산출식을 나타낸 도표이다. 표의 빈 칸에 들어갈 내용을 답란에 서술하시오.

보험의 목적	보험금 지급사유	지급금액
인삼		
해가림시설		① 보험가입금액이 보험가액과 같거나 클 때 : ② 보험가입금액이 보험가액보다 작을 때 :

정답

보험의 목적	보험금 지급사유	지급금액
인삼	보상하는 재해로 피해율이 자기부담비율을 초과하는 경우	보험가입금액 × (피해율 − 자기부담비율) ※ 피해율 = (1 − 수확량 ÷ 연근별 기준수확량) × (피해면적 ÷ 재배면적) ※ 2회 이상 보험사고발생시 지급보험금은 기발생 지급보험금을 차감하여 계산
해가림시설	보상하는 재해로 손해액이 자기부담금을 초과하는 경우	① 보험가입금액이 보험가액과 같거나 클 때 : 보험가입금액을 한도로 손해액에서 자기부담금을 차감한 금액. 그러나 보험가입금액이 보험가액을 초과하는 초과보험일 경우 보험가액을 한도로 한다. ② 보험가입금액이 보험가액보다 작을 때 : 보험가입금액을 한도로 비례보상 = (손해액 − 자기부담금) × (보험가입금액 ÷ 보험가액) ※ 손해액이란 그 손해가 생긴 때와 곳에서의 보험가액을 말함

41 종합위험 밭작물 상품의 자기부담비율에 대한 설명이다. 괄호 안에 들어갈 내용을 답란에 쓰시오.

① 수확감소보장방식 자기부담비율은 보험계약시 계약자가 선택한 비율(10%, 15%, 20%, 30%, 40%)이며, 단, (㉠) 품목의 자기부담비율은 20%, 30%, 40%로 한다.
② 자기부담비율 10%형은 최근 3년간 연속 보험가입 계약자로서 3년간 수령한 보험금이 순보험료의 (㉡) 미만인 경우에 한하여 선택 가능하다.
③ 생산비보장방식 자기부담비율은 보험계약시 계약자가 선택한 비율(10%, 15%, 20%, 30%, 40%)이며, 단, 배추(봄·가을), 무(가을), 쪽파·실파, 양상추 품목의 자기부담비율은 (㉢)로 한다.

정답

㉠ 수박(노지), ㉡ 120%, ㉢ 20%, 30%, 40%

42 작물특정 및 시설종합위험 인삼손해보장방식 해가림시설의 자기부담금에 관한 설명이다. 괄호 안에 들어갈 내용을 답란에 쓰시오.

> ① 최소 자기부담금(㉠)과 최대 자기부담금(㉡) 범위 안에서 보험사고로 인하여 발생한 손해액의 (㉢)에 해당하는 금액을 자기부담금으로 한다.
> ② 자기부담금은 (㉣) 단위로 적용한다.

[정답]

㉠ 10만원, ㉡ 100만원, ㉢ 10%, ㉣ 1사고

43 종합위험 생산비보장방식 품목 중 자기부담금의 대상품목과 선택기준을 답란에 서술하시오.

(1) 대상품목
(2) 적용기준

[정답]

(1) 대상품목
　　고추, 브로콜리

(2) 선택기준
　　보험계약시 계약자가 선택한 비율을 자기부담금으로 한다(잔존보험가입금액의 3% 또는 5%).
　　① **3%형** : 최근 2년 연속 가입 및 2간간 수령 보험금이 순보험료의 120% 미만인 계약자
　　② **5%형** : 제한 없음

44 다음은 종합위험 밭작물 품목의 계약인수 관련 수확량에 대한 설명이다. 괄호 안에 들어갈 내용을 답란에 쓰시오.

> ① 평년수확량은 보험가입연도 표준수확량의 (㉠)을(를) 초과할 수 없다.
> ② 무사고로 수확량 조사를 시행하지 않은 경우에는 표준수확량의 1.1배와 평년수확량의 1.1배 중 (㉡)을 (를) 적용한다.
> ③ 가입수확량은 평년수확량의 (㉢) 사이에서 계약자가 결정한다. 옥수수의 경우 표준수확량의 (㉣)에 서 계약자가 결정한다.

[정답]

㉠ 130%, ㉡ 큰 값, ㉢ 50% ~ 100%, ㉣ 80% ~ 130%

01 다음은 종합위험보장 원예시설 및 시설작물 상품의 특징을 설명한 것이다. 괄호 안에 들어갈 내용을 답란에 쓰시오.

> ① (㉠)에 대한 피해를 보장한다.
> ② 자연재해, 조수해를 보장하며, (㉡) 피해는 특약 가입시 보상한다.
> ③ (㉢) 가입후 부대시설 및 시설작물·버섯작물의 보험가입이 가능하다.
> ④ 가입 대상 작물로는 정식 또는 파종후 재배 중인 23개 시설작물(㉣)과 종균접종 이후 4개 버섯작물 (㉤)이다.

정답

㉠ 농업용 시설물(버섯재배사 포함) 및 부대시설, 시설작물, 버섯작물
㉡ 화재
㉢ 농업용 시설물 혹은 버섯재배사
㉣ 육묘는 가입 불가
㉤ 배양 중인 버섯은 가입 불가

02 종합위험보장 원예시설 및 시설작물의 대상품목 중 시설작물과 버섯작물을 구분하여 답란에 쓰시오.

① 시설작물(23개 품목) :

② 버섯작물(4개 품목) :

정답

① **시설작물(23개 품목)** : 딸기, 토마토, 오이, 참외, 고추, 파프리카, 호박, 장미, 국화, 수박, 멜론, 상추, 가지, 배추, 백합, 카네이션, 미나리, 시금치, 파, 무, 쑥갓, 장미, 부추, 감자
② **버섯작물(4개 품목)** : 표고버섯, 느타리버섯, 새송이버섯, 양송이버섯

03 종합위험보장 원예시설 및 시설작물의 약관에서 보상하는 재해를 다음 구분에 따라 답란에 쓰시오.

(1) 보통약관

(2) 특별약관

정답

(1) 보통약관

① **자연재해** : 태풍피해, 우박피해, 동상해, 호우피해, 강풍피해, 한해(가뭄피해), 냉해, 조해, 설해, 폭염, 기타 자연재해

② **조수해** : 새나 짐승으로 인하여 발생하는 피해

(2) 특별약관

① **화재** : 화재로 인하여 발생하는 피해

② **화재대물배상책임** : 보험에 가입한 목적물에 발생한 화재로 인해 타인의 재물에 손해를 끼침으로서 법률상의 배상책임을 졌을 때 입은 피해

04 자연재해나 조수해로 입은 손해를 보상하는 종합위험보장 시설작물 및 버섯작물의 피해조건을 답란에 서술하시오.

정답

① 구조체, 피복재 등 농업용 시설물(버섯재배사)에 직접적인 피해가 발생한 경우

② 농업용 시설물에 직접적인 피해가 발생하지 않은 자연재해로서 작물 피해율이 70% 이상 발생하여 농업용 시설물내 전체 작물의 재배를 포기하는 경우(시설작물에만 해당)

③ 기상청에서 발령하고 있는 기상특보 발령지역의 기상특보 관련 재해로 인해 작물에 피해가 발생한 경우(시설작물에만 해당)

④ 시설재배 농작물에 조수해 피해가 발생한 경우 조수해로 입은 손해(시설작물에만 해당)

05 다음은 종합위험보장 원예시설 및 시설작물의 보통약관에서 보상하지 않는 손해이다. 괄호 안에 들어갈 내용을 답란에 쓰시오.

> • 자연재해, 조수해가 발생했을 때 생긴 (㉠)로 생긴 손해
>
> • 보험의 목적의 노후 및 하자 및 (㉡)으로 생긴 손해
>
> • 수확기에 계약자 또는 피보험자의 (㉢)로 시설재배 농작물을 수확하지 못하여 발생한 손해
>
> • 피보험자가 농업용 시설물(부대시설 포함)을 (㉣)하는 중에 발생한 피해
>
> • 직접 또는 간접을 묻지 않고 보험의 목적인 농업용 시설물과 부대시설의 (㉤) 등 관계법령(국가 및 지방자치단체의 명령 포함)의 집행으로 발생한 손해

정답

㉠ 도난 또는 분실, ㉡ 구조적 결함, ㉢ 고의 또는 중대한 과실, ㉣ 수리 및 보수, ㉤ 시설, 수리, 철거

06 종합위험보장 원예시설 및 시설작물의 보통약관에서 보상하지 않는 손해이다. 해당되는 것을 모두 골라 답란에 쓰시오.

㉠ 침식활동으로 인한 손해(단, 지하수로 인한 손해는 제외)
㉡ 수확기에 계약자 또는 피보험자의 과실로 시설재배 농작물을 수확하지 못하여 발생한 손해
㉢ 계약 체결 시점 현재 기상청에서 발령하고 있는 기상특보 발령지역의 기상특보 관련 재해로 인한 손해
㉣ 농업용 시설물이 피복재로 피복되어 있는 상태 또는 그 내부가 외부와 차단되어 있는 상태에서 보험의 목적에 발생한 손해
㉤ 전쟁, 내란, 폭동, 소요, 노동쟁의 등으로 인한 손해
㉥ 제초작업, 시비관리, 온도(냉·보온)관리 등 통상적인 영농활동을 하지 않아 발생한 손해

[정답]

㉢, ㉤, ㉥

[해설]

㉠ 침식활동 및 지하수로 인한 손해
㉡ 수확기에 계약자 또는 피보험자의 고의 또는 중대한 과실로 시설재배 농작물을 수확하지 못하여 발생한 손해
㉣ 농업용 시설물이 피복재로 피복되어 있지 않는 상태 또는 그 내부가 외부와 차단되어 있지 않은 상태에서 보험의 목적에 발생한 손해

07 종합위험 원예시설 손해보장 상품에서 보험의 목적을 다음 3가지로 구분하여 답란에 쓰시오.

① 농업용 시설물 :

② 부대시설 :

③ 시설작물 :

[정답]

① **농업용 시설물** : 단동하우스(광폭형 하우스를 포함한다), 연동하우스 및 유리(경질판)온실의 구조체 및 피복재
② **부대시설** : 모든 부대시설(단, 동산시설 제외)
③ **시설작물** : 화훼류, 비화훼류

08 종합위험 원예시설 손해보장 상품에서 시설작물 중 보험의 목적이 되는 화훼류에 해당하는 것을 모두 골라 답란에 쓰시오.

㉠ 수박	㉡ 딸기
㉢ 토마토	㉣ 배추
㉤ 국화	㉥ 장미
㉦ 백합	㉧ 카네이션

[정답]

㉤, ㉥, ㉦, ㉧

[해설]

시설작물
① **화훼류** : 장미, 국화, 백합, 카네이션
③ **비화훼류** : 딸기, 오이, 토마토, 참외, 고추, 호박, 수박, 멜론, 파프리카, 상추, 부추, 시금치, 가지, 배추, 파(대파·쪽파), 무, 미나리, 쑥갓, 감자

09 종합위험 버섯작물 손해보장 상품에서 보험의 목적을 다음 3가지로 구분하여 답란에 쓰시오.

① 농업용 시설물(버섯재배사) :
② 부대시설 :
③ 버섯작물 :

[정답]

① **농업용 시설물(버섯재배사)** : 단동하우스(광폭형 하우스를 포함한다), 연동하우스 및 경량철골조 등 버섯작물 재배용으로 사용하는 구조체, 피복재 또는 벽으로 구성된 시설
② **부대시설** : 버섯작물 재배를 위하여 농업용 시설물(버섯재배사)에 부대하여 설치한 시설(단, 동산시설은 제외)
③ **버섯작물** : 농업용 시설물(버섯재배사) 및 부대시설을 이용하여 재배하는 느타리버섯(균상재배, 병재배), 표고버섯(원목재배, 톱밥배지재배), 새송이버섯(병재배), 양송이버섯(균상재배)

10 종합위험 원예시설 손해보장 상품에서 다음 구분에 따라 보험의 목적에서 제외되는 물건을 답란에 쓰시오.

(1) 농업용 시설물 및 부대시설의 경우
(2) 시설작물의 경우

(1) 농업용 시설물 및 부대시설의 경우
   ① 시설작물을 제외한 온실 내의 동산
   ② 시설작물 재배 이외의 다른 목적이나 용도로 병용하고 있는 경우, 다른 목적이나 용도로 사용되는 부분

(2) 시설작물의 경우
   품목별 표준생장일수와 현저히 차이 나는 생장일수[정식일(파종일)로부터 수확개시일까지의 일수]를 가지는 품종

11 종합위험보장 원예시설 손해보장 상품에서 보험의 목적인 부대시설에 해당하는 물건을 답란에 쓰시오.

부대시설
① 시설작물의 재배를 위하여 농업용 시설물 내부 구조체에 연결, 부착되어 외부에 노출되지 않는 시설물
② 시설작물의 재배를 위하여 농업용 시설물 내부 지면에 고정되어 이동 불가능한 시설물
③ 시설작물의 재배를 위하여 지붕 및 기둥 또는 외벽을 갖춘 외부 구조체 내에 고정·부착된 시설물

12 종합위험 원예시설 손해보장 상품에서 보험의 목적인 부대시설에 포함되지 않는 물건이다. 괄호 안에 들어갈 내용을 답란에 쓰시오.

① 소모품 및 (㉠)
② 피보험자의 소유가 아닌 (㉡) 및 임차부대시설(단, 농업용 시설물은 제외)
③ (㉢), 저온창고, 냉동고, 선별기, 방범용 CCTV, 소프트웨어 및 이와 비슷한 것
④ (㉣) 없이 농업용 시설물 외부에 위치한 시설물. 단, 농업용 시설물 외부에 직접 부착되어 있는 (㉤)는 제외

㉠ 동산시설, ㉡ 리스, 렌탈 등 임차시설물, ㉢ 저온저장고, ㉣ 보호장치, ㉤ 차양막과 보온재

13 다음은 종합위험 원예시설 손해보장 상품의 보험기간에 대한 설명이다. 괄호 안에 들어갈 내용을 답란에 쓰시오.

> ① 딸기, 오이, 토마토, 참외, 고추, 호박, 국화, 장미, 수박, 멜론, 파프리카, 상추, 부추, 가지, 배추, 파(대파), 백합, 카네이션, 미나리, 감자 품목은 '(㉠)'과 '청약을 승낙하고 제1회 보험료를 납입한 때' 중 (㉡)을 (를) 보장개시일로 한다.
> ② 시금치, 파(쪽파), 무, 쑥갓 품목은 '(㉢)'과 '청약을 승낙하고 제1회 보험료를 납입한 때' 중 (㉣)을 (를) 보장개시일로 한다.

정답

㉠ 해당 농업용 시설물 내에 농작물을 <u>정식한 시점</u>
㉡ 늦은 때
㉢ 해당 농업용 시설물 내에 농작물을 <u>파종한 시점</u>
㉣ 늦은 때

14 다음은 종합위험 원예시설 손해보장 상품의 보험기간을 나타낸 도표이다. 표의 빈 칸에 들어갈 내용을 쓰시오.

구 분	보험기간	
	보장개시	보장종료
농업용 시설물		
부대시설		
시설작물		

정답

구 분	보험기간	
	보장개시	보장종료
농업용 시설물	청약을 승낙하고 제1회 보험료 납입한 때	보험증권에 기재된 보험종료일 24시
부대시설		
시설작물		

15 다음은 종합위험 버섯작물 손해보장 상품의 보험기간을 나타낸 도표이다. 표의 ㉠, ㉡에 들어갈 내용을 쓰시오.

구 분	보험기간	
	보장개시	보장종료
농업용 시설물 (버섯재배사)	㉠	㉡
부대시설		
버섯작물		

정답

㉠ 청약을 승낙하고 제1회 보험료 납입한 때
㉡ 보험증권에 기재된 보험종료일 24시

16 종합위험 원예시설 손해보장 상품에서 보험가입금액에 대한 설명이다. 괄호 안에 들어갈 내용을 답란에 쓰시오.

> ① 농업용 시설물의 경우 전산으로 산정된 보험가입금액의 (㉠) 범위 내에서 결정한다. 기준금액 산정이 불가능한 유리온실(경량철골조), 내재해형 하우스, 비규격하우스는 (㉡)을(를) 기초로 보험가입금액 결정한다.
> ② 부대시설의 경우 계약자 고지사항을 기초로 (㉢)을 추정하여 보험가입금액 결정한다.
> ③ 시설작물의 경우 하우스별 연간 재배 예정인 시설작물 중 생산비가 가장 (㉣) 작물가액의 (㉤) 범위 내에서 계약자가 가입금액을 결정한다.

정답

㉠ 90~130%, ㉡ 계약자 고지사항, ㉢ 보험가액, ㉣ 높은, ㉤ 50~100%

17 종합위험 농업용 시설물(버섯재배사 포함) 및 부대시설의 보장유형에서 보험금 지급사유 및 지급금액을 나타낸 도표이다. 표의 빈 칸에 들어갈 내용을 답란에 서술하시오.

보험의 목적	보험금 지급사유	지급금액
농업용 시설물 (버섯재배사 포함) 및 부대시설		

정답

보험의 목적	보험금 지급사유	지급금액
농업용 시설물 (버섯재배사 포함) 및 부대시설	보상하는 재해로 손해액이 자기부담금을 초과하는 경우(1사고당)	• 손해액의 계산 : 손해가 생긴 때와 곳에서의 가액에 따라 계산한다. • 보험금 산출방법 : 1사고마다 손해액이 자기부담금을 초과하는 경우 보험가입금액을 한도로 손해액에서 자기부담금을 차감하여 계산한다. 보험금 = 손해액 − 자기부담금

※ 재조달가액보장 특약을 가입하지 않거나, 보험의 목적이 손해를 입은 장소에서 실제로 수리 또는 복구를 하지 않는 경우 경년감가율을 적용한 시가(감가상각된 금액)로 보상한다.

18 종합위험 생산비보장 시설작물의 보장유형에서 보험의 목적별 보험금 지급사유 및 지급금액을 나타낸 도표이다. 표의 빈 칸에 들어갈 내용을 답란에 서술하시오.

보험의 목적	보험금 지급사유	지급금액
딸기, 토마토, 오이, 참외, 고추, 파프리카, 호박, 장미, 국화, 수박, 멜론, 상추, 가지, 배추, 백합, 카네이션, 미나리, 감자, 파(대파)		
장미		① 나무가 죽지 않은 경우 : ② 나무가 죽은 경우 :
부추		
시금치, 파(쪽파), 무, 쑥갓		

정답

보험의 목적	보험금 지급사유	지급금액
딸기, 토마토, 오이, 참외, 고추, 파프리카, 호박, 장미, 국화, 수박, 멜론, 상추, 가지, 배추, 백합, 카네이션, 미나리, 감자, 파(대파)	보상하는 재해로 1사고마다 1동 단위로 생산비보장 보험금이 10만원을 초과할 때	피해작물 재배면적 × 피해작물 단위면적당 보장생산비 × 경과비율 × 피해율
장미		① 나무가 죽지 않은 경우 : 　장미 재배면적 × 장미 단위면적당 나무생존시 보장생산비 × 피해율 ② 나무가 죽은 경우 : 　장미 재배면적 × 장미 단위면적당 나무고사 보장생산비 × 피해율
부추		부추 재배면적 × 부추 단위면적당 보장생산비 × 피해율 × 70%
시금치, 파(쪽파), 무, 쑥갓		피해작물 재배면적 × 피해작물 단위면적당 보장생산비 × 경과비율 × 피해율

19 ○○도 △△시 관내 농업용 시설물에서 딸기를 재배하는 A씨, 시금치를 재배하는 B씨, 부추를 재배하는 C씨, 장미를 재배하는 D씨는 모두 농작물재해보험 종합위험방식 원예시설 상품에 가입한 상태에서 자연재해로 시설물이 직접적인 피해를 받았다. 이때, A, B, C, D씨의 작물에 대한 지급보험금 산출식을 각각 쓰시오(단, D씨의 장미는 보상하는 재해로 나무가 죽은 경우에 해당함). 〔기출유형〕

〔정답〕

① 딸기를 재배하는 A씨
   생산비보장보험금 = 딸기 재배면적 × 딸기 단위면적당 보장생산비 × 경과비율 × 피해율
② 시금치를 재배하는 B씨
   생산비보장보험금 = 시금치 재배면적 × 시금치 단위면적당 보장생산비 × 경과비율 × 피해율
③ 부추를 재배하는 C씨
   생산비보장보험금 = 부추 재배면적 × 부추 단위면적당 보장생산비 × 피해율 × 70%
④ 장미를 재배하는 D씨(보상하는 재해로 나무가 죽은 경우)
   생산비보장보험금 = 장미 재배면적 × 장미 단위면적당 나무고사 보장생산비 × 피해율

20 종합위험 생산비보장 버섯작물의 보장유형에서 보험의 목적별 보험금 지급사유 및 지급금액을 나타낸 도표이다. 표의 빈 칸에 들어갈 내용을 답란에 서술하시오.

보험의 목적	보험금 지급사유	지급금액
표고버섯(원목재배)		
표고버섯(톱밥배지재배)		
느타리버섯(균상재배)		
느타리버섯(병재배)		
새송이버섯(병재배)		
양송이버섯(균상재배)		

〔정답〕

보험의 목적	보험금 지급사유	지급금액
표고버섯(원목재배)	보상하는 재해로 1사고마다 생산비보장 보험금이 10만원을 초과할 때	재배원목(본)수 × 원목(본)당 보장생산비 × 피해율
표고버섯(톱밥배지재배)		재배배지(봉)수 × 배지(봉)당 보장생산비 × 경과비율 × 피해율
느타리버섯(균상재배)		재배면적 × 느타리버섯(균상재배) 단위면적당 보장생산비 × 경과비율 × 피해율
느타리버섯(병재배)		재배병수 × 병당 보장생산비 × 경과비율 × 피해율
새송이버섯(병재배)		재배병수 × 병당 보장생산비 × 경과비율 × 피해율
양송이버섯(균상재배)		재배면적 × 단위면적당 보장생산비 × 경과비율 × 피해율

21 다음은 보상하는 재해로 농업용 시설물 및 부대시설에 사고발생시 부담하는 자기부담금의 범위에 대한 설명이다. 괄호 안에 들어갈 내용을 답란에 쓰시오.

> 최소 자기부담금(㉠)과 최대 자기부담금(㉡)을 한도로 보험사고로 인하여 발생한 손해액의 (㉢)에 해당하는 금액을 자기부담금으로 한다. 단, 피복재 단독사고는 최소 자기부담금(㉣)과 최대 자기부담금 (㉤)을 한도로 한다.

정답

㉠ 30만원, ㉡ 100만원, ㉢ 10%, ㉣ 10만원, ㉤ 30만원

22 농작물재해보험 원예시설 상품에서 정하는 자기부담금과 소손해면책금에 대하여 서술하시오.

기출유형

정답

(1) 자기부담금
① 최소 자기부담금(30만원)과 최대 자기부담금(100만원)을 한도로 보험사고로 인하여 발생한 손해액의 10%에 해당하는 금액을 자기부담금으로 한다. 단, 피복재 단독사고는 최소 자기부담금(10만원)과 최대 자기부담금(30만원)을 한도로 한다.
② 농업용 시설물(버섯재배사 포함)과 부대시설 모두를 보험의 목적으로 하는 보험계약은 두 보험의 목적의 손해액 합계액을 기준으로 자기부담금을 산출한다.
③ 단지 단위, 1사고 단위로 적용한다.
③ 화재손해는 자기부담금을 미적용한다(농업용 시설물 및 버섯재배사, 부대시설에 한함).

(2) 소손해면책금
시설작물 및 버섯작물에 적용하며, 보상하는 재해로 1사고당 생산비보험금이 10만원 이하인 경우 보험금이 지급되지 않고, 소손해면책금을 초과하는 경우 손해액 전액을 보험금으로 지급한다.

23 종합위험보장 원예시설 및 시설작물 상품에서 보상하는 특별약관의 종류를 답란에 서술하시오.

특별약관

① **재조달가액보장 특별약관(농업용 시설물 및 버섯재배사, 부대시설)** : 보상하는 재해로 보험의 목적 중 농업용 시설물 및 버섯재배사, 부대시설에 손해가 생기 때에는 이 특별약관에 따라 재조달가액 기준으로 손해액을 보상한다.

② **화재위험보장 특별약관(농업용 시설물 및 버섯재배사, 부대시설, 시설·버섯작물)** : 특별약관 가입시 화재로 입은 손해를 보상한다.

③ **화재대물배상책임 특별약관(농업용 시설물 및 버섯재배사, 부대시설)** : 피보험자가 보험증권에 기재된 농업용 시설물 및 부대시설 내에서 발생한 화재사고로 인하여 타인의 재물을 망가트려 법률상의 배상책임이 발생한 경우 보상한다.

④ **수재위험 부보장 특별약관(농업용 시설물 및 버섯재배사, 부대시설, 시설·버섯작물)** : 상습 침수구역, 하천부지 등에 있는 보험의 목적에 한하여 적용한다.

⑤ **표고버섯 확장위험담보 특별약관** : 보험의 목적을 표고버섯으로 하는 경우에 적용한다.

24 다음은 재조달가액보장 특별약관에서 보상하지 않는 손해이다. 괄호 안에 들어갈 내용을 답란에 쓰시오.

ㄱ 자연재해, 조수해가 발생했을 때 생긴 (   )로 생긴 손해

ㄴ 보험의 목적의 노후, 하자 및 (   )으로 생긴 손해

ㄷ 수확기에 계약자 또는 피보험자의 (   )로 시설재배 농작물을 수확하지 못하여 발생한 손해

ㄹ 직접 또는 간접을 묻지 않고 보험의 목적인 농업용 시설물과 부대시설의 (   ) 등 관계법령(국가 및 지방자치단체의 명령 포함)의 집행으로 발생한 손해

ㅁ 피보험자가 파손된 보험의 목적의 (   )를 지연함으로써 가중된 손해

ㅂ 농업용 시설물이 (   ) 또는 그 내부가 외부와 차단되어 있지 않은 상태에서 보험의 목적에 발생한 손해

ㅅ 피보험자가 농업용 시설물(부대시설 포함)을 (   )하는 중에 발생한 피해

ㄱ 도난 또는 분실

ㄴ 구조적 결함

ㄷ 고의 또는 중대한 과실

ㄹ 시설, 수리, 철거

ㅁ 수리 또는 복구

ㅂ 피복재로 피복되어 있지 않은 상태

ㅅ 수리 및 보수

25 다음은 표고버섯 확장위험담보 특별약관에 대한 설명이다. 괄호 안에 들어갈 내용을 답란에 쓰시오.

> 보통약관의 보상하는 재해에서 정한 규정에도 불구하고, 다음 각 호 중 하나 이상에 해당하는 경우에 한하여 (㉠) 및 (㉡)로 입은 손해를 보상한다.
> ① 농업용 시설물(버섯재배사)에 직접적인 피해가 발생하지 않은 자연재해로서 작물피해율이 (㉢) 이상 발생하여 농업용 시설물내 전체 시설재배 버섯의 재배를 포기하는 경우
> ② 기상청에서 발령하고 있는 기상특보 발령지역의 (㉣)로 인해 작물에 피해가 발생한 경우

정답

㉠ 자연재해, ㉡ 조수해, ㉢ 70%, ㉣ 기상특보 관련 재해

26 다음은 원예시설 및 시설작물 상품의 '계약의 소멸'에 관한 설명이다. 괄호 안에 들어갈 내용을 답란에 쓰시오.

> ① 손해를 보상하는 경우에는 그 손해액이 한 번의 사고에 대하여 (㉠) 미만인 때에는 이 계약의 (㉠)은 감액되지 않으며, (㉠) 이상인 때에는 그 손해보상의 원인이 생긴 때로부터 (㉡)에 대한 계약은 소멸한다. 이 경우 (㉢)는 발생하지 않는다.
> ② 손해액에는 보상하는 손해의 '(㉣)'은 제외한다.

정답

㉠ 보험가입금액
㉡ 보험의 목적(농업용 시설물 및 버섯재배사, 부대시설, 농작물)
㉢ 환급보험료
㉣ 기타 협력비용

6 농업수입안정보험

01 농업수입안정보험의 가입대상 품목을 5가지 이상 답란에 쓰시오.

정답

포도, 마늘, 양파, 감자(가을재배), 고구마, 양배추, 콩, 옥수수, 보리

02 농업수입안정보험 상품에 대한 설명이다. 괄호 안에 들어갈 내용을 답란에 쓰시오.

> ① 농업수입안정보험은 농작물의 (㉠)나 (㉡)으로 농가수입이 일정 수준 이하로 하락하지 않도록 보장하는 보험이다. 기존 농작물재해보험에 농산물가격하락을 반영한 농업수입감소를 보장한다.
> ② 농업수입감소보험금 산출시 가격은 기준가격과 수확기가격 중 (㉢) 가격을 적용한다. 따라서 실제수입을 산정할 때 실제수확량이 (㉣)보다 적은 경우 수확기가격이 기준가격을 초과하더라도 수확량 감소에 의한 손해는 (㉤)으로 지급된다.

정답

㉠ 수확량 감소, ㉡ 가격하락, ㉢ 낮은, ㉣ 평년수확량, ㉤ 농업수입감소보험금

03 농업수입안정보험에서 가입대상 품목별 보상하는 재해 및 가격하락을 나타낸 도표이다. 표의 빈 칸에 들어갈 내용을 답란에 쓰시오.

가입대상 품목		보상하는 재해 및 가격하락
과수	포도	
밭작물	마늘, 양파, 고구마, 양배추, 콩, 옥수수, 보리	
	감자(가을재배)	

정답

가입대상 품목		보상하는 재해 및 가격하락
과수	포도	자연재해, 조수해, 화재, 가격하락 ※ 비가림시설 화재의 경우 특약 가입시 보상함
밭작물	마늘, 양파, 고구마, 양배추, 콩, 옥수수, 보리	자연재해, 조수해, 화재, 가격하락
	감자(가을재배)	자연재해, 조수해, 화재, 병충해, 가격하락

04 농업수입안정보험 품목 중 밭작물(포도 품목외)에서 보상하는 재해를 답란에 쓰고, 각 재해를 설명하시오.

① **자연재해** : 태풍피해, 우박피해, 동상해, 호우피해, 강풍피해, 한해(가뭄피해), 냉해, 조해, 설해, 폭염, 기타 자연재해
② **조수해** : 새나 짐승으로 인하여 발생하는 손해
③ **화재** : 화재로 인한 피해
④ **병충해** : 병 또는 해충으로 인하여 발생하는 피해[단, 감자(가을재배)만 병충해 보장]
⑤ **가격하락** : 기준가격보다 수확기가격이 하락하여 발생하는 피해

05 농업수입안정보험 품목 중 밭작물(포도 품목외)에서 보상하지 않는 손해를 10가지 이상 답란에 쓰시오.

보상하지 않는 손해
① 계약자, 피보험자 또는 이들의 법정대리인의 <u>고의 또는 중대한 과실</u>로 인한 손해
② 수확기에 계약자 또는 피보험자의 <u>고의 또는 중대한 과실</u>로 수확하지 못하여 발생한 손해
③ 제초작업, 시비관리 등 <u>통상적인 영농활동</u>을 하지 않아 발생한 손해
④ 원인의 직·간접을 묻지 않고 병해충으로 발생한 손해. 다만, <u>감자(가을재배)는 제외</u>한다.
⑤ 보상하지 않는 재해로 <u>제방, 댐 등이 붕괴</u>되어 발생한 손해
⑥ 하우스, 부대시설 등의 <u>노후 및 하자</u>로 생긴 손해
⑦ 계약 체결 시점(단, 계약 체결 이후 파종 또는 정식시, 파종 또는 정식시점) 현재 기상청에서 발령하고 있는 기상특보 발령지역의 <u>기상특보 관련</u> 재해로 인한 손해
⑧ <u>보상하는 손해에 해당하지 않은</u> 재해로 발생한 손해
⑨ 보상하는 손해에 해당하지 않은 재해로 발생한 생리장해
⑩ 개인 또는 법인의 행위가 직접적인 원인이 되어 <u>수확기가격이 하락</u>하여 발생한 손해
⑪ <u>저장성 약화</u> 또는 저장, 건조 및 유통과정 중에 나타나거나 확인된 손해
⑫ <u>전쟁, 혁명, 내란, 사변, 폭동, 소요, 노동쟁의</u>, 기타 이들과 유사한 사태로 생긴 손해

06 농업수입안정보험 상품의 보험기간을 나타낸 도표 일부이다. 빈 칸에 들어갈 내용을 답란에 쓰시오.

보 장	보험의 목적	보장개시	보장종료
재파종보장			
재정식보장			

보 장	보험의 목적	보장개시	보장종료
재파종보장	마늘	계약체결일 24시	판매개시연도 10월 31일
재정식보장	양배추	정식완료일 24시 다만, 보험계약시 정식완료일이 경과한 경우에는 계약체결일 24시이며, 정식완료일은 판매개시연도 9월 30일을 초과할 수 없음	재정식 종료 시점 다만, 판매개시연도 10월 15일을 초과할 수 없음

07 농업수입안정보험 상품의 보험기간을 나타낸 도표 일부이다. 빈 칸에 들어갈 내용을 답란에 쓰시오.

보 장	보험의 목적	보장개시	보장종료
경작불능보장	콩		
	감자(가을재배)		
	양배추		
	마늘, 양파, 고구마, 옥수수, 보리		

보 장	보험의 목적	보장개시	보장종료
경작불능보장	콩	계약체결일 24시	종실비대기전
	감자(가을재배)	파종완료일 24시 다만, 보험계약시 파종완료일이 경과한 경우에는 계약체결일 24시	수확개시 시점
	양배추	정식완료일 24시 다만, 보험계약시 정식완료일이 경과한 경우에는 계약체결일 24시이며, 정식완료일은 판매개시연도 9월 30일을 초과할 수 없음	
	마늘, 양파, 고구마, 옥수수, 보리	계약체결일 24시	

08 농업수입안정보험 상품의 보험기간을 나타낸 도표 일부이다. 빈 칸에 들어갈 내용을 답란에 쓰시오.

보 장	보험의 목적	대상 재해	보장개시	보장종료
농업수입 감소보장	포도	가격 하락		
	감자 (가을재배)			
	양배추			
	마늘, 양파, 고구마, 콩, 옥수수, 보리			

보 장	보험의 목적	대상 재해	보장개시	보장종료
농업수입 감소보장	포도	가격 하락	계약체결일 24시	수확기가격 공시시점
	감자 (가을재배)		파종완료일 24시 다만, 보험계약시 파종완료일이 경과한 경우에는 계약체결일 24시	
	양배추		정식완료일 24시 다만, 보험계약시 정식완료일이 경과한 경우에는 계약체결일 24시이며, 정식완료일은 9월 30일을 초과할 수 없음	
	마늘, 양파, 고구마, 콩, 옥수수, 보리		계약체결일 24시	

09 농업수입보장방식 상품의 보험기간을 나타낸 도표 일부이다. 빈 칸에 들어갈 내용을 답란에 쓰시오.

보 장	보험의 목적	대상 재해	보장개시	보장종료
화재위험보장 (특별약관)	비가림 시설			
나무손해보장 (특별약관)	포도			
수확량감소 추가보장 (특별약관)	포도			

보 장	보험의 목적	대상 재해	보장개시	보장종료
화재위험보장 (특별약관)	비가림 시설	화재	계약체결일 24시	이듬해 10월 10일
나무손해보장 (특별약관)	포도	자연재해, 조수해, 화재	판매개시연도 12월 1일 다만, 12월 1일 이후 보험에 가입 하는 경우에는 계약체결일 24시	이듬해 11월 30일
수확량감소 추가보장 (특별약관)	포도	자연재해, 조수해, 화재	계약체결일 24시	수확기종료 시점 다만, 이듬해 10월 10일을 초과할 수 없음

10 농업수입안정보험 포도 품목의 보험금 지급사유 및 지급금액을 나타낸 도표이다. 표의 빈 칸에 들어갈 내용을 답란에 서술하시오.

보험의 목적	보험금 지급사유	지급금액
포도		
비가림시설		

보험의 목적	보험금 지급사유	지급금액
포도	보상하는 재해로 피해율이 자기 부담비율을 초과하는 경우	보험가입금액 × (피해율 − 자기부담비율) ※ 피해율 = (기준수입 − 실제수입) ÷ 기준수입 ※ 기준수입 = 평년수확량 × 기준가격
비가림시설	자연재해, 조수해로 인하여 비가림시설에 손해가 발생한 경우	Min(손해액 − 자기부담금, 보험가입금액) ※ 자기부담금 : 최소 자기부담금(30만원)과 최대 자기부담금(100만원)을 한도로 보험사고로 인하여 발생한 손해액(비가림시설)의 10%에 해당하는 금액. 다만, 피복재 단독사고는 최소 자기부담금(10만원)과 최대 자기부담금(30만원)을 한도로 함(단, 화재손해는 자기부담금을 적용하지 않음) ※ 자기부담금은 단지 단위, 1사고 단위로 적용함

11 농업수입안정보험에서 농업수입감소보장 품목의 보험금 지급사유 및 지급금액을 나타낸 도표
이다. 표의 빈 칸에 들어갈 내용을 답란에 서술하시오.

보험의 목적	보험금 지급사유	지급금액
마늘, 양파, 감자(가을재배), 고구마, 양배추, 콩, 옥수수, 보리		

정답

보험의 목적	보험금 지급사유	지급금액
마늘, 양파, 감자(가을재배), 고구마, 양배추, 콩, 옥수수, 보리	보상하는 재해로 피해율이 자기부담비율을 초과하는 경우	보험가입금액 × (피해율 – 자기부담비율) ※ 피해율 = (기준수입 – 실제수입) ÷ 기준수입 ※ 기준수입 = 평년수확량 × 기준가격

12 농업수입안정보험에서 농업수입감소보장 양파 상품의 내용 중 보험금의 계산식에 관한 것이
다. 다음 내용에서 ( )의 ① 용어와 ② 정의를 쓰시오. **기출유형**

> 실제수입 = {수확기에 조사한 수확량 + ( )} × Min(농지별 기준가격, 농지별 수확기가격)

정답

① **용어** : 미보상감수량
② **정 의**
　미보상감수량은 보상하는 재해 이외의 원인으로 수확량이 감소되었다고 평가되는 부분을 말하며, 계약 당시
　이미 발생한 피해, 병해충으로 인한 피해 및 제초상태 불량 등으로 인한 수확감소량으로서 피해율 산정시 감수량에서
　제외한다.
　• 미보상감수량 = (평년수확량 – 수확량) × 미보상비율(또는 보상하는 재해가 없이 감소된 수량)

13 농업수입안정보험 상품의 보험가입금액과 자기부담비율에 대한 설명이다. 괄호 안에 들어갈 내용을 답란에 쓰시오.

① 보험가입금액은 (㉠)에 (㉡)을(를) 곱하여 산출한다.
② 수입감소보장 자기부담비율은 보험사고로 인하여 발생한 손해에 대하여 계약자 또는 피보험자가 부담하는 일정 비율로, 보험계약시 계약자가 선택한 비율(㉢)이다.

정답

㉠ 가입수확량, ㉡ 기준(가입)가격, ㉢ 20%, 30%, 40%

14 농업수입안정보험 콩 품목의 기준가격과 수확기가격의 산출에 대한 설명이다. 괄호 및 표의 빈 칸에 들어갈 내용을 답란에 쓰시오.

① 기준가격과 수확기가격은 콩의 용도 및 품종에 따라 (㉠)으로 구분하여 산출한다.
② 가격산출을 위한 기초통계와 기초통계기간은 다음과 같다.

용 도	품 종	기초통계	기초통계기간
장류 및 두부용	전체	㉡	
밥밑용	서리태	㉢	
	흑태 및 기타	서울 양곡도매시장의 흑태 가격	㉤
나물용	전체	㉣	

정답

㉠ 장류 및 두부용(백태), 밥밑용(서리태), 밥밑용(흑태 및 기타), 나물용
㉡ 서울 양곡도매시장의 백태(국산) 가격
㉢ 서울 양곡도매시장의 서리태 가격
㉣ 사업대상 시·군 지역농협의 평균 수매가격
㉤ 수확연도 11월 1일부터 익년 1월 31일까지

15 농업수입안정보험 콩 품목의 수확기가격의 산출에 대해 서술하시오.

① 장류 및 두부용, 밥밑용 :

② 나물용 :

① **장류 및 두부용, 밥밑용** : 수확연도의 기초통계기간 동안 서울 양곡도매시장 중품과 상품 평균가격에 과거 5년 농가수취비율의 올림픽 평균값을 곱하여 산출한다. 양곡도매시장의 가격이 존재하지 않는 경우, 전국 지역농협의 평균 수매가격을 활용하여 산출한다.

② **나물용** : 수확연도의 기초통계기간 동안 사업대상 시·군 지역농협의 평균 수매가격으로 한다.

16 농업수입안정보험 콩 품목의 기준가격의 산출에 대한 설명이다. 괄호 안에 들어갈 내용을 답란에 쓰시오.

---

① 장류 및 두부용, 밥밑용
- 서울 양곡도매시장의 과거 5년 연도별 (㉠) 평균가격의 (㉡)에 과거 5년 (㉢)의 올림픽 평균값을 곱하여 산출한다. 평균가격 산정시 (㉠) 중 어느 하나의 자료가 없는 경우, 있는 자료만을 이용하여 평균가격을 산정한다. 양곡도매시장의 가격이 존재하지 않는 경우, 전국 지역농협의 (㉣)을(를) 활용하여 산출한다.
- 연도별 평균가격은 연도별 기초통계기간의 (㉤)을(를) 평균하여 산출한다.
② 나물용
- 사업대상 시·군 지역농협의 과거 5년 (㉥)의 올림픽 평균값으로 산출한다.
- (㉥)은 지역농협별 수매량과 수매금액을 각각 합산하고, (㉦)의 합계를 (㉧) 합계로 나누어 산출한다.

㉠ 중품과 상품
㉡ 올림픽 평균값
㉢ 농가수취비율
㉣ 평균수매가격
㉤ 일별 가격
㉥ 연도별 평균수매가격
㉦ 수매금액
㉧ 수매량

17 농업수입감소보장방식 '콩'에 관한 내용이다. 계약내용과 조사내용을 참조하여 다음 물음에 답하시오(피해율은 %로 소수점 둘째자리 미만 절사. 예시 : 12.678% → 12.67%). `기출유형`

○ 계약내용
  • 보험가입일 : 2024년 6월 20일
  • 평년수확량 : 1,500kg
  • 가입수확량 : 1,500kg
  • 자기부담비율 : 20%
  • 과거 5년 농가수취비율의 올림픽 평균값 : 80%
  • 전체 재배면적 : 2,500m² (백태 1,500m², 서리태 1,000m²)

○ 조사내용
  • 조사일 : 2024년 10월 20일
  • 전체 재배면적 : 2,500m² (백태 1,500m², 서리태 1,000m²)
  • 수확량 : 1,000kg

▪ 서울 양곡도매시장 연도별 '백태' 평균가격(원/kg)

연 도 등 급	2019	2020	2021	2022	2023	2024
상품	6,300	6,300	7,200	7,400	7,600	6,400
중품	6,100	6,000	6,800	7,000	7,100	6,200

▪ 서울 양곡도매시장 연도별 '서리태' 평균가격(원/kg)

연 도 등 급	2019	2020	2021	2022	2023	2024
상품	7,800	8,400	7,800	7,500	8,600	8,400
중품	7,400	8,200	7,200	6,900	8,200	8,200

(1) 기준가격의 계산과정과 값을 쓰시오.

(2) 수확기가격의 계산과정과 값을 쓰시오.

(3) 농업수입감소보장보험금의 계산과정과 값을 쓰시오.

`정답`

(1) 기준가격
  ① 기준가격의 산출
     서울 양곡도매시장의 과거 5년 연도별 중품과 상품 평균가격의 올림픽 평균값에 과거 5년 농가수취비율의 올림픽 평균값을 곱하여 산출한다.
     ※ 올림픽 평균값 : 연도별 평균가격 중 최댓값과 최솟값을 제외하고 남은 값들의 산술평균

② '백태'의 기준가격

(단위 : 원/kg)

연도 등급	2019	2020	2021	2022	2023	2024
상품	6,300	6,300	7,200	7,400	7,600	6,400
중품	6,100	6,000	6,800	7,000	7,100	6,200
평균가격	6,200	6,150	7,000	7,200	7,350	6,300

평균가격 중 최댓값(7,350원)과 최솟값(6,150원)을 제외한 산술평균값을 구하면,
'백태'의 기준가격 = (6,200원 + 7,000원 + 7,200원) ÷ 3 = 6,800원

③ '서리태'의 기준가격

(단위 : 원/kg)

연도 등급	2019	2020	2021	2022	2023	2024
상품	7,800	8,400	7,800	7,500	8,600	8,400
중품	7,400	8,200	7,200	6,900	8,200	8,200
평균가격	7,600	8,300	7,500	7,200	8,400	8,300

평균가격 중 최댓값(8,400원)과 최솟값(7,200원)을 제외한 산술평균값을 구하면,
'서리태'의 기준가격 = (7,600원 + 8,300원 + 7,500원) ÷ 3 = 7,800원

④ 기준가격

하나의 농지에 2개 이상 용도(또는 품종)의 콩이 식재된 경우에는 기준가격을 해당 용도(또는 품종)의 면적의 비율에 따라 가중 평균하여 산출한다. 즉

- 백태 : 6,800원 × 1,500m^2 / 2,500m^2 = 4,080원
- 서리태 : 7,800원 × 1,000m^2 / 2,500m^2 = 3,120원
- 기준가격 : (4,080원 + 3,120원) × 과거 5년 농가수취비율의 올림픽 평균값(80%) = **5,760원**

(2) 수확기가격

① 수확기가격의 산출

수확연도의 서울 양곡도매시장 중품과 상품 평균가격에 과거 5년 농가수취비율의 올림픽 평균값을 곱하여 산출한다.

② '백태'의 수확기가격

수확기(2024년)의 평균가격 = 6,300원

③ '서리태'의 수확기가격

수확기(2024년)의 평균가격 = 8,300원

④ 수확기가격

수확기가격도 하나의 농지에 2개 이상 용도(또는 품종)의 콩이 식재된 경우에 해당 용도(또는 품종)의 면적의 비율에 따라 가중 평균하여 산출하므로,

- 백태 : 6,300원 × 1,500m^2 / 2,500m^2 = 3,780원
- 서리태 : 8,300원 × 1,000m^2 / 2,500m^2 = 3,320원
- 수확기가격 : (3,780원 + 3,320원) × 과거 5년 농가수취비율의 올림픽 평균값(80%) = **5,680원**

(3) 농업수입감소보장보험금

$$보험금 = 보험가입금액 \times (피해율 - 자기부담비율)$$

※ 피해율 = (기준수입 - 실제수입) ÷ 기준수입

- 보험가입금액 = 가입수확량 × 기준가격 = 1,500kg × 5,760원/kg = 8,640,000원
- 기준수입 = 평년수확량 × 농지별 기준가격 = 1,500kg × 5,760원/kg = 8,640,000원
- 실제수입
  = (조사수확량 + 미보상감수량) × 최솟값(농지별 기준가격, 농지별 수확기가격)
  = (1,000kg + 0kg) × 5,680원 = 5,680,000원
- 피해율
  = (기준수입 - 실제수입) ÷ 기준수입
  = (8,640,000원 - 5,680,000원) ÷ 8,640,000원 = 0.34259 = **34.25%**(※ 소수점 둘째자리 미만 절사)
- 보험금 = 보험가입금액 × (피해율 - 자기부담비율)
  = 8,640,000원 × (34.25% - 20%) = **1,231,200원**

18 농업수입안정보험 양파 품목의 기준가격과 수확기가격의 산출에 대한 설명이다. 괄호 및 표의 빈 칸에 들어갈 내용을 답란에 쓰시오.

① 기준가격과 수확기가격은 보험에 가입한 양파 품종의 숙기에 따라 (㉠)으로 구분하여 산출한다.
② 가격산출을 위한 기초통계와 기초통계기간은 다음과 같다.

가격 구분	기초통계	기초통계기간
조생종	㉡	㉢
중만생종		㉣

[정답]

㉠ 조생종, 중만생종
㉡ 서울시 농수산식품공사 가락도매시장 가격
㉢ 4월 1일부터 5월 10일까지
㉣ 6월 1일부터 7월 10일까지

19 농업수입안정보험 양파 품목의 기준가격과 수확기가격의 산출에 대한 설명이다. 괄호 안에 들어갈 내용을 답란에 쓰시오.

① 기준가격의 산출 : 보험가입 직전 서울시 농수산식품공사 가락도매시장의 과거 (㉠) 연도별 (㉡) 평균가격의 올림픽 평균값에 과거 5년 (㉢)의 올림픽 평균값을 곱하여 산출한다. (㉣)은 연도별 기초통계기간의 일별 가격을 평균하여 산출한다.
② 수확기가격의 산출 : 수확연도의 가격 구분별 기초통계기간 동안 서울시 농수산식품공사의 가락도매시장 (㉡) 평균가격에 과거 5년 (㉢)의 올림픽 평균값을 곱하여 산출한다.

[정답]

㉠ 5년, ㉡ 중품과 상품, ㉢ 농가수취비율, ㉣ 연도별 평균가격

20 농업수입안정보험 고구마 품목의 기준가격과 수확기가격의 산출에 대한 설명이다. 괄호 안에 들어갈 내용을 답란에 쓰시오.

> ① 기준가격과 수확기가격은 고구마의 품종에 따라 (㉠)로 구분하여 산출한다.
> ② 가격산출을 위한 기초통계는 (㉡) 가격이며, 기초통계기간은 (㉢)이다.
> ③ 하나의 농지에 2개 이상 용도(또는 품종)의 고구마가 식재된 경우에는 기준가격과 수확기가격을 해당 용도(또는 품종)의 (㉣)에 따라 가중평균하여 산출한다.

[정답]

㉠ 호박고구마, 밤고구마
㉡ 서울시 농수산식품공사 가락도매시장
㉢ 8월 1일부터 9월 30일까지
㉣ 면적의 비율

21 농업수입안정보험 감자(가을재배) 품목의 기준가격과 수확기가격의 산출에 대한 설명이다. 괄호 안에 들어갈 내용을 답란에 쓰시오.

> ① 기준가격과 수확기가격은 보험에 가입한 감자(가을재배) 품종 중 (㉠)을(를) 기준으로 하여 산출한다.
> ② 가격산출을 위한 기초통계는 (㉡) 가격이며, 기초통계기간은 (㉢)이다.

[정답]

㉠ 대지마
㉡ 서울시 농수산식품공사 가락도매시장
㉢ 12월 1일부터 1월 31일까지

22 농업수입안정보험 감자(가을재배) 품목의 기준가격과 수확기가격의 산출에 대해 답란에 서술하시오.

① 기준가격의 산출 :

② 수확기가격의 산출 :

[정답]

① **기준가격의 산출** : 보험가입 직전 서울시 농수산식품공사 가락도매시장의 과거 5년 연도별 중품과 상품 평균가격의 올림픽 평균값에 과거 5년 농가수취비율의 올림픽 평균값을 곱하여 산출한다. 연도별 평균가격은 연도별 기초통계기간의 일별 가격을 평균하여 산출한다.
② **수확기가격의 산출** : 수확연도의 가격구분별 기초통계기간 동안 서울시 농수산식품공사 가락도매시장의 중품과 상품 평균가격에 과거 5년 농가수취비율의 올림픽 평균값을 곱하여 산출한다.

23 농업수입안정보험 마늘 품목의 기준가격과 수확기가격의 산출에 대한 설명이다. 괄호 및 표의 빈 칸에 들어갈 내용을 답란에 쓰시오.

① 기준가격과 수확기가격은 보험에 가입한 마늘 품종에 따라 (㉠)으로 구분하여 산출한다.
② 가격산출을 위한 기초통계기간은 다음과 같다.

구 분		기초통계	기초통계기간
난지형	대서종	㉡	7월 1일부터 8월 31일까지
	남도종		• 전남지역 : (㉢) • 제주지역 : (㉣)
한지형			㉤

③ 기준가격의 산출 : 기초통계의 과거 5년 연도별 평균수매가격의 (㉥)으로 산출한다. 연도별 평균수매가격은 연도별 기초통계기간의 (㉦)을(를) 평균하여 산출한다.
④ 수확기가격의 산출 : 기초통계의 (㉧)으로 산출한다.

정답

㉠ 난지형(대서종, 남도종)과 한지형
㉡ 사업대상 시·군 지역농협의 수매가격
㉢ 6월 1일부터 7월 31일까지
㉣ 5월 1일부터 6월 30일까지
㉤ 7월 1일부터 8월 31일까지
㉥ 올림픽 평균값
㉦ 일별 가격
㉧ 수확연도의 평균수매가격

24 농업수입안정보험 양배추 품목의 기준가격과 수확기가격의 산출에 대한 설명이다. 괄호 안에 들어갈 내용을 답란에 쓰시오.

① 가격산출을 위한 기초통계는 (㉠) 가격이며, 기초통계기간은 (㉡)이다.
② 기준가격의 산출 : 서울시 농수산식품공사 가락도매시장 과거 5년 연도별 (㉢) 평균가격의 올림픽 평균값에 과거 5년 (㉣)의 올림픽 평균값을 곱하여 산출한다. (㉤)은 연도별 기초통계기간의 일별 가격을 평균하여 산출한다.
③ 수확기가격의 산출 : 수확연도의 서울시 농수산식품공사의 가락도매시장 (㉢) 평균가격에 과거 5년 (㉣)의 올림픽 평균값을 곱하여 산출한다.

정답

㉠ 서울시 농수산식품공사 가락도매시장
㉡ 2월 1일부터 3월 31일까지
㉢ 중품과 상품
㉣ 농가수취비율
㉤ 연도별 평균가격

25 농업수입안정보험 포도 품목의 기준가격과 수확기가격의 산출에 대한 설명이다. 괄호 안에 들어갈 내용을 순서대로 답란에 쓰시오.

> 기준가격과 수확기가격은 보험에 가입한 포도 품종과 시설재배 여부에 따라 (　　), (　　), (　　), (　　), (　　) 및 (　　), (　　), (　　)로 구분하여 산출한다.

정답

캠벨얼리(시설), 캠벨얼리(노지), 거봉(시설), 거봉(노지), MBA, 델라웨어, 샤인머스켓(시설), 샤인머스켓(노지)

26 농업수입안정보험 포도 품목의 가격산출을 위한 기초통계와 기초통계기간을 나타낸 표이다. 표의 빈 칸에 들어갈 내용을 답란에 쓰시오.

가격 구분	기초통계	기초통계기간
캠벨얼리(시설)	㉠	㉡
거봉(시설)		
캠벨얼리(노지)		㉢
거봉(노지)		
MBA		
델라웨어		㉣
샤인머스켓(시설)		㉤
샤인머스켓(노지)		㉥

정답

㉠ 서울시 농수산식품공사 가락도매시장 가격
㉡ 6월 1일부터 7월 31일까지
㉢ 9월 1일부터 10월 31일까지
㉣ 5월 21일부터 7월 20일까지
㉤ 8월 1일부터 8월 31일까지
㉥ 9월 1일부터 10월 31일까지

27 농업수입안정보험 보리 품목의 기준가격과 수확기가격의 산출에 대한 설명이다. 괄호 및 표의 빈 칸에 들어갈 내용을 답란에 쓰시오.

① 기준가격과 수확기가격은 보험에 가입한 보리 품종에 따라 (㉠), 기타로 구분하여 산출한다.
② 가격산출을 위한 기초통계기간은 다음과 같다.

기초통계	기초통계기간
㉡	㉢

③ 기준가격의 산출 : 보험가입 직전 농협경제지주의 회원농협 보리 매입가격의 과거 5년 연도별 평균가격의 (㉣)으로 산출한다. 연도별 평균값은 기초통계기간 회원농협의 총 거래액을 (㉤)으로 나누어 산출한다.
④ 수확기가격의 산출 : 수확연도의 가격 구분별 기초통계기간 동안 농협경제지주의 회원농협 보리 매입 (㉥)으로 산출한다.

정답

㉠ 겉보리, 맥주보리, 쌀보리
㉡ 농협경제지주의 회원농협 보리 매입가격
㉢ 6월 1일 ～ 7월 31일
㉣ 올림픽 평균값
㉤ 총 출하량
㉥ 평균가격

28 농업수입안정보험(포도 품목)에서 보상하는 특별약관의 종류를 답란에 서술하시오.

정답

특별약관
① **비가림시설 화재위험보장 특별약관** : 보험의 목적인 비가림시설에 화재로 입은 손해를 보상한다.
② **종합위험 나무손해보장 특별약관** : 보상하는 재해(자연재해, 조수해, 화재)로 보험의 목적인 나무에 피해를 입은 경우 동 특약에서 정한 바에 따라 피해율이 자기부담비율을 초과하는 경우 아래와 같이 계산한 보험금을 지급한다.

> 보험금 = 보험가입금액 × (피해율 − 자기부담비율)
> ※ 피해율 = 피해주수(고사된 나무) ÷ 실제결과주수
> ※ 자기부담비율 : 5%

③ **수확량감소 추가보장 특별약관** : 보상하는 재해로 피해가 발생한 경우 동 특약에서 정한 바에 따라 피해율이 자기부담비율을 초과하는 경우 아래와 같이 계산한 보험금을 지급한다.

> 보험금 = 보험가입금액 × (피해율 × 10%)
> ※ 피해율 = (평년수확량 − 수확량 − 미보상감수량) ÷ 평년수확량

④ **농작물 부보장 특별약관** : 보상하는 재해에도 불구하고 농작물에 입은 손해를 보상하지 않는다.
⑤ **비가림시설 부보장 특별약관** : 보상하는 재해에도 불구하고 비가림시설에 입은 손해를 보상하지 않는다.

01 계약관리 업무와 관련하여 보험가입지역이 '전국'인 품목을 답란에 쓰시오.

정답

과수 4종(사과, 배, 단감, 떫은감), 포도, 복숭아, 자두, 밤, 참다래, 대추, 매실, 감귤, 벼, 마늘, 양파, 고추, 감자(가을재배), 고구마, 옥수수, 옥수수(수입), 콩, 원예시설(시설감자 제외), 버섯, 대파, 팥, 시금치(노지), 오미자, 밀, 인삼

02 적과전 종합위험방식 과수 품목의 보험가입기준에 대한 설명이다. 괄호 안에 들어갈 내용을 답란에 쓰시오.

① 계약인수는 (㉠) 단위로 가입하고 개별 (㉠)당 최저 보험가입금액은 (㉡)이다. 단, 하나의 리, 동에 있는 각각 보험가입금액 (㉡) 미만의 두 개의 (㉠)은 하나의 (㉠)으로 취급하여 계약 가능하다.
② 2개의 (㉠)을 합하여 인수한 경우 1개의 (㉠)으로 보고 손해평가를 한다.
③ 계약자 1인이 서로 다른 2개 이상 품목을 가입하고자 할 경우에는 (㉢)의 계약으로 각각 가입·처리한다.

정답

㉠ 과수원, ㉡ 200만원, ㉢ 별개

03 다음과 같이 4개의 사과 과수원을 경작하고 있는 A씨가 적과전 종합위험방식Ⅱ 보험상품에 가입하고자 할 경우, 계약인수단위 규정에 따라 보험가입이 가능한 과수원 구성과 그 이유를 쓰시오(단, 밀식재배 조건임). 기출유형

구 분	가입 조건	소재지
1번 과수원	'후지' 품종 4년생 보험가입금액 120만원	서울시 종로구 부암동
2번 과수원	'홍로' 품종 3년생 보험가입금액 70만원	서울시 종로구 부암동
3번 과수원	'미얀마' 품종 5년생 보험가입금액 110만원	서울시 종로구 부암동
4번 과수원	'쓰가루' 품종 6년생 보험가입금액 190만원	서울시 종로구 신영동

① 과수원 구성 :

② 이유 :

정답

① **과수원 구성 : 1번 과수원 + 3번 과수원**

　1번, 2번, 3번, 4번 과수원은 모두 최저 보험가입금액이 200만원 미만으로 가입이 불가하다. 다만, 하나의 동, 리 안에 있는 각각 보험가입금액 200만원 미만의 두 개의 과수원은 하나의 과수원으로 취급하여 계약 가능하다. 따라서, 서울시 종로구 부암동 안에 있는 1번 과수원과 3번 과수원의 보험가입금액을 합하면, 120만원 + 110만원 = 230만원이 되므로, 이를 하나의 과수원으로 계약 가능하다.

② **이유** : 계약인수는 과수원 단위로 가입하고, 최저 보험가입금액은 200만원이다. 다만, 하나의 동, 리 안에 있는 각각 보험가입금액 200만원 미만의 두 개의 과수원은 하나의 과수원으로 취급하여 계약 가능하다.

　하나의 동 안에 있는 1번 과수원 + 2번 과수원, 2번 과수원 + 3번 과수원, 4번 과수원은 모두 200만원 미만이므로 가입이 불가하다.

04 다음은 종합위험보장 포도, 대추, 참다래 비가림시설의 보험가입기준 및 보험가입금액에 대한 설명이다. 괄호 안에 들어갈 내용을 답란에 쓰시오.

> ⊙ 단지 단위로 가입 : (　　)
> ⓛ 최소 가입면적 : (　　)
> ⓒ 단위면적당 시설단가를 기준으로 (　　) 범위에서 계약자가 보험가입금액을 결정한다(10% 단위 선택).

정답

⊙ 구조체 + 피복재, ⓛ 200m^2, ⓒ 80%~130%

05 종합위험보장 논작물 품목의 보험가입기준에 대한 설명이다. 괄호 안에 들어갈 내용을 답란에 쓰시오.

① 계약인수는 농지 단위로 가입하고 개별 농지당 최저 보험가입금액은 (㉠)이다. 단, 보험가입금액 (㉠) 미만의 농지라도 인접 농지의 면적과 합하여 (㉠) 이상이 되면 통합하여 하나의 농지로 가입할 수 있다.
② 벼의 경우 통합하는 농지는 (㉡)까지만 가능하며, 가입후 농지를 분리할 수 없다.
③ 1인이 경작하는 다수의 농지가 있는 경우, 그 농지의 (㉢)을(를) 하나의 증권으로 보험계약을 체결한다.
④ 조사료용 벼의 경우, 농지 단위로 가입하고 개별 농지당 최저 가입면적은 (㉣)이다.

정답

㉠ 50만원, ㉡ 2개, ㉢ 전체, ㉣ 1,000m^2

06 종합위험보장 밭작물 품목의 보험가입기준에 대한 설명이다. 괄호 안에 들어갈 내용을 답란에 쓰시오.

① 개별 농지당 최저 보험가입금액이 50만원인 품목 : (㉠)
② 개별 농지당 최저 보험가입금액이 100만원인 품목 : (㉡)
③ 개별 농지당 최저 보험가입금액이 200만원인 품목 : (㉢)
④ 고추의 경우, 위 ③의 조건에 더하여 10a당 재식주수가 1,500주 이상이고 (㉣) 이하인 농지만 가입 가능하다.
⑤ 사료용 옥수수의 경우, 농지 단위로 가입하고 개별 농지당 최저 가입면적은 (㉤)이다.

정답

㉠ 메밀
㉡ 콩(수입보장 포함), 팥, 옥수수, 파(대파, 쪽파·실파), 당근, 단호박, 시금치(노지), 무(고랭지무, 월동무), 배추(고랭지배추, 월동배추, 가을배추), 양상추
㉢ 양파(수입보장 포함), 마늘(수입보장 포함), 감자[봄·가을(수입보장 포함)·고랭지], 고구마(수입보장 포함), 양배추(수입보장 포함), 고추, 브로콜리, 수박(노지)
㉣ 4,000주
㉤ 1,000m^2

07 종합위험보장 차(茶) 품목 및 인삼 품목의 보험가입기준에 대한 설명이다. 괄호 안에 들어갈 내용을 답란에 쓰시오.

> ① 차(茶) 품목 : 계약인수는 농지 단위로 가입하고 개별 농지당 최저 보험가입면적은 (㉠)이다. 단, 하나의 리, 동에 있는 각각 (㉠) 미만의 두 개의 농지는 하나의 농지로 취급하여 계약 가능하다. 보험가입대상은 (㉡) 이상의 차나무에서 익년에 수확하는 햇차이다.
> ② 인삼 품목 : 계약인수는 농지 단위로 가입하고 개별 농지당 최저 보험가입금액은 (㉢)이다. 단, 하나의 리, 동에 있는 각각 보험가입금액 (㉢) 미만의 두 개의 농지는 하나의 농지로 취급하여 계약 가능하다.

정답

㉠ 1,000m², ㉡ 7년생, ㉢ 200만원

08 다음은 종합위험보장 원예시설의 보험가입기준에 대한 설명이다. 괄호 안에 들어갈 내용을 답란에 쓰시오.

> ① (㉠) 단위로 가입한다(단지내 인수제한 목적물은 제외).
> ② 단지내 해당되는 (㉡)은 전체를 가입해야 하며, 일부 하우스만을 선택적으로 가입할 수 없다.
> ③ 연동하우스 및 유리온실 1동이란 기둥, 중방, 방풍벽, 서까래 등 구조적으로 (㉢)을 말한다.
> ④ 한 단지 내에 단동·연동·유리온실 등이 혼재되어 있는 경우 각각 (㉣)로 판단한다.

정답

㉠ 시설 1단지, ㉡ 시설작물, ㉢ 연속된 일체의 시설, ㉣ 개별단지

09 종합위험보장 원예시설의 최소 가입면적은 다음과 같다. 괄호 안에 들어갈 내용을 답란에 쓰시오.

구 분	단동하우스	연동하우스	유리(경질판)온실
최소 가입면적	㉠	㉡	㉢

정답

㉠ 300m², ㉡ 300m², ㉢ 제한 없음

10 종합위험보장 원예시설 보험의 계약인수와 관련하여 맞는 내용은 "○"로, 틀린 내용은 "×"로 표기하여 순서대로 나열하시오.

> ㉠ 단동하우스와 연동하우스는 최소 가입면적이 200㎡로 같고, 유리온실은 가입면적의 제한이 없다.
> ㉡ 6개월 내에 철거 예정인 고정식 시설은 인수제한 목적물에 해당하지 않는다.
> ㉢ 작물의 재배면적이 시설면적의 50% 미만인 경우 인수제한 된다.
> ㉣ 고정식하우스는 존치기간이 1년 미만인 하우스로 시설작물 경작후 하우스를 철거하여 노지작물을 재배하는 농지의 하우스를 말한다.

정답

㉠ ×, ㉡ ×, ㉢ ○, ㉣ ×

해설

㉠ 단동하우스와 연동하우스는 최소 가입면적이 <u>300㎡</u>로 같고, 유리온실은 가입면적의 제한이 없다.
㉡ <u>1년 이내에</u> 철거 예정인 고정식 시설은 인수제한 목적물에 <u>해당한다.</u>
㉢ 작물의 재배면적이 시설면적의 50% 미만인 경우 인수제한 된다.
㉣ <u>이동식하우스는</u> 존치기간이 1년 미만인 하우스로 시설작물 경작후 하우스를 철거(피복재만의 철거 포함)하여 노지작물을 재배하는 농지의 하우스를 말한다. <u>고정식하우스는</u> 존치기간이 1년 이상인 하우스로 한시적 휴경기간을 포함한다.

11 다음은 종합위험보장 버섯 품목의 최소 가입면적은 다음과 같다. 괄호 안에 들어갈 내용을 답란에 쓰시오.

구 분	버섯단동하우스	버섯연동하우스	경량철골조 (버섯재배사)
최소 가입면적	㉠	㉡	㉢

정답

㉠ 300㎡, ㉡ 300㎡, ㉢ 제한 없음

12 적과전 종합위험방식 과수 품목의 인수제한 목적물에 해당하는 것을 모두 골라 답란에 쓰시오.

> ㉠ 하천부지 및 상습침수 지역에 소재한 과수원
> ㉡ 가식(假植)되어 있는 과수원
> ㉢ 품목이 혼식된 과수원으로 주력 품목의 결과주수가 90% 이상인 과수원
> ㉣ 시험연구를 위해 재배되는 과수원
> ㉤ 판매를 목적으로 경작하지 않는 과수원
> ㉥ 병충해 방제, 시비관리 등 통상적인 영농활동을 하지 않은 과수원

ⓐ, ⓑ, ⓔ, ⓓ, ⓕ

ⓒ 품목이 혼식된 과수원은 인수제한 된다. 다만, <u>주력 품목의 결과주수가 90% 이상인 과수원은 주품목에 한하여 가입이 가능하다.</u>

13 다음은 적과전 종합위험방식 과수 품목에서 나무 수령(나이)에 따른 인수제한 규정이다. 괄호 안에 들어갈 내용을 답란에 쓰시오.

> 가입하는 해의 나무 수령(나이)이 다음 기준 미만인 경우
> ① 사과 : 밀식재배 (㉠), 반밀식재배 (㉡), 일반재배 (㉢)
> ② 배 : (㉣)
> ③ 단감 · 떫은감 : (㉤)

㉠ 3년, ㉡ 4년, ㉢ 5년, ㉣ 3년, ㉤ 5년

14 다음 적과전 종합위험방식 과수 품목별 보험가입이 가능한 주수의 합을 구하시오. `기출유형`

구 분	재배형태	가입하는 해의 수령	주 수
사과	밀식재배	2년	200주
배	–	3년	250주
단감	–	4년	180주
떫은감	–	5년	260주
사과	일반재배	6년	195주

705주

가입하는 해의 나무의 수령(나이)이 다음 기준 미만인 경우 보험가입이 제한된다.
• 사과 : 밀식재배 3년, 반밀식재배 4년, 일반재배 5년
• 배 : 3년
• 단감 · 떫은감 : 5년
따라서, 보험가입이 가능한 품목은 배, 떫은감, 사과(일반재배)이므로,
∴ 주수의 합 = 250주 + 260주 + 195주 = **705주**

15 다음은 포도 품목(비가림시설 포함)의 인수제한 목적물의 일부 내용이다. 괄호 안에 들어갈 내용을 답란에 쓰시오.

> ① 가입하는 해의 나무 수령(나이)이 (㉠) 미만인 과수원
> ② 보험가입 직전연도(이전)에 역병 및 궤양병 등의 병해가 발생하여 보험가입시 전체 나무의 (㉡) 이상이 고사하였거나 정상적인 결실을 하지 못할 것으로 판단되는 과수원
> ③ 친환경 재배과수원으로서 일반재배와 결실차이가 (㉢) 있다고 판단되는 과수원
> ④ 비가림폭이 (㉣), 동고가 (㉤)의 범위를 벗어나는 비가림시설(과수원의 형태 및 품종에 따라 조정)

정답

㉠ 3년, ㉡ 20%, ㉢ 현저히, ㉣ 2.4m±15%, ㉤ 3m±5%

16 종합위험과수 포도에 관한 내용이다. 계약내용과 조사내용을 참조하여 다음 물음에 답하시오.

`기출유형`

1. 계약내용	2. 조사내용
○ 보험가입품목 : 포도, 비가림시설 ○ 특별약관 : 나무손해보장, 수확량감소추가보장 ○ 품종 : 캠벨얼리 ○ 수령 : 8년 ○ 가입주수 : 100주 ○ 평년수확량 : 1,500kg ○ 가입수확량 : 1,500kg ○ 비가림시설 가입면적 : 1,000m² ○ 자기부담비율 : 3년 연속가입 및 3년간 수령한 보험금이 순보험료의 120% 미만인 과수원으로 최저 자기부담비율 선택 ○ 포도 보험가입금액 : 20,000,000원 ○ 나무손해보장 보험가입금액 : 4,000,000원 ○ 비가림시설 보험가입금액 : 18,000,000원	○ 사고접수 : 2024.8.10. 호우, 강풍 ○ 조사일 : 2024.8.13. ○ 재해 : 호우 ○ 조사결과 　• 실제결과주수 : 100주 　• 고사된 나무 : 30주 　• 수확량 : 700kg 　• 미보상비율 : 10% 　• 비가림시설 : 피해 없음

(1) 계약내용과 조사내용에 따라 지급 가능한 3가지 보험금에 대하여 각각 계산과정과 값을 쓰시오.

(2) 포도 상품 비가림시설에 대한 보험가입기준과 인수제한 내용이다. (   )에 들어갈 내용을 각각 쓰시오.

> ○ 비가림시설 보험가입기준 : (①) 단위로 가입(구조체+피복재)하고, 최소 가입면적은 (②)이다. 단위면적당 시설단가를 기준으로 80%~130% 범위에서 보험가입금액 선택(10% 단위 선택)
> ○ 비가림시설 인수제한 : 비가림폭이 2.4m±15%, 동고가 (③)의 범위를 벗어나는 비가림시설(과수원의 형태 및 품종에 따라 조정)

[정답]

(1) 지급 가능한 3가지 보험금

① 수확감소보험금

보험금 = 보험가입금액 × (피해율 − 자기부담비율)

- 미보상감수량 = (평년수확량 − 수확량) × 미보상비율

  = (1,500kg − 700kg) × 10% = 80kg

- 피해율 = (1,500kg − 700kg − 80kg) ÷ 1,500kg = 0.48(= 48%)

- 보험금 = 20,000,000원 × (48% − 10%) = 7,600,000원

※ **자기부담비율** : 최근 3년간 연속 보험가입 과수원으로서 3년간 수령한 보험금이 순보험료의 120% 미만인 경우에 한하여 10%형 선택 가능

② 나무손해보장보험금(특약)

보험금 = 보험가입금액 × [피해율 − 자기부담비율(5%)]

- 피해율 = 피해주수(고사된 나무) ÷ 실제결과주수 = 30주 ÷ 100주 = 0.3(= 30%)

- 보험금 = 4,000,000원 × (30% − 5%) = 1,000,000원

③ 수확량감소추가보장보험금(특약)

보험금 = 보험가입금액 × (피해율 × 10%)

※ 피해율 = 48%

보험금 = 20,000,000원 × (48% × 10%) = 960,000원

(2) (   )에 들어갈 내용

① 단지

② 200m^2

③ 3m ± 5%

- 비가림시설 보험가입기준 : (단지) 단위로 가입(구조체 + 피복재)하고, 최소 가입면적은 (200m^2)이다. 단위면적당 시설단가를 기준으로 80% ~ 130% 범위에서 보험가입금액 선택(10% 단위 선택)
- 비가림시설 인수제한 : 비가림폭이 2.4m ± 15%, 동고가 (3m ± 5%)의 범위를 벗어나는 비가림시설(과수원의 형태 및 품종에 따라 조정)

---

17 종합위험보장 복숭아 품목의 인수제한 목적물의 일부 내용이다. 괄호 안에 들어갈 내용을 답란에 쓰시오.

---

① 가입하는 해의 나무 수령(나이)이 (㉠) 미만인 과수원

② 보험가입 이전에 (㉡) 등의 병해가 발생하여 보험가입시 전체 나무의 (㉢) 이상이 고사하였거나 정상적인 결실을 하지 못할 것으로 판단되는 과수원

③ 다만, 고사한 나무가 전체의 (㉢) 미만이더라도 고사된 나무를 제거하지 않거나, (㉣)을(를) 하지 않은 경우에는 인수제한 된다.

[정답]

㉠ 3년, ㉡ 역병 및 궤양병, ㉢ 20%, ㉣ 방재조치

190 제1과목 | 농작물재해보험 및 가축재해보험의 이론과 실무

18 다음은 종합위험보장 과수 품목의 인수제한 목적물의 일부 내용이다. 괄호 안에 들어갈 내용을 답란에 쓰시오.

---

① 자두 : 가입하는 해의 나무 수령(나이)이 (㉠) 미만인 과수원(수확연도 기준 수령이 7년 미만)
② 살구 : 가입하는 해의 나무 수령(나이)이 (㉡) 미만인 과수원
③ 매실 : 가입하는 해의 나무 수령(나이)이 (㉢) 미만인 과수원
④ 유자 : 가입하는 해의 나무 수령(나이)이 (㉣) 미만인 과수원
⑤ 밤 : 가입하는 해의 나무 수령(나이)이 (㉤) 미만인 과수원
⑥ 호두 : 가입하는 해의 나무 수령(나이)이 (㉥) 미만인 과수원

정답

㉠ 6년, ㉡ 5년, ㉢ 5년, ㉣ 4년, ㉤ 5년, ㉥ 8년

19 다음은 종합위험보장 참다래 품목(비가림시설 포함)의 인수제한 목적물의 일부 내용이다. 괄호 안에 들어갈 내용을 답란에 쓰시오.

---

① 가입하는 해의 나무 수령(나이)이 (㉠) 미만인 경우
② 수령이 혼식된 과수원[다만, 수령의 구분이 가능하며, 동일 수령군이 (㉡) 이상인 경우에 한하여 가입 가능]
③ 보험가입 이전에 역병 및 궤양병 등의 병해가 발생하여 보험가입시 전체 나무의 (㉢) 이상이 고사하였거나 정상적인 결실을 맺지 못할 것으로 판단되는 과수원
④ 도시계획 등에 편입되어 수확종료 전에 소유권 변동 또는 과수원 (㉣) 등이 예정되어 있는 과수원

정답

㉠ 3년, ㉡ 90%, ㉢ 20%, ㉣ 형질 변경

20 종합위험보장 참다래 품목(비가림시설 포함)의 인수제한 목적물에 해당하는 것을 모두 골라 답란에 쓰시오.

> ㉠ 가입면적이 200m² 미만인 참다래 비가림시설
> ㉡ 참다래 재배 목적으로 사용되지 않는 비가림시설
> ㉢ 목재 또는 죽재로 시공된 비가림시설
> ㉣ 구조체, 피복재 등 목적물이 변형되거나 훼손된 비가림시설
> ㉤ 목적물의 소유권에 대한 확인이 가능한 비가림시설
> ㉥ 건축 또는 공사 중인 비가림시설
> ㉦ 2년 이내에 철거 예정인 고정식 비가림시설
> ㉧ 정부에서 보험료 일부를 지원하는 다른 계약에 이미 가입되어 있는 비가림시설

정답

㉠, ㉡, ㉢, ㉣, ㉥, ㉧

해설

㉤ 목적물의 소유권에 대한 확인이 <u>불가능한</u> 비가림시설
㉦ <u>1년 이내</u>에 철거 예정인 고정식 비가림시설

21 다음은 종합위험보장 대추 품목(비가림시설 포함)의 인수제한 목적물의 일부 내용이다. 괄호 안에 들어갈 내용을 답란에 쓰시오.

> ① 가입하는 해의 나무 수령이 (㉠) 미만인 경우
> ② (㉡)가 없거나 대추를 재배하고 있지 않은 시설
> ③ 목적물의 (㉢)에 대한 확인이 불가능한 시설
> ④ 정부에서 (㉣)를 지원하는 다른 계약에 이미 가입되어 있는 시설
> ⑤ (㉤)로 시공된 비가림시설
> ⑥ 가입사무소 또는 계약자를 달리하여 (㉥) 가입하는 과수원

정답

㉠ 4년
㉡ 피복재
㉢ 소유권
㉣ 보험료의 일부
㉤ 목재, 죽재
㉥ 중복

22 다음은 종합위험보장 대추 품목(비가림시설 포함)의 인수제한 목적물의 일부 내용이다. 인수제한 목적물에 해당하는 것을 답란에 모두 쓰시오.

> ㉠ 건축 또는 공사 중인 비가림시설
> ㉡ 피복재가 없거나 대추를 재배하고 있지 않은 시설
> ㉢ 보험가입 이전에 자연재해 등의 피해로 당해 연도의 정상적인 결실에 영향이 있는 과수원
> ㉣ 목재, 죽재로 시공된 비가림시설
> ㉤ 목적물의 소유권에 대한 확인이 불가능한 시설
> ㉥ 정부에서 보험료의 일부를 지원하는 다른 계약에 이미 가입되어 있는 시설
> ㉦ 일반적인 비닐하우스와 차이가 없는 시설

[정답]

㉠, ㉡, ㉢, ㉣, ㉤, ㉥

[해설]

㉦ 일반적인 비닐하우스와 차이가 없는 시설은 <u>원예시설보험으로 가입</u>할 수 있다.

23 다음은 종합위험보장 살구 품목의 인수제한 목적물의 일부 내용이다. 괄호 안에 들어갈 내용을 답란에 쓰시오.

> ① (㉠)가 아닌 시설에서 살구를 재배하는 과수원
> ② 가입하는 해의 나무 수령(나이)이 (㉡) 미만인 경우
> ③ 보험가입 이전에 (㉢) 등의 피해로 당해 연도의 정상적인 결실에 영향이 있는 과수원

[정답]

㉠ 노지재배, ㉡ 5년, ㉢ 자연재해

24 다음은 종합위험보장 오미자 품목의 인수제한 목적물의 일부 내용이다. 괄호 안에 들어갈 내용을 답란에 쓰시오.

> ① 삭벌 (㉠) 이상 과수원 또는 삭벌하지 않은 과수원 중 식묘 (㉡) 이상 과수원
> ② 가지가 과도하게 번무하여 수관 폭이 두꺼워져 (㉢)이 일어날 것으로 예상되는 과수원
> ③ 유인틀의 상태가 적절치 못하여 (㉣)이 현저하게 낮을 것으로 예상되는 과수원
> ④ 주간거리가 (㉤) 이상으로 과도하게 넓은 과수원

[정답]

㉠ 3년차, ㉡ 4년차, ㉢ 광부족 현상, ㉣ 수확량, ㉤ 50cm

25 다음은 종합위험보장 오디 품목의 인수제한 목적물의 일부 내용이다. 괄호 안에 들어갈 내용을 답란에 쓰시오.

① 가입연도 기준 수령(나이)이 (㉠) 미만인 뽕나무
② 수확연도 기준 수령(나이)이 (㉡) 미만인 뽕나무
③ 흰 오디 계통(㉢)을 재배하는 과수원
④ 보험가입 이전에 (㉣) 등의 병해가 발생하여 과거 보험가입시 전체 나무의 (㉤) 이상이 고사하였거나, 정상적인 결실을 하지 못할 것으로 예상되는 과수원
⑤ 적정한 비배관리를 하지 않는 (㉥) 과수원

정답

㉠ 3년, ㉡ 4년, ㉢ 터키-D, 백옹왕 등, ㉣ 균핵병, ㉤ 20%, ㉥ 조방재배
※ **조방재배** : 일정한 토지면적에 대하여 자본과 노력을 적게 들이고 자연력의 작용을 주(主)로 하여 경작하는 방법

26 다음은 종합위험보장 감귤(온주밀감류, 만감류) 품목의 인수제한 목적물의 일부 내용이다. 괄호 안에 들어갈 내용을 답란에 쓰시오.

① (㉠)을(를) 재배하는 과수원
② 가입하는 해의 나무 수령(수령)이 온주밀감류·만감류 재식의 경우 (㉡), 만감류 고접의 경우 (㉢) 미만인 경우
③ (㉣) 혼식과수원
④ 주요 품종을 제외한 (㉤) 기타 품종을 경작하는 과수원
⑤ 하나의 과수원에 식재된 나무 중 일부 나무만 가입하는 과수원. 단, (㉥)가 예상되는 나무의 경우는 제외한다.

정답

㉠ 노지 만감류, ㉡ 4년, ㉢ 2년, ㉣ 온주밀감과 만감류, ㉤ 실험용, ㉥ 해걸이

27 다음은 종합위험보장 복분자 품목의 인수제한 목적물의 일부 내용이다. 괄호 안에 들어갈 내용을 답란에 쓰시오.

① 가입연도 기준으로 나무 수령(나이)이 (㉠) 이하 또는 (㉡) 이상인 포기로만 구성된 과수원
② 계약인수시까지 (㉢)의 전정활동(통상적인 영농활동)을 하지 않은 과수원
③ (㉣)에서 복분자를 재배하는 과수원

정답

㉠ 1년, ㉡ 11년, ㉢ 구결과모지(올해 복분자 과실이 열렸던 가지), ㉣ 시설(비닐하우스, 온실 등)

28 다음 보기 중 종합위험보장 무화과 품목의 인수제한 목적물에 해당하지 않는 것을 모두 골라 답란에 쓰시오.

ⓐ 가입사무소 또는 계약자를 달리하여 중복 가입하는 과수원
ⓑ 가입하는 해의 나무 수령(나이)이 5년 미만인 과수원
ⓒ 관수시설이 설치된 과수원
ⓓ 보험가입 이전에 자연재해 피해 및 접붙임 등으로 당해 연도의 정상적인 결실에 영향이 있는 과수원

[정답]

ⓑ, ⓒ

[해설]

ⓑ 가입하는 해의 나무 수령(나이)이 <u>4년 미만</u>인 과수원
ⓒ 관수시설이 <u>미설치된</u> 과수원

29 인수심사의 인수제한 목적물에 관한 내용이다. (   )에 들어갈 내용을 쓰시오. `기출유형`

---

① 오미자 – 주간거리가 (㉠)cm 이상으로 과도하게 넓은 과수원
② 포도 – 가입하는 해의 나무 수령이 (㉡)년 미만인 과수원
③ 복분자 – 가입연도 기준, 수령이 1년 이하 또는 (㉢)년 이상인 포기로만 구성된 과수원
④ 보리 – 파종을 11월 (㉣)일 이후에 실시한 농지
⑤ 양파 – 재식밀도가 (㉤)주/10a 미만, 40,000주/10a 초과한 농지

[정답]

㉠ 50, ㉡ 3, ㉢ 11, ㉣ 20, ㉤ 23,000

[해설]

인수제한 목적물

---

① 오미자 – 주간거리가 (<u>50</u>)cm 이상으로 과도하게 넓은 과수원
② 포도 – 가입하는 해의 나무 수령이 (<u>3</u>)년 미만인 과수원
③ 복분자 – 가입연도 기준, 수령이 1년 이하 또는 (<u>11</u>)년 이상인 포기로만 구성된 과수원
④ 보리 – 파종을 11월 (<u>20</u>)일 이후에 실시한 농지
⑤ 양파 – 재식밀도가 (<u>23,000</u>)주/10a 미만, 40,000주/10a 초과한 농지

---

30 종합위험보험보장 품목의 인수제한 목적물에 관한 내용이다. (   )에 들어갈 내용을 쓰시오.

---

① 두릅
- 가입하는 해의 나무 수령이 (㉠) 미만인 경우(단, 1년생 나무의 경우 가입연도 봄에 식재한 경우에만 가입 가능하며, 이후 식재한 경우 가입 불가)
- 1주당 재배면적이 (㉡) 초과인 과수원
② 블루베리
- 가입시점 기준 나무 수령이 (㉢) 미만인 블루베리 나무로만 구성된 과수원
- (㉣) 미설치 과수원[물호스는 (㉣) 인정 제외]
- (㉤) 미설치 과수원
- 1,000m²당 (㉥) 미만인 과수원, 1,000m²당 (㉦) 초과인 과수원

정답

㉠ 2년, ㉡ 3.3m², ㉢ 2년, ㉣ 관수시설, ㉤ 방조망, ㉥ 100주, ㉦ 1,200주

31 다음은 종합위험보장 논작물 품목의 공통적인 인수제한 목적물이다. 괄호 안에 들어갈 내용을 답란에 쓰시오.

---

① 최근 (㉠) 연속 침수피해를 입은 농지. 다만, 호우주의보 및 호우경보 등 기상특보에 해당되는 재해로 피해를 입은 경우는 제외한다.
② 최근 (㉡) 이내에 간척된 농지
③ (㉢)에 소재한 농지
④ 농업용지가 다른 용도로 전용되어 (㉣) 농지로 결정된 농지
⑤ 전환지(개간, 복토 등을 통해 논으로 변경한 농지), 휴경지 등 농지로 변경하여 경작한지 (㉤) 이내인 농지

정답

㉠ 3년, ㉡ 5년, ㉢ 하천부지, ㉣ 수용예정, ㉤ 3년

32 종합위험보장 논작물 품목의 인수제한 목적물에 대한 설명이다. 괄호 안에 들어갈 내용을 답란에 쓰시오.

① 벼 : (㉠)(을)를 재배하는 농지
② 밀
  • 파종을 (㉡) 이후에 실시한 농지
  • 출현율 (㉢) 미만인 농지
③ 보리, 귀리
  • 파종을 (㉣) 이후에 실시한 농지
  • 춘파재배 방식에 의한 (㉤)을 실시한 농지
④ 조사료용 벼
  • 가입면적이 (㉥) 미만인 농지
  • (㉦)을(를) 달리하는 농지(단, 본부 승인심사를 통해 인수 가능)

정답

㉠ 밭벼, ㉡ 11월 20일, ㉢ 80%, ㉣ 11월 20일, ㉤ 봄파종, ㉥ 1,000m², ㉦ 광역시 · 도

33 다음 보기 중 종합위험보장 밭작물(수확감소 · 수입감소보장)의 공통적인 인수제한 목적물에 해당하는 것을 모두 골라 답란에 쓰시오.

㉠ 보험가입금액이 200만원 미만인 농지(사료용 옥수수 제외)
㉡ 통상적인 재배 및 영농활동을 하는 농지
㉢ 다른 작물과 혼식되어 있지 않는 농지
㉣ 시설재배 농지
㉤ 하천부지 및 상습 침수지역에 소재한 농지
㉥ 판매를 목적으로 경작하는 농지
㉦ 기타 인수가 부적절한 농지

정답

㉣, ㉤, ㉦

해설

㉠ 밭작물 중 옥수수, 콩, 팥은 보험가입금액이 100만원 미만인 농지이다.
㉡ 통상적인 재배 및 영농활동을 하지 않는 농지
㉢ 다른 작물과 혼식되어 있는 농지
㉥ 판매를 목적으로 경작하지 않는 농지

34 다음은 농업수입감소보장 마늘 품목의 인수제한 목적물의 일부 내용이다. 괄호 안에 들어갈 내용을 답란에 쓰시오.

> ① 난지형은 (㉠), 한지형은 (㉡) 이전 파종한 농지
> ② 마늘 파종후 익년 (㉢) 이전에 수확하는 농지
> ③ 재식밀도가 (㉣) 미만인 농지
> ④ 코끼리 마늘, (㉤)

정답

㉠ 8월 31일, ㉡ 10월 10일, ㉢ 4월 15일, ㉣ 30,000주/10a, ㉤ 주아재배 마늘(※ 2년차 이상부터 가입 가능)

35 농업수입감소보장 양파 품목의 인수제한 목적물(5개 이상)을 쓰시오. 〔기출유형〕

정답

① 극조생종, 조생종, 중만생종을 혼식한 농지
② 재식밀도가 23,000주/10a 미만, 40,000주/10a 초과한 농지
③ 9월 30일 이전 정식한 농지
④ 양파 식물체가 똑바로 정식되지 않은 농지(70° 이하로 정식된 농지)
⑤ 부적절한 품종을 재배하는 농지(예) 고랭지 봄파종 재배 적응 품종 : 게투린, 고떼이황, 고랭지 여름, 덴신, 마운틴1호, 스프링골드, 사포로기, 울프, 장생대고, 장일황, 하루히구마, 히구마 등)
⑥ 무멀칭 농지
⑦ 시설재배 농지

36 다음은 농업수입감소보장 감자(가을재배) 품목의 인수제한 목적물의 일부 내용이다. 괄호 안에 들어갈 내용을 답란에 쓰시오.

> ① (㉠) 이상 갱신하지 않는 씨감자를 파종한 농지
> ② (㉡) 수확을 목적으로 재배하는 농지
> ③ 가을재배에 부적합 품종(㉢)이 파종된 농지
> ④ 출현율이 (㉣) 미만인 농지(보험가입 당시 출현후 고사된 싹은 출현이 안 된 것으로 판단함)
> ⑤ 재식밀도가 (㉤) 미만인 농지
> ⑥ 전작으로 (㉥)을(를) 재배한 농지

정답

㉠ 2년, ㉡ 씨감자, ㉢ 수미, 남작, 조풍, 신남작, 세풍 등, ㉣ 80%, ㉤ 4,000주/10a, ㉥ 유채

37 다음은 종합위험보장 감자(봄재배) 품목의 인수제한 목적물의 일부 내용이다. 괄호 안에 들어갈 내용을 답란에 쓰시오.

> ① (㉠) 이상 자가 채종 재배한 농지
> ② (㉡) 수확을 목적으로 재배하는 농지
> ③ 파종을 (㉢) 이전에 실시한 농지
> ④ 출현율이 (㉣) 미만인 농지(보험가입 당시 출현후 고사된 싹은 출현이 안 된 것으로 판단함)
> ⑤ 재식밀도가 (㉤) 미만인 농지
> ⑥ 전작으로 (㉥)을(를) 재배한 농지

정답

㉠ 2년, ㉡ 씨감자, ㉢ 3월 1일, ㉣ 80%, ㉤ 4,000주/10a, ㉥ 유채

38 다음은 종합위험보장 감자(고랭지재배) 품목의 인수제한 목적물의 일부 내용이다. 괄호 안에 들어갈 내용을 답란에 쓰시오.

> ① (㉠)가 다른 것을 혼식 재배하는 농지
> ② 파종을 (㉡) 이전에 실시한 농지
> ③ 출현율이 (㉢) 미만인 농지(보험가입 당시 출현후 고사된 싹은 출현이 안 된 것으로 판단함)
> ④ 재식밀도가 (㉣) 미만인 농지

정답

㉠ 재배용도, ㉡ 4월 10일, ㉢ 80%, ㉣ 3,500주/10a

39 농작물재해보험 종합위험보장 밭작물 품목 중 출현율이 80% 미만인 농지를 인수제한 하는 품목을 4가지 이상 쓰시오(단, 농작물재해보험 판매상품 기준으로 한다). 기출유형

정답

콩, 팥, 옥수수, 사료용 옥수수, 감자(봄재배), 감자(가을재배), 감자(고랭지재배)

40 종합위험보장 고구마 품목의 인수제한 목적물을 답란에 쓰시오(5가지 이상).

정답

① '수' 품종 재배 농지
② 무멀칭 농지
③ 채소, 나물용 목적으로 재배하는 농지
④ 재식밀도가 4,000주/10a 미만인 농지
⑤ 도시계획 등에 편입되어 수확종료 전에 소유권 변동 또는 농지 형질 변경 등이 예정되어 있는 농지

41 다음은 종합위험보장 옥수수 품목의 인수제한 목적물의 일부 내용이다. 괄호 안에 들어갈 내용을 답란에 쓰시오.

① (㉠)을 이용해 재배하는 농지
② (㉡)로 수확하지 않는 농지
③ (㉢) 이전 파종한 농지
④ 출현율이 (㉣) 미만인 농지(보험가입 당시 출현후 고사된 싹은 출현이 안 된 것으로 판단함)
⑤ 보험가입금액이 (㉤) 미만인 농지

정답

㉠ 자가 채종, ㉡ 1주 1개, ㉢ 3월 1일, ㉣ 80%, ㉤ 100만원

42 종합위험보장 옥수수 품목에서 통상적인 재식간격의 범위를 벗어나 재배하는 농지는 인수가 제한된다. 괄호 안에 들어갈 내용을 답란에 쓰시오.

① 1주 재배 : 1,000m²당 정식주수가 (㉠)인 농지[단, 전남·전북·광주·제주는 1,000m²당 정식주수가 (㉡)인 농지]
② 2주 재배 : 1,000m²당 정식주수가 (㉢)인 농지

정답

㉠ 3,500주 미만 5,000주 초과, ㉡ 3,000주 미만 5,000주 초과, ㉢ 4,000주 미만 6,000주 초과

43 다음은 종합위험보장 양배추 품목의 인수제한 목적물의 일부 내용이다. 괄호 안에 들어갈 내용을 답란에 쓰시오.

---

① (㉠) 미설치 농지[물호스는 (㉠) 인정 제외]
② (㉡)을 초과하여 정식한 농지[단, 재정식은 (㉢) 이내 정식]
③ (㉣), 적채 양배추를 재배하는 농지
④ 목초지, 목야지 등 지목이 (㉤)인 농지

정답

㉠ 관수시설, ㉡ 9월 30일, ㉢ 10월 15일, ㉣ 소구형 양배추(방울양배추 등), ㉤ 목

44 다음 보기에서 종합위험보장 콩 품목의 인수제한 목적물에 해당하는 것을 모두 고르시오.

㉠ 출현율이 80% 미만인 농지(보험가입 당시 출현후 고사된 싹은 출현이 안 된 것으로 판단함)
㉡ 적정 출현 개체수 미만인 농지(15개체/m²)
㉢ 다른 작물과 간작 또는 혼작으로 다른 농작물이 재배주체가 된 경우의 농지
㉣ 장류 및 두부용, 나물용, 밥밑용 콩 이외의 콩이 식재된 농지
㉤ 보험가입금액이 200만원 미만인 농지

정답

㉠, ㉢, ㉣

해설

㉡ 적정 출현 개체수 미만인 농지(10개체/m²), 제주지역 재배방식이 산파인 경우 15개체/m²
㉤ 보험가입금액이 100만원 미만인 농지

45 다음은 종합위험보장 팥 품목의 인수제한 목적물의 일부 내용이다. 괄호 안에 들어갈 내용을 답란에 쓰시오.

---

① (㉠) 이전에 정식(파종)한 농지
② 출현율이 (㉡) 미만인 농지(보험가입 당시 출현후 고사된 싹은 출현이 안 된 것으로 판단함)
③ 보험가입금액이 (㉢) 미만인 농지

정답

㉠ 6월 1일, ㉡ 80%, ㉢ 100만원

46 다음은 종합위험보장 차 품목의 인수제한 목적물의 일부 내용이다. 괄호 안에 들어갈 내용을 답란에 쓰시오.

> ① 깊은 전지로 인해 차나무의 높이가 지면으로부터 (㉠) 이하인 경우 가입면적에서 제외함
> ② 가입하는 해의 나무 수령(나이)이 (㉡) 미만인 차나무
> ③ (㉢) 재배를 목적으로 하는 농지
> ④ 시설(비닐하우스, 온실 등)에서 (㉣) 하는 농지
> ⑤ 하천부지, (㉤) 지역에 소재한 농지
> ⑥ 보험가입면적이 (㉥) 미만인 농지

정답

㉠ 30cm, ㉡ 7년, ㉢ 말차, ㉣ 촉성재배, ㉤ 상습침수, ㉥ 1,000m^2

47 다음은 특정위험보장 인삼 작물의 인수제한 목적물의 일부 내용이다. 괄호 안에 들어갈 내용을 답란에 쓰시오.

> ① (㉠) 미만 또는 (㉡) 이상인 인삼
> ② 식재연도 기준 과거 (㉢) 이내[논은 (㉣) 이내]에 인삼을 재배했던 농지
> ③ 두둑높이가 (㉤) 미만인 농지
> ④ (㉥), 묘삼, 수경재배 인삼

정답

㉠ 2년근, ㉡ 6년근, ㉢ 10년, ㉣ 6년, ㉤ 15cm, ㉥ 산양삼(장뇌삼)

48 다음은 특정위험보장 인삼 해가림시설의 인수제한 목적물의 일부 내용이다. 괄호 안에 들어갈 내용을 답란에 쓰시오.

> ① 농림축산식품부가 고시하는 (㉠) 인삼재배시설 규격에 맞지 않는 시설
> ② 목적물의 (㉡)에 대한 확인이 불가능한 시설
> ③ 보험가입 당시 (㉢) 중인 시설
> ④ 정부에서 보험료의 (㉣)를 지원하는 다른 보험 계약에 이미 가입되어 있는 시설

정답

㉠ 내재해형, ㉡ 소유권, ㉢ 공사, ㉣ 일부

49 종합위험보장 밭작물(생산비보장방식)의 공통적인 인수제한 목적물을 5가지 이상 답란에 쓰시오.

정답

① 보험계약시 피해가 확인된 농지
② 여러 품목이 혼재된 농지(다른 작물과 혼식되어 있는 농지)
③ 하천부지, 상습 침수지역에 소재한 농지
④ 통상적인 재배 및 영농활동을 하지 않는 농지
⑤ 시설재배 농지
⑥ 판매를 목적으로 경작하지 않는 농지
⑦ 기타 인수가 부적절한 농지

50 다음은 종합위험 생산비보장 고추 품목의 인수제한 목적물의 일부 내용이다. 괄호 안에 들어갈 내용을 답란에 쓰시오.

① (㉠) 이외의 재배작형으로 재배하는 농지
② (㉡) 이전과 (㉢) 이후에 고추를 식재한 농지
③ 고추정식 (㉣) 이내에 (㉤)을(를) 재배했던 농지
④ 동일 농지내 (㉥)가 동일하지 않은 농지(단, 농지 전체의 정식이 완료된 날짜로 가입하는 경우 인수 가능)
⑤ 재식밀도가 넓거나(㉦) 조밀한(㉧)농지
⑥ 보험가입금액이 (㉨) 미만인 농지

정답

㉠ 노지재배, 터널재배
㉡ 4월 1일
㉢ 5월 31일
㉣ 6개월
㉤ 인삼
㉥ 재식일자
㉦ 1,000m²당 1,500주 미만
㉧ 1,000m²당 4,000주 초과
㉨ 200만원

51 종합위험 밭작물(생산비보장) 고추 품목의 인수제한 목적물에 대한 내용이다. 다음 각 농지별 보험가입가능 여부를 "가능" 또는 "불가능"으로 쓰고, 불가능한 농지는 그 사유를 쓰시오.

기출유형

- A농지 : 고추 정식 5개월전 인삼을 재배하는 농지로, 가입금액 300만원으로 가입 신청 (①)
- B농지 : 직파하고 재식밀도가 1,000m²당 1,500주로 가입 신청 (②)
- C농지 : 해당 연도 5월 1일 터널재배로 정식하여 풋고추 형태로 판매하기 위해 재배하는 농지로 가입 신청 (③)
- D농지 : 군사시설보험구역 중 군사시설의 최외곽 경계선으로부터 200미터 내의 농지이나, 통상적인 영농활동이나 손해평가가 가능한 보험가입금액이 200만원인 시설재배 농지로 가입신청 (④)
- E농지 : m²당 2주의 재식밀도로 4월 30일 노지재배로 식재하고 가입 신청 (⑤)

정답

① (불가능) : 고추 정식 6개월 이내에 인삼을 재배한 농지는 인수제한 목적물에 해당한다.
② (불가능) : 직파한 농지는 인수제한 목적물에 해당한다.
③ (불가능) : 풋고추 형태로 판매하기 위해 재배하는 농지는 인수제한 목적물에 해당한다.
④ (불가능) : 노지재배, 터널재배 이외의 재배작형으로 재배하는 농지는 인수제한 목적물에 해당한다.
⑤ (가능) : 재식밀도가 조밀(1,000m²당 4,000주 초과) 또는 넓은(1,000m²당 1,500주 미만) 농지가 아니고, 4월 1일 이전과 5월 31일 이후에 고추를 식재한 농지가 아니므로 보험가입이 가능하다.

해설

밭작물(생산비보장) 고추 품목의 인수제한 목적물
- 보험가입금액이 200만원 미만인 농지
- 재식밀도가 조밀(1,000m²당 4,000주 초과) 또는 넓은(1,000m²당 1,500주 미만) 농지
- 노지재배, 터널재배 이외의 재배작형으로 재배하는 농지
- 비닐멀칭이 되어 있지 않은 농지
- 직파한 농지
- 4월 1일 이전과 5월 31일 이후에 고추를 식재한 농지
- 동일 농지내 재배방법이 동일하지 않은 농지(단, 보장생산비가 낮은 재배방법으로 가입하는 경우 인수 가능)
- 동일 농지내 재식일자가 동일하지 않은 농지(단, 농지 전체의 정식이 완료된 날짜로 가입하는 경우 인수 가능)
- 고추 정식 6개월 이내에 인삼을 재배한 농지
- 풋고추 형태로 판매하기 위해 재배하는 농지

52 종합위험방식 고추 품목에 관한 다음 내용을 각각 서술하시오.

(1) 다음 독립된 A, B, C 농지 각각의 보험가입 가능 여부와 그 이유(단, 각각 제시된 조건 이외는 고려하지 않음)

> • A농지 : 가입금액이 100만원으로 농지 10a당 재식주수가 4,000주로 고추정식 1년전 인삼을 재배
> • B농지 : 가입금액이 200만원, 농지 10a당 재식주수가 2,000주로 4월 2일 고추를 터널재배 형식만으로 식재
> • C농지 : 연륙교가 설치된 도서 지역에 위치하여 10a당 재식주수가 5,000주로 전 농지가 비닐멀칭이 된 노지재배

(2) 병충해가 있는 경우 생산비보장보험금 계산식

(3) 수확기 이전에 보험사고가 발생한 경우 경과비율 계산식

정답

(1) **독립된 A, B, C 농지 각각의 보험가입 가능 여부와 그 이유**
 • A농지 : 보험가입금액이 <u>200만원 이상</u>인 농지가 가입 가능하기 때문에 보험가입이 불가능하다.
 • B농지 : 보험가입이 가능하다. 그 이유는 <u>가입금액이 200만원</u>이고, 농지 10a당 재식주수가 <u>1,500주 이상</u>이고 <u>4,000주 이하인 농지</u>에 해당하며, <u>4월 1일 이전과 5월 31일 이후에 고추를 식재한 농지</u>가 아니며, <u>터널재배 형식만으로 식재한 농지</u>이기 때문이다.
 • C농지 : 10a당 재식주수가 1,500주 이상이고 4,000주 이하인 농지가 가입 가능하기 때문에 보험가입이 불가능하다.

(2) **병충해가 있는 경우 생산비보장보험금 계산식**
  생산비보장보험금 = (잔존보험가입금액 × 경과비율 × 피해율 × 병충해 등급별 인정비율) − 자기부담금
 • 잔존보험가입금액 = 보험가입금액 − 보상액(기발생 생산비보장보험금 합계액)
 • 자기부담금은 잔존보험가입금액의 3% 또는 5%로 한다.

(3) **수확기 이전에 보험사고가 발생한 경우 경과비율 계산식**
  준비기생산비계수 + [(1 − 준비기생산비계수) × (생장일수 ÷ 표준생장일수)]
 • 준비기생산비계수는 49.5%로 한다.
 • 생장일수는 정식일로부터 사고발생일까지 경과일수로 한다.
 • 표준생장일수(정식일로부터 수확개시일까지 표준적인 생장일수)는 사전에 설정된 값으로 100일로 한다.
 • 생장일수를 표준생장일수로 나눈 값은 1을 초과할 수 없다.

53 다음은 종합위험 생산비보장 브로콜리 품목의 인수제한 목적물의 일부 내용이다. 괄호 안에 들어갈 내용을 답란에 쓰시오.

> ① 보험가입금액이 (㉠) 미만인 농지
> ② 정식을 하지 않았거나, 정식을 (㉡)을 초과하여 실시한 농지
> ③ 목초지, 목야지 등 지목이 (㉢)인 농지

정답

㉠ 200만원, ㉡ 9월 30일, ㉢ 목

54 다음은 종합위험 생산비보장 메밀 품목의 인수제한 목적물의 일부 내용이다. 괄호 안에 들어갈 내용을 답란에 쓰시오.

> ① 보험가입금액이 (㉠) 미만인 농지
> ② 최근 (㉡) 연속 침수피해를 입은 농지. 다만, 호우주의보 및 호우경보 등 기상특보에 해당되는 재해로 피해를 입은 경우는 제외한다.
> ③ 최근 (㉢) 이내에 간척된 농지
> ④ 파종을 (㉣)을 초과하여 실시 또는 할 예정인 농지
> ⑤ (㉤) 방식에 의한 봄 파종을 실시한 농지
> ⑥ 전환지(개간, 복토 등을 통해 논으로 변경한 농지), 휴경지 등 농지로 변경하여 경작한지 (㉥) 이내인 농지

정답

㉠ 50만원, ㉡ 3년, ㉢ 5년, ㉣ 9월 15일, ㉤ 춘파재배, ㉥ 3년

55 다음은 종합위험 생산비보장 단호박과 당근 품목의 인수제한 목적물을 일부 나타낸 표이다. 괄호 안에 들어갈 내용을 답란에 쓰시오.

품 목	인수제한 목적물
단호박	• 보험가입금액이 (㉠) 미만인 농지 • (㉡)을 초과하여 정식한 농지
당근	• 보험가입금액이 (㉢) 미만인 농지 • 미니당근 재배 농지[대상 품종 : (㉣)] • (㉤)을 지나 파종을 실시하였거나 또는 할 예정인 농지

정답

㉠ 100만원, ㉡ 5월 29일, ㉢ 100만원, ㉣ 베이비당근, 미뇽, 파맥스, 미니당근 등, ㉤ 8월 31일

56 다음은 종합위험 생산비보장 시금치(노지) 품목의 인수제한 목적물의 일부 내용이다. 괄호 안에 들어갈 내용을 답란에 쓰시오.

① 보험가입금액이 (㉠) 미만인 과수원
② 다른 (㉡)에 소재하는 농지[단, 인접한 (㉡)에 소재하는 농지로서 보험사고시 지역 농·축협의 통상적인 손해조사가 가능한 농지는 본부의 승인을 받아 인수 가능]
③ 최근 (㉢) 연속 침수피해를 입은 농지
④ 최근 (㉣) 이내에 간척된 농지
⑤ 농업용지가 다른 용도로 전용되어 (㉤) 농지로 결정된 농지
⑥ 전환지(개간, 복토 등을 통해 논으로 변경한 농지), 휴경지 등 농지로 변경하여 경작한지 (㉥) 이내인 농지

정답

㉠ 100만원, ㉡ 광역시·도, ㉢ 3년, ㉣ 5년, ㉤ 수용예정, ㉥ 3년

57 종합위험 생산비보장 고랭지배추, 가을배추, 월동배추, 봄배추 품목의 공통적인 인수제한 목적물을 5가지 이상 답란에 쓰시오.

정답

① 보험가입금액이 100만원 미만인 농지
② 정식을 9월 25일(월동배추), 9월 10일(가을배추), 4월 20일(봄배추)을 초과하여 실시한 농지
③ 다른 품종 및 품목을 정식한 농지
④ 최근 3년 연속 침수피해를 입은 농지(다만, 호우주의보 및 호우경보 등 기상특보에 해당되는 재해로 피해를 입은 경우는 제외함)
⑤ 오염 및 훼손 등의 피해를 입어 복구가 완전히 이루어지지 않은 농지
⑥ 최근 5년 이내에 간척된 농지
⑦ 농업용지가 다른 용도로 전용되어 수용예정 농지로 결정된 농지
⑧ 전환지(개간, 복토 등을 통해 논으로 변경한 농지), 휴경지 등 농지로 변경하여 경작한지 3년 이내인 농지

58 다음은 종합위험 생산비보장 고랭지무과 월동무 품목의 인수제한 목적물을 일부 나타낸 표이다. 괄호 안에 들어갈 내용을 답란에 쓰시오.

품 목	인수제한 목적물
고랭지무	• 보험가입금액이 (㉠) 미만인 농지 • 판매개시연도 (㉡)을 초과하여 파종한 농지
월동무	• 보험가입금액이 (㉢) 미만인 농지 • (㉣)에 해당하는 품종 또는 (㉣)로 수확할 목적으로 재배하는 농지 • (㉤)을 초과하여 무를 파종한 농지

㉠ 100만원, ㉡ 7월 31일, ㉢ 100만원, ㉣ 가을무, ㉤ 10월 15일

59

다음은 종합위험 생산비보장 대파와 쪽파(실파) 품목의 인수제한 목적물을 일부 나타낸 표이다. 괄호 안에 들어갈 내용을 답란에 쓰시오.

품 목	인수제한 목적물
대파	• 보험가입금액이 (㉠) 미만인 농지 • (㉡)을 초과하여 정식한 농지 • 재식밀도가 (㉢) 미만인 농지
쪽파(실파)	• 보험가입금액이 (㉣) 미만인 농지 • (㉤)으로 재배하는 농지 • 상품 유형별 (㉥)을(를) 초과하여 파종한 농지

㉠ 100만원, ㉡ 6월 15일, ㉢ 15,000주/10a, ㉣ 100만원, ㉤ 종구용(씨쪽파), ㉥ 파종기간

60

다음은 종합위험보장 원예시설·버섯 품목에서 인수제한 되는 농업용 시설물(버섯재배사 포함) 및 부대시설이다. 해당하는 시설을 모두 골라 답란에 쓰시오.

㉠ 작업동, 창고동 등 작물경작용으로 사용되지 않는 시설
㉡ 농업용 시설물 한 동 면적의 80% 이상을 작물재배용으로 사용하는 경우
㉢ 피복재가 없거나 작물을 재배하고 있지 않은 시설(지역적 기후특성에 따른 한시적 휴경도 포함)
㉣ 비가림시설
㉤ 구조체, 피복재 등 목적물이 변형되거나 훼손된 시설
㉥ 3년 이내에 철거 예정인 고정식 시설
㉦ 판매를 목적으로 작물을 경작하지 않는 시설
㉧ 건축 또는 공사 중인 시설
㉨ 하천부지에 소재한 시설

㉠, ㉣, ㉤, ㉦, ㉧, ㉨

㉡ 농업용 시설물 한 동 면적의 80% 이상을 작물재배용으로 사용하는 경우 <u>가입 가능</u>
㉢ 다만, <u>지역적 기후특성에 따른 한시적 휴경은 제외함</u>
㉥ <u>1년 이내에</u> 철거 예정인 고정식 시설

61 종합위험보장 원예시설 상품에서 정하는 시설작물에 대하여 다음 물음에 답하시오. 기출유형

(1) 자연재해와 조수해로 입은 손해를 보상하기 위한 3가지 경우를 서술하시오.

(2) 소손해면책금 적용에 대하여 서술하시오.

(3) 시설작물 인수제한 내용이다. (   )에 들어갈 내용을 각각 쓰시오.

> 작물의 재배면적이 시설면적의 (①)인 경우 인수제한 한다. 다만, 백합, 카네이션의 경우 하우스
> 면적의 (①)이라도 동당 작기별 (②) 이상 재배시 가입 가능하다.

정답

(1) 자연재해와 조수해로 입은 손해를 보상하기 위한 3가지 경우
  ① 구조체, 피복재 등 농업용 시설물에 직접적인 피해가 발생한 경우
  ② 농업용 시설물에 직접적인 피해가 발생하지 않은 자연재해로서 작물피해율이 70% 이상 발생하여 농업용
    시설물내 전체 작물의 재배를 포기하는 경우
  ③ 기상청에서 발령하고 있는 기상특보 발령지역의 기상특보 관련 재해로 인해 작물에 피해가 발생한 경우

(2) 소손해면책금
  ① 보상하는 재해로 1사고당 생산비보험금이 10만원 이하인 경우 보험금이 지급되지 않고, 소손해면책금을
    초과하는 경우 손해액 전액을 보험금으로 지급한다.
  ② **소손해면책금** : 10만원

(3) (   )에 들어갈 내용
  ① 50% 미만
  ② 200m²

> 작물의 재배면적이 시설면적의 (**50% 미만**)인 경우 인수제한 한다. 다만, 백합, 카네이션의 경우 하우스
> 면적의 (**50% 미만**)이라도 동당 작기별 (**200m²**) 이상 재배시 가입 가능하다.

62 다음은 종합위험보장 원예시설·버섯 품목에서 인수제한 되는 시설작물의 일부이다. 괄호 안
에 들어갈 내용을 답란에 쓰시오.

> ① 작물의 재배면적이 시설면적의 (㉠) 미만인 경우
> ② 백합, 카네이션의 경우 하우스 면적의 (㉠) 미만이라도 등별 작기별 (㉡) 이상 재배시 가입 가능
> ③ 분화류의 (㉢)을(를) 재배하는 경우
> ④ 한 시설에서 (㉣)을(를) 혼식 재배 중이거나 또는 재배 예정인 경우
> ⑤ 통상적인 (㉤)이 아닌 경우
> ⑥ 시설작물별 10a당 (㉥) 미만인 경우

㉠ 50%

㉡ 200m²

㉢ 국화, 장미, 백합, 카네이션

㉣ 화훼류와 비화훼류

㉤ 재배시기, 재배품목, 재배방식

㉥ 인수제한 재식밀도

63 종합위험보장 버섯 품목에서 표고버섯(원목재배, 톱밥배지재배)의 인수제한 목적물에 해당하는 것을 모두 골라 답란에 쓰시오.

> ㉠ 통상적인 재배 및 영농활동을 하지 않는다고 판단되는 하우스
> ㉡ 원목 4년차 이상의 표고버섯
> ㉢ 원목재배, 톱밥배지재배 이외의 방법으로 재배하는 표고버섯
> ㉣ 판매를 목적으로 재배하지 않는 표고버섯

㉠, ㉢, ㉣

㉡ 원목 5년차 이상의 표고버섯

64 종합위험보장 버섯 품목에서 느타리버섯(균상재배, 병재배)의 인수제한 목적물(4가지)을 답란에 쓰시오.

① 통상적인 재배 및 영농활동을 하지 않는다고 판단되는 하우스

② 균상재배, 병재배 이외의 방법으로 재배하는 느타리버섯

③ 판매를 목적으로 재배하지 않는 느타리버섯

④ 기타 인수가 부적절한 느타리버섯

제4장 가축재해보험 제도

제1절 제도 일반

01 가축재해보험의 실시 배경과 사업의 목적을 답란에 서술하시오.

① 실시 배경 :

② 사업의 목적 :

정답

① **실시 배경** : 축산업은 축산물을 생산하는 과정에서 자연재해와 화재 및 가축 질병 등으로 인한 피해가 크며, 그 피해가 광범위하고 동시다발적으로 발생하게 되므로 개별 농가로는 이를 예방하거나 복구하는데 한계가 있다. 따라서 자연재해 및 화재 등으로 인해 가축 및 가축사육시설의 피해를 입은 농가에게 재생산 여건을 제공하여 안정적인 양축 기반을 조성해야 할 필요성이 대두되었다.
② **사업의 목적** : 가축재해보험 사업의 목적은 해마다 발생하는 자연재해와 화재, 질병 등 재해로 인한 가축 및 가축사육시설의 피해에 따른 손해를 보상하여 농가의 경영안정과 생산성 향상을 도모하고 안정적인 재생산 활동을 지원하는데 있다.

02 가축재해보험의 사업운영기관을 다음 〈보기〉에서 바르게 연결하여 답란에 쓰시오.

A. 사업총괄	㉠ 금융감독원
B. 사업관리	㉡ 금융위원회
C. 사업운영	㉢ 농업재해보험심의회
D. 보험업 감독기관	㉣ 농업정책보험금융원
E. 분쟁해결	㉤ 농림축산식품부(재해보험정책과)
F. 심의기구	㉥ 농업정책보험금융원과 사업운영 약정을 체결한 자

정답

A. – ㉤, B. – ㉣, C. – ㉥, D. – ㉡, E. – ㉠, F. – ㉢

03 다음은 가축재해보험의 사업운영에 대한 설명이다. 괄호 안에 들어갈 내용을 답란에 쓰시오.

> 가축재해보험의 사업주관부서는 (㉠)이고, 사업관리기관은 (㉡)이다. (㉡)은(는) 「농어업재해보험법」 제25조의2(농어업재해보험 사업관리) 제2항에 의거 (㉠)로부터 가축재해보험 사업관리를 수탁받아서 업무를 수행한다.

[정답]

㉠ 농림축산식품부, ㉡ 농업정책보험금융원

04 다음에 제시된 가축재해보험 사업운영기관의 주요 업무를 답란에 서술하시오.

① 농림축산식품부 :
② 농업정책보험금융원 :
③ 재해보험사업자 :
④ 농업재해보험심의회 :

[정답]

① **농림축산식품부** : 재해보험 관계법령의 개정, 보험료 및 운영비 등 국고 보조금 지원 등 전반적인 제도 업무를 총괄한다.
② **농업정책보험금융원** : 재해보험사업자의 선정·관리·감독, 재해보험상품의 연구 및 보급, 재해 관련 통계 생산 및 데이터베이스 구축·분석, 조사자의 육성, 손해평가기법의 연구·개발 및 보급 등이 주요 업무이다.
③ **재해보험사업자** : 보험상품의 개발 및 판매, 손해평가, 보험금 지급 등 실질적인 보험사업을 운영한다.
④ **농업재해보험심의회** : 재해보험 목적물 선정, 보상하는 재해의 범위, 재해보험사업 재정지원, 손해평가 방법 등 농업재해보험에 중요사항에 대해 심의한다.

05 다음은 가축재해보험의 사업운영에 대한 설명이다. 괄호 안에 들어갈 내용을 답란에 쓰시오.

> ① 사업시행기관은 (㉠)과 약정체결을 한 재해보험사업자이다.
> ② 가축재해보험은 손해보험의 일종으로 보험업에 대한 감독기관은 (㉡)이며, 분쟁해결기관은 (㉢)이다.
> ③ (㉣)은(는) 가축재해보험을 포함한 농업재해보험에 대한 중요사항을 심의한다.

[정답]

㉠ 사업관리기관, ㉡ 금융위원회, ㉢ 금융감독원, ㉣ 농업재해보험심의회

06 가축재해보험의 사업대상자와 2024년 현재 가축재해보험의 목적물로 고시된 가축의 종류를 답란에 서술하시오.

① 사업대상자 :

② 가축의 종류 :

정답

① **사업대상자** : 가축재해보험 사업대상자는「농어업재해보험법」제5조에 따라 농림축산식품부장관이 고시하는 가축을 사육하는 개인 또는 법인이다.

② **가축의 종류(16종)** : 소, 돼지, 말, 닭, 오리, 꿩, 메추리, 칠면조, 타조, 거위, 관상조, 사슴, 양, 꿀벌, 토끼, 오소리 등

07 다음은 가축재해보험의 정부 지원에 대한 설명이다. 괄호 안에 들어갈 내용을 답란에 쓰시오.

① 가축재해보험 가입방식은 농작물재해보험과 같은 방식으로 가입대상자(축산농업인)가 가입 여부를 판단하여 가입하는 "(㉠)" 방식이다.

② 가축재해보험에 가입하여 정부의 지원을 받는 요건은 (㉡)에 등록하고, 축산업 허가(등록)를 받은 자로 한다.

③ 가축재해보험과 관련하여 정부의 지원은 개인 또는 법인당 (㉢) 한도 내에서 납입보험료의 (㉣)까지 받을 수 있다.

정답

㉠ 임의보험

㉡ 농업경영체

㉢ 5,000만원

㉣ 50%

08 가축재해보험에서 ① 정부지원 대상과 ② 정부지원 요건을 답란에 서술하시오.

① 정부지원 대상 :

② 정부지원 요건 :

> **정답**

① **정부지원 대상** : 가축재해보험의 목적물(가축 및 축산시설물)을 사육하는 <u>개인 또는 법인</u>
② **정부지원 요건**
  ㉠ 농업인·법인
  「축산법」 제22조 제1항 및 제3항에 따른 <u>축산업 허가(등록)자를 받은 자</u>로「농어업경영체법」 제4조에 따라 <u>해당 축종으로 농업경영정보를 등록한 자</u>
  ※ 「축산법」 제22조 제5항에 의한 축산업등록 제외 대상은 해당 축종으로 농업경영정보를 등록한 자는 지원
  ㉡ 농·축협
  「농업식품기본법 시행령」 제4조 제1호의 <u>농·축협으로 축산업 허가(등록)를 받은 자</u>
  ※ 「축산법」 제22조 제5항에 의한 축산업등록 제외 대상도 지원
  ㉢ 축 사
  • 가축사육과 관련된 적법한 건물(시설물 포함)로 건축물관리대장 또는 가설건축물관리대장이 있는 경우에 한함
  • 건축물관리대장상 주택용도 등 가축사육과 무관한 건물은 정부지원에서 제외함
  • 「가축전염병예방법」 제19조에 따른 경우에는 사육가축이 없어도 축사에 대해 정부 지원이 가능함

09 다음은 가축사육업 허가 및 등록기준에 대한 설명이다. 괄호 안에 들어갈 내용을 답란에 쓰시오.

---
① 허가대상
  • 4개 축종 : (㉠)
  • 사육시설면적 초과시 : (㉡) 초과
② 등록대상
  • 허가대상 사육시설면적 이하인 경우(4개 축종) : (㉢)
  • 7개 축종 : (㉣)
③ 등록제외 대상
  • 등록대상 가금 중 사육시설면적이 (㉤) 미만은 등록 제외 : 닭, 오리, 거위, 칠면조, 메추리, 타조, 꿩 또는 기러기 사육업
  • 8개 축종 : (㉥)

> **정답**

㉠ 소·돼지·닭·오리, ㉡ $50m^2$, ㉢ 소·돼지·닭·오리, ㉣ 양·사슴·거위·칠면조·메추리·타조·꿩, ㉤ $10m^2$, ㉥ 말·노새·당나귀·토끼·꿀벌·개·오소리·관상조

10 가축재해보험에서 정부지원 범위에 대한 설명이다. 괄호 안에 들어갈 내용을 답란에 쓰시오.

> 가축재해보험에 가입한 재해보험가입자의 납입보험료의 (㉠)을(를) 지원한다. 단, 농업인(주민등록번호) 또는 법인별(법인등록번호) (㉡) 한도로 지원한다.

정답

㉠ 50%, ㉡ 5천만원

11 가축재해보험 관련 정부의 지원 사례에 대한 설명이다. 괄호 안에 들어갈 내용을 답란에 쓰시오.

> ① 보험에 가입하여 4천만원 국고지원을 받고, 계약 만기일전 중도 해지한후 보험을 재가입할 경우 (㉠) 국고 한도내 지원이 가능하다.
> ② 말은 마리당 가입금액 4천만원 한도내 보험료의 (㉡)을(를) 지원하되, 4천만원을 초과하는 경우는 초과금액의 (㉢)까지 가입금액을 산정하여 보험료의 (㉣)을(를) 지원한다.
> ③ 외국산 (㉤)는(은) 정부지원에서 제외한다.

정답

㉠ 1천만원, ㉡ 50%, ㉢ 70%, ㉣ 50%, ㉤ 경주마

12 다음 계약들에 대하여 각각 정부지원액의 계산과정과 값을 쓰시오.　　　기출유형

(단위 : 원)

구 분	농작물재해보험	농작물재해보험	가축재해보험
보험목적물	사과	옥수수	국산 말 1필
보험가입금액	100,000,000	150,000,000	60,000,000
자기부담비율	15%	10%	약관에 따름
영업보험료	12,000,000	1,800,000	5,000,000
순보험료	10,000,000	1,600,000	
정부지원액	(①)	(②)	(③)

○ 주계약 가입기준임
○ 가축재해보험의 영업보험료는 업무방법에서 정하는 납입보험료와 동일함
○ 정부지원액이란 재해보험가입자가 부담하는 보험료의 일부와 재해보험사업자의 재해보험의 운영 및 관리에 필요한 비용의 전부 또는 일부를 정부가 지원하는 금액임(지방자치단체의 지원액은 포함되지 않음)
○ 재해보험사업자의 재해보험의 운영 및 관리에 필요한 비용은 부가보험료와 동일함

정답

① **농작물재해보험 사과**

자기부담비율이 15%이므로, 순보험료의 38%는 정부에서 지원하고, 부가보험료(운영비)는 전액 정부에서 지원한다
(2024년 기준).

정부지원액 = (10,000,000원 × 38%) + 부가보험료(12,000,000원 − 10,000,000원) × 100%

= **5,800,000원**

② **농작물재해보험 옥수수**

순보험료의 50%는 정부에서 지원하고, 부가보험료(운영비)는 전액 정부에서 지원한다.

정부지원액 = (1,600,000원 × 50%) + 부가보험료(1,800,000원 − 1,600,000원) × 100%

= **1,000,000원**

③ **가축재해보험 국산 말(1필)**

보험가입금액이 4,000만원을 초과하므로, 초과금액의 70%까지 가입금액을 산정하여 보험료의 50%를 지원한다.

$$정부지원액 = (40,000,000원 + 20,000,000원 × 70%) × \frac{5,000,000원}{60,000,000원} × 50\%$$

≒ 2,250,000원

※ 보험요율 = 납입보험료 ÷ 보험가입금액

해설

영업보험료 = 순보험료 + 부가보험료

1. **과수(사과)의 정부지원율**

정부지원 보험료는 자기부담비율에 따라 차등 지원한다.

[자기부담비율에 따른 국고지원율(2024년 기준)]

자기부담비율	10%형	15%형	20%형	30%형	40%형
국고지원율	33%	38%	50%	60%	60%

부가보험료(운영비)는 재해보험사업자가 농작물재해보험 사업의 운영 및 관리에 필요한 비용으로 전액 정부에서
지원한다.

2. **옥수수의 정부지원율**

순보험료의 50%는 정부에서 지원하고, 부가보험료(운영비)는 전액 정부에서 지원한다.

3. **국산 말(1필)의 정부지원율**

납입보험료 = 보험가입금액 × 보험요율

가축재해보험에 가입한 재해보험가입자의 납입보험료의 50%를 지원한다. 말은 마리당 가입금액 4,000만원
한도내 보험료의 50%를 지원하되, 4,000만원을 초과하는 경우는 초과금액의 70%까지 가입금액을 산정하여
보험료의 50%를 지원한다(외국산 경주마는 정부지원 제외).

13 가축재해보험에서 보험목적물의 대상을 다음 구분에 따라 답란에 쓰시오.

① 가축(16종) :

② 축산시설물 :

정답

① **가축(16종)** : 소, 돼지, 말, 닭, 오리, 꿩, 메추리, 칠면조, 타조, 거위, 관상조, 사슴, 양, 꿀벌, 토끼, 오소리
② **축산시설물** : 축사, 부속물, 부착물, 부속설비(단, 태양광 및 태양열 발전시설은 제외)

14 다음은 가축재해보험의 보험가입단위 및 보험판매기간에 대한 설명이다. 괄호 안에 들어갈 내용을 답란에 쓰시오.

> ① 보험가입단위 : 가축재해보험은 사육하는 가축 및 축사를 (㉠) 보험가입하는 것이 원칙이나, 종모우와 (㉡)은 개별가입이 가능하다. 소는 1년 이내 출하 예정인 경우 축종별 및 성별을 구분하지 않고 보험가입시에는 소 이력제 현황의 (㉢) 이상, 축종별 및 성별을 구분하여 보험가입시에는 소 이력제 현황의 (㉣) 이상 조건에서 일부 가입이 가능하다.
> ② 보험판매기간 : 보험판매기간은 연중으로 상시 가입 가능하나, 재해보험사업자는 폭염·태풍 등 기상상황에 따라 (㉤)에 한해 보험가입기간을 제한할 수 있고, 이 경우 (㉥)에 보험가입 제한기간을 통보해야 한다.

[정답]

㉠ 전부, ㉡ 말, ㉢ 70%, ㉣ 80%, ㉤ 신규가입, ㉥ 농업정책보험금융원

15 가축재해보험에서 재해보험사업자는 폭염·태풍 등 기상상황에 따라 신규가입에 한해 보험가입기간을 제한할 수 있다. 다음 기상상황에 따른 보험가입 제한기간을 답란에 쓰시오.

① 폭염 :

② 태풍 :

[정답]

① 폭염 : 6~8월
② 태풍 : 태풍이 한반도에 영향을 주는 것이 확인된 날부터 태풍특보 해제시

16 다음은 가축재해보험 소(牛) 부문의 가입대상 및 가입형태를 나타낸 도표이다. 표의 빈 칸에 들어갈 내용을 답란에 쓰시오.

구 분	가입대상	가입형태
소	송아지 (㉠)	㉢
	큰소 (㉡)	
	종모우	㉣

[정답]

㉠ 생후 15일~12개월 미만, ㉡ 12개월~13세 미만, ㉢ 포괄가입, ㉣ 개별가입

17 다음은 가축재해보험의 가입대상 및 가입형태를 나타낸 도표이다. 표의 빈 칸에 들어갈 내용을 답란에 쓰시오.

구 분	가입대상	가입형태
돼지	㉠	㉡
말	종빈마, 종모마, 경주마, 육성마, 일반마, 제주마	㉢
가금	닭, 오리, 꿩, 메추리, 칠면조, 타조, 거위, 관상조	㉣
기타 가축	㉤	포괄가입
축사	㉥	㉦

정답

㉠ 제한 없음
㉡ 포괄가입
㉢ 개별가입
㉣ 포괄가입
㉤ 사슴(만 2개월 이상), 양(만 3개월 이상), 토끼, 꿀벌, 오소리
㉥ 가축사육 건물 및 부속설비
㉦ 포괄가입

18 다음은 가축재해보험의 축종별 지원비율에 대한 설명이다. 괄호 안에 들어갈 내용을 답란에 쓰시오.

> ㉠ 국고지원 : 총 보험료의 (   )
> ㉡ 지자체 지원 : 총 보험료의 (   )

정답

㉠ 50%, ㉡ 0~50%

19 가축재해보험의 ① 보상하는 재해와 ② 보장수준을 답란에 서술하시오.

① 보상하는 재해 :
② 보장수준 :

정답

① **보상하는 재해** : 자연재해(풍해, 수해, 설해, 지진 등), 화재, 질병(축종별로 다름) 등
② **보장수준** : 가축재해보험은 보험가입금액의 일정 부분을 보장하고 있으며, 별도 설정된 보장수준 내에서 보상한다. 2024년 현재 보장수준은 피해손해액의 60%~100%를 지급한다.

20 다음은 가축재해보험의 축종별 주계약 보장수준을 나타낸 도표이다. 표의 빈 칸에 각 축종별 보장수준(2024년 기준)을 "○"로 표기하시오.

축 종	보장수준					
	60%	70%	80%	90%	95%	100%
소						
돼지						
말 [※ 경주마(육성마) 제외]						
가금 (닭, 오리, 꿩, 메추리, 타조, 거위, 칠면조, 관상조)						
기타 가축 (사슴, 양, 꿀벌, 토끼, 오소리)						

정답

축 종	보장수준					
	60%	70%	80%	90%	95%	100%
소	○	○	○	–	–	–
돼지	–	–	○	○	○	–
말 [※ 경주마(육성마) 제외]	–	–	○	–	–	–
가금 (닭, 오리, 꿩, 메추리, 타조, 거위, 칠면조, 관상조)	○	○	○	○	–	–
기타 가축 (사슴, 양, 꿀벌, 토끼, 오소리)	○	○	○	○	○	–

21 가축재해보험(소 보험)의 주계약에서 보상하는 재해를 답란에 서술하시오.

정답

소 보험의 주계약에서 보상하는 재해

① 질병 또는 사고로 인한 폐사 : 「가축전염병예방법」 제2조 제2항에서 정한 가축전염병 제외
② 긴급도축 : 부상(경추골절·사지골절·탈구), 난산, 산욕마비, 급성고창증, 젖소의 유량 감소 등으로 즉시 도살해야 하는 경우
③ 도난·행방불명(종모우 제외)
④ 경제적 도살(종모우 한정)

22 가축재해보험의 보험가입 절차를 답란에 쓰시오.

> **정답**
>
> **보험가입 절차**
> 보험 홍보 및 보험가입안내(대리점 등) → 가입신청(재해보험가입자) → 사전 현지 확인(대리점 등) → 청약서 작성(재해보험가입자) 및 보험료 수납(대리점 등) → 보험증권 발급(대리점 등)

23 다음은 가축재해보험의 보험료율 적용기준 및 할인·할증에 대한 설명이다. 괄호 안에 들어갈 내용을 답란에 쓰시오.

> ① 보험료의 할인·할증의 종류는 (㉠)로 각각의 보험료율을 적용하며, 축종별 재해보험요율서에 따라 적용한다.
> ② 보험료 할인·할증은 과거의 손해율에 따른 할인·할증, 축사전기안전점검, (㉡) 등을 적용한다.
> ③ 보험요율 산출기관(보험개발원)이 산출한 요율이 없는 경우에는 재보험사와의 (㉢) 적용이 가능하다.

> **정답**
>
> ㉠ 축종별, 주계약별, 특약별
> ㉡ 동물복지축산농장 할인
> ㉢ 협의 요율

24 가축재해보험 손해평가의 실시 목적과 손해평가 담당자에 관해 답란에 서술하시오.

① 실시 목적 :
② 손해평가 담당자 :

> **정답**
>
> ① **실시 목적** : 가축재해보험 손해평가는 <u>가축재해보험에 가입한 계약자에게 보상하는 재해가 발생한 경우 피해사실을 확인하고, 손해액을 평가하여 약정한 보험금을 지급하기 위하여</u> 실시한다.
> ② **손해평가 담당자** : 재해보험사업자는 <u>보험목적물에 관한 지식과 경험을 갖춘 자 또는 그 밖에 전문가</u>를 손해평가인(조사자)으로 위촉하여 손해평가를 담당하게 하거나, <u>손해평가사</u> 또는 「보험업법」에 따른 <u>손해사정사</u>에게 손해평가를 담당하게 할 수 있다(농어업재해보험법 제11조).

25 다음은 가축재해보험의 손해평가에 대한 설명이다. 괄호 안에 들어갈 내용을 답란에 쓰시오.

---
① 재해보험사업자는 「농어업재해보험법」 제11조 및 농림축산식품부장관이 정하여 고시하는 「농업재해보험 손해평가요령」에 따라 손해평가를 실시하고, 손해평가시 (㉠)로 진실을 숨기거나 허위로 하여서는 안 된다.
② (㉡)은(는) 손해평가의 공정성 확보를 위해 보험목적물에 대한 수의사 진단 및 검안시 시·군 공수의사, 수의사로 하여금 진단 및 검안 등을 실시한다.
③ 소 사고사진은 (㉢)가 정확하게 나오도록 하고, 매장시 매장장소가 확인되도록 전체 배경화면이 나오는 사진을 추가하고, 검안시 (㉣)을(를) 첨부한다.
④ 진단서, 폐사진단서 등은 상단에 연도별 일련번호를 표기하고, (㉤)을(를) 사용한다.

정답

㉠ 고의, ㉡ 재해보험사업자, ㉢ 귀표, ㉣ 해부사진, ㉤ 법정 서식

26 손해평가에 참여하고자 하는 손해평가인 및 손해평가사에 대하여는 교육을 실시할 수 있다. 괄호 안에 들어갈 내용을 답란에 쓰시오.

---
① (㉠)는 「농어업재해보험법」 제11조 제5항에 따라 손해평가에 참여하고자 하는 손해평가인을 대상으로 연 (㉡) 이상 실무교육(정기교육)을 실시하여야 한다.
② (㉢)은 「재보험사업 및 농업재해보험사업의 운영 등에 관한 규정」 제15조에 따라 손해평가에 참여하고자 하는 손해평가사를 대상으로 1회 이상 (㉣) 및 3년마다 1회 이상 (㉤) 실시하여야 한다.

정답

㉠ 재해보험사업자, ㉡ 1회, ㉢ 농업정책보험금융원, ㉣ 실무교육, ㉤ 보수교육

27 가축재해보험 손해평가 교육내용은 실무교육(정기교육)과 보수교육으로 구분할 수 있다. 다음 구분에 따른 교육내용을 답란에 서술하시오.

① 실무교육(정기교육) :

② 보수교육 :

정답

① **실무교육(정기교육)** : 농업재해보험 관련 법령 및 제도에 관한 사항, 농업재해보험 손해평가의 이론 및 실무에 관한 사항, 그 밖에 농업재해보험 관련 교육, CS교육, 청렴교육, 개인정보보호 교육 등
② **보수교육** : 보험상품 및 손해평가 이론과 실무 개정사항, CS교육, 청렴교육 등

28 가축재해보험 손해평가의 절차를 다음 순서에 따라 답란에 서술하시오.

① 보험사고 접수 :

② 보험사고 조사 :

③ 지급보험금 결정 :

④ 보험금 지급 :

> **정답**

① **보험사고 접수** : 계약자·피보험자는 재해보험사업자에게 <u>보험사고발생 사실을 통보</u>한다.
② **보험사고 조사** : 재해보험사업자는 보험사고 접수가 되면, <u>손해평가반을 구성하여 보험사고를 조사하고, 손해액을 산정</u>한다.
   • 보상하지 않는 손해 해당 여부, 사고 가축과 보험목적물이 동일 여부, 사고발생 일시 및 장소, 사고발생 원인과 가축 폐사 등 손해 발생과의 인과관계 여부, 다른 계약 체결 유무, 의무위반 여부 등을 확인 조사한다.
   • 보험목적물이 입은 손해 및 계약자·피보험자가 지출한 비용 등 손해액을 산정한다.
③ **지급보험금 결정** : <u>보험가입금액과 손해액을 검토하여</u> 결정한다.
④ **보험금 지급** : 지급할 보험금이 결정되면 <u>7일 이내에 지급</u>하되, 지급보험금이 결정되기 전이라도 피보험자의 청구가 있으면 <u>추정 보험금의 50%까지 보험금을 지급</u>할 수 있다.

29 다음은 가축재해보험의 보험금 지급에 대한 설명이다. 괄호 안에 들어갈 내용을 답란에 쓰시오.

> ① 재해보험사업자는 계약자(또는 피보험자)가 보험금 청구서 제출시 지급할 보험금을 (㉠) 결정하고 (㉡) 이내에 보험금을 지급한다.
> ② 지급할 보험금이 확정되기전 피보험자의 보험금 지급 청구가 있는 경우 재해보험사업자는 추정 보험금 의 (㉢) 상당액을 (㉣)으로 지급할 수 있다.

> **정답**

㉠ 지체 없이, ㉡ 7일, ㉢ 50%, ㉣ 가지급금

01 현행 가축재해보험 보통약관에서 보험의 목적에 대한 설명이다. 괄호 안에 들어갈 내용을 답란에 쓰시오.

---

① 가축재해보험 보통약관에서는 보험의 목적인 가축과 축사를 소, 돼지, 말, 가금(㉠), 종모우(種牡牛), 기타 가축(사슴, 양, 꿀벌, 토끼, 오소리)의 6개 부문 16개 축종 및 축사(畜舍)로 분류하고 있다.

② 일반적으로 보험의 목적은 보험사고발생의 객체가 되는 (㉡) 또는 (㉢)을(를) 의미하며, 가축재해보험에서 보험의 목적은 보험사고의 대상이 되는 (㉣) 등을 의미한다.

정답

㉠ 닭, 오리, 꿩, 메추리, 타조, 거위, 칠면조, 관상조

㉡ 경제상의 재화

㉢ 자연인(생명이나 신체)

㉣ 가축과 축산시설물

02 가축재해보험 보통약관에서 보험의 목적으로 하는 소(牛) 부문에 대한 설명이다. 괄호 안에 들어갈 내용을 답란에 쓰시오.

---

① 소 부문에서는 보험기간 중에 계약에서 정한 수용장소에서 사육하는 소를 (㉠)로 분류하여 보험의 목적으로 하고 있다.

② 육우는 품종에 관계없이 쇠고기 생산을 목적으로 비육되는 소로 주로 고기생산을 목적으로 사육하는 품종으로는 (㉡) 등이 있다.

③ 젖소는 우유 생산을 목적으로 사육되는 소로 대표적인 품종은 (㉢)이 있다.

정답

㉠ 한우, 육우, 젖소

㉡ 샤롤레, 헤어포드, 브라만

㉢ 홀스타인종(Holstein)

03 가축재해보험 보통약관에서 보험의 목적으로 하는 소(牛) 부문에 대한 설명이다. 괄호 안에 들어갈 내용을 답란에 쓰시오.

---

① 보험기간 중에 계약에서 정한 소(牛)의 수용장소(소재지)에서 사육하는 소(牛)는 (㉠) 보험에 가입하여야 하며, 위반시 보험자는 그 사실을 안 날부터 (㉡) 이내에 이 계약을 해지할 수 있다.
② 소가 1년 이내 출하 예정인 송아지나 큰소의 경우, 축종별 및 성별을 구분하지 않고 보험가입시에는 소 이력제 현황의 (㉢) 이상, 축종별 및 성별을 구분하여 보험가입시에는 소 이력제 현황의 (㉣) 이상 가입시 포괄가입으로 간주하고 있으며, 소는 생후 (㉤) 미만까지 보험가입이 가능하다.
③ 보험에 가입하는 소는 모두 귀표(가축의 개체를 식별하기 위하여 가축의 귀에 다는 표지)가 부착되어 있어야 하고, (㉥)는 암컷으로, (㉦)는 수컷으로 분류한다.

정답

㉠ 모두, ㉡ 1개월, ㉢ 70%, ㉣ 80%, ㉤ 15일령부터 13세, ㉥ 젖소 불임우(프리마틴 등), ㉦ 거세우

04 소(牛)가 가축재해보험 보통약관의 보험목적에서 제외되는 경우를 답란에 서술하시오.

정답

보험목적에서 제외되는 경우
① 보험계약에서 정한 소(牛)의 수용장소에서 사육하는 소라도 다른 계약(공제계약 포함)이 있는 경우
② 과거 병력, 발육부진 또는 발병 등의 사유로 인수가 부적절하다고 판단되는 경우
③ 보험기간 중 가축 증가(출산, 매입 등)에 따라 추가보험료를 납입하지 않은 가축의 경우

05 가축재해보험 보통약관에서 보험의 목적으로 하는 돼지를 분류하여 답란에 쓰시오.

정답

돼지 부문에서는 계약에서 정한 수용장소에서 사육하는 돼지를 ① 종모돈, ② 종빈돈, ③ 비육돈, ④ 육성돈(후보돈 포함), ⑤ 자돈(仔豚), ⑥ 기타 돼지로 분류하여 보험의 목적으로 하고 있다.

06 가축재해보험 보통약관에서 보험의 목적으로 하는 돼지 부문에 대한 설명이다. 괄호 안에 들어갈 내용을 답란에 쓰시오.

---

① 고기를 생산하기 위한 비육돈은 일반적으로 약 (㉠) 정도 길러져서 도축된다.
② 비육돈은 출산에서 약 4주차까지 (㉡)으로 어미돼지의 모유를 섭취하고, 약 4주차~8주차까지 (㉢)으로 어미돼지와 떨어져서 이유식에 해당하는 자돈사료를 섭취하게 되며, 약 8주차~22주차까지 (㉣)으로 근육이 생성되는 성장기이다.
③ 약 22주차~26주차까지 (㉤)으로 출하를 위하여 근내지방을 침착시키는 시기이다.
④ 번식을 위하여 기르는 돼지를 종돈이라고 하는데 종돈에는 (㉥)과 (㉦)이 있으며, 종돈은 통상 육성돈 단계에서 선발 과정을 거쳐서 후보돈으로 선발되어 종돈으로 쓰이게 된다.

정답

㉠ 180일
㉡ 포유기간(포유자돈)
㉢ 자돈기간(이유자돈)
㉣ 육성기간(육성돈)
㉤ 비육기간(비육돈)
㉥ 종모돈(씨를 받기 위하여 기르는 수퇘지)
㉦ 종빈돈(씨를 받기 위하여 기르는 암퇘지)

07 가축재해보험 보통약관에서 보험의 목적으로 하는 가금(家禽) 부문에 대한 설명이다. 괄호 안에 들어갈 내용을 순서대로 답란에 쓰시오.

가금 부문에서는 보험기간 중에 계약에서 정한 ( )에서 사육하는 가금을 닭, 오리, 꿩, 메추리, 칠면조, 거위, 타조, 관상조로 분류하여 보험의 목적으로 하고 있으며, 닭은 ( ), ( ), ( ), ( ) 및 그 연관 닭을 모두 포함한다.

정답

수용장소, 종계(種鷄), 육계(肉鷄), 산란계(産卵鷄), 토종닭

08 가축재해보험 보통약관의 가금(家禽) 부문에서 사용되는 다음의 용어를 답란에 서술하시오.

① 종계 :

② 산란계 :

③ 육계 :

④ 토종닭 :

정답

① **종계** : 능력이 우수하여 병아리 생산을 위한 종란을 생산하는 닭
② **산란계** : 계란 생산을 목적으로 사육되는 닭
③ **육계** : 주로 고기를 얻으려고 기르는 빨리 자라는 식육용의 닭, 즉 육용의 영계와 채란계(採卵鷄)의 폐계(廢鷄)인 어미닭의 총칭
④ **토종닭** : 우리나라에 살고 있는 재래닭

09 가축재해보험 보통약관에서 보험의 목적으로 하는 말(馬) 부문에 대한 설명이다. 괄호 안에 들어갈 내용을 답란에 쓰시오.

> ① 말 부문에서는 보험기간 중에 계약에서 정한 수용장소에서 사육하는 말을 (㉠), 일반마, 기타 말(馬)로 분류하여 보험의 목적으로 하고 있다.
> ② 계약에서 정한 말(馬)의 수용장소에서 사육하는 말(馬)이라도 (㉡)이 있거나, 과거 병력, (㉢) 또는 발병 등의 사유로 인수가 부적절하다고 판단되는 경우에는 보험목적에서 제외할 수 있다.

정답

㉠ 종마(종모마, 종빈마), 경주마(육성마 포함), ㉡ 다른 계약(공제계약 포함), ㉢ 발육부진

10 가축재해보험 보통약관의 말(馬) 부문에서 종마와 경주마를 비교·설명하시오.

① 종마 :

② 경주마 :

정답

① **종마** : 우수한 형질의 유전인자를 갖는 말을 생산할 목적으로 외모, 체형, 능력 등이 뛰어난 마필을 번식용으로 쓰기 위해 사육하는 씨말로 씨수말을 종모마, 씨암말을 종빈마라고 한다.
② **경주마** : 경주용으로 개량된 말과 경마에 출주하는 말을 총칭하여 경주마라고 한다. 대한민국 내에서 말을 경마에 출주시키기 위해서는 말을 한국마사회에 등록해야 하며, 보통 경주마는 태어난지 대략 2년 정도 지나 경주마 등록을 하고 등록함으로써 경주마로 인정받게 된다.

11 가축재해보험 보통약관에서 보험의 목적으로 하는 종모우(種牡牛) 부문에 대한 설명이다. 괄호 안에 들어갈 내용을 답란에 쓰시오.

> 종모우 부문에서는 계약에서 정한 수용장소에서 사육하는 종모우(씨수소)를 (㉠)로 분류하여 보험의 목적으로 하고 있으며, 보험목적은 (㉡)가 부착되어 있어야 한다. 종모우는 능력이 우수하여 자손생산을 위해 정액을 이용하여 (㉢)에 사용되는 수소를 말한다.

정답

㉠ 한우, 육우, 젖소, ㉡ 귀표, ㉢ 인공수정

12 가축재해보험 보통약관에서 보험의 목적으로 하는 기타 가축(家畜) 부문에 대한 설명이다. 괄호 안에 들어갈 내용을 답란에 쓰시오.

> 기타 가축 부문에서는 계약에서 정한 가축의 수용장소에서 사육하는 (㉠)을 보험의 목적으로 한다. 단, 계약에서 정한 가축의 수용장소에서 사육하는 가축이라도 다른 계약(공제계약 포함)이 있거나, 과거 병력, (㉡) 등의 사유로 인수가 부적절하다고 판단되는 경우에는 보험목적에서 제외할 수 있다. 또한 보험기간 중 (㉢)에 따라 추가보험료를 납입하지 않은 가축에 대하여는 보험목적에서 제외한다.

정답

㉠ 사슴, 양, 꿀벌, 토끼, 오소리, 기타 가축, ㉡ 발육부진 또는 발병, ㉢ 가축 증가(출산, 매입 등)

13 가축재해보험 보통약관에서 기타 가축(家畜) 중 꿀벌의 경우 보상이 가능한 재해의 종류와 보험의 목적(벌통)을 설명하시오.

정답

(1) 보상이 가능한 재해의 종류
화재 및 풍재 · 수재 · 설해 · 지진

(2) 보상이 가능한 보험의 목적(벌통)
① 서양종(양봉)은 꿀벌이 있는 상태의 소비(巢脾)가 3매 이상 있는 벌통
② 동양종(토종벌, 한봉)은 봉군(蜂群)이 있는 상태의 벌통

14 가축재해보험 보통약관의 축사 부문에서는 보험기간 중에 계약에서 정한 가축을 수용하는 건물 및 가축사육과 관련된 건물을 보험의 목적으로 한다. 다음에 제시된 보험의 목적을 설명하시오.

① 건물의 부속물 :
② 건물의 부착물 :
③ 건물의 부속설비 :
④ 건물의 기계장치 :

정답

① **건물의 부속물** : 피보험자 소유인 칸막이, 대문, 담, 곳간 및 이와 비슷한 것
② **건물의 부착물** : 피보험자 소유인 게시판, 네온사인, 간판, 안테나, 선전탑 및 이와 비슷한 것
③ **건물의 부속설비** : 피보험자 소유인 전기가스설비, 급배수설비, 냉난방설비, 급이기, 통풍설비 등 건물의 주용도에 적합한 부대시설 및 이와 비슷한 것
④ **건물의 기계장치** : 착유기, 원유냉각기, 가금사의 기계류(케이지, 부화기, 분류기 등) 및 이와 비슷한 것

15 다음은 소 보험(한우, 육우, 젖소)의 주계약에서 보상하는 손해이다. 괄호 안에 들어갈 내용을 답란에 쓰시오.

① (㉠)을 제외한 질병 또는 각종 사고(풍해·수해·설해 등 자연재해, 화재)로 인한 폐사
② 부상(사지골절, 경추골절, 탈구·탈골), 난산, 산욕마비, 급성고창증 및 젖소의 유량 감소로 (㉡)을 하여야 하는 경우
③ 젖소의 유량 감소는 유방염, 불임 및 각종 대사성 질병으로 인하여 젖소로서의 (㉢)가 없는 경우에 한함
④ 신규가입일 경우 가입일로부터 (㉣) 이내 질병 관련 사고(긴급도축 제외)는 보상하지 아니함

정답

㉠ 법정 전염병, ㉡ 긴급도축, ㉢ 경제적 가치, ㉣ 1개월

16 소 보험(한우, 육우, 젖소)의 주계약에서 자기부담금은 보험금의 ( ), ( ), ( )이다. 괄호 안에 들어갈 내용을 답란에 순서대로 쓰시오.

정답

20%, 30%, 40%

17 다음은 소 보험(종모우)의 주계약에서 보상하는 손해 및 자기부담금이다. 괄호 안에 들어갈 내용을 답란에 쓰시오.

구 분		보상하는 손해	자기부담금
주계약	종모우	• 연속 (㉠) 동안 정상적으로 정액을 생산하지 못하고, 종모우로서의 경제적 가치가 없다고 판정시 • 그 외 보상하는 사고는 한우·육우·젖소와 동일	보험금의 (㉡)

정답

㉠ 6주, ㉡ 20%

18 소 보험(축사)의 주계약에서 보상하는 손해와 자기부담금을 답란에 쓰시오.

정답

(1) 보상하는 손해
　① 화재(벼락 포함)에 의한 손해
　② 화재(벼락 포함)에 따른 소방손해
　③ 태풍, 홍수, 호우(豪雨), 강풍, 풍랑, 해일(海溢), 조수(潮水), 우박, 지진, 분화 및 이와 비슷한 풍재 또는 수재로 입은 손해
　④ 설해로 입은 손해
　⑤ 화재(벼락 포함) 및 풍재, 수재, 설해, 지진에 의한 피난 손해
　⑥ 잔존물제거비용

(2) 자기부담금
　① **풍재·수재·설해·지진** : 지급보험금 계산방식에 따라 계산한 금액에 0%, 5%, 10%을 곱한 금액 또는 50만원 중 큰 금액
　② **화재** : 지급보험금 계산방식에 따라 계산한 금액에 자기부담비율 0%, 5%, 10%를 곱한 금액

19 다음은 소 보험의 특별약관에서 보상하는 손해 및 자기부담금이다. 괄호 안에 들어갈 내용을 답란에 쓰시오.

구 분		보상하는 손해	자기부담금
특별약관	소도체결함 보장	도축장에서 도축되어 경매시까지 발견된 (㉠)으로 손해액이 발생한 경우	보험금의 (㉡)
	협정보험 가액	(㉢)로 보험가입한 금액 ※ 시가와 관계없이 가입금액을 보험가액으로 평가	주계약, 특약조건 준용
	화재대물 배상책임	(㉣)로 인해 인접 농가에 피해가 발생한 경우	

정답

㉠ 도체의 결함(근출혈, 수종, 근염, 외상, 근육제거, 기타 등), ㉡ 20%, ㉢ 협의 평가, ㉣ 축사 화재

20 소 보험(한우, 육우, 젖소)의 주계약에서 보상하는 손해 중 '폐사'의 세부적인 규정에 관해 답란에 서술하시오.

> **정답**
> '폐사'는 질병 또는 불의의 사고에 의하여 수의학적으로 구할 수 없는 상태가 되고 맥박, 호흡, 그 외 일반증상으로 폐사한 것이 확실한 때로 하며, 통상적으로는 수의사 검안서 등의 소견을 기준으로 판단하게 된다.

21 다음은 소 보험(한우, 육우, 젖소)의 주계약에서 보상하는 손해 중 '긴급도축'에 대한 설명이다. 괄호 안에 들어갈 내용을 답란에 쓰시오.

> ① 긴급도축은 "사육하는 장소에서 (㉠) 및 젖소의 유량 감소 등이 발생한 소(牛)를 즉시 도축장에서 도살하여야 할 불가피한 사유가 있는 경우"에 한한다.
> ② 긴급도축에서 부상 범위는 경추골절, (㉡)에 한하며, 젖소의 유량 감소는 유방염, 불임 및 각종 (㉢) 으로 인하여 수의학적으로 유량 감소가 예견되어 젖소로서의 경제적 가치가 없다고 판단이 확실시되는 경우에 한정하고 있으나, 약관에서 열거하는 질병 및 상해 이외의 경우에도 수의사의 진료 소견에 따라서 (㉣) 등으로 불가피하게 긴급도축을 시켜야 하는 경우도 포함한다.

> **정답**
> ㉠ 부상, 난산, 산욕마비, 급성고창증, ㉡ 사지골절 및 탈구(탈골), ㉢ 대사성질병, ㉣ 치료 불가능 사유

22 소 보험(한우, 육우, 젖소)의 주계약에서 보상하는 손해 중 '긴급도축'해야 하는 다음의 질병을 답란에 서술하시오.

① 산욕마비 :

② 급성고창증 :

③ 대사성질병 :

> **정답**
> ① **산욕마비** : 일반적으로 분만후 체내의 칼슘이 급격히 저하되어 근육의 마비를 일으켜 기립불능이 되는 질병이다.
> ② **급성고창증** : 장마로 인한 사료 변패 또는 부패 발효된 사료, 비맞은 풀, 두과풀(알파파류)의 다량 섭취, 갑작스런 사료변경 등으로 인하여 반추위 내의 이상발효로 폐사로 이어질 수 있는 소화기 질병으로 여름철에 많이 발생한다.
> ③ **대사성질병** : 비정상적인 대사과정에서 유발되는 질병이다.
> ※ **대사** : 생명 유지를 위해 생물체가 필요한 것을 섭취하고 불필요한 것을 배출하는 일

23 다음은 소 보험(한우, 육우, 젖소)의 주계약에서 보상하는 손해 중 '도난손해 및 행방불명'에 대한 설명이다. 괄호 안에 들어갈 내용을 답란에 쓰시오.

---

① 도난손해는 보험증권에 기재된 보관장소 내에 보관되어 있는 동안에 불법침입자, 절도 또는 강도의 도난행위로 입은 (㉠)로 한정하고 있으며, 보험증권에 기재된 보관장소에서 이탈하여 운송 도중 등에 발생한 도난손해 및 도난행위로 입은 (㉡)는 도난손해에서 제외된다.
② 도난, 행방불명의 사고발생시 계약자, 피보험자, 피보험자의 가족, 감수인(監守人) 또는 당직자는 지체없이 이를 (㉢)와 (㉣)에 알려야 하며, 보험금 청구시 (㉢)의 도난신고(접수) 확인서를 (㉣)에 제출하여야 한다.

정답

㉠ 직접손해(가축의 상해, 폐사를 포함)
㉡ 간접손해(경제능력 저하, 전신 쇠약, 성장 지체·저하 등)
㉢ 관할 경찰서
㉣ 재해보험사업자

24 다음은 소 보험(종모우)에서 보상하는 손해의 세부적인 규정이다. 괄호 안에 들어갈 내용을 답란에 쓰시오.

---

① 보험의 목적이 폐사, 긴급도축, (㉠)의 사유로 입은 손해를 보상한다.
② 긴급도축의 범위는 "사육하는 장소에서 부상, (㉡)이 발생한 소(牛)를 즉시 도축장에서 도살하여야 할 불가피한 사유가 있는 경우"에 한하여 인정한다.
③ 긴급도축에서 부상 범위는 경추골절, (㉢)에 한한다.

정답

㉠ 경제적 도살, ㉡ 급성고창증, ㉢ 사지골절 및 탈구(탈골)

25 다음은 소 보험(종모우)에서 보상하는 손해 중 '경제적 도살'에 대한 설명이다. 괄호 안에 들어갈 내용을 답란에 순서대로 쓰시오.

경제적 도살은 종모우가 연속 (   ) 동안 정상적으로 정액을 생산하지 못하고, 자격 있는 수의사에 의하여 종모우로서의 (   )가 없다고 판정되었을 때로 한다. 이 경우 정액 생산은 (   ) 동안 일주일에 (   )에 걸쳐 정액을 채취한후 이를 근거로 경제적 도살 여부를 판단한다.

정답

6주, 경제적 가치, 6주, 2번

26 돼지보험의 주계약에 보상하는 손해와 자기부담금을 답란에 쓰시오.

정답

(1) 보상하는 손해
   ① 화재 및 풍재, 수재, 설해, 지진으로 인한 폐사
   ② 화재 및 풍재, 수재, 설해, 지진 발생시 방재 또는 긴급피난에 필요한 조치로 목적물에 발생한 손해
   ③ 가축사체 잔존물처리비용

(2) 자기부담금
   보험금의 5%, 10%, 20%

27 다음은 돼지보험의 특별약관에서 보상하는 손해 및 자기부담금이다. 괄호 안에 들어갈 내용을 답란에 쓰시오.

구 분		보상하는 손해	자기부담금
특별약관	질병위험보장	(㉠)에 의한 손해 ※ 신규가입일 경우 가입일로부터 (㉡) 이내 질병 관련 사고는 보상하지 아니함	보험금의 (㉤) 또는 200만원 중 큰 금액
	전기적장치 위험보장	전기장치가 파손되어 온도의 변화로 (㉢)시	보험금의 (㉥) 또는 200만원 중 큰 금액
	폭염재해보장	폭염에 의한 (㉣) 보상	
	설해손해 부보장	설해에 의한 손해는 보장하지 않음	–

정답

㉠ TGE, PED, Rota virus
㉡ 1개월
㉢ 가축 폐사
㉣ 가축 피해
㉤ 10%, 20%, 30%, 40%
㉥ 10%, 20%, 30%, 40%

28 돼지보험 특별약관의 종류별 보상하는 손해를 답란에 서술하시오.

정답

돼지보험 특별약관
① **질병위험보장** : TGE, PED, Rota virus에 의한 손해
　　※ 신규가입일 경우 가입일로부터 1개월 이내 질병 관련 사고는 보상하지 아니함
② **축산휴지위험보장** : 주계약 및 특별약관에서 보상하는 사고의 원인으로 축산업이 휴지되었을 경우에 생긴 손해액
③ **전기적장치위험보장** : 전기장치가 파손되어 온도의 변화로 가축 폐사시
④ **폭염재해보장** : 폭염에 의한 가축 피해 보상
　　※ 전기적장치위험보장 특약 가입자에 한하여 가입 가능
⑤ **협정보험가액** : 협의 평가로 보험가입한 금액
　　※ 시가와 관계없이 가입금액을 보험가액으로 평가
⑥ **설해손해부보장** : 설해에 의한 손해는 보장하지 않음
⑦ **화재대물배상책임** : 축사 화재로 인해 인접 농가에 피해가 발생한 경우
⑧ **구내폭발위험보장** : 구내에서 생긴 폭발, 파열로 생긴 손해
⑨ **동물복지인증계약** : 동물복지축산농장 인증(농림축산검역본부)시

29 다음은 돼지보험의 주계약에서 보상하는 손해에 대한 설명이다. 괄호 안에 들어갈 내용을 답란에 쓰시오.

> ① 화재 및 풍재·수재·설해·지진의 직접적인 원인으로 보험목적이 (㉠) 또는 (㉡)이 수의학적으로 폐사가 확실시되는 경우 그 손해를 보상한다.
> ② 화재 및 풍재·수재·설해·지진의 발생에 따라서 보험의 목적의 피해를 (㉢)에 필요한 조치로 보험목적에 생긴 손해도 보상한다.
> ③ 상기 손해는 사고발생 때부터 (㉣) 이내에 폐사되는 보험목적에 한하여 보상하며, 다만, 재해보험사업자가 인정하는 경우에 한하여 사고발생 때부터 (㉣) 이후에 폐사되어도 보상한다.

정답

㉠ 폐사
㉡ 맥박, 호흡 그 외 일반증상
㉢ 방재 또는 긴급피난
㉣ 120시간(5일)

30 가금(닭, 오리, 꿩, 메추리, 타조, 거위, 칠면조, 관상조)보험의 주계약에서 보상하는 손해와 자기부담금을 답란에 쓰시오.

(1) 보상하는 손해

(2) 자기부담금

정답

(1) 보상하는 손해
① 화재 및 풍재, 수재, 설해, 지진으로 인한 폐사
② 화재 및 풍재, 수재, 설해, 지진 발생시 방재 또는 긴급피난에 필요한 조치로 목적물에 발생한 손해
③ 가축사체 잔존물처리비용

(2) 자기부담금
보험금의 10%, 20%, 30%, 40%

31 가금보험의 특별약관 중 전기장치가 파손되어 온도의 변화로 가축 폐사시 보상하는 특별약관은 (㉠)이며, 자기부담금은 보험금의 (㉡) 또는 (㉢) 중 큰 금액이다. (㉠) 가입자에 한하여 (㉣) 특별약관에 가입할 수 있다. 괄호 안에 들어갈 내용을 답란에 쓰시오.

정답

㉠ 전기적장치위험보장 특별약관, ㉡ 10%, 20%, 30%, 40%, ㉢ 200만원, ㉣ 폭염재해보장

32 말 보험(경주마, 육성마, 종빈마, 종모마, 일반마, 제주마)의 주계약에서 보상하는 손해를 답란에 서술하시오.

정답

보상하는 손해
① 법정 전염병을 제외한 질병 또는 각종 사고(풍해·수해·설해 등 자연재해, 화재)로 인한 폐사
② 부상(사지골절, 경추골절, 탈골·탈구), 난산, 산욕마비, 산통, 경주마의 실명으로 긴급도축을 하여야 하는 경우
③ 불임
④ 가축사체 잔존물처리비용

33 말 보험의 주계약에서 자기부담금은 보험금의 (㉠)이다. 단, 경주마(육성마)는 경마장외 (㉡), 경마장내 (㉢) 중 선택한다. 축사 주계약에서 화재 부문 자기부담금은 (㉣)이다. 괄호 안에 들어갈 내용을 답란에 쓰시오.

> **정답**
>
> ㉠ 20%
> ㉡ 30%
> ㉢ 5%, 10%, 20%, 30%
> ㉣ 지급보험금 계산방식에 따라 계산한 금액에 자기부담비율 0%, 5%, 10%를 곱한 금액

34 말 보험 특별약관의 다음 종류별 보상하는 손해를 답란에 서술하시오.

① 말운송위험확장보장 :

② 경주마부적격 :

③ 화재대물배상책임 :

> **정답**
>
> **말 보험 특별약관**
> ① **말운송위험확장보장** : 말운송 중 발생되는 주계약 보상사고
> ② **경주마부적격** : 경주마 부적격 판정을 받은 경우 보상
> ③ **화재대물배상책임** : 축사 화재로 인해 인접 농가에 피해가 발생한 경우

35 다음은 말 보험에서 보상하는 손해의 세부적인 규정이다. 괄호 안에 들어갈 내용을 답란에 쓰시오.

> ㉠ 보험의 목적이 폐사, 긴급도축, ( )로 입은 손해를 보상한다.
> ㉡ 폐사는 ( )에 의하여 수의학적으로 구할 수 없는 상태가 되고 맥박, 호흡, 그 외 일반증상으로 폐사한 것이 확실한 때로 한다.
> ㉢ 긴급도축의 범위는 "사육하는 장소에서 ( ), 경주마 중 실명이 발생한 말(馬)을 즉시 도축장에서 도살하여야 할 불가피한 사유가 있는 경우"로 한다.
> ㉣ 부상 범위는 ( ), 사지골절 및 탈구(탈골)에 한하여 인정한다.
> ㉤ 불임은 임신 가능한 암컷 말(종빈마)의 생식기관의 이상과 질환으로 인하여 발생하는 ( ) 번식장애를 말한다.

> **정답**
>
> ㉠ 불임의 사유, ㉡ 질병 또는 불의의 사고, ㉢ 부상, 난산, 산욕마비, 산통, ㉣ 경추골절, ㉤ 영구적인

36 기타 가축(사슴, 양, 꿀벌, 토끼, 오소리)보험의 주계약에서 보상하는 손해 및 자기부담금은 다음 표와 같다. 괄호 안에 들어갈 내용을 답란에 쓰시오.

구 분	보상하는 손해	자기부담금
주계약	• (㉠)에 의한 손해 • 화재 및 풍재, 수재, 설해, 지진 발생시 방재 또는 (㉡)에 필요한 조치로 목적물에 발생한 손해 • 가축사체 잔존물처리비용	보험금의 (㉢)

정답

㉠ 화재 및 풍재, 수재, 설해, 지진, ㉡ 긴급피난, ㉢ 5%, 10%, 20%, 30%, 40%

37 기타 가축보험의 폐사·긴급도축확장보장 특별약관에서 보상하는 손해 및 자기부담금은 다음 표와 같다. 괄호 안에 들어갈 내용을 답란에 쓰시오.

구 분	축 종	보상하는 손해	자기부담금
폐사·긴급 도축확장보장 특약	(㉠)	• (㉡)을(를) 제외한 질병 또는 각종 사고(풍해·수해·설해 등 자연재해, 화재)로 인한 폐사 • 부상(사지골절, 경추골절, 탈구·탈골), 산욕마비, 난산으로 (㉢)을 하여야 하는 경우 ※ 신규가입일 경우 가입일로부터 (㉣) 이내 질병 관련 사고(긴급도축 제외)는 보상하지 아니함	보험금의 (㉤)

정답

㉠ 사슴, 양, ㉡ 법정 전염병, ㉢ 긴급도축, ㉣ 1개월, ㉤ 5%, 10%, 20%, 30%, 40%

38 기타 가축보험의 특별약관에서 보상하는 손해 및 자기부담금은 다음 표와 같다. 괄호 안에 들어갈 내용을 답란에 쓰시오.

구 분	보상하는 손해	자기부담금
꿀벌 낭충아봉아부패병보장	(㉠)	보험금의 (㉢)
꿀벌 부저병보장	(㉡)	

정답

㉠ 벌통의 꿀벌이 낭충봉아부패병으로 폐사(감염 벌통 소각 포함)한 경우
㉡ 벌통의 꿀벌이 부저병으로 폐사(감염 벌통 소각 포함)한 경우
㉢ 5%, 10%, 20%, 30%, 40%

39 다음은 기타 가축보험에서 보상하는 손해의 세부적인 규정이다. 괄호 안에 들어갈 내용을 답란에 쓰시오.

---

① 보험의 목적이 (㉠)의 직접적인 원인으로 폐사 또는 맥박, 호흡 그 외 일반증상이 수의학적으로 구할 수 없는 상태가 확실시되는 경우 그 손해를 보상한다.

② (㉠)의 발생에 따라서 보험목적의 피해를 (㉡)에 필요한 조치로 보험목적에 생긴 손해도 보상한다.

③ 상기 손해는 사고발생 때부터 (㉢) 이내에 폐사되는 보험목적에 한하여 보상한다. 다만, 재해보험사업자가 인정하는 경우에 한하여 사고발생 때부터 (㉢) 이후에 폐사되어도 보상한다.

④ 꿀벌의 경우는 아래와 같은 벌통에 한하여 보상한다.
   • 서양종(양봉)은 꿀벌이 있는 상태의 소비(巢脾)가 (㉣) 이상 있는 벌통
   • 동양종(토종벌, 한봉)은 (㉤)이 있는 상태의 벌통

[정답]

㉠ 화재 및 풍재·수재·설해·지진, ㉡ 방재 또는 긴급피난, ㉢ 120시간(5일), ㉣ 3매, ㉤ 봉군(蜂群)
※ **봉군(蜂群)** : 여왕벌, 일벌, 수벌을 갖춘 꿀벌의 무리를 말하며, 우리말로 "벌무리"라고도 한다.

---

40 가축재해보험 보통약관 축사(畜舍) 부문에서 보상하는 손해로 약관에서 규정하고 있는 비용손해를 답란에 쓰시오.

[정답]

비용손해
① 화재에 따른 손해
② 화재에 따른 소방손해
③ 태풍, 홍수, 호우(豪雨), 강풍, 풍랑, 해일(海溢), 조수(潮水), 우박, 지진, 분화 및 이와 비슷한 풍재 또는 수재로 입은 손해
④ 설해에 따른 손해
⑤ 화재 또는 풍재·수재·설해·지진에 따른 피난손해(피난지에서 보험기간 내의 5일 동안에 생긴 상기 손해를 포함한다)

---

41 가축재해보험 보통약관 축사(畜舍) 부문에서 '지진 피해'의 경우 손해를 담보하는 최저 기준을 답란에 쓰시오.

[정답]

지진 피해의 경우 아래의 최저 기준을 초과하는 손해를 담보한다.
① 기둥 또는 보 1개 이하를 해체하여 수선 또는 보강하는 것
② 지붕틀의 1개 이하를 해체하여 수선 또는 보강하는 것
③ 기둥, 보, 지붕틀, 벽 등에 2m 이하의 균열이 발생한 것
④ 지붕재의 $2m^2$ 이하를 수선하는 것

42 가축재해보험 보통약관 축사(畜舍) 부문에서 보상하는 비용손해에 대한 설명이다. 괄호 안에 들어갈 내용을 답란에 쓰시오.

> 사고 현장에서의 잔존물의 해체 비용, 청소비용 및 차에 싣는 비용인 (㉠)은 손해액의 (㉡)를 한도로 지급보험금 계산방식에 따라서 보상한다. (㉠)에 사고 현장 및 인근 지역의 (㉢)과 차에 실은후 (㉣)은 포함되지 않으며, 보상하지 않는 위험으로 보험의 목적이 손해를 입거나 관계 법령에 의하여 제거됨으로써 생긴 손해에 대하여는 보상하지 않는다.

정답

㉠ 잔존물제거비용, ㉡ 10%, ㉢ 토양, 대기 및 수질 오염물질 제거비용, ㉣ 폐기물처리비용

43 가축재해보험 약관에서 손해의 일부로 간주하여 재해보험사업자가 보상하고 있는 보험계약자 또는 피보험자가 지출한 비용(5가지 비용)을 답란에 쓰시오.

정답

비용손해
① 잔존물처리비용
② 손해방지비용
③ 대위권보전비용
④ 잔존물보전비용
⑤ 기타 협력비용

44 가축재해보험 약관에서 보상하는 비용손해 중 잔존물처리비용을 정의하고, 보상하지 않는 경우를 답란에 서술하시오.

① 잔존물처리비용의 정의 :
② 보상하지 않는 경우 :

정답

① **잔존물처리비용의 정의** : 보험목적물이 <u>폐사한 경우 사고현장에서의 잔존물의 견인비용 및 차에 싣는 비용</u>(사고현장 및 인근 지역의 토양, 대기 및 수질 오염물질 제거비용과 차에 실은후 폐기물 처리비용은 포함하지 않으나, 적법한 시설에서의 랜더링비용은 포함한다)
② **보상하지 않는 경우** : <u>보장하지 않는 위험으로 보험의 목적이 손해를 입거나 관계법령에 의하여 제거됨으로써 생긴 손해에 대하여는 보상하지 않는다.</u>

45 가축재해보험 약관에서 정의하는 다음의 용어를 답란에 서술하시오.

① 폐사(斃死) :

② 랜더링 :

정답

① **폐사(斃死)** : 가축 또는 동물의 생명 현상이 끝남을 말한다.
② **랜더링** : 사체를 고온·고압 처리하여 기름과 고형분으로 분리함으로써 유지(사료·공업용) 및 육분·육골분(사료·비료용)을 생산하는 과정

46 가축재해보험에서 정의하는 다음 (   )의 용어를 순서대로 쓰시오. 기출유형

- (㉠) : 식용불가 판정을 받아 권역별 소각장에서 소각하거나 사료용으로 판매, 매몰처리하는 것을 말한다.
- (㉡) : 사체를 고온·고압 처리하여 기름과 고형분으로 분리, 사료·공업용 유지 및 육분·육골분을 생산하는 공정을 말한다.
- (㉢) : 고객이 보험금 부지급 결정에 동의하지 않는 경우 소비자보호실로 재청구하는 제도를 말한다.
- (㉣) : 허위진술을 하거나 진실을 은폐하는 것을 말한다.
- (㉤) : 제3자의 행위로 피보험자의 손해가 생긴 경우 보험금액을 지급한 보험자는 지급한 보험금액의 한도 내에서 제3자에 대한 피보험자의 권리를 취득하는 것을 말한다.

정답

㉠ 폐사축 처리, ㉡ 랜더링, ㉢ 재심의 청구, ㉣ 기망, ㉤ 보험자대위

47 가축재해보험 약관에서 보상하는 비용손해 중 '손해방지비용'에 관한 내용이다. 괄호 안에 들어갈 내용을 답란에 쓰시오.

① 보험사고발생시 손해의 방지 또는 경감을 위하여 지출한 (㉠) 비용을 손해방지비용으로 보상한다. 다만, 약관에서 규정하고 있는 보험목적의 (㉡)을(를) 위하여 지출한 비용은 제외한다.
② 보험목적의 (㉡)에 따른 비용이란 일상적인 관리에 소요되는 비용과 (㉢), 정기검진, 기생충구제 등에 소용되는 비용 그리고 보험목적이 질병에 걸리거나 부상을 당한 경우 신속하게 (㉣)을(를) 취하는 비용 등을 의미한다.

정답

㉠ 필요 또는 유익한, ㉡ 관리의무, ㉢ 예방접종, ㉣ 치료 및 조치

48 가축재해보험 약관에서 추가로 보상하는 비용손해에 관한 내용이다. 괄호 안에 들어갈 내용을 답란에 쓰시오.

> ① 대위권보전비용 : 재해보험사업자가 보험사고로 인한 피보험자의 손실을 보상해주고, 피보험자가 보험사고와 관련하여 (㉠)에 대하여 가지는 권리가 있는 경우 보험금을 지급한 재해보험사업자는 그 지급한 금액의 한도에서 그 권리를 법률상 당연히 취득하게 된다. 이와 같이 보험사고와 관련하여 (㉠)로부터 손해의 배상을 받을 수 있는 경우에는 그 권리를 지키거나 행사하기 위하여 지출한 (㉡) 비용을 보상한다.
> ② 잔존물보전비용 : 잔존물보전비용이란 보험사고로 인해 멸실된 보험목적물의 잔존물을 보전하기 위하여 지출한 (㉡) 비용으로, 이러한 잔존물을 보전하기 위해 지출한 비용을 보상한다. 그러나 잔존물보전비용은 재해보험사업자가 보험금을 지급하고 잔존물을 취득할 (㉢)를 하는 경우에 한하여 지급한다. 즉 재해보험사업자가 잔존물에 대한 취득 의사를 포기하는 경우에는 지급되지 않는다.

[정답]

㉠ 제3자, ㉡ 필요 또는 유익한, ㉢ 의사표시

49 가축재해보험의 보상하는 손해 중 계약자 및 피보험자에게 지급할 수 있는 비용의 종류와 지급한도에 관하여 서술하시오(단, 비용의 종류에 대한 정의 포함). [기출유형]

[정답]

(1) 비용의 종류
① **잔존물처리비용** : 보험목적물이 폐사한 경우 사고현장에서의 잔존물의 견인비용 및 차에 싣는 비용
   • 사고현장 및 인근지역의 토양, 대기, 수질 오염물질 제거비용과 차에 실은후 폐기물 처리비용은 포함하지 않는다.
   • 적법한 시설에서의 랜더링[사체를 고온·고압 처리하여 기름과 고형분으로 분리함으로써 유지(사료·공업용) 및 육분·육골분(사료·비료용)을 생산하는 과정] 비용을 포함한다.
② **손해방지비용** : 손해의 방지 또는 경감을 위하여 지출한 필요 또는 유익한 비용. 다만, 보험목적의 관리의무를 위하여 지출한 비용은 제외한다.
③ **대위권보전비용** : 제3자로부터 손해의 배상을 받을 수 있는 경우에는 그 권리를 지키거나 행사하기 위하여 지출한 필요 또는 유익한 비용
④ **잔존물보전비용** : 잔존물을 보전하기 위하여 지출한 필요 또는 유익한 비용. 다만, 회사가 잔존물을 취득한 경우에 한한다.
⑤ **기타 협력비용** : 재해보험사업자의 요구에 따르기 위하여 지출한 필요 또는 유익한 비용

(2) 지급한도
① 손해에 의한 보험금과 잔존물처리비용의 합계액은 보험증권에 기재된 보험가입금액을 한도로 한다. 다만, 잔존물처리비용은 손해액의 10%를 초과할 수 없다.
② 비용손해 중 손해방지비용, 대위권보전비용, 잔존물보전비용은 지급보험금이 보험가입금액을 초과하는 경우에도 지급한다.
③ 비용손해 중 기타 협력비용은 보험가입금액을 초과한 경우에도 이를 전액 지급한다.

50 가축재해보험 약관에서 설명하는 보상하지 않는 손해에 관한 내용이다. 다음 (   )에 들어갈 용어(약관의 명시된 용어)를 각각 쓰시오.　　　　　　　　　　　　　　　　**기출유형**

① 계약자, 피보험자 또는 이들의 (㉠)의 고의 또는 중대한 과실
② 계약자 또는 피보험자의 (㉡) 및 (㉢)에 의한 가축폐사로 인한 손해
③ 「가축전염병예방법」 제2조(정의)에서 정하는 가축전염병에 의한 폐사로 인한 손해 및 정부 및 공공기관의 (㉣) 또는 (㉤)(으)로 발생한 손해

정답

㉠ 법정대리인, ㉡ 도살, ㉢ 위탁도살, ㉣ 살처분, ㉤ 도태 권고

51 가축재해보험 약관에서 보상하지 않는 손해에 관한 내용이다. 다음 괄호 안에 들어갈 내용을 답란에 쓰시오.

① 보험목적이 유실 또는 매몰되어 보험목적을 (㉠)으로 확인할 수 없는 손해. 다만, (㉡)로 인한 직접손해 등 재해보험사업자가 인정하는 경우에는 보상한다.
② 원인의 직접, 간접을 묻지 않고 (㉢), 기타 이들과 유사한 사태로 인한 손해
③ 핵연료물질 또는 핵연료물질에 의하여 오염된 물질의 (㉣) 그 밖의 유해한 특성 또는 이들의 특성에 의한 사고로 인한 손해. 핵연료물질은 사용된 연료를 포함하며, 핵연료물질에 의하여 오염된 물질은 원자핵 분열 생성물을 포함한다.
④ 방사선을 쬐는 것 또는 (㉤)으로 인한 손해
⑤ 지진의 경우 (㉥) 현재 이미 진행 중인 지진(본진, 여진을 포함한다)으로 인한 손해

정답

㉠ 객관적
㉡ 풍수해 사고
㉢ 전쟁, 혁명, 내란, 사변, 폭동, 소요, 노동쟁의
㉣ 방사성, 폭발성
㉤ 방사능 오염
㉥ 보험계약일

52 가축재해보험 약관에서 계약 체결 시점 현재 기상청에서 발령하고 있는 기상특보 발령지역의 기상특보 관련 재해로 인한 손해는 보상하지 않는다. 기상특보 관련 재해(5가지)를 답란에 쓰시오.

정답

풍재, 수재, 설해, 지진, 폭염

53 소 보험 약관에서 보상하지 않는 손해에 관한 내용이다. 다음 괄호 안에 들어갈 내용을 답란에 쓰시오.

> ㉠ 사료 공급 및 보호, 피난처 제공, 수의사의 검진, 소독 등 (   )을 위하여 당연하고 필요한 안전대책을 강구하지 않아 발생한 손해
> ㉡ 계약자 또는 피보험자가 보험가입 가축의 번식장애, 경제능력 저하 또는 전신쇠약, 성장 지체·저하에 의해 도태시키는 경우. 다만, 젖소의 (   )의 도태는 보상한다.
> ㉢ 개체 표시인 귀표가 (   )되는 등 목적물을 객관적으로 확인할 수 없는 상태에서 발생한 손해
> ㉣ (   )로 인한 폐사 손해. 다만, 보험목적의 생명유지를 위하여 질병, 질환 및 상해의 치료가 필요하다고 자격 있는 수의사가 확인하고 치료한 경우에는 제외한다.

정답
㉠ 사고의 예방 및 손해의 경감
㉡ 우유방염, 불임 및 각종 대사성질병으로 인하여 수의학적으로 유량 감소가 예견되어 젖소로서의 경제적 가치가 없다고 판단이 확실시되는 경우
㉢ 오손, 훼손, 멸실
㉣ 외과적 치료행위

54 소 보험 약관에서 보상하지 않는 손해에 관한 내용이다. 다음 괄호 안에 들어갈 내용을 답란에 쓰시오.

> ㉠ 독극물의 투약에 의한 (   ) 손해
> ㉡ 정부, 공공기관, 학교 및 연구기관 등에서 (   )으로 공여하여 발생된 손해. 다만, 재해보험사업자의 승낙을 얻은 경우에는 제외한다.
> ㉢ 보상하는 손해 이외의 사고로 재해보험사업자 등 관련기관으로부터 (   )를 통보(구두, 유선 및 문서 등) 받았음에도 불구하고 계속하여 사육 또는 치료하다 발생된 손해 및 자격 있는 수의사가 도살하여야 할 것으로 확인하였으나, 이를 방치하여 발생한 손해
> ㉣ 제1회 보험료 등을 납입한 날의 (   ) 이내에 발생한 긴급도축과 화재·풍수해에 의한 직접손해 이외의 질병 등에 의한 폐사로 인한 손해

정답
㉠ 폐사
㉡ 학술 또는 연구용
㉢ 긴급 출하지시
㉣ 다음 월 응당일(다음 월 응당일이 없는 경우는 다음 월 마지막 날로 한다)

55 소 보험 약관에서 도난손해의 경우 다음의 12가지 사유로 인한 손해는 보상하지 않는다. 해당하지 않는 것을 모두 골라 답란에 쓰시오.

---

① 계약자, 피보험자 또는 이들의 법정대리인의 고의 또는 과실로 생긴 도난손해

② 피보험자의 가족, 친족, 피고용인, 동거인, 숙박인, 감수인(監守人) 또는 당직자가 일으킨 행위 또는 이들이 가담하거나 이들의 묵인하에 생긴 도난손해

③ 지진, 분화, 풍수해, 전쟁, 혁명, 내란, 사변, 폭동, 소요, 노동쟁의 기타 이들과 유사한 사태가 발생했을 때 생긴 도난손해

④ 화재, 폭발이 발생했을 때 생긴 도난손해

⑤ 절도, 강도 행위로 발생한 화재 및 폭발손해

⑥ 보관장소 또는 작업장 내에서 일어난 좀도둑으로 인한 손해

⑦ 재고조사시 발견된 손해

⑧ 망실 또는 분실 손해

⑨ 사기 또는 횡령으로 인한 손해

⑩ 도난손해가 생긴후 40일 이내에 발견하지 못한 손해

⑪ 보관장소를 36시간 이상 비워둔 동안에 생긴 도난손해

⑫ 보험의 목적이 보관장소 내에서 보관되는 동안에 생긴 도난손해

[정답]

①, ⑩, ⑪, ⑫

[해설]

① 계약자, 피보험자 또는 이들의 법정대리인의 <u>고의 또는 중대한 과실</u>로 생긴 도난손해

⑩ 도난손해가 생긴후 <u>30일</u> 이내에 발견하지 못한 손해

⑪ 보관장소를 <u>72시간</u> 이상 비워둔 동안에 생긴 도난손해

⑫ 보험의 목적이 <u>보관장소를 벗어나</u> 보관되는 동안에 생긴 도난손해

56 소 보험 약관에서 보상하지 않는 '도난행위'와 '도난손해'에 관련하여 다음의 용어를 정의하여 답란에 쓰시오.

① 도난행위 :

② 망실(忘失) :

③ 분실(紛失) :

[정답]

① **도난행위** : 완력이나 기타 물리력을 사용하여 보험의 목적을 훔치거나 강탈하거나 무단으로 장소를 이동시켜 피보험자가 소유, 사용, 관리할 수 없는 상태로 만드는 것을 의미한다. 다만, 외부로부터 침입시에는 침입한 흔적 또는 도구, 폭발물, 완력, 기타의 물리력을 사용한 흔적이 뚜렷하여야 한다.

② **망실(忘失)** : 보관하는 자 또는 관리하는 자가 보험의 목적을 보관 또는 관리하던 장소 및 시간에 대한 기억을 되살리지 못하여 보험의 목적을 잃어버리는 것을 말한다.

③ **분실(紛失)** : 보관하는 자 또는 관리하는 자가 보관·관리에 일상적인 주의를 태만히 하여 보험의 목적을 잃어버리는 것을 말한다.

57 소 보험 약관에서 보상하지 않는 '도난손해'에서 피보험자의 가족, 친족은 「민법」 제779조 및 제777조의 규정에 따른다(다만, 피보험자가 법인인 경우에는 그 이사 및 법인의 업무를 집행하는 기관의 업무종사자와 법정대리인의 가족, 친족도 포함한다). 「민법」상 (1) 친족의 범위와 (2) 가족의 범위를 답란에 쓰시오.

정답

(1) **친족의 범위**(민법 제777조)
   ① 8촌 이내의 혈족
   ② 4촌 이내의 인척
   ③ 배우자

(2) **가족의 범위**(민법 제779조)
   ① 배우자, 직계혈족 및 형제자매
   ② 직계혈족의 배우자, 배우자의 직계혈족 및 배우자의 형제자매(생계를 같이 하는 경우에 한한다)

58 다음의 내용을 참고하여 물음에 답하시오(단, 주어진 조건외 다른 조건은 고려하지 않음).

`기출유형`

> 甲은 A보험회사의 가축재해보험(소)에 가입했다. 보험가입 기간 중 甲과 동일한 마을에 사는 乙소유의 사냥개 3마리가 견사를 탈출하여 甲소유의 축사에 있는 소 1마리를 물어 죽이는 사고가 발생했다. 조사결과 폐사한 소는 가축재해보험에 정상적으로 가입되어 있었다.
> • A보험회사의 면·부책 : 부책
> • 폐사한 소의 가입금액 및 손해액 : 500만원(자기부담금 20%)
> • 乙의 과실 : 100%

(1) A보험회사가 甲에게 지급할 보험금의 계산과정과 값을 쓰시오.
(2) A보험회사의 ① 보험자대위의 대상(손해발생 책임자), ② 보험자대위의 구분(종류), ③ 대위금액을 쓰시오.

정답

(1) **A보험회사가 甲에게 지급할 보험금**
   지급보험금 = 손해액 - 자기부담금 = 5,000,000원 - 1,000,000원 = **4,000,000원**
   ※ 자기부담금 = 5,000,000원 × 20% = 1,000,000원

(2) **A보험회사의 ① 보험자대위의 대상(손해발생 책임자), ② 보험자대위의 구분(종류), ③ 대위금액**
   ① **보험자대위의 대상(손해발생 책임자)**
      사냥개의 소유자인 <u>乙에 대해 보험자대위권을 갖는다.</u>
   ② **보험자대위의 구분(종류)**
      손해가 제3자의 행위로 인하여 발생한 경우 보험금을 지급한 보험자는 그 지급한 금액의 한도 내에서 그 제3자에 대한 계약자 또는 피보험자의 권리를 취득하는데 이것을 '<u>제3자에 대한 보험자대위(청구권대위)</u>'라 한다.
   ③ **대위금액**
      보험금을 지급한 금액의 한도 내이므로, <u>**400만원**</u>이다.

59 돼지보험 약관에서 보상하지 않는 손해에 관한 내용이다. 다음 괄호 안에 들어갈 내용을 답란에 쓰시오.

> ㉠ 댐 또는 제방 등의 (　　)로 생긴 손해. 다만, (　　)가 약관에서 규정하는 보상하는 손해에서 정한 위험(화재 및 풍재·수재·설해·지진)으로 발생된 손해는 보상한다.
> ㉡ 바람, 비, 눈, 우박 또는 (　　)가 들어옴으로써 생긴 손해. 다만, 보험의 목적이 들어 있는 건물이 풍재·수재·설해·지진으로 직접 파손되어 보험의 목적에 생긴 손해는 보상한다.
> ㉢ 추위, (　　)으로 생긴 손해
> ㉣ 발전기, 여자기(정류기 포함), 변류기, 변압기, 전압조정기, 축전기, 개폐기, 차단기, 피뢰기, 배전반 및 그 밖의 전기장치 또는 설비의 전기적 사고로 생긴 손해. 그러나 그 결과로 생긴 (　　)는 보상한다.
> ㉤ 화재 및 풍재·수재·설해·지진 발생으로 방재 또는 긴급피난시 피난처에서 사료공급, 보호, 환기, 수의사의 검진, 소독 등 (　　)을 위하여 당연하고 필요한 안전대책을 강구하지 않아 발생한 손해
> ㉥ 모돈의 유산으로 인한 (　　)로 인한 직·간접 손해
> ㉦ 보험목적이 (　　)된 경우

정답

㉠ 붕괴
㉡ 모래먼지
㉢ 서리, 얼음
㉣ 화재손해
㉤ 사고의 예방 및 손해의 경감
㉥ 태아폐사 또는 성장 저하
㉦ 도난 또는 행방불명

60 가금보험 약관에서 보상하지 않는 손해를 답란에 쓰시오.

정답

보상하지 않는 손해
① 댐 또는 제방 등의 붕괴로 생긴 손해. 다만, 붕괴가 보상하는 손해에서 정한 위험(화재 및 풍재·수재·설해·지진)으로 발생된 손해는 보상한다.
② 바람, 비, 눈, 우박 또는 모래먼지가 들어옴으로써 생긴 손해. 다만, 보험의 목적이 들어 있는 건물이 풍재·수재·설해·지진으로 직접 파손되어 보험의 목적에 생긴 손해는 보상한다.
③ 추위, 서리, 얼음으로 생긴 손해
④ 발전기, 여자기(정류기 포함), 변류기, 변압기, 전압조정기, 축전기, 개폐기, 차단기, 피뢰기, 배전반 및 그 밖의 전기장치 또는 설비의 전기적 사고로 생긴 손해. 그러나 그 결과로 생긴 화재손해는 보상한다.
⑤ 화재 및 풍재·수재·설해·지진 발생으로 방재 또는 긴급피난시 피난처에서 사료공급, 보호, 환기, 수의사의 검진, 소독 등 사고의 예방 및 손해의 경감을 위하여 당연하고 필요한 안전대책을 강구하지 않아 발생한 손해
⑥ 성장 저하, 산란율 저하로 인한 직·간접 손해
⑦ 보험목적이 도난 또는 행방불명된 경우

61 말(馬)·종모우(種牡牛)보험 약관에서 보상하지 않는 손해에 관한 내용이다. 다음 괄호 안에 들어갈 내용을 답란에 쓰시오.

> ㉠ ( ) 등 사고의 예방 및 손해의 경감을 위하여 당연하고 필요한 안전대책을 강구하지 않아 발생한 손해
> ㉡ 계약자 또는 피보험자가 보험가입 가축의 번식장애, ( ), 성장 지체·저하에 의해 도태시키는 경우
> ㉢ 개체 표시인 귀표가 ( )되는 등 목적물을 객관적으로 확인할 수 없는 상태에서 발생한 손해
> ㉣ 외과적 치료행위로 인한 폐사 손해. 다만, 보험목적의 생명유지를 위하여 질병, ( )가 필요하다고 자격 있는 수의사가 확인하고 치료한 경우에는 제외한다.

정답

㉠ 사료공급 및 보호, 피난처 제공, 수의사의 검진, 소독
㉡ 경제능력 저하 또는 전신쇠약
㉢ 오손, 훼손, 멸실
㉣ 질환 및 상해의 치료

62 말(馬)·종모우(種牡牛)보험 약관에서 보상하지 않는 손해에 관한 내용이다. 다음 괄호 안에 들어갈 내용을 답란에 쓰시오.

> ㉠ 독극물의 투약에 의한 ( ) 손해
> ㉡ 정부, 공공기관, 학교 및 연구기관 등에서 ( )으로 공여하여 발생된 손해. 다만, 재해보험사업자의 승낙을 얻은 경우에는 제외한다.
> ㉢ 보상하는 손해 이외의 사고로 재해보험사업자 등 관련기관으로부터 긴급 출하지시를 통보(구두, 유선 및 문서 등) 받았음에도 불구하고 계속하여 ( )하다 발생된 손해 및 자격 있는 수의사가 도살하여야 할 것으로 확인하였으나, 이를 방치하여 발생한 손해
> ㉣ 보험목적이 ( )된 경우
> ㉤ 제1회 보험료 등을 납입한 날의 다음 월 응당일(다음 월 응당일이 없는 경우는 다음 월 마지막 날로 한다) 이내에 발생한 긴급도축과 화재·풍수해에 의한 직접손해 이외의 ( )로 인한 손해

정답

㉠ 폐사
㉡ 학술 또는 연구용
㉢ 사육 또는 치료
㉣ 도난 또는 행방불명
㉤ 질병 등에 의한 폐사

63 기타 가축(사슴, 양, 염소, 꿀벌, 토끼, 오소리)보험 약관에서 다음의 사유로 인한 손해는 보상하지 않는다. 해당하지 않는 것을 모두 골라 답란에 쓰시오.

---

① 댐 또는 제방 등의 붕괴로 생긴 손해. 또한, 붕괴가 보상하는 손해에서 정한 위험(화재 및 풍재・수재・설해・지진)으로 발생된 손해는 보상하지 않는다.
② 바람, 비, 눈, 우박 또는 모래먼지가 들어옴으로써 생긴 손해. 다만, 보험의 목적이 들어 있는 건물이 풍재・수재・설해・지진으로 직접 파손되어 보험의 목적에 생긴 손해는 보상한다.
③ 추위, 서리, 얼음으로 생긴 손해
④ 발전기, 여자기(정류기 포함), 변류기, 변압기, 전압조정기, 축전기, 개폐기, 차단기, 피뢰기, 배전반 및 그 밖의 전기장치 또는 설비의 전기적 사고로 생긴 손해. 그 결과로 생긴 화재손해도 포함한다.
⑤ 화재 및 풍재・수재・설해・지진 발생으로 방재 또는 긴급피난시 피난처에서 사료 공급, 보호, 환기, 수의사의 검진, 소독 등 사고의 예방 및 손해의 경감을 위하여 당연하고 필요한 안전대책을 강구하지 않아 발생한 손해
⑥ 15kg 미만(1마리 기준)의 양이 폐사하여 발생한 손해
⑦ 벌의 경우 CCD(Colony Collapse Disorder ; 벌떼폐사장애), 농약, 밀원수(蜜原樹)의 황화현상(黃化現象), 공사장의 소음, 전자파로 인하여 발생한 손해 및 꿀벌의 손해가 없는 벌통만의 손해
⑧ 보험목적이 도난 또는 행방불명된 경우

정답

①, ④, ⑥

해설

① 댐 또는 제방 등의 붕괴로 생긴 손해. 다만, 붕괴가 <u>보상하는 손해에서 정한 위험(화재 및 풍재・수재・설해・지진)으로 발생된 손해는 보상한다.</u>
④ 발전기, 여자기(정류기 포함), 변류기, 변압기, 전압조정기, 축전기, 개폐기, 차단기, 피뢰기, 배전반 및 그 밖의 전기장치 또는 설비의 전기적 사고로 생긴 손해. 그러나 <u>그 결과 생긴 화재손해는 보상한다.</u>
⑥ <u>10kg 미만(1마리 기준)</u>의 양이 폐사하여 발생한 손해

64 축사(畜舍)보험 약관에서 보상하지 않는 손해에 관한 내용이다. 다음 괄호 안에 들어갈 내용을 답란에 쓰시오.

① 화재 또는 풍재·수재·설해·지진 발생시 (㉠)로 생긴 손해
② 보험의 목적이 발효, (㉡)로 생긴 손해. 그러나 (㉡)로 연소된 다른 보험의 목적에 생긴 손해는 보상한다.
③ (㉢)과 관계없이 댐 또는 제방이 터지거나 무너져 생긴 손해
④ 바람, 비, 눈, 우박 또는 모래먼지가 들어옴으로써 생긴 손해. 그러나 보험의 목적이 들어있는 건물이 풍재·수재·설해·지진으로 (㉣)되어 보험의 목적에 생긴 손해는 보상한다.
⑤ 풍재의 직접, 간접에 관계없이 보험의 목적인 (㉤)에 전기적 사고로 생긴 손해 및 건식 전구의 (㉥) 만에 생긴 손해
⑥ 발전기, 여자기(정류기 포함), 변류기, 변압기, 전압조정기, 축전기, 개폐기, 차단기, 피뢰기, 배전반 및 그 밖의 전기기기 또는 장치의 전기적 사고로 생긴 손해. 그러나 그 결과로 생긴 (㉦) 손해는 보상한다.
⑦ 국가 및 지방자치단체의 명령에 의한 (㉧) 및 이와 유사한 손해

정답

㉠ 도난 또는 분실, ㉡ 자연발열 또는 자연발화, ㉢ 풍재·수재·설해·지진, ㉣ 직접 파손, ㉤ 네온사인 장치, ㉥ 필라멘트, ㉦ 화재, ㉧ 재산의 소각

65 가축재해보험에 가입한 A축사에 다음과 같은 지진 피해가 발생하였다. 보상하는 손해내용에 해당하는 경우에는 "해당"을, 보상하지 않는 손해내용에 해당하는 경우에는 "미해당"을 쓰시오(다만, 주어진 조건외 다른 사항은 고려하지 않음). 【기출유형】

• 지진으로 축사의 급배수설비가 파손되어 이를 복구하는 비용 500만원 : (①)
• 지진으로 축사 벽의 2m 균열을 수리한 비용 150만원 : (②)
• 지진 발생시 축사의 기계장치 도난 손해 200만원 : (③)
• 지진으로 축사내 배전반이 물리적으로 파손되어 복구한 비용 150만원 : (④)
• 지진으로 축사의 대문이 파손되어 이를 복구하는 비용 130만원 : (⑤)

정답

① (해당) : 건물의 부속설비인 축사의 급배수설비가 파손되었으므로 보상한다.
② (미해당) : 지진으로 축사 벽의 2m 이하의 균열이 발생한 것은 보상하지 않는다.
③ (미해당) : 지진 발생시 도난 또는 분실로 생긴 손해는 보상하지 않는다.
④ (해당) : 축사내 배전반이 물리적으로 파손되어 복구한 비용은 보상하고, 전기적 사고로 생긴 손해는 보상하지 않는다.
⑤ (해당) : 건물의 부속물인 축사의 대문이 파손되었으므로 보상한다.

01 가축재해보험 특별약관의 의의 및 규정에 대해 간략히 서술하시오.

정답

특별약관은 보통약관의 규정을 바꾸거나 보충하거나 배제하기 위하여 쓰이는 약관으로, 현행 가축재해보험 약관에서 손해평가와 관련된 특별약관으로는 일반조항 9개의 특별약관과 각 부문별로 13개의 특별약관(소 1개, 돼지 2개, 돼지·가금 공통 2개, 말 4개, 기타 가축 3개, 축사 1개)까지 총 22개의 특별약관을 두고 있다.

02 일반조항 특별약관을 답란에 쓰시오.

정답

일반조항 특별약관

부 문	일반조항 특별약관
공통	화재대물배상책임 특별약관
	구내폭발위험보장 특별약관
소	협정보험가액 특별약관(유량검정젖소 가입시)
돼지	협정보험가액 특별약관(종돈 가입시)
가금	협정보험가액 특별약관

03 일반조항에 대한 특약 중 협정보험가액 특약에 대한 설명이다. 괄호 안에 들어갈 내용을 답란에 쓰시오.

① 특별약관에서 적용하는 가축에 대하여 계약 체결시 재해보험사업자와 계약자 또는 피보험자와 협의하여 평가한 보험가액을 보험기간 중에 (㉠)으로 하는 (㉡) 특약이다.
② 이 특별약관이 적용되는 가축은 (㉢), 유량검정젖소, 기타 보험자가 인정하는 가축이다.

정답

㉠ 보험가액 및 보험가입금액
㉡ 기평가보험
㉢ 종빈우(種牝牛), 종모돈(種牡豚), 종빈돈(種牝豚), 자돈(仔豚 ; 포유돈, 이유돈), 종가금(種家禽)

04 유량검정젖소의 정의와 가입기준(대상농가, 대상젖소)에 관하여 답란에 서술하시오. `기출유형`

정답

(1) 정 의

유량검정젖소란 젖소개량사업소의 검정사업에 참여하는 농가 중에서 일정한 요건을 충족하는 농가의 소를 의미하며, 시가에 관계없이 협정보험가액 특약으로 보험가입이 가능하다.

(2) 가입기준

① **대상농가** : 농가 기준 직전 월의 305일 평균유량이 10,000kg 이상이고, 평균 체세포수가 30만 마리 이하를 충족하는 농가가 대상이다.

② **대상젖소** : 대상농가 기준을 충족하는 농가의 젖소 중 최근 산차 305일 유량이 11,000kg 이상이고, 체세포수가 20만 마리 이하인 젖소가 대상이다.

05 가축재해보험 협정보험가액 특별약관이 적용되는 가축 중 유량검정젖소에 관한 내용이다. (   )에 들어갈 내용을 쓰시오. `기출유형`

> 유량검정젖소란 젖소개량사업소의 검정사업에 참여하는 농가 중에서 일정한 요건을 충족하는 농가[직전 월 (㉠)일 평균유량이 (㉡)kg 이상이고 평균 체세포수가 (㉢)만 마리 이하를 충족하는 농가]의 소[최근 산차 305일 유량이 (㉣)kg 이상이고, 체세포수가 (㉤)만 마리 이하인 젖소]를 의미하며, 요건을 충족하는 유량검정젖소는 시가에 관계없이 협정보험가액 특약으로 보험가입이 가능하다.

정답

㉠ 305, ㉡ 10,000, ㉢ 30, ㉣ 11,000, ㉤ 20

해설

유량검정젖소

유량검정젖소란 젖소개량사업소의 검정사업에 참여하는 농가 중에서 일정한 요건을 충족하는 농가[직전 월 (305)일 평균유량이 (10,000)kg 이상이고 평균 체세포수가 (30)만 마리 이하를 충족하는 농가]의 소[최근 산차 305일 유량이 (11,000)kg 이상이고, 체세포수가 (20)만 마리 이하인 젖소]를 의미하며, 요건을 충족하는 유량검정젖소는 시가에 관계없이 협정보험가액 특약으로 보험가입이 가능하다.

06 일반조항에 대한 특별약관 중 다음 제시된 특별약관을 답란에 서술하시오.

① 화재대물배상책임 특별약관 :
② 구내폭발위험보장 특별약관 :

정답

① **화재대물배상책임 특별약관** : 피보험자가 보험증권에 기재된 축사구내에서 발생한 화재 사고로 인하여 타인의 재물에 손해를 입혀서 법률상의 배상책임을 부담함으로써 입은 손해를 보상하여 주는 특약이다.
② **구내폭발위험보장 특별약관** : 보험의 목적이 있는 구내에서 생긴 폭발, 파열(폭발, 파열이라 함은 급격한 산화반응을 포함하는 파괴 또는 그 현상을 말한다)로 보험의 목적에 생긴 손해를 보상하는 특약이다. 그러나 기관, 기기, 증기기관, 내연기관, 수도관, 수관, 유압기, 수압기 등의 물리적인 폭발, 파열이나 기계의 운동부분 또는 회전부분이 분해되어 날아 흩어지므로 인해 생긴 손해는 보상하지 않는다.

07 소(牛) 부문 특별약관 중 소(牛)도체결함보장 특별약관에 대한 설명이다. 괄호 안에 들어갈 내용을 답란에 쓰시오.

① 도축장에서 소를 도축하면 이후 축산물품질평가사가 도체에 대하여 등급을 판정하고 그 판정내용을 표시하는 "(㉠)"을 도체에 찍고 등급판정과정에서 도체에 결함이 발견되면 추가로 "(㉡)"을 찍게 된다.
② 본 특약은 경매시까지 발견된 (㉡)으로 인해 (㉢)이 하락하여 발생하는 손해를 보상한다.
③ 단, 보통약관에서 보상하지 않는 손해나 소 부문에서 보상하는 손해, 그리고 (㉣)으로 인한 손해는 보상하지 않는다.

정답

㉠ 등급판정인, ㉡ 결함인, ㉢ 경락가격, ㉣ 경매후 발견된 결함

08 가축재해보험 특별약관 중 돼지 부문에 해당되는 특약(4개)을 답란에 쓰시오.

정답

① 질병위험보장 특약
② 축산휴지위험보장 특약
③ 전기적장치위험보장 특약
④ 폭염재해보장 추가특약(※ 전기적장치위험보장 특약 가입자만 가입 가능)

09 돼지 부문 특별약관 중 질병위험보장 특약에 대한 설명이다. 괄호 안에 들어갈 내용을 답란에 쓰시오.

① 본 특별약관은 (㉠)와 같은 질병을 직접적인 원인으로 하여 보험기간 중에 (㉡), 그 외 일반증상으로 수의학적으로 구할 수 없는 상태가 확실시 되는 경우 그 손해도 보상한다.
② 수의학적으로 구할 수 없는 상태란 보험기간 중에 질병으로 폐사하거나 보험기간 종료일 이전에 질병의 발생을 서면 통지한후 (㉢) 이내에 폐사할 경우를 포함한다.
③ 상기 질병에 대한 진단 확정은 전문 수의사가 조직(fixed tissue) 또는 분변, 혈액검사 등에 대한 (㉣) 또는 (㉤) 등을 기초로 진단하여야 한다.

[정답]

㉠ 전염성위장염(TGE virus 감염증), 돼지유행성설사병(PED virus 감염증), 로타바이러스감염증(Rota virus 감염증),
㉡ 폐사 또는 맥박, 호흡
㉢ 30일
㉣ 형광항체법
㉤ PCR(Polymerase chain reaction ; 중합효소연쇄반응) 진단법

10 돼지 부문 특별약관 중 축산휴지위험보장 특약에 대한 설명이다. 괄호 안에 들어갈 내용을 답란에 쓰시오.

보험기간 동안에 보험증권에 명기된 구내에서 (㉠)에서 보상하는 사고의 원인으로 피보험자가 영위하는 축산업이 (㉡) 되었을 때 생긴 손해액을 보상하는 특약이다.

[정답]

㉠ 보통약관 및 특별약관, ㉡ 중단 또는 휴지

11 돼지 · 가금 부문 공통 특별약관 중 전기적장치위험보장 특약에 대한 설명이다. 괄호 안에 들어갈 내용을 답란에 쓰시오.

> ① 전기적장치위험보장 특별약관은 가축재해보험 돼지부문과 가금부문 보통약관의 보상하지 않는 손해에도 불구하고 (㉠)로 인한 보험목적물의 손해를 보상하는 특약이다.
> ② 전기적장치위험보장 특별약관에서는 여자기(정류기 포함), 변류기, 변압기, 전압조정기, 축전기, 개폐기, 차단기, 피뢰기, 배전반 및 이와 비슷한 전기장치 또는 설비 중 그 전기장치 또는 설비가 (㉡)되어 온도의 변화로 보험의 목적에 손해가 발생하였을 경우에 그 손해를 보상한다.
> ③ 단, 보험자가 인정하는 특별한 경우를 제외하고, 사고발생한 때로부터 (㉢) 이내에 폐사된 보험목적에 한하여 보상한다.

[정답]

㉠ 전기적 장치, ㉡ 파괴 또는 변조, ㉢ 24시간

12 돼지 · 가금 부문 공통 특별약관 중 폭염재해보장 추가특약에 대한 설명이다. 괄호 안에 들어갈 내용을 답란에 쓰시오.

> ① 폭염재해보장 추가특약은 가축재해보험 돼지 · 가금 부문 보통약관의 보상하지 않는 손해에도 불구하고 폭염의 (㉠)으로 인한 보험목적물의 손해를 보상하는 특약이다.
> ② 보험목적 수용장소 지역에 발효된 폭염특보의 발령전 (㉡) 전부터 해제후 (㉡) 이내에 (㉢)되는 보험목적에 한하여 보상하며, 보험기간 종료일까지 폭염특보가 해제되지 않은 경우에는 보험기간 종료일을 (㉣)로 본다.

[정답]

㉠ 직접적인 원인, ㉡ 24시간(1일), ㉢ 폐사, ㉣ 폭염특보 해제일

13 돼지를 사육하는 A농장의 계약자가 가축재해보험에 가입하려고 한다. 질병위험보장 특약 보험가입금액의 계산과정과 값을 쓰시오.   기출유형

농 장	사육두수		
A농장	비육돈	모돈	웅돈
	50두	20두	10두

질병위험보장 특약 보험가입금액
(모돈) × 2.5 × 100,000원 = (20두) × 2.5 × 100,000원 = 5,000,000원

질병위험보장 특별약관
모돈수를 지표로 기준가액을 산정한다.

모돈수 × 2.5 × 100,000원

14 가축재해보험 특별약관 중 가금 부문에 해당되는 특약을 답란에 쓰시오.

① **전기적장치위험보장 특약** : 전기적 장치로 인한 손해를 보상하는 특약
② **폭염재해보장 추가특약** : 폭염으로 인한 손해를 보상하는 특약
   ※ 전기적장치위험보장 특약 가입자만 가입 가능

15 가축재해보험 특별약관 중 말(馬) 부문에 해당되는 특약(4개)을 답란에 쓰시오.

① 씨수말 번식첫해 선천성 불임 확장보장 특약
② 말(馬) 운송위험 확장보장 특약
③ 경주마 부적격 특약(경주마, 경주용 육성마 가입시 자동 담보)
④ 경주마 보험기간 설정에 관한 특약

16 말(馬) 부문 특별약관 중 씨수말 번식첫해 선천성 불임 확장보장 특약에서 보상하지 않는 사유를 답란에 쓰시오.

씨수말 번식첫해 선천성 불임 확장보장 특별약관에서는 다음의 사유로 인해 발생 또는 증가된 손해는 보상하지 않는다.
① 씨수말내·외부 생식기의 감염으로 일어난 불임
② 씨암말의 성병으로부터 일어난 불임
③ 어떠한 이유로든지 교배시키지 않아서 일어난 불임
④ 씨수말의 외상, 질병, 전염병으로부터 유래된 불임

17 말(馬) 부문 특별약관 중 말(馬) 운송위험 확장보장 특약에서 보상하지 않는 손해를 답란에 쓰시오.

> **정답**

다음 사유로 발생한 손해는 보상하지 않는다.
① 운송 차량의 덮개(차량에 부착된 덮개 포함) 또는 화물의 포장 불완전으로 생긴 손해
② 「도로교통법 시행령」 제22조(운행상의 안전기준)의 적재중량과 적재용량 기준을 초과하여 적재함으로써 생긴 손해
③ 수탁물이 수하인에게 인도된후 14일을 초과하여 발견된 손해

18 말(馬) 부문 특별약관에 대한 설명이다. 괄호 안에 들어갈 내용을 답란에 쓰시오.

> ① 경주마 부적격 특약 : 보험의 목적인 경주마 혹은 경주용으로 육성하는 육성마가 (㉠) 혹은 경주 중 실명으로 인한 경주마 부적격 판정을 받은 경우 보험증권에 기재된 보험가입금액 내에서 보상하는 특약이다. 단, 보험의 목적인 경주마가 경주마 부적격 판정 이후 (㉡)로 용도가 변동된 경우에는 보상하지 않는다.
> ② 경주마 보험기간 설정에 관한 특약 : 보통약관에서는 (㉢) 등에 의한 폐사는 보험자의 책임이 발생하는 제회 보험료 등을 받은 날로부터 (㉣) 이후에 폐사한 경우만 보상하고 있으나, 보험의 목적이 경주마인 경우에는 (㉣) 이내의 (㉢) 등에 의한 폐사도 보상한다는 특약이다.

> **정답**

㉠ 건염, 인대염, 골절, ㉡ 종모마 혹은 종빈마, ㉢ 질병, ㉣ 1개월

19 가축재해보험 특별약관 중 기타 가축 부문에 해당되는 특약(3개)을 답란에 쓰시오.

> **정답**

① 폐사 · 긴급도축 확장보장 특약
② 꿀벌 낭충봉아부패병보장 특약
③ 꿀벌 부저병보장 특약

20 기타 가축 부문 특별약관 중 폐사 · 긴급도축 확장보장 특약에 대한 설명이다. 괄호 안에 들어갈 내용을 답란에 쓰시오.

> 기타 가축 (㉠)의 경우 보통약관에 보상하는 손해는 화재 및 풍재 · 수재 · 설해 · 지진의 직접적인 원인으로 보험목적이 폐사한 경우 보상하고 있으나, 폐사 · 긴급도축 확장보장 특별약관에 가입하는 경우에는 (㉡)로 인한 폐사 및 (㉢)의 경우에도 보상하는 특약이다.

정답

㉠ 사슴과 양, ㉡ 질병 또는 불의의 사고, ㉢ 긴급도축

21 기타 가축 부문 특별약관에 대한 설명이다. 괄호 안에 들어갈 내용을 답란에 쓰시오.

> ① 꿀벌 낭충봉아부패병보장 특약 : 보통약관에서 "(㉠) 및 (㉡)"는 보상하지 않는 손해로 규정하고 있으나, 벌통의 꿀벌이 제2종 가축전염병인 꿀벌 낭충봉아부패병으로 (㉢)했을 경우 (㉣)을(를) 보상하는 특약이다.
> ② 꿀벌 부저병보장 특약 : 보통약관에서 "(㉠) 및 (㉡)"는 보상하지 않는 손해로 규정하고 있으나, 벌통의 꿀벌이 제3종 가축전염병인 꿀벌 부저병으로 (㉢)했을 경우 (㉣)을(를) 보상하는 특약이다.

정답

㉠ 「가축전염병예방법」 제2조(정의)에서 정하는 가축전염병에 의한 폐사로 인한 손해
㉡ 정부 및 공공기관의 살처분 또는 도태 권고로 발생한 손해
㉢ 폐사(감염 벌통 소각 포함)
㉣ 벌통의 손해

22 다음은 축사 특별약관인 설해손해 부보장 특별약관에 대한 설명이다. 괄호 안에 들어갈 내용을 답란에 쓰시오.

> 가축재해보험 보통약관 축사 부문에서 설해로 인한 손해는 보상하는 손해로 규정하고 있음에도 불구하고, 이 특별약관에 의하여 (㉠)와 (㉡)에 발생한 설해로 인한 손해를 보상하지 않는 특약이다.

정답

㉠ 돈사(豚舍), ㉡ 가금사(家禽舍)

제2과목

농작물재해보험 및 가축재해보험 손해평가의 이론과 실무

제1장 농업재해보험 손해평가 개관

제1절 손해평가의 개요

01 손해평가의 의의에 대한 설명이다. 괄호 안에 들어갈 내용을 답란에 쓰시오.

> ① 손해평가는 보험대상 농작물에 피해가 발생한 경우 그 피해사실을 (㉠)하고 (㉡)하는 일련의 과정을 의미한다. 즉, 손해평가는 보험에서 보상하는 재해로 인한 손해가 어느 정도인지를 파악하여 (㉢)을 (를) 결정하는 일련의 과정이라고 할 수 있다.
> ② 손해평가는 재해로 인한 (㉣)을(를) 파악하여 (㉤)을(를) 계산함으로써 지급될 보험금을 산정하게 된다. 손해평가 결과는 지급보험금을 확정하는데 (㉥)가 되기 때문에 손해평가(특히 현지조사)는 농업재해보험에서 가장 중요한 부분 중의 하나이다.

정답

㉠ 확인, ㉡ 평가, ㉢ 보험금, ㉣ 수확감소량, ㉤ 피해율, ㉥ 결정적인 근거

02 손해평가의 의의 및 기능에 대한 설명이다. 괄호 안에 들어갈 내용을 답란에 쓰시오.

> ① 손해평가 결과는 몇 단계의 검토과정을 거쳐 최종적으로 보험가입자가 받을 (㉠)이 확정되지만 이 과정에서 검토 대상이 되는 것은 (㉡)이다.
> ② 재해보험사업자는 조사자의 관점을 통일하고 공정한 손해평가를 위해 (㉢)을(를) 작성하여 활용한다. 조사자들이 손해평가요령, 업무방법서 등을 토대로 지속적으로 전문지식과 경험을 축적하고 손해평가 기술을 연마하면 손해평가의 (㉣)은 더욱 높아질 것이다.
> ③ 손해평가가 피해 상황보다 (㉤) 되면 피해를 입은 보험가입자는 그만큼 보험금을 많이 받게 되어 당장은 이익이라고 할 수 있지만, 이러한 상황이 계속적으로 광범위하게 발생하면 (㉥)에 영향을 미치며, 결국에는 보험가입자의 보험가입 기피를 초래하고 (㉦)이 곤란하게 되어 농업재해보험제도 자체의 존립에도 영향을 미칠 수 있다.

정답

㉠ 보험금, ㉡ 손해평가 결과물, ㉢ 업무방법서, ㉣ 공정성과 객관성, ㉤ 과대평가, ㉥ 보험수지, ㉦ 보험사업의 운영

03 농업재해보험에서 손해평가가 갖는 중요한 의미(5가지)를 답란에 서술하시오.

정답

손해평가가 갖는 중요한 의미

① **보험금을 결정하는 중요한 기초자료** : 손해평가 결과는 피해 입은 계약자 또는 피보험자(이하 '보험가입자'로 한다)가 받을 보험금을 결정하는 가장 중요한 기초자료가 된다.

② **손해평가의 공정성** : 손해평가 결과에 대하여 보험가입자는 물론 제3자도 납득할 수 있어야 한다. 손해평가 결과가 지역마다, 개개인마다 달라 보험가입자들이 인정하기 어렵다면 손해평가 자체의 문제는 물론이고, 농업재해보험제도 자체에 대한 신뢰를 상실하게 된다.

③ **보험료율의 조정** : 보험료율은 해당 지역 및 개인의 보험금 수급 실적에 따라 조정된다. 보험금을 많이 받은 지역·보험가입자의 보험료율은 인상되고, 재해가 발생하지 않아 보험금을 지급받지 않은 지역·보험가입자의 보험료율은 인하되는 것이 보험의 기본이다.

④ **손해평가의 객관성과 정확성 유지** : 손해평가가 피해 상황보다 과대평가 되면 피해를 입은 보험가입자는 그만큼 보험금을 많이 받게 되어 당장은 이익이라고 할 수 있지만, 이러한 상황이 계속적으로 광범위하게 발생하면 보험수지에 영향을 미치며, 보험료율도 전반적으로 지나치게 높아지게 된다. 결국은 보험가입자의 보험가입 기피를 초래하고 보험사업의 운영이 곤란하게 되어 농업재해보험제도 자체의 존립에도 영향을 미칠 수 있다.

⑤ **농업재해 통계나 재해대책 수립의 기초자료** : 손해평가 결과가 계속 축적되면 보험료율 조정의 기초자료로 활용되는 이외에도 농업재해 통계나 재해대책 수립의 기초자료로 이용될 수 있다.

04 손해평가는 보험금 산정의 기초가 되므로 농업재해보험사업의 운영에 있어 그 어떤 업무보다 공정하고 정확하게 이루어져야 한다. 손해평가 업무의 중요성을 답란에 서술하시오.

정답

손해평가 업무의 중요성

① **보험가입자에 대한 정당한 보상** : 공정한 손해평가를 통해 보험가입자의 피해 상황에 따른 정확한 보상을 함으로써 보험가입자와의 마찰을 줄일 수 있다. 또한 공정한 손해평가에 따른 지역별 피해 자료의 축적을 통해 보험료율의 현실화에 기여할 수 있다. 결과적으로 과거 피해의 정도에 따라 적정한 보험료율을 책정함으로써 보험가입자에게 공평한 보험료 분담을 이룰 수 있다.

② **선의의 계약자 보호** : 어느 특정인이 부당하게 보험금을 수취하였을 경우 그로 인해 다수의 선의의 보험가입자가 그 부담을 안아야 한다. 따라서 정확한 손해평가는 다수의 선의의 보험가입자를 보호한다는 관점에서도 중요하다.

③ **보험사업의 건전화** : 부당 보험금의 증가는 보험료의 상승을 가져와 다수의 선량한 보험가입자가 보험가입을 할 수 없게 된다. 선량한 보험가입자의 보험가입이 감소하면, 상대적으로 보험료가 인상되고 그에 따라 보험 여건은 더 악화된다. 결국에는 보험사업을 운영할 수 없게 되어 농업재해보험제도 자체의 존립도 위험하게 된다. 따라서 공정하고 정확한 손해평가는 장기적으로 보험가입자와 재해보험사업자 모두에게 이익을 가져다줄 뿐만 아니라, 농업재해보험 제도의 지속 가능성을 높여줄 수 있다.

01 손해평가의 근거가 되는 법령(3개)을 답란에 쓰시오.

정답
① 농어업재해보험법
② 농어업재해보험법 시행령
③ 농업재해보험 손해평가요령

02 농어업재해보험법 제11조(손해평가 등)에서는 손해평가 전반에 대해 규정하고 있다. 괄호 안에 들어갈 내용을 답란에 쓰시오.

> ① 재해보험사업자는 보험목적물에 관한 지식과 경험을 갖춘 사람 또는 그 밖의 관계 전문가를 손해평가인으로 위촉하여 손해평가를 담당하게 하거나 제11조의2에 따른 (㉠) 또는 「보험업법」 제186조에 따른 (㉡)에게 손해평가를 담당하게 할 수 있다.
> ② 손해평가인과 (㉠) 및 「보험업법」 제186조에 따른 (㉡)는 농림축산식품부장관 또는 해양수산부장관이 정하여 고시하는 손해평가요령에 따라 손해평가를 하여야 한다. 이 경우 공정하고 객관적으로 손해평가를 하여야 하며, (㉢)로 진실을 숨기거나 (㉣)으로 손해평가를 하여서는 아니 된다.
> ③ 재해보험사업자는 공정하고 객관적인 손해평가를 위하여 동일 시·군·구(자치구를 말한다) 내에서 (㉤)를 수행할 수 있다. 이 경우 (㉤)의 절차·방법 등에 필요한 사항은 농림축산식품부장관 또는 해양수산부장관이 정한다.
> ④ 농림축산식품부장관 또는 해양수산부장관은 손해평가요령을 고시하려면 미리 (㉥)와 협의하여야 한다.
> ⑤ 농림축산식품부장관 또는 해양수산부장관은 손해평가인이 공정하고 객관적인 손해평가를 수행할 수 있도록 연 (㉦) 이상 정기교육을 실시하여야 한다.

정답
㉠ 손해평가사
㉡ 손해사정사
㉢ 고의
㉣ 거짓
㉤ 교차손해평가(손해평가인 상호간에 담당지역을 교차하여 평가하는 것을 말한다)
㉥ 금융위원회
㉦ 1회

03 손해평가의 주체를 답란에 쓰고, 손해평가와 관련하여 그 주체의 업무역할에 대해 서술하시오.

정답

(1) 손해평가의 주체
농림축산식품부장관과 사업 약정을 체결한 <u>재해보험사업자</u>이다(농어업재해보험법 제8조).

(2) 재해보험사업자의 업무역할
① 재해보험사업자는 보험목적물에 관한 지식과 경험을 갖춘 자 또는 그 밖의 관계 전문가를 손해평가인으로 <u>위촉하여 손해평가를 담당하게 하거나 손해평가사 또는 손해사정사에게 손해평가를 담당하게 할 수 있다</u>(농어업재해보험법 제11조 제1항).
② 재해보험사업자는 재해보험사업의 원활한 수행을 위하여 <u>보험 모집 및 손해평가 등 재해보험 업무의 일부를 대통령령으로 정하는 자에게 위탁</u>할 수 있다(농어업재해보험법 제14조).

04 재해보험사업자는 재해보험사업의 원활한 수행을 위하여 보험모집 및 손해평가 등 재해보험 업무의 일부를 "대통령령으로 정하는 자"에게 위탁할 수 있다. "대통령령으로 정하는 자"에 해당하는 자를 답란에 쓰시오.

정답

"대통령령으로 정하는 자"란 다음 각 호의 자를 말한다(농어업재해보험법 시행령 제13조).
① 「농업협동조합법」에 따라 설립된 <u>지역농업협동조합·지역축산업협동조합 및 품목별·업종별 협동조합</u>
② 「산림조합법」에 따라 설립된 <u>지역산림조합 및 품목별·업종별 산림조합</u>
③ 「수산업협동조합법」에 따라 설립된 <u>지구별 수산업협동조합, 업종별 수산업협동조합, 수산물가공 수산업협동조합 및 수협은행</u>
④ 「보험업법」 제187조에 따라 <u>손해사정을 업으로 하는 자</u>
⑤ 농어업재해보험 관련 업무를 수행할 목적으로 「민법」 제32조에 따라 <u>농림축산식품부장관 또는 해양수산부장관의 허가를 받아 설립된 비영리법인</u>

05 농업재해보험 조사자의 유형을 답란에 쓰고, 각 조사자에 대해 정의하시오.

정답

(1) 농업재해보험 조사자의 유형
손해평가인, 손해평가사, 손해사정사

(2) 농업재해보험 조사자의 정의
① **손해평가인** : 「농어업재해보험법 시행령」 제12조에 따른 자격요건을 충족하는 자로 재해보험사업자가 위촉한 자이다.
② **손해평가사** : 농림축산식품부장관이 한국산업인력공단에 위탁하여 시행하는 손해평가사 자격시험에 합격한 자이다.
③ **손해사정사** : 보험개발원에서 실시하는 손해사정사 자격시험에 합격하고, 일정기간의 실무수습을 마쳐 금융감독원에 등록한 자이다.

06 다음은 손해평가 업무절차를 개략적으로 나열한 것이다. 답란에 순서대로 쓰시오.

> ㉠ 사고발생 통지
> ㉡ 손해평가반 구성
> ㉢ 사고발생 보고 전산입력
> ㉣ 현지조사 결과 전산 입력
> ㉤ 현지조사 실시
> ㉥ 현지조사 및 검증조사

[정답]

㉠ – ㉢ – ㉡ – ㉤ – ㉣ – ㉥

[해설]

손해평가 업무절차
① 사고발생 통지
② 사고발생 보고 전산입력
③ 손해평가반 구성
④ 현지조사 실시
⑤ 현지조사 결과 전산 입력
⑥ 현지조사 및 검증조사

07 손해평가 업무절차 중 사고발생과 관련된 설명이다. 괄호 안에 들어갈 내용을 답란에 쓰시오.

> ① 보험가입자는 보험대상 목적물에 보험사고가 발생할 때마다 가입한 (㉠)에게 사고발생 사실을 (㉡)
>   통보하여야 한다.
> ② 기상청 자료 및 (㉢) 등을 통하여 보험사고 여부를 판단하고, 보험대리점 등은 계약자의 사고접수내용
>   이 보험사고에 해당하는 경우 (㉣)에 기록하며, 이를 지체 없이 전산 입력한다.

[정답]

㉠ 대리점 또는 재해보험사업자, ㉡ 지체 없이, ㉢ 현지 방문, ㉣ 사고접수대장

08 다음은 손해평가 업무절차상 손해평가반 구성에 관한 내용이다. 괄호에 알맞은 내용을 쓰시오.

기출유형

> 재해보험사업자 등은 보험가입자로부터 보험사고가 접수되면 (㉠), (㉡), (㉢) 등에 따라 조사종류를 결정하고, 지체 없이 손해평가반을 구성한다.

정답

㉠ 생육시기, ㉡ 품목, ㉢ 재해종류

09 손해평가 업무절차에서 손해평가반의 구성에 관한 내용이다. 괄호 안에 들어갈 내용을 답란에 쓰시오.

> ① 재해보험사업자는 손해평가를 하는 경우에는 손해평가반을 구성하고, 손해평가반별로 (㉠)을(를) 수립하여야 한다.
> ② 손해평가반은 (㉡)에 해당하는 자로 구성하며, (㉢) 이내로 한다.

정답

㉠ 평가일정계획
㉡ 손해평가인, 손해평가사, 손해사정사
㉢ 5인

10 손해평가반 구성에 있어서 "이해관계자"를 배제해야 하는 손해평가를 답란에 서술하시오.

정답

① 자기 또는 자기와 생계를 같이 하는 친족(이하 "이해관계자"라 한다)이 가입한 보험계약에 관한 손해평가
② 자기 또는 이해관계자가 모집한 보험계약에 관한 손해평가
③ 직전 손해평가일로부터 30일 이내의 보험가입자간 상호 손해평가
④ 자기가 실시한 손해평가에 대한 검증조사 및 재조사

11 금차 조사일정에 대하여 손해평가반을 구성하고자 한다. 아래의 '계약사항', '과거 조사사항', '조사자 정보'를 참조하여 〈보기〉의 손해평가반(①~⑤)별 구성가능 여부를 각 반별로 가능 또는 불가능으로 기재하고 불가능한 반은 그 사유를 각각 쓰시오(단, 제시된 내용 외 다른 사항은 고려하지 않음). `기출유형`

○ 금차 조사일정

구 분	조사종류	조사일자
㉮계약(사과)	낙과피해조사	2024년 9월 7일

○ 계약사항

구 분	계약자(가입자)	모집인	계약일
㉮계약(사과)	H	E	2024년 2월 18일
㉯계약(사과)	A	B	2024년 2월 17일

○ 과거 조사사항

구 분	조사종류	조사일자	조사자
㉮계약(사과)	적과후착과수조사	2024년 8월 13일	D, F
㉯계약(사과)	적과후착과수조사	2024년 8월 18일	C, F, H

○ 조사자 정보(조사자간 생계를 같이하는 친족관계는 없음)

성 명	A	B	C	D	E	F	G	H
구분	손해평가인	손해평가인	손해평가사	손해평가인	손해평가인	손해평가사	손해평가인	손해평가사

○ 손해평가반 구성

〈보기〉
①반 : A, B   ②반 : C, H   ③반 : G   ④반 : C, D, E   ⑤반 : D, F

`정답`

①반 : 불가능
[사유]
A는 직전 손해평가일로부터 30일 이내의 보험가입자간 상호 손해평가에 해당되어 손해평가반 구성에서 배제된다.

②반 : 불가능
[사유]
H는 자기가 가입한 보험계약에 관한 손해평가에 해당되어 손해평가반 구성에서 배제된다.

③반 : 가능

④반 : 불가능
[사유]
E는 자기가 모집한 보험계약에 관한 손해평가에 해당되어 손해평가반 구성에서 배제된다.

⑤반 : 가능

해설

손해평가반의 구성

① 손해평가반은 손해평가인, 손해평가사, 「보험업법」제186조에 따른 손해사정사로 구성하며, 5인 이내로 한다.

② 다음의 어느 하나에 해당하는 손해평가에 대하여는 해당자를 손해평가반 구성에서 배제하여야 한다.

    ㉠ 자기 또는 자기와 생계를 같이하는 친족(이하 "이해관계자"라 한다)이 가입한 보험계약에 관한 손해평가

    ㉡ 자기 또는 이해관계자가 모집한 보험계약에 관한 손해평가

    ㉢ 직전 손해평가일로부터 30일 이내의 보험가입자간 상호 손해평가

    ㉣ 자기가 실시한 손해평가에 대한 검증조사 및 재조사

12 손해평가 업무절차에서 현지조사 실시에 관한 내용이다. 괄호 안에 들어갈 내용을 답란에 쓰시오.

> ① 손해평가반은 배정된 농지(과수원)에 대해 「손해평가요령」제12조의 (㉠)로 현지조사를 실시한다. 현지조사 내용은 (㉡), 재해종류에 따라 다르다.
> ② 대리점 또는 손해평가반은 현지조사 결과를 (㉢)을(를) 이용하여 입력한다.

정답

㉠ 손해평가 단위별, ㉡ 품목, 보장방식, ㉢ 전산 또는 모바일 기기

13 농업재해보험 손해평가요령 제12조의 보험목적물별 손해평가 단위를 다음 구분에 따라 답란에 쓰시오.

① 농작물 :

② 가축 :

③ 농업시설물 :

정답

① **농작물** : 농지별
② **가축** : 개별가축별(단, 벌은 벌통 단위)
③ **농업시설물** : 보험가입 목적물별

14 농업재해보험 손해평가요령에서 농작물의 손해평가 단위로 규정한 "농지"에 대해 서술하시오.

> **정답**

농 지

농지란 하나의 보험가입금액에 해당하는 토지로 필지(지번) 등과 관계없이 농작물을 재배하는 하나의 경작지를 말하며, 방풍림, 돌담, 도로(농로 제외) 등에 의해 구획된 것 또는 동일한 울타리, 시설 등에 의해 구획된 것을 하나의 농지로 한다. 다만, 경사지에서 보이는 돌담 등으로 구획되어 있는 면적이 극히 작은 것은 동일 작업 단위 등으로 정리하여 하나의 농지에 포함할 수 있다.

15 농업재해보험 손해평가요령 제11조의 손해평가 결과의 검증에 관한 내용이다. 괄호 안에 들어갈 내용을 답란에 쓰시오.

> ① 재해보험사업자 및 농어업재해보험사업의 관리를 위탁받은 기관(이하 '사업관리위탁기관'이라 한다)은 손해평가반이 실시한 손해평가 결과를 확인하기 위하여 손해평가를 실시한 보험목적물 중에서 일정수를 (㉠)하여 검증조사를 할 수 있다.
> ② (㉡)은 재해보험사업자로 하여금 제1항의 검증조사를 하게 할 수 있으며, 재해보험사업자는 특별한 사유가 없는 한 이에 응하여야 하고, 그 결과를 농림축산식품부장관에게 제출하여야 한다.
> ③ 제1항 및 제2항에 따른 검증조사 결과 (㉢)가 발생되어 재조사가 불가피하다고 판단될 경우에는 해당 손해평가반이 조사한 (㉣) 보험목적물에 대하여 재조사를 할 수 있다.
> ④ 보험가입자가 정당한 사유 없이 검증조사를 거부하는 경우 검증조사반은 검증조사가 불가능하여 손해평가 결과를 확인할 수 없다는 사실을 (㉤)에게 통지한후 검증조사 결과를 작성하여 (㉥)에게 제출하여야 한다.

> **정답**

㉠ 임의 추출, ㉡ 농림축산식품부장관, ㉢ 현저한 차이, ㉣ 전체, ㉤ 보험가입자, ㉥ 재해보험사업자

01 손해평가 현지조사에 관한 내용이다. 괄호 안에 들어갈 내용을 답란에 쓰시오.

> 손해평가를 위한 현지조사는 다양하며, 조사의 단계에 따라 (㉠)와 (㉡) 및 (㉢)로 구분할 수 있다. 조사는 다시 조사 범위를 전체로 하느냐 일부를 하느냐에 따라 (㉣)로 구분할 수 있다.

[정답]

㉠ 본조사, ㉡ 재조사, ㉢ 검증조사, ㉣ 전수조사와 표본조사

02 손해평가 현지조사에서 실시하는 다음의 조사에 대하여 답란에 서술하시오.

① 전수조사 :

② 표본조사 :

[정답]

① **전수조사** : 하나의 보험가입금액에 해당하는 농지 또는 과수원에서 경작한 <u>목적물(수확물)을 모두 조사하는 것</u>을 말한다.
② **표본조사** : 하나의 보험가입금액에 해당하는 농지 또는 과수원에서 경작한 전체 목적물(수확물)의 특성 또는 수확량을 잘 나타낼 수 있는 <u>일부의 목적물(수확물)을 표본으로 추출하여 조사하는 것</u>을 말한다.

03 손해평가 현지조사에서 실시하는 다음의 조사에 대하여 답란에 서술하시오.

① 본조사 :

② 재조사 :

③ 검증조사 :

[정답]

① **본조사** : 보험사고가 발생했다고 <u>신고된 보험목적물에 대해 손해 정도를 평가하기 위해 곧바로 실시하는 조사</u>이다.
② **재조사** : <u>기 실시된 조사에 대하여 이의가 있는 경우에 다시한번 실시하는 조사</u>를 말한다. 즉, 보험계약자가 손해평가반의 손해평가 결과에 대하여 설명 또는 통지를 받은 날로부터 7일 이내에 손해평가가 잘못되었음을 증빙하는 서류 또는 사진 등을 제출하는 경우 재해보험사업자가 다른 손해평가반으로 하여금 실시하게 할 수 있는 조사를 말한다.
③ **검증조사** : 재해보험사업자 및 재보험사업자가 손해평가반이 실시한 손해평가 결과를 확인하기 위하여 <u>손해평가를 실시한 보험목적물 중에서 일정수를 임의 추출하여 확인하는 조사</u>를 말한다.

04 다음은 품목별 현지조사에 관한 내용이다. 괄호 안에 들어갈 내용을 답란에 쓰시오.

> 손해평가는 동일한 품목이라도 보장내용 즉, (㉠)에 따라 달라진다. 상품(보장내용)의 유형에 따라 (㉡)은 작물의 생육 전체 기간의 각 단계별로 조사해야 하며, (㉢)은 손해발생시에만 조사해야 한다. 특히 이러한 구분은 (㉣) 및 보장대상위험의 범위가 종합적이냐 특정위험에 한정하느냐에 따라 달라진다.

정답

㉠ 상품의 유형
㉡ 과수 4종(사과, 배, 단감, 떫은감)
㉢ 과수 4종 이외의 품목
㉣ 작물 유형(논작물, 밭작물, 원예시설 등)

05 품목별 현지조사에서 공통적으로 실시하는 조사를 답란에 쓰고, 해당 조사에 대해 서술하시오.

정답

① **공통조사** : 피해사실확인조사
② **피해사실확인조사** : 보상하는 재해로 인한 피해가 맞는지 확인하는 조사이며, 필요시에는 이에 대한 근거자료를 확보해야 한다.

06 적과전 종합위험Ⅱ 과수 품목(사과, 배, 단감, 떫은감)별 현지조사의 종류를 다음 구분에 따라 답란에 쓰시오(단, 나무손해보장 특약에 가입함).

① 적과종료 이전 :
② 적과종료 시점 :
③ 적과종료 이후 :

정답

① **적과종료 이전** : 피해사실확인조사(확인 사항 : 유과타박률, 낙엽률, 나무피해, 미보상비율), 고사나무조사(나무손해보장 특약가입 건)
  ※ 재해에 따라 확인사항은 다름
② **적과종료 시점** : 적과후착과수조사, 고사나무조사(나무손해보장 특약가입 건)
③ **적과종료 이후** : 낙과피해조사(단감, 떫은감은 낙엽률 포함), 착과피해조사, 고사나무조사(나무손해보장 특약가입 건)
  ※ 재해에 따라 조사종류는 다름

07 다음은 품목별 현지조사의 종류를 나타낸 도표이다. 표의 빈 칸에 들어갈 내용을 답란에 쓰시오.

상품군	해당 품목	조사 종류
종합위험	포도(수입보장 포함), 복숭아, 자두, 감귤(만감류), 유자	
	밤, 참다래, 대추, 매실, 오미자, 유자, 살구, 호두	
	복분자, 무화과	
	복분자	
	오디, 감귤(온주밀감류)	
	포도(수입보장 포함), 복숭아, 자두, 참다래, 매실, 무화과, 유자, 감귤(온주밀감류), 살구	

정답

상품군	해당 품목	조사 종류
종합위험	포도(수입보장 포함), 복숭아, 자두, 감귤(만감류), 유자	착과수조사, 과중조사, 착과피해조사, 낙과피해조사
	밤, 참다래, 대추, 매실, 오미자, 유자, 살구, 호두	수확개시 전·후 수확량조사
	복분자, 무화과	종합위험 과실손해조사, 특정위험 과실손해조사
	복분자	경작불능조사
	오디, 감귤(온주밀감류)	과실손해조사
	포도(수입보장 포함), 복숭아, 자두, 참다래, 매실, 무화과, 유자, 감귤(온주밀감류), 살구	고사나무조사(나무손해보장 특약 가입건)

08 다음은 논/밭 작물 품목별 현지조사의 종류를 나타낸 도표이다. 표의 빈 칸에 들어갈 내용을 답란에 쓰시오.

상품군	해당 품목	조사 종류
종합위험	벼	
	마늘(수입보장 포함)	
	양파, 감자, 고구마, 옥수수(수입보장 포함), 수박(노지)	
	양배추(수입보장 포함)	
	차(茶)	
	밀, 콩(수입보장 포함), 보리(수입보장 포함), 팥	
	고추, 브로콜리, 메밀, 배추, 무, 단호박, 파, 당근, 시금치(노지), 양상추	

상품군	해당 품목	조사 종류
종합위험	벼	이앙·직파불능조사, 재이앙·재직파조사, 경작불능조사, 수확량(수량요소)조사, 수확량(표본)조사, 수확량(전수)조사, 수확불능확인조사
	마늘(수입보장 포함)	재파종조사, 경작불능조사, 수확량(표본)조사
	양파, 감자, 고구마, 옥수수(수입보장 포함), 수박(노지)	경작불능조사, 수확량(표본)조사
	양배추(수입보장 포함)	경작불능조사, 수확량(표본)조사, 재정식조사
	차(茶)	수확량(표본)조사
	밀, 콩(수입보장 포함), 보리(수입보장 포함), 팥	경작불능조사, 수확량(표본, 전수)조사
	고추, 브로콜리, 메밀, 배추, 무, 단호박, 파, 당근, 시금치(노지), 양상추	생산비보장 손해조사, 재파종·재정식조사

09 다음은 논/밭 작물 중 인삼 품목별 현지조사의 종류를 나타낸 도표이다. 표의 빈 칸에 들어갈 내용을 답란에 쓰시오.

상품군	해당 품목	조사 종류
종합위험		
특정위험		

상품군	해당 품목	조사 종류
종합위험	인삼(해가림시설)	해가림시설 손해조사
특정위험	인삼(작물)	수확량조사

10 다음은 원예시설 품목별 현지조사의 종류를 나타낸 도표이다. 표의 ㉠, ㉡에 들어갈 내용을 답란에 쓰시오.

상품군	해당 품목	조사 종류
종합위험	단동하우스, 연동하우스, 유리온실, 버섯재배사	㉠
	㉡	시설작물 손해조사

㉠ 시설하우스 손해조사

㉡ 수박, 딸기, 오이, 토마토, 참외, 고추, 호박, 국화, 장미, 멜론, 파프리카, 상추, 부추, 시금치, 배추, 가지, 파, 무, 백합, 카네이션, 미나리, 쑥갓, 느타리버섯, 표고버섯, 양송이버섯, 새송이버섯, 감자

1 농어업재해보험 관련 용어

01 농어업재해보험에서 사용하는 다음의 용어에 대하여 설명하시오.

① 농어업재해 :

② 농어업재해보험 :

[정답]

① **농어업재해** : 농작물·임산물·가축 및 농업용 시설물에 발생하는 자연재해·병충해·조수해·질병 또는 화재와 양식수산물 및 어업용 시설물에 발생하는 자연재해·질병 또는 화재를 말한다.

② **농어업재해보험** : 농어업재해로 발생하는 재산 피해에 따른 손해를 보상하기 위한 보험을 말한다.

02 농어업재해보험에서 사용하는 다음의 용어에 대하여 설명하시오.

① 보험가입금액 :

② 보험가액 :

[정답]

① **보험가입금액** : 보험가입자의 재산 피해에 따른 손해가 발생한 경우 보험에서 최대로 보상할 수 있는 한도액으로서 보험가입자와 재해보험사업자간에 약정한 금액을 말한다.

② **보험가액** : 재산보험에 있어 피보험이익을 금전으로 평가한 금액으로 보험목적에 발생할 수 있는 최대 손해액을 말한다. 재해보험사업자가 실제 지급하는 보험금은 보험가액을 초과할 수 없다.

03 농어업재해보험에서 사용하는 다음의 용어에 대하여 설명하시오.

① 보험료 :

② 보험금 :

[정답]

① **보험료** : 보험가입자와 재해보험사업자간의 약정에 따라 보험가입자가 재해보험사업자에게 내야하는 금액을 말한다.

② **보험금** : 보험가입자에게 재해로 인한 재산 피해에 따른 손해가 발생한 경우 보험가입자와 재해보험사업자간의 약정에 따라 재해보험사업자가 보험가입자에게 지급하는 금액을 말한다.

04 농어업재해보험에서 사용하는 다음의 용어에 대하여 설명하시오.

① 보험기간 :

② 계약자부담보험료 :

③ 시범사업 :

[정답]

① **보험기간** : 계약에 따라 보장을 받는 기간을 말한다.
② **계약자부담보험료** : 국가 및 지방자치단체의 지원보험료를 제외한 계약자가 부담하는 금액을 말한다.
③ **시범사업** : 보험사업을 전국적으로 실시하기전에 보험의 효용성 및 보험 실시 가능성 등을 검증하기 위하여 일정 기간 제한된 지역에서 실시하는 보험사업을 말한다.

2 농작물재해보험 관련 용어

01 농작물재해보험 계약 관련 용어 중 다음의 용어에 대하여 설명하시오.

① 가입(자)수 :

② 가입률 :

③ 가입금액 :

정답

① **가입(자)수** : 보험에 가입한 농가, 과수원(농지)수 등
② **가입률** : 가입대상면적 대비 가입면적을 백분율(100%)로 표시한 것
③ **가입금액** : 보험에 가입한 금액으로, 재해보험사업자와 보험가입자간에 약정한 금액으로 보험사고가 발생할 때 재해보험사업자가 지급할 최대 보험금 산출의 기준이 되는 금액

02 농작물재해보험 계약 관련 용어 중 "계약자"와 "피보험자"에 대해 서술하시오.

정답

① **계약자** : 재해보험사업자와 계약을 체결하고 보험료를 납부할 의무를 지는 사람을 말한다.
② **피보험자** : 보험사고로 인하여 손해를 입은 사람(법인인 경우에는 그 이사 또는 법인의 업무를 집행하는 그 밖의 기관)을 말한다.

03 농작물재해보험 계약 관련 용어의 정의로 (   )에 들어갈 내용을 답란에 쓰시오. [기출유형]

> ① "보험의 목적"은 보험의 약관에 따라 보험에 가입한 목적물로 보험증권에 기재된 농작물의 (㉠), (㉡), (㉢) 등을 말한다.
> ② "보험증권"은 계약의 성립과 그 내용을 (㉣)하기 위하여 (㉤)가 계약자에게 드리는 증서를 말한다.

정답

㉠ 과실 또는 나무, ㉡ 시설작물 재배용 · 농업용 시설물, ㉢ 부대시설, ㉣ 증명, ㉤ 재해보험사업자

04 농작물재해보험 계약 관련 용어의 정의로 ( )에 들어갈 내용을 답란에 쓰시오.

> ① "나무"는 계약에 의해 가입한 과실을 열매로 맺는 (㉠)을(를) 말한다.
> ② "과수원"은 한 덩어리의 토지의 개념으로 (㉡)와는 관계없이 과실을 재배하는 하나의 경작지를 말한다.
> ③ "농지"는 한 덩어리의 토지의 개념으로 (㉡)에 관계없이 실제 경작하는 단위로 (㉢)의 기본 단위이
>   다. 하나의 농지가 다수의 (㉡)로 구성될 수도 있고, 하나의 (㉡)가 다수의 농지로 구분될 수도
>   있다.

정답

㉠ 결과주, ㉡ 필지(지번), ㉢ 보험가입

05 농작물재해보험 계약 관련 용어 중 다음의 용어에 대하여 서술하시오.

① 농업용 시설물 :

② 부대시설 :

③ 동산시설 :

정답

① **농업용 시설물** : 시설작물 재배용으로 사용되는 <u>구조체 및 피복재로 구성된 시설</u>을 말한다.
   ㉠ 구조체 : 기초, 기둥, 보, 중방, 서까래, 가로대 등 철골, 파이프와 이와 관련된 부속자재로 하우스의 구조적
      역할을 담당하는 것
   ㉡ 피복재 : 비닐하우스의 내부온도 관리를 위하여 시공된 투광성이 있는 자재
② **부대시설** : 시설작물 재배를 위하여 <u>농업용 시설물에 설치한 시설</u>을 말한다.
③ **동산시설** : 저온저장고, 선별기, 소모품(멀칭비닐, 배지, 펄라이트, 상토 등), 이동 가능(휴대용) 농기계 등 <u>농업용</u>
   <u>시설물내 지면 또는 구조체에 고정되어 있지 않은 시설</u>을 말한다.

06 농작물재해보험 계약 관련 용어 중 "보험료율"과 "환급금"에 대해 서술하시오.

정답

① **보험료율** : 보험가입금액에 대한 보험료의 비율을 말한다.
② **환급금** : 무효, 효력상실, 해지 등에 의하여 환급하는 금액을 말한다.

07 농작물재해보험 계약 관련 용어 중 "자기부담비율"과 "자기부담금"을 비교 설명한 것이다. 괄호 안에 들어갈 내용을 답란에 쓰시오.

> ① 자기부담비율 : 보험사고로 인하여 발생한 손해에 대하여 (㉠)가 부담하는 일정 비율로 (㉡)에 대한 비율을 말한다.
> ② 자기부담금 : 손해액 중 보험가입시 일정한 비율을 (㉠)가 부담하기로 약정한 금액을 말한다. 즉, 일정비율 이하의 손해는 (㉠) 본인이 부담하고, 손해액이 일정비율을 초과한 금액에 대해서만 (㉢)가 보상한다.

[정답]

㉠ 보험가입자, ㉡ 보험가입금액, ㉢ 재해보험사업자

08 농작물재해보험 계약 관련 용어의 정의로 (   )에 들어갈 내용을 쓰시오.

> ① "과수원(농지)"이라 함은 (㉠)의 토지의 개념으로 (㉡)와는 관계없이 과실(농작물)을 재배하는 하나의 경작지를 의미한다.
> ② (㉢)이란 보험사고로 인하여 발생한 손해에 대하여 보험계약자가 부담하는 일정비율로 보험가입금액에 대한 비율을 말한다.

[정답]

㉠ 한 덩어리, ㉡ 필지(지번), ㉢ 자기부담비율

09 농작물재해보험 계약과 관련된 "자기부담제도"의 실시 목적과 효과에 대해 서술하시오.

[정답]

자기부담제도
자기부담제도란 소액손해의 보험처리를 배제함으로써 비합리적인 운영비 지출의 억제, 계약자 보험료 절약, 피보험자의 도덕적 위험 축소 및 방관적 위험의 배재 등의 효과를 위하여 실시하는 제도로, 가입자의 도덕적 해이를 방지하기 위한 수단으로 손해보험에서 대부분 운용하고 있다.

10 농작물재해보험 보상 관련 용어 중 다음의 용어를 정의하시오.

① 보험사고 :

② 사고율 :

③ 손해율 :

④ 피해율 :

⑤ 식물체 피해율 :

정답

① **보험사고** : 보험계약에서 재해보험사업자가 어떤 사실의 발생을 조건으로 보험금의 지급을 약정한 우연한 사고(사건 또는 위험이라고도 함)
② **사고율** : 사고수(농가 또는 농지수) ÷ 가입수(농가 또는 농지수) × 100
③ **손해율** : 보험료에 대한 보험금의 백분율
④ **피해율** : 보험금 계산을 위한 최종 피해수량의 백분율
⑤ **식물체 피해율** : 경작불능조사에서 고사한 식물체(수 또는 면적)를 보험가입식물체(수 또는 면적)로 나누어 산출한 값

11 다음은 농작물재해보험 수확량 관련 용어에 대한 설명이다. 괄호 안에 들어갈 내용을 답란에 쓰시오.

> ① 표준수확량이란 가입품목의 품종, 수령, (㉠) 등에 따라 정해진 수확량을 말한다.
> ② 평년수확량이란 가입연도 직전 (㉡) 중 보험에 가입한 연도의 실제수확량과 표준수확량을 (㉢)에 따라 가중평균하여 산출한 해당 농지에 기대되는 수확량을 말한다.
> ③ 가입수확량이란 보험에 가입한 수확량으로 (㉣)의 일정범위(50%~100%) 내에서 (㉤)가 결정한 수확량을 말한다.

정답

㉠ 재배방식, ㉡ 5년, ㉢ 가입횟수, ㉣ 평년수확량, ㉤ 보험계약자

12 다음은 농작물재해보험 수확량 관련 용어의 정의로 괄호 안에 들어갈 옳은 내용을 답란에 쓰시오. 기출유형

> ① "평년수확량"이란 가입연도 직전 (㉠) 중 보험에 가입한 연도의 (㉡)와(과) (㉢)을(를) (㉣)에 따라 가중평균하여 산출한 해당 농지에 기대되는 수확량을 말한다.
> ② "표준수확량"이란 과거의 통계를 바탕으로 농지별 (㉤), (㉥), (㉦) 등을 고려하여 산출한 예상수확량을 말한다.

정답

㉠ 5년, ㉡ 실제수확량, ㉢ 표준수확량, ㉣ 가입횟수, ㉤ 품종, ㉥ 수령, ㉦ 재배방식

13 농작물재해보험 수확량 관련 용어 중 다음의 용어를 정의하시오.

① 평년착과량 :

② 평년착과수 :

③ 가입과중 :

④ 기준착과수 :

⑤ 기준수확량 :

[정답]

① **평년착과량** : 가입수확량 산정 및 적과종료전 보험사고시 감수량 산정의 기준이 되는 착과량
② **평년착과수** : 평년착과량을 가입과중으로 나누어 산출 한 것
③ **가입과중** : 보험에 가입할 때 결정한 과실의 1개당 평균 과실무게
④ **기준착과수** : 보험금을 산정하기 위한 과수원별 기준과실수
⑤ **기준수확량** : 기준착과수에 가입과중을 곱하여 산출한 양

14 농작물재해보험 관련 용어의 정의로 (   )에 들어갈 내용을 쓰시오.   [기출유형]

> ① "보험가액"이란 농작물재해보험에 있어 (㉠)을(를) (㉡)으로 평가한 금액으로 보험목적에 발생할
>   수 있는 (㉢)을(를) 말한다.
> ② "평년착과량"이란 (㉣) 산정 및 적과종료전 보험사고시 감수량 산정의 기준이 되는 수확량으로 해당
>   과수원의 과거 (㉤) 조사자료를 감안하여 산출한다.
> ③ "적과후착과수"란 통상적인 (㉥) 및 (㉦) 종료시점의 나무에 달린 과실수(착과수)를 말한다.

[정답]

㉠ 피보험이익, ㉡ 금전, ㉢ 최대 손해액, ㉣ 가입수확량, ㉤ 적과후착과량, ㉥ 적과, ㉦ 자연낙과

15 농작물재해보험 수확량 관련 용어 중 다음의 용어를 정의하시오.

① 적과후착과수 :

② 적과후착과량 :

③ 감수과실수 :

④ 감수량 :

[정답]

① **적과후착과수** : 통상적인 적과 및 자연낙과 종료 시점의 착과수
② **적과후착과량** : 적과후착과수에 가입과중을 곱하여 산출한 양
③ **감수과실수** : 보상하는 자연재해로 손해가 발생한 것으로 인정되는 과실수
④ **감수량** : 감수과실수에 가입과중을 곱한 무게

16 농작물재해보험 수확량 관련 용어의 정의로 (   )에 들어갈 내용을 쓰시오.

> ① 평년결실수 : 가입연도 직전 (㉠) 중 보험에 가입한 연도의 (㉡)와 (㉢)를 가입횟수에 따라 가중평균하여 산출한 해당 과수원에 기대되는 결실수
>
> ※ 결과지 : 과수에 꽃눈이 붙어 (㉣) 결실하는 가지(열매가지라고도 함)
>
> ※ 결과모지 : 결과지보다 (㉤)이 더 묵은 가지
>
> ② 평년결과모지수 : 가입연도 직전 (㉠) 중 보험에 가입한 연도의 (㉥)와 (㉦)를 가입횟수에 따라 가중평균하여 산출한 해당 과수원에 기대되는 결과모지수

정답

㉠ 5년, ㉡ 실제결실수, ㉢ 표준결실수(품종에 따라 정해진 결과모지당 표준적인 결실수), ㉣ 개화, ㉤ 1년,
㉥ 실제결과모지수, ㉦ 표준결과모지수(하나의 주지에서 자라나는 표준적인 결과모지수)

17 다음은 농작물재해보험 수확량 관련 용어의 정의이다. 괄호 안에 들어갈 내용을 답란에 쓰시오.

> "미보상감수량"이란 (㉠) 이외의 원인으로 수확량이 감소되었다고 평가되는 부분을 말하며, 계약 당시 이미 발생한 피해, (㉡) 및 (㉢) 등으로 인한 수확감소량으로서 (㉣) 산정시 감수량에서 제외한다.

정답

㉠ 보상하는 재해, ㉡ 병해충으로 인한 피해, ㉢ 제초상태 불량, ㉣ 피해율

18 농작물재해보험 가격 관련 용어 중 "생산비"와 "보장생산비"를 정의하시오.

① 생산비 :

② 보장생산비 :

정답

① **생산비** : 작물의 생산을 위하여 소비된 재화나 용역의 가치로 종묘비, 비료비, 농약비, 영농광열비, 수리비, 기타 재료비, 소농구비, 대농구 상각비, 영농시설 상각비, 수선비, 기타 요금, 임차료, 위탁 영농비, 고용노동비, 자가노동비, 유동자본용역비, 고정자본용역비, 토지자본용역비 등을 포함한다.

② **보장생산비** : 생산비에서 수확기에 발생되는 생산비를 차감한 값이다.

19 농작물재해보험 가격 관련 용어 중 다음의 용어를 정의하시오.

① 가입가격 :

② 표준가격 :

③ 기준가격 :

④ 수확기가격 :

정답

① **가입가격** : 보험에 가입한 농작물의 kg당 가격
② **표준가격** : 농작물을 출하하여 통상 얻을 수 있는 표준적인 kg당 가격
③ **기준가격** : 보험에 가입할 때 정한 농작물의 kg당 가격
④ **수확기가격** : 보험에 가입한 농작물의 수확기 kg당 가격

20 다음은 농작물재해보험 가격 관련 용어의 정의이다. 괄호 안에 들어갈 내용을 답란에 쓰시오.

① 올림픽 평균 : 올림픽 평균이란 연도별 평균가격 중 (㉠)과 (㉡)을(를) 제외하고 남은 값들의 산술평균을 말한다.
② 농가수취비율 : 농가수취비율이란 도매시장가격에서 유통비용 등을 차감한 (㉢)이 차지하는 비율로 (㉣)에 결정된 값을 말한다.

정답

㉠ 최댓값, ㉡ 최솟값, ㉢ 농가수취가격, ㉣ 사전

21 농작물재해보험 조사 관련 용어 중 다음의 용어를 서술하시오.

① 실제결과주수 :

② 고사주수 :

③ 미보상주수 :

④ 기수확주수 :

정답

① **실제결과주수** : 가입일자를 기준으로 농지(과수원)에 식재된 모든 나무수를 의미한다. 다만, 인수조건에 따라 보험에 가입할 수 없는 나무(유목 및 제한 품종 등)수는 제외한다.

② **고사주수** : 실제결과나무수 중 보상하는 손해로 고사된 나무수를 의미한다.

③ **미보상주수** : 실제결과나무수 중 보상하는 손해 이외의 원인으로 고사되거나 수확량(착과량)이 현저하게 감소한 나무수를 의미한다.

④ **기수확주수** : 실제결과나무수 중 조사일자를 기준으로 수확이 완료된 나무수를 의미한다.

22 다음은 농작물재해보험 조사 관련 용어에 대한 설명이다. 괄호 안에 들어갈 용어를 답란에 쓰시오.

> (   )라 함은 실제결과나무수에서 고사나무수, 미보상나무수 및 수확완료나무수, 수확불능나무수를 뺀 나무수로 과실에 대한 표본조사의 대상이 되는 나무수를 의미한다.

정답

조사대상주수

23 농작물재해보험 조사 관련 용어 중 다음의 용어를 서술하시오.

① 실제경작면적 :

② 수확불능(고사)면적 :

③ 타작물 및 미보상면적 :

④ 기수확면적 :

정답

① **실제경작면적** : 가입일자를 기준으로 실제경작이 이루어지고 있는 모든 면적을 의미하며, 수확불능(고사)면적, 타작물 및 미보상면적, 기수확면적을 포함한다.

② **수확불능(고사)면적** : 실제경작면적 중 보상하는 손해로 수확이 불가능한 면적을 의미한다.

③ **타작물 및 미보상면적** : 실제경작면적 중 목적물외에 타작물이 식재되어 있거나, 보상하는 손해 이외의 원인으로 수확량이 현저하게 감소한 면적을 의미한다.

④ **기수확면적** : 실제경작면적 중 조사일자를 기준으로 수확이 완료된 면적을 의미한다.

24 다음은 농작물재해보험 조사 관련 용어의 정의이다. 설명하는 내용에 알맞은 용어를 답란에 쓰시오. `기출유형`

> ㉠ 실제경작면적 중 보상하는 손해로 수확이 불가능한 면적을 의미한다.
> ㉡ 보험가입금액에 해당하는 농지에서 경작한 수확물을 모두 조사하는 것을 말한다.
> ㉢ 실제결과나무수에서 고사나무수, 미보상나무수 및 수확완료나무수, 수확불능나무수를 뺀 나무수로 표본조사의 대상이 되는 나무수를 의미한다.
> ㉣ 실제경작면적 중 조사일자를 기준으로 수확이 완료된 면적을 의미한다.
> ㉤ 실제결과나무수 중 보상하는 손해 이외의 원인으로 고사되거나 수확량(착과량)이 현저하게 감소한 나무수를 의미한다.

`정답`

㉠ 수확불능(고사)면적
㉡ 전수조사
㉢ 조사대상주수
㉣ 기수확면적
㉤ 미보상주수

25 다음은 농작물재해보험 재배 관련 용어에 대한 설명이다. 괄호 안에 들어갈 용어를 답란에 쓰시오.

> • (㉠) : 보험계약에 의해 가입한 과실을 열매로 맺는 결과주를 말한다.
> • (㉡) : 영양조건, 기간, 기온, 일조시간 등 필요조건이 다차서 꽃눈이 형성되는 현상을 말한다.
> • (㉢) : 과수원에서 꽃눈 분화가 50% 정도 진행된 때를 말한다.

`정답`

㉠ 나무, ㉡ 꽃눈 분화, ㉢ 꽃눈 분화기

26 농작물재해보험 재배 관련 용어 중 다음의 용어를 서술하시오.

① 낙과 :

② 착과 :

③ 적과 :

④ 열과 :

① **낙과** : 나무에서 떨어진 과실을 말한다.

② **착과** : 나무에 달려 있는 과실을 말한다.

③ **적과** : 해거리를 방지하고 안정적인 수확을 위해 알맞은 양의 과실만 남기고 나무로부터 과실을 따버리는 행위를 말한다.

④ **열과** : 과실이 숙기에 과다한 수분을 흡수하고 난후 고온이 지속될 경우 수분을 배출하면서 과실이 갈라지는 현상을 말한다.

27 농작물재해보험 재배 관련 용어에 대한 설명이다. 괄호 안에 들어갈 내용을 답란에 쓰시오.

> ① 신초 발아 : 신초(당년에 자라난 새가지)가 (㉠) 정도 자라기 시작하는 현상을 말한다.
> ② 신초 발아기 : 과수원에서 전체 신초가 (㉡) 정도 발아한 시점을 말한다.
> ③ 수확기 : 농지(과수원)가 위치한 지역의 (㉢)을(를) 감안하여 통상적으로 해당 농작물을 수확하는 기간을 말한다.

㉠ 1~2mm, ㉡ 50%, ㉢ 기상여건

28 농작물재해보험 재배 관련 용어의 정의로 ( )에 들어갈 내용을 쓰시오. `기출유형`

> ① "꽃눈 분화"란 (㉠) 따위의 필요조건이 다차서 (㉡)이 형성되는 현상을 말한다.
> ② "꽃눈 분화기"란 과수원에서 꽃눈분화가 (㉢)% 정도 진행된 때를 말한다.
> ③ "신초 발아기"란 과수원에서 전체 신초가 (㉣)% 정도 발아한 시점을 말한다.
> ④ "개화기"란 꽃이 피는 시기를 말하며, 작물의 생물조사에서의 개화기는 꽃이 (㉤)% 정도 핀 날의 시점을 말한다.

㉠ 영양조건, 기간, 기온, 일조시간, ㉡ 꽃눈, ㉢ 50, ㉣ 50, ㉤ 40

29 농작물재해보험에서 정하는 용어를 순서대로 답란에 쓰시오.

> • ( ) : 영양조건, 기간, 기온, 일조시간 등 필요조건이 다차서 꽃눈이 형성되는 현상
> • ( ) : 가입수확량 산정 및 적과종료전 보험사고시 감수량 산정의 기준이 되는 수확량
> • ( ) : 신초가 1~2mm 정도 자라기 시작하는 현상
> • ( ) : 보상하는 재해 이외의 원인으로 수확량이 감소되었다고 평가되는 부분을 말하며, 계약 당시 이미 발생한 피해, 병해충으로 인한 피해 및 제초상태 불량 등으로 인한 수확감소량으로서 피해율 산정시 감수량에서 제외되는 것
> • ( ) : 보험의 목적에 대한 피보험이익을 금전으로 평가한 금액 또는 보험의 목적에 발생할 수 있는 최대 손해액

정답

꽃눈 분화, 평년착과량, 신초 발아, 미보상감수량, 보험가액

30 농작물재해보험 피해형태 관련 용어 중 다음의 용어를 서술하시오.

① 유실 :

② 매몰 :

③ 도복 :

정답

① **유실** : 나무가 과수원 내에서의 정위치를 벗어나 그 점유를 잃은 상태를 말한다.
② **매몰** : 나무가 토사 및 산사태 등으로 주간부의 30% 이상이 묻힌 상태를 말한다.
③ **도복** : 나무가 45° 이상 기울어지거나 넘어진 상태를 말한다.

31 농작물재해보험 피해형태 관련 용어 중 다음의 용어를 서술하시오.

① 절단 :

② 절단(1/2) :

③ 신초 절단 :

정답

① **절단** : 나무의 주간부가 분리되거나 전체 주지·꽃(눈) 등의 2/3 이상이 분리된 상태를 말한다.
② **절단(1/2)** : 나무의 주간부가 분리되거나 전체 주지·꽃(눈) 등의 1/2 이상이 분리된 상태를 말한다.
③ **신초 절단** : 단감, 떫은감의 신초의 2/3 이상이 분리된 상태를 말한다.

32 농작물재해보험 피해형태 관련 용어 중 다음의 용어를 서술하시오.

① 침수 :

② 소실 :

③ 소실(1/2) :

[정답]

① **침수** : 나무에 달린 과실(꽃)이 물에 잠긴 상태를 말한다.
② **소실** : 화재로 인하여 나무의 2/3 이상이 사라지는 것을 말한다.
③ **소실(1/2)** : 화재로 인하여 나무의 1/2 이상이 사라지는 것을 말한다.

33 농작물재해보험에서 정하는 재배 관련 용어를 순서대로 답란에 쓰시오. [기출유형]

- (㉠) : 못자리 등에서 기른 모를 농지로 옮겨 심는 일
- (㉡) : 물이 있는 논에 파종 하루전 물을 빼고 종자를 일정 간격으로 점파하는 파종방법
- (㉢) : 벼(조곡)의 이삭이 줄기 밖으로 자란 상태
- (㉣) : 두류(콩, 팥)의 꼬투리 형성기
- 출수기 : 농지에서 전체 이삭이 (㉤) 정도 출수한 시점

[정답]

㉠ 이앙, ㉡ 직파(담수점파), ㉢ 출수, ㉣ 종실비대기, ㉤ 70%

34 농작물재해보험 재배 관련 용어 중 다음의 용어를 서술하시오.

① 정식 :

② 정식일 :

③ 작기 :

④ 출현 :

⑤ (버섯)종균접종 :

[정답]

① **정식** : 온상, 묘상, 모밭 등에서 기른 식물체를 농업용 시설물 내에 옮겨 심는 일을 말한다.
② **정식일** : 정식을 완료한 날을 말한다.
③ **작기** : 작물의 생육기간으로 정식일(파종일)로부터 수확종료일까지의 기간을 말한다.
④ **출현** : 농지에 파종한 씨(종자)로부터 자란 싹이 농지표면 위로 나오는 현상을 말한다.
⑤ **(버섯)종균접종** : 버섯작물의 종균을 배지 혹은 원목을 접종하는 것을 말한다.

35 농작물재해보험 관련 용어의 정의로 (   )에 들어갈 내용을 쓰시오.

> ① "연단위 복리"는 재해보험사업자가 지급할 금전에 이자를 줄 때 1년마다 (㉠)에 그 이자를 원금에 더한 금액을 다음 1년의 원금으로 하는 이자 계산방법이다.
> ② "영업일"은 재해보험사업자가 영업점에서 정상적으로 영업하는 날을 말하며, (㉡), '관공서의 공휴일에 관한 규정'에 따른 (㉢)과 (㉣)을 제외한다.

정답

㉠ 마지막 날, ㉡ 토요일, ㉢ 공휴일, ㉣ 근로자의 날

36 농작물재해보험약관에서 규정되어 있는 다음의 용어를 서술하시오.

① 잔존물제거비용 :
② 손해방지비용 :
③ 대위권보전비용 :
④ 잔존물보전비용 :
⑤ 기타 협력비용 :

정답

① **잔존물제거비용** : 사고 현장에서의 잔존물의 해체비용, 청소비용 및 차에 싣는 비용을 말한다. 다만, 보장하지 않는 위험으로 보험의 목적이 손해를 입거나 관계법령에 의하여 제거됨으로써 생긴 손해에 대해서는 보상하지 않는다.
② **손해방지비용** : 손해의 방지 또는 경감을 위하여 지출한 필요 또는 유익한 비용을 말한다.
③ **대위권보전비용** : 제3자로부터 손해의 배상을 받을 수 있는 경우에는 그 권리를 지키거나 행사하기 위하여 지출한 필요 또는 유익한 비용을 말한다.
④ **잔존물보전비용** : 잔존물을 보전하기 위하여 지출한 필요 또는 유익한 비용을 말한다.
⑤ **기타 협력비용** : 재해보험사업자의 요구에 따르기 위하여 지출한 필요 또는 유익한 비용을 말한다.

3 가축재해보험 관련 용어

01 가축재해보험 계약 관련 용어 중 다음의 용어를 서술하시오.

① 보험의 목적 :

② 보험계약자 :

③ 피보험자 :

④ 보험기간 :

[정답]

① **보험의 목적** : 보험에 가입한 물건으로 보험증권에 기재된 가축 등을 말한다.

② **보험계약자** : 재해보험사업자와 계약을 체결하고 보험료를 납입할 의무를 지는 사람을 말한다.

③ **피보험자** : 보험사고로 인하여 손해를 입은 사람을 말한다.

※ 법인인 경우에는 그 이사 또는 법인의 업무를 집행하는 그 밖의 기관을 말한다.

④ **보험기간** : 계약에 따라 보장을 받는 기간을 말한다.

02 가축재해보험 계약 관련 용어의 정의로 (   )에 들어갈 내용을 쓰시오.

> ① "보험사고"는 보험계약에서 재해보험사업자가 어떤 사실의 발생을 조건으로 보험금의 지급을 약정한 (㉠)을(를) 말한다.
> ② "보험가액"은 (㉡)을(를) 금전으로 평가한 금액으로 보험목적에 발생할 수 있는 (㉢)을(를) 말한다.
> ③ "자기부담금"은 보험사고로 인하여 발생한 손해에 대하여 (㉣)가 부담하는 일정 금액을 말한다.
> ④ "대위권"은 재해보험사업자가 보험금을 지급하고 취득하는 (㉤)을(를) 말한다.
> ⑤ "재조달가액"은 (㉥)과 동형, 동질의 신품을 재조달하는데 소요되는 금액을 말한다.

[정답]

㉠ 우연한 사고(사건 또는 위험)

㉡ 피보험이익

㉢ 최대 손해액

㉣ 계약자 또는 피보험자

㉤ 법률상의 권리

㉥ 보험의 목적

03 가축재해보험 계약 관련 용어 중 다음의 용어를 서술하시오.

① 가입률 :

② 손해율 :

③ 사업이익 :

④ 경영비 :

⑤ 이익률 :

[정답]

① **가입률** : 가입대상 두(頭)수 대비 가입두수의 백분율(100%)을 말한다.
② **손해율** : 보험료에 대한 보험금의 백분율(100%)을 말한다.
③ **사업이익** : 1두당 평균가격에서 경영비를 뺀 잔액을 말한다.
④ **경영비** : 통계청에서 발표한 최근의 비육돈 평균경영비를 말한다.
⑤ **이익률** : 손해발생시에 다음의 산식에 의해 얻어진 비율을 말한다. 단, 이 기간 중에 이익률이 16.5% 미만일 경우 이익률은 16.5%이다.

> 이익률 = (1두당 비육돈(100kg 기준)의 평균가격 − 경영비) / 1두당 비육돈(100kg 기준)의 평균가격

04 가축재해보험 재해 관련 용어 중 다음의 용어를 서술하시오.

① 풍재·수재·설해·지진 :

② 폭염 :

[정답]

① **풍재·수재·설해·지진** : 태풍, 홍수, 호우, 강풍, 풍랑, 해일, 대설, 조수, 우박, 지진, 분화 등으로 인한 피해를 말한다.
② **폭염** : 대한민국 기상청에서 내려지는 폭염특보(주의보 및 경보)를 말한다.

05 가축재해보험 재해 관련 용어의 정의로 (   )에 들어갈 내용을 답란에 쓰시오.

> ① "소(牛)도체결함"은 도축장에서 도축되어 경매시까지 발견된 도체의 결함이 (㉠)에 직접적인 영향을 주어 손해가 발생한 경우를 말한다.
> ② "축산휴지"는 보험의 목적의 손해로 인하여 불가피하게 발생한 (㉡)의 축산업 중단을 말한다.
> ③ "축산휴지손해"는 보험의 목적의 손해로 인하여 불가피하게 발생한 (㉡)의 축산업 중단되어 발생한 (㉢)과 보상위험에 의한 손해가 발생하지 않았을 경우 예상되는 (㉢)의 차감금액을 말한다.
> ④ "전기적장치위험"은 여자기(정류기 포함), 변류기, 변압기, 전압조정기, 축전기, 개폐기, 차단기, 피뢰기, 배전반 및 이와 비슷한 전기장치 또는 설비 중 전기장치 또는 설비가 (㉣)되어 온도의 변화로 보험의 목적에 손해가 발생한 경우를 말한다.

정답

㉠ 경락가격
㉡ 전부 또는 일부
㉢ 사업이익
㉣ 파괴 또는 변조

06 가축재해보험 질병 관련 용어에 대한 설명으로 (   )에 들어갈 내용을 답란에 쓰시오.

> ① "돼지 전염성 위장염(TGE)"은 Coronavirus 속에 속하는 전염성 위장염 바이러스의 감염에 의한 돼지의 전염성 (㉠)가 특징으로 일령에 관계없이 발병하며, (㉡)일수록 폐사율이 높게 나타난다. 주로 (㉢)에 많이 발생하며, 전파력이 높다.
> ② "돼지 유행성 설사병(PED)"은 Coronavirus에 의한 자돈의 급성 유행성 설사병으로 (㉣)의 경우 거의 100%의 치사율을 나타난다
> ③ "로타바이러스감염증"은 레오바이러스과의 로타바이러스 속의 돼지 로타바이러스가 병원체이며, 주로 (㉤)의 자돈에서 설사를 일으키며, (㉥)부터 폐사가 더욱 심하게 나타난다.

정답

㉠ 소화기병 구토, 수양성 설사, 탈수
㉡ 자돈
㉢ 추운 겨울철
㉣ 포유자돈
㉤ 2~6주령
㉥ 3주령

07 가축재해보험 질병 관련 용어에 대한 설명으로 (   )에 들어갈 내용을 답란에 쓰시오.

---

① "구제역"은 구제역 바이러스의 감염에 의한 우제류 동물(소·돼지 등 발굽이 둘로 갈라진 동물)의 (㉠)으로 (㉡) 등에 물집이 생기고, (㉢)가 수반되는 것이 특징이다.

② "돼지열병"은 제1종 가축전염병으로 (㉣)에 감염되지 않으나, 발생국은 돼지 및 돼지고기의 수출이 제한된다.

③ "AI(조류인플루엔자, Avian Influenza)"는 AI 바이러스 감염에 의해 발생하는 조류의 (㉤)으로 병원의 정도에 따라 고병원성과 저병원성으로 구분되며, (㉥) AI의 경우 세계 동물보건기구(OIE)의 관리대상 질병으로 지정되어 있어 발생시 세계 동물보건기구(OIE)에 의무적으로 보고해야 한다.

④ "(㉦)"은 조류의 특유 병원체가 종란에 감염하여 부화후 초생추(햇병아리)에서 병을 발생시키는 질병 (추백리 등)이다.

정답

㉠ 악성 가축전염병(제1종 가축전염병)

㉡ 발굽 및 유두

㉢ 체온상승과 식욕저하

㉣ 사람

㉤ 급성 전염병

㉥ 고병원성

㉦ 난계대 전염병

---

08 가축재해보험 기타 축산 관련 용어 중 "가축계열화" 및 "가축계열화 사업"에 대해 서술하시오.

정답

① **가축계열화** : 가축의 생산이나 사육·사료공급·가공·유통의 기능을 연계한 일체의 통합 경영활동을 의미한다.

② **가축계열화 사업** : 농민과 계약(위탁)에 의하여 가축·사료·동물용 의약품·기자재·보수 또는 경영지도 서비스 등을 공급(제공)하고, 당해 농민이 생산한 가축을 도축·가공 또는 유통하는 사업방식을 말한다.

09 가축재해보험에서 정하는 다음의 축산 관련 용어를 순서대로 답란에 쓰시오.

> - ( ) : 어미돼지 1두가 1년간 생산한 돼지 중 출하체중(110kg)이 될 때까지 생존하여 출하한 마리 수이다.
> - ( ) : 산란계 한 계군에서 하루 동안에 생산된 알의 수를 의미하며, 산란계 한 마리가 산란을 시작하여 도태 시까지 낳는 알의 총수는 산란지수로 표현한다.
> - ( ) : 특허청에 브랜드를 등록하고 회원 농가들과 종축·사료·사양관리 등 생산에 대한 규약을 체결하여 균일한 품질의 고급육을 생산·출하하는 축협조합 및 영농조합법인을 말한다.
> - ( ) : 자조금의 효과적인 운용을 위해 축산업자 및 학계·소비자·관계 공무원 및 유통전문가로 구성된 위원회이며, 품목별로 설치되어 해당 품목의 자조금의 조성 및 지출, 사업 등 운용에 관한 사항을 심의·의결한다.

정답

돼지 MSY(Marketing per Sow per Year), 산란수, 축산물 브랜드 경영체, 자조금관리위원회

10 가축재해보험에서 "축산자조금"이 설치되어 운용되고 있는 품목(9개)을 답란에 쓰시오.

정답

축산자조금(9개 품목)
한우, 양돈, 낙농, 산란계, 육계, 오리, 양록, 양봉, 육우

11 가축재해보험 관련 제도 중 다음의 용어를 서술하시오.

① 쇠고기 이력제도 :

② 수의사 처방제 :

정답

① **쇠고기 이력제도** : 소의 출생부터 도축, 포장처리, 판매까지의 정보를 기록·관리하여 위생·안전에 문제가 발생할 경우 이를 확인하여 신속하게 대처하기 위한 제도를 말한다.
② **수의사 처방제** : 항생제 오남용으로 인한 축산물내 약품잔류 및 항생제 내성문제 등의 예방을 위해 동물 및 인체에 위해를 줄 수 있는 "동물용 의약품"을 수의사의 처방에 따라 사용토록 하는 제도를 말한다.

제**2**장 농작물재해보험 손해평가

제1절 손해평가 기본단계

01 농작물재해보험의 손해평가 업무흐름을 나타낸 것이다. 순서대로 답란에 쓰시오.

> ㉠ 계약자 피해발생
> ㉡ 손해보험 사고접수
> ㉢ 지역농협 사고접수
> ㉣ 조사기관 배정
> ㉤ 조사자(손해평가반) 배정
> ㉥ 손해평가 업무배정

정답

㉠ – ㉢ – ㉡ – ㉥ – ㉣ – ㉤

해설

손해평가 업무흐름
① 계약자 피해발생
② 지역농협 사고접수
③ 손해보험 사고접수
④ 손해평가 업무배정
⑤ 조사기관 배정
⑥ 조사자(손해평가반) 배정

02 농작물재해보험의 손해평가 업무흐름을 설명한 것이다. 괄호 안에 들어갈 내용을 답란에 쓰시오.

---

① 재해보험에 가입한 보험가입자가 해당 농지에 자연재해 등 피해가 발생하면 보험에 가입했던 (㉠)
등 영업점에 사고접수를 한다. 영업점은 재해보험사업자에게 사고접수 사실을 알리고 재해보험사업자는
(㉡)을(를) 배정한다. (㉡)은 소속된 조사자를 빠르게 배정하여 (㉢)을(를) 구성하고 해당 (㉢)은
신속하게 손해평가업무를 수행한다.
② (㉢)은 영업점에 도착하여 계약 및 기본사항 등 서류를 검토하고 (㉣)을(를) 받아 피해현장에
방문하여 보상하는 재해 여부를 심사한다. 그리고 상황에 맞는 관련 조사를 선택하여 실시한후 조사결과
를 보험가입자에게 안내하고 서명확인을 받아 (㉤) 또는 대리점에게 (㉣)을(를) 제출한다.

정답

㉠ 대리점(지역농협 등), ㉡ 조사기관, ㉢ 손해평가반, ㉣ 현지조사서, ㉤ 전산입력

03 농작물재해보험의 손해평가에 대한 설명이다. 괄호 안에 들어갈 내용을 답란에 쓰시오.

손해평가는 (㉠), (㉡), (㉢) 등에 따라 조사방법 등이 달라지기 때문에 상황에 맞는 손해평가를
하는 것이 중요하다.

정답

㉠ 조사품목, ㉡ 재해의 종류, ㉢ 조사시기

04 농작물재해보험의 손해평가시 현지조사 절차(0단계~5단계)를 답란에 쓰시오.

정답

현지조사 절차(5단계)
① 0단계 : 계약자 사고신고 및 전산등록, 준비
② 1단계 : 계약 및 기본사항 확인
③ 2단계 : 보상하는 재해 여부 심사
④ 3단계 : 관련 조사 선택 및 실시
⑤ 4단계 : 미보상비율(양) 확인
⑥ 5단계 : 조사결과 설명 및 서명확인

제2절　과수작물 손해평가 및 보험금 산정

1 적과전 종합위험방식(대상품목 : 사과, 배, 단감, 떫은감)

01 적과전 종합위험방식 과수 품목의 시기별 조사종류를 나타낸 표이다. 표의 빈 칸에 들어갈 내용을 답란에 쓰시오.

생육 시기	재 해	조사내용	조사시기	조사방법	비 고
보험계약 체결일 ~ 적과전			사고접수후 지체 없이		
			사고접수후 지체 없이		적과종료 이전 특 정위험 5종 한정 보장 특약 가입 건에 한함
6월 1일 ~ 적과전	태풍(강풍), 집중호우, 화재, 지진		사고접수후 지체 없이		
적과후	–		적과종료후		

정답

생육 시기	재 해	조사내용	조사시기	조사방법	비 고
보험계약 체결일 ~ 적과전	보상하는 재해 전부	피해사실 확인조사	사고접수후 지체 없이	보상하는 재해로 인한 피해발생 여부 조사	피해사실이 명백 한 경우 생략 가능
	우박		사고접수후 지체 없이	우박으로 인한 유과(어린 과실) 및 꽃 (눈) 등의 타박비율 조사 • 조사방법 : 표본조사	적과종료 이전 특 정위험 5종 한정 보장 특약 가입 건에 한함
6월 1일 ~ 적과전	태풍(강풍), 집중호우, 화재, 지진		사고접수후 지체 없이	보상하는 재해로 발생한 낙엽피해 정 도 조사 • 단감 · 떫은감에 대해서만 실시 • 조사방법 : 표본조사	
적과후	–	적과후 착과수 조사	적과종료후	보험가입금액의 결정 등을 위하여 해당 농지의 적과종료후 총 착과수를 조사 • 조사방법 : 표본조사	피해와 관계없이 전 과수원 조사

02 적과전 종합위험방식 과수 품목의 시기별 조사종류를 나타낸 표이다. 표의 빈 칸에 들어갈 내용을 답란에 쓰시오.

생육시기	재 해	조사내용	조사시기	조사방법	비 고
적과후 ~ 수확기 종료	보상하는 재해		사고접수 후 지체 없이		–
					단감· 떫은감
			착과피해 확인이 가능한 시기		–
수확 완료후 ~ 보험종기	보상하는 재해 전부		수확 완료후 보험 종기전		수확완료후 추가 고사나무가 없는 경우 생략 가능

정답

생육시기	재 해	조사내용	조사시기	조사방법	비 고
적과후 ~ 수확기 종료	보상하는 재해	낙과피해 조사	사고접수 후 지체 없이	재해로 인하여 떨어진 피해과실수조사 • 낙과피해조사는 보험약관에서 정한 과실 피해분류기준에 따라 구분하여 조사 • 조사방법 : 전수조사 또는 표본조사	–
				낙엽률조사(우박 및 일소 제외) • 낙엽피해 정도 조사 • 조사방법 : 표본조사	단감· 떫은감
	우박, 일소, 가을동상해	착과피해 조사	착과피해 확인이 가능한 시기	재해로 인하여 달려있는 과실의 피해과실 수조사 • 착과피해조사는 보험약관에서 정한 과실 피해분류기준에 따라 구분하여 조사 • 조사방법 : 표본조사	–
수확 완료후 ~ 보험종기	보상하는 재해 전부	고사나무 조사	수확 완료후 보험 종기전	보상하는 재해로 고사되거나 또는 회생이 불가능한 나무수를 조사 • 특약 가입 농지만 해당 • 조사방법 : 전수조사	수확완료후 추가 고사나무가 없는 경우 생략 가능

03 적과전 종합위험방식 과수 품목의 손해평가 현지조사 방법에 대한 설명이다. 괄호 안에 들어갈 내용을 답란에 순서대로 쓰시오.

> 과수4종(사과, 배, 단감, 떫은감) 현지조사에는 생육시기별 (   ), (   ), (   ), (   ), (   ), (   )가 있으며, (   )는 감(단감, 떫은감) 품목에 한하여 보상하는 손해로 잎에 피해가 있을 경우 조사하며, 적과전 5종 한정보장 특약 가입시 적과전의 우박피해는 (   )을(를) 진행한다.

[정답]

피해사실확인조사, 적과후착과수조사, 낙과피해조사, 착과피해조사, 낙엽률조사, 고사나무조사, 낙엽률조사, 유과타박률조사

04 적과전 종합위험방식 과수 품목의 '피해사실확인조사' 내용을 다음 구분에 따라 답란에 쓰시오.

① 대상재해 :
② 조사대상 :
③ 조사시기 :

[정답]

① **대상재해** : 자연재해, 조수해, 화재
② **조사대상** : 적과종료 이전 대상재해로 사고접수 과수원 및 조사 필요 과수원
③ **조사시기** : 사고접수 직후 실시

05 적과전 종합위험방식 과수 품목의 피해사실확인방법은 보상하는 재해로 인한 피해가 맞는지 확인해야 하는데, 이에 대한 근거가 될 수 있는 자료를 답란에 쓰시오.

[정답]

① **재해입증 자료** : 기상청 자료, 농업기술센터 의견서 등
② **피해장소 촬영 사진** : 농지(과수원 등)의 전반적인 피해 상황 및 세부 피해내용이 확인 가능한 피해장소 촬영 사진

06 적과전 종합위험방식 과수 품목의 피해사실확인조사에서 나무피해 확인에 대한 설명이다. 괄호 안에 들어갈 내용을 답란에 쓰시오.

> 나무피해 확인은 (㉠)와 (㉡)을(를) 확인한다. 보상하지 않는 손해로 고사한 나무나 수확불능 상태인 나무가 있는 경우 (㉢)로 조사한다. 5종 한정 특약 가입 건에 해당하는 경우 (㉣)로 인한 피해나무를 확인한다. 해당 나무는 고사주수 및 수확불능주수에 포함 여부와 상관없이 나무의 상태(㉣)를 기준으로 별도로 조사한다. 단, 침수의 경우에는 나무별로 (㉤)을(를) 곱하여 계산한다.

정답

㉠ 고사나무, ㉡ 수확불능나무, ㉢ 미보상주수, ㉣ 유실·매몰·도복·절단(1/2)·소실(1/2)·침수,
㉤ 과실침수율

07 적과전 종합위험방식 과수 품목의 피해사실확인조사에서 침수주수의 산정방법이다. 괄호 안에 들어갈 내용을 답란에 쓰시오.

> • 표본주는 (㉠) 침수피해를 입은 나무 중 가장 평균적인 나무로 (㉡) 이상 선정한다.
> • 표본주의 (㉢)와 (㉣)를 조사한다.
> • 과실침수율 = (㉢) ÷ (㉣)
> • 침수주수 = 침수피해를 입은 나무수 × (㉤)

정답

㉠ 품종·재배방식·수령별, ㉡ 1주, ㉢ 침수된 착(화)과수, ㉣ 전체 착과(화)수, ㉤ 과실침수율

08 적과전 종합위험방식 과수 품목의 피해사실확인조사에서 피해규모 확인방법 및 추가조사 필요 여부 판단에 대해 서술하시오.

정답

(1) 피해규모 확인방법
① 조수해 및 화재 등으로 전체 나무 중 일부 나무에만 국한되어 피해가 발생된 경우 실시한다.
② 피해대상주수(고사주수, 수확불능주수, 일부피해주수)를 확인한다.
③ 일부피해주수는 대상재해로 피해를 입은 나무수 중에서 고사주수 및 수확불능주수를 제외한 나무수를 의미한다.

(2) 추가조사 필요 여부 판단
① 재해종류 및 특별약관 가입 여부에 따라 추가 확인사항을 조사한다.
② 적과종료 여부를 확인한다(적과후착과수조사 이전시).
③ 착과피해조사 필요 여부를 확인한다(우박피해 발생시).

09 적과전 종합위험방식 과수 품목의 피해사실확인조사에서 유과타박률 확인사항에 대한 설명이다. 괄호 안에 들어갈 내용을 답란에 쓰시오.

---

① 적과종료 전의 착과된 유과 및 꽃눈 등에서 (㉠)으로 피해를 입은 유과(꽃눈 등)의 비율을 (㉡)한다.
② 표본주수는 (㉢)을(를) 기준으로 품목별 표본주수표에 따라 표본주수를 선정한후 조사용 리본을 부착한다. 표본주는 수령이나 크기, 착과과실수를 감안하여 (㉣)이 있는 표본주를 선택하고 과수원내 골고루 분포되도록 한다.
③ 선정된 표본주마다 동서남북 4곳의 가지에 각 가지별로 (㉤) 이상의 유과(꽃눈 등)를 표본으로 추출하여 피해유과(꽃눈 등)와 정상 유과(꽃눈 등)의 개수를 조사한다.

[정답]

㉠ 우박, ㉡ 표본조사, ㉢ 조사대상주수, ㉣ 대표성, ㉤ 5개

10 적과전 종합위험방식 과수 품목의 피해사실확인조사에서 낙엽률 확인사항에 대한 설명이다. 괄호 안에 들어갈 내용을 답란에 쓰시오.

---

① 조사대상주수 기준으로 (㉠)의 표본주수에 따라 주수를 산정한다.
② 표본주 간격에 따라 표본주를 정하고, 선정된 표본주에 조사용 리본을 묶고 동서남북 4곳의 결과지(신초, 1년생 가지)를 무작위로 정하여 각 가지별로 (㉡)을(를) 조사하여 조사용 리본에 기재한후 낙엽률을 산정한다.
③ 선정된 표본주의 낙엽수가 보상하지 않는 손해(병해충 등)에 해당하는 경우 (㉢)로 구분한다.

[정답]

㉠ 품목별 표본주수표, ㉡ 낙엽수와 착엽수, ㉢ 착엽수

11 적과전 종합위험방식 과수 품목의 '적과후착과수조사' 내용을 다음 구분에 따라 답란에 쓰시오.

① 조사대상 :

② 조사시기 :

[정답]

① **조사대상** : 사고 여부와 관계없이 농작물재해보험에 가입한 사과, 배, 단감, 떫은감 품목을 재배하는 과수원 전체
② **조사시기** : 통상적인 적과 및 자연낙과(떫은감은 1차 생리적 낙과) 종료 시점

12 적과전 종합위험방식 과수 품목의 적과후착과수조사에 대한 설명이다. 괄호 안에 들어갈 내용을 답란에 쓰시오.

> ① 과수원내 품종·재배방식·수령별 실제결과주수에서 미보상주수, 고사주수, (㉠)을(를) 제외하고 조사대상주수를 계산한다.
> ② 조사대상주수 기준으로 (㉡)에 따라 과수원별 전체 적정 표본주수를 산정한다.
> ③ 적정 표본주수는 품종·재배방식·수령별 조사대상주수에 (㉢)하여 배정하며, 품종·재배방식·수령별 적정 표본주수의 합은 전체 표본주수보다 크거나 같아야 한다.
> ④ 품종·재배방식·수령별 표본주수를 기준으로 표본주를 선정후 (㉣)을(를) 부착한다.
> ⑤ 선정된 표본주의 품종·재배방식·수령 및 (㉤)을(를) 조사하고, 조사용 리본 및 현지조사서에 조사내용을 기재한다.

[정답]

㉠ 수확불능주수, ㉡ 품목별 표본주수표, ㉢ 비례, ㉣ 조사용 리본, ㉤ 착과수(착과과실수)

13 2종류 이상의 품종, 2종류 이상의 수령인 적과전 종합위험방식 사과 과수원에서 조사대상 실제결과주수 1,000주, 표본주수 17주를 선정하여 조사하였다. 다음 도표의 빈 칸에 표본주수를 계산하시오(단, 적정 표본주수 산출시 소숫점 첫째자리에서 올림). [기출유형]

품 종	수 령	실제결과주수	적정 표본주수
스가루	10년생	250주	㉠
스가루	20년생	350주	㉡
후지	10년생	100주	㉢
후지	20년생	300주	㉣

[정답]

㉠ 5주, ㉡ 6주, ㉢ 2주, ㉣ 6주

[해설]

품종별·수령별 주수에 비례하도록 표본주를 선정한다.

㉠ $17 \times 250 / 1,000 = 4.25 = $ **5주**
㉡ $17 \times 350 / 1,000 = 5.95 = $ **6주**
㉢ $17 \times 100 / 1,000 = 1.7 = $ **2주**
㉣ $17 \times 300 / 1,000 = 5.1 = $ **6주**

14 적과전 종합위험방식 과수 품목의 '낙과피해조사' 내용을 다음 구분에 따라 답란에 쓰시오.

① 대상재해 :

② 조사대상 :

③ 조사시기 :

정답

① **대상재해** : 태풍(강풍), 집중호우, 화재, 지진, 우박, 일소피해
② **조사대상** : 적과종료 이후 낙과사고가 접수된 과수원
③ **조사시기** : 사고접수 직후 실시

15 적과전 종합위험방식 사과 품목에서 「적과종료 이후부터 수확기종료」에 발생한 「태풍(강풍), 지진, 집중호우, 화재피해」의 「낙과피해조사」 관련 설명이다. 다음 (   )의 용어를 순서대로 쓰시오. `기출유형`

> ㉠ 주수조사는 과수원내 품종·재배방식·수령별 실제결과주수에서 (   ), (   ), (   ), (   ) 및 일부침수주수를 파악한다.
> ㉡ 낙과수조사는 (   )을(를) 원칙으로 하며, (   )가 어려운 경우 (   )을(를) 실시한다.

정답

㉠ 고사주수, 수확불능주수, 미보상주수, 수확완료주수
㉡ 전수조사, 전수조사, 표본조사

해설

낙과피해조사
① **주수조사** : 과수원내 품종·재배방식·수령별 실제결과주수에서 <u>고사주수, 수확불능주수, 미보상주수, 수확완료주수</u> 및 일부침수주수(금번 침수로 인한 피해주수 중 침수로 인한 고사주수 및 수확불능주수는 제외한 주수)를 파악한다. 품종·재배방식·수령별 실제결과주수에서 고사주수, 수확불능주수, 미보상주수 및 수확완료주수를 제외한 조사대상주수(일부 침수주수 포함)를 계산한다.
② **낙과수조사** : 낙과수조사는 <u>전수조사</u>를 원칙으로 하며, <u>전수조사</u>가 어려운 경우 <u>표본조사</u>를 실시한다.

16 적과전 종합위험방식 과수 품목의 낙과피해조사에서 무피해나무 착과수조사에 대한 설명이다. 다음 (   )의 용어를 순서대로 쓰시오.

ⓐ 금번 재해로 인한 (   ), (   )가 있는 경우에만 실시한다.
ⓑ 무피해나무는 (   ), (   ), (   ), (   ) 및 일부침수나무를 제외한 나무를 의미한다.
ⓒ 품종·재배방식·수령별 무피해나무 중 가장 평균적인 나무를 (   ) 이상 선정하여 품종·재배방식·수령별 무피해나무 (   )당 착과수를 계산한다(단, 선정한 나무에서 금번 재해로 인해 낙과한 과실이 있는 경우에는 해당 과실을 착과수에 포함하여 계산한다).
ⓓ 다만, 이전 실시한 (적과후)착과수조사(이전 착과피해조사시 실시한 착과수조사 포함)의 (   )와 금차 조사시의 (   )가 큰 차이가 없는 경우에는 별도의 (   ) 확인 없이 이전에 실시한 착과수조사 값으로 대체할 수 있다.

정답

ⓐ 고사주수, 수확불능주수
ⓑ 고사나무, 수확불능나무, 미보상나무, 수확완료나무
ⓒ 1주
ⓓ 착과수, 착과수, 착과수

17 적과전 종합위험방식 과수 품목의 낙과피해조사에서 낙과수조사는 전수조사를 원칙으로 하며, 전수조사가 어려운 경우 표본조사를 실시한다. 괄호 안에 들어갈 내용을 답란에 쓰시오.

전수조사	• 낙과수 전수조사시에는 과수원내 (ⓐ) 낙과를 조사한다. • 낙과수 확인이 끝나면 낙과 중 (ⓑ) 이상을 무작위로 추출하고「과실 분류에 따른 피해인정계수」에 따라 구분하여 해당 과실 개수를 조사한다. • 단, 전체 낙과수가 (ⓑ) 미만일 경우에는 해당 기준 미만으로도 조사 가능하다.
표본조사	• 조사대상주수를 기준으로 과수원별 전체 표본주수를 산정하되, (ⓒ) 표본주수는 (ⓒ) 조사대상주수에 비례하여 산정한다. • 조사대상주수의 특성이 골고루 반영될 수 있도록 표본나무를 선정하고, 표본나무별로 수관면적 내에 있는 (ⓓ)을(를) 조사한다.

정답

ⓐ 전체, ⓑ 100개, ⓒ 품종·재배방식·수령별, ⓓ 낙과수

18 홍길동이 운영하는 적과전 종합위험방식 과수(사과) 품목 과수원에서 태풍(강풍)으로 인한 낙과피해과실을 조사한 결과 다음과 같았다. 낙과피해과실의 구분에 따른 낙과피해구성률을 계산하시오.

> [조사내용]
> • 조사대상 과실수의 합계는 100개이다.
> • 정상과실수 20개, 50%형 피해과실수 30개, 80%형 피해과실수 5개, 100%형 피해과실수 45개로 조사되었다.

[정답]

낙과피해구성률 : 64%

[해설]

$$낙과피해구성률 = \frac{(100\%형\ 피해과실수 \times 1) + (80\%형\ 피해과실수 \times 0.8) + (50\%형\ 피해과실수 \times 0.5)}{100\%형\ 피해과실수 + 80\%형\ 피해과실수 + 50\%형\ 피해과실수 + 정상과실수}$$

$$= \frac{(45개 \times 1) + (5개 \times 0.8) + (30개 \times 0.5)}{100개} = \frac{64개}{100개} = \textbf{64\%}$$

19 적과전 종합위험방식 과수 품목의 낙과피해조사에서 낙엽률조사에 대한 설명이다. 괄호 안에 들어갈 내용을 답란에 쓰시오.

> ① 단감, 떫은감에 한하고, (㉠) 피해는 제외한다.
> ② 표본주 간격에 따라 표본주를 정하고, 선정된 표본주에 리본을 묶고 동서남북 4곳의 결과지(신초, 1년생 가지)를 무작위로 정하여 각 결과지별로 (㉡)와 (㉢)을(를) 조사하여 리본에 기재한후 낙엽률을 산정한다.
> ③ (㉣)은(는) 잎이 떨어진 자리를 센다.
> ④ 사고 당시 착과과실수에 (㉤)을(를) 곱하여 해당 감수과실수로 산정한다.

[정답]

㉠ 우박·일소, ㉡ 낙엽수, ㉢ 착엽수, ㉣ 낙엽수, ㉤ 낙엽률에 따른 인정피해율

20 적과전 종합위험방식 과수 품목의 '착과피해조사' 내용을 다음 구분에 따라 답란에 쓰시오.

① 대상재해 :

② 조사대상 :

③ 조사시기 :

① **대상재해** : 우박, 가을동상해, 일소피해
② **조사대상** : 적과종료 이후 대상재해로 사고접수된 과수원 또는 적과종료 이전 우박피해 과수원
③ **조사시기** : 착과피해 확인이 가능한 시점(수확전 대상재해 발생시 계약자는 수확개시 최소 10일 전에 보험가입 대리점으로 수확예정일을 통보하고, 최초 수확 1일 전에는 조사를 마친다)

21 적과전 종합위험방식 과수 품목의 착과피해조사에 대한 설명이다. 괄호 안에 들어갈 내용을 답란에 쓰시오.

> ① 착과피해조사는 착과된 과실에 대한 피해정도를 조사하는 것으로 해당 피해에 대한 확인이 가능한 시기에 실시하며, (㉠)으로 하거나 품종별로 실시할 수 있다.
> ② 착과피해조사에서는 가장 먼저 착과수를 확인하여야 하며, 착과수 확인은 실제결과주수에서 고사주수, 수확불능주수, 미보상주수 및 (㉡)을(를) 제외한 조사대상주수를 기준으로 적정 표본주수를 산정한다.
> ③ 착과수 확인이 끝나면 수확이 완료되지 않은 품종별로 표본과실을 추출한다. 이때 추출하는 표본과실수는 품종별 (㉢)으로 하며, 추출한 표본과실을 「과실 분류에 따른 피해인정계수」에 따라 품종별로 (㉣)로 구분하여 해당 과실 개수를 조사한다. 다만, 거대재해 등 필요시에는 해당 기준 표본수의 (㉤)만 조사도 가능하다. 또한, 착과피해조사시 따거나 수확한 과실은 (㉥)의 비용 부담으로 한다.
> ④ 일소피해의 경우 피해과를 수확기까지 착과시켜 놓을 경우 탄저병 등 병충해가 발생할 수 있으므로 착과피해조사의 방법이나 조사시기는 (㉦)에 따라 유동적일 수 있다.

㉠ 대표품종(적과후착과수 기준 60% 이상 품종)
㉡ 수확완료주수
㉢ 1주 이상, 과수원당 3주 이상
㉣ 정상과, 50%형 피해과, 80%형 피해과, 100%형 피해과
㉤ 1/2
㉥ 계약자
㉦ 재해보험사업자의 시행지침

22 적과전 종합위험방식 과수 품목의 '고사나무조사' 내용을 다음 구분에 따라 답란에 쓰시오.

① 대상재해 :
② 조사대상 :
③ 조사시기 :

① **대상재해** : 자연재해, 화재, 조수해
② **조사대상** : 나무손해보장 특약을 가입한 농지 중 사고가 접수된 모든 농지
③ **조사시기** : 수확완료후 나무손해보장 종료 직전

23 적과전 종합위험방식 과수 품목의 고사나무조사에 대한 설명이다. 괄호 안에 들어갈 내용을 답란에 순서대로 쓰시오.

㉠ 품종별·재배방식별·수령별로 실제결과주수, (　　), (　　) 및 미보상고사주수를 조사한다.
㉡ 수확완료전 고사주수는 고사나무조사 이전 조사[(　　), (　　)]에서 보상하는 재해로 고사한 것으로 확인된 주수를 의미하며, 수확완료후 고사주수는 보상하는 재해로 고사한 나무 중 고사나무조사 이전 조사에서 확인되지 않은 나무주수를 말한다.
㉢ 보상하지 않는 손해로 고사한 나무가 있는 경우 (　　)로 조사한다.
㉣ 계약자 유선확인 등으로 (　　) 등 기조사시 확인된 고사나무 이외에 추가 고사나무가 없는 경우에는 고사나무조사를 생략할 수 있다.

정답

㉠ 수확완료전 고사주수, 수확완료후 고사주수
㉡ 적과후착과수조사, 착과피해조사 및 낙과피해조사
㉢ 미보상고사주수
㉣ 착과수조사 및 감수과실수조사

24 적과전 종합위험방식 과수 품목의 기준수확량의 산정에 대한 설명이다. 괄호 안에 들어갈 내용을 답란에 쓰시오.

---

① "기준착과수"라 함은 (　㉠　)에 기준이 되는 과실 수(數)로, 아래와 같이 산출한다.
　• 적과종료 전에 인정된 착과감소과실수가 없는 과수원 : (　㉡　)를 기준착과수로 한다. 다만, 적과후착과수조사 이후의 착과수가 적과후착과수보다 (　㉢　) 경우에는 착과수를 기준착과수로 할 수 있다.
　• 적과종료 전에 인정된 착과감소과실수가 있는 과수원 : 위 항에서 조사된 적과후착과수에 해당 (　㉣　)를 더하여 기준착과수로 한다.
② 기준수확량은 기준착과수에 (　㉤　)을 곱하여 산출한다.

정답

㉠ 보험금 지급, ㉡ 적과후착과수, ㉢ 큰, ㉣ 착과감소과실수, ㉤ 가입과중

25 적과전 종합위험방식 과수 품목의 적과종료 이전 착과감소량에 대한 설명이다. 괄호 안에 들어갈 내용을 답란에 쓰시오.

> ① 착과감소과실수 = (㉠)
> ② 착과감소량은 산출된 착과감소과실수에 (㉡)을(를) 곱하여 산출한다.
> ③ 피해사실확인조사에서 모든 사고가 "(㉢)"인 경우만 해당한다.
>   • 최대 인정감소량 = (㉣) × 최대 인정피해율
>   • 최대 인정감소과실수 = (㉤) × 최대 인정피해율
>   • 최대 인정피해율 = (㉥) ÷ 실제결과주수
>   • 착과감소량이 최대 인정감소량을 (㉦)하는 경우에는 최대 인정감소량을 착과감소량으로 한다.
> ④ 해당 사고가 (㉧) 이상 발생한 경우에는 사고별 피해대상주수를 누적하여 계산한다.

정답

㉠ 최솟값(평년착과수 − 적과후착과수, 최대 인정감소과실수)
㉡ 가입과중
㉢ 피해규모가 일부
㉣ 평년착과량
㉤ 평년착과수
㉥ 피해대상주수(고사주수, 수확불능주수, 일부피해주수)
㉦ 초과
㉧ 2회

26 적과전 종합위험방식 과수 품목의 적과종료 이전 최대 인정감소량에 대한 설명이다. 괄호 안에 들어갈 내용을 답란에 쓰시오(단, 「적과종료 이전 특정위험 5종 한정보장 특별약관」에 가입함).

> ㉠ 적과종료 이전 대상재해 : ( )
> ㉡ 착과감소량이 최대 인정감소량을 ( )하는 경우, 최대 인정감소량을 착과감소량으로 한다.
> ㉢ 최대 인정감소량 = ( ) × 최대 인정피해율
> ㉣ 최대 인정감소과실수 = ( ) × 최대 인정피해율
> ㉤ 최대 인정피해율은 ( ), ( ), ( ) 산정된 값 중 큰 값으로 한다.

정답

㉠ 태풍(강풍), 우박, 집중호우, 화재, 지진
㉡ 초과
㉢ 평년착과량
㉣ 평년착과수
㉤ 나무피해율, 우박피해에 따른 유과타박률, 낙엽률에 따른 인정피해율

27 적과전 종합위험방식 과수 품목의 적과종료 이전 착과감소량 산정시 나무피해율과 낙엽률에 따른 인정피해율에 대한 설명이다. 괄호 안에 알맞은 내용을 쓰시오(단, 「적과종료 이전 특정 위험 5종 한정보장 특별약관」에 가입함).

> ① 나무피해율은 과수원별 유실·매몰·도복·절단(1/2)·소실(1/2)·침수주수를 (㉠)로 나눈 값으로, 이때 침수주수는 침수피해를 입은 나무수에 (㉡)을(를) 곱하여 계산한다.
> ② 낙엽률에 따른 인정피해율은 (㉢)에 한하여 (㉣)부터 적과종료 이전까지 태풍(강풍)·집중호우·화재·지진으로 인한 낙엽피해가 발생한 경우 낙엽률을 조사하여 산출한 인정피해율이다.
> ③ 단감의 낙엽률에 따른 인정피해율 = [(㉣) × 낙엽률] − [(㉤) × 경과일수]

정답

㉠ 실제결과주수, ㉡ 과실침수율, ㉢ 단감, 떫은감, ㉣ 6월 1일, ㉣ 1.0115, ㉤ 0.0014

28 적과전 종합위험방식 과수 품목에서 적과종료 이전 자연재해로 인하여 적과종료 이후 착과감소과실수가 발생할 경우 착과손해 감수과실수를 산출할 수 있다. 다음 구분에 따라 산출공식을 쓰시오.

① 적과후착과수가 평년착과수의 60% 미만인 경우 :
② 적과후착과수가 평년착과수의 60% 이상 100% 미만인 경우 :

정답

① **적과후착과수가 평년착과수의 60% 미만인 경우** : 감수과실수 = 적과후착과수 × 5%
② **적과후착과수가 평년착과수의 60% 이상 100% 미만인 경우** :

$$\text{감수과실수} = \text{적과후착과수} \times 5\% \times \frac{100\% - \text{착과율}}{40\%}$$

※ 착과율 = 적과후착과수 ÷ 평년착과수

29 적과전 종합위험방식 과수 품목의 적과종료 이후 감수량에 대한 설명이다. 괄호 안에 들어갈 내용을 답란에 쓰시오(단, 대상재해는 태풍(강풍), 집중호우, 화재, 지진이다).

> ① 낙과손해 : 낙과를 분류하고, 이에 과실 분류에 따른 (㉠)을(를) 적용하여 감수과실수를 산출한다.
> ② 침수손해 : 조사를 통해 침수나무의 평균침수착과수를 산정하고, 이에 (㉡)을(를) 곱하여 감수과실수를 산출한다.
> ③ 나무의 유실·매몰·도복·절단 손해 : 조사를 통해 (㉢)의 평균착과수를 산정하고, 이에 유실·매몰·도복·절단된 주수를 곱하여 감수과실수를 산출한다.
> ④ 소실손해 : 조사를 통해 무피해나무의 (㉣)을(를) 산정하고, 이에 소실된 주수를 곱하여 감수과실수를 산출한다.
> ⑤ 착과손해(사과, 배에 한함) : 낙과손해에 의해 결정된 낙과 감수과실수의 (㉤)을(를) 감수과실수로 한다.

정답

㉠ 피해인정계수, ㉡ 침수주수, ㉢ 무피해나무, ㉣ 평균착과수, ㉤ 7%

30 다음 조건에 따른 적과전 종합위험방식 과수(사과) 품목의 기준착과수와 감수과실수를 계산하시오.

> [조건]
> • 적과종료 이후 태풍과 집중호우로 유실피해주수 : 100주
> • 실제결과주수 : 200주
> • 적과후착과수 조사시 무피해나무 1주당 평균착과수 : 150개

정답

기준착과수 : 30,000개, 감수과실수 : 15,000개

해설

• 기준착과수 = 200주 × 150개/주 = 30,000개
• 감수과실수 = 100주 × 150개/주 = 15,000개

31 적과전 종합위험방식 과수 품목의 적과종료 이후 감수량에 대한 설명이다. 괄호 안에 들어갈 내용을 답란에 쓰시오.

① 우박
- (㉠) : 수확전에 착과 감수과실수 산출방법에 따라 산출한다.
- (㉡) : 낙과 감수과실수 산출방법에 따라 산출한다.

② 낙엽피해(단감·떫은감에 한함)
보험기간 적과종료일 이후부터 당해 연도 10월까지 (㉢)으로 인한 낙엽피해가 발생한 경우 조사를 통해 (㉣)을(를) 산출하며, 낙엽률에 따른 인정피해율에서 기발생 낙엽률에 따른 인정피해율의 (㉤) 을(를) 차감하고 착과수를 곱하여 감수과실수를 산출한다.

정답

㉠ 착과손해, ㉡ 낙과손해, ㉢ 태풍(강풍)·집중호우·화재·지진, ㉣ 착과수와 낙엽률, ㉤ 최댓값

32 적과전 종합위험방식 과수 품목의 적과종료 이후 감수과실수 산출방법은 보험사고가 발생할 때마다 피해사실 확인과 재해별로 조사를 실시한다. 다음 재해에 따른 감수과실수 산출방법을 서술하시오.

(1) 가을동상해
(2) 일소피해

정답

(1) 가을동상해
피해과실을 분류하고, 이에 과실 분류에 따른 피해인정계수를 적용하여 감수과실수를 산출한다. 이때 단감·떫은감의 경우 잎 피해가 인정된 경우에는 정상과실의 피해인정계수를 아래와 같이 변경하여 감수과실수를 산출한다.

피해인정계수 = 0.0031 × 잔여일수
※ 잔여일수 : 사고발생일부터 가을동상해 보장종료일까지 일자 수

(2) 일소피해
① 일소피해로 인한 감수과실수는 보험사고 한 건당 적과후착과수의 6%를 초과하는 경우에만 감수과실수로 인정한다.
② **착과손해** : 피해과실을 분류하고, 이에 과실 분류에 따른 피해인정계수를 적용하여 감수과실수를 산출한다.
③ **낙과손해** : 낙과를 분류하고, 이에 과실 분류에 따른 피해인정계수를 적용하여 감수과실수를 산출한다.

33 적과전 종합위험방식 과수 품목의 적과종료 이후 감수과실수 산출방법에 대한 설명이다. 괄호 안에 들어갈 내용을 답란에 쓰시오.

① 재해보험사업자는 감수과실수의 합계로 적과종료 이후 감수과실수를 산출한다. 다만, (㉠)로 발생한 감수과실수는 부보장 특별약관을 가입한 경우에는 제외한다.
② 적과종료 이후 감수량은 적과종료 이후 감수과실수에 (㉡)을(를) 곱하여 산출한다.
③ 재해보험사업자는 하나의 보험사고로 인해 산정된 감수량은 동시 또는 선·후차적으로 발생한 다른 보험사고의 감수량으로 (㉢).
④ 보상하는 재해가 여러 차례 발생하는 경우 금차 사고의 조사값(㉣)에서 기사고의 조사값(낙엽률에 따른 인정피해율, 착과피해구성률) 중 (㉤)을 제외하고 감수과실수를 산정한다.
⑤ 누적감수과실수(량)는 (㉥)을(를) 한도로 한다.

정답

㉠ 일소·가을동상해
㉡ 가입과중
㉢ 인정하지 않는다
㉣ 낙엽률에 따른 인정피해율, 착과피해구성률, 낙과피해구성률
㉤ 최고값
㉥ 기준착과수(량)

34 적과전 종합위험방식 과수 품목의 착과감소보험금 산정식에 대한 설명이다. 괄호 안에 들어갈 내용을 답란에 쓰시오.

적과종료 이전 보상하는 재해로 인한 착과감소량이 자기부담감수량을 초과하는 경우, 재해보험사업자가 지급할 보험금은 아래에 따라 계산한다.
• 보험금 = (착과감소량 − 미보상감수량 − 자기부담감수량) × 가입가격 × (㉠)
• 미보상감수량 : 보상하는 재해 이외의 원인으로 감소되었다고 평가되는 부분을 말하며, 계약 당시 이미 발생한 피해, (㉡) 및 (㉢) 등으로 인한 수확감소량으로서 감수량에서 제외된다.
• 자기부담감수량 : (㉣)에 자기부담비율을 곱한 양으로 한다.
• 가입가격 : 보험에 가입한 농작물의 (㉤)을(를) 말한다.

정답

㉠ 보장수준(50% or 70%), ㉡ 병해충으로 인한 피해, ㉢ 제초상태불량, ㉣ 기준수확량, ㉤ kg당 가격

35 적과전 종합위험방식 과수 품목의 과실손해보험금 산정식에 대한 설명이다. 괄호 안에 들어갈 내용을 답란에 쓰시오.

> 적과종료 이후 누적감수량이 자기부담감수량을 초과하는 경우, 재해보험사업자가 지급할 보험금은 아래에 따라 계산한다.
> - 보험금 = (적과종료 이후 누적감수량 − 자기부담감수량) × (㉠)
> - 적과종료 이후 누적감수량은 (㉡) 시점까지 산출된 감수량을 누적한 값으로 한다.
> - 자기부담감수량 : (㉢)에 자기부담비율을 곱한 양으로 한다. 다만, 착과감소량이 존재하는 경우에는 착과감소량에서 적과종료 이전에 산정된 (㉣)을(를) 뺀 값을 자기부담감수량에서 제외한다. 이때 자기부담감수량은 (㉤)보다 작을 수 없다.
> - 자기부담비율은 계약할 때 (㉥)가 선택한 자기부담비율로 한다.
> - 보험금의 지급한도에 따라 보험금이 (㉦)을(를) 초과하는 경우에는 (㉦)을(를) 보험금으로 한다(단, 보험가입금액은 감액한 경우에는 감액후 보험가입금액으로 한다).

정답

㉠ 가입가격
㉡ 보장종료
㉢ 기준수확량
㉣ 미보상감수량
㉤ 0
㉥ 계약자
㉦ 보험가입금액 × (1 − 자기부담비율)

36 적과전 종합위험방식 과수 품목의 나무손해보장 특약 보험금 산정식에 대한 설명이다. 괄호 안에 들어갈 내용을 답란에 쓰시오.

> ① 지급보험금은 보험가입금액에 피해율에서 (㉠)을 차감한 값을 곱하여 산정하며, 피해율은 (㉡)을(를) (㉢)로 나눈 값으로 한다.
> ② 자기부담비율은 (㉣)로 한다.

정답

㉠ 자기부담비율, ㉡ 피해주수(고사된 나무), ㉢ 실제결과주수, ㉣ 5%

해설

① 지급보험금 = 보험가입금액 × (피해율 − 자기부담비율)
② 피해율 = 피해주수(고사된 나무) ÷ 실제결과주수

37 "가을동상해"란 서리 또는 기온의 하강으로 인하여 농작물 등이 얼어서 생기는 피해를 말한다. 육안으로 판별 가능한 결빙증상이 지속적으로 남아 있는 경우에 피해를 인정한다. 다음 조건에 따른 적과전 종합위험방식 사과 품목의 적과종료 이후 착과피해에 의한 감수과실수를 계산하시오.

[조건]
- 적과후착과수 : 1,000개
- 총 낙과과실수 : 500개
- 착과피해구성률 : 35%
- 금차 사고전 기조사된 착과피해구성률 중 최댓값 : 30%

[정답]

감수과실수 : 25개

[해설]

감수과실수 = 사고 당시 착과과실수 × (착과피해구성률 − max A)
= (1,000개 − 500개) × (35% − 30%) = 25개
※ max A : 금차 사고전 기조사된 착과피해구성률 중 최댓값

38 다음 조건에 따른 적과전 종합위험방식 과수(단감) 품목의 적과종료 이후 감수과실수를 계산하시오(단, 감수과실수는 소수점 첫째자리에서 반올림함).

[조건]
- 9월 8일 태풍(강풍)으로 낙엽률 피해 : 30%
- 실제결과주수 : 150주
- 적과후착과수 조사시 무피해나무 1주당 평균착과수 : 100개
- 미보상비율 : 없음

[정답]

감수과실수 : 2,452개

[해설]

적과후착과수 = 150주 × 100개/주 = 15,000개
감수과실수 = 사고 당시 착과과실수 × (인정피해율 − max A)
= 15,000개 × {(1.0115 × 30% − 0.0014 × 100) − 0}
= 2451.75개 = 2,452개
※ 인정피해율 = (1.0115 × 낙엽률 − 0.0014 × 경과일수)
※ 경과일수 : 6월 1일부터 낙엽피해 발생일까지 경과된 일수(100일)

39 적과전 종합위험방식 과수(단감) 품목에서 10월 15일 서리로 인해 가을동상해 피해가 발생하였다. 다음 조건에 따른 감수과실수와 기준착과수를 계산하시오(단, 감수과실수는 소수점 첫째자리에서 반올림함).

> [조건]
> • 예정수확일 : 10월 24일
> • 실제결과주수 : 250주
> • 총 낙과과실수 : 1,000개
> • 착과피해 구성비율(100개) : 정상과실수 20개, 50%형 피해과실수 20개, 80%형 피해과실수 40개, 100%형 피해과실수 20개
> • 가을동상해 잎 고사피해 : 50% 이상
> • 적과후착과수 조사시 1주당 평균착과수 : 20개

[정답]

감수과실수 : 2,505개, 기준착과수 : 5,000개

[해설]

적과후착과수 = 250주 × 20개/주 = 5,000개
가을동상해 잎 고사피해가 50% 이상이므로,
착과피해구성률

$$= \frac{(100\%형\ 피해과실수 \times 1) + (80\%형\ 피해과실수 \times 0.8) + (50\%형\ 피해과실수 \times 0.5) + (정상과실수 \times 0.0031 \times 잔여일수)}{100\%형\ 피해과실수 + 80\%형\ 피해과실수 + 50\%형\ 피해과실수 + 정상과실수}$$

$$= \frac{(20개 \times 1) + (40개 \times 0.8) + (20개 \times 0.5) + (20개 \times 0.0031 \times 10)}{100개} = 0.6262 (= 62.62\%)$$

※ 잔여일수 = 사고발생일로부터 예정수확일까지 남은 일수
감수과실수 = 사고 당시 착과과실수 × (착과피해구성률 − max A)
= (5,000개 − 1,000개) × (62.62% − 0) = 2,504.8개 = 2,505개(※ 소수점 첫째자리에서 반올림)
기준착과수 = 적과후착과수 = 5,000개

40 적과전 종합위험방식 '떫은감' 품목이 적과종료일 이후 태풍피해를 입었다. 다음 조건을 참조하여 물음에 답하시오(단, 주어진 조건외 다른 사항은 고려하지 않음). [기출유형]

○ 조건

조사대상주수	총 표본주의 낙엽수 합계	표본주수
550주	120개	12주

※ 모든 표본주의 각 결과지(신초, 1년생 가지)당 착엽수와 낙엽수의 합계 : 10개

(1) 낙엽률의 계산과정과 값(%)을 쓰시오.

(2) 낙엽률에 따른 인정피해율의 계산과정과 값(%)을 쓰시오(단, 인정피해율(%)은 소수점 셋째자리에서 반올림. 예시 : 12.345% → 12.35%로 기재).

(1) 낙엽률의 계산과정

$$낙엽률 = \frac{표본주의\ 낙엽수\ 합계}{표본주의\ 낙엽수\ 합계 + 표본주의\ 착엽수\ 합계}$$

$$= \frac{120개}{12 \times 4 \times 10개} = 0.25 = \textbf{25\%}$$

※ 선정된 표본주에 동서남북 4곳의 결과지(신초, 1년생 가지)를 무작위로 정하여 각 가지별로 낙엽수와 착엽수를 조사하여 낙엽률을 산정한다.

(2) 낙엽률에 따른 인정피해율의 계산과정

떫은감의 낙엽률에 따른 인정피해율 $= 0.9662 \times$ 낙엽률 $- 0.0703$

$$= 0.9662 \times 25\% - 0.0703$$

$$= 0.17125 = \textbf{17.13\%}(※\ 소수점\ 셋째자리에서\ 반올림)$$

41 적과종료 이후 태풍(강풍)을 동반한 집중호우로 적과전 종합위험방식 과수 품목의 나무 일부 침수손해를 입었다. 다음 조건에 따른 감수과실수를 계산하시오(단, 감수과실수는 소수점 첫째자리에서 반올림함).

[조건]
• 일부 침수피해주수 : 100주
• 일부 침수나무 1주당 평균착과수 : 70개
• 과실침수율 : 40%
• 금차 사고전 기조사된 착과피해구성률 또는 인정피해율 중 최댓값 : 30%

감수과실수 : 1,960개

• 일부 침수나무 1주당 평균 침수착과수 = 일부 침수나무의 주당 평균착과수 × 과실침수율
$$= 70개/주 \times 40\% = 28개/주$$
• 감수과실수 = 일부 침수피해주수 × 일부 침수나무 1주당 평균침수착과수 × (1 − max A)
$$= 100주 \times 28개/주 \times (1 - 30\%) = 1,960개$$

42 적과전 종합위험방식 과수 품목(사과, 배)의 적과종료 이후 우박에 의한 낙과피해가 발생하였다. 다음 조건에 따른 감수과실수를 계산하시오(단, 감수과실수는 소수점 첫째자리에서 반올림함).

> [조건]
> • 낙과피해조사 : 표본조사
> • 조사대상주수 : 1,000주
> • 낙과과실수 합계 : 500개
> • 표본주수 : 17주
> • 기조사된 착과피해구성률 : 20%
> • 낙과피해구성률 : 50%

[정답]

감수과실수 : 8,824개

[해설]

감수과실수 = (낙과과실수 합계 / 표본주수) × 조사대상주수 × (낙과피해구성률 − max A)
       = (500개 / 17주) × 1,000주 × (50% − 20%) ≒ 8,824개
※ max A : 금차 사고전 기조사된 착과피해구성률 중 최댓값(= 20%)

43 적과종료 이후 적과전 종합위험방식 과수(사과, 배) 품목의 태풍(강풍)으로 인한 낙과피해가 발생하였다. 낙과 전수조사를 할 때 다음 조건을 참고하여 ① 낙과피해구성률과 ② 낙과피해 감수과실수 그리고 ③ 착과피해인정개수를 계산하시오(단, 감수과실수 및 착과피해인정개수는 소수점 첫째자리에서 반올림함).

> [조건]
> • 전체 낙과과실수 : 1,500개
> • 정상과실수 30개, 50%형 피해과실수 40개, 80%형 피해과실수 10개, 100%형 피해과실수 50개

[정답]

① 낙과피해구성률 : 60%
② 낙과피해 감수과실수 : 900개
③ 착과피해인정개수 : 63개

① 낙과피해구성률

$$= \frac{(100\%형\ 피해과실수 \times 1) + (80\%형\ 피해과실수 \times 0.8) + (50\%형\ 피해과실수 \times 0.5)}{100\%형\ 피해과실수 + 80\%형\ 피해과실수 + 50\%형\ 피해과실수 + 정상과실수}$$

$$= \frac{(40개 \times 0.5) + (10개 \times 0.8) + (50개 \times 1)}{130개} = 0.6(= 60\%)$$

② 낙과피해 감수과실수

감수과실수 = 총 낙과과실수 × (낙과피해구성률 − max A)

　　　　 = 1,500개 × (60% − 0) = 900개

③ 착과피해인정개수 : 착과피해손해는 낙과피해 감수과실수의 7%로 산정하므로,

착과피해인정개수 = 900개 × 7% = 63개

※ 적과종료 이후 감수과실수 합계

감수과실수 = 총 낙과과실수 × (낙과피해구성률 − max A) × 1.07

　　　　 = 1,500개 × (60% − 0) × 1.07 = 963개

44 9월 15일 태풍(강풍)으로 인해 적과전 종합위험방식 과수(배) 품목에 낙과피해가 발생하였다. 다음 조건에 따른 감수과실수와 기준착과수를 계산하시오(단, 감수과실수 및 기준착과수는 소수점 첫째자리에서 반올림함).

[조건]
- 전수조사 결과 총 낙과과실수 : 7,000개
- 피해과실수 구성(100개) : 정상과실수 30개, 50%형 피해과실수 40개, 80%형 피해과실수 10개, 100%형 피해과실수 20개
- 실제결과주수 : 200주
- 적과후착과수 조사시 1주당 평균착과수 : 100개

감수과실수 : 3,595개, 기준착과수 : 20,000개

기준착과수 = 적과후착과수 = 200주 × 100개/주 = 20,000개

※ **적과종료 전에 착과감소과실수가 없는 과수원** : 기준착과수 = 적과후착과수

감수과실수 = 총 낙과과실수 × (낙과피해구성률 − max A) × 1.07

$$= 7,000개 \times \left[\frac{(40개 \times 0.5) + (10개 \times 0.8) + (20개 \times 1)}{100개} - 0 \right] \times 1.07$$

$$= 7,000개 \times (48\% - 0) \times 1.07 = 3,595.2개 = 3,595개 (※\ 소수점\ 첫째자리에서\ 반올림)$$

※ max A : 금차 사고전 기조사된 착과피해구성률 중 최댓값(= 0)

45 적과전 종합위험방식 과수 품목의 적과종료 이전 피해사실확인조사 내용에 근거하여 착과감소과실수를 구하시오(단, 적과종료 이전 특정위험 5종 한정보장 특별약관에 가입함).

> (1) 피해내용
>   3월 25일 태풍(강풍)으로 사과 과수원에 피해가 발생하였다.
>
> (2) 조사내용
>   ① 실제결과주수 : 300주
>   ② 적과후 평균착과수 : 100개/주
>   ③ 평년착과수 : 35,000개
>   ④ 최대 인정피해율 : 20%
>   ⑤ 미보상감수과실수 : 없음

[정답]

- 착과감소과실수 = 최솟값(평년착과수 − 적과후착과수, 최대 인정감소과실수)
- 최대 인정감소과실수 = 평년착과수 × 최대 인정피해율 = 35,000개 × 20% = 7,000개
- 적과후착과수 = 300주 × 100개/주 = 30,000개
- 평년착과수 − 적과후착과수 = 35,000개 − 30,000개 = 5,000개
- ∴ 착과감소과실수 = 최솟값(5,000개, 7,000개) = **5,000개**

46 적과전 종합위험방식 과수 품목(단감)이 적과종료 이후 2024년 8월 19일 태풍으로 피해를 입었다. 낙엽률에 따른 인정피해율과 누적감수과실수를 구하시오[단, 인정피해율(%)은 소수점 둘째자리에서 반올림하고, 감수과실수은 소수점 첫째자리에서 반올림한다].

> (1) 피해내용
>   ① 실제결과주수 : 250주
>   ② 낙과과실수 합계 : 70개(정상과실 0개, 50%형 30개, 80%형 20개, 100%형 20개)
>   ③ 나무피해과실수 및 기수확과실수 합계 : 0개
>   ④ 낙엽률 : 50%
>
> (2) 조사내용
>   ① 표본조사를 실시하였다.
>   ② 표본주수 : 17주
>   ③ 조사대상주수 : 250주
>   ④ 적과후 평균착과수 : 200개/주
>   ⑤ 미보상비율 : 없음

(1) 낙엽률에 따른 인정피해율

인정피해율 = (1.0115 × 낙엽률) − (0.0014 × 경과일수)

= (1.0115 × 50%) − (0.0014 × 80) = 0.50575 − 0.112 = 0.39375 = **39.38%**

※ 경과일수 : 80일(6월 1일부터 낙엽피해 발생일까지 경과된 일수)

(2) 감수과실수 산정

① 적과후착과수 : 적과후 평균착과수 × 조사대상주수 = 200개/주 × 250주 = 50,000개

② 기준착과수 : 이전사고 없음 ⇨ 적과후착과수 = 50,000개

③ 낙과피해 감수과실수

(낙과과실수 합계 / 표본주수) × 조사대상주수 × (낙과피해구성률 − max A)

$$= 70개/17주 × 250주 × \left[\frac{(30개 × 0.5) + (20개 × 0.8) + (20개 × 1)}{70개} − 0 \right]$$

$$= 1,029개 × \frac{51개}{70개} = 749.7개 ≒ \textbf{750개}$$

④ 사고 당시 착과과실수

적과후착과수 − 총 낙과과실수 − 총 적과종료 이후 나무피해과실수 − 총 기수확과실수

= 50,000개 − 1,029개 − 0개 − 0개

= 48,971개

※ 총 낙과과실수 = (낙과과실수 합계 / 표본주수) × 조사대상주수

⑤ 낙엽피해 감수과실수

사고 당시 착과과실수 × (인정피해율 − max A)

= 48,971개 × (39.38% − 0) = 19,284.77개 = **19,285개**(※ 소수점 첫재자리에서 반올림)

※ max A : 금차 사고전 기조사된 착과피해구성률 또는 인정피해율 중 최댓값

⑥ 누적감수과실수 : 750개 + 19,285개 = **20,035개**

47 적과전 종합위험방식 과수 품목의 적과종료 이전 자연피해가 발생하였다. 다음 조건에 따라 적과종료 이전 자연재해로 인한 적과종료 이후 착과손해 감수과실수를 계산하시오(단, 적과종료 이전 특정위험 5종 한정보장 특별약관에 미가입함).

[조건]
• 3월 1일 서리로 동상해 피해가 발생하였다.
• 평년착과수 : 30,000개
• 실제결과주수 : 300주
• 적과후 평균착과수 : 50개/주

① 적과후착과수 = 300주 × 50개/주 = 15,000개

② 적과후착과수가 평년착과수의 60% 미만인 경우

감수과실수 = 적과후착과수 × 5%이므로,

감수과실수 = 15,000개 × 5% = **750개**

48 다음은 적과전 종합위험방식 사과 품목의 적과종료 이후 태풍에 의한 낙과피해 내용이다. 감수과실수와 기준착과수를 각각 구하시오(단, 감수과실수 및 기준착과수는 소수점 첫째자리에서 반올림함).

> (1) 피해내용
> ① 9월 15일 태풍으로 낙과피해가 발생하였다.
> ② 전수조사를 통한 총 낙과과실수는 10,000개로 조사되었다.
> ③ 낙과수 중 무작위 100개 대상으로 피해를 구분하였더니 정상과실수 40개, 50%형 피해과실수 30개, 80%형 피해과실수 20개, 100%형 피해과실수 10개로 판정되었다.
>
> (2) 조사내용
> ① 실제결과주수 : 400주
> ② 적과후 평균착과수 : 100개/주

정답

① **낙과피해 감수과실수(전수조사)** : 총 낙과과실수 × (낙과피해구성률 − max A) × 1.07

감수과실수

$$= 총 \ 낙과과실수 × \left[\frac{(50\%형 \ 피해과실수 × 0.5) + (80\%형 \ 피해과실수 × 0.8) + (100\%형 \ 피해과실수 × 1)}{100개} − 0 \right]$$
$$× 1.07$$

$$= 10,000개 × \left[\frac{(30개 × 0.5) + (20개 × 0.8) + (10개 × 1)}{100개} \right] × 1.07 \ = \textbf{4,387개}$$

※ 낙과피해구성률 $= \dfrac{(100\%형 \ 피해과실수 × 1) + (80\%형 \ 피해과실수 × 0.8) + (50\%형 \ 피해과실수 × 0.5)}{100\%형 \ 피해과실수 + 80\%형 \ 피해과실수 + 50\%형 \ 피해과실수 + 정상과실수}$

② **기준착과수**

기준착과수 = 적과후착과수이므로,
400주 × 100개/주 = **40,000개**

49 다음은 나무손해보상 특약에 가입된 적과전 종합위험방식 과수(사과) 품목의 태풍으로 인한 피해내용이다. 피해율과 보험금을 계산하시오[단, 피해율(%)은 소수점 셋째자리에서 반올림함].

> (1) 계약내용
> ① 보험가입금액 : 4,500만원
> ② 가입결과주수 : 500주
> ③ 자기부담비율 : 5%
>
> (2) 피해내용
> ① 실제결과주수 : 500주
> ② 태풍으로 고사된 나무 : 150주

정답

① 피해율 = 피해주수(고사된 나무) ÷ 실제결과주수 = 150주 ÷ 500주 = 0.3 = **30%**
② 보험금 = 보험가입금액 × (피해율 − 자기부담비율)
  = 4,500만원 × (30% − 5%) = **1,125만원**

50 다음은 적과전 종합위험방식 과수(사과) 품목의 적과종료 이후 피해상황이다. 다음 조건에 따른 감수과실수와 기준착과수를 구하시오(단, 적과종료 이전 특정위험 5종 한정보장 특별약관에 가입함).

---
(1) 피해내용
 ① 8월 30일 사과 과수원에 우박으로 인한 낙과피해가 발생하였다.
 ② 전수조사를 통한 총 낙과과실수 : 12,000개
 ③ 낙과피해과실 구성률 : 정상과실수 30개, 50%형 피해과실수 40개, 80%형 피해과실수 20개, 100%형 피해과실수 10개

(2) 조사내용
 ① 적과종료 전에 착과감소과실수 : 1,000개
 ② 실제결과주수 : 250주
 ③ 적과후 평균착과수 : 100개/주

정답

① **낙과피해 감수과실수(전수조사)** : 총 낙과과실수 × (낙과피해구성률 − max A)
 감수과실수
 $$= \text{총 낙과과실수} \times \left[\frac{(50\%\text{형 피해과실수} \times 0.5) + (80\%\text{형 피해과실수} \times 0.8) + (100\%\text{형 피해과실수} \times 1)}{100\text{개}} - 0 \right]$$

 $$= 12,000\text{개} \times \left[\frac{(40\text{개} \times 0.5) + (20\text{개} \times 0.8) + (10\text{개} \times 1)}{100\text{개}} \right] = \textbf{5,520개}$$

② **기준착과수**
 기준착과수 = 적과종료 전에 착과감소과실수 + 적과후착과수 = 1,000개 + (250주 × 100개/주)
   = **26,000개**

318 **제2과목** | 농작물재해보험 및 가축재해보험 손해평가의 이론과 실무

51 아래 조건의 적과전 종합위험방식 과수(배) 품목의 과실손해보장 담보 계약의 적과종료 이전 동상해(4월 3일), 우박사고(5월 15일)를 입은 경우 착과감소과실수와 기준착과수를 구하시오.

기출유형

[조건]
- 적과종료 이전 특정위험 5종 한정보장 특별약관 : 가입
- 평년착과수 : 20,000개
- 적과후착과수 : 10,000개
- 동상해 피해사실확인조사 : 피해 있음
- 우박 유과타박률 : 50%
- 미보상감수과실수 : 없음

정답

착과감소과실수 : 10,000개, 기준착과수 : 20,000개

해설

① **착과감소과실수**

적과종료 이전 사고는 보상하는 재해(자연재해, 조수해, 화재)가 중복해서 발생한 경우에도 아래 산식을 한번만 적용한다.

착과감소과실수 = 최솟값(평년착과수 − 적과후착과수, 최대 인정감소과실수)

= 최솟값(20,000개 − 10,000개, 10,000개) = **10,000개**

※ 최대 인정감소과실수 = 평년착과수 × 최대 인정피해율 = 20,000개 × 50% = **10,000개**

※ 최대 인정피해율 : 우박 유과타박률 50%

② **기준착과수**

적과종료 전에 인정된 착과감소과실수가 있는 과수원의 기준착과수는 다음과 같다.

기준착과수 = 적과후착과수 + 착과감소과실수

= 10,000개 + 10,000개 = **20,000개**

52 적과전 종합위험방식 과수(단감) 품목의 계약내용 및 적과종료 이후 피해내용은 다음과 같다. 누적감수과실수를 구하시오.

(1) 계약내용

상품명	평년착과수	가입주수	보험가입금액
단감	15,000개	200주	3,000만원

(2) 피해내용
① 9월 7일 집중호우로 50주 유실피해가 발생하였다.
② 9월 8일 태풍으로 낙과 및 낙엽피해가 발생하였다.
③ 전수조사를 통한 총 낙과과실수 : 2,000개
④ 낙과피해구성률(낙과수 중 무작위 100개 구분) : 정상과실수 40개, 50%형 피해과실수 30개, 80%형 피해과실수 20개, 100%형 피해과실수 10개)
⑤ 낙엽률 : 45%

(3) 조사내용
① 실제결과주수 : 100주
② 적과후착과수 조사시 무피해나무 1주당 평균착과수 : 100개
③ 미보상비율 : 없음

정답

① 적과후착과수 = 실제결과주수 × 무피해나무 1주당 평균착과수 = 100주 × 100개/주 = 10,000개
② 집중호우 나무피해 감수과실수 = (고사주수 + 수확불능주수) × 무피해나무 1주당 평균착과수 × (1 − max A)
   = 50주 × 100개/주 × (1 − 0) = **5,000개**
   ※ max A : 금차 사고전 기조사된 착과피해구성률 또는 인정피해율 중 최고값(= 0)
③ 태풍 낙과피해 감수과실수 = 총 낙과과실수 × (낙과피해구성률 − max A)

$$= 2,000개 \times \left[\frac{(30개 \times 0.5) + (20개 \times 0.8) + (10개 \times 1)}{100개} - 0 \right]$$

$$= 2,000개 \times \frac{41개}{100개}$$

= **820개**
   ※ max A : 금차 사고전 기조사된 착과피해구성률 또는 인정피해율 중 최고값(= 0)
④ 태풍 낙엽피해 감수과실수 = 사고 당시 착과과실수 × (인정피해율 − max A)
   = (적과후착과수 − 총 낙과과실수 − 총 적과종료후 나무피해과실수) × {(1.0115 × 낙엽률) − (0.0014 × 경과일수)}
   = (10,000개 − 2,000개 − 5,000개) × {(1.0115 × 45%) − (0.0014 × 100)}
   = 3,000개 × (0.455175 − 0.14)
   = 3,000개 × 0.3152 = **946개**
   ※ 경과일수 : 6월 1일부터 낙엽피해 발생일까지 경과된 일수(= 100일)
⑤ 누적 감수과실수 = 집중호우 나무피해 감수과실수 + 태풍 낙과피해 감수과실수 + 태풍 낙엽피해 감수과실수
   = 5,000개 + 820개 + 946개 = **6,766개**

53 적과전 종합위험방식 과수(배) 품목의 다음 피해내용에 따른 적과종료 이후 누적감수과실수를 구하시오.

---

(1) 피해내용

적과종료 이후 우박으로 인해 배 과수원에 피해가 발생하였다.

(2) 낙과피해조사 내용
  ① 평년착과수 : 25,000개
  ② 실제결과주수 : 200주
  ③ 적과후착과수 조사시 무피해나무 1주당 평균착과수 : 100개
  ④ 총 낙과과실수(전수조사) : 2,000개
  ⑤ 낙과피해구성률(100개) : 정상과실수 30개, 50%형 피해과실수 20개, 80%형 피해과실수 30개, 100%형 피해과실수 20개
  ⑥ 금차 사고전 기조사된 착과피해구성률 : 없음

(3) 착과피해조사 내용
  ① 사고 당시 착과과실수 : 20,000개
  ② 착과피해구성률(100개) : 정상과실수 50개, 50%형 피해과실수 20개, 80%형 피해과실수 20개, 100%형 피해과실수 10개
  ③ 적과종료 전에 착과감소과실수 : 없음

정답

① 낙과피해 감수과실수 = 총 낙과과실수 × (낙과피해구성률 − max A)

$$= 2,000개 \times \left[\frac{(20개 \times 0.5) + (30개 \times 0.8) + (20개 \times 1)}{100개} - 0 \right]$$

$$= 1,080개$$

② 착과피해 감수과실수 = 사고 당시 착과과실수 × (착과피해구성률 − max A)

$$= 20,000개 \times \left[\frac{(20개 \times 0.5) + (20개 \times 0.8) + (10개 \times 1)}{100개} - 0 \right]$$

$$= 7,200개$$

③ 누적감수과실수 = 1,080개 + 7,200개 = **8,280개**

54 다음의 조건에 따른 적과전 종합위험방식 사과 품목의 실제결과주수와 태풍(강풍)·집중호우 나무손해보장 특별약관에 의한 보험금을 구하시오. 기출유형

태풍(강풍)·집중호우 나무손해보장 특별약관 보험가입금액	8,000만원
가입일자 기준 과수원에 식재된 모든 나무주수	1,000주
인수조건에 따라 보험에 가입할 수 없는 나무주수	50주
보상하는 손해(태풍)로 고사된 나무주수	95주
보상하는 손해 이외의 원인으로 고사한 나무주수	100주

① 실제결과주수 : _____주
② 나무손해보장 특별약관 보험금 : _____원

정답

① **실제결과주수**
"실제결과주수"라 함은 가입일자를 기준으로 농지(과수원)에 식재된 모든 나무수를 의미한다. 다만, 인수조건에 따라 보험에 가입할 수 없는 나무수(유목 및 제한 품종 등)는 제외한다.
실제결과주수 = 1,000주 − 50주 = **950주**
② **나무손해보장 특별약관 보험금**
· 피해율 = 피해주수(고사된 나무) ÷ 실제결과주수 = 95주 ÷ 950주 = 10%
· 보험금 = 보험가입금액 × (피해율 − 자기부담비율)에서 자기부담비율은 5%로 하므로
보험금 = 8,000만원 × (10% − 5%) = **400만원**

55 적과전 종합위험방식 적과종료 이전 특정위험 5종한정 특약 사과 품목에서 적과전 우박피해 사고로 피해사실 확인을 위해 표본조사를 실시하고자 한다. 과수원의 품종과 주수가 다음과 같이 확인되었을 때 아래의 표본조사값(①~⑥)에 들어갈 표본주수, 나뭇가지 총수 및 유과 총수의 최솟값을 각각 구하시오(단, 표본주수는 소수점 첫째자리에서 올림하여 다음 예시와 같이 구하시오. 예시 : 12.6 → 13로 기재). 기출유형

○ 과수원의 품종과 주수

품 목	품 종		주 수	피해내용	피해조사내용
사과	조생종	쓰가루	440	우박	유과타박률
	중생종	감홍	250		

○ 표본조사값

품 종	표본주수	나뭇가지 총수	유과 총수
쓰가루	①	②	③
감홍	④	⑤	⑥

정답

① **표본주수** : 13주 × 440/(440 + 250) = 8.3주 = **9주**
② **나뭇가지 총수** : 9주 × 4가지/주 = **36가지**
③ **유과 총수** : 36가지 × 5개/가지 = **180개**
④ **표본주수** : 13주 × 250/(440 + 250) = 4.7주 = **5주**
⑤ **나뭇가지 총수** : 5주 × 4가지/주 = **20가지**
⑥ **유과 총수** : 20가지 × 5개/가지 = **100개**

해설

유과타박률 확인(적과종료 이전 특정위험 5종한정 특약 가입 건의 우박피해시)

① 적과종료전의 착과된 유과 및 꽃눈 등에서 우박으로 피해를 입은 유과(꽃눈)의 비율을 <u>표본조사</u> 한다.
② 표본주수는 조사대상주수를 기준으로 <u>품목별 표본주수표의 표본주수</u>에 따라 표본주수에 해당하는 수만큼 표본나무를 선정한후 조사용 리본을 부착한다.

[표본주(구간)수표(사과)]

조사대상주수	표본주수
50주 미만	5
50주 이상 100주 미만	6
100주 이상 150주 미만	7
150주 이상 200주 미만	8
200주 이상 300주 미만	9
300주 이상 400주 미만	10
400주 이상 500주 미만	11
500주 이상 600주 미만	12
600주 이상 700주 미만	13
700주 이상 800주 미만	14
800주 이상 900주 미만	15
900주 이상 1,000주 미만	16
1,000주 이상	17

③ 선정된 표본주마다 <u>동서남북 4곳</u>의 가지에 <u>각 가지별로 5개 이상</u>의 유과(꽃눈 등)를 표본으로 추출하여 피해유과(꽃눈 등)와 정상 유과(꽃눈 등)의 개수를 조사한다. 단, 사과, 배는 선택된 과(화)총당 동일한 위치(번호)의 유과(꽃)에 대하여 우박피해 여부를 조사한다.

56 적과전 종합위험방식(Ⅱ) 사과 품목에서 적과후착과수조사를 실시하고자 한다. 과수원의 현황(품종, 재배방식, 수령, 주수)이 다음과 같이 확인되었을 때 ①, ②, ③, ④에 대해서는 계산과정과 값을 쓰고, ⑤에 대해서는 산정식을 쓰시오(단, 적정 표본주수 최솟값은 소수점 첫째자리에서 올림하여 다음 예시와 같이 구하시오. 예시 : 10.2 → 11로 기재). `기출유형`

○ 과수원의 현황

품 종	재배방식	수 령	실제결과주수	고사주수
스가루	반밀식	10	620	10
후지	밀식	5	60	30

○ 적과후착과수 적정 표본주수

품 종	재배방식	수 령	조사대상주수	적정 표본주수	적정 표본주수 산정식
스가루	반밀식	10	(①)	(③)	(⑤)
후지	밀식	5	(②)	(④)	–

`정답`

① 조사대상주수
  = 품종·재배방식·수령별 실제결과주수 − 미보상주수 − 고사주수 − 수확불능주수
  = 620주 − 10주 = **610주**
② 조사대상주수 = 60주 − 30주 = **30주**
③ 적정 표본주수
  = 표본주수×(품종·재배방식·수령별 조사대상주수 ÷ 조사대상주수 합계)
  = 13주×(610주 ÷ 640주) = 12.39주 → **13주**
  ※ 조사대상주수 600주 이상~700주 미만의 표본주수는 13주이다.
④ 적정 표본주수 = 13주×(30주 ÷ 640주) = 0.6주 → **1주**
⑤ 적정 표본주수 산정
  = 전체 표본주수×(품종·재배방식·수령별 조사대상주수 ÷ 조사대상주수 합계)

`해설`

(1) 조사대상주수 산정

> 품종·재배방식·수령별 실제결과주수 − 미보상주수 − 고사주수 − 수확불능주수

(2) 적정 표본주수 산정

> 전체 표본주수×(품종·재배방식·수령별 조사대상주수 ÷ 조사대상주수 합계)

57 다음 조건의 계약사항과 조사내용에 따른 감수과실수와 기준착과수를 계산하고, 그 과정을 서술하시오(단, 감수과실수와 기준착과수는 소수점 첫째자리에서 반올림하여 다음 예시와 같이 구하시오. 예시 : 10.5개 → 11개로 기재). [기출유형]

○ 계약사항

상품명	평년착과수	가입착과수	실제결과주수	가입과중(g)
적과전 종합위험방식 사과	15,000개	15,000개	100	300

○ 조사내용

구 분	재해종류	사고일자	조사일자	내 용
적과 종료 이전	자연재해	6월 10일	6월 11일	• 미보상감수과실수 0개 • 「적과 종료 이전 특정위험 5종 한정보장 특별약관」에 미가입 • 최대 인정피해율 : 50%
적과후착과수			7월 10일	적과후착과수 10,000개
적과 종료 이후	태풍	8월 23일	8월 25일	총 낙과과실수 2,000개(전수조사) / 나무피해 없음
적과 종료 이후	우박	6월 10일	9월 12일	착과피해조사

총 낙과과실수 2,000개(전수조사) / 나무피해 없음

피해과실구분	100%	80%	50%	정상
과실수(개)	1,000	500	400	100

착과피해조사

피해과실구분	100%	80%	50%	정상
과실수(개)	9	20	30	41

[정답]

① 감수과실수 : 4,907개
② 기준착과수 : 15,000개

[해설]

(1) 감수과실수 계산

① 적과종료 이전 자연피해

착과감소과실수 = 최솟값(평년착과수 − 적과후착과수, 최대 인정감소과실수)

= 최솟값(15,000개 − 10,000개, 7,500개) = 5,000개

※ 최대 인정감소과실수 = 평년착과수 × 최대 인정피해율

= 15,000개 × 50%

= 7,500개

적과후착과수가 평년착과수의 60% 이상 100% 미만인 경우,

감수과실수 = 적과후착과수 × 5% × $\dfrac{100\% - 착과율}{40\%}$

※ 착과율 = 적과후착과수 ÷ 평년착과수 = 10,000개 ÷ 15,000개 = 0.67(= 67%)

감수과실수 = 10,000개 × 5% × $\dfrac{100\% - 67\%}{40\%}$ = **413개**

※ 착과피해율 = 감수과실수 ÷ 적과후착과수

= 413개 ÷ 10,000개

= 0.0413(= 4.13%)

② 적과종료 이후 태풍(낙과피해조사) 전수조사의 경우

총 낙과과실수 × (낙과피해구성률 − max A) × 1.07

$= 2,000개 \times \left[\dfrac{(1,000개 \times 1) + (500개 \times 0.8) + (400개 \times 0.5)}{2,000개} - 0.0413 \right] \times 1.07 = \textbf{1,624개}$

※ max A = 금차 사고전 기조사된 착과피해구성률 = 413개 ÷ 10,000개 = 0.0413

③ 우박피해 과수원의 착과피해조사

= 사고 당시 착과과실수 × (착과피해구성률 − max A)

= (적과후착과수 − 총 낙과과실수 − 총 적과종료후 나무피해과실수)

$\times \left[\dfrac{(100\%형 \ 피해과실수 \times 1) + (80\%형 \ 피해과실수 \times 0.8) + (50\%형 \ 피해과실수 \times 0.5)}{100\%형 \ 피해과실수 + 80\%형 \ 피해과실수 + 50\%형 \ 피해과실수 + 정상과실수} - 0.0413 \right]$

$= (10,000개 - 2,000개 - 0) \times \left[\dfrac{(9개 \times 1) + (20개 \times 0.8) + (30개 \times 0.5)}{(9개 + 20개 + 30개 + 41개)} - 0.0413 \right]$

= **2,870개**

∴ 누적감수과실수 = 413개 + 1,624개 + 2,870개 = **4,907개**

(2) 기준착과수 계산

적과종료 이전 착과감소과실수가 있는 경우 기준착과수

= 적과후착과수 + 착과감소과실수

= 10,000개 + 5,000개 = **15,000개**

58 다음의 계약사항과 조사내용으로 누적감수과실수와 기준착과수를 구하시오(단, 인정피해율 (%)은 소수점 셋째자리에서 반올림하고, 감수과실수와 기준착과수는 소수점 첫째자리에서 반올림하여 다음 예시와 같이 구하시오. 예시 : 10.5개 → 11개로 기재). [기출유형]

○ 계약사항

상품명	가입 특약	평년착과수	가입과실수	실제결과주수
적과전 종합위험방식 단감	적과종료 이전 특정위험 5종 한정보장 특별약관	10,000개	8,000개	100주
		–		

○ 조사내용

구 분	재해종류	사고일자	조사일자	조사내용
적과 종료 이전	우박	5월 10일	5월 11일	유과타박률조사 유과타박률 15% 미보상감수과실수 : 없음 / 미보상비율 : 0%
적과후 착과수	–		7월 10일	적과후착과수 5,000개
적과 종료 이후	태풍	9월 8일	9월 9일	낙과피해조사(전수조사) 총 낙과과실수 : 1,000개 / 나무피해 없음 / 미보상감수과실수 없음 낙엽피해조사 낙엽률 30%(경과일수 100일) / 미보상비율 0%
	우박	5월 10일	10월 30일	착과피해조사 단, 태풍 사고 이후 착과수는 변동없음
	가을 동상해	10월 30일	10월 31일	가을동상해 착과피해조사 사고 당시 착과과실수 : 3,000개

태풍 낙과피해조사 표:

피해과실 구분	100%	80%	50%	정상
과실수	1,000개	0	0	0

우박 착과피해조사 표:

피해과실 구분	100%	80%	50%	정상
과실수	4개	20개	20개	56개

가을동상해 착과피해조사 표:

피해과실 구분	100%	80%	50%	정상
과실수	6개	30개	20개	44개

[정답]

(1) 누적감수과실수 계산

① **적과종료 이전**

착과감소과실수 = 최솟값(평년착과수 − 적과후착과수, 최대 인정감소과실수)

= 최솟값(10,000개 − 5,000개, 1,500개) = **1,500개**

※ 최대 인정피해율 = 유과타박률 15%

※ 최대 인정감소과실수 = 평년착과수 × 최대 인정피해율 = 10,000개 × 15% = **1,500개**

② **적과후착과수** : 5,000개

③ 적과종료 이후 태풍피해조사

    ㉠ 낙과피해조사(전수조사)

        총 낙과과실수 × (낙과피해구성률 − max A)

$$= 1,000개 \times \left[\frac{(1,000개 \times 1) + (0 \times 0.8) + (0 \times 0.5)}{1,000개 + 0 + 0 + 0} \right] = 1,000개$$

        ※ max A : 금차 사고전 기조사된 착과피해구성률 또는 인정피해율 중 최댓값(= 0)

    ㉡ 낙엽피해조사

        사고 당시 착과과실수 × (인정피해율 − max A)

        ※ 사고 당시 착과과실수

          = 적과후착과수 − 총 낙과과실수 − 총 적과종료후 나무피해과실수 − 총 기수확과실수

          = 5,000개 − 1,000개 − 0개 − 0개 = 4,000개

        ※ 인정피해율

          = (1.0115 × 낙엽률) − (0.0014 × 경과일수)

          = (1.0115 × 30%) − (0.0014 × 100)

          = 0.30345 − 0.14 = 0.16345 = 16.35%(※ 소수점 셋째자리에서 반올림)

        ※ max A : 금차 사고전 기조사된 착과피해구성률 또는 인정피해율 중 최댓값(= 0)

        ※ "(인정피해율 − max A)"이 영(0)보다 작은 경우 금차 감수과실수는 영(0)으로 한다.

        낙엽피해조사 감수과실수 = (5,000개 − 1,000개) × (16.35% − 0) = **654개**

    ∴ 태풍피해 감수과실수 = 1,000개 + 654개 = **1,654개**

④ 적과종료 이후 우박 착과피해조사

    사고 당시 착과과실수 × (착과피해구성률 − max A)

    ※ 착과피해구성률

$$= \frac{(100\%형\ 피해과실수 \times 1) + (80\%형\ 피해과실수 \times 0.8) + (50\%형\ 피해과실수 \times 0.5)}{100\%형\ 피해과실수 + 80\%형\ 피해과실수 + 50\%형\ 피해과실수 + 정상과실수}$$

$$= \frac{(4개 \times 1) + (20개 \times 0.8) + (20개 \times 0.5)}{100개}$$

    = 0.3(= 30%)

    ※ max A : 금차 사고전 기조사된 착과피해구성률 또는 인정피해율 중 최댓값(= 0.16345)

    ∴ 우박 착과피해 감수과실수 = (5,000개 − 1,000개) × (30% − 16.35%) = **546개**

⑤ 가을동상해 착과피해조사

    사고 당시 착과과실수 × (착과피해구성률 − max A)

    ※ 착과피해구성률 $= \dfrac{(6개 \times 1) + (30개 \times 0.8) + (20개 \times 0.5)}{100개} = 0.4(= 40\%)$

    ※ max A : 금차 사고전 기조사된 착과피해구성률 또는 인정피해율 중 최댓값(= 30%)

    ∴ 가을동상해피해 감수과실수 = 3,000개 × (40% − 30%) = **300개**

∴ 누적감수과실수 = 1,654개 + 546개 + 300개 = **2,500개**

(2) 기준착과수 계산

    기준착과수 = 적과후착과수 + 착과감소과실수

               = 5,000개 + 1,500개 = **6,500개**

59 다음의 계약사항과 조사내용에 관한 적과후착과수를 산정한후 누적감수과실수와 기준착과수를 구하시오(단, 감수과실수와 기준착과수는 소수점 첫째자리에서 반올림하고, 피해율(%)은 소수점 셋째자리에서 반올림하여 다음 예시와 같이 구하시오. 예시 : 0.12345 → 12.35%).

○ 계약사항

상품명	가입 특약	평년착과수	가입과실수	실제결과주수
적과전 종합위험방식 단감	적과종료 이전 특정위험 5종 한정보장 특약	15,000개	9,000개	100주

○ 적과후착과수 조사내용(조사일자 : 7월 25일)

품 종	수 령	실제결과주수	표본주수	표본주 착과수 합계
부유	10년	20주	3주	240개
부유	15년	60주	8주	960개
서촌조생	20년	20주	3주	330개

구 분	재해 종류	사고 일자	조사 일자	조사내용
적과 종료 이전	자연 재해	5월 15일	5월 16일	• 유과타박률조사, 유과타박률 : 28% • 미보상비율 : 20% • 미보상감수과실수 : 0개
적과 종료 이후	강풍	7월 30일	7월 31일	• 낙과피해조사(전수조사) 총 낙과과실수 : 1,000개 / 나무피해 없음 / 미보상감수과실수 0개 | 피해과실 구분	100%	80%	50%	정상
과실수	1,000개	0개	0개	0개 | • 낙엽피해조사 낙엽률 50%(경과일수 60일) / 미보상비율 0%
	태풍	10월 8일	10월 9일	• 낙과피해조사(전수조사) 총 낙과과실수 : 500개 / 나무피해 없음 / 미보상감수과실수 0개 | 피해과실 구분	100%	80%	50%	정상
과실수	200개	100개	100개	100개 | • 낙엽피해조사 낙엽률 60%(경과일수 130일) / 미보상비율 0%
	우박	5월 15일	10월 29일	• 착과피해조사 단, 태풍 사고 이후 착과수는 변동없음 | 피해과실 구분	100%	80%	50%	정상
과실수	20개	20개	20개	40개	
	가을 동상해	10월 30일	10월 31일	• 가을동상해 착과피해조사 사고 당시 착과과실수 : 3,000개 가을동상해로 인한 잎 피해율 : 70% 잔여일수 : 10일 | 피해과실 구분	100%	80%	50%	정상
과실수	10개	20개	20개	50개	

농작물재해보험 및 가축재해보험 손해평가사의 이론과 실무

제2장 | 농작물재해보험 손해평가 329

정답

(1) 적과후착과수 계산

① 품종 · 재배방식 · 수령별 착과수

$$= \frac{\text{품종 · 재배방식 · 수령별 표본주의 착과수 합계}}{\text{품종 · 재배방식 · 수령별 표본주 합계}} \times \text{품종 · 재배방식 · 수령별 조사대상주수}$$

② 적과후착과수 $= \left(\frac{240개}{3주} \times 20주 \right) + \left(\frac{960개}{8주} \times 60주 \right) + \left(\frac{330개}{3주} \times 20주 \right) = \mathbf{11,000개}$

(2) 누적감수과실수 계산

① **적과종료 이전 착과감소과실수**
- 최대 인정감소과실수 = 평년착과수 × 최대 인정피해율
  $$= 15,000개 \times \text{유과타박률}(28\%) = 4,200개$$
- 착과감소과실수 = 최솟값(평년착과수 − 적과후착과수, 최대 인정감소과실수)
  $$= \text{최솟값}(15,000개 − 11,000개, \ 4,200개) = \mathbf{4,000개}$$

② **적과후착과수** : 11,000개

③ **강풍피해조사**
- 낙과피해조사(전수조사)
  총 낙과과실수 × (낙과피해구성률 − max A)
  $$= 1,000개 \times \left[\frac{(1,000개 \times 1) + (0 \times 0.8) + (0 \times 0.5)}{1,000개 + 0 + 0 + 0} − 0 \right] = \mathbf{1,000개}$$

- 낙엽피해조사
  사고 당시 착과과실수 × (인정피해율 − max A)
  ※ 사고 당시 착과과실수
  $$= \text{적과후착과수} − \text{총 낙과과실수} − \text{총 적과종료후 나무피해과실수} − \text{총 기수확과실수}$$
  ※ 인정피해율 $= (1.0115 \times \text{낙엽률}) − (0.0014 \times \text{경과일수})$
  ※ max A : 금차 사고전 기조사된 착과피해구성률 또는 인정피해율 중 최댓값(= 0)
  사고 당시 착과과실수 × {(1.0115 × 낙엽률) − (0.0014 × 경과일수) − max A}
  $$= (11,000개 − 1,000개 − 0개 − 0개) \times \{(1.0115 \times 50\%) − (0.0014 \times 60) − 0\}$$
  $$= 4,217.5개 = \mathbf{4,218개}(※ \text{ 소수점 첫째자리에서 반올림})$$
- 강풍피해 감수과실수 = 1,000개 + 4,218개 = **5,218개**

④ **태풍피해조사**
- 낙과피해조사(전수조사)
  총 낙과과실수 × (낙과피해구성률 − max A)
  $$= 500개 \times \left[\frac{(200개 \times 1) + (100개 \times 0.8) + (100개 \times 0.5)}{200개 + 100개 + 100개 + 100개} − 0.4218 \right]$$
  $$= 119.1개 = \mathbf{119개}(※ \text{ 소수점 첫째자리에서 반올림})$$
  ※ max A : 금차 사고전 기조사된 착과피해구성률 또는 인정피해율 중 최댓값
  인정피해율 $= (1.0115 \times 50\%) − (0.0014 \times 60) = 0.42175 = 42.18\%(※ \text{ 소수점 셋째자리에서 반올림})$
  ※ 낙과피해구성률
  $$= \frac{(100\%형 \text{ 피해과실수} \times 1) + (80\%형 \text{ 피해과실수} \times 0.8) + (50\%형 \text{ 피해과실수} \times 0.5)}{100\%형 \text{ 피해과실수} + 80\%형 \text{ 피해과실수} + 50\%형 \text{ 피해과실수} + \text{정상과실수}}$$

- 낙엽피해조사

  사고 당시 착과과실수 × (인정피해율 − max A)

  ※ 사고 당시 착과과실수 = 11,000개 − 1,000개 − 500개 = 9,500개

  ※ 인정피해율 = (1.0115 × 낙엽률) − (0.0014 × 경과일수)

            = (1.0115 × 60%) − (0.0014 × 130) = 0.4249(= 42.49%)

  ※ max A : 금차 사고전 기조사된 착과피해구성률 또는 인정피해율 중 최댓값(= 42.18%)

  낙엽피해 감수과실수 = 9,500개 × (42.49% − 42.18%) = 29.45개 = **29개**(※ 소수점 첫째자리에서 반올림)

- 태풍피해 감수과실수 = 119개 + 29개 = **148개**

⑤ **우박 착과피해조사**

- 사고 당시 착과과실수 × (착과피해구성률 − max A)

  ※ 착과피해구성률

  $$= \frac{(100\%형 \ 피해과실수 \times 1) + (80\%형 \ 피해과실수 \times 0.8) + (50\%형 \ 피해과실수 \times 0.5)}{100\%형 \ 피해과실수 + 80\%형 \ 피해과실수 + 50\%형 \ 피해과실수 + 정상과실수}$$

  $$= \frac{(20개 \times 1) + (20개 \times 0.8) + (20개 \times 0.5)}{100개}$$

  $$= 0.46(= 46\%)$$

  ※ max A : 금차 사고전 기조사된 착과피해구성률 또는 인정피해율 중 최댓값(= 42.49%)

- 우박 착과피해 감수과실수

  = 9,500개 × (46% − 42.49%) = 333.45개 = **333개**(※ 소수점 첫째자리에서 반올림)

⑥ **가을동상해 착과피해조사**

- 사고 당시 착과과실수 × (착과피해구성률 − max A)

  ※ 착과피해구성률

  $$= \frac{(100\%형 \ 피해과실수 \times 1) + (80\%형 \ 피해과실수 \times 0.8) + (50\%형 \ 피해과실수 \times 0.5) + (정상과실수 \times 0.0031 \times 잔여일수)}{100\%형 \ 피해과실수 + 80\%형 \ 피해과실수 + 50\%형 \ 피해과실수 + 정상과실수}$$

  $$= \frac{(10개 \times 1) + (20개 \times 0.8) + (20개 \times 0.5) + (50개 \times 0.0031 \times 10)}{100개} = 0.3755(= 37.55\%)$$

  ※ max A : 금차 사고전 기조사된 착과피해구성률 또는 인정피해율 중 최댓값(= 46%)

- 가을동상해 감수과실수 = 사고 당시 착과과실수 × (착과피해구성률 − max A)

  = 3,000개 × (37.55% − 46%) = **0개**

즉, (착과피해구성률 − max A)의 값이 영(0)보다 작은 경우 금차 감수과실수는 "영(0)"으로 한다.

∴ 누적감수과실수 = 5,218개 + 148개 + 333개 + 0개 = **5,699개**

(3) 기준착과수 계산

기준착과수 = 적과후착과수 + 착과감소과실수

          = 11,000개 + 4,000개 = **15,000개**

60 다음의 계약사항과 조사내용에 관한 누적감수과실수를 구하시오(단, 계약사항은 계약 1, 2 조건에 따르고, 조사내용은 아래 표와 같다. 감수과실수는 소수점 첫째자리에서 반올림하여 다음 예시와 같이 구하시오. 예시 : 10.5개 → 11개로 기재) 〔기출유형〕

○ 계약사항

구 분	상품명	특 약	평년착과수	가입과실수	실제결과주수
계약 1	적과전 종합위험방식 배	적과종료 이전 특정위험 5종 한정보장 특별약관	10,000개	8,000개	100주
계약 2	적과전 종합위험방식 배	없음	20,000개	15,000개	200주

구 분	재해종류	사고일자	조사일자	조사내용	
				적과전 종합위험방식(계약 1)	적과전 종합위험방식(계약 2)
적과종료이전	태풍	4월 20일	4월 21일	피해사실확인조사 최대 인정피해율 : 50% 미보상감수과실수 : 없음	해당 조사 : 없음 미보상감수과실수 : 없음
	우박	5월 15일	5월 16일	유과타박률조사 유과타박률 : 28% 미보상감수과실수 : 없음	해당 조사 : 없음 미보상감수과실수 : 없음
적과후착과수	–		7월 10일	적과후착과수 : 6,000개	적과후착과수 : 9,000개
적과종료이후	태풍	8월 25일	8월 26일	낙과피해조사(전수조사) 총 낙과과실수 : 1,000개 / 나무피해 없음 <table><tr><td>피해과실구분</td><td>100%</td><td>80%</td><td>50%</td><td>정상</td></tr><tr><td>과실수(개)</td><td>500</td><td>300</td><td>120</td><td>80</td></tr></table>미보상감수과실수 : 없음	낙과피해조사(전수조사) 총 낙과과실수 : 2,000개 / 나무피해 없음 <table><tr><td>피해과실구분</td><td>100%</td><td>80%</td><td>50%</td><td>정상</td></tr><tr><td>과실수(개)</td><td>700</td><td>800</td><td>320</td><td>180</td></tr></table>미보상감수과실수 : 없음
	우박	5월 15일	9월 10일	착과피해조사 <table><tr><td>피해과실구분</td><td>100%</td><td>80%</td><td>50%</td><td>정상</td></tr><tr><td>과실수(개)</td><td>10</td><td>10</td><td>14</td><td>66</td></tr></table>미보상감수과실수 : 없음	착과피해조사 <table><tr><td>피해과실구분</td><td>100%</td><td>80%</td><td>50%</td><td>정상</td></tr><tr><td>과실수(개)</td><td>20</td><td>50</td><td>20</td><td>10</td></tr></table>미보상감수과실수 : 없음

(1) 계약1(적과전 종합위험방식 배)

 ① 계산과정 :

 ② 누적감수과실수 : _____개

(2) 계약2(적과전 종합위험방식 배)

 ① 계산과정 :

 ② 누적감수과실수 : _____개

정답

(1) 계약1(적과전 종합위험방식 배)

 ① **계산과정 :**

 • 적과종료 이전 착과감소과실수

  착과감소과실수 = 최솟값(평년착과수 − 적과후착과수, 최대 인정감소과실수)

  = 최솟값(10,000개 − 6,000개, 5,000개) = **4,000개**

  ※ 최대 인정감소과실수

  = 평년착과수 × 최대 인정피해율 = 10,000개 × 50% = **5,000개**

  ※ 최대 인정피해율은 가장 큰 값을 적용

 • 적과종료 이후 태풍 낙과피해 감수과실수(전수조사)

  총 낙과과실수 × (낙과피해구성률 − max A) × 1.07

  $$= 1,000개 \times \left[\frac{(500개 \times 1) + (300개 \times 0.8) + (120개 \times 0.5)}{1,000개} - 0 \right] \times 1.07$$

  = **856개**

  ※ 낙과피해구성률

  $$= \frac{(100\%형\ 피해과실수 \times 1) + (80\%형\ 피해과실수 \times 0.8) + (50\%형\ 피해과실수 \times 0.5)}{100\%형\ 피해과실수 + 80\%형\ 피해과실수 + 50\%형\ 피해과실수 + 정상과실수}$$

  ※ max A : 금차 사고전 기조사된 착과피해구성률 중 최댓값(= 0)

 • 우박 착과피해 감수과실수

  사고 당시 착과과실수 × (착과피해구성률 − max A)

  ※ 사고 당시 착과과실수

  = 적과후착과수 − 총 낙과과실수 − 총 적과종료후 나무피해과실수 − 총 기수확과실수

  = 6,000개 − 1,000개 − 0개 − 0개 = 5,000개

  ※ 착과피해구성률

  $$= \frac{(100\%형\ 피해과실수 \times 1) + (80\%형\ 피해과실수 \times 0.8) + (50\%형\ 피해과실수 \times 0.5)}{100\%형\ 피해과실수 + 80\%형\ 피해과실수 + 50\%형\ 피해과실수 + 정상과실수}$$

  ※ max A : 금차 사고전 기조사된 착과피해구성률 중 최댓값(= 0)

  우박 착과피해 감수과실수

  $$= 5,000개 \times \left[\frac{(10개 \times 1) + (10개 \times 0.8) + (14개 \times 0.5)}{100개} - 0 \right]$$

  = **1,250개**

  ∴ 누적감수과실수 = 856개 + 1,250개 = **2,106개**

 ② **누적감수과실수 : 2,106개**

(2) 계약2(적과전 종합위험방식 배)

① 계산과정 :

- 적과종료 이전 감수과실수 : 적과후착과수가 평년착과수의 60% 미만인 경우

  감수과실수 = 적과후착과수 × 5%

  ※ 착과율 = 적과후착과수 ÷ 평년착과수 = 9,000개 ÷ 20,000개 = 0.45(= 45%)

  감수과실수 = 9,000개 × 5% = **450개**

  ※ 착과피해율 = 감수과실수 ÷ 적과후착과수 = 450 ÷ 9,000개 = 0.05(= 5%)

- 적과종료 이후 태풍 낙과피해 감수과실수(전수조사)

  총 낙과과실수 × (낙과피해구성률 − max A) × 1.07

$$= 2,000개 \times \left[\frac{(700개 \times 1) + (800개 \times 0.8) + (320개 \times 0.5)}{2,000개} - 5\% \right] \times 1.07$$

  = **1,498개**

  ※ max A : 금차 사고전 기조사된 착과피해구성률 중 최고값(= 5%)

- 우박 착과피해 감수과실수

  사고 당시 착과과실수 × (착과피해구성률 − max A)

  ※ 사고 당시 착과과실수

  = 적과후착과수 − 총 낙과과실수 − 총 적과종료후 나무피해과실수 − 총 기수확과실수

  = 9,000개 − 2,000개 − 0개 − 0개 = 7,000개

  ※ 착과피해구성률

$$= \frac{(100\%형\ 피해과실수 \times 1) + (80\%형\ 피해과실수 \times 0.8) + (50\%형\ 피해과실수 \times 0.5)}{100\%형\ 피해과실수 + 80\%형\ 피해과실수 + 50\%형\ 피해과실수 + 정상과실수}$$

  ※ max A : 금차 사고전 기조사된 착과피해구성률 중 최고값(= 5%)

  우박 착과피해 감수과실수

$$= 7,000개 \times \left[\frac{(20개 \times 1) + (50개 \times 0.8) + (20개 \times 0.5)}{100개} - 5\% \right] = \textbf{4,550개}$$

  ∴ 누적감수과실수 = 450개 + 1,498개 + 4,550개 = **6,498개**

② **누적감수과실수 : 6,498개**

61 다음의 계약사항과 조사내용으로 (1) 적과후착과수, (2) 누적감수과실수, (3) 기준착과수의 계산과정과 값을 각각 구하시오(단, 적과후착과수, 누적감수과실수, 기준착과수는 소수점 첫째 자리에서 반올림하여 다음 예시와 같이 구하시오. 예시 : 10.5개 → 11개로 기재). 기출유형

○ 계약사항

상품명	가입 특약	적과종료 이전 최대 인정피해율	평년착과수	가입과실수	실제결과주수
적과전 종합위험방식 사과	적과종료 이전 특정위험 5종 한정보장 특약	100%	60,000개	40,000개	500주

○ 조사내용

구 분	재해 종류	사고 일자	조사 일자	조사내용
적과종료 이전	강풍	5월 30일	6월 1일	• 피해사실확인조사 : 피해있음(풍속 20.0m/s) • 미보상감수과실수 : 없음

적과후 착과수 — 조사일자 7월 3일

품 종	재배 방식	수 령	실제 결과주수	표본 주수	표본주 착과수 합계
A품종	밀식	9	200	7	840
B품종	밀식	9	300	13	1,690

* 고사주수 : A품종 50주(A품종 1주당 평년착과수 100개)
  B품종 0주(B품종 1주당 평년착과수 100개)
* 수확불능주수, 미보상주수, 기수확주수 : 없음

적과종료 이후 — 일소, 사고일자 8월 15일, 조사일자 8월 16일

• 낙과피해조사(전수조사)
  총 낙과과실수 : 1,000개

피해과실 구분	병해충 과실	100%	80%	50%	정상
과실수	20개	80개	0개	0개	0개

적과종료 이후 — 일소, 사고일자 8월 15일, 조사일자 10월 25일

• 착과피해조사
  단, 일소 사고 이후 착과수 : 변동없음

피해과실 구분	병해충 과실	100%	80%	50%	정상
과실수	30개	0개	50개	20개	100개

적과종료 이후 — 우박, 사고일자 11월 10일, 조사일자 11월 11일

• 착과피해조사
  사고 당시 착과과실수 : 5,000개

피해과실 구분	병해충 과실	100%	80%	50%	정상
과실수	10개	0개	100개	40개	50개

• 낙과피해조사(전수조사)
  총 낙과과실수 : 500개

피해과실 구분	병해충 과실	100%	80%	50%	정상
과실수	10개	90개	0개	0개	0개

(1) 적과후착과수 : 57,000개

(2) 누적감수과실수 : 16,375개

(3) 기준착과수 : 60,000개

(1) 적과후착과수 계산

① 품종ㆍ재배방식ㆍ수령별 착과수

$$= \frac{\text{품종ㆍ재배방식ㆍ수령별 표본주의 착과수 합계}}{\text{품종ㆍ재배방식ㆍ수령별 표본주 합계}} \times \text{품종ㆍ재배방식ㆍ수령별 조사대상주수}$$

② A품종 $= \frac{840개}{7주} \times (200주 - 50주) = 18,000개$

③ B품종 $= \frac{1,690개}{13주} \times (300주 - 0) = 39,000개$

④ 품종ㆍ재배방식ㆍ수령별 착과수의 합계를 과수원별 적과후착과수로 하므로,

적과후착과수 = A품종 + B품종 = 18,000개 + 39,000개 = **57,000개**

(2) 누적감수과실수 계산

① 일소 낙과피해조사(전수조사)

총 낙과과실수 × (낙과피해구성률 − max A)

$$= 1,000개 \times \left[\frac{(80개 \times 1) + (0개 \times 0.8) + (0개 \times 0.5)}{20개 + 80개} - 0 \right] = 800개$$

※ 낙과피해구성률

$$= \frac{(100\%형\ 피해과실수 \times 1) + (80\%형\ 피해과실수 \times 0.8) + (50\%형\ 피해과실수 \times 0.5)}{100\%형\ 피해과실수 + 80\%형\ 피해과실수 + 50\%형\ 피해과실수 + 정상과실수}$$

※ max A : 금차 사고전 기조사된 착과피해구성률 또는 인정피해율 중 최댓값(= 0)

② 일소 착과피해조사

사고 당시 착과과실수 × (착과피해구성률 − max A)

$$= (57,000개 - 1,000개) \times \left[\frac{(0개 \times 1) + (50개 \times 0.8) + (20개 \times 0.5)}{30개 + 50개 + 20개 + 100개} - 0 \right] = 14,000개$$

※ 착과피해구성률

$$= \frac{(100\%형\ 피해과실수 \times 1) + (80\%형\ 피해과실수 \times 0.8) + (50\%형\ 피해과실수 \times 0.5)}{100\%형\ 피해과실수 + 80\%형\ 피해과실수 + 50\%형\ 피해과실수 + 정상과실수}$$

※ max A : 금차 사고전 기조사된 착과피해구성률 또는 인정피해율 중 최댓값(= 0)

③ 우박 착과피해조사

사고 당시 착과과실수 × (착과피해구성률 − max A)

$$= 5,000개 \times \left[\frac{(0개 \times 1) + (100개 \times 0.8) + (40개 \times 0.5)}{10개 + 100개 + 40개 + 50개} - 25\% \right] = 1,250개$$

※ max A : 금차 사고전 기조사된 일소 착과피해구성률 중 최댓값(= 25%)

④ 우박 낙과피해조사(전수조사)

총 낙과과실수 × (낙과피해구성률 − max A)

$$= 500개 \times \left[\frac{(90개 \times 1) + (0개 \times 0.8) + (0개 \times 0.5)}{10개 + 90개} - 25\% \right] = 325개$$

※ max A : 금차 사고전 기조사된 착과피해구성률 중 최댓값(= 25%)

⑤ **누적감수과실수**

= 낙과피해조사(일소) + 착과피해조사(일소) + 착과피해조사(우박) + 낙과피해조사(우박)

= 800개 + 14,000개 + 1,250개 + 325개 = **16,375개**

(3) 기준착과수 계산

① 착과감소과실수 = 최솟값(평년착과수 − 적과후착과수, 최대 인정감소과실수)

※ 최대 인정감소과실수 = 평년착과수 × 최대 인정피해율

= 60,000개 × 100% = 60,000개

착과감소과실수 = 최솟값(60,000개 − 57,000개, 60,000개) = 3,000개

② 기준착과수

적과종료 이전에 착과감소과실수가 있는 경우

기준착과수 = 적과후착과수 + 착과감소과실수이므로,

기준착과수 = 57,000개 + 3,000개 = **60,000개**

62 다음의 계약사항과 조사내용을 참조하여 착과감소보험금을 구하시오(단, 착과감소량은 소수점 첫째자리에서 반올림하여 다음 예시와 같이 구하시오. 예시 : 123.4kg → 123kg).

〔기출유형〕

○ 계약사항(해당 과수원의 모든 나무는 단일 품종, 단일 재배방식, 단일 수령으로 함)

품 목	가입금액	평년착과수	자기부담비율
적과전 종합위험방식 사과	24,200,000원	27,500개	15%

가입과중	가입가격	나무손해보장 특별약관	적과종료 이전 특정위험 5종 한정보장 특별약관
0.4kg	2,200원/kg	미가입	미가입

○ 조사내용

구 분	재해종류	사고일자	조사일자	조사내용
계약일 ~ 적과종료 이전	조수해	5월 5일	5월 7일	• 피해규모 : 일부 • 금차 조수해로 죽은 나무수 : 44주 • 미보상비율 : 5%
	냉해	6월 7일	6월 8일	• 피해규모 : 전체 • 냉해피해 확인 • 미보상비율 : 10%
적과후 착과수 조사	–		7월 23일	• 실제결과주수 : 110주 • 적과후착과수 : 15,500개 • 1주당 평년착과수 : 250개

〔정답〕

착과감소보험금 = (착과감소량 – 미보상감수량 – 자기부담감수량) × 가입가격 × 보장수준(50% or 70%)
- 착과감소과실수 = 평년착과수 – 적과후착과수 = 27,500개 – 15,500개 = 12,000개
- 착과감소량 = 착과감소과실수 × 가입과중 = 12,000개 × 0.4kg/개 = 4,800kg
- 미보상감수량 = 미보상감수과실수 × 가입과중 = 1,200개 × 0.4kg/개 = 480kg
  ※ 적과종료 이전의 미보상감수과실수 = {(착과감소과실수 × 미보상비율) + 미보상주수 감수과실수}
  = {(12,000개 × 10%) + 0개} = 1,200개
  ※ 미보상주수 감수과실수 = 미보상주수 × 1주당 평년착과수 = 0 × 250개 = 0개
  ※ 적과전 사고조사에서 미보상비율 적용은 미보상비율조사값 중 가장 큰 값만 적용
- 자기부담감수량 = 기준수확량 × 자기부담비율 = 11,000kg × 15% = 1,650kg
  ※ 기준수확량 = (적과후착과수 + 착과감소과실수) × 가입과중
  = (15,500개 + 12,000개) × 0.4kg/개 = 11,000kg

∴ 착과감소보험금 보장수준 50% 선택시
  착과감소보험금 = (4,800kg – 480kg – 1,650kg) × 2,200원/kg × 50% = **2,937,000원**
  착과감소보험금 보장수준 70% 선택시
  착과감소보험금 = (4,800kg – 480kg – 1,650kg) × 2,200원/kg × 70% = **4,111,800원**

63 다음의 계약사항과 조사내용에 따른 (1) 착과감소보험금, (2) 과실손해보험금, (3) 나무손해보험금을 구하시오 [단, 감수과실수와 감수량은 소수점 첫째자리에서 반올림하고, 피해율(%)은 소수점 셋째자리에서 반올림함].

기출유형

○ 계약사항

상품명	특 약	평년착과수	가입과중	가입가격	실제결과주수	자기부담비율	
적과전 종합 위험방식 단감	5종 한정보장 나무손해보장	75,000개	0.4kg	1,000원/kg	750주	과실	10%
						나무	5%

○ 조사내용

구 분	재해 종류	사고 일자	조사 일자	조사내용
계약일 24시 ~ 적과전	우박	5월 3일	5월 4일	〈피해사실확인조사〉 • 표본주의 피해유과, 정상유과는 각각 66개, 234개 • 미보상비율 : 10%
	집중 호우	6월 25일	6월 26일	〈피해사실확인조사〉 <table><tr><td>피해형태</td><td>유 실</td><td>매 몰</td><td>침 수</td><td>고 사</td><td>미보상</td></tr><tr><td>주수</td><td>100</td><td>10</td><td>40</td><td>90</td><td>20</td></tr></table>※ 침수피해로 고사된 나무는 없음 • 침수꽃(눈)·유과수의 합계 : 210개 • 미침수꽃(눈)·유과수의 합계 : 90개 • 미보상비율 : 20%
적과후 착과수 조사	–		6월 26일	〈적과후착과수조사〉 <table><tr><td>품 종</td><td>실제결과주수</td><td>조사대상주수</td><td>표본주 1주당 착과수</td></tr><tr><td>A품종</td><td>390</td><td>300</td><td>140</td></tr><tr><td>B품종</td><td>360</td><td>200</td><td>100</td></tr></table>
적과 종료 이후	태풍	9월 8일	9월 10일	〈낙과피해조사〉 • 총 낙과과실수 : 5,000개(전수조사) <table><tr><td>피해과실구성</td><td>100%</td><td>80%</td><td>50%</td><td>정상</td></tr><tr><td>과실수(개)</td><td>1,000</td><td>2,000</td><td>0</td><td>2,000</td></tr></table>• 조사대상주수 중 50주는 강풍으로 1/2 이상 절단(A품종 30주, B품종 20주) • 낙엽피해 표본조사 : 낙엽수 180개, 착엽수 120개 • 경과일수 : 100일 • 미보상비율 : 0%
	우박	5월 3일	11월 4일	〈착과피해조사〉 <table><tr><td>피해과실구성</td><td>100%</td><td>80%</td><td>50%</td><td>정상</td><td>병충해</td></tr><tr><td>과실수(개)</td><td>20</td><td>10</td><td>10</td><td>50</td><td>10</td></tr></table>

※ 적과 이후 자연낙과 등은 감안하지 않으며, 무피해나무의 평균착과수는 적과후착과수의 1주당 평균착과수와 동일한 것으로 본다.

※ 나무손해보장 특약의 보험가입금액은 1주당 10만원을 적용한다.

※ 착과감소보험금 보장수준은 70%로 선택한다.

[정답]

(1) 착과감소보험금 : 252,000원
(2) 과실손해보험금 : 13,007,600원
(3) 나무손해보험금 : 21,247,500원

[해설]

(1) 착과감소보험금

보험금 = (착과감소량 − 미보상감수량 − 자기부담감수량) × 가입가격 × 보장수준(50% or 70%)

① 착과감소량 = 5,200kg

- 착과감소과실수 = 최솟값(평년착과수 − 적과후착과수, 최대 인정감소과실수)
  = 최솟값(75,000개 − 62,000개, 22,800개)
  = 13,000개

- 적과후착과수 = 62,000개

  A품종 적과후착과수 = 조사대상주수 × 표본주 1주당 착과수 = 300주 × 140개/주 = 42,000개
  B품종 적과후착과수 = 조사대상주수 × 표본주 1주당 착과수 = 200주 × 100개/주 = 20,000개

- 착과감소량 : 착과감소량은 산출된 착과감소과실수에 가입과중을 곱하여 산출한다.
  착과감소과실수 × 가입과중 = 13,000개 × 0.4kg/개 = 5,200kg

- 최대 인정피해율

  최대 인정피해율은 적과종료 이전까지 조사한 (나무피해율, 낙엽률에 따른 인정피해율, 우박 발생시 유과타박률) 중 가장 큰 값으로 하므로, 30.4%로 한다.

  ※ 나무피해율 : 농지별 유실·매몰·도복·절단(1/2)·소실(1/2)·침수주수를 실제결과주수로 나눈 값이다. 침수주수는 침수피해를 입은 나무에 과실침수율을 곱하여 계산한다.
  (유실, 매몰, 도복, 절단(1/2), 소실(1/2), 침수주수) / 실제결과주수
  = (100주 + 10주 + 90주 + 28주) / 750주 = 0.304(= 30.4%)

  ※ 침수주수 = (침수피해를 입은 나무수) × 과실침수율
  = 40주 × 70% = 28주

  ※ 과실침수율 = $\frac{침수 꽃(눈)·유과수의 합계}{침수 꽃(눈)·유과수의 합계 + 미침수 꽃(눈)·유과수의 합계}$ = $\frac{210}{210 + 90}$ = 0.7(= 70%)

  ※ 유과타박률 = $\frac{표본주의 피해유과수 합계}{표본주의 피해유과수 합계 + 표본주의 정상유과수 합계}$ = $\frac{66}{66 + 234}$ = 0.22(= 22%)

- 최대 인정감소과실수 = 평년착과수 × 최대 인정피해율
  = 75,000개 × 30.4% = 22,800개

- 최대 인정감소량 : 착과감소량이 최대 인정감소량을 초과하는 경우 최대 인정감소량을 착과감소량으로 한다.
  ※ 최대 인정감소량 = 평년착과량 × 최대 인정피해율
  따라서, 최대 인정감소량 = 평년착과량 × 최대 인정피해율
  = (75,000개 × 0.4kg/개) × 30.4% = 9,120kg

- 결국, 착과감소량이 최대 인정감소량을 초과하지 않으므로, 착과감소량은 5,200kg이 된다.

② 미보상감수량

보상하는 재해 이외의 원인으로 감소되었다고 평가되는 부분을 말하며, 계약 당시 이미 발생한 피해, 병해충으로 인한 피해 및 제초상태불량 등으로 인한 수확량감소량으로서 감수량에서 제외된다.

- 미보상주수 감수과실수 = 미보상주수 × 1주당 평년착과수 = 20주 × (75,000개 ÷ 750주) = 2,000개
- 미보상감수과실수 = {(착과감소과실수 × 미보상비율) + 미보상주수 감수과실수}
  = {(13,000개 × 20%) + 2,000개} = 4,600개
- 미보상감수량 = 4,600개 × 0.4kg/개 = 1,840kg

③ 자기부담감수량 = 기준수확량 × 자기부담비율
- 기준착과수 = 적과후착과수 + 착과감소과실수 = 62,000개 + 13,000개 = 75,000개
- 기준수확량 = 기준착과수 × 과입과중 = 75,000개 × 0.4kg/개 = 30,000kg
- 자기부담감수량 = 30,000kg × 0.1 = **3,000kg**

④ **가입가격 = 1,000원/kg**

⑤ **착과감소보험금**
보험금 = (착과감소량 − 미보상감수량 − 자기부담감수량) × 가입가격 × **70%**
= (5,200kg − 1,840kg − 3,000kg) × 1,000원/kg × 70% = **252,000원**

(2) 과실손해보험금

보험금 = (적과종료 이후 누적감수량 − 미보상감수량 − 자기부담감수량) × 가입가격

① **적과종료 이후 누적감수량**

㉠ 태풍낙과피해 감수과실수(전수조사)
총 낙과과실수 × (낙과피해구성률 − max A)
= 5,000개 × (52% − 0) = **2,600개**

※ 낙과피해구성률 = $\dfrac{(100\%형\ 피해과실수 \times 1) + (80\%형\ 피해과실수 \times 0.8) + (50\%형\ 피해과실수 \times 0.5)}{100\%형\ 피해과실수 + 80\%형\ 피해과실수 + 50\%형\ 피해과실수 + 정상과실수}$

= $\dfrac{(1,000개 \times 1) + (2,000개 \times 0.8) + (0개 \times 0.5)}{1,000개 + 2,000개 + 0개 + 2,000개}$ = 0.52(= 52%)

※ max A : 금차 사고전 기조사된 착과피해구성률 또는 인정피해율 중 최댓값(= 0)

㉡ 태풍나무피해 감수과실수
- 나무의 고사 및 수확불능(유실, 매몰, 도복, 절단, 화재, 침수) 손해
(고사주수 + 수확불능주수) × 무피해나무 1주당 평균착과수 × (1 − max A)
- **A품종** 나무피해 감수과실수 = 30주 × 140개/주 × (1 − 0) = 4,200개
※ 무피해나무의 평균착과수는 적과후착과수의 1주당 평균착과수와 동일한 것으로 본다.
- **B품종** 나무피해 감수과실수 = 20주 × 100개/주 × (1 − 0) = 2,000개
- 태풍나무피해 감수과실수 = 4,200개 + 2,000개 = **6,200개**

㉢ 태풍낙엽피해 감수과실수
사고 당시 착과과실수 × (인정피해율 − max A)
- 사고 당시 착과과실수
= 적과후착과수 − 총 낙과과실수 − 총 적과종료후 나무피해과실수 − 총 기수확과실수
= 62,000개 − 5,000개 − {(30주 × 140개/주) + (20주 × 100개/주)} − 0개
= **50,800개**
- 인정피해율 = (1.0115 × 낙엽률) − (0.0014 × 경과일수)
= (1.0115 × 60%) − (0.0014 × 100)
= 0.4669 = **46.69%**

※ 낙엽률 = $\dfrac{표본주의\ 낙엽수\ 합계}{표본주의\ 낙엽수\ 합계 + 표본주의\ 착엽수\ 합계}$ = $\dfrac{180개}{180개 + 120개}$ = 0.6(= 60%)

※ max A : 금차 사고전 기조사된 착과피해구성률 또는 인정피해율 중 최댓값(= 0)
- 미보상비율은 금차 사고조사의 미보상비율을 적용함(= 0)
- 태풍낙엽피해 감수과실수 = 50,800개 × (46.69% − 0)
= 23,718.52개 = **23,719개**(※ 소수점 첫째자리에서 반올림)

② 우박착과피해 감수과실수

사고 당시 착과과실수 × (착과피해구성률 − max A)

= 50,800개 × (33% − 46.69%) = **0개**

※ 착과피해구성률 = $\dfrac{(20개 \times 1) + (10개 \times 0.8) + (10개 \times 0.5)}{20개 + 10개 + 10개 + 60개}$ = 0.33(= **33%**)

※ 보상하지 않는 손해(병충해)에 해당하는 과실은 정상과실로 구분한다.

※ max A : 금차 사고전 기조사된 착과피해구성률 또는 인정피해율 중 최댓값(= **46.69%**)

※ (착과피해구성률 − max A)의 값이 영(0)보다 작은 경우 <u>감수과실수는 "0"으로 한다.</u>

⑩ 적과종료 이후 누적감수량 : 적과종료 이후 감수과실수의 합계에 가입과중을 곱하여 산출한다.

(2,600개 + 6,200개 + 23,719개 + 0개) × 0.4kg/개

= 13,007.6kg = **13.008kg**(※ 소수점 첫째자리에서 반올림)

② **미보상감수량** : 감수량에서 제외된다.

③ **자기부담감수량** : 기준수확량에 자기부담비율을 곱한 양으로 한다. 다만, 산출된 착과감소량이 존재하는 경우에는 착과감소량에서 적과종료 이전에 산정된 미보상감수량을 뺀 값을 자기부담감수량에서 제외한다. 이때 <u>자기부담감수량은 0보다 작을 수 없다.</u>

• 자기부담감수량

= (기준수확량 × 자기부담비율) − (착과감소량 − 적과종료 이전에 산정된 미보상감수량)

= (30,000kg × 10%) − (5,200kg − 1,840kg) < 0이므로, 0kg이다.

④ **과실손해보험금**

(적과종료 이후 누적감수량 − 자기부담감수량) × 가입가격

= (13,008kg − 0kg) × 1,000원/kg = **13,008,000원**

(3) 나무손해보험금

지급보험금은 보험가입금액에 피해율에서 자기부담비율을 차감한 값을 곱하여 산정하며, 피해율은 피해주수(고사된 나무)를 실제결과주수로 나눈 값으로 한다.

① 피해율 = 피해주수(고사된 나무) ÷ 실제결과주수 = 250주 ÷ 750주

= 0.33333 = **33.33%**(※ 소수점 셋째자리에서 반올림)

• 피해주수(고사된 나무) = (유실 + 매몰 + 침수 + 고사 + 절단)

= 100주 + 10주 + 0주 + 90주 + 50주 = 250주

※ 문제 조건에서 침수된 나무 중 고사된 나무가 없음

• 실제결과주수 = 750주

② 지급보험금 = 보험가입금액 × (피해율 − 자기부담비율)

• 보험가입금액 = 750주 × 10만원/주 = 7,500만원

• 피해율 = 33.33%

• 자기부담비율 = 5%(약관 조항)

• 지급보험금 = 75,000,000원 × (33.33% − 5%) = **21,247,500원**

64 계약사항과 조사내용을 참조하여 다음 물음에 답하시오(단, 감수량은 소수점 첫째자리에서 반올림함). `기출유형`

○ 계약사항

상품명	특약 및 주요사항	평년착과수	가입과중
적과전 종합위험방식(Ⅱ) 배 품목	• 나무손해보장 특약 • 착과감소 50% 선택	100,000개	450g

가입가격	가입주수	자기부담률	
1,200원/kg	750주	과실	10%
		나무	5%

※ 나무손해보장 특약의 보험가입금액은 1주당 10만원을 적용한다.

○ 조사내용

구 분	재해 종류	사고 일자	조사 일자	조사내용
계약일 24시 ~ 적과전	우박	5월 30일	5월 31일	〈피해사실확인조사〉 • 피해발생 인정 • 미보상비율 : 0%
적과후 착과수 조사	–		6월 10일	〈적과후착과수조사〉

품 종	실제결과주수	조사대상주수	표본주 1주당 착과수
화산	390주	390주	60개
신고	360주	360주	90개

※ 화산, 신고는 배의 품종임

구 분	재해 종류	사고 일자	조사 일자	조사내용
적과 종료 이후	태풍	9월 1일	9월 2일	〈낙과피해조사〉 • 총낙과수 : 4,000개(전수조사)

피해과실구성	정상	50%	80%	100%
과실수(개)	1,000	0	2,000	1,000

	조수해	9월 18일	9월 20일	〈나무피해조사〉 • 화산 30주, 신고 30주 조수해로 고사
	우박	5월 30일	10월 1일	〈착과피해조사〉

피해과실구성	정상	50%	80%	100%
과실수(개)	50	10	20	20

※ 적과 이후 자연낙과 등은 감안하지 않으며, 무피해나무의 평균착과수는 적과후착과수의 1주당 평균착과수와 동일한 것으로 본다.

(1) 착과감소보험금의 계산과정과 값을 쓰시오.

(2) 과실손해보험금의 계산과정과 값을 쓰시오.

(3) 나무손해보험금의 계산과정과 값을 쓰시오.

정답

(1) 착과감소보험금

① 적과후착과수 = 품종별 표본주 1주당 착과수 × 조사대상주수

= (390주 × 60개/주) + (360주 × 90개/주) = 55,800개

② 착과감소과실수 = 최솟값(평년착과수 − 적과후착과수, 최대 인정감소과실수)

= (100,000개 − 55,800개) = 44,200개

③ 착과감소량 = 착과감소과실수 × 가입과중

= 44,200개 × 0.45kg/개 = 19,890kg

④ 기준착과수 = 적과후착과수 + 착과감소과실수

= 55,800개 + 44,200개 = 100,000개

⑤ 기준수확량 = 기준착과수 × 가입과중

= 100,000개 × 0.45kg/개 = 45,000kg

⑥ 자기부담감수량 = 기준수확량 × 자기부담비율

= 45,000kg × 10% = 4,500kg

⑦ 착과감소보험금

= (착과감소량 − 미보상감수량 − 자기부담감수량) × 가입가격 × (50%)

= (19,890kg − 0kg − 4,500kg) × 1,200원/kg × 50%

= 9,234,000원

(2) 과실손해보험금

① 누적감수과실수

㉠ 적과종료 이전 자연재해(우박)로 인한 적과종료 이후 착과손해 : 적과후착과수가 평년착과수의 60% 미만인 경우

감수과실수 = 적과후착과수 × 5% = 55,800개 × 5% = 2,790개

㉡ 태풍낙과피해(전수조사)

총 낙과과실수 × (낙과피해구성률 − max A) × 1.07

= 4,000개 × (65% − 5%) × 1.07 = 2,568개

※ 낙과피해구성률

$$= \frac{(100\%형\ 피해과실수 \times 1) + (80\%형\ 피해과실수 \times 0.8) + (50\%형\ 피해과실수 \times 0.5)}{100\%형\ 피해과실수 + 80\%형\ 피해과실수 + 50\%형\ 피해과실수 + 정상과실수}$$

$$= \frac{(1,000 \times 1) + (2,000 \times 0.8) + (0 \times 0.5)}{1,000 + 2,000 + 0 + 1,000} = 0.65(= 65\%)$$

※ max A : 금차 사고전 기조사된 착과피해구성률 또는 인정피해율 중 최댓값(= 5%)

㉢ 조수해 나무피해 : 미보상

화산 30주, 신고 30주 조수해로 고사하였으므로,

(30주 × 60개/주) + (30주 × 90개/주) = 4,500개

㉣ 우박 착과피해

사고 당시 착과과실수 × (착과피해구성률 − max A)

= 47,300개 × (41% − 5%) = 17,028개

※ 사고 당시 착과과실수

= 적과후착과수 − 총 낙과과실수 − 총 적과종료후 나무피해과실수 − 총 기수확과실수

= 55,800개 − 4,000개 − 4,500개 − 0개 = 47,300개

※ 착과피해구성률 $= \dfrac{(20 \times 1) + (20 \times 0.8) + (10 \times 0.5)}{50 + 10 + 20 + 20} = 0.41(= 41\%)$

※ max A : 금차 사고전 기조사된 착과피해구성률 중 최댓값(= 5%)

㉤ 누적감수과실수 = 2,790개 + 2,568개 + 0개 + 17,028개 = 22,386개

② **적과종료 이후 감수량**

적과종료 이후 감수량 = 누적감수과실수 × 가입과중

$$= 22,386개 \times 0.45kg/개 = 10,073.7kg = 10,074kg(※ 소수점 첫째자리에서 반올림)$$

③ **미보상감수량** : 감수량에서 제외된다.

④ **자기부담감수량** : 0kg

자기부담감수량

= (기준수확량 × 자기부담비율) − (착과감소량 − 적과종료 이전에 산정된 미보상감수량)

= (45,000kg × 10%) − (19,890kg − 0kg) < 0이므로, 0kg이다.

⑤ **과실손해보험금**

과실손해보험금

= (적과종료 이후 누적감수량 − 자기부담감수량) × 가입가격

= (10,074kg − 0kg) × 1,200원/kg

= **12,088,800원**

(3) 나무손해보험금

① 실제결과주수 = 390주 + 360주 = 750주

② 피해율 = 피해주수(고사된 나무) ÷ 실제결과주수

= (30주 + 30주) ÷ 750주 = 0.08(= 8%)

③ 자기부담비율 = 5%(약관)

④ 지급보험금 = 보험가입금액 × (피해율 − 자기부담비율)

= (750주 × 100,000원/주) × (8% − 5%) = **2,250,000원**

※ 나무손해보장 특약의 보험가입금액은 1주당 100,000원을 적용한다.

---

65 배 과수원은 적과전 과수원 일부가 호우에 의한 유실로 나무 50주가 고사되는 피해(자연재해)가 확인되었고, 적과 이후 봉지작업을 마치고 태풍으로 낙과피해조사를 받았다. 계약사항(적과전 종합위험방식)과 조사내용을 참조하여 다음 물음에 답하시오[감수과실수와 착과피해인정개수, 피해율(%)은 소수점 이하 절사. 예시 : 12.67% → 12%]. `기출유형`

○ 계약사항 및 적과후착과수 조사내용

계약사항			적과후착과수 조사내용	
품목	가입주수	평년착과수	실제결과주수	1주당 평균착과수
배(단일 품종)	250주	40,000개	250주	150개

※ 적과종료 이전 특정위험 5종 한정보장 특약 미가입

○ 낙과피해 조사내용

사고일자	조사방법	전체 낙과과실수	낙과피해 구성비율(100개)				
			정상 10개	50%형 80개	80%형 0개	100%형 2개	병해충과실 8개
9월 18일	전수조사	7,000개					

(1) 적과종료 이전 착과감소과실수의 계산과정과 값을 쓰시오.

(2) 적과종료 이후 착과손해 감수과실수의 계산과정과 값을 쓰시오.

(3) 적과종료 이후 낙과피해 감수과실수와 착과손해 감수과실수의 계산과정과 합계 값을 쓰시오.

정답

(1) 적과종료 이전 착과감소과실수

- 조사대상주수 = 250주 − 50주(고사된 나무) = 200주
- 적과후착과수 = 조사대상주수 × 1주당 평균착과수 = 200주 × 150개 = 30,000개
- 착과감소과실수 = 평년착과수 − 적과후착과수
  = 40,000개 − 30,000개 = **10,000개**

(2) 적과종료 이후 착과손해 감수과실수

적과후착과수가 평년착과수의 60% 이상 100% 미만인 경우

$$감수과실수 = 적과후착과수 \times 5\% \times \frac{100\% - 착과율}{40\%}$$

- 착과율 = 적과후착과수 ÷ 평년착과수 = 30,000개 ÷ 40,000개 = 0.75(= 75%)
- 착과피해율 $= 5\% \times \dfrac{100\% - 착과율}{40\%} = 5\% \times \dfrac{100\% - 75\%}{40\%}$
  = 0.05 × 0.625 = 0.03125 = **3%**(※ 소수점 이하 절사)
- 감수과실수 = 30,000개 × 3% = **900개**

(3) 적과종료 이후 낙과피해 감수과실수와 착과피해 인정개수의 계산과정과 합계 값

① **낙과피해 감수과실수**

낙과피해(전수조사) 감수과실수 = 총 낙과과실수 × (낙과피해구성률 − max A)
= 7,000개 × (42% − 3%)
= **2,730개**

※ 낙과피해구성률 $= \dfrac{(100형\ 피해과실수 \times 1) + (80\%형\ 피해과실수 \times 0.8) + (50\%형\ 피해과실수 \times 0.5)}{100\%형\ 피해과실수 + 80\%형\ 피해과실수 + 50\%형\ 피해과실수 + 정상과실수}$

$= \dfrac{(2개 \times 1) + (0개 \times 0.8) + (80개 \times 0.5)}{100개} = 0.42(= 42\%)$

※ max A : 금차 사고전 기조사된 착과피해구성률 중 최댓값(= 3%)

② **착과손해 감수과실수**

낙과피해 감수과실수의 7%를 착과손해로 인정하므로,
착과손해 감수과실수 = 2,730개 × 7% = 191.1개 = **191개**(※ 소수점 이하 절사)

③ **합계 값**

① + ② = 2,730개 + 191개 = **2,921개**

해설

적과종료 이후 감수과실수 합계

감수과실수 합계(전수조사) = 총 낙과과실수 × (낙과피해구성률 − max A) × 1.07
= 7,000개 × (42% − 3%) × 1.07
= 2,921.1개 = **2,921개**(※ 소수점 이하 절사)

2 종합위험 수확감소보장방식 및 비가림과수 손해보장방식

01 손해평가 및 보험금 산정시 종합위험 수확감소보장방식을 정의하고, 적용 품목을 답란에 쓰시오.

정답

① **정의** : 종합위험 수확감소보장이란 보험목적에 보험기간 동안 보상하는 재해로 인하여 발생한 <u>수확량의 감소를 보장하는 방식</u>을 말한다.
② **적용 품목** : <u>포도, 복숭아, 자두, 감귤(만감류), 밤, 호두, 참다래, 대추, 매실, 살구, 오미자, 유자</u>

02 종합위험 수확감소보장방식 과수 품목의 시기별 조사종류를 나타낸 표이다. 표의 빈 칸에 들어갈 내용을 답란에 쓰시오.

생육 시기	재 해	조사내용	조사시기	조사방법	비 고
수확전	보상하는 재해 전부		사고접수 후 지체 없이		전품목
수확 직전	–		수확 직전		
	보상하는 재해 전부		수확 직전		전품목

정답

생육 시기	재 해	조사내용	조사시기	조사방법	비 고
수확전	보상하는 재해 전부	피해사실 확인조사	사고접수 후 지체 없이	보상하는 재해로 인한 피해발생 여부 조사 ※ 피해사실이 명백한 경우 생략 가능	전품목
수확 직전	–	착과수 조사	수확 직전	해당 농지의 최초 품종 수확 직전 총 착과수를 조사 • 피해와 관계없이 전 과수원을 조사 • 조사방법 : 표본조사	포도, 복숭아, 자두, 감귤(만감 류)만 해당
	보상하는 재해 전부	수확량 조사	수확 직전	사고발생 농지의 수확량조사 • 조사방법 : 전수조사 또는 표본조사	전품목

03 종합위험 수확감소보장방식 과수 품목의 시기별 조사종류를 나타낸 표이다. 표의 빈 칸에 들어갈 내용을 답란에 쓰시오.

생육 시기	재 해	조사내용	조사시기	조사방법	비 고
수확 시작후 ~ 수확종료	보상하는 재해 전부		사고접수 후 지체 없이		전품목 (유자 제외)
수확 완료후 ~ 보험종기	보상하는 재해 전부		수확 완료후 보험 종기전		수확완료후 추가 고사나무가 없는 경우 생략 가능

정답

생육 시기	재 해	조사내용	조사시기	조사방법	비 고
수확 시작후 ~ 수확종료	보상하는 재해 전부	수확량 조사	사고접수 후 지체 없이	사고발생 농지의 수확 중의 수확량 및 감수 량의 확인을 통한 수확량조사 • 조사방법 : 전수조사 또는 표본조사	전품목 (유자 제외)
수확 완료후 ~ 보험종기	보상하는 재해 전부	고사나무 조사	수확 완료후 보험 종기전	보상하는 재해로 고사되거나 또는 회생이 불가능한 나무수를 조사 • 특약 가입 농지만 해당 • 조사방법 : 전수조사	수확완료후 추가 고사나무가 없는 경우 생략 가능

04 종합위험 수확감소보장방식 과수 품목의 '피해사실확인조사' 내용을 다음 구분에 따라 답란에 쓰시오.

① 대상재해 :

② 조사대상 :

③ 조사시기 :

정답

① **대상재해** : 자연재해, 조수해, 화재, 병충해(※ 복숭아만 해당되며, 세균구멍병으로 인하여 발생하는 피해를 대상으로 함)
② **조사대상** : 대상재해로 사고접수 농지 및 조사 필요 농지
③ **조사시기** : 사고접수 직후 실시

05 다음은 종합위험 수확감소보장방식 과수 품목의 피해사실확인조사에서 확인할 사항이다. 괄호 안에 들어갈 내용을 답란에 쓰시오.

> ① 보상하는 재해로 인한 피해 여부 확인 : 기상청 자료 확인 및 현지 방문 등을 통하여 보상하는 재해로 인한 피해가 맞는지 확인하며, 필요시에는 이에 대한 근거로 다음의 자료를 확보한다.
> • 기상청 자료, 농업기술센터 의견서 등 (㉠)
> • 농지(과수원 등)의 전반적인 피해 상황 및 세부 피해 내용이 확인 가능한 (㉡)
> ② 추가조사 필요 여부 판단 : 보상하는 재해 여부 및 피해 정도 등을 감안하여 (㉢)가 필요한지 여부를 판단하여 해당 내용에 대하여 계약자에게 안내하고, (㉢)가 필요할 것으로 판단된 경우에는 (㉣)에 손해평가반 구성 및 추가조사 일정을 수립한다.

정답

㉠ 재해입증 자료, ㉡ 피해장소 촬영 사진, ㉢ 추가조사(수확량조사), ㉣ 수확기

06 종합위험 수확감소보장방식 과수 품목의 피해사실확인조사를 생략할 수 있는 경우를 답란에 쓰시오.

정답

① 태풍 등과 같이 재해 내용이 명확한 경우
② 사고접수후 바로 추가조사가 필요한 경우

07 종합위험 수확감소보장방식 과수 품목[포도, 복숭아, 자두, 감귤(만감류)]의 수확량조사 방법을 답란에 쓰시오.

정답

① 착과수조사
② 과중조사
③ 착과피해조사
④ 낙과피해조사

08 종합위험 수확감소보장방식 과수 품목 중 자두 품목 수확량조사의 착과수조사 방법에 관하여 서술하시오. `기출유형`

정답

착과수조사 방법
① **주수조사** : 농지내 품종별·수령별 실제결과주수, 미보상주수 및 고사나무주수를 파악한다.
② **조사대상주수 계산** : 품종별·수령별 실제결과주수에서 미보상주수 및 고사나무주수를 제외하고 조사대상주수를 계산한다.
③ **표본주수 산정**
  • 과수원별 전체 조사대상주수를 기준으로 품목별 표본주수표에 따라 농지별 전체 표본주수를 산정한다.
  • 적정 표본주수는 품종별·수령별 조사대상주수에 비례하여 산정하며, 품종별·수령별 적정표본주수의 합은 전체 표본주수보다 크거나 같아야 한다.
④ **표본주 선정**
  • 조사대상주수를 농지별 표본주수로 나눈 표본주 간격에 따라 표본주 선정후 해당 표본주에 표시리본을 부착한다.
  • 동일품종·동일수령의 농지가 아닌 경우에는 품종별·수령별 조사대상주수의 특성이 골고루 반영될 수 있도록 표본주를 선정한다.
⑤ **착과된 전체 과실수조사** : 선정된 표본주별로 착과된 전체 과실수를 세고, 표시리본에 기재한다.
⑥ **미보상비율 확인** : 품목별 미보상비율 적용표에 따라 미보상비율을 조사한다.

09 다음의 계약사항과 조사내용을 참조하여 아래 착과수조사 결과에 들어갈 값(①~③)을 각각 구하시오(단, 해당 과수원에 있는 모든 나무의 품종 및 수령은 계약사항과 동일한 것으로 함). `기출유형`

○ **계약사항**

품 목	품종 / 수령	가입일자(계약일자)
자두	A / 9년생	2023년 11월 14일

○ **조사내용**

• 조사종류 : 착과수조사
• 조사일자 : 2024년 8월 18일
• 조사사항
  – 상기 조사일자 기준 과수원에 살아있는 모든 나무수(고사된 나무수 제외) : 270주
  – 2023년 7월 발생한 보상하는 재해로 2023년 7월에 고사된 나무수 : 30주
  – 2023년 12월 발생한 보상하는 재해로 2024년 3월에 고사된 나무수 : 25주
  – 2024년 6월 발생한 보상하는 손해 이외의 원인으로 2024년 7월에 고사된 나무수 : 15주
  – 2024년 6월 발생한 보상하는 손해 이외의 원인으로 착과량이 현저하게 감소한 나무수 : 10주

○ **착과수조사 결과**

구 분	실제결과주수 (실제결과나무수)	미보상주수 (미보상나무수)	고사주수 (고사나무수)
주수	(①)주	(②)주	(③)주

① 실제결과주수 = 270주 + 25주 + 15주 = **310주**

② 미보상주수 = 15주 + 10주 = **25주**

③ 고사주수 = **25주**

① **실제결과주수(실제결과나무수)**

실제결과주수(실제결과나무수)는 가입일자를 기준으로 농지(과수원)에 식재된 모든 나무수를 의미한다. 다만, 인수조건에 따라 보험에 가입할 수 없는 나무(유목 및 제한 품종 등) 수는 제외한다.

- 상기 조사일자 기준 과수원에 살아있는 모든 나무수(고사된 나무수 제외) 270주는 실제결과주수에 포함된다.
- 2023년 7월 발생한 보상하는 재해로 2023년 7월에 고사된 나무수 30주는 가입일자 이전이므로 실제결과주수에 포함되지 않는다.
- 2023년 12월 발생한 보상하는 재해로 2024년 3월에 고사된 나무수 25주는 실제결과주수에 포함된다.
- 2024년 6월 발생한 보상하는 손해 이외의 원인으로 2024년 7월에 고사된 나무수 15주는 실제결과주수에 포함된다.
- 2024년 6월 발생한 보상하는 손해 이외의 원인으로 착과량이 현저하게 감소한 나무수 10주는 살아있는 모든 나무수(고사된 나무수 제외) 270주에 포함되므로, 실제결과주수에서 제외한다.

  ∴ 실제결과주수 = 270주 + 25주 + 15주 = **310주**

② **미보상주수(미보상나무수)**

미보상주수(미보상나무수)는 실제결과나무수 중 보상하는 손해 이외의 원인으로 고사하거나 수확량(착과량)이 현저하게 감소한 나무수를 의미한다.

  ∴ 미보상주수 = 15주 + 10주 = **25주**

③ **고사주수(고사나무수)**

고사주수(고사나무수)는 실제결과나무수 중 보상하는 손해로 고사된 나무수를 의미한다. 즉 2023년 12월 발생한 보상하는 재해로 2024년 3월에 고사된 나무수 25주를 말한다.

  ∴ 고사주수 = **25주**

10 다음은 종합위험 수확감소보장방식 과수 품목[포도, 복숭아, 자두, 감귤(만감류)]의 과중조사에 대한 설명이다. 괄호 안에 들어갈 내용을 답란에 쓰시오.

> 품종별로 착과가 평균적인 (㉠) 이상의 나무에서 크기가 평균적인 과실을 (㉡) 이상 추출한다. 표본과실 수는 포도, 감귤(만감류)의 경우 농지당 (㉢) 이상, 복숭아, 자두의 경우 농지당 (㉣) 이상이어야 한다. 추출한 표본과실을 품종별로 구분하여 개수와 무게를 조사한다.

㉠ 3주, ㉡ 20개, ㉢ 30개, ㉣ 40개

11 종합위험 수확감소보장방식 복숭아 품목의 과중조사를 실시하고자 한다. 다음 조건을 이용하여 과중조사 횟수, 최소 표본주수 및 최소 추출과실개수를 답란에 쓰시오. 〔기출유형〕

[조건]
- A과수원의 품종은 4종이다.
- 각 품종별 수확시기는 다르다.
- 최소 표본주수는 회차별 표본주수의 합계로 본다.
- 최소 추출과실개수는 회차별 추출과실개수의 합계로 본다.
- 위 조건외 단서조항은 고려하지 않는다.

〔정답〕

① 과중조사 횟수 : 4회
② 최소 표본주수 : 12주수
③ 최소 추출과실개수 : 80개

〔해설〕

품종별로 착과가 평균적인 3주 이상의 나무에서 크기가 평균적인 과실을 20개 이상 추출한다. 표본과실수는 포도, 감귤(만감류)의 경우에 농지당 30개 이상, 복숭아, 자두의 경우에 농지당 40개 이상이어야 한다. 추출한 표본과실을 품종별로 구분하여 개수와 무게를 조사한다.
① A과수원의 품종은 4종이므로, 과중조사 횟수는 **4회** 실시한다.
② 최소 표본주수는 회차별 표본주수의 합계로 하므로, 4 × 3주 = **12주수**
③ 품종별 20개 이상(농지당 40개 이상) 추출하므로, 최소 추출과실개수는 4 × 20개 = **80개**

12 종합위험 수확감소보장방식 과수 품목의 과중조사를 실시하고자 한다. 아래 농지별 최소표본 과실수를 답란에 쓰시오(단, 해당 기준의 절반 조사는 고려하지 않는다). 〔기출유형〕

계약사항			최소 표본과실수(개)
농 지	품 목	품종 수	
A	포도	1	㉠
B	포도	2	㉡
C	자두	1	㉢
D	복숭아	3	㉣
E	자두	4	㉤

〔정답〕

㉠ 30개, ㉡ 40개, ㉢ 40개, ㉣ 60개, ㉤ 80개

[해설]

과중조사

과중조사는 사고접수가 된 모든 농지에 대하여 품종별로 수확시기에 각각 실시한다.

품종별로 착과가 평균적인 3주 이상의 나무에서 크기가 평균적인 과실을 20개 이상 추출한다. 표본과실수는 포도, 감귤(만감류)의 경우에 농지당 30개 이상, 복숭아, 자두의 경우에 농지당 40개 이상이어야 한다. 추출한 표본과실을 품종별로 구분하여 개수와 무게를 조사한다.

계약사항			최소 표본과실수(개)
농 지	품 목	품종 수	
A	포도	1	30개 × 1 = **30개**
B	포도	2	20개 × 2 = **40개**
C	자두	1	40개 × 1 = **40개**
D	복숭아	3	20개 × 3 = **60개**
E	자두	4	20개 × 4 = **80개**

13 종합위험 수확감소보장방식 과수 품목[포도, 복숭아, 자두, 감귤(만감류)]의 착과피해조사에 대한 설명이다. 괄호 안에 들어갈 내용을 답란에 쓰시오.

> ㉠ 착과피해조사는 착과피해를 유발하는 재해가 있을 경우에만 시행하며, 해당 재해 여부는 재해의 종류와 과실의 상태 등을 고려하여 (   )가 판단한다.
>
> ㉡ 실제결과주수에서 수확완료주수, (   )를 제외하고 조사대상주수를 계산한다.
>
> ㉢ 착과피해조사에서는 가장 먼저 착과수를 확인하여야 하며, 이때 확인할 착과수는 (   )와는 별개의 조사를 의미한다.
>
> ㉣ 조사 당시 수확이 완료된 품종이 있거나 피해가 경미하여 (   )가 의미가 없을 때에는 품종별로 (   )를 생략할 수 있다.

[정답]

㉠ 조사자

㉡ 미보상주수 및 고사나무주수

㉢ 수확전 착과수조사

㉣ 피해구성조사

14 다음은 종합위험 수확감소보장방식 과수 품목[포도, 복숭아, 자두, 감귤(만감류)]의 낙과피해 조사에 대한 설명이다. 괄호 안에 들어갈 내용을 답란에 쓰시오.

> ① 낙과피해조사는 (㉠) 이후 낙과피해가 발생한 농지에 대하여 실시한다.
> ② 낙과피해조사는 (㉡)로 실시한다. 단, (㉡)가 불가능할 경우에 (㉢)를 실시한다.
> ③ 낙과수 (㉢)시에는 전체 낙과에 대한 (㉣)이 가능할 경우 전체 낙과수를 품종별로 센다. 전체 낙과에 대한 (㉣)이 불가능할 경우에는 전체 낙과수를 세고, 낙과 중 임의로 (㉤) 이상을 추출하여 품종별로 해당 개수를 센다.
> ④ 낙과수 확인이 끝나면 낙과 중 품종별로 표본과실을 추출한다. 이때 추출하는 표본과실수는 품종별 (㉥)[포도, 감귤(만감류)은 농지당 (㉦) 이상, 복숭아·자두는 농지당 60개 이상]으로 하며, 추출한 표본과실을 과실 분류에 따른 피해인정계수에 따라 품종별로 구분하여 해당 과실 개수를 조사한다.

정답

㉠ 착과수조사, ㉡ 표본조사, ㉢ 전수조사, ㉣ 품종구분, ㉤ 100개, ㉥ 20개, ㉦ 30개

15 종합위험 수확감소보장방식 과수 품목(밤, 호두)의 수확개시전 수확량조사 절차를 답란에 쓰시오.

정답

수확량조사 절차
① 보상하는 재해 여부 심사
② 주수조사
③ 조사대상주수 계산
④ 표본주수 산정
⑤ 표본주 선정
⑥ 착과 및 낙과수조사
⑦ 과중조사
⑧ 낙과피해 및 착과피해구성조사
⑨ 미보상비율 확인

16 종합위험 수확감소보장방식 과수 품목(밤, 호두)의 수확개시전 수확량조사에 대한 설명이다. 괄호 안에 들어갈 내용을 답란에 쓰시오.

① 수확개시전 수확량조사는 (㉠)을 기준으로 해당 농지의 수확이 시작되기 전에 수확량조사를 실시하는 경우를 의미한다.
② 농지내 품종·수령별로 실제결과주수, 미보상주수 및 고사나무주수를 파악하고, 실제결과주수에서 미보상주수 및 고사나무주수를 제외한 (㉡)를 계산한다.
③ 농지별 전체 (㉢)를 기준으로 품목별 표본주수표에 따라 농지별 전체 표본주수를 산정하되, 품종·수령별 표본주수는 품종·수령별 조사대상주수에 비례하여 산정한다.
④ 동일품종·동일수령의 농지가 아닌 경우에는 품종별·수령별 조사대상주수의 특성이 골고루 반영될 수 있도록 (㉣)를 선정한다.
⑤ 선정된 표본주별로 착과된 과실수 및 낙과된 과실수를 조사한다. 과실수의 기준은 밤은 (㉤), 호두는 (㉥)로 한다.

정답

㉠ 조사일, ㉡ 조사대상주수, ㉢ 조사대상주수, ㉣ 표본주, ㉤ 송이, ㉥ 청피

17 종합위험 수확감소보장방식 과수 품목(밤, 호두)의 수확량조사시 과중조사에 대한 설명이다. 괄호 안에 들어갈 내용을 답란에 쓰시오.

① 농지에서 품종별로 평균적인 착과량을 가진 (㉠) 이상의 표본주에서 크기가 평균적인 과실을 품종별 (㉡) 이상(농지당 최소 60개 이상) 추출한다.
② 밤의 경우, 품종별 과실(송이) 개수를 파악하고, 과실(송이)내 과립을 분리하여 지름 길이를 기준으로 (㉢)를 구분하여 무게를 조사한다. 이때 소과(30mm 이하)인 과실은 해당 과실 무게를 실제 무게의 (㉣)로 적용한다.
③ 품종별 개당 과중 = 품종별 {정상 표본과실 무게 합 + (㉤)} ÷ 표본과실수

정답

㉠ 3주
㉡ 20개
㉢ 정상(30mm 초과)·소과(30mm 이하)
㉣ 80%
㉤ 소과 표본과실 무게 합 × 0.8

18 종합위험 수확감소보장방식 과수 품목(밤, 호두)의 수확량조사시 낙과피해 및 착과피해구성 조사에 대한 설명이다. 괄호 안에 들어갈 내용을 답란에 쓰시오.

> ① 낙과피해구성조사는 낙과 중 임의의 과실 (㉠) 이상을 추출한후 '과실 분류에 따른 피해인정계수'에 따라 구분하여 그 개수를 조사한다. 다만, 전체 낙과수가 (㉡) 미만일 경우 등에는 해당 기준 미만으로 조사가 가능하다.
>
> ② 착과피해구성조사는 착과피해를 유발하는 재해가 있을 경우 시행하며, 품종별로 (㉢) 이상의 표본주에서 임의의 과실 (㉣) 이상을 추출한후 '과실 분류에 따른 피해인정계수'에 따라 구분하여 그 개수를 조사한다.

정답

㉠ 20개(품종별 20개, 농지당 60개), ㉡ 60개, ㉢ 3개, ㉣ 20개(품종별 20개, 농지당 60개)

19 종합위험 수확감소보장방식 과수 품목(밤, 호두)의 수확개시후 수확량조사에 대한 설명이다. 괄호 안에 들어갈 내용을 답란에 쓰시오.

> ① 수확개시후 수확량조사는 (㉠)을(를) 기준으로 해당 농지의 수확이 시작된 후에 수확량조사를 실시하는 경우를 의미한다.
>
> ② (㉡) 등으로 수확개시 여부에 대한 분쟁이 발생한 경우에는 지역의 농업기술센터 등 농업전문기관의 판단에 따른다. 품종별 조사시기가 다른 경우에는 (㉢)을(를) 기준으로 판단한다.
>
> ③ 선정된 표본주별로 밤은 송이, 호두는 청피로 착과된 과실수 및 낙과된 과실수를 조사한다. 착과수 확인은 선정된 표본주별로 착과된 (㉣)을(를) 조사한다. 낙과수 확인은 선정된 표본주별로 (㉤)내 낙과된 과실수를 조사한다. 단, 계약자 등이 낙과된 과실을 한 곳에 모아 둔 경우 등 표본주별 낙과수 확인이 불가능한 경우에는 농지내 전체 낙과수를 품종별로 구분하여 (㉥)한다.
>
> ④ 기수확량 조사는 (㉦) 등을 통하여 조사한다.

정답

㉠ 조사일

㉡ 조기수확 및 수확해태

㉢ 최초 조사일

㉣ 전체 과실수

㉤ 수관면적

㉥ 전수조사

㉦ 출하자료 및 계약자 문답

20 종합위험 수확감소보장방식 참다래 품목의 수확개시전 수확량조사에 대한 설명이다. 괄호 안에 들어갈 내용을 답란에 쓰시오.

① 재식간격조사 : 농지내 품종별·수령별로 재식간격을 조사한다. 가입시 재식간격과 다를 경우 (㉠)이될 수 있음을 안내하고 현지조사서에 기재한다.

② 면적조사 : 선정된 표본주별로 해당 표본주 구역의 면적조사를 위해 (㉡)를 재고 면적을 확인한다.

$$\text{표본구간면적} = \{(\ ㉢ \ ) \times \text{표본구간 높이}\} \div 2$$

③ 과중조사 : 품종별로 과실 개수를 파악하고, 개별 과실 과중이 (㉣) 초과하는 과실과 (㉣) 이하인과실을 구분하여 무게를 조사한다. 이때, 개별 과실 중량이 (㉣) 이하인 과실은 해당 과실의 무게를실제 무게의 (㉤)로 적용한다.

$$\text{품종별 개당 과중} = \text{품종별} \ \{ \ ㉥ \ \} \div \text{표본과실수}$$

정답

㉠ 계약변경
㉡ 길이(윗변, 아랫변, 높이 : 윗변과 아랫변의 거리)
㉢ 표본구간 윗변 길이 + 표본구간 아랫변 길이
㉣ 50g
㉤ 70%
㉥ 50g 초과 표본과실 무게 합 + (50g 이하 표본과실 무게 합 × 0.7)

21 종합위험 수확감소보장방식 참다래 품목의 수확개시후 수확량조사에 대한 설명이다. 괄호 안에 들어갈 내용을 답란에 쓰시오.

① 기수확량조사 : (㉠) 등을 통하여 조사한다.

② 낙과피해구성조사 : 품종별로 낙과 중 임의의 과실 (㉡) 이상을 추출한후 과실 분류에 따른 피해인정계수에 따라 구분하여 그 개수를 조사한다.

③ 착과피해구성조사 : 착과피해를 유발하는 재해가 있을 경우 시행하며, 품종별로 (㉢) 이상의 표본주에서 임의의 과실 (㉡) 이상을 추출한후 과실 분류에 따른 피해인정계수에 따라 구분하여 그 개수를조사한다.

④ 미보상비율 확인 : 품목별 (㉣)에 따라 미보상비율을 조사한다.

정답

㉠ 출하자료 및 문답, ㉡ 100개, ㉢ 3주, ㉣ 미보상비율 적용표

22 다음의 계약사항 및 조사내용에 따라 참다래 수확량(kg)을 구하시오(단, 수확량은 소수점 첫째 자리에서 반올림하여 다음 예시와 같이 구하시오. 예시 : 수확량 1.6kg → 2kg로 기재).

기출유형

○ 계약사항

실제결과주수(주)	고사주수(주)	재식면적	
		주간거리(m)	열간거리(m)
300	50	4	5

○ 조사내용(수확전 사고)

표본 주수	표본구간 면적조사			표본구간 착과수 합계	착과피해 구성률(%)	과중조사	
	윗변(m)	아랫변(m)	높이(m)			50g 이하	50g 초과
8주	1.2	1.8	1.5	850	30	1,440g/36개	2,160g/24개

정답

참다래 수확량(kg) : 8,686kg

해설

- 품종별・수령별 재식면적 = 주간거리 × 열간거리
$$= 4m × 5m = 20m^2$$
- 품종별・수령별 표본조사대상주수
= 품종별・수령별 실제결과주수 − 품종별・수령별 미보상주수 − 품종별・수령별 고사나무주수
= 300주 − 0주 − 50주 = 250주
- 품종별・수령별 표본조사대상면적 = 품종별・수령별 표본조사대상주수 × 품종별・수령별 재식면적
$$= 250주 × 20m^2/주 = 5,000m^2$$
- 표본구간 넓이 = (표본구간 윗변 길이 + 표본구간 아랫변 길이) × 표본구간 높이 ÷ 2
$$= (1.2m + 1.8m) × 1.5m ÷ 2 = 2.25m^2$$
- 품종별・수령별 m^2당 착과수 = 품종별・수령별 표본구간 착과수 ÷ 품종별・수령별 표본구간 넓이
$$= 850개 ÷ (8 × 2.25m^2) = 47.22개/m^2 = 47개/m^2$$
- 품종별・수령별 착과수 = 품종별・수령별 표본조사대상면적 × 품종별・수령별 m^2당 착과수
$$= 5,000m^2 × 47개/m^2 = 235,000개$$
- 품종별 과중 = 품종별 표본과실 무게 합계 ÷ 표본과실수
$$= \{(1,440g × 0.7) + 2,160g\} ÷ (36개 + 24개) = 52.8g$$
※ 중량이 50g 이하인 과실은 조사수확량의 70%로 적용한다.
- 착과피해구성률(%) = 30%
- 품종별・수령별 m^2당 평년수확량 = 0kg
- 미보상주수 = 0kg
∴ 수확량 = {품종별・수령별 착과수 × 품종별 과중 × (1 − 피해구성률)} + (품종별・수령별 m^2당 평년수확량 × 품종별・수령별 미보상주수 × 품종별・수령별 재식면적)
$$= \{235,000개 × 52.8g/개 × (1 − 30\%)\} + (0kg × 0kg × 20m^2)$$
$$= 8,685,600g = 8,685.6kg = \mathbf{8,686kg}(※ 소수점 첫째자리에서 반올림)$$

23 종합위험 수확감소보장방식 과수 품목(대추, 매실, 살구)의 수확개시전 수확량조사에 대한 설명이다. 괄호 안에 들어갈 내용을 답란에 쓰시오.

---

① 착과량 및 과중조사 : 선정된 표본주별로 착과된 과실을 (㉠) 수확하여 수확한 과실의 무게를 조사한다. 다만, 현장 상황에 따라 표본주의 착과된 과실 중 (㉡)만을 수확하여 조사할 수 있다.

   - 품종 · 수령별 주당 착과 무게 = 품종 · 수령별 (㉢)
   - 표본주 착과 무게 = (㉣) × 품종별 비대추정지수(매실) × 2(절반조사시)

② 비대추정지수조사(매실) : 매실 품목의 경우 품종별 적정 (㉤), 과실 비대추정지수를 참조하여 품종별로 비대추정지수를 조사한다.

③ 착과피해구성조사 : 각 표본주별로 수확한 과실 중 임의의 과실을 추출하여 과실 분류에 따른 피해인정계수에 따라 구분하여 그 개수 또는 무게를 조사한다. 이때 개수 조사시에는 표본주당 표본과실수는 (㉥) 이상으로 하며, 무게 조사시에는 표본주당 표본과실중량은 (㉦) 이상으로 한다.

정답

㉠ 전부, ㉡ 절반, ㉢ 표본주의 착과 무게 ÷ 표본주수, ㉣ 조사 착과량, ㉤ 수확일자 및 조사일자, ㉥ 100개
㉦ 1,000g

---

24 종합위험 수확감소보장방식 과수 품목(대추, 매실, 살구)의 수확개시후 수확량조사에 대한 설명이다. 괄호 안에 들어갈 내용을 답란에 쓰시오.

---

① 낙과무게조사 : 계약자 등이 낙과된 과실을 한 곳에 모아 둔 경우 등 낙과 (㉠)가 불가능한 경우에는 낙과 (㉡)를 실시한다. 낙과 (㉡)시에는 농지내 전체 낙과를 품종별로 구분하여 조사한다. 단, 전체 낙과에 대하여 품종별 구분이 어려운 경우에는 전체 낙과 무게를 재고 전체 낙과 중 (㉢) 이상의 표본을 추출하여 해당 표본의 품종을 구분하는 방법을 사용한다.

   전체 낙과에 대하여 품종별 구분이 불가한 경우 : 품종별 낙과량 = 전체 낙과량 × (㉣)

② 낙과피해구성조사 : 품종별 낙과 중 임의의 과실 (㉤) 이상을 추출하여 과실 분류에 따른 피해인정계수에 따른 개수 또는 무게를 조사한다.

③ 착과피해구성조사 : 착과피해를 유발하는 재해가 있을 경우 시행하며, 표본주별로 수확한 착과 중 임의의 과실 (㉤) 이상을 추출한후 과실 분류에 따른 피해인정계수에 따른 개수 또는 무게를 조사한다.

정답

㉠ 표본조사, ㉡ 전수조사, ㉢ 1,000g, ㉣ 품종별 표본과실수(무게) ÷ 표본과실수(무게), ㉤ 100개 또는 1,000g

25 종합위험 수확감소보장방식 오미자 품목의 수확개시전 수확량조사에 대한 설명이다. 괄호 안에 공통적으로 들어갈 내용을 답란에 쓰시오.

> ㉠ 가입 대상 오미자에 한하여 (   ) 형태 및 오미자 수령별로 (   )의 실제재배길이, 고사길이, 미보상길이를 측정하고, 실제재배길이에서 고사길이와 미보상길이를 빼서 조사대상길이를 계산한다.
> ㉡ 농지별 전체 조사대상길이를 기준으로 품목별 표본주(구간)표에 따라 농지별 전체 표본구간수를 산정하되, (   ) 표본구간수는 (   ) 조사대상길이에 비례하여 산정한다.

정답

㉠ 유인틀, ㉡ 형태별 · 수령별

26 종합위험 수확감소보장방식 오미자 품목의 착과피해구성조사에 대해 서술하시오.

정답

착과피해구성조사
착과피해를 유발하는 재해가 있었을 경우에는 아래와 같이 착과피해구성조사를 실시한다.
① 표본구간에서 수확한 과실 중 임의의 과실을 추출하여 과실 분류에 따른 피해인정계수에 따라 구분하여 그 무게를 조사한다. 이때 표본으로 추출한 과실 중량은 3,000g 이상(조사한 총 착과과실 무게가 3,000g 미만인 경우에는 해당 과실 전체)으로 한다.
② 조사 당시 착과에 이상이 없는 경우 등에는 착과피해구성조사를 생략할 수 있다.

27 종합위험 수확감소보장방식 오미자 품목의 수확개시후 수확량조사에 대한 설명이다. 괄호 안에 들어갈 내용을 답란에 쓰시오.

> ① 표본구간 선정 : 산정한 형태별 · 수령별 표본구간수를 바탕으로 형태별 · 수령별 조사대상길이의 특성이 골고루 반영될 수 있도록 (㉠)로 표본구간을 선정한다.
> ② 과중조사 : 선정된 표본구간별로 표본구간내 착과된 과실과 낙과된 과실의 (㉡)을(를) 조사한다. 다만, 현장 상황에 따라 표본구간별로 착과된 과실 중 (㉢)만을 수확하여 조사할 수 있다.
> ③ 낙과피해구성조사 : 표본구간의 낙과(전수조사를 실시했을 경우에는 전체 낙과를 기준으로 한다) 중 임의의 과실 (㉣) 이상[조사한 총 낙과과실 무게가 (㉣) 미만인 경우에는 해당 과실 전체]을 추출하여 피해구성 구분기준에 따른 무게를 조사한다.

정답

㉠ 유인틀 길이 방향 1m, ㉡ 무게, ㉢ 절반, ㉣ 3,000g

28 종합위험 수확감소보장방식 유자 품목의 수확개시전 수확량조사에 대한 설명이다. 괄호 안에 들어갈 내용을 답란에 쓰시오.

> ① 보상하는 재해 여부 심사 : 농지 및 작물 상태 등을 감안하여 보상하는 재해로 인한 피해가 맞는지 확인하며, 필요시에는 이에 대한 (㉠)을(를) 확보한다.
> ② 과중조사 : 농지에서 품종별로 착과가 평균적인 (㉡) 이상의 표본주에서 크기가 평균적인 과실을 품종별 (㉢) 이상(농지당 최소 60개 이상) 추출하여 품종별 과실개수와 무게를 조사한다.
> ③ 착과피해구성조사 : 착과피해를 유발하는 재해가 있을 경우 시행하며, 품종별로 (㉡) 이상의 표본주에서 임의의 과실 (㉣) 이상을 추출한후 과실 분류에 따른 피해인정계수에 따라 구분하여 그 개수를 조사한다.

정답

㉠ 근거자료, ㉡ 3개, ㉢ 20개, ㉣ 100개

29 종합위험 수확감소보장방식의 품목별 과중조사에 관한 내용의 일부이다. ( )에 들어갈 내용을 쓰시오. `기출유형`

> ① 밤(수확개시전 수확량조사시 과중조사)
> 　품종별 개당 과중 = 품종별 {정상 표본과실 무게 합 + (소과 표본과실 무게 합 × (㉠))} ÷ 표본과실수
> ② 참다래
> 　품종별 개당 과중 = 품종별 {50g 초과 표본과실 무게 합 + (50g 이하 표본과실 무게 합 × (㉡))} ÷ 표본과실수
> ③ 오미자(수확개시후 수확량조사시 과중조사)
> 　선정된 표본구간별로 표본구간내 (㉢)된 과실과 (㉣)된 과실의 무게를 조사한다.
> ④ 유자(수확개시전 수확량조사시 과중조사)
> 　농지에서 품종별로 착과가 평균적인 3개 이상의 표본주에서 크기가 평균적인 과실을 품종별 (㉤)개 이상(농지당 최소 60개 이상) 추출하여 품종별 과실개수와 무게를 조사한다.

정답

㉠ 0.8, ㉡ 0.7, ㉢ 착과, ㉣ 낙과, ㉤ 20

해설

과중조사
① 밤(수확개시전 수확량조사시 과중조사)
　품종별 개당 과중 = 품종별 {정상 표본과실 무게 합 + (소과 표본과실 무게 합 × <u>0.8</u>)} ÷ 표본과실수
② 참다래
　품종별 개당 과중 = 품종별 {50g 초과 표본과실 무게 합 + (50g 이하 표본과실 무게 합 × <u>0.7</u>)} ÷ 표본과실수
③ 오미자(수확개시후 수확량조사시 과중조사)
　선정된 표본구간별로 표본구간내 (<u>착과</u>)된 과실과 (<u>낙과</u>)된 과실의 무게를 조사한다.
④ 유자(수확개시전 수확량조사시 과중조사)
　농지에서 품종별로 착과가 평균적인 3개 이상의 표본주에서 크기가 평균적인 과실을 품종별 (<u>20</u>)개 이상(농지당 최소 60개 이상) 추출하여 품종별 과실개수와 무게를 조사한다.

30 종합위험 비가림시설 피해조사에 관한 것으로 ① 해당되는 3가지 품목, ② 조사기준, ③ 조사방법에 대하여 각각 서술하시오. 〔기출유형〕

정답

① 해당되는 3가지 품목
  포도, 참다래, 대추
② 조사기준
  해당 목적물인 비가림시설의 구조체와 피복재의 재조달가액을 기준금액으로 수리비를 산출한다.
③ 조사방법
  ㉠ 피복재 : 피복재의 피해면적을 조사한다.
  ㉡ 구조체
    • 손상된 골조를 재사용할 수 없는 경우 : 교체수량 확인후 교체비용 산정
    • 손상된 골조를 재사용할 수 있는 경우 : 보수면적 확인후 보수비용 산정

31 나무손해보장 특약 고사나무조사를 실시하는 품목을 답란에 쓰시오.

정답

포도, 복숭아, 자두, 감귤(만감류), 매실, 유자, 참다래, 살구

32 나무손해보장 특약 고사나무조사 방법을 서술하시오.

정답

고사나무조사 방법
① 나무손해보장 특약 가입 여부 및 사고 접수 여부 확인
  해당 특약을 가입한 농지 중 사고가 접수된 모든 농지에 대해서 고사나무조사를 실시한다.
② 조사시기의 결정
  고사나무조사는 수확완료 시점 이후에 실시하되, 나무손해보장 특약 종료 시점을 고려하여 결정한다.
③ 보상하는 재해 여부 심사
  농지 및 작물 상태 등을 감안하여 보상하는 재해로 인한 피해가 맞는지 확인하며, 필요시에는 이에 대한 근거자료를 확보한다.
④ 주수조사
  • 포도, 복숭아, 자두, 감귤(만감류), 매실, 유자, 살구 품목에 대해서 품종별·수령별로 실제결과주수, 수확완료전 고사주수, 수확완료후 고사주수 및 미보상고사주수를 조사한다.
  • 참다래 품목에 대해서는 품종별·수령별로 실제결과주수와 고사주수, 미보상고사주수를 조사한다.
⑤ 고사나무조사를 생략하는 경우
  계약자와 유선 등으로 수확완료후 고사주수가 없는 것을 확인한 경우에는 고사나무조사를 생략할 수 있다.
⑥ 미보상비율조사(모든 조사시 동시조사)
  상기 모든 조사마다 미보상비율 적용표에 따라 미보상비율을 조사한다.

33 종합위험 수확감소보장방식 과수 품목의 지급보험금 계산에 대한 설명이다. 괄호 안에 들어갈 내용을 순서대로 답란에 쓰시오.

> 지급보험금의 계산에 필요한 (   ), (   ), (   ), (   ), (   ) 등은 과수원별로 산정하며, 품종별로 산정하지 않는다.

정답

보험가입금액, 평년수확량, 수확량, 미보상감수량, 자기부담비율

34 종합위험 수확감소보장방식 과수 품목에서 수확감소보험금의 계산식을 완성하시오.

① 보험금 = 보험가입금액 × (   )
② 피해율 = (   ) ÷ 평년수확량
③ 복숭아 피해율 = (   ) ÷ 평년수확량
④ 미보상감수량 = (   ) × 미보상비율
⑤ 병충해감수량 = 병충해(세균구멍병) 피해 과실의 무게 × (   )

정답

① 보험금 = 보험가입금액 × (피해율 − 자기부담비율)
② 피해율 = (평년수확량 − 수확량 − 미보상감수량) ÷ 평년수확량
③ 복숭아 피해율 = {(평년수확량 − 수확량 − 미보상감수량) + 병충해감수량} ÷ 평년수확량
④ 미보상감수량 = (평년수확량 − 수확량) × 미보상비율
⑤ 병충해감수량 = 병충해(세균구멍병) 피해 과실의 무게 × (0.5)

35 종합위험 수확감소보장방식 과수 품목[포도, 복숭아, 감귤(만감류)]에서 수확량감소 추가보장 특약의 보험금 계산식을 완성하시오.

> 보험금 = 보험가입금액 × (   )

정답

보험금 = 보험가입금액 × (피해율 × 10%)

36 종합위험 수확감소보장방식 나무손해보장 특약의 보험금 계산식을 완성하시오.

① 보험금 = 보험가입금액 × (   )

② 피해율 = 피해주수(고사된 나무) ÷ (   )

③ 피해주수 = (   ) − 미보상고사주수

[정답]

① 보험금 = 보험가입금액 × (피해율 − 자기부담비율)
② 피해율 = 피해주수(고사된 나무) ÷ (실제결과주수)
③ 피해주수 = (수확전 고사주수 + 수확완료후 고사주수) − 미보상고사주수

37 종합위험방식 나무손해보장 특약에 가입된 포도 과수원의 계약조건 및 피해내용이다. 피해율과 보험금을 계산하시오.

> (1) 계약조건
>   ① 보험가입금액 : 3,000만원
>   ② 가입주수 : 250주
>   ③ 자기부담비율 : 5%
>
> (2) 피해내용
>   ① 고사주수 : 100주
>   ② 실제결과주수 : 250주

[정답]

① 피해율 = 피해주수(고사된 나무) ÷ 실제결과주수 = 100주 ÷ 250주 = 0.4 = **40%**
② 보험금 = 보험가입금액 × (피해율 − 자기부담비율) = 3,000만원 × (40% − 5%) = **1,050만원**

38 종합위험 비가림시설(포도, 참다래, 대추)의 보험금 등의 지급한도에 대한 설명이다. 괄호 안에 들어갈 내용을 답란에 쓰시오.

> ① 보상하는 손해로 지급할 보험금과 (㉠)은 약관의 지급보험금 계산방법을 적용하여 계산하고, 그 합계액은 보험증권에 기재된 비가림시설의 (㉡)을(를) 한도로 한다. 단, (㉠)은 손해액의 (㉢)을(를) 초과할 수 없다.
> ② 비용손해 중 (㉣)은 ①항의 지급보험금 계산방법을 적용하여 계산한 금액이 보험가입금액을 (㉤)하는 경우에도 지급한다.
> ③ 비용손해 중 (㉥)은 보험가입금액을 초과한 경우에도 (㉦) 지급한다.

㉠ 잔존물제거비용
㉡ 보험가입금액
㉢ 10%
㉣ 손해방지비용, 대위권보전비용, 잔존물보전비용
㉤ 초과
㉥ 기타 협력비용
㉦ 전액

39 종합위험 비가림시설(포도, 참다래, 대추)의 지급보험금 계산시 자기부담금에 대한 설명이다. 괄호 안에 들어갈 내용을 답란에 쓰시오.

> ① 최소 자기부담금(㉠)과 최대 자기부담금(㉡)을 한도로 보험사고로 인하여 발생한 손해액의 (㉢)에 해당하는 금액을 자기부담금으로 한다.
> ② 피복재 단독사고는 최소 자기부담금(㉣)과 최대 자기부담금(㉤)을 한도로 한다.
> ③ 자기부담금은 (㉥) 단위, (㉦) 단위로 적용한다.

㉠ 30만원, ㉡ 100만원, ㉢ 10%, ㉣ 10만원, ㉤ 30만원, ㉥ 단지, ㉦ 1사고

40 종합위험 비가림시설(포도, 참다래, 대추)의 보험금 산정방법에 대한 설명이다. 괄호 안에 들어갈 내용을 답란에 쓰시오.

> ① 재해보험사업자가 보상할 손해액은 그 손해가 생긴 (㉠)에서의 가액에 따라 계산한다.
> ② 재해보험사업자는 1사고마다 (㉡) 기준으로 계산한 손해액에서 자기부담금을 차감한 금액을 보험가입금액 내에서 보상한다.
> ③ 동일한 계약의 목적과 동일한 사고에 관하여 보험금을 지급하는 다른 계약(공제계약을 포함한다)이 있고 이들의 보험가입금액의 합계액이 보험가액보다 (㉢) 경우에는 아래에 따라 지급보험금을 계산한다. 이 경우 보험자 1인에 대한 보험금 청구를 포기한 경우에도 다른 보험자의 지급보험금 결정에는 영향을 미치지 않는다.
>   • 다른 계약이 이 계약과 지급보험금의 계산 방법이 같은 경우 : (㉣)
>   • 다른 계약이 이 계약과 지급보험금의 계산 방법이 다른 경우 : (㉤)
> ④ 하나의 보험가입금액으로 둘 이상의 보험의 목적을 계약한 경우에는 전체 가액에 대한 각 가액의 비율로 보험가입금액을 (㉥)하여 지급보험금을 계산한다.
> ⑤ 재해보험사업자는 보험의 목적이 손해를 입은 장소에서 실제로 수리 또는 복구되지 않은 때에는 재조달가액에 의한 보상을 하지 않고 (㉦)로 보상한다.
> ⑥ 계약자 또는 피보험자는 손해 발생후 늦어도 (㉧) 이내에 수리 또는 복구 의사를 재해보험사업자에서 서면으로 통지해야 한다.

㉠ 때와 곳, ㉡ 재조달가액(보험의 목적과 동형·동질의 신품을 조달하는데 소요되는 금액을 말한다), ㉢ 클

㉣ 보험금 = 손해액 × $\dfrac{\text{이 계약의 보험가입금액}}{\text{다른 계약이 없는 것으로 하여 각각 계산한 보험가입금액의 합계액}}$

㉤ 보험금 = 손해액 × $\dfrac{\text{이 계약에 의한 보험금}}{\text{다른 계약이 없는 것으로 하여 각각 계산한 보험금의 합계액}}$

㉥ 비례배분, ㉦ 시가(감가상각된 금액), ㉧ 180일

41 다음은 종합위험 수확감소보장방식 복숭아에 관한 내용이다. 아래의 계약사항과 조사내용을 참조하여 ① A품종 수확량(kg), ② B품종 수확량(kg), ③ 수확감소보장 피해율(%)을 구하시오(단, 피해율은 소수점 셋째자리에서 반올림하여 다음 예시와 같이 구하시오. 예시 : 12.345% → 12.35%). `기출유형`

○ 계약사항

품 목	가입금액	평년수확량	자기부담비율	수확량감소 추가보장 특약	나무손해보장 특약
복숭아	15,000,000원	4,000kg	20%	미가입	미가입

품종 / 수령	가입주수	1주당 표준수확량	표준과중
A / 9년생	200주	15kg	300g
B / 10년생	100주	30kg	350g

○ 조사내용(보상하는 재해로 인한 피해 확인됨)

조사종류	품종 / 수령	실제결과주수	미보상주수	품종별·수령별 착과수(합계)
착과수조사	A / 9년생	200주	8주	5,000개
	B / 10년생	100주	5주	3,000개

조사종류	품 종	품종별 과중	미보상비율
과중조사	A	290g	5%
	B	310g	10%

① A품종 수확량(kg) : 1,530kg
② B품종 수확량(kg) : 1,030kg
③ 수확감소보장 피해율(%) : 32.4%

[해설]

① A품종 수확량(kg)

> 수확량 = 착과량 − 사고당 감수량의 합

- 표준수확량 = A품종 표준수확량 + B품종 표준수확량
  = (15kg/주 × 200주) + (30kg/주 × 100주) = **6,000kg**
- A품종 평년수확량 = 평년수확량 × {(주당 표준수확량 × 실제결과주수) ÷ 표준수확량}
  = 4,000kg × {(15kg/주 × 200주) ÷ 6,000kg} = **2,000kg**
- A품종 주당 평년수확량 = 평년수확량 ÷ 실제결과주수
  = 2,000kg ÷ 200주 = **10kg/주**
- A품종 착과량 = (착과수 × 품종별 과중) + (주당 평년수확량 × 미보상주수)
  = (5,000개 × 0.290kg/개) + (10kg/주 × 8주) = **1,530kg**
- A품종 수확량 = 착과량 − 사고당 감수량의 합
  = 1,530kg − 0kg = **1,530kg**

② B품종 수확량(kg)

- B품종 평년수확량 = 평년수확량 × {(주당 표준수확량 × 실제결과주수) ÷ 표준수확량}
  = 4,000kg × {(30kg/주 × 100주) ÷ 6,000kg} = **2,000kg**
- B품종 주당 평년수확량 = 평년수확량 ÷ 실제결과주수
  = 2,000kg ÷ 100주 = **20kg/주**
- B품종 착과량 = (착과수 × 품종별 과중) + (주당 평년수확량 × 미보상주수)
  = (3,000개 × 0.310kg/개) + (20kg/주 × 5주) = **1,030kg**
- B품종 수확량 = 착과량 − 사고당 감수량의 합
  = 1,030kg − 0kg = **1,030kg**

③ 수확감소보장 피해율(%)

> 피해율(%) = {(평년수확량 − 수확량 − 미보상감수량) + 병충해감수량} ÷ 평년수확량

- 수확량 : 품종별 과중이 모두 있으므로,
  수확량 = (착과량 − 사고당 감수량의 합)이다.
  수확량 = (A품종 착과량 + B품종 착과량) − 사고당 감수량의 합
  = (1,530kg + 1,030kg) − 0kg = **2,560kg**
- 미보상감수량 = (평년수확량 − 수확량) × 최댓값(미보상비율)
  = (4,000kg − 2,560kg) × 10% = **144kg**
- 병충해감수량 = 0kg
- 피해율(%) = {(4,000kg − 2,560kg − 144kg) + 0kg} ÷ 4,000kg = 0.324 = **32.4%**

42 종합위험 수확감소보장방식 '유자'(동일품종, 동일수령) 품목에 관한 내용으로 수확개시전 수확량조사를 실시하였다. 보험금 지급사유에 해당하며, 아래의 조건을 참조하여 보험금의 계산과정과 값(원)을 쓰시오(단, 주어진 조건외 다른 사항은 고려하지 않음). [기출유형]

○ 조건 1

보험가입금액	평년수확량	자기부담비율	미보상비율
20,000,000원	8,000kg	20%	10%

○ 조건 2

조사대상주수	고사주수	미보상주수	표본주수	총 표본주의 착과량
370주	10주	20주	8주	160kg

○ 조건 3

• 착과피해 조사결과

정상과	50%형 피해과실	80%형 피해과실	100%형 피해과실
30개	20개	20개	30개

[정답]

수확감소보장보험금의 계산과정

> 수확감소보장보험금 = 보험가입금액 × (피해율 - 자기부담비율)

① 실제결과주수 = 조사대상주수 + 고사주수 + 미보상주수
  = 370주 + 10주 + 20주 = 400주
② 주당 평년수확량 = 평년수확량 ÷ 실제결과주수
  = 8,000kg ÷ 400주 = 20kg
③ 표본주당 착과량 = 총 표본주의 착과량 ÷ 표본주수 = 160kg/주 ÷ 8주 = 20kg
④ 착과피해구성률 = {(20개 × 0.5) + (20개 × 0.8) + (30개 × 1.0) ÷ 100개}
  = 0.56 = 56%
⑤ 수확량 = {표본조사대상주수 × 표본주당 착과량 × (1 - 착과피해구성률)} + (주당 평년수확량 × 미보상주수)
  = {370주 × 20kg/주 × (1 - 56%)} + (20kg/주 × 20주) = 3,656kg
⑥ 미보상감수량 = (평년수확량 - 수확량) × 미보상비율
  = (8,000kg - 3,565kg) × 10% = 434.4kg
⑦ 피해율 = (평년수확량 - 수확량 - 미보상감수량) ÷ 평년수확량
  = (8,000kg - 3,565kg - 434.4kg) ÷ 8,000kg = 0.4887 = 48.87%
⑧ 수확감소보장보험금 = 보험가입금액 × (피해율 - 자기부담비율)
  = 20,000,000원 × (48.87% - 20%)
  = **5,774,000원**

3 종합위험 과실손해보장방식[오디, 감귤(온주밀감류), 두릅, 블루베리]

01 손해평가 및 보험금 산정시 종합위험 과실손해보장방식을 정의하고, 적용 품목을 답란에 쓰시오.

정답

① **정의** : 종합위험 과실손해보장이란 보험목적에 대한 보험기간 동안 <u>보상하는</u> 재해로 과실손해가 발생되어 이로 인한 <u>수확량감소</u>에 대한 보장받는 방식이다.

② **적용 품목** : <u>오디, 감귤(온주밀감류), 두릅, 블루베리</u>

02 종합위험 과실손해보장방식 과수 품목의 시기별 조사종류를 나타낸 표이다. 표의 빈칸 및 괄호 안에 들어갈 내용을 답란에 쓰시오.

생육 시기	재 해	조사내용	조사시기	조사방법	비 고
수확전	보상하는 재해 전부	㉠	사고접수 후 지체 없이	보상하는 재해로 인한 피해발생 여부 조사 ※ 피해사실이 명백한 경우 생략 가능	(㉢)
		㉡		표본주의 과실 구분 • 조사방법 : 표본조사	감귤(온주 밀감류)만 해당
수확 직전	보상하는 재해 전부	㉣	㉤	(◎)조사 • 조사방법 : 표본조사	오디만 해당
			㉥	(㊀)조사 • 조사방법 : 표본조사	두릅만 해당
			㉦	(㊁)조사 • 조사방법 : 표본조사	블루베리 만 해당
			㉧	사고발생 농지의 과실피해조사 • 조사방법 : 표본조사	감귤(온주 밀감류)만 해당

㉠ 피해사실확인조사
㉡ 수확전 과실손해조사
㉢ 과실손해조사
㉣ 결실완료후
㉤ 정아발아후
㉥ 개화후
㉦ 수확 직전
㉧ 결실수
㉨ 정아지수
㉩ 꽃 피해
㉪ 전품목

03 종합위험 과실손해보장방식 과수 품목의 시기별 조사종류를 나타낸 표이다. 표의 빈칸 및 괄호 안에 들어갈 내용을 답란에 쓰시오.

생육 시기	재 해	조사내용	조사시기	조사방법	비 고
수확 시작후 ~ 수확 종료	보상하는 재해 전부	㉠	㉢	표본주의 착과피해조사 • (㉤) 사고 건에 한함 • 조사방법 : (㉥)	㉨
수확 완료후 ~ 보험 종기	보상하는 재해 전부	㉡	㉣	보상하는 재해로 고사되거나 또는 회생이 불가능한 나무수를 조사 • (㉦) 농지만 해당 • 조사방법 : (㉧)	수확완료후 추가 고사나 무가 없는 경 우 생략 가능

㉠ 동상해 과실손해조사
㉡ 고사나무조사
㉢ 사고접수후 지체 없이
㉣ 수확완료후 보험종기전
㉤ 12월 21일~익년 2월 말일
㉥ 표본조사
㉦ 특약 가입
㉧ 전수조사
㉨ 감귤(온주밀감류)만 해당

04 종합위험 과실손해보장방식 감귤(온주밀감류) 품목의 수확전 과실손해조사시 표본조사에 대한 설명이다. 괄호 안에 들어갈 내용을 답란에 쓰시오.

---

① 표본주 선정 : 농지별 (㉠)을 기준으로 품목별 표본주수표에 따라 농지별 전체 표본주수를 과수원에 고루 분포되도록 선정한다. 단, 필요하다고 인정되는 경우 표본주수를 줄일 수도 있으나, 최소 (㉡) 이상 선정한다.

② 표본주조사
- 선정한 표본주에 리본을 묶고 (㉢)내 피해 및 정상과실을 조사한다.
- 표본주의 과실을 (㉣)과 정상과실로 구분한다.
- 위에서 선정된 과실 중 보상하지 않는 손해(병충해, 생리적 낙과 포함)에 해당하는 과실과 부분 착과피해과실은 (㉤)로 구분한다.

정답

㉠ 가입면적, ㉡ 3주, ㉢ 수관면적, ㉣ 100%형 피해과실, ㉤ 정상과실

05 종합위험 과실손해보장방식 오디 품목의 과실손해조사를 다음 구분에 따라 답란에 서술하시오.

① 조사대상 :

② 조사시기 :

정답

① **조사대상** : 가입 이듬해 5월 31일 이전 사고가 접수된 모든 농지(과수원)에 대하여 실시한다. 즉 피해사실확인조사시 과실손해조사가 필요하다고 판단된 과수원에 대하여 실시한다. 다만, 과실손해조사전 계약자가 피해 미미(자기부담비율 이내의 사고) 등의 사유로 과실손해조사 실시를 취소한 농지(과수원)는 과실손해조사를 실시하지 않는다.

② **조사시기** : 결실완료 직후부터 최초 수확전까지로 한다.

06 종합위험 과실손해보장방식 오디 품목의 과실손해조사 절차를 답란에 순서대로 쓰시오.

㉠ 보상하는 재해 여부 심사
㉡ 표본주수 산정 및 표본주 선정
㉢ 주수조사
㉣ 조사대상주수 계산
㉤ 표본주조사

정답

㉠ – ㉢ – ㉣ – ㉡ – ㉤

07 종합위험 과실손해보장방식 오디 품목의 과실손해조사에서 주수조사를 설명하고, 조사대상주수 계산방법을 답란에 서술하시오.

정답

(1) 주수조사

품종별·수령별로 실제결과주수, 고사(결실불능)주수, 미보상주수를 확인하며, 확인한 실제결과주수가 가입주수 대비 10% 이상 차이가 날 경우에는 계약사항을 변경해야 한다.

① **품종별·수령별 고사(결실불능)주수 확인** : 품종별·수령별로 보상하는 재해로 인하여 고사(결실불능)한 주수를 조사한다.

② **품종별·수령별 미보상주수 확인** : 품종별·수령별로 보상하는 재해 이외의 원인으로 결실이 이루어지지 않는 주수를 조사한다.

(2) 조사대상주수 계산

품종별·수령별 실제결과주수에서 품종별·수령별 고사(결실불능)주수 및 품종별·수령별 미보상주수를 제외한 품종별·수령별 조사대상주수를 계산한다.

08 종합위험 과실손해보장방식 오디 품목의 과실손해조사에서 표본주조사 방법에 관해 서술하시오.

정답

표본주조사

① **표본가지 선정** : 표본주에서 가장 긴 결과모지 3개를 표본가지로 선정한다.

② **길이 및 결실수조사** : 표본가지별로 가지의 길이 및 결실수를 조사한다.

09 종합위험 과실손해보장방식 두릅 품목의 과실손해조사에서 표본조사에 대한 설명이다. 괄호 안에 들어갈 내용을 답란에 쓰시오.

① 조사된 (㉠)에 따라 표본구간수를 선정한다.
② 선정한 표본구간수를 바탕으로 표본주가 골고루 배치될 수 있도록 표본주를 선정한다. 다만, 표본주 근방의 작물상태가 표본으로 부적합한 경우(해당 지점 작물의 상태가 현저히 좋거나 나빠서 표본으로 대표성을 가지기 어려운 경우 등)에는 (㉡)의 다른 표본주를 선정한다.
③ 선정된 표본주를 중심으로 가로·세로(각 최소 1m) 길이를 구획하여, 표본구간내 식재된 (㉢)수와 보상하는 재해로 인한 (㉣)의 수를 조사한다.

정답

㉠ 실제경작면적, ㉡ 가까운 위치, ㉢ 총 정아지, ㉣ 피해 정아지

10 종합위험 과실손해보장방식 블루베리 품목의 과실손해조사에 대한 설명이다. 괄호 안에 들어갈 내용을 답란에 쓰시오.

---
① 꽃(눈) 피해조사 : 사고접수 한 농지를 대상으로 (㉠) 직후 또는 (㉡) 직후에 조사를 실시한다.
② 표본주 선정 : 농지별 전체 (㉢)를 기준으로 품목별 표본주수표에 따라 농지별 전체 표본주수를 산정한다. 품종별 표본주수는 품종별 (㉢)에 비례하여 산정한다.
③ 표본가지 선정 : 표본주에서 가장 긴 결과지 (㉣)를 표본가지로 선정한다.
④ (㉤) : 표본가지 전체 눈 수(전체 꽃 수)조사 및 피해 눈 수(피해 꽃 수)를 조사한다.

정답

㉠ 피해사실확인조사, ㉡ 사고접수, ㉢ 조사대상주수, ㉣ 1개, ㉤ 꽃(눈) 피해율조사

---

11 종합위험 과실손해보장방식 감귤(온주밀감류) 품목의 과실손해조사에서 표본주 선정방법에 관해 서술하시오.

정답

표본주 선정방법
농지별 가입면적을 기준으로 품목별 표본주수표에 따라 농지별 전체 표본주수를 과수원에 고루 분포되도록 선정한다. 단, 필요하다고 인정되는 경우 표본주수를 줄일 수도 있으나, 최소 2주 이상 선정한다.

---

12 종합위험 과실손해보장방식 감귤(온주밀감류) 품목의 과실손해조사에서 표본주조사에 대한 설명이다. 괄호 안에 들어갈 내용을 답란에 쓰시오.

---
① 선정한 표본주에 리본을 묶고 주지(원가지)별 아주지(버금가지) (㉠)을(를) 수확한다.
② 수확한 과실을 (㉡), 등급내 피해과실 및 등급외 피해과실로 구분한다.
③ 등급내 피해과실은 (㉢)로 구분하여 등급내 피해과실수를 산정한다.
④ 등급외 피해과실은 (㉢)로 구분한후, 인정비율(㉣)을 적용하여 등급외 피해과실수를 산정한다.
⑤ 등급내・외 피해과실로 선정된 과실 중 (㉤)에 해당하는 경우 정상과실로 구분한다.

정답

㉠ 1~3개, ㉡ 정상과실, ㉢ 30%형 피해과실, 50%형 피해과실, 80%형 피해과실, 100%형 피해과실, ㉣ 50%, ㉤ 보상하지 않는 손해(병충해 등)

13 종합위험 과실손해보장방식 감귤(온주밀감류) 품목의 동상해 과실손해조사에서 표본조사에 대한 설명이다. 괄호 안에 들어갈 내용을 답란에 쓰시오.

> ① 농지별 전체 표본주수를 과수원에 고루 분포되도록 최소 (㉠) 이상 선정한다.
> ② 선정한 표본주에 리본을 묶고 동서남북 (㉡)에 대하여 기수확한 과실수를 조사한다.
> ③ 수확한 과실을 정상과실, (㉢)로 구분하여 동상해 피해과실수를 산정한다. 다만, 필요시에는 해당 기준 (㉣)조사도 가능하다.
> ④ 선정된 과실 중 보상하지 않는 손해(병충해 등)에 해당하는 경우 (㉤)로 구분한다. 또한 사고 당시 기수확한 과실비율이 수확기 경과비율보다 (㉥)에는 기수확한 과실비율과 수확기 경과비율의 차이에 해당하는 과실수를 (㉦)로 한다.

정답

㉠ 2주, ㉡ 4가지, ㉢ 80%형 피해과실, 100%형 피해과실, ㉣ 절반, ㉤ 정상과실, ㉥ 현저히 큰 경우

14 종합위험 과실손해보장방식 감귤(온주밀감류) 품목의 고사나무조사에 대한 설명이다. 괄호 안에 들어갈 내용을 답란에 쓰시오.

> 감귤의 고사나무조사는 (㉠)을(를) 가입한 농지 중 사고가 접수된 모든 농지에 대해서 실시한다. 고사나무 조사의 조사시기는 (㉡) 이후에 실시하되, (㉠) 종료 시점을 고려하여 결정한다.

정답

㉠ 나무손해보장 특약, ㉡ 수확완료 시점

15 종합위험 과실손해보장방식 오디 품목의 과실손해보험금의 산정시 피해율 산출방법은 다음과 같다. 괄호 안에 들어갈 내용을 답란에 쓰시오.

> **오디의 피해율 = (평년결실수 − 조사결실수 − 미보상감수결실수) ÷ 평년결실수**
> • 조사결실수 : 품종별·수령별로 환산결실수에 조사대상주수를 곱한 값에 (㉠)에 미보상주수를 곱한 값을 더한후 전체 실제결과주수를 나누어 산출한다.
> • 미보상감수결실수 : 평년결실수에서 조사결실수를 뺀 값에 (㉡)을(를) 곱하여 산출하며, 해당 값이 0보다 작을 때에는 0으로 한다.
> • 환산결실수 : 품종별·수령별로 표본가지 결실수 합계를 (㉢) 합계로 나누어 산출한다.
> • 조사대상주수 : 품종별·수령별 실제결과주수에서 품종별·수령별 고사주수 및 품종별·수령별 (㉣) 을(를) 빼어 산출한다.
> • 주당 평년결실수 : 품종별로 평년결실수를 (㉤)로 나누어 산출한다.

정답

㉠ 주당 평년결실수, ㉡ 미보상비율, ㉢ 표본가지 길이, ㉣ 미보상주수, ㉤ 실제결과주수

16 종합위험 과실손해보장방식 감귤(온주밀감류) 품목의 과실손해보험금 산정방법에 관해 서술하시오.

> **정답**
>
> **감귤(온주밀감류) 품목의 과실손해보험금 산정**
> 감귤(온주밀감류) 품목의 과실손해보험금은 보험가입금액을 한도로 보장기간 중 산정된 손해액에서 자기부담금을 차감하여 산정한다.
> • 과실손해보험금 = 손해액 − 자기부담금
> • 손해액 = 보험가입금액 × 피해율
> • 자기부담금 = 보험가입금액 × 자기부담비율

17 종합위험 과실손해보장방식 감귤(온주밀감류) 품목의 과실손해보험금 산정시 피해율에 대한 설명이다. 괄호 안에 들어갈 내용을 답란에 쓰시오.

> • 피해율 = (㉠) × (1 − 미보상비율)
> • 기준과실수 = (㉡)
> • 피해과실수 = (㉢)

> **정답**
>
> ㉠ 피해과실수 ÷ 기준과실수
> ㉡ 표본주의 과실수 총 합계
> ㉢ 등급내 피해과실수 + (등급외 피해과실수 × 50%)

18 다음 조건에서 종합위험 과실손해보장방식 감귤(온주밀감류)의 피해율을 구하시오[단, 수확전 사고조사는 없으며, 과실수는 소수점 첫째자리에서 반올림하고, 피해율(%)은 소수점 셋째자리에서 반올림한다].

		표본주 2주의 전체과실수 : 1,000과의 구성비율			
구 분	정상과실	100%형 피해과실수	80%형 피해과실수	50%형 피해과실수	30%형 피해과실수
등급내	490	50	130	150	30
등급외	80	10	30	20	10

※ 미보상비율은 없음

피해율 = {(등급내 피해과실수 + 등급외 피해과실수 × 50%) ÷ 기준과실수} × (1 − 미보상비율)

① 등급내 피해과실수
= (100%형 피해과실수 × 1) + (80%형 피해과실수 × 0.8) + (50%형 피해과실수 × 0.5)
+ (30%형 피해과실수 × 0.3)
= (50개 × 1) + (130개 × 0.8) + (150개 × 0.5) + (30개 × 0.3)
= 238개

② 등급외 피해과실수
= (100%형 피해과실수 × 1) + (80%형 피해과실수 × 0.8) + (50%형 피해과실수 × 0.5)
+ (30%형 피해과실수 × 0.3)
= (10개 × 1) + (30개 × 0.8) + (20개 × 0.5) + (10개 × 0.3)
= 47개

③ 피해율 = {(238개 + 47개 × 50%) ÷ 1,000개} × (1 − 0) = **26.15%**

---

19 종합위험 과실손해보장방식 두릅 품목의 과실손해보험금 및 피해율 산정식에 대한 설명이다. 괄호 안에 들어갈 내용을 답란에 쓰시오.

> • 과실손해보험금 = 보험가입금액 − (㉠)
> • 피해율 = (㉡) × (1 − 미보상비율)

㉠ 피해율 − 자기부담비율
㉡ 피해 정아지수 ÷ 총 정아지수

---

20 종합위험 과실손해보장방식 블루베리 품목의 피해율 산출에 대한 설명이다. 괄호 안에 들어갈 내용을 답란에 쓰시오.

> ① 꽃 피해조사를 실시하지 않았을 경우
> 피해율 = (㉠) × (1 − 미보상비율)
> ② 꽃 피해조사를 실시한 경우
> • 피해율 = (㉡) + {(1 − (㉡) × 과실손해피해율 × (1 − 미보상비율)}
> • 과실손해피해율 = (∑ 재배종별 표본가지 피해과실수 × 재배종별 (㉢)) ÷ (∑ 재배종별 표본가지
> 전체 과실수)

㉠ 과실손해피해율
㉡ 최종 꽃 피해율
㉢ 잔여수확량비율

21 종합위험 과실손해보장방식 감귤(온주밀감류) 품목의 동상해 과실손해보험금 산정방법에 대한 설명이다. 괄호 안에 들어갈 내용을 답란에 쓰시오.

동상해 과실손해보험금 = 손해액 − 자기부담금

- 손해액 = (㉠) × (1 − 미보상비율)
- 자기부담금 = |보험가입금액 × (㉡)|
- (㉢)은(는) 주계약 피해율의 미보상비율을 반영하지 않은 값과 이전 사고의 동상해 과실손해 피해율을 합산한 값임

【정답】

㉠ {보험가입금액 − (보험가입금액 × 기사고 피해율)} × 수확기 잔존비율 × 동상해 피해율
㉡ 최솟값(주계약 피해율 − 자기부담비율, 0)
㉢ 기사고 피해율

22 다음은 종합위험 과실손해보장방식 감귤(온주밀감류) 품목의 동상해 과실손해보험금 산정시 수확기 잔존비율(%)을 나타낸 표이다. 빈 칸에 들어갈 내용을 답란에 쓰시오.

사고발생 월	잔존비율(%)
12월	
1월	
2월	

【정답】

수확기 잔존비율

사고발생 월	잔존비율(%)
12월	(100 − 37) − (0.9 × 사고발생일자)
1월	(100 − 66) − (0.8 × 사고발생일자)
2월	(100 − 92) − (0.3 × 사고발생일자)

※ 사고발생일자는 해당 월의 사고발생일자를 의미한다.

23 종합위험 과실손해보장방식 감귤(온주밀감류) 품목의 동상해 과실손해보험금 산정시 동상해 피해율에 관해 서술하시오.

동상해 피해율

동상해 피해율은 80%형 피해과실, 100%형 피해과실로 구분하여 피해율을 산정하며, 동상해 피해과실수를 기준과실수로 나눈 값이다.
- 동상해 피해과실수 = (동상해 80%형 피해과실수 합계 × 0.8) + (동상해 100%형 피해과실수 합계 × 1)
- 기준과실수 = 정상과실수 + 동상해 80%형 피해과실수 + 동상해 100%형 피해과실수

24 종합위험 과실손해보장방식 감귤(온주밀감류) 품목의 과실손해 추가보장 특약 보험금 산정식에 대한 설명이다. 괄호 안에 들어갈 내용을 답란에 쓰시오.

- 보상하는 재해로 손해액이 (㉠)을 초과하는 손해가 발생한 경우 적용한다.
- 보험금 = 보험가입금액 × 주계약 피해율 × (㉡)
- 주계약 피해율 = (㉢) × (1 - 미보상비율)

㉠ 자기부담금, ㉡ 10%, ㉢ (등급내 피해과실수 + 등급외 피해과실수 × 50%) ÷ 기준과실수

25 종합위험 과실손해보장방식 감귤(온주밀감류) 품목의 나무손해보장 특약 보험금 산정에 대한 설명이다. 괄호 안에 들어갈 내용을 답란에 쓰시오.

보험기간 내에 보상하는 재해로 인한 (㉠)이 (㉡)을 초과하는 경우 재해보험사업자가 지급할 보험금은 아래에 따라 계산한다.
- 지급보험금 = 보험가입금액 × (㉢)
- 피해율 = 피해주수(고사된 나무) ÷ (㉣)
- 자기부담비율은 (㉤)로 한다.

㉠ 피해율, ㉡ 자기부담비율, ㉢ 피해율 - 자기부담비율, ㉣ 실제결과주수, ㉤ 5%

과실손해조사[감귤(온주밀감류)]에 관한 내용이다. 다음 물음에 답하시오. 기출유형

○ 계약사항

보험가입금액	가입면적	자기부담비율
25,000,000원	4,800m^2	10%

○ 표본주 조사내용(단위 : 개)

구 분	정상과실수	30%형 피해과실수	50%형 피해과실수	80%형 피해과실수	100%형 피해과실수
등급내	750	80	120	120	60
등급외	400	110	130	90	140

※ 수확전 사고조사는 실시하지 않았음

○ 표본조사 방법

표본조사
1) 표본주 선정 : 농지별 가입면적을 기준으로 품목별 표본주수표에 따라 농지별 전체 표본주수를 과수원에 고루 분포되도록 선정한다(단, 필요하다고 인정되는 경우 표본주수를 줄일 수도 있으나 최소 (①)주 이상 선정한다).

2) 표본주조사
　가) 선정한 표본주에 리본을 묶고 주지별(원가지) 아주지(버금가지) (②)개를 수확한다.

(1) 위의 계약사항 및 표본주 조사내용을 참조하여 과실손해 피해율의 계산과정과 값을 쓰시오.

(2) 위의 계약사항 및 표본주 조사내용을 참조하여 과실손해보험금의 계산과정과 값을 쓰시오.

(3) 위의 표본조사 방법에서 (　)에 들어갈 내용을 각각 쓰시오.

(1) 과실손해 피해율

- 기준과실수 = 모든 표본주의 과실수 총 합계(= 2,000개)
- 등급내 피해과실수

= (등급내 30%형 과실수 합계 × 0.3) + (등급내 50%형 과실수 합계 × 0.5) + (등급내 80%형 과실수 합계 × 0.8) + (등급내 100%형 과실수 합계 × 1)

= (80개 × 0.3) + (120개 × 0.5) + (120개 × 0.8) + (60개 × 1)

= 240개

- 등급외 피해과실수

= (등급외 30%형 과실수 합계 × 0.3) + (등급외 50%형 과실수 합계 × 0.5) + (등급외 80%형 과실수 합계 × 0.8) + (등급외 100%형 과실수 합계 × 1)

= (110개 × 0.3) + (130개 × 0.5) + (90개 × 0.8) + (140개 × 1)

= 310개

- 과실손해 피해율

= {(등급내 피해과실수 + 등급외 피해과실수 × 50%) ÷ 기준과실수} × (1 − 미보상비율)

= {(240개 + 310개 × 50%) ÷ 2,000개} × (1 − 0)

= 0.1975(= 19.75%)

(2) 과실손해보험금

- 손해액 = 보험가입금액 × 피해율 = 25,000,000원 × 19.75% = 4,937,500원
- 자기부담금 = 보험가입금액 × 자기부담비율 = 25,000,000원 × 10% = 2,500,000원
- 과실손해보험금 = 손해액 − 자기부담금 = 4,937,500원 − 2,500,000원 = 2,437,500원

(3) (　)에 들어갈 내용

① 2

② 1~3

표본조사

1) 표본주 선정 : 농지별 가입면적을 기준으로 품목별 표본주수표에 따라 농지별 전체 표본주수를 과수원에 고루 분포되도록 선정한다(단, 필요하다고 인정되는 경우 표본주수를 줄일 수도 있으나 최소 (**2**)주 이상 선정한다).

2) 표본주조사

　가) 선정한 표본주에 리본을 묶고 주지별(원가지) 아주지(버금가지) (**1~3**)개를 수확한다.

---

4 수확전 종합위험보장방식(복분자, 무화과)

01 수확전 종합위험보장방식에 대한 설명이다. 괄호 안에 들어갈 내용을 답란에 쓰시오.

> 보험의 목적에 대해 보험기간 개시일부터 수확개시 이전까지는 (㉠)에 해당하는 종합적인 위험을 보장하고, 수확개시 이후부터 수확종료 시점까지는 (㉡)에 해당하는 특정한 위험에 대해 보장하는 방식이다.

[정답]

㉠ 자연재해, 조수해, 화재, ㉡ 태풍(강풍), 우박

02 수확전 종합위험보장방식 과수 품목의 시기별 조사종류를 나타낸 표이다. 표의 빈 칸에 들어갈 내용을 답란에 쓰시오.

생육 시기	재 해	조사내용	조사시기	조사방법	비 고
수확전	보상하는 재해 전부		사고접수후 지체 없이		전품목
			사고접수후 지체 없이		
			수정 완료후		
수확 직전	보상하는 재해 전부		수확 직전		

[정답]

생육 시기	재 해	조사내용	조사시기	조사방법	비 고
수확전	보상하는 재해 전부	피해사실 확인조사	사고접수후 지체 없이	보상하는 재해로 인한 피해발생 여부 조사 ※ 피해사실이 명백한 경우 생략 가능	전품목
		경작불능 조사	사고접수후 지체 없이	해당 농지의 피해면적비율 또는 보험목적인 식물체 피해율조사	복분자만 해당
		과실손해 조사	수정 완료후	살아있는 결과모지수 조사 및 수정불량(송이) 피해율조사 • 조사방법 : 표본조사	복분자만 해당
수확 직전	보상하는 재해 전부	과실손해 조사	수확 직전	사고발생 농지의 과실피해조사 • 조사방법 : 표본조사	무화과만 해당

03 수확전 종합위험보장방식 과수 품목의 시기별 조사종류를 나타낸 표이다. 표의 빈 칸에 들어갈 내용을 답란에 쓰시오.

생육 시기	재 해	조사내용	조사시기	조사방법	비 고
수확 시작후 ~ 수확종료			사고접수후 지체 없이		복분자만 해당
					무화과만 해당
수확 완료후 ~ 보험종기	보상하는 재해 전부		수확완료후 보험종기전		

정답

생육 시기	재 해	조사내용	조사시기	조사방법	비 고
수확 시작후 ~ 수확종료	태풍 (강풍), 우박	과실손해 조사	사고접수후 지체 없이	전체 열매수(전체 개화수) 및 수확 가능 열매수를 조사 •6월 1일~6월 20일 사고 건에 한함 •조사방법 : 표본조사	복분자만 해당
				표본주의 고사 및 정상 결과지수조사 •조사방법 : 표본조사	무화과만 해당
수확 완료후 ~ 보험종기	보상하는 재해 전부	고사나무 조사	수확완료후 보험종기전	보상하는 재해로 고사되거나 또는 회생이 불가능한 나무수를 조사 •특약 가입 농지만 해당 •조사방법 : 전수조사	(무화과) 수확완료후 추가 고사나무가 없는 경우 생략 가능

04 수확전 종합위험보장방식 과수 품목의 피해사실확인조사에 대한 설명이다. 괄호 안에 들어갈 내용을 답란에 쓰시오.

① 조사대상 : (㉠)
② 대상재해
   • 수확개시 이전 : (㉡)
   • 수확개시 이후 : (㉢)
③ 조사시기 : (㉣)

[정답]

㉠ 대상재해로 사고접수 농지 및 조사 필요 농지
㉡ 자연재해, 조수해, 화재
㉢ 태풍(강풍), 우박
㉣ 사고접수 직후 실시

05 수확전 종합위험보장방식 복분자 품목의 경작불능조사 절차를 답란에 순서대로 쓰시오.

> ㉠ 계약자의 경작불능보험금 신청 여부 확인
> ㉡ 보상하는 재해 여부 심사
> ㉢ 식물체 피해율조사
> ㉣ 실제경작면적 확인·재식면적 확인
> ㉤ 보험기간 확인
> ㉥ 산지폐기 여부 확인(경작불능후조사)

[정답]

㉤ – ㉡ – ㉣ – ㉢ – ㉠ – ㉥

[해설]

경작불능조사(복분자) 절차
① 보험기간 확인
② 보상하는 재해 여부 심사
③ 실제경작면적 확인·재식면적 확인
④ 식물체 피해율조사
⑤ 계약자의 경작불능보험금 신청 여부 확인
⑥ 산지폐기 여부 확인(경작불능후조사)

06 종합위험 및 수확전 종합위험 과실손해보장방식 복분자 품목의 경작불능조사에 대한 설명이다. 괄호 안에 들어갈 내용을 답란에 쓰시오.

> ① 경작불능보장의 보험기간은 (㉠)부터 (㉡)까지로, 해당 기간내 사고인지 확인한다.
> ② GPS면적측정기 또는 지형도 등을 이용하여 보험가입면적과 실제경작면적을 비교한다. 이때 실제경작면적이 보험가입면적 대비 (㉢) 이상 차이가 날 경우에는 계약사항을 변경해야 한다.
> ③ 식물체 피해율이 (㉣) 이상인 경우 계약자에게 경작불능보험금 신청 여부를 확인한다.

[정답]

㉠ 계약체결일 24시, ㉡ 수확개시 시점(단, 가입 이듬해 5월 31일을 초과할 수 없음), ㉢ 10%, ㉣ 65%

07 수확전 종합위험보장방식 복분자 품목의 종합위험 과실손해조사를 다음 구분에 따라 답란에 서술하시오.

① 조사대상 :

② 조사시기 :

③ 조사 제외 대상 :

> **정답**
>
> ① **조사대상** : 종합위험방식 보험기간(계약체결일 24시부터 가입 이듬해 5월 31일 이전)까지의 사고로 피해사실확인조사시 추가조사가 필요하다고 판단된 농지 또는 경작불능조사 결과 종합위험 과실손해조사가 필요할 것으로 결정된 농지
> ② **조사시기** : 수정완료 직후부터 최초 수확전까지
> ③ **조사 제외 대상** : 종합위험 과실손해조사전 계약자가 피해 미미(자기부담비율 이내의 사고) 등의 사유로 종합위험 과실손해조사를 취소한 농지는 조사를 실시하지 않는다.

08 수확전 종합위험보장방식 복분자 품목의 종합위험 과실손해조사시 표본조사에 대한 설명이다. 괄호 안에 들어갈 내용을 답란에 쓰시오.

> ① 표본포기수 산정 : (㉠)을(를) 기준으로 품목별 표본구간수표에 따라 표본포기수를 산정한다.
> ② 표본구간 선정 : 선정한 표본포기 전후 (㉡)씩 추가하여 총 (㉢)을(를) 표본구간으로 선정한다.
> ③ 살아있는 (㉣) 조사 : 각 표본구간별로 살아있는 (㉣) 합계를 조사한다.
> ④ 수정불량(송이) 피해율조사 : 각 표본포기에서 임의의 (㉤)을(를) 선정하여 1송이당 맺혀있는 전체 열매수와 (㉥)을(를) 조사한다. 다만, 현장 사정에 따라 조사할 송이수는 가감할 수 있다.

> **정답**
>
> ㉠ 가입포기수, ㉡ 2포기, ㉢ 5포기, ㉣ 결과모지수, ㉤ 6송이, ㉥ 피해(수정불량) 열매수

09 수확전 종합위험보장방식 무화과 품목의 종합위험 과실손해조사에 대한 설명이다. 괄호 안에 들어갈 내용을 답란에 쓰시오.

---

① 조사대상은 종합위험방식 보험기간(㉠)까지의 사고로 피해사실확인조사시 추가조사가 필요하다고 판단된 농지이다.

② 조사시기는 최초 수확 품종 (㉡)까지이다.

③ 품종별·수령별로 실제결과주수, 미보상주수 및 고사나무주수를 파악하고, 실제결과주수에서 미보상 주수 및 고사나무주수를 빼서 (㉢)을(를) 계산한다.

④ 과수원별 전체 조사대상주수를 기준으로 (㉣)에 따라 농지별 전체 표본주수를 산정하며, 적정 표본주 수는 품종별·수령별 조사대상주수에 비례하여 산정한다.

⑤ 동일품종·동일수령의 농지가 아닌 경우에는 품종별·수령별 조사대상주수의 특성이 골고루 반영될 수 있도록 (㉤)을(를) 선정한다.

정답

㉠ 계약체결일 24시부터 가입 이듬해 7월 31일 이전, ㉡ 수확기 이전, ㉢ 조사대상주수, ㉣ 품목별 표본주수표, ㉤ 표본주

10 수확전 종합위험보장방식 복분자 품목의 과실손해조사에서 보험기간을 다음 구분에 따라 답란에 쓰시오.

① 종합위험 :

② 특정위험 :

정답

① **종합위험** : 계약체결일 24시부터 가입 이듬해 5월 31일

② **특정위험** : 가입 이듬해 6월 1일부터 수확기종료 시점(단, 가입 이듬해 6월 20일을 초과할 수 없음)

11 수확전 종합위험보장방식 복분자 품목의 특정위험 과실손해조사에서 표본조사의 절차를 답란에 서술하시오.

> **정답**
>
> **표본조사**
> ① **표본포기수 산정** : 가입포기수를 기준으로 품목별 표본구간수표에 따라 표본포기수를 산정한다. 다만, 실제경작면적 및 재식면적이 가입사항과 차이가 나서 계약 변경이 될 경우에는 변경될 가입포기수를 기준으로 표본포기수를 산정한다.
> ② **표본포기 선정** : 산정한 표본포기수를 바탕으로 조사 농지의 특성이 골고루 반영될 수 있도록 표본포기를 선정한다.
> ③ **표본송이 조사** : 각 표본포기에서 임의의 6송이를 선정하여 1송이당 전체 열매수(전체 개화수)와 수확 가능한 열매수(전체 결실수)를 조사한다. 다만, 현장 사정에 따라 조사할 송이수는 가감할 수 있다.

12 수확전 종합위험보장방식 무화과 품목의 특정위험 과실손해조사에 대한 설명이다. 괄호 안에 들어갈 내용을 답란에 쓰시오.

> ① 조사대상은 특정위험방식 보험기간(㉠) 사고가 발생하는 경우이다.
> ② 기준일자는 (㉡)로 하되, 농지의 상태 및 수확정도 등에 따라 조사자가 수정할 수 있다.
> ③ 표본조사는 (㉢) 이상의 표본주에 달려 있는 결과지수를 구분하여 고사결과지수, 미고사결과지수, (㉣)를 각각 조사한다.

> **정답**
>
> ㉠ 가입 이듬해 8월 1일 이후부터 수확기종료 시점(가입한 이듬해 10월 31일을 초과할 수 없음)
> ㉡ 사고발생일자
> ㉢ 3주
> ㉣ 미보상고사결과지수

13 수확전 종합위험보장방식 무화과 품목의 고사나무조사 절차를 답란에 쓰시오.

정답

고사나무조사 절차
① 나무손해보장 특약 가입 여부 및 사고접수 여부를 확인한다.
② 조사시기를 결정한다.
③ 고사나무조사 필요 여부를 확인한다.
④ 보상하는 재해 여부를 심사한다.
⑤ 고사기준에 맞는 품종별·수령별 추가 고사주수 확인, 보상하는 재해 이외의 원인으로 고사한 나무는 미보상고사주 수로 조사한다.
⑥ 미보상비율 적용표에 따라 미보상비율을 조사한다.

14 다음은 수확전 종합위험보장방식 복분자 품목의 경작불능보험금에 대한 설명이다. 괄호 안에 들어갈 내용을 답란에 쓰시오.

경작불능보험금은 경작불능조사 결과 식물체 피해율이 (㉠) 이상이고, 계약자가 경작불능보험금을 신청한 경우에 지급하며, 지급보험금은 보험가입금액에 (㉡)을(를) 곱하여 산출한다.

정답

㉠ 65%, ㉡ 자기부담비율별 지급비율

15 다음은 수확전 종합위험보장방식 복분자 품목의 자기부담비율별 경작불능보험금 지급비율표이다. 빈 칸에 알맞은 내용을 쓰시오.

자기부담비율	10%형	15%형	20%형	30%형	40%형
지급비율					

정답

자기부담비율	10%형	15%형	20%형	30%형	40%형
지급비율	45%	42%	40%	35%	30%

16 복분자 농사를 짓고 있는 △△마을의 A와 B농가는 4월에 저온으로 인해 큰 피해를 입어 경작이 어려운 상황에서 농작물재해보험 가입사실을 기억하고 경작불능보험금을 청구하였다. 두 농가의 피해를 조사한 결과에 따른 경작불능보험금을 구하시오(단, 피해는 면적 기준으로 조사하였으며 미보상 사유는 없다). 기출유형

구 분	가입금액	가입면적	피해면적	자기부담비율
A농가	3,000,000원	1,200m^2	900m^2	20%
B농가	4,000,000원	1,500m^2	850m^2	10%

정답

① A농가의 경작불능보험금 : 1,200,000원
② B농가의 경작불능보험금 : 경작불능보험금을 지급하지 않음

해설

경작불능보험금
경작불능보험금은 경작불능조사 결과 식물체 피해율이 65% 이상이고, 계약자가 경작불능보험금을 신청한 경우에 지급하며, 보험금은 가입금액에 자기부담비율별 지급비율을 곱하여 산출한다.

[자기부담비율별 경작불능보험금 지급비율표]

자기부담비율	10%형	15%형	20%형	30%형	40%형
지급비율	45%	42%	40%	35%	30%

① **A농가**

면적피해율 $= \dfrac{900m^2}{1,200m^2} = 0.75(= 75\%)$이므로 경작불능보험금을 지급한다.

A농가의 경작불능보험금 $= 3,000,000$원 $\times 40\% = $ **1,200,000원**

② **B농가**

면적피해율 $= \dfrac{850m^2}{1,500m^2} ≒ 0.5667(= 56.67\%)$로 피해율이 65% 미만이므로 경작불능보험금을 지급하지 않는다.

17 수확전 종합위험보장방식 복분자 품목의 과실손해보험금 산정에 대한 설명이다. 괄호 안에 들어갈 내용을 답란에 쓰시오.

> ① 과실손해보험금은 (㉠)에 (㉡)에서 (㉢)을 차감한 비율을 곱하여 산정한다.
> ② 피해율은 (㉣)를 (㉤)로 나누어 산출한다.

정답

㉠ 보험가입금액, ㉡ 피해율, ㉢ 자기부담비율, ㉣ 고사결과모지수, ㉤ 평년결과모지수

18 다음은 수확전 종합위험보장방식 복분자 품목의 종합위험 과실손해조사에서 고사결과모지수 산정방법에 관한 내용이다. 괄호에 알맞은 내용을 답란에 쓰시오(단, 5월 31일 이전에 사고가 발생한 경우이다). [기출유형]

> 고사결과모지수는 (㉠)결과모지수에서 기준 살아있는 결과모지수에서 뺀후 (㉡) 고사결과모지수를 더한후 (㉢)고사결과모지수 빼어 산출한다.

정답

㉠ 평년, ㉡ 수정불량환산, ㉢ 미보상

19 다음은 수확전 종합위험보장방식 복분자 품목의 과실손해보험금 산정시 고사결과모지수 산출 방법에 대한 설명이다. 괄호에 알맞은 내용을 답란에 쓰시오.

> ① 5월 31일 이전에 사고가 발생한 경우
> - 고사결과모지수 = [(㉠) – 기준 살아있는 결과모지수] + (㉡) – 미보상고사결과모지수
> - (㉡) : 기준 살아있는 결과모지수에 (㉢)을(를) 곱하여 산출한다.
> - (㉢) : 수정불량결실수를 전체 결실수로 나눈 값에서 (㉣)을(를) 뺀 값으로 산출한다.
> ② 6월 1일 이후에 사고가 발생한 경우
> - 고사결과모지수 = (㉤) – 미보상고사결과모지수
> - 미보상고사결과모지수 : (㉤)에서 미보상비율을 곱하여 산출한다.

정답

㉠ 평년결과모지수, ㉡ 수정불량환산 고사결과모지수, ㉢ 수정불량환산계수, ㉣ 자연수정불량률(15%),
㉤ 수확감소환산 고사결과모지수

20 다음은 수확전 종합위험보장방식 복분자 품목의 과실손해보험금 산정시 수확감소환산 고사결과모지수 산출방법에 대한 설명이다. 괄호에 알맞은 내용을 답란에 쓰시오.

> ① 5월 31일 이전 사고로 인한 고사결과모지수가 존재하는 경우
> 수확감소환산 고사결과모지수 = [기준 살아있는 결과모지수 – (㉠)] × 누적수확감소환산계수
> ② 5월 31일 이전 사고로 인한 고사결과모지수가 존재하지 않는 경우
> 수확감소환산 고사결과모지수 = (㉡) × 누적수확감소환산계수
> - 누적수확감소환산계수 = (㉢)의 누적 값
> - (㉢) = 수확일자별 잔여수확량비율 – (㉣)
> - 사고일자가 6월 1일 ~ 7일일 경우 경과비율 = (㉤)

정답

㉠ 수정불량환산 고사결과모지수, ㉡ 평년결과모지수, ㉢ 수확감소환산계수, ㉣ 결실률, ㉤ 98 – 사고발생일자

21 수확전 과실손해보장방식 '복분자' 품목에 관한 내용이다. 다음 물음에 답하시오. [기출유형]

(1) 아래 표는 복분자의 과실손해보험금 산정시 수확일자별 잔여수확량비율(%)을 구하는 식이다. 다음 (   )에 들어갈 계산식을 쓰시오.

사고일자	경과비율(%)
6월 1일 ~ 7일	(①)
6월 8일 ~ 20일	(②)

(2) 아래 조건을 참조하여 과실손해보험금(원)을 구하시오(단, 피해율은 %단위로 소수점 셋째자리에서 반올림. 예시 : 12.345% → 12.35%로 기재, 주어진 조건외 다른 사항은 고려하지 않음).

○ 조건

품 목	보험가입금액	가입포기수	자기부담비율	평년결과모지수
복분자	5,000,000원	1,800포기	20%	7개

사고 일자	사고 원인	표본구간 살아있는 결과모지수 합계	표본조사 결과		표본 구간수	미보상 비율
			전체 결실수	수정불량 결실수		
4월 10일	냉해	250개	400개	200개	10	20%

[정답]

(1) (   )에 들어갈 계산식

① 98 – 사고발생일자

② (사고발생일자^2 – 43 × 사고발생일자 + 460) ÷ 2

(2) 과실손해보험금

> 과실손해보험금 = 보험가입금액 × (피해율 – 자기부담비율)
>
> ※ 피해율 = 고사결과모지수 ÷ 평년결과모지수

① 기준 살아있는 결과모지수 = 표본구간 살아있는 결과모지수의 합 ÷ (표본구간수 × 5)
   = 250개 ÷ (10 × 5) = 5개

② 수정불량환산계수 = (수정불량결실수 ÷ 전체 결실수) – 자연수정불량률
   = (200개 ÷ 400개) – 15% = 35%

   ※ 자연수정불량률 : 15%

③ 표본구간 수정불량 고사결과모지수 = 표본구간 살아있는 결과모지수 × 수정불량환산계수
   = 250개 × 35% = 87.5개

④ 수정불량환산 고사결과모지수 = 표본구간 수정불량 고사결과모지수의 합 ÷ (표본구간수 × 5)
   = 87.5개 ÷ (10 × 5) = 1.75개

⑤ 미보상고사결과모지수 = 최댓값[{평년결과모지수 – (기준 살아있는 결과모지수 – 수정불량환산 고사결과모지수)} × 미보상비율, 0]
   = 최댓값[{7개 – (5개 – 1.75개)} × 20%, 0]
   = 0.75개

⑥ **고사결과모지수** : 5월 31일 이전에 사고가 발생한 경우
　고사결과모지수 = (평년결과모지수 − 기준 살아있는 결과모지수) + 수정불량환산 고사결과모지수 − 미보상
　　　　　　　　고사결과모지수
　　　　　　 = (7개 − 5개) + 1.75개 − 0.75개 = **3개**
⑦ 피해율 = 고사결과모지수 ÷ 평년결과모지수
　　　 = 3개 ÷ 7개 = 0.42857 = **42.86%**
⑧ **과실손해보험금**
　과실손해보험금 = 보험가입금액 × (피해율 − 자기부담비율)
　　　　　　　 = 5,000,000원 × (42.86% − 20%)
　　　　　　　 = **1,143,000원**

22
수확전 종합위험보장방식 무화과 품목의 과실손해보험금 산정시 피해율의 산출방법이다. 괄호 안에 들어갈 내용을 답란에 쓰시오.

---

① 무화과의 7월 31일 이전 사고피해율
　(평년수확량 − 수확량 − 미보상감수량) ÷ (㉠)
② 무화과의 8월 1일 이후 사고피해율
　• 피해율 = [1 − (㉡)] × 잔여수확량비율 × 결과지피해율
　• 결과지피해율 = [고사결과지수 + (㉢) − 미보상고사결과지수] ÷ 기준결과지수
　• 기준결과지수 = 고사결과지수 + (㉣)
　• 고사결과지수 = (㉤) + 미보상고사결과지수

[정답]

㉠ 평년수확량, ㉡ 수확전 사고피해율, ㉢ 미고사결과지수 × 착과피해율, ㉣ 미고사결과지수, ㉤ 보상고사결과지수

23
다음의 계약사항 및 조사내용을 참조하여 피해율을 구하시오[단, 피해율(%)은 소수점 셋째자리에서 반올림하여 다음 예시와 같이 구하시오. 예시 : 12.345% → 12.35%로 기재].

[기출유형]

○ **계약사항**

상품명	보험가입금액(만원)	평년수확량(kg)	수확량(kg)	미보상감수량(kg)
무화과	1,000	200	150	10

○ **조사내용**

보상고사 결과지수(개)	미보상고사 결과지수(개)	정상 결과지수(개)	사고일	수확전 사고피해율(%)
12	8	20	2019.9.7.	20

○ **잔여수확량(경과)비율 = [(100 − 33) − (1.13 × 사고발생일자)]**

피해율 : 34.18%

피해율은 7월 31일 이전 사고피해율과 8월 1일 이후 사고피해율을 합산한다.

① 7월 31일 이전 사고피해율(수확전 사고피해율) = 20%

수확전 사고피해율 = (평년수확량 − 수확량 − 미보상감수량) ÷ 평년수확량

= (200kg − 150kg − 10kg) ÷ 200kg = 0.2 = **20%**

② 8월 1일 이후 사고피해율

(1 − 수확전 사고피해율) × 잔여수확량비율 × 결과지피해율

- 잔여수확량(경과)비율 = [(100 − 33) − (1.13 × 7)] = 59.09%

※ 사고발생일자는 해당 월의 사고발생일자를 의미한다.

- 결과지피해율 = {고사결과지수 + (미고사결과지수 × 착과피해율) − 미보상고사결과지수} ÷ 기준결과지수

= (20개 + 0개 − 8개) ÷ 40개 = 0.3 = **30%**

- 기준결과지수 = 고사결과지수 + 정상결과지수 = 20개 + 20개 = 40개

- 고사결과지수 = 보상고사결과지수 + 미보상고사결과지수 = 12개 + 8개 = 20개

- 사고피해율 = (1 − 20%) × 59.09% × 30% = 0.1418 = **14.18%**

③ 피해율

① + ② = 20% + 14.18% = **34.18%**

24 수확전 종합위험보장방식 무화과 품목의 나무손해보장 특약 보험금 산정에 대한 설명이다. 괄호 안에 들어갈 내용을 답란에 쓰시오.

> 보험기간 내에 보상하는 손해에서 규정한 재해로 인한 (㉠)이 (㉡)을 초과하는 경우 재해보험사업자가 지급할 보험금은 아래에 따라 계산한다.
> - 지급보험금 = 보험가입금액 × (㉢)
> - 피해율 = (㉣) ÷ 실제결과주수
> - 자기부담비율은 (㉤)로 한다.

㉠ 피해율, ㉡ 자기부담비율, ㉢ (피해율 − 자기부담비율), ㉣ 피해주수(고사된 나무), ㉤ 5%

25 수확전 종합위험보장방식 무화과에 관한 내용이다. 다음 계약사항과 조사내용을 참조하여 물음에 답하시오[단, 피해율(%)은 소수점 셋째자리에서 반올림하여 다음 예시와 같이 구하시오. 예시 : 12.345% → 12.35%로 기재]. `기출유형`

○ 계약사항

품 목	보험가입금액	가입주수	평년수확량	표준과중(개당)	자기부담비율
무화과	10,000,000원	300주	6,000kg	80g	20%

○ 수확개시전 조사내용

① 사고내용
  • 재해종류 : 우박
  • 사고일자 : 2024년 5월 10일
② 주수조사
  • 보험가입일자 기준 과수원에 식재된 모든 나무수 300주(유목 및 인수제한 품종 없음)
  • 보상하는 손해로 고사된 나무수 10주
  • 보상하는 손해 이외의 원인으로 착과량이 현저하게 감소된 나무수 10주
  • 병해충으로 고사된 나무수 20주
③ 착과수조사 및 미보상비율조사
  • 표본주수 9주
  • 표본주 착과수 총 개수 1,800개
  • 제초상태에 따른 미보상비율 10%
④ 착과피해조사(표본주 임의과실 100개 추출하여 조사)
  • 가공용으로도 공급될 수 없는 품질의 과실 10개(일반시장 출하 불가능)
  • 일반시장 출하시 정상과실에 비해 가격하락(50% 정도)이 예상되는 품질의 과실 20개
  • 피해가 경미한 과실 50개
  • 가공용으로 공급될 수 있는 품질의 과실 20개(일반시장 출하 불가능)

○ 수확개시후 조사내용

• 재해종류 : 우박
• 사고일자 : 2024년 9월 5일
• 표본주 3주의 결과지조사
  [고사결과지수 5개, 정상결과지수(미고사결과지수) 20개, 병해충 고사결과지수 2개]
• 착과피해율 30%
• 농지의 상태 및 수확정도 등에 따라 조사자가 기준일자를 2024년 8월 20일로 수정함
• 잔여수확량 비율

사고발생 월	잔여수확량 산정식(%)
8월	{100 − (1.06 × 사고발생일자)}
9월	{(100 − 33) − (1.13 × 사고발생일자)}

(1) 수확전 피해율(%)의 계산과정과 값을 쓰시오.

(2) 수확후 피해율(%)의 계산과정과 값을 쓰시오.

(3) 지급보험금의 계산과정과 값을 쓰시오.

정답

(1) 수확전 피해율(%)

- 조사대상주수 = 실제결과주수 − 미보상주수 − 고사주수
  = 300주 − 10주 − 20주 − 10주 = 260주
- 주당 착과수 = 표본주 과실수의 합계 ÷ 표본주수
  = 1,800개 ÷ 9주 = 200개/주
- 주당 수확량 = 주당 착과수 × 표준과중
  = 200개 × 80g/개 = 16,000g = 16kg
- 피해구성률 = {(50%형 피해과실수 × 0.5) + (80%형 피해과실수 × 0.8) + (100%형 피해과실수 × 1)} ÷ 표본과실수
  = {(20개 × 0.5) + (20개 × 0.8) + (10개 × 1)} ÷ 100개 = 0.36 = 36%

  > ＊ 가공용으로도 공급될 수 없는 품질의 과실 10개(일반시장 출하 불가능) : **100%형 피해과실수**
  > ＊ 일반시장 출하시 정상과실에 비해 가격하락(50% 정도)이 예상되는 품질의 과실 20개 : **50%형 피해과실수**
  > ＊ 피해가 경미한 과실 50개 : **정상**
  > ＊ 가공용으로 공급될 수 있는 품질의 과실 20개(일반시장 출하 불가능) : **80%형 피해과실수**

- 주당 평년수확량 = 평년수확량 ÷ 실제결과주수
  = 6,000kg ÷ 300주 = 20kg/주
- 미보상주수 = 실제결과나무수 중 보상하는 손해 이외의 원인으로 고사되거나 수확량(착과량)이 현저하게 감소된 나무수 = 30주
- 수확량 = {조사대상주수 × 주당 수확량 × (1 − 피해구성률)} + (주당 평년수확량 × 미보상주수)
  = {260주 × 16kg/주 × (1 − 36%)} + (20kg/주 × 30주)
  = **3,262.4kg**
- 미보상감수량 = (평년수확량 − 수확량) × 미보상비율
  = (6,000kg − 3,262.4kg) × 10% = **273.76kg**
- 수확전 피해율 = (평년수확량 − 수확량 − 미보상감수량) ÷ 평년수확량
  = (6,000kg − 3,262.4kg − 273.76kg) ÷ 6,000kg
  = 0.41064 = **41.06%**(※ 소수점 셋째자리에서 반올림)

(2) 수확후 피해율(%)

- 고사결과지수 = 보상고사결과지수 + 미보상고사결과지수
  = 5개
- 기준결과지수 = 고사결과지수 + 미고사결과지수
  = 5개 + 20개 = 25개
- 결과지피해율 = (고사결과지수 + 미고사결과지수 × 착과피해율 − 미보상고사결과지수) ÷ 기준결과지수
  = (5개 + 20개 × 0.3 − 2개) ÷ 25개 = 0.36 = 36%
- 잔여수확량비율 = {100 − (1.06 × 사고발생일자)}
  = {100 − (1.06 × 20)} = 78.8%
- ※ 조사자가 기준일자를 2024년 8월 20일로 수정함
- 수확후 피해율 = (1 − 수확전 사고피해율) × 잔여수확량비율 × 결과지피해율
  = (1 − 41.06%) × 78.8% × 36%
  = 0.1672 = **16.72%**

(3) 지급보험금

지급보험금 = 보험가입금액 × (피해율 − 자기부담비율)

※ 피해율은 수확전 피해율과 수확후 피해율을 합산한다.

- 피해율 = 41.06% + 16.72% = 57.78%
- 지급보험금 = 10,000,000원 × (57.78% − 20%) = **3,778,000원**

01 수확감소보장방식 논작물 품목의 수확전 조사종류를 나타낸 표이다. 괄호 안에 들어갈 내용을 답란에 쓰시오.

조사종류	조사시기	조사방법	비 고
피해사실확인조사	사고접수후 지체 없이	보상하는 재해로 인한 피해발생 여부 조사 ※ 피해사실이 명백한 경우 생략 가능	(ⓜ)
이앙(직파)불능조사	(㉠)	이앙(직파)불능 상태 및 (㉢) 실시 여부 조사	벼만 해당
재이앙(재직파)조사	사고접수후 지체 없이	해당 농지에 보상하는 손해로 인하여 재이앙(재직파)이 필요한 면적 또는 면적비율조사	(ㅂ)
경작불능조사	(㉡)	해당 농지의 피해면적비율 또는 보험목적인 (㉣)조사	전품목

정답

㉠ 이앙 한계일(7월 31일) 이후, ㉡ 사고접수후 지체 없이, ㉢ 통상적인 영농활동, ㉣ 식물체 피해율,
ⓜ 전품목, ㅂ 벼만 해당

02 수확감소보장방식 논작물 품목의 시기별 조사종류를 나타낸 표이다. 표의 괄호 안에 들어갈 내용을 답란에 쓰시오.

생육시기	재 해	조사내용	조사시기	조사방법	비 고
수확 직전	보상하는 재해 전부	(㉠)	수확 직전	사고발생 농지의 수확량조사 • 조사방법 : (㉢)	벼, 밀, 보리, 귀리
수확 시작후 ~ 수확 종료	보상하는 재해 전부	수확량 조사	사고접수후 지체 없이	사고발생 농지의 수확 중의 수확량 및 감수량의 확인을 통한 수확량조사 • 조사방법 : (㉣) 　※ 벼는 (ⓜ)도 가능	벼, 밀, 보리, 귀리
		(㉡)	조사 가능일	사고발생 농지의 (ㅂ) 및 정상 출하 불가 확인 조사	(ㅅ)

정답

㉠ 수확량조사, ㉡ 수확불능확인조사, ㉢ 전수조사 또는 표본조사, ㉣ 전수조사 또는 표본조사, ⓜ 수량요소조사,
ㅂ 제현율, ㅅ 벼만 해당

03 수확감소보장방식 논작물 품목의 피해사실확인조사를 다음 구분에 따라 답란에 쓰시오.

① 조사대상 :

② 대상재해 :

③ 조사시기 :

정답

① **조사대상** : 대상재해로 사고접수 농지 및 조사 필요 농지
② **대상재해** : 자연재해, 조수해, 화재, 병해충 7종(※ 해당 특약 가입시 보장 – 벼품목만 해당)
③ **조사시기** : 사고접수 직후 실시

04 수확감소보장방식 논작물 품목의 피해사실확인조사에서 보상하는 재해 여부 및 피해 정도 등을 감안하여 실시하는 추가조사의 종류를 답란에 쓰시오.

정답

① 이앙·직파불능조사(농지 전체 이앙·직파불능시)
② 재이앙·재직파조사(면적피해율 10% 초과)
③ 경작불능조사(식물체 피해율 65% 이상)
④ 수확량조사(자기부담비율 초과)

해설

보상하는 재해 여부 및 피해 정도 등을 감안하여 <u>이앙·직파불능조사(농지 전체 이앙·직파불능시), 재이앙·재직파조사(면적피해율 10% 초과), 경작불능조사(식물체 피해율 65% 이상), 수확량조사(자기부담비율 초과)</u> 중 필요한 조사를 판단하여 해당 내용에 대하여 계약자에게 안내하고, 추가조사가 필요할 것으로 판단된 경우에는 손해평가반 구성 및 추가조사 일정을 수립한다.

05 논작물에 대한 피해사실확인조사시 추가조사 필요 여부 판단에 관한 내용이다. (   )에 들어갈 내용을 쓰시오.
기출유형

> 보상하는 재해 여부 및 피해 정도 등을 감안하여 이앙·직파불능조사(농지 전체 이앙·직파불능시), 재이앙·재직파조사(㉠), 경작불능조사(㉡), 수확량조사(㉢) 중 필요한 조사를 판단하여 해당 내용에 대하여 계약자에게 안내하고, 추가조사가 필요할 것으로 판단된 경우에는 (㉣) 구성 및 (㉤) 일정을 수립한다.

정답

㉠ 면적피해율 10% 초과
㉡ 식물체 피해율 65% 이상
㉢ 자기부담비율 초과
㉣ 손해평가반
㉤ 추가조사

06 수확감소보장방식 논작물 품목(벼)의 이앙·직파불능조사에 대한 설명이다. 괄호 안에 들어갈 내용을 답란에 쓰시오.

> 피해사실확인조사시 이앙·직파불능조사가 필요하다고 판단된 농지에 대하여 실시하는 조사로, 손해평가반은 피해농지를 방문하여 (㉠) 및 이앙·직파불능 여부를 조사한다.
> • 조사대상 : (㉡)
> • 조사시기 : (㉢)
> • 이앙·직파불능 판정 기준 : 보상하는 손해로 인하여 (㉣)까지 해당 농지 전체를 이앙·직파하지 못한 경우 이앙·직파불능피해로 판단한다.
> • 통상적인 영농활동 이행 여부 확인 : 대상 농지에 통상적인 영농활동(㉤)을 실시했는지를 확인한다.

정답

㉠ 보상하는 재해 여부
㉡ 벼
㉢ 이앙 한계일(7월 31일) 이후
㉣ 이앙 한계일(7월 31일)
㉤ 논둑 정리, 논갈이, 비료시비, 제초제 살포 등

07 수확감소보장방식 논작물 품목의 재이앙·재직파조사는 피해사실확인조사시 재이앙·재직파조사가 필요하다고 판단된 농지에 대하여 실시하는 조사로, (㉠)은 피해농지를 방문하여 보상하는 재해 여부 및 (㉡)을(를) 조사한다. 조사대상은 (㉢)하며, 조사시기는 (㉣) 직후이다. 괄호 안에 들어갈 내용을 답란에 쓰시오.

정답

㉠ 손해평가반, ㉡ 피해면적, ㉢ 벼만 해당, ㉣ 사고접수

08 수확감소보장방식 논작물 품목(벼)의 재이앙·재직파조사에서 피해면적을 판정하는 기준(3가지)을 답란에 쓰시오.

정답

① 묘가 본답의 바닥에 있는 흙과 분리되어 물 위에 뜬 면적
② 묘가 토양에 의해 묻히거나 잎이 흙에 덮여져 햇빛이 차단된 면적
③ 묘는 살아 있으나 수확이 불가능할 것으로 판단된 면적

09 수확감소보장방식 논작물 품목에서 경작불능조사의 ① 조사대상과 ② 조사시기를 답란에 쓰시오.

정답

① 조사대상 : 벼, 조사료용 벼, 밀, 보리, 귀리
② 조사시기 : 사고접수후 지체 없이

10 수확감소보장방식 논작물 품목의 경작불능전(前)조사 절차를 답란에 쓰시오.

정답

경작불능전(前)조사 절차
① 보상하는 재해 여부 심사
② 실제경작면적 확인
③ 식물체 피해율조사
④ 계약자의 경작불능보험금 신청 여부 확인
⑤ 수확량조사 대상 확인(조사료용 벼 제외)
⑥ 산지폐기 여부 확인

11 수확감소보장방식 논작물 품목의 경작불능조사에서 경작불능보험금 지급대상 여부를 조사하기 위해 식물체 피해율을 조사한다. 식물체 피해율의 정의 및 판정기준, 그리고 식물체 피해율 조사에 대해 답란에 서술하시오.

정답

식물체 피해율은 고사식물체(수 또는 면적)를 보험가입식물체(수 또는 면적)로 나눈 값을 의미하며, 고사식물체 판정의 기준은 해당 식물체의 수확 가능 여부이다. 식물체 피해율조사는 목측 조사를 통해 조사대상 농지에서 보상하는 재해로 인한 식물체 피해율이 65%(분질미는 60%) 이상 여부를 조사한다.

12 수확감소보장방식 논작물 품목의 피해사실확인조사시 추가조사를 실시하는 수확량조사(조사료용 벼 제외)의 ① 조사방법(3가지)과 동일 농지에 대하여 복수의 수확량 조사방법을 실시한 경우 ② 피해율 산정의 우선순위를 답란에 쓰시오.

[정답]

(1) 조사방법(3가지)
　① 수량요소조사
　② 표본조사
　③ 전수조사

(2) 피해율 산정의 우선순위
　① 전수조사 → ② 표본조사 → ③ 수량요소조사

[해설]

수확량조사는 피해사실확인조사시 수확량조사가 필요하다고 판단된 농지에 대하여 실시하는 조사로, 수확량조사의 조사방법은 수량요소조사, 표본조사, 전수조사가 있으며, 현장상황에 따라 조사방법을 선택하여 실시할 수 있다. 단, 거대재해 발생시 대표농지를 선정하여 각 수확량조사의 조사 결과 값(조사수확비율, 단위면적당 조사수확량 등)을 대표농지의 인접 농지(동일 '리' 등 생육환경이 유사한 인근 농지)에 적용할 수 있다. 다만, 동일 농지에 대하여 복수의 조사방법을 실시한 경우 피해율 산정의 우선순위는 전수조사, 표본조사, 수량요소조사 순으로 적용한다.

13 수확감소보장방식 논작물 품목의 수확량조사(조사료용벼 제외)를 나타낸 표이다. 빈 칸에 들어갈 내용을 답란에 쓰시오.

조사방법	조사대상	조사시기
수량요소조사	㉠	㉢
표본조사	㉡	㉣
전수조사		㉤

[정답]

㉠ 벼
㉡ 벼, 밀, 보리, 귀리
㉢ 수확전 14일 전후
㉣ 알곡이 여물어 수확이 가능한 시기
㉤ 수확시

14 수확감소보장방식 논작물 품목의 수확량조사 손해평가 절차를 답란에 순서대로 쓰시오.

> ㉠ 보상하는 재해 여부 심사
> ㉡ 조사방법의 결정
> ㉢ 수확불능 대상 여부 확인
> ㉣ 면적확인
> ㉤ 경작불능보험금 대상 여부 확인

정답

㉠ – ㉤ – ㉣ – ㉢ – ㉡

15 다음은 수확감소보장방식 논작물 품목의 수량요소조사 손해평가 방법(벼만 해당)에 대한 설명이다. 괄호 안에 들어갈 내용을 답란에 쓰시오.

> ① 표본포기수 : 가입면적과 무관하게 (㉠)이다.
> ② 표본포기 선정 : 재배방법 및 품종 등을 감안하여 조사대상면적에 (㉡)으로 골고루 배치될 수 있도록 표본포기를 선정한다.
> ③ 표본포기 조사 : 선정한 표본포기별로 (㉢)를 조사한다.
> ④ 수확비율 산정 : 표본포기별 이삭상태 점수(㉣) 및 완전낟알상태 점수(㉣)를 합산한다. 합산한 점수에 따라 (㉤)에서 해당하는 수확비율 구간을 확인한다.
> ⑤ 병해충 단독사고 여부 확인(벼만 해당) : 농지의 피해가 (㉥)와는 상관없이 보상하는 병해충만으로 발생한 병해충 단독사고인지 여부를 확인한다. 이때, 병해충 단독사고로 판단될 경우에는 가장 주된 병해충명을 조사한다.

정답

㉠ 4포기
㉡ 동일한 간격
㉢ 이삭상태 점수 및 완전낟알상태 점수
㉣ 4개
㉤ 조사수확비율 환산표
㉥ 자연재해, 조수해 및 화재

16 종합위험 수확감소보장방식 벼 품목에서 사고가 접수된 농지의 수량요소조사 방법에 의한 수확량조사 결과가 다음과 같을 경우 수확량과 피해율을 구하시오. [기출유형]

평년수확량	2,100kg
표준수확량	2,200kg
조사수확비율	70%
미보상비율	20%
피해면적 보정계수	1.1

(1) 수확량(단, kg단위로 소수점 첫째자리에서 반올림하여 다음 예시와 같이 구하시오. 예시 : 994.55kg → 995kg)

(2) 피해율(단, %단위로 소수점 둘째자리에서 반올림하여 첫째자리까지 다음 예시와 같이 구하시오. 예시 : 12.345% → 12.3%)

[정답]

(1) 수확량 : 1,694kg
(2) 피해율 : 15.5%

[해설]

(1) 수확량

조사수확량(kg) = 표준수확량(kg) × 조사수확비율(%) × 피해면적 보정계수
= 2,200kg × 70% × 1.1 = **1,694kg**

(2) 피해율

피해율(%) = (평년수확량 − 수확량 − 미보상감수량) ÷ 평년수확량
미보상감수량 = (평년수확량 − 수확량) × 미보상비율
= (2,100kg − 1,694kg) × 20% = 81.2kg = 81kg(※ 소수점 첫째자리에서 반올림)
피해율(%) = (2,100kg − 1,694kg − 81kg) ÷ 2,100kg ≒ 0.15476 = **15.5%**(※ 소수점 첫째자리에서 반올림)

17 종합위험 수확감소보장방식 논작물 관련 내용이다. 계약사항과 조사내용을 참조하여 피해율의 계산과정과 값을 쓰시오. 기출유형

○ 계약사항

품 목	가입면적	평년수확량	표준수확량
벼	2,500m²	6,000kg	5,000kg

○ 조사내용

조사종류	조사수확비율	피해정도	피해면적비율	미보상비율
수확량조사 (수량요소조사)	70%	경미	10% 이상 30% 미만	10%

정답

- 수확량 = 표준수확량 × 조사수확비율 × 피해면적 보정계수
  = 5,000kg × 70% × 1.1 = 3,850kg
  ※ 피해면적 보정계수 = 1.1
- 미보상감수량 = (평년수확량 − 수확량) × 미보상비율
  = (6,000kg − 3,850kg) × 10% = 215kg
- 피해율 = (평년수확량 − 수확량 − 미보상감수량) ÷ 평년수확량
  = (6,000kg − 3,850kg − 215kg) ÷ 6,000kg = 0.3225 = **32.25%**

해설

피해율 산정방법
- 피해율 = (평년수확량 − 수확량 − 미보상감수량) ÷ 평년수확량
  ※ 단, 병해충 단독사고일 경우 병해충 최대 인정피해율 적용
- 수확량 = 표준수확량 × 조사수확비율 × 피해면적 보정계수
- 미보상감수량 = (평년수확량 − 수확량) × 미보상비율

[피해면적 보정계수]

피해 정도	피해면적비율	보정계수
매우 경미	10% 미만	1.2
경미	10% 이상 30% 미만	1.1
보통	30% 이상	1

18 수확감소보장방식 논작물 품목의 표본조사 손해평가 방법에 대한 설명이다. 괄호 안에 들어갈 내용을 답란에 쓰시오.

> ① 표본구간수 선정 : 조사대상면적에 따라 품목별 표본주(구간)수 이상의 표본구간수를 선정한다. 다만, 가입면적과 실제경작면적이 10% 이상 차이가 날 경우(계약 변경 대상)에는 (㉠)을 기준으로 표본구간수를 선정한다.
> ② 표본구간 선정 : 선정한 표본구간수를 바탕으로 (㉡) 및 (㉢) 등을 감안하여 조사대상면적에 동일한 간격으로 골고루 배치될 수 있도록 표본구간을 선정한다. 다만, 선정한 구간이 표본으로서 부적합한 경우(해당 작물의 수확량이 현저히 많거나 적어서 표본으로서의 대표성을 가지기 어려운 경우 등)에는 (㉣)의 다른 구간을 표본구간으로 선정한다.

정답

㉠ 실제경작면적, ㉡ 재배방법, ㉢ 품종, ㉣ 가까운 위치

19 수확감소보장방식 논작물 품목(벼)의 표본조사 손해평가 방법에 대한 설명이다. 괄호 안에 들어갈 내용을 답란에 쓰시오.

> ① 표본구간면적 : 표본구간마다 4포기의 길이와 (㉠)을(를) 조사한다. 단, 농지 및 조사 상황 등을 고려하여 4포기를 2포기로 줄일 수 있다.
> ② (㉡) : 표본구간의 작물을 수확하여 해당 중량을 측정한다.
> ③ 함수율조사 : 수확한 작물에 대하여 함수율 측정을 (㉢) 이상 실시하여 평균값을 산출한다.

정답

㉠ 포기당 간격, ㉡ 표본중량조사, ㉢ 3회

20 수확감소보장방식 논작물 품목의 전수조사 손해평가 방법에 대한 설명이다. 괄호 안에 들어갈 내용을 답란에 쓰시오.

> ㉠ 전수조사는 (   )을(를) 하는 농지에 한한다.
> ㉡ 대상 농지에서 수확한 전체 조곡의 중량을 조사하며, 전체 중량 측정이 어려운 경우에는 (   ) 등을 이용하여 중량을 산출한다.
> ㉢ 수확한 작물에 대하여 함수율 측정을 (   ) 이상 실시하여 평균값을 산출한다.

정답

㉠ 기계수확(탈곡 포함), ㉡ 콤바인, 톤백, 콤바인용 포대, 곡물적재함, ㉢ 3회

21 종합위험 수확감소보장방식 논작물 품목(벼만 해당)의 수확불능확인조사에 관련된 내용이다. 괄호 안에 알맞은 내용을 쓰시오.

> ① 수확불능 대상 농지는 벼의 제현율이 (㉠) 미만으로 정상적인 출하가 불가능한 농지를 말한다.
> ② 수확불능확인조사에서 다음의 경우에 한하여 수확을 포기한 것으로 한다.
> • 당해 연도 (㉡)까지 수확을 하지 않은 경우
> • 목적물을 수확하지 않고 (㉢) 경우(로터리 작업 등)
> • 대상 농지의 수확물 모두가 시장으로 (㉣)되지 않은 것이 확인된 경우

정답

㉠ 65%(분질미는 70%), ㉡ 11월 30일, ㉢ 갈아엎은, ㉣ 유통

22 수확감소보장방식 논작물 품목(벼만 해당)의 이앙·직파불능보험금의 ① 지급사유와 ② 지급거절사유를 답란에 서술하시오.

정답

① **지급사유** : 보험기간 내에 보상하는 재해로 농지 전체를 이앙·직파하지 못하게 된 경우 보험가입금액의 15%를 이앙·직파불능보험금으로 지급한다.

> 지급금액 = 보험가입금액 × 15%

② **지급거절사유** : 논둑정리, 논갈이, 비료 시비, 제초제 살포 등 이앙전의 통상적인 영농활동을 하지 않은 농지에 대해서는 이앙·직파불능보험금을 지급하지 않는다.

23 수확감소보장방식 논작물 품목(벼만 해당)의 재이앙·재직파보험금의 지급사유와 지급보험금을 설명한 것이다. 괄호 안에 들어갈 내용을 답란에 쓰시오.

> 보험기간 내에 보상하는 재해로 면적피해율이 (㉠)를 초과하고, 재이앙·재직파를 한 경우 다음과 같이 계산한 재이앙·재직파보험금을 (㉡) 지급한다.
> • 지급보험금 = 보험가입금액 × (㉢) × 면적피해율
> • 면적피해율 = 피해면적 ÷ (㉣)

정답

㉠ 10%, ㉡ 1회, ㉢ 25%, ㉣ 보험가입면적

24 수확감소보장방식 논작물 품목(벼·밀·보리, 귀리)에서 경작불능보험금의 ① 지급사유와 ② 지급보험금 산출방법, 그리고 ③ 지급거절사유를 답란에 쓰시오.

① 지급사유 :

② 지급보험금 :

③ 지급거절사유 :

> **정답**
>
> ① **지급사유** : 보험기간 내에 보상하는 재해로 식물체 피해율이 65%(분질미의 경우 60%) 이상이고, 계약자가 경작불능보험금을 신청한 경우 지급한다.
> ② **지급보험금 산출방법** : 경작불능보험금은 자기부담비율에 따라 보험가입금액의 일정 비율로 계산한다.
> ③ **지급거절사유** : 보험금 지급대상 농지 벼가 산지폐기 등의 방법을 통해 시장으로 유통되지 않은 것이 확인되지 않으면 경작불능보험금을 지급하지 않는다.

25 다음은 수확감소보장방식 논작물 품목(벼·밀·보리·귀리)의 자기부담비율별 경작불능보험금 지급비율표를 나타낸 도표이다. 빈 칸에 들어갈 내용을 답란에 쓰시오.

자기부담비율	10%형	15%형	20%형	30%형	40%형
지급비율	㉠	㉡	㉢	㉣	㉤

※ 귀리는 (㉥) 적용

> **정답**
>
> ㉠ 45%, ㉡ 42%, ㉢ 40%, ㉣ 35%, ㉤ 30%, ㉥ 20%, 30%, 40%

26 수확감소보장방식 논작물 품목(조사료용 벼)의 경작불능보험금에 대한 설명이다. 괄호 안에 들어갈 내용을 답란에 쓰시오.

> • 지급보험금 = 보험가입금액 × (㉠) × (㉡)
> • (㉠)은 조사료용 벼 가입시 경작불능보험금 산정에 기초가 되는 비율을 말하며, 보험가입할 때 계약자가 선택한 비율로 한다.
> • (㉡)은 사고발생일이 속한 월에 따라 계산한다.

> **정답**
>
> ㉠ 보장비율, ㉡ 경과비율

27 다음은 수확감소보장방식 논작물 품목(조사료용 벼)의 경작불능보험금 산정에 기초가 되는 보장비율과 경과비율을 나타낸 도표이다. 빈 칸에 들어갈 내용을 답란에 쓰시오.

구 분	보장비율	월 별	경과비율
45%형		5월	
42%형		6월	
40%형		7월	
35%형		8월	
30%형			

정답

구 분	보장비율	월 별	경과비율
45%형	45%	5월	80%
42%형	42%	6월	85%
40%형	40%	7월	90%
35%형	35%	8월	100%
30%형	30%		

28 수확감소보장방식 논작물 품목(조사료용 벼 제외)에서 수확감소보험금의 지급사유와 지급거절사유에 대한 설명이다. 괄호 안에 들어갈 내용을 답란에 쓰시오.

① 지급사유 : 보험기간 내에 보상하는 재해로 (㉠)이 (㉡)을 초과하는 경우 아래와 같이 계산한 수확감소보험금을 지급한다.
  • 지급보험금 = 보험가입금액 × (㉠ – ㉡)
  • 피해율 = {(㉢) – (㉣) – 미보상감수량} ÷ 평년수확량
② 지급거절사유(벼만 해당) : 경작불능보험금 및 수확불능보험금의 규정에 따른 보험금을 지급하여 계약이 (㉤)된 경우에는 수확감소보험금을 지급하지 않는다.

정답

㉠ 피해율, ㉡ 자기부담비율, ㉢ 평년수확량, ㉣ 수확량, ㉤ 소멸

29 수확감소보장방식 논작물 품목(벼만 해당)에서 수확불능보험금의 ① 지급사유와 ② 지급거절
사유를 답란에 쓰시오.

① 지급사유 :

② 지급거절사유 :

> **정답**

① **지급사유** : 보험기간 내에 보상하는 재해로 보험의 목적인 벼(조곡) 제현율이 65%(분질미의 경우 70%) 미만으로
떨어져 정상 벼로서 출하가 불가능하게 되고, 계약자가 수확불능보험금을 신청한 경우 산정된 보험가입금액의
일정 비율을 수확불능보험금으로 지급한다.
② **지급거절사유**
- 보험기간 내에 발생한 재해로 인해 식물체 피해율이 65%(분질미의 경우 60%) 이상인 경작불능보험금 대상인
경우에는 수확불능보험금을 지급하지 않는다.
- 재해보험사업자는 보험금 지급대상 농지 벼가 산지폐기 등의 방법을 통해 시장으로 유통되지 않은 것이 확인되지
않으면 수확불능보험금을 지급하지 않는다.

30 다음은 수확감소보장방식 논작물 품목(벼만 해당)의 자기부담비율별 수확불능보험금을 나타
낸 도표이다. 빈 칸에 알맞은 내용을 쓰시오.

자기부담비율	수확불능보험금
10%형	㉠
15%형	㉡
20%형	㉢
30%형	㉣
40%형	㉤

> **정답**

㉠ 보험가입금액 × 60%
㉡ 보험가입금액 × 57%
㉢ 보험가입금액 × 55%
㉣ 보험가입금액 × 50%
㉤ 보험가입금액 × 45%

31 종합위험 수확감소보장방식 논작물 벼 품목의 통상적인 영농활동 중 보상하는 재해가 발생하 였다. 아래 조사종류별 조사시기, 보험금 지급사유 및 지급보험금 계산식을 각각 쓰시오.

기출유형

조사종류	조사시기	지급사유	지급보험금 계산식
① 이앙·직파불능조사(벼만 해당)			
② 재이앙·재직파조사(벼만 해당)			
③ 경작불능조사(자기부담비율 20%형)			
④ 수확불능확인조사(자기부담비율 20%형)			

정답

조사종류	조사시기	지급사유	지급보험금 계산식
① 이앙·직파불능조사 (벼만 해당)	이앙 한계일 (7월 31일) 이후	보상하는 재해로 이앙 한계일(7월 31일)까지 이앙·직파를 하지 못한 경우에 지급한다.	보험가입금액 × 15%
② 재이앙·재직파조사 (벼만 해당)	사고후 ~ 재이앙 직후	보상하는 재해로 면적피해율이 10%를 초과하고, 재이앙·재직파를 한 경우에 1회 지급한다.	보험가입금액 × 25% × 면적피해율 ※ 면적피해율 = 피해면적 ÷ 보험가입면적
③ 경작불능조사 (자기부담비율 20%형)	사고후 ~ 수확개시 시점	보상하는 재해로 인해 식물체 피해율이 65%(분질미의 경우 60%) 이상이고, 계약자가 경작불능보험금을 신청한 경우 지급한다.	보험가입금액 × 40%
④ 수확불능확인조사 (자기부담비율 20%형)	수확포기가 확인되는 시점	보상하는 재해로 벼의 제현율이 65%(분질미의 경우 70%) 미만으로 떨어져 정상 벼로서 출하가 불가능하고, 계약자가 수확불능보험금을 신청한 경우 지급한다.	보험가입금액 × 55%

32 수확감소보장방식 벼 품목에서 이앙일(이앙후 가입시 보험계약일) 이후 7월 31일(이앙 한계일) 이전에 집중호우로 논 전체가 침수된후 벼가 고사되어 재이앙하였다. 다음 조건에 따른 재이앙보험금을 계산하시오.

[조건]
- 보험가입금액 : 20,000,000원
- 면적피해율 : 90%
- 자기부담비율 : 20%

정답

재이앙보험금 : 4,500,000원

해설

보상하는 재해로 면적피해율(고사면적비율)이 10%를 초과하고, 재이앙을 한 경우 지급보험금은 다음과 같다.
지급보험금 = 보험가입금액 × 25% × 면적피해율
= 20,000,000원 × 25% × 90% = **4,500,000원**

33 수확감소보장방식 벼 품목에서 이앙 18일후 집중호우로 피해 입은 논벼의 조사 결과이다. 면적피해율과 재이앙보험금을 계산하시오.

(1) 계약내용
  ① 보험가입금액 : 4,000만원
  ② 보험가입면적 : 5,000m²
  ③ 자기부담비율 : 10%

(2) 피해내용
  ① 묘가 본답의 바닥에 있는 흙과 분리되어 물 위에 뜬 면적 : 900m²
  ② 묘가 토양에 의해 묻히거나 잎이 흙에 덮여져 햇빛이 차단된 면적 : 1,100m²

정답

① 면적피해율 = 피해면적 ÷ 보험가입면적 = 2,000m² ÷ 5,000m² = **40%**
② 지급보험금 = 보험가입금액 × 25% × 면적피해율 = 4,000만원 × 25% × 40% = **400만원**

34 다음 계약조건 및 피해에 따른 수확감소보장방식 논작물(벼)의 재이앙·재직파보험금을 계산하시오.

> [계약조건 및 피해]
> • 보험가입금액 : 4,000만원
> • 보험가입면적 : 8,000m^2
> • 자기부담비율 : 10%
> • 피해면적 : 2,500m^2

[정답]

① 면적피해율 = 피해면적 ÷ 보험가입면적 = 2,500m^2 ÷ 8,000m^2 = 0.3125 = **31.25%**
② 지급보험금 = 보험가입금액 × 25% × 면적피해율 = 4,000만원 × 25% × 31.25% = **3,125,000원**

35 수확감소보장방식 논작물(벼) 품목에서 이앙일(이앙후 가입시 보험계약일)후 수확개시 전에 집중호우로 인하여 식물체가 80% 이상 고사하였다. 다음 조건에 의한 경작불능보험금을 계산하시오.

> [조건]
> • 보험가입금액 : 15,000,000원
> • 식물체 피해율 : 80% 이상
> • 자기부담비율 : 30%형

[정답]

경작불능보험금 : **5,250,000원**

[해설]

보상하는 재해로 식물체 피해율이 65%(분질미의 경우 60%) 이상이고, 계약자가 경작불능보험금을 신청한 경우 지급한다. 경작불능보험금은 자기부담비율에 따라 보험가입금액의 일정 비율로 지급된다(표 참조).

자기부담비율	경작불능보험금
10%형	보험가입금액 × 45%
15%형	보험가입금액 × 42%
20%형	보험가입금액 × 40%
30%형	보험가입금액 × 35%
40%형	보험가입금액 × 30%

따라서, 자기부담비율이 30%형이므로, 경작불능보험금 = 15,000,000원 × 35% = **5,250,000원**

36 다음은 종합위험 수확감소보장방식 논작물(벼)에 관한 내용이다. 아래의 내용을 참조하여 다음 물음에 답하시오. 기출유형

(1) A농지의 재이앙·재직파보험금을 구하시오.

구 분	보험가입금액	보험가입면적	실제경작면적	피해면적
A농지	5,000,000원	2,000m^2	2,000m^2	500m^2

(2) B농지의 수확감소보험금을 구하시오(수량요소조사, 표본조사, 전수조사가 모두 실시됨).

구 분	보험가입금액	조사방법에 따른 피해율	자기부담비율
B농지	8,000,000원	• 수량요소조사 : 피해율 30% • 표본조사 : 피해율 40% • 전수조사 : 피해율 35%	20%

정답

(1) A농지의 재이앙·재직파보험금

지급금액 = 보험가입금액 × 25% × 면적피해율

※ 면적피해율 = 피해면적 ÷ 보험가입면적 = 500m^2 ÷ 2,000m^2 = 25%

지급금액 = 5,000,000원 × 25% × 25% = **312,500원**

(2) B농지의 수확감소보험금

지급금액 = 보험가입금액 × (피해율 − 자기부담비율)

※ 동일 농지에 대하여 복수의 조사방법을 실시한 경우 피해율 산정의 우선순위는 전수조사, 표본조사, 수량요소조사 순으로 적용한다.

지급금액 = 8,000,000원 × (35% − 20%) = **1,200,000원**

37 다음은 8월 20일 태풍피해를 입은 논작물(메벼)의 전수조사 결과이다. 계약조건에 따른 피해율과 수확감소보험금을 계산하시오(단, 피해율은 % 단위로 소수점 셋째자리에서 반올림하여 둘째자리까지 다음 예시와 같이 구하시오. 예시 : 0.12345 → 12.35%).

(1) 계약조건
   ① 보험가입금액 : 3,500만원
   ② 보험가입면적 : 4,000m^2
   ③ 자기부담비율 : 10%
   ④ 평년수확량 : 2,500kg

(2) 전수조사 내용
   ① 작물중량 : 2,000kg
   ② 함수율 : 20%
   ③ 기타 : 타작물 및 미보상면적, 기수확면적, 미보상감수량은 없다.

① 피해율 = (평년수확량 − 수확량 − 미보상감수량) ÷ 평년수확량
= (2,500kg − 1,882.4kg − 0kg) ÷ 2,500kg = **24.7%**

- 평년수확량 : 2,500kg
- 수확량 = 조사대상면적 수확량 + {(단위면적당 평년수확량 × (타작물 및 미보상면적 + 기수확면적)}
- 기준함수율 : 메벼(15%)
- 조사대상면적 수확량(메벼)
= 작물중량 × {(1 − 함수율) ÷ (1 − 기준함수율)} = 2,000kg × {(1 − 20%) ÷ (1 − 15%)}
= 2,000kg × 0.9412 = 1,882.4kg

② 보험금 = 보험가입금액 × (피해율 − 자기부담비율) = 3,500만원 × (24.7% − 10%)
= **5,145,000원**

38 종합위험 수확감소보장 논작물 벼보험에 관한 내용이다. 아래와 같이 보험가입을 하고 보험사고가 발생한 것을 가정한 경우 다음의 물음에 답하시오. 기출유형

○ 보험가입내용

구 분	농지면적 (m²)	가입면적 (m²)	평년수확량 (kg/m²)	가입가격 (원/kg)	자기부담비율 (%)	가입비율
A농지	18,000	16,000	0.85	1,300	20	평년수확량의 100%
B농지	12,500	12,500	0.84	1,400	15	평년수확량의 100%

※ 실제경작면적은 가입면적과 동일한 것으로 조사됨

○ 보험사고내용

구 분	사고내용	조사방법	수확량(kg)	미보상비율(%)	미보상사유
A농지	도열병	전수조사	4,080	10	방재 미흡
B농지	벼멸구	전수조사	4,000	10	방재 미흡

※ 위 보험사고는 각각 병충해 단독사고이며, 모두 병충해 특약에 가입함
※ 함수율은 배제하고 계산함
※ 피해율 계산은 소수점 셋째자리에서 반올림하여 둘째자리까지 구함(예시 : 123.456% → 123.46%)
※ 보험금은 원 단위 이하 버림

(1) 병충해담보 특약에서 담보하는 7가지 병충해를 쓰시오.

(2) 수확감소에 따른 A농지 ① 피해율, ② 보험금과 B농지 ③ 피해율, ④ 보험금을 각각 구하시오.

(3) 각 농지의 식물체가 65% 이상 고사하여 경작불능보험금을 받을 경우, A농지 ⑤ 보험금과 B농지 ⑥ 보험금을 구하시오.

(1) 병충해담보 특약에서 담보하는 7가지 병충해

① 흰잎마름병, ② 줄무늬잎마름병, ③ 도열병, ④ 벼멸구, ⑤ 먹노린재, ⑥ 깨씨무늬병, ⑦ 세균성벼알마름병

(2) 수확감소에 따른 A농지 ① 피해율, ② 보험금과 B농지 ③ 피해율, ④ 보험금

① A농지 피해율 = (평년수확량 − 수확량 − 미보상감수량) ÷ 평년수확량
  • 평년수확량 = 실제경작면적 × 단위면적당 평년수확량
   평년수확량 = $16,000\text{m}^2 \times 0.85\text{kg/m}^2$ = **13,600kg**
  • 피해율 = (13,600kg − 4,080kg − 0kg) ÷ 13,600kg = 0.7 = **70%**
   ※ 병충해 특약에 가입한 경우 미보상감수량을 적용하지 않는다(특약 제2조 제2항).

② A농지 보험금 = 보험가입금액 × (피해율 − 자기부담비율)
  • 보험가입금액 = 가입수확량 × 가입가격 = 13,600kg × 1,300원/kg = 17,680,000원
   ※ 가입비율이 평년수확량의 100%이므로, 가입수확량과 평년수확량은 같다.
  • 보험금 = 17,680,000원 × (70% − 20%) = **8,840,000원**

③ B농지 피해율 = (평년수확량 − 수확량 − 미보상감수량) ÷ 평년수확량
  • 평년수확량 = 실제경작면적 × 단위면적당 평년수확량
   평년수확량 = $12,500\text{m}^2 \times 0.84\text{kg/m}^2$ = **10,500kg**
  • 피해율 = (10,500kg − 4,000kg − 0kg) ÷ 10,500kg = 0.6190 = **61.90%**

④ B농지 보험금 = 보험가입금액 × (피해율 − 자기부담비율)
  • 보험가입금액 = 가입수확량 × 가입가격 = 10,500kg × 1,400원/kg = 14,700,000원
  • 보험금 = 14,700,000원 × (61.90% − 15%) = **6,894,300원**

(3) 각 농지의 식물체가 65% 이상 고사하여 경작불능보험금을 받을 경우, A농지 ⑤ 보험금과 B농지 ⑥ 보험금

보험금 = 보험가입금액 × 자기부담비율에 따른 일정 비율

자기부담비율	경작불능보험금
10%형	보험가입금액 × 45%
15%형	보험가입금액 × 42%
20%형	보험가입금액 × 40%
30%형	보험가입금액 × 35%
40%형	보험가입금액 × 30%

⑤ A농지 보험금
  자기부담비율이 20%형이므로
  보험금 = 보험가입금액 × 40% = 17,680,000원 × 40% = **7,072,000원**

⑥ B농지 보험금
  자기부담비율이 15%형이므로
  보험금 = 보험가입금액 × 42% = 14,700,000원 × 42% = **6,174,000원**

39 업무방법에서 정하는 종합위험방식 벼 상품에 관한 다음 2가지 물음에 답하시오. `기출유형`

(1) 재이앙·재직파보험금, 경작불능보험금, 수확감소보험금의 지급사유를 각각 서술하시오

〈지급사유〉

재이앙·재직파보험금	
경작불능보험금	
수확감소보험금	

(2) 아래 조건(1, 2, 3)에 따른 보험금을 산정하시오(단, 아래의 조건들은 지급사유에 해당된다고 가정한다).

```
[조건 1 : 재이앙·재직파보험금]
• 보험가입금액 : 2,000,000원
• 자기부담비율 : 20%
• 면적피해율 : 50%
• 미보상감수면적 : 없음
```

① 계산과정 :

② 보험금 : _____원

```
[조건 2 : 경작불능보험금]
• 보험가입금액 : 2,000,000원
• 자기부담비율 : 15%
• 식물체 80% 고사
```

① 계산과정 :

② 보험금 : _____원

```
[조건 3 : 수확감소보험금]
• 보험가입금액 : 2,000,000원
• 자기부담비율 : 20%
• 평년수확량 : 1,400kg
• 수확량 : 500kg
• 미보상감수량 : 200kg
```

① 계산과정 :

② 보험금 : _____원

(1) 재이앙 · 재직파보험금, 경작불능보험금, 수확감소보험금의 지급사유

〈지급사유〉

재이앙 · 재직파보험금	보상하는 재해로 면적피해율이 10%를 초과하고, 재이앙 · 재직파를 한 경우에 1회 지급한다.
경작불능보험금	보상하는 재해로 인해 식물체 피해율이 65%(분질미의 경우 60%) 이상이고, 계약자가 경작불능보험금을 신청한 경우 지급한다.
수확감소보험금	보상하는 재해로 인해 피해율이 자기부담비율을 초과하는 경우 수확감소보험금을 지급한다.

(2) 아래 조건에 따른 보험금 산정

[조건 1 : 재이앙 · 재직파보험금]
• 보험가입금액 : 2,000,000원
• 자기부담비율 : 20%
• 면적피해율 : 50%
• 미보상감수면적 : 없음

① 계산과정 :

지급금액 = 보험가입금액 × 25% × 면적피해율

= 2,000,000원 × 25% × 50% = 250,000원

② 보험금 : **250,000원**

[조건 2 : 경작불능보험금]
• 보험가입금액 : 2,000,000원
• 자기부담비율 : 15%
• 식물체 80% 고사

① 계산과정 :

지급금액 = 자기부담비율별 경작불능보험금

자기부담비율이 15%일 때

지급금액 = 보험가입금액 × 42% = 2,000,000원 × 42% = 840,000원

② 보험금 : **840,000원**

[자기부담비율별 경작불능보험금]

자기부담비율	경작불능보험금
10%형	보험가입금액 × 45%
15%형	보험가입금액 × 42%
20%형	보험가입금액 × 40%
30%형	보험가입금액 × 35%
40%형	보험가입금액 × 30%

[조건 3 : 수확감소보험금]
- 보험가입금액 : 2,000,000원
- 자기부담비율 : 20%
- 평년수확량 : 1,400kg
- 수확량 : 500kg
- 미보상감수량 : 200kg

① 계산과정 :
  지급금액 = 보험가입금액 × (피해율 − 자기부담비율)
  피해율 = (평년수확량 − 수확량 − 미보상감수량) ÷ 평년수확량
        = (1,400kg − 500kg − 200kg) ÷ 1,400kg = 0.5 = 50%
  지급금액 = 2,000,000원 × (50% − 20%) = 600,000원
② 보험금 : 600,000원

40 아래의 계약사항과 조사내용에 따른 표본구간 유효중량, 피해율 및 보험금을 구하시오.

기출유형

○ 계약사항

품목명	가입 특약	가입금액	가입면적	평년수확량	가입수확량	자기부담비율	품종구분
벼	병해충 보장특약	5,500,000원	5,000m²	3,850kg	3,950kg	15%	새누리 (메벼)

○ 조사내용

조사 종류	재해 내용	실제 경작면적	고사 면적	타작물 및 미보상 면적	기수확 면적	표본구간 면적	표본구간 작물중량합계	함수율
수확량 (표본)조사	병해충 (도열병) / 호우	5,000m²	1,000m²	0m²	0m²	0.5m²	300g	23.5%

(1) 표본구간 유효중량(표본구간 유효중량은 g단위로 소수점 첫째자리에서 반올림하여 다음 예시와 같이 구하시오. 예시 : 123.4g → 123g로 기재)

(2) 피해율(피해율은 % 단위로 소수점 셋째자리에서 반올림하여 둘째자리까지 다음 예시와 같이 구하시오. 예시 : 0.12345 → 12.35%로 기재)

(3) 보험금

정답

(1) 표본구간 유효중량

표본구간 유효중량 = 표본구간 작물중량 합계 × (1 − Loss율) × {(1 − 함수율) ÷ (1 − 기준함수율)}

* Loss율 : 7%

* 기준함수율 : 메벼(15%), 찰벼(13%)

표본구간 유효중량 = 300g × (1 − 7%) × {(1 − 23.5%) ÷ (1 − 15%)}

$\qquad\qquad\qquad$ = 251.1g = **251g**(※ 소수점 첫째자리에서 반올림)

(2) 피해율

- 표본구간 단위면적당 유효중량 = 251g ÷ 0.5m² = 502g/m² = 0.502kg/m²
- 조사대상면적 = 실제경작면적 − 고사면적 − 타작물 및 미보상면적 − 기수확면적

$\qquad\qquad\quad$ = 5,000m² − 1,000m² − 0m² − 0m² = 4,000m²
- 단위면적당 평년수확량 = 평년수확량 ÷ 실제경작면적 = 3,850kg ÷ 5,000m² = 0.77kg/m²
- 수확량 = (표본구간 단위면적당 유효중량 × 조사대상면적) + {단위면적당 평년수확량 × (타작물 및 미보상면적

$\qquad$ + 기수확면적)}

$\qquad$ = (0.502kg/m² × 4,000m²) + {0.77kg/m² × (0 + 0)m²}

$\qquad$ = 2,008kg
- 미보상감수량 = (평년수확량 − 수확량) × 미보상비율

$\qquad\qquad\quad$ = (3,850kg − 2,008kg) × 0% = 0kg
- 피해율 = (평년수확량 − 수확량 − 미보상감수량) ÷ 평년수확량

$\qquad$ = (3,850kg − 2,008kg − 0kg) ÷ 3,850kg = 0.47844 = **47.84%**(※ 소수점 셋째자리에서 반올림)

(3) 보험금

보험금 = 보험가입금액 × (피해율 − 자기부담비율)

$\qquad$ = 5,500,000원 × (47.84% − 15%) = **1,806,200원**

41 벼 농사를 짓고 있는 甲은 가뭄으로 농지내 일부 면적의 벼가 고사되는 피해를 입어 재이앙 조사후 모가 없어 경작면적의 일부만 재이앙을 하였다. 이후 수확전 태풍으로 도복피해가 발생해 수확량 조사방법 중 표본조사를 하였으나, 甲이 결과를 불인정하여 전수조사를 실시하였다. 계약사항(종합위험 수확감소보장방식)과 조사내용을 참조하여 다음 물음에 답하시오.

기출유형

○ 계약사항

품 종	보험가입금액	가입면적	평년수확량	표준수확량	자기부담비율
동진찰벼	3,000,000원	2,500m^2	3,500kg	3,200kg	20%

○ 조사내용
- 재이앙조사

재이앙전 조사내용		재이앙후 조사내용	
실제경작면적	2,500m^2	재이앙 면적	800m^2
피해면적	1,000m^2	–	–

- 수확량조사

표본조사 내용		전수조사 내용	
표본구간 총 중량 합계	0.48kg	전체 조곡중량	1,200kg
표본구간면적	0.96m^2	미보상비율	10%
함수율	16%	함수율	20%

(1) 재이앙보험금의 지급가능한 횟수를 쓰시오.

(2) 재이앙보험금의 계산과정과 값을 쓰시오.

(3) 수확량감소보험금의 계산과정과 값을 쓰시오[단, 무게(kg) 및 피해율(%)은 소수점 이하 절사. 예시 : 12.67% → 12%].

(1) 재이앙보험금의 지급가능한 횟수

보험기간 내에 보상하는 재해로 면적피해율이 10%를 초과하고, 재이앙한 경우 재이앙보험금을 1회 지급한다.

(2) 재이앙보험금

① 면적피해율 = 피해면적 ÷ 보험가입면적

$$= 800\text{m}^2 ÷ 2,500\text{m}^2 = 0.32(= 32\%)$$

※ 피해면적 중 일부에 대해서만 재이앙이 이루어진 경우에는 재이앙이 이루어지지 않은 면적은 피해면적에서 제외된다.

② 지급보험금 = 보험가입금액 × 25% × 면적피해율

$$= 3,000,000원 × 25\% × 32\%$$

$$= \textbf{240,000원}$$

(3) 수확량감소보험금

① 수확량 = 조사대상면적 수확량 + {단위면적당 평년수확량 × (타작물 및 미보상면적 + 기수확면적)}

- 단위면적당 평년수확량 = 평년수확량 ÷ 실제경작면적

$$= 3,500\text{kg} ÷ 2,500\text{m}^2 = 1.4\text{kg/m}^2$$

- 조사대상면적 수확량 = 작물중량 × {(1 − 함수율) ÷ (1 − 기준함수율)}

$$= 1,200\text{kg} × \{(1 − 20\%) ÷ (1 − 13\%)\} = 1,103.4\text{kg} = 1,103\text{kg}(※ \text{ 소수점 이하 절사})$$

※ 기준함수율 : 찰벼(13%)

- 수확량 = $1,103\text{kg} + \{1.4\text{kg/m}^2 × 0\text{m}^2\} = \textbf{1,103kg}$

② 피해율 = (평년수확량 − 수확량 − 미보상감수량) ÷ 평년수확량

- 미보상감수량 = (평년수확량 − 수확량) × 미보상비율

$$= (3,500\text{kg} − 1,103\text{kg}) × 10\% = 239.7\text{kg} = 239\text{kg}(※ \text{ 소수점 이하 절사})$$

- 피해율 = $(3,500\text{kg} − 1,103\text{kg} − 239\text{kg}) ÷ 3,500\text{kg}$

$$= 0.61657 = \textbf{61\%}(※ \text{ 소수점 이하 절사})$$

③ 지급보험금 = 보험가입금액 × (피해율 − 자기부담비율)

$$= 3,000,000원 × (61\% − 20\%) = \textbf{1,230,000원}$$

42 종합위험 수확감소보장방식 '논작물'에 관한 내용으로 보험금 지급사유에 해당하며, 아래 물음에 답하시오(단, 주어진 조건외 다른 사항은 고려하지 않음). 기출유형

(1) 종합위험 수확감소보장방식 논작물(조사료용 벼)에 관한 내용이다. 다음 조건을 참조하여 경작불능보험금의 계산식과 값(원)을 쓰시오.

○ 조건

보험가입금액	보장비율	사고발생일
10,000,000원	계약자는 최대보장비율 가입조건에 해당되어 이를 선택하여 보험가입을 하였다.	7월 15일

(2) 종합위험 수확감소보장방식 논작물(벼)에 관한 내용이다. 다음 조건을 참조하여 표본조사에 따른 수확량감소보험금의 계산과정과 값(원)을 쓰시오(단, 표본구간 조사시 산출된 유효중량은 g단위로 소수점 첫째자리에서 반올림. 예시 : 123.4g → 123g, 피해율은 %단위로 소수점 셋째자리에서 반올림. 예시 : 12.345% → 12.35%로 기재).

○ 조건 1

보험가입금액	가입면적 (실제경작면적)	자기부담비율	평년수확량	품 종
10,000,000원	3,000m^2	10%	1,500kg	메벼

○ 조건 2

기수확면적	표본구간면적 합계	표본구간작물중량 합계	함수율	미보상비율
500m^2	1.3m^2	400g	22%	20%

(3) 종합위험 수확감소보장방식 논작물(벼)에 관한 내용이다. 다음 조건은 참조하여 전수조사에 따른 수확량감소보험금의 계산과정과 값(원)을 쓰시오(단, 조사대상면적 수확량과 미보상감수량은 kg단위로 소수점 첫째자리에서 반올림. 예시 : 123.4kg→123kg, 단위면적당 평년수확량은 소수점 첫째자리까지 kg단위로 기재, 피해율은 %단위로 소수점 셋째자리에서 반올림. 예시 : 12.345% → 12.35%로 기재).

○ 조건 1

보험가입금액	가입면적 (실제경작면적)	자기부담비율	평년수확량	품 종
10,000,000원	3,000m^2	10%	1,500kg	찰벼

○ 조건 2

고사면적	기수확면적	작물중량 합계	함수율	미보상비율
300m^2	300m^2	540kg	18%	10%

(1) 경작불능보험금

지급보험금 = 보험가입금액 × 보장비율 × 경과비율

※ 최대 보장비율 = 45%

※ 경과비율(7월) = 90%

지급보험금 = 10,000,000원 × 45% × 90% = **4,050,000원**

(2) 표본조사에 따른 수확량감소보험금

① 단위면적당 평년수확량 = 평년수확량 ÷ 실제경작면적

$$= 1,500kg ÷ 3,000m^2 = 0.5kg/m^2$$

② 표본구간 유효중량 = 표본구간 작물중량 합계 × (1 − Loss율) × {(1 − 함수율) ÷ (1 − 기준함수율)}

$$= 400g × (1 − 7\%) × \{(1 − 22\%) ÷ (1 − 15\%)\}$$

$$= 341.3g = 341g(※ \ 소수점 \ 첫째자리에서 \ 반올림)$$

　※ Loss율 : 7%

　※ 기준함수율 : 메벼(15%)

③ 표본구간 단위면적당 유효중량 = 표본구간 유효중량 ÷ 표본구간면적

$$= 341g ÷ 1.3m^2 = 262.3g/m^2 = 262g/m^2 = 0.262kg/m^2$$

④ 조사대상면적 = 실제경작면적 − 고사면적 − 타작물 및 미보상면적 − 기수확면적

$$= 3,000m^2 − 0m^2 − 0m^2 − 500m^2 = 2,500m^2$$

⑤ 수확량 = (표본구간 단위면적당 유효중량 × 조사대상면적) + {단위면적당 평년수확량 × (타작물 및 미보상면적 + 기수확면적)}

$$= (0.262kg/m^2 × 2,500m^2) + (0.5kg/m^2 × 500m^2) = 905kg$$

⑥ 미보상감수량 = (평년수확량 − 수확량) × 미보상비율

$$= (1,500kg − 905kg) × 20\% = 119kg$$

⑦ 피해율 = (평년수확량 − 수확량 − 미보상감수량) ÷ 평년수확량

$$= (1,500kg − 905kg − 119kg) ÷ 1,500kg = 0.31733 = 31.73\%(※ \ 소수점 \ 셋째자리에서 \ 반올림)$$

⑧ 지급보험금 = 보험가입금액 × (피해율 − 자기부담비율)

$$= 10,000,000원 × (31.73\% − 10\%) = \textbf{2,173,000원}$$

별해

표본구간 단위면적당 유효중량을 하나의 산식으로 계산한 경우 지급보험금

① 표본구간 단위면적당 유효중량 = 표본구간 유효중량 ÷ 표본구간면적

$$= \{400g × (1 − 7\%) × [(1 − 22\%) ÷ (1 − 15\%)]\} ÷ 1.3m^2$$

$$= 262.58g/m^2 = 263g/m^2 = \textbf{0.263kg/m}^2$$

② 수확량 = (표본구간 단위면적당 유효중량 × 조사대상면적) + {단위면적당 평년수확량 × (타작물 및 미보상면적 + 기수확면적)}

$$= (0.263kg/m^2 × 2,500m^2) + (0.5kg/m^2 × 500m^2) = \textbf{907.5kg}$$

③ 미보상감수량 = (평년수확량 − 수확량) × 미보상비율

$$= (1,500kg − 907.5kg) × 20\% = \textbf{118.5kg}$$

④ 피해율 = (평년수확량 − 수확량 − 미보상감수량) ÷ 평년수확량

$$= (1,500kg − 907.5kg − 118.5kg) ÷ 1,500kg = 0.316 = \textbf{31.6\%}$$

⑤ 지급보험금 = 보험가입금액 × (피해율 − 자기부담비율)

$$= 10,000,000원 × (31.6\% − 10\%) = \textbf{2,160,000원}$$

(3) 전수조사에 따른 수확량감소보험금

① 단위면적당 평년수확량 = 평년수확량 ÷ 실제경작면적

$$= 1,500kg ÷ 3,000m^2 = 0.5kg/m^2$$

② 조사대상면적 = 실제경작면적 − 고사면적 − 타작물 및 미보상면적 − 기수확면적

$$= 3,000m^2 − 300m^2 − 0m^2 − 300m^2 = 2,400m^2$$

③ 조사대상면적 수확량 = 작물중량 × {(1 − 함수율) ÷ (1 − 기준함수율)}

$$= 540kg × {(1 − 18\%) ÷ (1 − 13\%)} = 508.9kg = 509kg(※ 소수점 첫째자리에서 반올림)$$

   ※ 기준함수율 : 찰벼(13%)

④ 수확량 = 조사대상면적 수확량 + {단위면적당 평년수확량 × (타작물 및 미보상면적 + 기수확면적)}

$$= 509kg + (0.5kg/m^2 × 300m^2) = 659kg$$

⑤ 미보상감수량 = (평년수확량 − 수확량) × 미보상비율

$$= (1,500kg − 659kg) × 10\% = 84.1kg = 84kg(※ 소수점 첫째자리에서 반올림)$$

⑥ 피해율 = (평년수확량 − 수확량 − 미보상감수량) ÷ 평년수확량

$$= (1,500kg − 659kg − 84kg) ÷ 1,500kg = 0.50466 = 50.47\%(※ 소수점 셋째자리에서 반올림)$$

⑦ 지급보험금 = 보험가입금액 × (피해율 − 자기부담비율)

$$= 10,000,000원 × (50.47\% − 10\%) = \mathbf{4,047,000원}$$

제4절 밭작물 손해평가 및 보험금 산정

1 종합위험 수확감소보장

01 손해평가 및 보험금 산정시 밭작물의 농작물재해보험 보장방식을 쓰고, 그중 종합위험 수확감소보장방식에 적용되는 품목을 답란에 쓰시오.

[정답]

① **밭작물의 농작물재해보험 보장방식** : 종합위험 수확감소보장방식, 생산비보장방식, 작물특정 및 시설종합위험방식
② **종합위험 수확감소보장방식에 적용되는 품목** : 마늘, 양배추, 양파, 고구마, 옥수수, 사료용 옥수수, 감자(봄재배, 가을재배, 고랭지재배), 콩, 팥, 차(茶), 수박(노지)

02 수확감소보장방식 밭작물 품목의 수확전 조사종류를 나타낸 표이다. 괄호 안에 들어갈 내용을 답란에 쓰시오.

조사내용	조사시기	조사방법	비 고
(㉠)	사고접수후 지체 없이	보상하는 재해로 인한 피해발생 여부 조사 ※ 피해사실이 명백한 경우 생략 가능	전품목
(㉡)		해당 농지에 보상하는 재해로 인하여 재파종이 필요한 면적 또는 면적비율조사	(㉢)
(㉢)		해당 농지에 보상하는 재해로 인하여 재정식이 필요한 면적 또는 면적비율조사	(㉣)
(㉣)		해당 농지의 피해면적비율 또는 보험목적인 식물체 피해율조사	(㉤)

[정답]

㉠ 피해사실확인조사
㉡ 재파종조사
㉢ 재정식조사
㉣ 경작불능조사
㉤ 마늘만 해당
㉥ 양배추만 해당
㉦ 전품목[차(茶) 제외]

03 수확감소보장방식 밭작물 품목의 시기별 조사종류를 나타낸 표이다. 괄호 안에 들어갈 내용을 답란에 쓰시오.

생육 시기	재 해	조사내용	조사시기	조사방법	비 고
수확 직전	보상하는 재해 전부	(㉠)	수확 직전	사고발생 농지의 수확량조사 • 조사방법 : (㉢)	전품목 (사료용 옥수수 제외)
수확 시작후 ~ 수확 종료			(㉡)	사고발생 농지의 수확량조사 • 조사방법 : (㉣)	(㉅)
			사고접수후 지체 없이	사고발생 농지의 수확 중의 수확량 및 (㉤)의 확인을 통한 수확량조사 • 조사방법 : 전수조사 또는 표본조사	전품목

정답

㉠ 수확량조사, ㉡ 조사가능일, ㉢ 전수조사 또는 표본조사, ㉣ 표본조사, ㉤ 감수량, ㉅ 차(茶)만 해당

04 수확감소보장방식 밭작물 품목의 피해사실확인조사를 다음 구분에 따라 답란에 쓰시오.

① 조사대상 :

② 대상재해 :

③ 조사시기 :

정답

① **조사대상** : 대상재해로 사고접수 농지 및 조사 필요 농지
② **대상재해** : 자연재해, 조수해, 화재, <u>병해충</u>(단, 병해충은 감자 품목에만 해당)
③ **조사시기** : 사고접수 직후 실시

05 종합위험 수확감소보장방식 밭작물 품목의 피해사실확인조사시 보상하는 재해 여부 및 피해 정도 등을 감안하여 실시하는 추가조사에는 (   ), (   ), (   ), (   ) 등이 있으며, 이중 재파종조사는 (   ) 품목에만 해당한다. 괄호 안에 들어갈 내용을 순서대로 답란에 쓰시오.

정답

재정식조사, 재파종조사, 경작불능조사, 수확량조사, 마늘

06 다음은 종합위험 수확감소보장방식 밭작물 품목의 재파종조사시 재파종보험금 대상 여부 조사(재파종전조사)에 대한 설명이다. 괄호 안에 들어갈 내용을 답란에 쓰시오.

> ① 표본구간수 선정 : 조사대상면적 규모에 따라 적정 표본구간수 이상의 표본구간수를 선정한다. 다만, 가입면적과 실제경작면적이 (㉠) 이상 차이가 나 계약 변경 대상일 경우에는 실제경작면적을 기준으로 표본구간수를 선정한다.
>
> > 조사대상면적 = 실제경작면적 − (㉡)
>
> ② 표본구간 선정 : 선정한 표본구간수를 바탕으로 (㉢) 등을 감안하여 조사대상면적에 동일한 간격으로 골고루 배치될 수 있도록 표본구간을 선정한다.
> ③ 표본구간 길이 및 식물체 주수조사 : 선정된 표본구간별로 이랑길이 방향으로 식물체 (㉣)에 해당하는 이랑길이, (㉤)을(를) 조사한다.

정답

㉠ 10%, ㉡ 고사면적 − 타작물 및 미보상면적 − 기수확면적, ㉢ 재배방법 및 품종, ㉣ 8주 이상(또는 1m), ㉤ 이랑폭(고랑 포함) 및 식물체 주수

07 종합위험 수확감소보장방식 밭작물 품목의 재파종조사시 재파종 이행완료 여부 조사[재파종후(後)조사]에 대해 답란에 서술하시오.

정답

① **조사대상 농지 및 조사시기 확인** : 재파종보험금 대상 여부 조사(재파종전조사)시 재파종보험금 대상으로 확인된 농지에 대하여 재파종이 완료된 이후 조사를 진행한다.
② **표본구간 선정** : 재파종보험금 대상 여부 조사(재파종전조사)에서와 같은 방법으로 표본구간을 선정한다.
③ **표본구간 길이 및 파종 주수조사** : 선정된 표본구간별로 이랑길이, 이랑폭 및 파종 주수를 조사한다.

08 종합위험 수확감소보장방식 밭작물 품목의 재정식조사를 다음 구분에 따라 답란에 쓰시오.

① 적용 품목 :
② 조사대상 :
③ 조사시기 :

정답

① **적용 품목** : 양배추
② **조사대상** : 피해사실확인조사시 재정식조사가 필요하다고 판단된 농지
③ **조사시기** : 피해사실확인조사 직후 또는 사고접수 직후

09 종합위험 수확감소보장방식 밭작물 품목의 경작불능조사를 다음 구분에 따라 답란에 쓰시오.

① 적용 품목 :

② 조사대상 :

③ 조사시기 :

> **정답**
>
> ① **적용 품목** : 양파, 마늘, 양배추, 고구마, 옥수수, 사료용 옥수수, 감자(봄재배, 가을재배, 고랭지재배), 콩, 팥, 수박(노지)
> ② **조사대상** : 피해사실확인조사시 경작불능조사가 필요하다고 판단된 농지 또는 사고접수시 이에 준하는 피해가 예상되는 농지
> ③ **조사시기** : 피해사실확인조사 직후 또는 사고접수 직후

10 종합위험 수확감소보장방식 밭작물 품목에 관한 내용이다. 다음 (   )의 알맞은 용어를 순서대로 쓰시오.　　[기출유형]

> ① 적용품목은 (㉠), 마늘, 고구마, 옥수수, 사료용 옥수수, 감자(봄재배, 가을재배, 고랭지재배), 차, 콩, 양배추, 팥, 수박(노지) 품목으로 한다.
> ② (㉡)은(는) 마늘 품목에만 해당한다. (㉢)시 (㉡)가 필요하다고 판단된 농지에 대하여 실시하는 조사로, 조사시기는 (㉢) 직후 또는 사고접수 직후로 한다.
> ③ (㉣)은(는) 양배추 품목에만 해당한다. (㉢)시 (㉣)가 필요하다고 판단된 농지에 대하여 실시하는 조사로, 손해평가반은 피해농지를 방문하여 보상하는 재해 여부 및 (㉤)을(를) 조사한다.

> **정답**
>
> ㉠ 양파, ㉡ 재파종조사, ㉢ 피해사실확인조사, ㉣ 재정식조사, ㉤ 피해면적

11 다음은 종합위험 수확감소보장방식 밭작물 품목의 경작불능조사에 대한 설명이다. 괄호 안에 공통적으로 들어갈 내용을 답란에 쓰시오.

> • 목측 조사를 통해 조사대상 농지에서 보상하는 재해로 인한 식물체 피해율이 (   ) 이상 여부를 조사한다.
> • 식물체 피해율이 (   ) 이상인 경우 계약자에게 경작불능보험금 신청 여부를 확인한다.
> • 식물체 피해율이 (   ) 미만이거나, 식물체 피해율이 (   ) 이상이 되어도 계약자가 경작불능보험금을 신청하지 않은 경우에는 향후 수확량조사가 필요한 농지로 결정한다(콩, 팥 제외).

> **정답**
>
> 65%

12 다음은 종합위험 수확감소보장방식 밭작물 품목(사료용 옥수수 제외)의 수확량조사 적기를 나타낸 표이다. 괄호 안에 들어갈 내용을 답란에 쓰시오.

품 목	수확량조사 적기
양파	양파의 비대가 종료된 시점(㉠)
마늘	마늘의 비대가 종료된 시점(㉡)
고구마	고구마의 비대가 종료된 시점(㉢)
감자 (고랭지재배)	감자의 비대가 종료된 시점(㉣)
감자 (봄재배)	감자의 비대가 종료된 시점(㉤)
수박(노지)	수확 적기(㉥)

정답

㉠ 식물체의 도복이 완료된 때
㉡ 잎과 줄기가 1/2~2/3 황변하여 말랐을 때와 해당 지역의 통상 수확기가 도래하였을 때
㉢ 삽식일로부터 120일 이후에 농지별로 적용
㉣ 파종일로부터 110일 이후
㉤ 파종일로부터 95일 이후
㉥ 꽃가루받이후 또는 착과후 35~45일

13 다음은 농작물재해보험 업무방법에서 정하는 종합위험방식 밭작물 품목별 수확량조사 적기에 관한 내용이다. 괄호에 알맞은 내용을 답란에 순서대로 쓰시오. `기출유형`

- 고구마 : (   )로/으로부터 120일 이후에 농지별로 조사
- 감자(고랭지재배) : (   )로/으로부터 110일 이후 농지별로 조사
- 마늘 : (   )와/과 (   )이/가 1/2~2/3 황변하여 말랐을 때와 해당 지역에 통상 수확기가 도래하였을 때 농지별로 조사
- 옥수수 : (   )이/가 나온후 25일 이후 농지별로 조사

정답

삽식일, 파종일, 잎, 줄기, 수염

14 다음은 종합위험 수확감소보장방식 밭작물 품목(사료용 옥수수 제외)의 수확량조사 적기를 나타낸 표이다. 괄호 안에 들어갈 내용을 답란에 쓰시오.

품 목	수확량조사 적기
감자 (가을재배)	감자의 비대가 종료된 시점(㉠)
옥수수	옥수수의 수확 적기[수염이 나온후 (㉡) 이후]
차(茶)	조사가능일 직전[조사가능일은 대상 농지에 식재된 차나무의 대다수 신초가 1심2엽의 형태를 형성하며 수확이 가능할 정도의 크기(㉢)로 자란 시기를 의미하며, 해당 시기가 수확연도 5월 10일을 초과하는 경우에는 수확연도 5월 10일을 기준으로 함]
콩	콩의 수확 적기[콩잎이 누렇게 변하여 떨어지고 꼬투리의 (㉣) 이상이 고유한 성숙(황색) 색깔로 변하는 시기인 생리적 성숙기로부터 7~14일이 지난 시기]
팥	팥의 수확 적기[꼬투리가 (㉤) 이상이 성숙한 시기]
양배추	양배추의 수확 적기[(㉥)이 완료된 때)]

정답

㉠ 파종일로부터 제주지역은 110일 이후, 이외 지역은 95일 이후
㉡ 25일
㉢ 신초장 4.8cm 이상, 엽장 2.8cm 이상, 엽폭 0.9cm 이상
㉣ 80~90%
㉤ 70~80%
㉥ 결구 형성

15 다음은 업무방법에서 정하는 종합위험 수확감소보장방식 밭작물 품목별 수확량조사 적기에 관한 내용이다. 밑줄 친 부분에 알맞은 내용을 답란에 쓰시오. `기출유형`

품 목	수확량조사 적기
양파	양파의 비대가 종료된 시점(식물체의 ㉠ 이 완료된 때)
고구마	고구마의 비대가 종료된 시점(삽식일로부터 ㉡ 일 이후에 농지별로 적용)
감자 (고랭지재배)	감자의 비대가 종료된 시점(파종일로부터 ㉢ 일 이후)
콩	콩의 수확 적기[콩잎이 누렇게 변하여 떨어지고 ㉣ 의 80~90% 이상이 고유한 성숙(황색) 색깔로 변하는 시기인 생리적 성숙기로부터 7~14일이 지난 시기]
양배추	양배추의 수확 적기[(㉤) 형성이 완료된 때)]

정답

㉠ 도복, ㉡ 120, ㉢ 110, ㉣ 꼬투리, ㉤ 결구

16 다음은 종합위험 수확감소보장방식 밭작물 품목의 수확량조사시 표본구간 면적조사 방법을 나타낸 도표이다. 괄호 안에 들어갈 내용을 답란에 쓰시오.

품 목	표본구간 면적조사 방법
양파, 마늘	• 이랑폭 2m 미만 : (㉠) 및 이랑폭조사 • 이랑폭 2m 이상 : (㉡) 및 이랑폭조사
고구마, 양배추, 감자, 옥수수	(㉢)
차(茶)	(㉣)
콩, 팥	• 점파 : (㉤) 및 이랑폭조사 • 산파 : (㉥) 또는 표본구간의 가로·세로길이조사
수박(노지)	(㉦)

정답

㉠ 이랑길이(5주 이상)
㉡ 이랑길이(3주 이상)
㉢ 이랑길이(5주 이상) 및 이랑폭조사
㉣ 규격의 테(0.04m^2) 사용
㉤ 이랑길이(4주 이상)
㉥ 규격의 원형(1m^2) 이용
㉦ 이랑길이(10주 이상) 및 이랑폭조사

17 종합위험 수확감소보장방식 밭작물 품목 중 양파, 마늘의 표본구간별 수확량조사 방법에 대한 설명이다. 괄호 안에 알맞은 내용을 쓰시오. 기출유형

표본구간내 작물을 수확한후, 줄기를 절단하고 해당 무게를 조사한다. 이때 양파는 종구 (㉠) 윗부분을 절단하고, 마늘은 종구 (㉡) 윗부분을 절단한다.

정답

㉠ 5cm, ㉡ 3cm

18 다음은 종합위험 수확감소보장방식 밭작물 품목의 표본구간별 수확량조사 방법을 설명한 것이다. 빈 칸에 알맞은 내용을 쓰시오. 〔기출유형〕

고구마	표본구간내 작물을 수확한후 정상 고구마와 50% 피해 고구마(㉠), 80% 피해 고구마(㉡), 100% 피해 고구마(㉢)로 구분하여 무게를 조사한다.
감 자	표본구간내 작물을 수확한후 정상 감자, 병충해별 (㉣) 발병 감자로 구분하여 해당 병충해명과 무게를 조사하고, 최대 지름이 (㉤) 미만이거나 피해정도 (㉥) 이상인 감자의 무게는 실제 무게의 50%를 조사 무게로 한다.

〔정답〕

㉠ 일반시장에 출하할 때 정상 고구마에 비해 50% 정도의 가격하락이 예상되는 품질(단, 가공공장 공급 및 판매 여부와 무관)
㉡ 일반시장에 출하가 불가능하나, 가공용으로 공급될 수 있는 품질(단, 가공공장 공급 및 판매 여부와 무관)
㉢ 일반시장 출하가 불가능하고 가공용으로 공급될 수 없는 품질
㉣ 20% 이하, 21% 이상~40% 이하, 41% 이상~60% 이하, 61% 이상~80% 이하, 81% 이상~100% 이하
㉤ 5cm
㉥ 50%

19 다음은 종합위험 수확감소보장방식 밭작물 품목의 표본구간별 수확량조사 방법을 설명한 것이다. 빈 칸에 알맞은 내용을 쓰시오. 〔기출유형〕

옥수수	표본구간내 작물을 수확한후 착립장 길이에 따라 상(㉠)·중(㉡)·하(㉢)로 구분한후 해당 개수를 조사한다.
차(茶)	표본구간 중 두 곳에 (㉣) 테를 두고 테내의 수확이 완료된 새싹의 수를 세고, 남아있는 모든 새싹(1심2엽)을 따서 개수를 세고 무게를 조사한다.
콩, 팥	표본구간내 콩, 팥을 수확하여 꼬투리를 제거한후 콩, 팥 종실의 (㉤)을(를) 조사한다.
양배추	표본구간내 작물의 (㉥)를 절단하여 수확(외엽 2개내외 부분을 제거)한후, 80% 피해 양배추, 100% 피해 양배추로 구분한다. 80% 피해형은 해당 양배추의 피해 무게를 80% 인정하고, 100% 피해형은 해당 양배추 피해 무게를 100% 인정한다.

〔정답〕

㉠ 17cm 이상
㉡ 15cm 이상 17cm 미만
㉢ 15cm 미만
㉣ 20cm × 20cm
㉤ 무게 및 함수율(3회 평균)
㉥ 뿌리

20 다음은 수확량 산출식에 관한 내용이다. ① ~ ④에 들어갈 작물을 〈보기〉에서 선택하여 쓰고, '마늘' 수확량 산출식의 ⑤ 환산계수를 쓰시오. [기출유형]

〈보기〉	마늘(난지형)	감자	고구마	양파

- 표본구간 수확량 산출식에서 50% 피해형이 포함되는 품목 ·· (①)
- 표본구간 수확량 산출식에서 50% 피해형과 80% 피해형이 포함되는 품목 ····················· (②)
- 표본구간 수확량 산출식에서 80% 피해형이 포함되는 품목 ································· (③), (④)
- 마늘(난지형)의 표본구간 단위면적당 수확량 = 표본구간 수확량 합계 × (품종별 환산계수 : ⑤)
  ÷ 표본구간면적

[정답]

① 감자, ② 고구마, ③ 양파, ④ 마늘(난지형), ⑤ 0.72

[해설]

① 감 자
표본구간 수확량 합계 = 표본구간별 정상 감자 중량 + (최대 지름이 5cm 미만이거나 <u>50% 피해 감자 중량</u> ×0.5) + 병충해 입은 감자 중량

② 고구마
표본구간 수확량 = 표본구간별 정상 고구마 중량 + (<u>50% 피해 고구마 중량</u> × 0.5) + (<u>80% 피해 고구마 중량</u> × 0.2)

③ 양 파
표본구간 수확량 합계 = (표본구간 정상 양파 중량 + <u>80% 피해 양파 중량</u> × 0.2) × (1 + 비대추정지수)

④ 마늘(난지형)
표본구간 수확량 합계 = (표본구간 정상 마늘 중량 + <u>80% 피해 마늘 중량</u> × 0.2) × (1 + 비대추정지수) × 품종별 환산계수

⑤ 마늘(난지형)의 표본구간 단위면적당 수확량 = (표본구간 수확량 합계 × 품종별 환산계수) ÷ 표본구간면적
※ 품종별 환산계수 : 0.7(한지형), <u>0.72(난지형, 홍산)</u>

---

21 종합위험 수확감소보장방식 밭작물 품목의 전수조사 방법에 대한 설명이다. 괄호 안에 들어갈 내용을 답란에 쓰시오.

① 대상품목 : (㉠) 품목에만 해당한다.
② 중량조사 : 대상 농지에서 수확한 콩(종실), 팥(종실)의 무게를 조사하며, 전체 무게 측정이 어려운 경우에는 (㉡) 이상의 포대를 임의로 선정하여 포대당 평균 무게를 구한후 해당 수치에 수확한 전체 포대 수를 곱하여 전체 무게를 산출한다.
③ 함수율조사 : (㉢) 이상 종실의 함수율을 측정후 (㉣)을(를) 산출한다. 단, 함수율을 측정할 때에는 각 횟수마다 각기 다른 포대에서 추출한 콩, 팥을 사용한다.

[정답]

㉠ 콩, 팥, ㉡ 10포대, ㉢ 10회, ㉣ 평균값

22 업무방법에서 정하는 종합위험 수확감소보장방식 논작물 및 밭작물 품목에 대한 내용이다. ( )에 알맞은 내용을 답란에 쓰시오. 기출유형

구 분	품 목
수확량 전수조사 대상 품목	• 논작물 : (㉠) • 밭작물 : (㉡)
경작불능 비해당 품목	(㉢)
병충해를 보장하는 품목(특약 포함)	• 논작물 : (㉣) • 밭작물 : (㉤)

정답

㉠ 벼, 밀, 보리, 귀리, ㉡ 콩과 팥, ㉢ 차(茶), ㉣ 벼, ㉤ 감자

해설

구 분	품 목
수확량 전수조사 대상 품목	수확량 전수조사 대상 품목은 논작물의 경우 <u>벼, 밀, 보리, 귀리</u>이고, 밭작물의 경우 <u>콩과 팥</u>이다.
경작불능 비해당 품목	경작불능조사 대상 품목은 논작물의 경우 벼, 조사료용 벼, 밀, 보리, 귀리이고, 밭작물의 경우 <u>차(茶)</u>를 제외한 양파, 마늘, 고구마, 옥수수, 사료용 옥수수, 감자(봄재배, 가을재배, 고랭지재배), 콩, 팥, 양배추, 수박(노지) 품목만 해당한다.
병충해를 보장하는 품목 (특약 포함)	병충해를 보장하는 품목(특약 포함)은 논작물의 경우 <u>벼</u>만 해당하고, 밭작물의 경우 <u>감자</u>만 해당한다.

23 종합위험 수확감소보장방식 과수 및 밭작물 품목 중 ( )에 들어갈 해당 품목을 쓰시오. 기출유형

구 분	내 용	해당 품목
과수 품목	경작불능조사를 실시하는 품목	(㉠)
	병충해를 보장하는 품목(특약 포함)	(㉡)
밭작물 품목	전수조사를 실시해야 하는 품목	(㉢), 팥
	재정식 보험금을 지급하는 품목	(㉣)
	경작불능조사 대상이 아닌 품목	(㉤)

정답

㉠ 복분자, ㉡ 복숭아(※ 병충해 – 세균구멍병), ㉢ 콩, ㉣ 양배추(※ 재정식조사), ㉤ 차(茶)

24 종합위험 수확감소보장방식 밭작물 품목의 조기파종 보험금 산정에 대한 설명이다. 괄호 안에 들어갈 내용을 답란에 쓰시오.

> 남도종 마늘을 재배하는 (㉠) 농지에 적용되며, 한지형 마늘 최초 판매개시일 24시 이전에 보상하는 재해로 10a당 식물체 주수가 30,000주보다 적어지고, (㉡) 이전 10a당 30,000주 이상으로 재파종한 경우 아래와 같이 계산한 (㉢)을(를) 지급한다.
> • 지급보험금 = 보험가입금액 × (㉣) × 표준피해율
> • 표준피해율(10a 기준) = (30,000 − ㉤) ÷ 30,000

정답

㉠ 제주도 지역, ㉡ 10월 31일, ㉢ 재파종보험금, ㉣ 25%, ㉤ 식물체 주수

25 종합위험 수확감소보장방식 밭작물 품목(마늘)에서 재파종보험금의 지급사유에 대해 서술하시오.

정답

재파종보험금의 지급사유
보험기간 내에 보상하는 재해로 10a당 식물체 주수가 30,000주보다 적어지고, 10a당 30,000주 이상으로 재파종한 경우 재파종보험금은 아래에 따라 계산하며 1회에 한하여 보상한다.
• 지급보험금 = 보험가입금액 × 35% × 표준피해율
• 표준피해율(10a 기준) = (30,000 − 식물체 주수) ÷ 30,000

26 종합위험 수확감소보장방식 밭작물 품목(양배추)에서 재정식보험금의 지급사유와 지급금액 산정방법을 서술하시오.

① 지급사유 :

② 지급금액 :

정답

① **지급사유** : 보험기간 내에 보상하는 재해로 면적피해율이 자기부담비율을 초과하고, 재정식한 경우 재정식보험금을 1회 지급한다.
② **지급금액** : 보험가입금액 × 20% × 면적피해율
  ※ 면적피해율 = 피해면적 ÷ 보험가입면적

27 업무방법에서 정하는 종합위험방식 마늘 품목에서 다음의 계약사항과 보상하는 재해에 따른 조사내용에 관하여 재파종보험금을 구하시오(단, 1a는 100m²이다). [기출유형]

○ 계약사항

상품명	보험가입금액	가입면적	평년수확량	자기부담비율
종합위험방식 마늘	1,000만원	4,000m²	5,000kg	20%

○ 조사내용

조사종류	조사방식	1m²당 출현주수(재파종전조사)	1m²당 재파종주수(재파종후조사)
재파종조사	표본조사	18주	32주

[정답]

재파종보험금 : 140만원

[해설]

재파종보험금

재파종보험금은 재파종조사 결과 10a당 식물체 주수가 30,000주보다 적어지고, 10a당 30,000주 이상으로 재파종을 한 경우에 지급하며, 지급보험금은 보험가입금액에 35%를 곱한후 다시 표준피해율을 곱하여 산정한다.

- 재파종보험금 = 보험가입금액 × 35% × 표준피해율
- 식물체 주수(재파종전조사)
  10a(1,000m²)당 식물체 주수 = 1,000 × 18주 = 18,000주
- 표준피해율(10a 기준) = (30,000주 - 식물체 주수) ÷ 30,000주
  = (30,000주 - 18,000주) ÷ 30,000주 = 0.4 = 40%
- ∴ 재파종보험금 = 1,000만원 × 35% × 40% = **140만원**

28 보험가입금액 100,000,000원, 자기부담비율 20%의 종합위험보장 마늘 상품에 가입하였다. 보험계약후 당해 연도 10월 31일까지 보상하는 재해로 인해 마늘이 10a당 식물체 주수가 27,000주이고, 10a당 33,000주로 재파종을 한 경우 재파종보험금의 계산과정과 값을 쓰시오. [기출유형]

[정답]

재파종보험금 = 보험가입금액 × 35% × 표준피해율

- 표준피해율(10a 기준) = (30,000주 - 식물체 주수) ÷ 30,000주
  = (30,000주 - 27,000주) ÷ 30,000주 = 0.1(= 10%)
- 재파종보험금 = 100,000,000원 × 35% × 10% = **3,500,000원**

29 종합위험 수확감소보장 밭작물(마늘, 양배추) 상품에 관한 내용이다. 보험금 지급사유에 해당하며, 아래의 조건을 참조하여 다음 물음에 답하시오. [기출유형]

○ 조건

품 목	재배지역	보험가입금액	보험가입면적	자기부담비율
마늘	의성	3,000,000원	1,000m^2	20%
양배추	제주	2,000,000원	2,000m^2	10%

(1) '마늘'의 재파종전조사 결과는 1a당 식물체 주수가 2,400주이고, 재파종후조사 결과는 1a당 식물체 주수가 3,100주로 조사되었다. 재파종보험금(원)을 구하시오.

(2) '양배추'의 재정식전조사 결과는 피해면적 500m^{2}이고, 재정식후조사 결과는 재정식면적 500m^{2}으로 조사되었다. 재정식보험금(원)을 구하시오.

정답

(1) 재파종보험금
  보상하는 재해로 10a당 식물체 주수가 30,000주보다 적어지고, 10a당 30,000주 이상으로 재파종한 경우 보험금을 지급한다.
  ① 표준피해율(10a 기준) = (30,000 − 식물체 주수) ÷ 30,000
      = {30,000 − (2,400 × 10)} ÷ 30,000 = 0.2 = 20%
  ② 재파종보험금 = 보험가입금액 × 35% × 표준피해율
      = 3,000,000원 × 35% × 20% = **210,000원**

(2) 재정식보험금
  보상하는 재해로 면적피해율이 자기부담비율을 초과하고 재정식한 경우 보험금을 지급한다.
  ① 면적피해율 = 피해면적 ÷ 보험가입면적
      = 500m^2 ÷ 2,000m^2 = 0.25 = 25%(※ 자기부담비율 초과)
  ② 재정식보험금 = 보험가입금액 × 20% × 면적피해율
      = 2,000,000원 × 20% × 25% = **100,000원**

30 다음은 종합위험 수확감소보장방식 밭작물 품목의 경작불능보험금 산정시 자기부담비율별 경작불능보험금 지급비율을 나타낸 표이다. 빈 칸에 들어갈 내용을 답란에 쓰시오.

품 목	자기부담비율				
	10%형	15%형	20%형	30%형	40%형
양파, 마늘, 고구마, 옥수수, 감자, 콩, 팥, 양배추					
수박(노지)					

품 목	자기부담비율				
	10%형	15%형	20%형	30%형	40%형
양파, 마늘, 고구마, 옥수수, 감자, 콩, 팥, 양배추	45%	42%	40%	35%	30%
수박(노지)	–	–	40%	35%	30%

31 종합위험 수확감소보장방식 밭작물 품목에서 수확감소보험금의 산정 및 피해율에 대한 설명이다. 괄호 안에 들어갈 내용을 답란에 쓰시오.

> ① 수확감소보험금은 보험가입금액에 피해율에서 (㉠)을(를) 차감한 비율을 곱하여 산정한다.
> ② 피해율은 평년수확량에서 (㉡)과(와) (㉢)을(를) 뺀 값을 (㉣)으로 나누어 산출한다. 다만, 감자의 경우에는 평년수확량에서 (㉡)과(와) (㉢)을(를) 뺀 값에 (㉤)을(를) 더한후 (㉣)으로 나누어 산출한다.
> ③ (㉥) 지급대상인 경우 수확감소보험금 산정 적용 품목에서 제외된다(콩, 팥에 한함).

㉠ 자기부담비율, ㉡ 수확량, ㉢ 미보상감수량, ㉣ 평년수확량, ㉤ 병충해감수량, ㉥ 경작불능보험금

① 수확감소보험금 = 가입금액 × (피해율 – 자기부담비율)
② 피해율 = (평년수확량 – 수확량 – 미보상감수량) ÷ 평년수확량
　※ **감자의 경우** : 피해율 = {(평년수확량 – 수확량 – 미보상감수량) + 병충해감수량} ÷ 평년수확량

32 종합위험 수확감소보장방식 옥수수 품목의 수확감소보험금 산정식이다. 괄호 안에 들어갈 내용을 답란에 쓰시오.

> 지급보험금 = Min(보험가입금액, ㉠) – (㉡)
> • (㉠) = 피해수확량 × (㉢)
> • (㉡) = 보험가입금액 × 자기부담비율

㉠ 손해액, ㉡ 자기부담금, ㉢ 가입가격

33 종합위험 수확감소보장 밭작물 '옥수수' 품목에 관한 내용이다. 보험금 지급사유에 해당하며, 아래의 조건을 참조하여 물음에 답하시오(단, 주어진 조건외 다른 사항은 고려하지 않음).

기출유형

○ 조건

품 종	보험가입금액	보험가입면적	표준수확량	
대학찰(연농2호)	20,000,000원	8,000m²	2,000kg	
가입가격	**재식시기지수**	**재식밀도지수**	**자기부담비율**	**표본구간 면적합계**
2,000원/kg	1	1	10%	16m²

면적조사 결과			
조사대상면적	**고사면적**	**타작물면적**	**기수확면적**
7,000m²	500m²	200m²	300m²

표본구간내 수확한 옥수수				
착립장 길이 (13cm)	**착립장 길이 (14cm)**	**착립장 길이 (15cm)**	**착립장 길이 (16cm)**	**착립장 길이 (17cm)**
8개	10개	5개	9개	2개

(1) 피해수확량의 계산과정과 값(kg)을 쓰시오.

(2) 손해액의 계산과정과 값(원)을 쓰시오.

(3) 수확감소보험금의 계산과정과 값(원)을 쓰시오.

정답

(1) 피해수확량

① 단위면적당 표준수확량 = 표준수확량 ÷ 실제경작면적
$$= 2,000kg ÷ 8,000m^2 = 0.25kg/m^2$$
  ※ 실제경작면적 = 조사대상면적 + 고사면적 + 타작물 및 미보상면적 + 기수확면적
$$= 7,000m^2 + 500m^2 + 200m^2 + 300m^2 = 8,000m^2$$
② 표본구간 피해수확량 합계 = (표본구간 "하"품 이하 옥수수 개수 + "중"품 옥수수 개수 × 0.5) × 표준중량 × 재식시기지수 × 재식밀도지수
$$= (18개 + 14개 × 0.5) × 0.16kg/개 × 1 × 1 = 4kg$$
  ※ 표본구간내 작물을 수확한후 착립장 길이에 따라 상(17cm 이상)·중(15cm 이상 17cm 미만)·하(15cm 미만)로 구분한다.
  ※ 대학찰(연농2호)의 표준중량 = 160g = 0.16kg/개
③ 표본구간 단위면적당 피해수확량 = 표본구간 피해수확량 합계 ÷ 표본구간면적
$$= 4kg ÷ 16m^2 = 0.25kg/m^2$$
④ 피해수확량 = (표본구간 단위면적당 피해수확량 × 표본조사대상면적) + (단위면적당 표준수확량 × 고사면적)
$$= (0.25kg/m^2 × 7,000m^2) + (0.25kg/m^2 × 500m^2) = 1,875kg$$

(2) 손해액

손해액 = 피해수확량 × 가입가격
= 1,875kg × 2,000원/kg = **3,750,000원**

(3) 수확감소보험금

① 자기부담금 = 보험가입금액 × 자기부담비율
= 20,000,000원 × 10% = 2,000,000원

② 수확감소보험금 = Min[보험가입금액, 손해액] − 자기부담금
= Min[20,000,000원, 3,750,000원] − 2,000,000원 = **1,750,000원**

34 다음 조건에 따른 종합위험 수확감소보장방식 밭작물(양배추) 품목의 피해율을 계산하시오.

> [조건]
> • 2024년 평년수확량은 1,200kg이다.
> • 2024년 조사수확량은 900kg이다.
> • 미보상비율은 10%이다.

정답

피해율 : 22.5%

해설

미보상감수량 = (평년수확량 − 수확량) × 미보상비율
= (1,200kg − 900kg) × 10% = 30kg

∴ 피해율 = (평년수확량 − 수확량 − 미보상감수량) ÷ 평년수확량
= (1,200kg − 900kg − 30kg) ÷ 1,200kg = 0.225(= **22.5%**)

35 종합위험 수확감소보장방식 밭작물 품목의 표본구간 수확량 합계 산정방법을 서술하시오.

품 목	표본구간 수확량 합계 산정방법
감자, 수박(노지)	
양배추	
차(茶)	
양파, 마늘	
고구마	

품 목	표본구간 수확량 합계 산정방법
감자, 수박(노지)	표본구간별 작물 무게의 합계
양배추	표본구간별 정상 양배추 무게의 합계에 80% 피해 양배추의 무게에 0.2를 곱한 값을 더하여 산정
차(茶)	표본구간별로 수확한 새싹무게를 수확한 새싹수로 나눈 값에 기수확 새싹수와 기수확지수를 곱하고, 여기에 수확한 새싹무게를 더하여 산정 ※ 기수확지수는 기수확비율[기수확 새싹수를 전체 새싹수(기수확 새싹수와 수확한 새싹수를 더한 값)로 나눈값]에 따라 산출

양파, 마늘 품목의 경우:

표본구간별 작물 무게의 합계에 누적비대추정지수에 1을 더한 값(누적비대추정지수 + 1)을 곱하여 산정(단, 마늘의 경우 이 합계에 품종별 환산계수를 곱하여 산정)

[품목별 비대추정지수]

양파	마늘
2.2%/1일	0.8%/1일

※ 품종별 환산계수 : 난지형·홍산 0.72 / 한지형 0.7

고구마	표본구간별 정상 고구마의 무게 합계에 50% 피해 고구마의 무게에 0.5, 80% 피해 고구마의 무게에 0.2를 곱한 값을 더하여 산정

36 다음은 종합위험 수확감소보장방식 밭작물 품목의 표본구간 수확량 합계 산정방법을 설명한 것이다. 괄호 안에 들어갈 내용을 답란에 쓰시오.

품 목	표본구간 수확량 합계 산정방법		
옥수수	표본구간내 수확한 옥수수 중 "하" 항목의 개수에 "중" 항목 개수의 (㉠)을(를) 곱한 값을 더한 후 품종별 표준중량, 재식시기지수, 재식밀도지수를 각각 곱하여 표본구간 피해착과량을 산정 [품종별 표준중량(g)]		
	미백2호	대학찰(연농2호)	미흑찰 등
	㉡	㉢	㉣
콩, 팥	표본구간별 종실중량에 1에서 함수율을 뺀 값을 곱한후 다시 (㉤)을(를) 나누어 산정한 중량의 합계		

㉠ 0.5, ㉡ 180, ㉢ 160, ㉣ 190, ㉤ 0.86

37 종합위험 수확감소보장방식 밭작물 품목의 품목별 표본구간면적 합계 산정방법을 나타낸 표이다. 괄호 안에 들어갈 내용을 답란에 쓰시오.

품 목	표본구간면적 합계 산정방법
양파, 마늘, 고구마, 감자, 옥수수, 양배추, 수박(노지)	(㉠)
콩, 팥	표본구간별 면적(㉡)의 합계 단, 규격의 원형(1m²)을 이용하여 조사한 경우에는 표본구간수에 규격 면적(1m²)을 곱해 산정
차(茶)	표본구간수에 규격 면적(㉢)을(를) 곱하여 산정

정답

㉠ 표본구간별 면적(이랑길이 × 이랑폭)의 합계
㉡ 이랑길이(또는 세로길이) × 이랑폭(또는 가로길이)
㉢ 0.08m²

38 다음은 종합위험 수확감소보장방식 밭작물(콩) 품목의 전수조사시 수확량 산출에 대한 설명이다. 괄호 안에 들어갈 내용을 답란에 쓰시오.

> ① 수확량 산출 : 전수조사 수확량 합계에 평년수확량을 실제경작면적으로 나눈후 (㉠) 및 미보상면적과 (㉡)의 합을 곱한 값을 더하여 산정한다.
> ② 전수조사 수확량 산정방법 : 전체 종실중량에 1에서 (㉢)을(를) 뺀 값을 곱한후 다시 (㉣)을(를) 나누어 산정한 중량의 합계이다.

정답

㉠ 타작물, ㉡ 기수확면적, ㉢ 함수율, ㉣ 0.86

39 종합위험 수확감소보장방식 밭작물 품목의 병충해감수량에 대한 설명이다. 괄호 안에 들어갈 내용을 답란에 쓰시오.

> ① 병충해감수량은 (㉠) 품목에만 해당하며, (㉡) 합계를 표본구간면적 합계로 나눈후 (㉢) 합계를 곱하여 산출한다.
> ② (㉡) 합계는 각 표본구간별 병충해감수량을 합하여 산출한다.
> ③ 병충해감수량은 병충해를 입은 괴경의 무게에 (㉣)과(와) (㉤)을(를) 곱하여 산출한다.

정답

㉠ 감자, ㉡ 표본구간 병충해감수량, ㉢ 조사대상면적, ㉣ 손해정도비율, ㉤ 인정비율

40 종합위험 수확감소보장에서 '감자'(봄재배, 가을재배, 고랭지재배) 품목의 병·해충등급별 인정비율이 90%에 해당하는 병·해충을 5개 쓰시오.

정답

역병, 갈쭉병, 모자이크병, 무름병, 둘레썩음병, 가루더뎅이병, 잎말림병, 감자뿔나방

41 종합위험 수확감소보장방식 밭작물 품목(감자)의 병·해충 등급별 인정비율을 나타낸 표이다. ① 해당하는 병·해충을 5개 이상 쓰고, ② 인정비율을 쓰시오.

구 분		병·해충	인정비율
품 목	급 수		
감자	2급	①	②

정답

① 홍색부패병, 시들음병, 마른썩음병, 풋마름병, 줄기검은병, 더뎅이병, 균핵병, 검은무늬썩음병, 줄기기부썩음병, 진딧물류, 아메리카잎굴파리, 방아벌레류
② 70%

42 종합위험 수확감소보장방식 감자 품목의 병충해에 의한 피해사실 확인후 보험금 산정을 위한 표본조사를 실시하였다. 한 표본구간에서 가루더뎅이병으로 입은 괴경의 무게가 10kg이고 손해정도가 50%인 경우 이 표본구간의 병충해감수량은?(단, 병충해감수량은 kg단위로 소수점 둘째자리에서 반올림하여 첫째자리까지 다음 예시와 같이 구하시오. 예시 : 1.234kg → 1.2kg)

기출유형

정답

병충해감수량 : 5.4kg

해설

(1) 병충해감수량 산정

병충해감수량은 병충해를 입은 괴경의 무게에 손해정도비율과 인정비율을 곱하여 산출한다.

> 병충해감수량 = 병충해를 입은 괴경의 무게 × 손해정도비율 × 인정비율

(2) 손해정도비율

손해정도가 50%인 경우 손해정도비율은 **60%**이다.

[손해정도에 따른 손해정도 비율]

품 목	손해정도	손해정도비율	손해정도	손해정도비율
감자	1~20%	20%	61~80%	80%
	21~40%	40%	81~100%	100%
	41~60%	60%		

(3) 인정비율

가루더뎅이병의 경우 인정비율은 90%이다.

[병·해충 등급별 인정비율]

구 분		병·해충	인정비율
품 목	급 수		
감자	1급	역병, 갈쭉병, 모자이크병, 무름병, 둘레썩음병, 가루더뎅이병, 잎말림병, 감자뿔나방	90%
	2급	홍색부패병, 시들음병, 마른썩음병, 풋마름병, 줄기검은병, 더뎅이병, 균핵병, 검은무늬썩음병, 줄기기부썩음병, 진딧물류, 아메리카잎굴파리, 방아벌레류	70%
	3급	반쪽시들음병, 흰비단병, 잿빛곰팡이병, 탄저병, 겹둥근무늬병, 오이총채벌레, 뿌리혹선충, 파밤나방, 큰28점박이무당벌레, 기타	50%

∴ 병충해감수량 = 10kg × 0.6 × 0.9 = **5.4kg**

43 종합위험 수확감소보장방식 감자에 관한 내용이다. 다음 계약사항과 조사내용을 참조하여 피해율(%)의 계산과정과 값을 쓰시오(단, 피해율은 소수점 셋째자리에서 반올림하여 다음 예시와 같이 구하시오. 예시 12.345% → 12.35%). `기출유형`

○ 계약사항

품 목	보험가입금액	가입면적	평년수확량	자기부담비율
감자(고랭지재배)	5,000,000원	3,000m²	6,000kg	20%

○ 조사내용

재해	조사 방법	실제경작 면적	타작물 면적	미보상 면적	미보상 비율	표본구간 총 면적	표본구간 총 수확량조사 내용
호우	수확량 조사 (표본 조사)	3,000m²	100m²	100m²	20%	10m²	• 정상 감자 5kg • 최대 지름 5cm 미만 감자 2kg • 병충해(무름병) 감자 4kg • 병충해 손해정도비율 40%

`정답`

① **수확량**

수확량 = (표본구간 단위면적당 수확량 × 조사대상면적) + {단위면적당 평년수확량 × (타작물 및 미보상면적 + 기수확면적)}

• 단위면적당 평년수확량 = 평년수확량 ÷ 실제경작면적 = 6,000kg ÷ 3,000m² = 2kg/m²

• 조사대상면적 = 실제경작면적 − 고사면적 − 타작물 및 미보상면적 − 기수확면적
= 3,000m² − 0m² − 100m² − 100m² − 0m² = 2,800m²

• 표본구간 수확량 합계 = 표본구간별 정상 감자 중량 + (최대 지름이 5cm 미만이거나 50% 피해 감자 중량 × 0.5) + 병충해 입은 감자 중량
= 5kg + (2kg × 0.5) + 4kg = 10kg

• 표본구간 단위면적당 수확량 = 표본구간 수확량 합계 ÷ 표본구간면적
= 10kg ÷ 10m² = 1kg/m²

• 수확량 = (1kg/m² × 2,800m²) + {2kg/m² × (100m² + 100m² + 0m²)} = **3,200kg**

② **미보상감수량**

미보상감수량 = (평년수확량 − 수확량) × 미보상비율
= (6,000kg − 3,200kg) × 20% = **560kg**

③ **병충해감수량**

병충해감수량은 표본구간 병충해감수량 합계를 표본구간면적 합계로 나눈후 조사대상면적 합계를 곱하여 산출한다.
병충해감수량 = 조사대상면적 × {(병충해 입은 괴경의 무게 × 손해정도비율 × 인정비율) ÷ 표본구간면적}
= 2,800m² × {(4kg × 40% × 90%) ÷ 10m²} = **403.2kg**

※ 무름병의 인정비율 : 90%

④ **피해율**

피해율 = {(평년수확량 − 수확량 − 미보상감수량) + 병충해감수량} ÷ 평년수확량
= {(6,000kg − 3,200kg − 560kg) + 403.2kg} ÷ 6,000kg
= 0.44053 = **44.05%**

제2과목 농작물재해보험 및 가축재해보험 손해평가의 이론과 실무

제2장 | 농작물재해보험 손해평가 **443**

44 다음의 계약사항과 보상하는 손해에 따른 조사내용에 관하여 피해수확량, 미보상감수량, 수확감소보험금을 구하시오(단, 재식시기지수와 재식밀도지수는 각각 1로 가정하며, 피해수확량은 kg단위로 소수점 셋째자리에서 반올림하여 둘째자리까지 다음 예시와 같이 구하시오. 예시 : 3.456kg → 3.46kg로 기재). 〔기출유형〕

○ 계약사항

상품명	보험가입금액	보험가입면적	표준수확량	가입가격	자기부담비율
수확감소보장 옥수수(미백2호)	15,000,000원	10,000m^2	5,000kg	3,000원/kg	20%

○ 조사내용

조사종류	표준중량	실제경작면적	고사면적	기수확면적
수확량조사	180g	10,000m^2	1,000m^2	2,000m^2

표본구간 '상' 옥수수 개수	표본구간 '중' 옥수수 개수	표본구간 '하' 옥수수 개수	표본구간 면적 합계	미보상비율
10개	10개	20개	10m^2	10%

〔정답〕

① **피해수확량**
- 표본구간 피해수확량 합계
   = (표본구간 '하' 품 옥수수 개수 + 표본구간 '중' 품 옥수수 개수 × 0.5) × 표준중량 × 재식시기지수 × 재식밀도지수
   = (20개 + 10개 × 0.5) × 180g × 1 × 1 = 4,500g = 4.5kg
- 표본구간 단위면적당 피해수확량 = 표본구간 피해수확량 합계 ÷ 표본구간면적
   = 4.5kg ÷ 10m^2 = 0.45kg/m^2
- 조사대상면적 = 실제경작면적 – 고사면적 – 타작물 및 미보상면적 – 기수확면적
   = 10,000m^2 – 1,000m^2 – 0 – 2,000m^2 = 7,000m^2
- 단위면적당 표준수확량 = 표준수확량 ÷ 실제경작면적
   = 5,000kg ÷ 10,000m^2 = 0.5kg/m^2
- 피해수확량
   = (표본구간 단위면적당 피해수확량 × 조사대상면적) + (단위면적당 표준수확량 × 고사면적)
   = (0.45kg/m^2 × 7,000m^2) + (0.5kg/m^2 × 1,000m^2)
   = **3,650kg**

② **미보상감수량**
   미보상감수량 = 피해수확량 × 미보상비율
   = 3,650kg × 10% = **365kg**

③ **수확감소보험금**
   수확감소보험금 = Min[보험가입금액, 손해액] – 자기부담금
- 손해액 = (피해수확량 – 미보상감수량) × 가입가격 = (3,650kg – 365kg) × 3,000원/kg = 9,855,000원
- 자기부담금 = 보험가입금액 × 자기부담비율 = 15,000,000원 × 20% = 3,000,000원
- 수확감소보험금 = Min[15,000,000원, 9,855,000원] – 3,000,000원
   = 9,855,000원 – 3,000,000원 = **6,855,000원**

45 농업수입감소보장방식 콩에 관한 내용이다. 계약사항과 수확량조사 내용을 참조하여 다음 물음에 답하시오.

기출유형

○ 계약사항

보험가입금액	자기부담비율	가입면적	평년수확량	농지별 기준가격
10,000,000원	20%	10,000m^2	2,000kg	5,000원/kg

○ 수확량조사내용

[면적조사]

실제경작면적	수확불능면적	기수확면적
10,000m^2	1,000m^2	2,000m^2

[표본조사]

표본구간면적	종실중량	함수율
10m^2	2kg	22.6%

[미보상비율] : 10%
※ 수확기가격은 4,500원/kg임

(1) 수확량의 계산과정과 값을 쓰시오.

(2) 피해율의 계산과정과 값을 쓰시오.

(3) 농업수입감소보험금의 계산과정과 값을 쓰시오.

정답

(1) 수확량

- 표본구간 단위면적당 수확량 = 표본구간 수확량 합계 ÷ 표본구간면적
$$= 1.8 \text{kg} \div 10 \text{m}^2 = 0.18 \text{kg/m}^2$$

  ※ 표본구간 수확량 합계
    = 표본구간별 종실중량 합계 × {(1 − 함수율) ÷ (1 − 기준함수율)}
    = 2kg × {(1 − 22.6%) ÷ (1 − 14%)} = 1.8kg

  ※ 기준함수율 : 콩(14%)

- 조사대상면적 = 실제경작면적 − 고사면적(수확불능면적) − 타작물 및 미보상면적 − 기수확면적
$$= 10,000 \text{m}^2 - 1,000 \text{m}^2 - 0 \text{m}^2 - 2,000 \text{m}^2 = 7,000 \text{m}^2$$

- 단위면적당 평년수확량 = 평년수확량 ÷ 실제경작면적
$$= 2,000 \text{kg} \div 10,000 \text{m}^2 = 0.2 \text{kg/m}^2$$

- 수확량(표본조사) = (표본구간 단위면적당 수확량 × 조사대상면적) + {단위면적당 평년수확량 × (타작물 및 미보상면적 + 기수확면적)}
$$= (0.18 \text{kg/m}^2 \times 7,000 \text{m}^2) + \{0.2 \text{kg/m}^2 \times (0 \text{m}^2 + 2,000 \text{m}^2)\}$$
$$= 1,260 \text{kg} + 400 \text{kg} = \mathbf{1,660 \text{kg}}$$

(2) 피해율

- 미보상감수량 = (평년수확량 − 수확량) × 미보상비율
  = (2,000kg − 1,660kg) × 10% = 34kg
- 피해율 = (기준수입 − 실제수입) ÷ 기준수입
  = (10,000,000원 − 7,623,000원) ÷ 10,000,000원
  = 0.2377(= **23.77%**)
  ※ 기준수입 = 평년수확량 × 농지별 기준가격
  = 2,000kg × 5,000원/kg = 10,000,000원
  ※ 실제수입 = (수확량 + 미보상감수량) × 최솟값(농지별 기준가격, 농지별 수확기가격)
  = (1,660kg + 34kg) × 최솟값(5,000원/kg, 4,500원/kg)
  = 1,694kg × 4,500원/kg = 7,623,000원

(3) 농업수입감소보험금

농업수입감소보험금 = 보험가입금액 × (피해율 − 자기부담비율)
= 10,000,000원 × (23.77% − 20%) = **377,000원**

2 종합위험 생산비보장방식

01 종합위험 생산비보장방식을 정의하고, 손해평가 및 보험금 산정시 종합위험 생산비보장방식에 적용되는 밭작물 품목을 답란에 쓰시오.

정답

① **종합위험 생산비보장방식** : 보상하는 재해로 사고발생 시점까지 투입된 작물의 생산비를 피해율에 따라 지급하는 방식이다.
② **적용되는 밭작물 품목** : 고추, 배추(고랭지·월동·가을·봄), 무(고랭지·월동·가을), 단호박, 메밀, 브로콜리, 당근, 시금치(노지), 대파, 쪽파·실파(1형), 쪽파·실파(2형), 양상추

02 종합위험 생산비보장방식 밭작물 품목에서 생육시기[정식(파종)~수확종료]별 조사종류를 다음 구분에 따라 답란에 서술하시오.

① 재해 :
② 조사내용 :
③ 조사시기 :
④ 조사방법 :

정답

① **재해** : 보상하는 재해 전부
② **조사내용** : 생산비피해조사
③ **조사시기** : 사고발생시마다
④ **조사방법** :
  • 재배일정 확인
  • 경과비율 산출
  • 피해율 산정
  • 병충해 등급별 인정비율 확인(노지 고추만 해당)

03 종합위험 생산비보장방식 밭작물 품목의 시기별 조사종류를 나타낸 표이다. 괄호 안에 들어갈 내용을 답란에 쓰시오.

생육 시기	재 해	조사내용	조사시기	조사방법	비 고
수확전	보상하는 재해 전부	(㉠)	사고접수후 지체 없이	보상하는 재해로 인한 피해발생 여부 조사 ※ 피해사실이 (㉣) 생략 가능	(◎)
		(㉡)		해당 농지의 피해면적비율 또는 보험목적인 식물체 피해율조사 • 조사방법 : (㉤)	
		재정식ㆍ재파종조사	사고접수후 지체 없이	해당 농지에 보상하는 손해로 인하여 재정식ㆍ재파종이 필요한 면적 또는 (㉥)조사	(㉧)
수확 직전		(㉢)	수확 직전	사고발생 농지의 피해비율 및 손해정도 비율 확인을 통한 피해율조사 • 조사방법 : (㉦)	(◎)

[정답]

㉠ 피해사실확인조사
㉡ 경작불능조사
㉢ 생산비피해조사
㉣ 명백한 경우
㉤ 전수조사 또는 표본조사
㉥ 면적비율
㉦ 표본조사
◎ 고추, 브로콜리를 제외한 전종목
㉧ 전품목

04 종합위험 생산비보장방식 밭작물 품목의 피해사실확인조사를 다음 구분에 따라 답란에 쓰시오.

① 적용 품목 :
② 조사대상 :
③ 대상재해 :
④ 조사시기 :

[정답]

① **적용 품목** : 고추ㆍ브로콜리를 제외한 생산비보장 밭작물 전품목
② **조사대상** : 대상재해로 사고접수 농지 및 조사 필요 농지
② **대상재해** : 자연재해, 조수해, 화재
③ **조사시기** : 사고접수 직후 실시

05 종합위험 생산비보장방식 밭작물 품목의 재정식·재파종조사에 대한 설명이다. 괄호 안에 들어갈 내용을 답란에 쓰시오.

> ① 재정식·재파종조사는 생산비보장 밭작물 (㉠)에 해당한다.
> ② 피해사실확인조사시 조사가 필요하다고 판단된 농지에 대하여 실시하는 조사로 손해평가반은 피해농지를 방문하여 보상하는 재해 여부 및 (㉡)을(를) 조사한다.
> ③ (㉢)을(를) 통해 보험금 지급대상을 확인한다.
> ④ (㉣)을(를) 통해 재정식·재파종 이행완료 여부를 조사한다.
> ⑤ 농지별 상황에 따라 (㉢)을(를) 생략하고, (㉣)시 (㉤)을(를) 실시할 수 있다.

정답

㉠ 전품목, ㉡ 피해면적, ㉢ 재정식·재파종전조사, ㉣ 재정식·재파종후조사,
㉤ 면적조사(실제경작면적 및 피해면적)

06 종합위험 생산비보장방식 밭작물 품목의 경작불능조사에서 경작불능보장의 보험기간은 '(㉠)' 와 '(㉡)[단, 각 품목별 보장개시일자를 초과할 수 없음]' 중 최근일부터 (㉢) 직전(다만, 약관에서 정하는 보장종료일을 초과할 수 없음)까지로 해당 기간내 사고인지 확인한다. 괄호 안에 들어갈 내용을 답란에 쓰시오.

정답

㉠ 계약체결일 24시
㉡ 정식·파종 완료일 24시
㉢ 수확개시일

07 종합위험 생산비보장방식 밭작물 품목에서 생산비보장 손해조사의 (1) 적용 품목과 (2) 조사시기를 답란에 서술하시오.

정답

(1) 적용 품목
  ① 고추, 브로콜리
  ② 고추, 브로콜리를 제외한 생산비보장 밭작물 전품목 중 피해사실확인조사시 추가조사가 필요하다고 판단된 농지 또는 경작불능조사 결과 추가조사를 실시하는 것으로 결정된 농지(식물체 피해율이 65% 미만이거나, 65% 이상이어도 계약자가 경작불능보험금을 신청하지 않는 경우)
  ③ 단, 생산비보장 손해조사전 계약자가 피해 미미(자기부담비율 이내의 사고) 등의 사유로 수확량조사 실시를 취소한 농지는 생산비보장 손해조사를 실시하지 않는다.

(2) 조사시기
  ① **사고접수 직후** : 고추, 브로콜리
  ② **수확 직전** : 고추, 브로콜리를 제외한 생산비보장 밭작물 전품목

08 종합위험 생산비보장방식 밭작물 품목(고추, 브로콜리)에서 생산비보장 손해조사시 사고일자 확인 방법에 대해 서술하시오.

정답

사고일자 확인 방법
① 재해가 발생한 일자를 확인한다. 한해(가뭄), 폭염 및 병충해와 같이 지속되는 재해의 사고일자는 재해가 끝나는 날(가뭄예시 : 가뭄 이후 첫 강우일의 전날)을 사고일자로 한다.
② 재해가 끝나기 전에 조사가 이루어질 경우에는 조사가 이루어진 날을 사고일자로 하며, 조사 이후 해당 재해로 추가 발생한 손해는 보상하지 않는다.

09 종합위험 생산비보장방식 밭작물 고추 품목의 손해정도비율조사에 대한 설명이다. 괄호 안에 들어갈 내용을 답란에 쓰시오.

① 표본이랑 선정 : 선정한 (㉠)을(를) 바탕으로 피해 이랑 중에서 동일한 간격으로 골고루 배치될 수 있도록 표본이랑을 선정한다. 다만, 선정한 이랑이 표본으로서 부적합한 경우(해당 지점 작물의 상태가 현저히 좋거나 나빠서 표본으로서 대표성을 가지기 어려운 경우 등)에는 (㉡) 위치의 다른 피해 이랑을 표본이랑으로 선정한다.
② 표본이랑내 작물상태조사 : 표본이랑별로 식재된 작물(식물체 단위)을 (㉢)에 따라 구분하여 조사한다. 이때 피해가 없거나 보상하는 재해 이외의 원인으로 피해가 발생한 작물 및 타작물은 (㉣)으로 분류한다. 가입 이후 추가로 정식한 식물체 등 보장대상과 무관한 식물체는 (㉤)로 분류하여 조사한다.

정답

㉠ 표본이랑수, ㉡ 가까운, ㉢ 손해정도비율표, ㉣ 정상, ㉤ 평가 제외

10 종합위험 생산비보장방식 밭작물 품목에 대한 설명이다. 괄호 안에 들어갈 내용을 답란에 쓰시오.

㉠ 병충해로 발생한 피해를 담보하며, 병충해 등급별 인정비율을 적용하는 품목은 ( ) 품목이다.
㉡ 종합위험 생산비보장방식 밭작물 품목에서 경작불능조사를 실시하는 품목은 ( ) 품목이다.

정답

㉠ 고추
㉡ 고추·브로콜리를 제외한 생산비보장 밭작물 전품목

11 종합위험 생산비보장방식 밭작물 품목 중 메밀(도복 이외 피해면적만을 대상으로 함)과 브로콜리의 표본구간내 작물상태조사에 대한 설명이다. 괄호 안에 들어갈 내용을 답란에 쓰시오.

> ① 메밀 작물상태조사 : 선정된 표본구간에 규격의 원형(㉠) 이용 또는 표본구간의 가로·세로 길이 (㉡)을(를) 구획하여, 표본구간내 식재된 메밀을 손해정도비율표에 따라 구분하여 조사한다. 이때 피해가 없거나 보상하는 재해 이외의 원인으로 피해가 발생한 메밀 및 타작물은 (㉢)으로 분류하여 조사한다.
>
> ② 브로콜리 작물상태조사 : 각 표본구간 내에서 연속하는 (㉣)의 작물피해율조사를 진행한다. 작물피해율 조사시, 보상하는 재해로 인한 작물이 훼손된 경우 피해 정도에 따라 정상, (㉤)로 구분하여 조사한다.

정답

㉠ 1m²

㉡ 1m × 1m

㉢ 정상

㉣ 10구

㉤ 50%형 피해송이, 80%형 피해송이, 100%형 피해송이

12 종합위험 생산비보장방식 밭작물 중 다음 품목의 표본구간내 작물상태조사를 설명하시오.

① 무(고랭지·월동·가을) 작물상태조사 :

② 단호박 작물상태조사 :

정답

① **무(고랭지·월동·가을) 작물상태조사** : 표본구간 내에서 연속하는 10구의 손해정도비율조사를 진행한다. 손해 정도비율조사시 보상하는 재해로 인한 작물이 훼손된 경우 손해정도비율표에 따라 구분하여 조사한다.

② **단호박 작물상태조사** : 선정된 표본구간에 표본구간의 가로(이랑폭)·세로(1m) 길이를 구획하여 표본구간내 식재된 단호박을 손해정도비율표에 따라 구분하여 조사한다.

13 종합위험 생산비보장방식 밭작물 품목의 손해정도비율조사에서 실시하는 작물상태조사에 대한 설명이다. 괄호 안에 들어갈 내용을 답란에 쓰시오.

> ① 배추(봄·고랭지·가을·월동), 시금치(노지), 양상추 작물상태조사 : (㉠)별로 식재된 작물(식물체 단위)의 손해정도비율조사를 진행한다. 손해정도비율조사시 보상하는 재해로 인한 작물이 훼손된 경우 손해정도비율표에 따라 구분하여 조사한다. 단, (㉡)의 경우 각 표본이랑 길이를 기준으로 하여 1m 간격으로 구획하고 각 표본별로 식재된 시금치를 손해정도비율표에 따라 구분하여 평가한다.
> ② 파(대파, 쪽파·실파) 작물상태조사 : 표본구간 내에서 연속하는 (㉢)의 손해정도비율조사를 진행한다.
> ② 당근 작물상태조사 : 선정된 표본구간의 가로(이랑폭)·세로(조사주수)를 아래와 같이 구획한다.
> • 이랑폭 2m 미만 : 조사주수 (㉣) 이상
> • 이랑폭 2m 이상 : 조사주수 (㉤) 이상

정답

㉠ 표본이랑, ㉡ 시금치(노지), ㉢ 50구, ㉣ 5주, ㉤ 3주

14 종합위험 생산비보장방식 밭작물 품목의 재정식·재파종보험금 산정에 대한 설명이다. ① 지급사유와 ② 지급금액을 답란에 쓰시오.

① 지급사유 :

② 지급금액 :

정답

① **지급사유** : 보상하는 재해로 면적피해율이 자기부담비율을 초과하고, 재파종·재정식을 한 경우 보험금을 1회 지급한다.

② **지급금액** : 보험가입금액 × 20% × 면적피해율
※ 면적피해율 = 피해면적 ÷ 보험가입면적

15 종합위험 생산비보장방식 밭작물 품목의 경작불능보험금 산정에 대한 설명이다. 괄호 안에 들어갈 내용을 답란에 쓰시오.

> ① 경작불능보험금은 식물체 피해율이 (㉠) 이상이고, 계약자가 경작불능보험금을 신청한 경우 자기부담비율에 따라 보험가입금액의 일정비율을 곱하여 계산한다.
> ② 자기부담비율별 경작불능보험금 사례
> - 20%형 : (㉡)
> - 30%형 : (㉢)
> - 40%형 : (㉣)
> ③ 보험금 지급 대상 농지 품목이 (㉤) 등의 방법을 통해 시장으로 유통되지 않게 된 것이 확인되지 않으면 경작불능보험금을 지급하지 않는다.
> ④ 경작불능보험금을 지급한 때에는 그 손해보상의 원인이 생긴 때로부터 해당 농지에 대한 보험계약은 소멸되며, 이 경우 (㉥)는 발생하지 않는다.

정답

㉠ 65%
㉡ 보험가입금액 × 40%
㉢ 보험가입금액 × 35%
㉣ 보험가입금액 × 30%
㉤ 산지폐기
㉥ 환급보험료

16 종합위험 생산비보장방식 밭작물(고추) 품목의 생산비보장보험금에 대한 설명이다. 괄호 안에 들어갈 내용을 답란에 쓰시오.

> 생산비보장보험금은 잔존보험가입금액에 (㉠)과(와) 피해율 곱하여 산정하며, 산정한 값에서 (㉡)을(를) 차감하여 산출한다. 단, 병충해가 있는 경우 (㉢)을(를) 피해율에 곱한다.

정답

㉠ 경과비율, ㉡ 자기부담금, ㉢ 병충해 등급별 인정비율

17 종합위험 생산비보장방식 고추 품목의 병충해 등급별 인정비율을 나타낸 표이다. 표의 빈 칸에 들어갈 내용을 답란에 쓰시오.

등 급	종 류	인정비율
1등급		
2등급		
3등급		

정답

등 급	종 류	인정비율
1등급	역병, 풋마름병, 바이러스병, 탄저병, 세균성점무늬병	70%
2등급	잿빛곰팡이병, 시들음병, 담배가루이, 담배나방	50%
3등급	흰가루병, 균핵병, 무름병, 진딧물 및 기타	30%

18 종합위험 생산비보장방식 밭작물(고추, 브로콜리) 품목의 생산비보장보험금의 산정방법에서 수확기 이전에 보험사고가 발생한 경우 경과비율 산출공식을 쓰고, 준비기생산비계수와 표준생장일수를 답란에 쓰시오.

① 경과비율 :

② 준비기생산비계수 :

③ 표준생장일수 :

정답

① **경과비율** : 준비기생산비계수 + [(1 − 준비기생산비계수) × (생장일수 ÷ 표준생장일수)]
② **준비기생산비계수** : 고추 49.5%, 브로콜리 55.9%
③ **표준생장일수** : 고추 100일, 브로콜리 130일

19 종합위험 생산비보장방식 밭작물(고추, 브로콜리) 품목의 생산비보장보험금의 산정방법에서 수확기 중에 보험사고가 발생한 경우 경과비율 산출공식을 쓰고, 수확일수와 표준수확일수를 정의하시오.

① 경과비율 :

② 수확일수 :

③ 표준수확일수 :

정답

① **경과비율** : 1 − (수확일수 ÷ 표준수확일수)
② **수확일수** : 수확개시일부터 사고발생일까지의 경과일수로 한다.
③ **표준수확일수** : 수확개시일부터 수확종료일까지의 일수로 한다.

20 종합위험 생산비보장방식 밭작물(고추) 품목의 생산비보장보험금을 산정할 때 피해율을 산출하는 공식은 다음과 같다. 면적피해율과 평균손해정도비율을 답란에 서술하시오.

피해율 = 면적피해율 × 평균손해정도비율 × (1 − 미보상비율)

① 면적피해율 :
② 평균손해정도비율 :

정답

① **면적피해율** : 피해면적(주수) ÷ 재배면적(주수)
② **평균손해정도비율** : 피해면적을 일정 수의 표본구간으로 나누어 각 표본구간의 손해정도비율을 조사한 뒤 평균한 값

21 종합위험 생산비보장방식 밭작물(브로콜리) 품목의 생산비보장보험금을 산정할 때 피해율과 작물피해율에 대한 설명이다. 괄호 안에 들어갈 내용을 답란에 쓰시오.

① 피해율은 (㉠)에 (㉡)을 곱한 값에 (1 − 미보상비율)을 곱하여 산정한다.
② (㉠)은 피해면적을 (㉢)으로 나누어 산정한다.
③ (㉡)은 피해면적내 피해송이수를 총 송이수로 나누어 산출한다. 피해송이는 송이별로 피해정도에 따라 (㉣)을(를) 정하며, 피해송이수는 피해송이별 (㉣)의 합계로 산출한다.

정답

㉠ 면적피해율, ㉡ 작물피해율, ㉢ 재배면적, ㉣ 피해인정계수

22 종합위험 생산비보장방식 '브로콜리'에 관한 내용이다. 보험금 지급사유에 해당하며, 아래 조건을 참조하여 보험금의 계산과정과 값(원)을 쓰시오(단, 주어진 조건외 다른 사항은 고려하지 않음). 기출유형

○ 조건 1

보험가입금액	자기부담비율
15,000,000원	3%

○ 조건 2

실제경작면적 (재배면적)	피해면적	정식일로부터 사고발생일까지 경과일수
1,000m²	600m²	65일

※ 수확기 이전에 보험사고가 발생하였고, 기발생 생산비보장보험금은 없음

○ 조건 3

• 피해 조사결과

정 상	50%형 피해송이	80형 피해송이	100%형 피해송이
22개	30개	15개	33개

정답

생산비보장보험금의 계산과정

$$생산비보장보험금 = (잔존보험가입금액 \times 경과비율 \times 피해율) - 자기부담금$$

① 잔존보험가입금액 = 보험가입금액 − 보상액(기발생 생산비보장보험금 합계액)
　　　　= 15,000,000원 − 0원 = 15,000,000원
② 경과비율 = 준비기생산비계수 + {(1 − 준비기생산비계수) × (생장일수 ÷ 표준생작일수)}
　　　　= 55.9% + (1 − 55.9%) × (65일 ÷ 130일) = 77.95%
　　※ 준비기생산비계수는 55.9%로 한다.
　　※ 표준생장일수는 사전에 설정된 값으로 130일로 한다.
③ 피해비율 = 피해면적(m²) ÷ 재배면적(m²) = 600m² ÷ 1,000m² = 0.6 = 60%
④ 작물피해율 = (피해면적내 피해송이수 × 피해인정계수) ÷ 총 송이수
　　　　= {(30개 × 0.5) + (15개 × 0.8) + (33개 × 1.0)} ÷ 100개 = 0.6 = 60%
⑤ 피해율 = 피해비율 × 작물피해율 = 60% × 60% = 36%
⑥ 자기부담금 = 잔존보험가입금액 × 보험가입을 할 때 계약자가 선택한 비율
　　　　= 15,000,000원 × 3% = 450,000원
⑦ 생산비보장보험금 = (잔존보험가입금액 × 경과비율 × 피해율) − 자기부담금
　　　　= (15,000,000원 × 77.95% × 36%) − 450,000원 = **3,759,300원**

23 종합위험 생산비보장방식 밭작물(메밀) 품목의 생산비보장보험금 산정에 대한 설명이다. 괄호 안에 들어갈 내용을 답란에 쓰시오.

> ① 생산비보장보험금은 보험가입금액에 (㉠)을(를) 곱하여 산출한다.
> ② 피해율은 면적피해율에 (㉡)을 곱하여 산정한다.
> ③ 피해면적은 도복으로 인한 피해면적에 (㉢)를 곱한 값과 도복 이외 피해면에 (㉣)을 곱한 값을 더하여 산정한다.

[정답]

㉠ 피해율 – 자기부담비율, ㉡ 1 – 미보상비율, ㉢ 70%, ㉣ 평균손해정도비율

24 종합위험 생산비보장방식 밭작물(배추, 무, 파, 시금치, 단호박, 당근, 양상추) 품목의 생산비보장보험금에 대한 설명이다. 괄호 안에 들어갈 내용을 답란에 쓰시오.

> ① 생산비보장보험금은 (㉠) × (㉡)으로 한다.
> ② 피해율은 면적피해율에 (㉢), (㉣)을(를) 곱하여 산정한다.
> ③ 평균손해정도비율은 (㉤)을(를) 일정 수의 표본구간으로 나누어 각 표본구간의 손해정도비율을 조사한 뒤 평균한 값으로, 각 표본구간별 손해정도비율은 손해정도에 따라 결정한다.

[정답]

㉠ 보험가입금액, ㉡ 피해율 – 자기부담비율, ㉢ 평균손해정도비율, ㉣ 1 – 미보상비율, ㉤ 피해면적

25 다음은 종합위험 생산비보장방식 밭작물(고추) 품목의 계약조건 및 피해내용이다. ① 피해율과 ② 경과비율 및 ③ 보험금을 계산하시오.

> (1) 계약조건
> ① 잔존보험가입금액 : 1,000만원
> ② 재배면적 : 4,000m²
> ③ 자기부담금 : 5%
>
> (2) 피해내용
> ① 노지재배 5월 1일 정식한 고추가 6월 29일 집중호우로 피해를 입었다.
> ② 피해면적 : 1,500m²
> ③ 100주의 평균손해정도비율 : 정상고추 30주, 20%형 피해 고추주수 20주, 40%형 피해 고추주수 20주, 60%형 피해 고추주수 15주, 80%형 피해 고추주수 10주, 100%형 피해 고추주수 5주
> ④ 기타 : 미보상비율 및 병충해 등급별 인정비율은 없다.

정답

① 피해율 = 면적피해율 × 평균손해정도비율 = 37.5% × 34% = 0.1275 = **12.75%**
- 면적피해율 = 피해면적 ÷ 재배면적 = $1,500m^2$ ÷ $4,000m^2$ = 0.375 = 37.5%
- 평균손해정도비율
  = {(20%형 피해 고추주수 × 0.2) + (40%형 피해 고추주수 × 0.4) + (60%형 피해 고추주수 × 0.6) + (80%형 피해 고추주수 × 0.8) + (100%형 피해 고추주수)} ÷ (정상고추 + 20%형 피해 고추주수 + 40%형 피해 고추주수 + 60%형 피해 고추주수 + 80%형 피해 고추주수 + 100%형 피해 고추주수)
  = (20 × 0.2 + 20 × 0.4 + 15 × 0.6 + 10 × 0.8 + 5) ÷ (30 + 20 + 20 + 15 + 10 + 5)
  = 34 ÷ 100 = 0.34(= 34%)

② 경과비율 = 준비기생산비계수 + (1 − 준비기생산비계수) × (생장일수 ÷ 표준생장일수)
  = 49.5% + (1 − 49.5%) × (60 ÷ 100) = 0.798 = **79.8%**
- 준비기생산비계수 : 49.5%
- 표준생장일수 : 100일

③ 보험금 = (잔존보험가입금액 × 경과비율 × 피해율 × 병충해 등급별 인정비율) − 자기부담금
  = (1,000만원 × 79.8% × 12.75%) − 50만원 = **517,450원**
- 자기부담금 : 보험가입금액 × 5% = 1,000만원 × 5% = **50만원**

---

26 종합위험방식 밭작물 고추에 관하여 수확기 이전에 보험사고가 발생한 경우 다음의 조건에 따른 생산비보장보험금을 산정하시오. 기출유형

• 잔존보험가입금액 : 10,000,000원	• 자기부담금 : 500,000원
• 준비기생산비계수 : 49.5%	• 병충해 등급별 인정비율 : 70%
• 생장일수 : 50일	• 표준생장일수 : 100일
• 면적피해율 : 50%	• 평균손해정도비율 : 80%
• 미보상비율 : 0%	

① 계산과정 :
② 생산비보장보험금 : _____원

정답

① **계산과정** :
  보험금 = (잔존보험가입금액 × 경과비율 × 피해율 × 병충해 등급별 인정비율) − 자기부담금
- 경과비율 = 준비기생산비계수 + (1 − 준비기생산비계수) × $\dfrac{생장일수}{표준생장일수}$

  $$= 49.5\% + (1 - 49.5\%) \times \frac{50}{100} = 0.7475 = 74.75\%$$

- 피해율 = 면적피해율 × 평균손해정도비율 × (1 − 미보상비율)
  = 50% × 80% × (1 − 0) = 0.4 = 40%
  ∴ 보험금 = (10,000,000원 × 74.75% × 40% × 70%) − 500,000원 = **1,593,000원**

② **생산비보장보험금 : 1,593,000원**

27 종합위험 생산비보장방식 밭작물(고추) 품목에서 수확기 중에 보험사고가 발생한 경우 다음 조건에 따른 생산비보장보험금을 산출하시오.

- 보험가입금액 : 20,000,000원
- 수확일수 : 50일
- 피해면적 : 60ha
- 평균손해정도비율 : 60%
- 자기부담금 : 잔존보험가입금액의 5%
- 기지급보험금액 : 10,000,000원
- 표준수확일수 : 100일
- 재배면적 : 100ha
- 병충해 등급별 인정비율 : 70%
- 미보상비율 : 0%

정답

생산비보장보험금 = (잔존보험가입금액 × 경과비율 × 피해율 × 병충해 등급별 인정비율) − 자기부담금
- 잔존보험가입금액 = 보험가입금액 − 기지급보험금액
  = 20,000,000원 − 10,000,000원 = 10,000,000원
- 경과비율 = $\left(1 - \dfrac{\text{수확일수}}{\text{표준수확일수}}\right) = \left(1 - \dfrac{50일}{100일}\right) = 0.5 = 50\%$
- 피해율 = 면적피해율 × 평균손해정도비율 × (1 − 미보상비율)
  면적피해율 = 피해면적 ÷ 재배면적 = 60 ÷ 100 = 0.6 = 60%이므로,
  피해율 = 60% × 60% × (1 − 0) = 0.36 = 36%
- 자기부담금은 잔존보험가입금액의 5%이므로,
  자기부담금 = 10,000,000원 × 5% = 500,000원
∴ 생산비보장보험금 = (10,000,000원 × 50% × 36% × 70%) − 500,000원 = **760,000원**

28 다음은 종합위험 생산비보장방식 고추 품목에 관한 내용이다. 아래의 조건을 참조하여 다음 물음에 답하시오.   기출유형

○ 조건 1

잔존보험 가입금액	가입면적 (재배면적)	자기부담금비율	표준생장일수	준비기생산비 계수	정식일
8,000,000원	3,000m^2	5%	100일	49.5%	2024년 5월 10일

○ 조건 2

재해종류	내 용
한해 (가뭄피해)	• 보험사고 접수일 : 2024년 8월 7일(정식일로부터 경과일수 89일) • 조사일 : 2024년 8월 8일(정식일로부터 경과일수 90일) • 수확개시일 : 2024년 8월 18일(정식일로부터 경과일수 100일) • 가뭄 이후 첫 강우일 : 2024년 8월 20일(수확개시일로부터 경과일수 2일) • 수확종료(예정)일 : 2024년 10월 7일(수확개시일로부터 경과일수 50일)

○ 조건 3

면적피해율	평균손해정도비율	미보상비율
50%	40%	20%

(1) 위 조건에서 확인되는 ① 사고(발생)일자를 기재하고, 그 일자를 사고(발생)일자로 하는 ② 근거를 쓰시오.

(2) 경과비율(%)을 구하시오(단, 경과비율은 소수점 셋째자리에서 반올림하여 다음 예시와 같이 구하시오. 예시 : 12.345% → 12.35%).

(3) 보험금을 구하시오.

정답

(1) 사고(발생)일자와 근거
　① **사고(발생)일자** : 2024년 8월 8일
　② **근거** : 한해(가뭄피해)와 같이 지속되는 재해의 사고(발생)일자는 재해가 끝나는 날(가뭄 이후 첫 강우일의 전날)을 사고(발생)일자로 한다. 다만, <u>재해가 끝나기전에 조사가 이루어질 경우에는 조사가 이루어진 날을 사고(발생)일자로 한다.</u>

(2) 경과비율(%)
　수확기 이전에 보험사고가 발생하였으므로,
　경과비율(%) = 준비기생산비계수 + (1 − 준비기생산비계수) × (생장일수 ÷ 표준생장일수)
　　　　　　 = 49.5% + (1 − 49.5%) × (90일 ÷ 100일) = **94.95%**
　※ 생장일수는 정식일로부터 사고발생일까지 경과일수(90일)로 한다.

(3) 보험금

> 보험금 = (잔존보험가입금액 × 경과비율 × 피해율) − 자기부담금
> ※ 단, 병충해가 있는 경우 병충해 등급별 인정비율을 피해율에 곱한다.

　• 피해율 = 면적피해율 × 평균손해정도비율 × (1 − 미보상비율)
　　　　 = 50% × 40% × (1 − 20%) = 16%
　• 자기부담금 = 잔존보험가입금액 × 자기부담비율(5%)
　　　　　　 = 8,000,000원 × 5% = 400,000원
　• 보험금 = (8,000,000원 × 94.95% × 16%) − 400,000원 = **815,360원**

01 작물특정 및 시설종합위험 인삼손해보장방식에 대한 설명이다. 괄호 안에 들어갈 내용을 답란에 쓰시오.

> ① 작물특정 인삼손해보장 : 보상하는 재해(㉠)로 인삼(작물)에 직접적인 피해가 발생하여 (㉡)을 초과하는 손해가 발생한 경우 보험금이 지급된다.
> ② 시설(해가림시설) 종합위험 손해보장 : 보상하는 재해(㉢)로 해가림시설(시설)에 직접적인 피해가 발생하여 (㉡)을 초과하는 손해가 발생한 경우 보험금이 지급된다. 보험가입금액이 보험가액과 (㉣)에는 발생한 손해액에 자기부담금을 차감하여 보험금을 산정한다. 단, 보험가입금액이 보험가액보다 (㉤)에는 보험가입금액을 한도로 비례보상하여 산정한다.

정답

㉠ 태풍(강풍), 폭설, 집중호우, 침수, 화재, 우박, 냉해, 폭염, 조수해
㉡ 자기부담비율(자기부담금)
㉢ 자연재해, 조수해, 화재
㉣ 같거나 클 때
㉤ 작을 때

02 작물특정 및 시설종합위험 인삼손해보장방식 품목의 시기별 조사종류를 나타낸 표이다. 표의 빈 칸에 들어갈 내용을 답란에 쓰시오.

생육 시기	재 해	조사내용	조사시기	조사방법	비 고
보험 기간내	㉠	㉡	㉣	보상하는 재해로 인하여 감소된 수확량조사 • 조사방법 : (㉤)	인삼
	보상하는 재해 전부	㉢	사고접수후 지체 없이	보상하는 재해로 인하여 손해를 입은 시설 조사	해가림 시설

정답

㉠ 태풍(강풍), 폭설, 집중호우, 침수, 화재, 우박, 냉해, 폭염, 조수해
㉡ 수확량조사
㉢ 해가림시설조사
㉣ 피해 확인이 가능한 시기
㉤ 전수조사 또는 표본조사

03 작물특정 및 시설종합위험 인삼손해보장방식 품목의 손해평가 현지조사의 종류를 답란에 쓰시오.

정답

손해평가 현지조사의 종류
① 최초 가입조사
② 피해사실확인조사
③ 수확량조사
④ 인삼 해가림시설 손해조사
⑤ 미보상비율조사(모든 조사시 동시조사)

04 작물특정 및 시설종합위험 인삼손해보장방식 품목의 최초 가입조사에 대한 설명이다. 괄호 안에 들어갈 내용을 답란에 쓰시오.

① 인삼 재배상태조사 : 인삼의 줄기, 잎 등의 생육상태를 점검하고, 이를 확인할 수 없는 경우에는 (㉠)의 동의를 얻어 표본조사를 실시할 수 있다.
② 해가림시설 상태조사
  • 계약원장 및 현지조사표를 확인하여 가입농지의 (㉡) 및 (㉢), 유형 등을 확인한다.
  • (㉣) 등이 정상적으로 설치되어 있는지를 확인한다.

정답

㉠ 계약자, ㉡ 소재지, ㉢ 구조체 구입시기, ㉣ 구조체 및 차광막

05 작물특정 및 시설종합위험 인삼손해보장방식 품목의 피해사실확인조사를 다음 구분에 따라 답란에 쓰시오.

① 적용 품목 :
② 조사대상 :
③ 대상재해 :
④ 조사시기 :

정답

① **적용 품목** : 인삼, 해가림시설
② **조사대상** : 대상재해로 사고접수 농지 및 조사 필요 농지
③ **대상재해** :
  • 인삼 : 태풍(강풍), 폭설, 집중호우, 침수, 화재, 우박, 냉해, 폭염(특정위험), 조수해
  • 해가림시설 : 자연재해, 조수해, 화재(종합위험)
④ **조사시기** : 사고접수 직후 실시

06 작물특정 및 시설종합위험 인삼손해보장방식 품목의 피해사실확인조사는 사고가 접수된 농지 모두에 대하여 실시하는 조사로, 사고접수 직후 실시한다. 다음 구분에 따라 확인해야 할 사항을 설명하시오.

① 보상하는 재해로 인한 피해 여부 확인 :

② 추가조사 필요 여부 판단 :

③ 피해사실확인조사를 생략하는 경우 :

정답

① **보상하는 재해로 인한 피해 여부 확인** : 기상청 자료 확인 및 현지 방문 등을 통하여 보상하는 재해로 인한 피해가 맞는지 확인하며, 필요시에는 이에 대한 근거 자료를 확보한다.

② **추가조사 필요 여부 판단** : 보상하는 재해 여부 및 피해 정도 등을 감안하여 추가조사(수확량조사 및 해가림시설 손해조사)가 필요한지 여부를 판단하여 해당 내용에 대하여 계약자에게 안내하고, 추가조사가 필요할 것으로 판단된 경우에는 손해평가반 구성 및 추가조사 일정을 수립한다.

③ **피해사실확인조사를 생략하는 경우** : 태풍 등과 같이 재해 내용이 명확하거나 사고접수후 바로 추가조사가 필요한 경우 등에는 피해사실확인조사를 생략할 수 있다.

07 작물특정 및 시설종합위험 인삼손해보장방식 인삼 품목의 수확량조사 절차를 순서대로 쓰시오.

> ㉠ 보상하는 재해 여부 심사
> ㉡ 전체 칸수 및 칸 넓이 조사
> ㉢ 수확량조사 적기 판단 및 시기 결정
> ㉣ 조사방법에 따른 수확량 확인

정답

㉠ – ㉢ – ㉡ – ㉣

08 작물특정 및 시설종합위험 인삼손해보장방식 인삼 품목의 수확량조사에서 전체 칸수 및 칸 넓이 조사방법을 답란에 서술하시오.

① 전체 칸수조사 :

② 칸 넓이조사 :

정답

① **전체 칸수조사** : 농지내 경작 칸수를 센다. 단, 칸수를 직접 세는 것이 불가능할 경우에는 경작면적을 이용한 칸수조사(경작면적 ÷ 칸 넓이)도 가능하다.

② **칸 넓이조사** : 지주목간격, 두둑폭 및 고랑폭을 조사하여 칸 넓이를 구한다.

칸 넓이 = 지주목간격 × (두둑폭 + 고랑폭)

09 작물특정 및 시설종합위험 인삼손해보장방식 인삼 품목의 전수조사시 수확량 확인방법을 답란에 서술하시오.

① 칸수조사 :

② 실 수확량 확인 :

정답

① **칸수조사** : 금번 수확칸수, 미수확칸수 및 기수확칸수를 확인한다.
② **실 수확량 확인** : 수확한 인삼 무게를 확인한다.

10 작물특정 및 시설종합위험 인삼손해보장방식 인삼 품목의 표본조사시 수확량 확인방법을 답란에 서술하시오.

① 칸수조사 :

② 표본칸 선정 :

③ 인삼 수확 및 무게 측정 :

정답

① **칸수조사** : 정상 칸수 및 피해 칸수를 확인한다.
② **표본칸 선정** : 피해 칸수에 따라 적정 표본칸수를 선정하고, 해당 수의 칸이 피해 칸에 골고루 배치될 수 있도록 표본칸을 선정한다.
③ **인삼 수확 및 무게 측정** : 표본칸내 인삼을 모두 수확한후 무게를 측정한다.

11 인삼 해가림시설 손해조사에 대한 설명이다. 괄호 안에 들어갈 내용을 답란에 쓰시오.

① 보상하는 재해 여부 심사 : 농지 및 (㉠) 등을 감안하여 보상하는 재해로 인한 피해가 맞는지 확인하며, 이에 대한 근거 자료를 확보한다.
② 전체 칸수 및 칸 넓이조사
   • 전체 칸수조사 : 농지내 (㉡)를 센다.
   • 칸 넓이조사 : 지주목간격, (㉢)을(를) 조사하여 칸 넓이를 구한다.
③ 피해 칸수조사 : 피해 칸에 대하여 전체파손 및 부분파손(㉣)로 나누어 각 칸수를 조사한다.

정답

㉠ 작물상태, ㉡ 경작 칸수, ㉢ 두둑폭 및 고랑폭, ㉣ 20%형, 40%형, 60%형, 80%형

12 인삼 해가림시설 손해조사에서 손해액 산정에 대한 설명이다. ㉠, ㉡의 괄호 안에 들어갈 내용을 답란에 쓰시오.

> ㉠ 단위면적당 시설가액표, 파손 칸수 및 파손 정도 등을 참고하여 실제 피해에 대한 복구비용을 기평가한 (   )으로 피해액을 산출한다.
> ㉡ 산출된 피해액에 대하여 감가상각(월 단위)을 적용하여 손해액을 산정한다. 다만, 피해액이 보험가액의 (   ) 이하인 경우에는 감가를 적용하지 않고, 피해액이 보험가액의 (   )를 초과하면서 감가후 피해액이 보험가액의 (   ) 미만인 경우에는 보험가액의 (   )를 손해액으로 산출한다.

정답

㉠ 재조달가액, ㉡ 20%

13 인삼 해가림시설 손해조사의 조사대상은 (㉠)된 농지로 하며, 조사시기는 (㉡) 직후로 한다. 괄호 안에 들어갈 내용을 답란에 쓰시오.

정답

㉠ 인삼 해가림시설 사고가 접수, ㉡ 사고접수

14 작물특정 및 시설종합위험 인삼손해보장방식의 인삼보험금 산정방법에 대한 설명이다. 괄호 안에 들어갈 내용을 답란에 쓰시오.

> 지급보험금은 보험가입금액에 (㉠)에서 자기부담비율을 차감한 비율을 곱하여 산정한다.
> 2회 이상 보험사고가 발생하는 경우의 지급보험금은 산정된 보험금에서 (㉡)을(를) 차감하여 계산한다.

정답

㉠ 피해율, ㉡ 기발생 지급보험금

15 작물특정 및 시설종합위험 인삼손해보장방식의 인삼보험금 산정시 피해율에 대한 설명이다. 괄호 안에 들어갈 내용을 답란에 쓰시오.

① 피해율은 보상하는 재해로 피해가 발생한 경우 (㉠)에서 수확량을 뺀후 (㉠)으로 나눈 값에 피해면 적을 (㉡)으로 나눈 값을 곱하여 산출한다.

② 수확량은 단위면적당 (㉢)과 단위면적당 (㉣)을 합하여 계산한다. 단위면적당 (㉢)은 총 수확량을 금차 수확면적(㉤)으로 나누어 계산한다. 단위면적당 (㉣)은 기준수확량에서 단위면적당 (㉢)을 뺀 값과 미보상비율을 곱하여 계산한다.

정답

㉠ 연근별 기준수확량
㉡ 재배면적
㉢ 조사수확량
㉣ 미보상감수량
㉤ 금차 수확칸수×조사칸 넓이

16 작물특정 및 시설종합위험 인삼손해보장방식의 인삼보험금 등의 지급한도에 대한 설명이다. 괄호 안에 들어갈 내용을 답란에 쓰시오.

① 재해보험사업자가 지급하여야 할 보험금은 보험증권에 기재된 인삼의 (㉠)을(를) 한도로 한다.

② (㉡)는(은) 보험가입금액을 초과하는 경우에도 지급한다. 단, 농지별 손해방지비용은 (㉢)을(를) 한도로 지급한다.

③ 비용손해 중 (㉣)는(은) 보험가입금액을 초과한 경우에도 전액 지급한다.

정답

㉠ 보험가입금액
㉡ 손해방지비용, 대위권보전비용, 잔존물보전비용
㉢ 20만원
㉣ 기타 협력비용

17 인삼 해가림시설의 보험금 산정에 대한 설명이다. 괄호 안에 들어갈 내용을 답란에 쓰시오.

---

① 해가림시설 보험금은 (㉠)을(를) 한도로 손해액에서 자기부담금액을 차감하여 산정한다. 단, 보험가입금액이 보험가액보다 클 때에는 (㉡)을(를) 한도로 한다.

② 보험가입금액이 보험가액보다 작을 경우에는 (㉢)을(를) 한도로 비례보상한다.

③ 자기부담금은 최소 자기부담금(㉣)과 최대 자기부담금(㉤)을(를) 한도로 손해액의 (㉥)에 해당하는 금액을 적용한다.

④ 해가림시설 보험금과 잔존물제거비용의 합계액은 보험증권에 기재된 해가림시설의 보험가입금액을 한도로 한다. 단, 잔존물제거비용은 손해액의 (㉥)을(를) 초과할 수 없다.

⑤ 손해방지비용, 대위권보전비용, 잔존물보전비용은 보험가입금액을 초과하는 경우에도 지급한다. 단, 농지별 (㉦)은(는) 20만원을 한도로 지급한다.

[정답]

㉠ 보험가입금액, ㉡ 보험가액, ㉢ 보험가입금액, ㉣ 10만원, ㉤ 100만원, ㉥ 10%, ㉦ 손해방지비용

---

18 다음은 작물특정 및 시설종합위험 인삼손해보장방식 인삼 품목의 해가림시설의 손해조사에 관한 내용이다. 밑줄 친 틀린 내용을 알맞은 내용으로 수정하시오. [기출유형]

---

① 피해 칸에 대하여 전체파손 및 ㉠ 부분파손(30%형, 60%형, 90%형)로 나누어 각 칸수를 조사한다.

② 산출된 피해액에 대하여 감가상각을 적용하여 손해액을 산정한다. 다만, 피해액이 보험가액의 20%를 초과하면서 감가후 피해액이 보험가액의 20% 미만인 경우에는 ㉡ 감가상각을 적용하지 않는다.

③ 해가림시설 보험금과 잔존물제거비용의 합계액은 보험가입금액을 한도로 한다. 단, 잔존물제거비용은 ㉢ 보험가입금액의 20%를 초과할 수 없다.

[정답]

㉠ 부분파손(20%형, 40%형, 60%형, 80%형)
㉡ 보험가액의 20%를 손해액으로 산출한다.
㉢ 손해액의 10%

---

19 자연재해로 인삼 해가림시설에 피해가 발생하였다. 다음 조건에 따라 지급보험금을 계산하시오(단, 재조달가액보장 특별약관에 가입하지 않음).

[조건]
• 보험가액 : 1,200만원
• 보험가입금액 : 1,000만원
• 보상하는 재해로 인한 손해액 : 800만원
• 자기부담금 : 손해액의 10%
• 잔존물제거비용을 포함한 비용 손해는 없다.

지급보험금 : 600만원

자기부담금 = 800만원 × 10% = 80만원
보험가입금액이 보험가액보다 작을 경우에는 보험가입금액을 한도로 비례보상한다.
지급보험금 = (손해액 − 자기부담금) × (보험가입금액 ÷ 보험가액)
　　　　　 = (800만원 − 80만원) × (1,000만원 ÷ 1,200만원)
　　　　　 ≒ 600만원

※ 해가림시설 보험금은 보험가입금액을 한도로 손해액에서 자기부담금액을 차감하여 산정한다. 단, 보험가입금액이 보험가액보다 클 때에는 보험가액을 한도로 한다. 보험가입금액이 보험가액보다 작을 경우에는 보험가입금액을 한도로 다음과 같이 비례보상한다.

> (손해액 − 자기부담금) × (보험가입금액 ÷ 보험가액)

20 특정위험담보 인삼품목 해가림시설(2형)에 관한 내용이다. 태풍으로 인삼 해가림시설에 일부 파손 사고가 발생하여 아래와 같은 피해를 입었다. 가입조건이 아래와 같을 때 ① 감가율, ② 손해액, ③ 자기부담금, ④ 보험금, ⑤ 잔존보험가입금액을 계산과정과 답을 각각 쓰시오.

`기출유형`

○ 보험가입내용

재배칸수	칸당 면적(m²)	시설 재료	설치비용(원/m²)	설치 연월	가입금액(원)
2,200	3.3	목재	5,500	2022.6.	39,930,000

※ 보험가입 시기는 2023년 11월로 함

○ 보험사고내용

파손칸수	사고원인	사고 연월
800칸(전부 파손)	태풍	2024.7.

※ 2024년 설치비용은 설치년도와 동일한 것으로 함
※ 손해액과 보험금은 원 단위 이하 버림

① 감가율 : 13.33%
② 손해액 : 12,584,480원
③ 자기부담금 : 100만원
④ 보험금 : 11,584,480원
⑤ 잔존보험가입금액 : 23,010,000원

① **감가율**

연단위 감가상각을 적용하며, 경과기간이 1년 미만은 적용하지 않는다.

감가율 = 경과기간 × 경년감가율 = 1년 × 13.33%/년 = **13.33%**

- 경과기간 = 2023년 11월 − 2022년 6월 = 1년 5월 = **1년**

  ※ 해가림시설의 보험기간은 1년으로 판매개시연도 11월 1일에 보장개시하고, 이듬해 10월 31일 24시에 보장종료 한다.

- 경년감가율

유 형	내용연수	경년감가율
목재	6년	13.33%
철재	18년	4.44%

② **손해액**

산출된 피해액에 대하여 감가상각을 적용하여 손해액을 산정한다. 다만, 피해액이 보험가액의 20% 이하인 경우에는 감가를 적용하지 않고, 피해액이 보험가액의 20%를 초과하면서 감가후 피해액이 보험가액의 20% 미만인 경우에는 보험가액의 20%를 손해액으로 산출한다.

㉠ 피해액

재조달가액으로 산출한 피해액을 산정한다. 재조달가액은 단위면적(1m^2)당 설치비용에 재배면적(m^2)을 곱하여 산출한다.

800칸 × 3.3m^2/칸 × 5,500원/m^2 = **14,520,000원**

㉡ 감가후 피해액 = 피해액 × (1 − 감가상각률) = 14,520,000원 × (1 − 13.33%)

= 12,584,484원 = **12,584,480원**(※ 원 단위 이하 버림)

㉢ 재조달가액 = 2,200칸 × 3.3m^2/칸 × 5,500원/m^2 = **39,930,000원**

㉣ 보험가액 = 재조달가액 × (1 − 감가상각률)

= 39,930,000원 × (1 − 13.33%) = 34,607,331원 = **34,600,000원**(※ 천원 단위 절사)

㉤ 보험가입금액 = 재조달가액 × (1 − 감가상각률)

= 39,930,000원 × (1 − 13.33%) = **34,600,000원**(※ 천원 단위 절사)

※ 인삼 해가림시설의 경우 기평가보험으로 재조달가액에서 감가상각을 적용한 보험가액을 보험가입금액으로 설정하기 때문에 **보험가액 = 보험가입금액**이다.

㉥ 보험가액의 20% = 34,600,000원 × 20% = **6,920,000원**

㉦ 손해액 = **12,584,480원**(∵ 감가후 피해액 > 보험가액의 20%)

③ **자기부담금**

10만원 ≦ 손해액 × 10% ≦ 100만원,

즉 1사고당 손해액의 10%를 자기부담금으로 하되 손해액의 10%가 10만원 이하인 경우 최소 자기부담금으로 10만원을 적용하며, 손해액의 10%가 100만원 이상인 경우 최대 자기부담금으로 100만원을 적용한다.

자기부담금 = 12,584,480원 × 10% = **1,258,448원**

따라서, 자기부담금은 최대 100만원이므로 **100만원**으로 한다.

④ **보험금**

보험가입금액이 보험가액과 같으므로, 보험금은 보험가입금액을 한도로 손해액에서 자기부담금을 차감한 금액이다.

보험금 = 12,584,480원 − 1,000,000원 = **11,584,480원**

⑤ **잔존보험가입금액**

보험가입금액에서 보상액을 뺀 잔액이다.

잔존보험가입금액 = 34,600,000원 − 11,584,480원 = 23,015,520원

= **23,010,000원**(※ 천원 단위 절사)

21 특정위험방식 인삼에 관한 내용이다. 계약사항과 조사내용을 참조하여 다음 물음에 답하시오 (단, 주어진 문제 조건외 다른 조건은 고려하지 않음). `기출유형`

○ 계약사항

인삼 가입금액	경작 칸수	연근	기준수확량 (5년근 표준)	자기부담 비율	해가림시설 가입금액	해가림시설 보험가액
120,000,000원	500칸	5년	0.73kg	20%	20,000,000원	25,000,000원

○ 조사내용

사고원인	피해칸	표본칸	표본수확량	지주목간격	두둑폭	고랑폭
화재	350칸	10칸	9.636kg	3m	1.5m	0.7m

해가림시설 피해액	잔존물제거비용	손해방지비용	대위권보전비용
5,000,000원	300,000원	300,000원	200,000원

(1) 인삼 피해율의 계산과정과 값을 쓰시오.

(2) 인삼 보험금의 계산과정과 값을 쓰시오.

(3) 해가림시설 보험금(비용 포함)의 계산과정과 값을 쓰시오(단, 재조달가액보장 특별약관에 가입하지 않음).

`정답`

(1) 인삼 피해율
- 피해면적 = 피해칸수(= 350칸)
- 재배면적 = 실제경작칸수(= 500칸)
- 표본칸 면적 = 표본칸수 × 지주목간격 × (두둑폭 + 고랑폭)
  = $10 \times 3m \times (1.5m + 0.7m)$ = **66m²**
- 단위면적당 조사수확량 = 표본수확량 합계 ÷ 표본칸 면적
  = $9.636kg \div 66m^2$ = **0.146kg/m²**
- 단위면적당 미보상감수량 = (기준수확량 − 단위면적당 조사수확량) × 미보상비율 = 0
- 수확량 = 단위면적당 조사수확량 + 단위면적당 미보상감수량
  = $0.146kg/m^2 + 0 = 0.146kg/m^2$
- 피해율 = $\left(1 - \dfrac{수확량}{연근별\ 기준수확량}\right) \times \dfrac{피해면적}{재배면적}$

  $= \left(1 - \dfrac{0.146kg/m^2}{0.73kg/m^2}\right) \times \dfrac{350칸}{500칸} = 0.56 (= \mathbf{56\%})$

(2) 인삼 보험금

인삼 보험금 = 보험가입금액 × (피해율 − 자기부담비율)
= 120,000,000원 × (56% − 20%) = **43,200,000원**

(3) 해가림시설 보험금(비용 포함)
보험가입금액이 보험가액보다 작을 경우에는 보험가입금액을 한도로 다음과 같이 비례보상한다.

> 해가림시설 보험금 = (손해액 − 자기부담금) × (보험가입금액 ÷ 보험가액)

- 손해액 : 산출된 피해액에 대하여 감가상각을 적용하여 손해액을 산정한다. 다만, 피해액이 보험가액의 20% 이하인 경우에는 감가를 적용하지 않는다.
  즉 피해액(= 5,000,000원) ≤ 보험가액의 20%(= 25,000,000원 × 20% = 5,000,000원)이므로,
  손해액 = 5,000,000원
- 자기부담금 : 최소 자기부담금(10만원)과 최대 자기부담금(100만원)을 한도로 손해액의 10%이므로,
  5,000,000원 × 10% = 500,000원
- 해가림시설 보험금 = (5,000,000원 − 500,000원) × (20,000,000원 ÷ 25,000,000원)
  = 3,600,000원 ·· ①
- 잔존물제거비용 : 손해액의 10%(500,000원)를 초과할 수 없으므로,
  잔존물제거비용 = 300,000원 ····································· ②
- 손해방지비용 : 보험가입금액을 초과하는 경우에도 지급하지만, 손해방지비용은 농지당 20만원을 초과할 수 없다.
  손해방지비용 = 200,000원 ······································· ③
- 대위권보전비용 : 보험가입금액을 초과하는 경우에도 지급한다.
  대위권보전비용 = 200,000원 ····································· ④
- 해가림시설 보험금(비용 포함)
  = ① + ② + ③ + ④
  = 3,600,000원 + 300,000원 + 200,000원 + 200,000원 = **4,300,000원**

  ※ 비용 등(잔존물제거비용, 손해방지비용, 대위권보전비용)에 대해 비례보상을 적용하지 않고, 문제에 제시된 조건을 반영하여 보험금을 계산함

제5절 | 종합위험 시설작물 손해평가 및 보험금 산정

01 종합위험방식 원예시설을 다음 구분에 따라 답란에 서술하시오.

① 농업용 시설물 :

② 부대시설 :

정답

① **농업용 시설물** : 단동하우스(광폭형 하우스를 포함한다), 연동하우스 및 유리(경질판)온실의 구조체 및 피복재

② **부대시설** : 보험의 목적인 부대시설은 아래의 물건 등을 말한다.
  • 시설재배 농작물의 재배를 위하여 농업용 시설물 내부 구조체에 연결, 부착되어 외부에 노출되지 않은 시설물
  • 시설재배 농작물의 재배를 위하여 농업용 시설물 내부 지면에 고정되어 이동 불가능한 시설물
  • 시설재배 농작물의 재배를 위하여 지붕 및 기둥 또는 외벽을 갖춘 외부 구조체 내에 고정 · 부착된 시설물

02 종합위험방식 원예시설 중 시설작물을 다음 구분에 따라 해당 품목을 답란에 쓰시오.

① 화훼류 :

② 비화훼류 :

정답

① **화훼류** : 국화, 장미, 백합, 카네이션

② **비화훼류** : 딸기, 오이, 토마토, 참외, 고추, 호박, 수박, 멜론, 파프리카, 상추, 부추, 시금치, 가지, 배추, 파(대파 · 쪽파), 무, 쑥갓, 미나리, 감자

03 종합위험방식 버섯 품목을 다음 구분에 따라 답란에 서술하시오.

① 농업용 시설물(버섯재배사) :

② 부대시설 :

③ 시설재배 :

정답

① **농업용 시설물(버섯재배사)** : 단동하우스(광폭형 하우스를 포함한다), 연동하우스 및 경량철골조 등 버섯작물 재배용으로 사용하는 구조체, 피복재 또는 벽으로 구성된 시설

② **부대시설** : 버섯작물 재배를 위하여 농업용 시설물(버섯재배사)에 부대하여 설치한 시설(단, 동산시설은 제외)

③ **시설재배** : 버섯농업용 시설물(버섯재배사) 및 부대시설을 이용하여 재배하는 느타리버섯(균상재배, 병재배), 표고버섯(원목재배, 톱밥배지재배), 새송이버섯(병재배), 양송이버섯(균상재배)

04 종합위험방식 농업용 시설물 및 부대시설 손해조사의 조사기준에 대한 설명이다. 괄호 안에 들어갈 내용을 답란에 쓰시오.

> ① 손해가 생긴 (㉠)에서의 가액에 따라 손해액을 산출하며, 손해액 산출시에는 (㉡)을 적용한다.
> ② 재조달가액보장 특별약관에 가입한 경우에는 (㉢) 기준으로 계산한 손해액을 산출한다. 단, 보험의 목적이 손해를 입은 장소에서 실제로 수리 또는 복구되지 않은 때에는 (㉢)에 의한 보상을 하지 않고 (㉣)로 보상한다.

정답

㉠ 때와 곳
㉡ 농업용 시설물 감가율
㉢ 재조달가액(보험의 목적과 동형 동질의 신품을 조달하는데 소요되는 금액)
㉣ 시가(감가상각된 금액)

05 종합위험방식 농업용 시설물 및 부대시설 손해조사의 평가단위는 물리적으로 분리 가능한 시설 ( )을 기준으로 ( )에 기재된 ( )별로 평가한다. 괄호 안에 들어갈 내용을 순서대로 답란에 쓰시오.

정답

1동, 계약원장, 목적물

06 종합위험방식 원예시설 및 시설작물의 피복재 피해범위에 대하여 손해평가를 할 때 '피해로 인정'하는 경우를 답란에 서술하시오.

정답

① 전체 교체가 필요하다고 판단되어 전체 교체를 한 경우 전체 피해로 인정한다.
② 전체 교체가 필요하다고 판단되지만 부분 교체를 한 경우 교체한 부분만 피해로 인정한다.
③ 전체 교체가 필요하지 않다고 판단되는 경우 피해가 발생한 부분만 피해로 인정한다.

07 다음은 종합위험방식 농업용 시설물 및 부대시설 손해조사에 대한 설명이다. 괄호 안에 들어갈 내용을 답란에 쓰시오.

---

① 피복재 : 피복재의 (㉠) 조사
② 구조체 및 부대시설
  • 손상된 골조(부대시설)를 재사용할 수 없는 경우 : (㉡) 산정
  • 손상된 골조(부대시설)를 재사용할 수 있는 경우 : (㉢) 산정
③ 잔존물 확인 : 피해목적을 재사용(수리·복구)할 수 없는 경우 (㉣) 확인

[정답]

㉠ 피해면적
㉡ 교체수량 확인후 교체비용
㉢ 보수면적 확인후 보수비용
㉣ 경제적 가치

08 종합위험방식 원예시설작물·시설재배 버섯 손해조사의 조사기준에 대한 설명이다. 괄호 안에 들어갈 내용을 답란에 쓰시오.

---

① 1사고마다 생산비보장보험금을 (㉠) 한도 내에서 보상한다.
② 평가단위는 (㉡) 단위로 한다.
③ 동일 작기에서 (㉢) 이상 사고가 난 경우 동일 작기 작물의 이전 사고의 피해를 감안하여 산정한다.
④ 평가시점은 (㉣)이 가능한 시점에서 평가한다.

[정답]

㉠ 보험가입금액, ㉡ 목적물, ㉢ 2회, ㉣ 피해의 확정

09 종합위험방식 원예시설작물·시설재배 버섯 손해조사 방법에 대한 설명이다. 괄호 안에 들어갈 내용을 답란에 쓰시오.

> ㉠ 계약원장 및 ( )을(를) 확인하여 사고 목적물의 소재지 및 보험시기 등을 확인한다.
> ㉡ ( ), ( ), ( ) 등을 고려하여 보상하는 재해로 인한 피해 여부를 확인한다.
> ㉢ 문답조사를 통하여 ( )을(를) 확인한다.
> ㉣ ( ), ( ) 등을 토대로 사고일자를 특정한다.

정답

㉠ 현지조사표
㉡ 기상청 자료 확인, 계약자 면담, 작물의 상태
㉢ 재배일정(정식·파종·종균접종일, 수확개시·수확종료일 확인)
㉣ 계약자 면담, 기상청 자료

10 종합위험방식 원예시설작물·시설재배 버섯 손해조사에서 사고일자 확인은 수확기 이전 사고와 수확기 중 사고로 구분하여 특정할 수 있다. 다음 구분에 따라 사고일자를 특정하여 답란에 서술하시오.

① 수확기 이전 사고 :

② 수확기 중 사고 :

정답

① **수확기 이전 사고** : 연속적인 자연재해(폭염, 냉해 등)로 사고일자를 특정할 수 없는 경우에는 <u>기상특보 발령일자</u>를 사고일자로 추정한다. 다만, 지역적 재해 특성, 계약자별 피해 정도 등을 고려하여 이를 달리 정할 수 있다.
② **수확기 중 사고** : 연속적인 자연재해(폭염, 냉해 등)로 사고일자를 특정할 수 없는 경우에는 <u>최종 출하일자</u>를 사고일자로 추정한다. 다만, 지역적 재해 특성, 계약자별 피해 정도 등을 고려하여 이를 달리 정할 수 있다.

11 종합위험방식 원예시설작물·시설재배 버섯 손해조사에 대한 설명이다. 괄호 안에 들어갈 내용을 답란에 쓰시오.

> ㉠ 사고 현장 방문시 확인한 정식일자(파종·종균접종일), 수확개시일자, 수확종료일자, 사고일자를 토대로 작물별 ( )을(를) 산출한다.
> ㉡ ( )을(를) 확인하기 위해 해당 작물의 재배면적(주수) 및 피해면적(주수)를 조사한다.
> ㉢ 보험목적물의 뿌리, 줄기, 잎 과실 등에 발생한 부분의 ( )을(를) 산정한다.

정답

㉠ 경과비율, ㉡ 재배비율 및 피해비율, ㉢ 손해정도비율

12 다음은 종합위험방식 농업용 시설물 및 부대시설의 보험금 산정시 손해액 산출기준에 대한 설명이다. 괄호 안에 들어갈 내용을 답란에 쓰시오.

> ① 시설하우스의 손해액은 구조체(파이프, 경량철골조) 손해액에 (㉠) 손해액을 합하여 산정하고 (㉡) 손해액은 별도로 산정한다.
> ② 손해액 산출기준
>   • 손해가 생긴 때와 곳에서의 가액에 따라 (㉢)을(를) 적용한 손해액을 산출한다.
>   • 재조달가액보장 특별약관에 가입한 경우에는 감가율을 적용하지 않고 (㉣) 기준으로 계산한 손해액을 산출한다. 단, 보험의 목적이 손해를 입은 장소에서 실제로 수리 또는 복구되지 않은 때에는 (㉣)에 의한 보상을 하지 않고 (㉤)로 보상한다.
> ③ 보험금과 잔존물제거비용의 합계액은 보험증권에 기재된 보험가입금액을 한도로 하며, 잔존물제거비용은 손해액의 (㉥)을(를) 초과할 수 없다.
> ④ 손해방지비용, 대위권보전비용 및 잔존물보전비용은 보험가입금액을 (㉦)하는 경우에도 지급한다.

정답

㉠ 피복재
㉡ 부대시설
㉢ 농업용 시설물 감가율
㉣ 재조달가액
㉤ 시가(감가상각된 금액)
㉥ 10%
㉦ 초과

13 종합위험방식 농업용 시설물 및 부대시설의 지급보험금 계산을 답란에 서술하고, 계산공식을 쓰시오.

정답

① **지급보험금의 계산** : 1사고마다 손해액이 자기부담금을 초과하는 경우 보험가입금액을 한도로 손해액에서 자기부담금을 차감하여 계산한다.
② **계산공식** : 지급보험금 = 손해액 - 자기부담금

14 종합위험방식 농업용 시설물 및 부대시설의 지급보험금 계산시 자기부담금에 대한 설명이다. 괄호 안에 들어갈 내용을 답란에 쓰시오.

> ① 최소 자기부담금(㉠)과 최대 자기부담금(㉡)을 한도로 보험사고로 인하여 발생한 손해액의 10%에 해당하는 금액을 적용한다.
> ② 피복재 단독사고는 최소 자기부담금(㉢)과 최대 자기부담금(㉣)을 한도로 한다.
> ③ 농업용 시설물과 부대시설 모두를 보험의 목적으로 하는 보험계약은 두 보험의 목적의 손해액 합계액을 기준으로 자기부담금을 산출하고, 두 목적물의 (㉤)로 자기부담금을 적용한다.
> ④ 자기부담금은 (㉥) 단위, 1사고 단위로 적용한다.
> ⑤ (㉦)로 인한 손해는 자기부담금을 적용하지 않는다.

정답

㉠ 30만원, ㉡ 100만원, ㉢ 10만원, ㉣ 30만원, ㉤ 손해액 비율, ㉥ 단지, ㉦ 화재

15 농업용 원예시설물(고정식 하우스)에 강풍이 불어 피해가 발생되었다. 다음 조건을 참조하여 물음에 답하시오.   `기출유형`

구 분	손해내역	내용 연수	경년 감가율	경과 연월	보험가입 금액	손해액	비 고
1동	단동하우스 (구조체 손해)	10년	8%	2년	500만원	300만원	피복재 손해 제외
2동	장수 PE (피복재 단독사고)	1년	40%	1년	200만원	100만원	–
3동	장기성 Po (피복재 단독사고)	5년	16%	1년	200만원	100만원	• 재조달가액보장 특약 • 미복구

(1) 1동의 지급보험금 계산과정과 값을 쓰시오.

(2) 2동의 지급보험금 계산과정과 값을 쓰시오.

(3) 3동의 지급보험금 계산과정과 값을 쓰시오.

(1) 1동의 지급보험금

손해가 생긴 때와 곳에서의 가액에 따라 농업용 시설물의 감가율을 적용한 손해액을 산출한다.

※ 문제 조건에서 주어진 손해액이 감가율을 적용한 것인지 적용하지 않은 것인지에 대한 논란이 있을 수 있으나, 감가율을 적용하지 않은 경우로 가정하고 문제를 풀이하였다.

- 감가율 = 8% × 2 = 16%
- 손해액 = 3,000,000원 × (1 − 16%) = 2,520,000원
- 지급보험금 = 손해액 − 자기부담금
  = 2,520,000원 − 300,000원 = **2,220,000원**

※ **자기부담금** : <u>최소 자기부담금(30만원)</u>과 최대 자기부담금(100만원)을 한도로 보험사고로 인하여 발생한 손해액의 10%에 해당하는 금액을 적용한다.

(2) 2동의 지급보험금

- 손해액 = 1,000,000원 × (1 − 40%) = 600,000원
- 지급보험금 = 손해액 − 자기부담금
  = 600,000원 − 100,000원 = **500,000원**

※ **자기부담금** : 피복재 단독사고는 <u>최소 자기부담금(10만원)</u>과 최대 자기부담금(30만원)을 한도로 한다.

(3) 3동의 지급보험금

재조달가액보장 특별약관에 가입한 경우에는 감가율을 적용하지 않고 재조달가액 기준으로 계산한 손해액을 산출한다. 단, 보험의 목적이 손해를 입은 장소에서 실제로 수리 또는 복구되지 않은 때에는 재조달가액에 의한 보상을 하지 않고 시가(감가상각된 금액)로 보상한다.

- 손해액 = 1,000,000원 × (1 − 16%) = 840,000원
- 지급보험금 = 손해액 − 자기부담금
  = 840,000원 − 100,000원 = **740,000원**

[저자의 TIP]

문제 조건에서 주어진 손해액이 감가율을 적용한 것으로 가정하고 문제를 풀이하면 지급보험금은 다음과 같이 계산할 수 있다.

(1) 1동의 지급보험금

지급보험금 = 손해액 − 자기부담금
   = 3,000,000원 − 300,000원
   = **2,700,000원**

(2) 2동의 지급보험금

지급보험금 = 손해액 − 자기부담금
   = 1,000,000원 − 100,000원
   = **900,000원**

(3) 3동의 지급보험금

지급보험금 = 손해액 − 자기부담금
   = 1,000,000원 − 100,000원
   = **900,000원**

16 다음은 원예시설작물 및 시설재배 버섯 보험금 지급기준에 대한 설명이다. 괄호 안에 들어갈 내용을 답란에 쓰시오.

> ㉠ 생산비보장보험금이 (   )을 초과하는 경우에 그 전액을 보험가입금액 내에서 보상한다.
> ㉡ 동일 작기에서 (   ) 이상 사고가 난 경우 동일 작기 작물의 이전 사고의 피해를 감안하여 산출한다.

정답

㉠ 10만원, ㉡ 2회

17 원예시설작물의 생산비보장보험금 산출시 적용 품목과 산출식을 답란에 쓰시오.

정답

① **적용 품목** : 딸기, 토마토, 오이, 참외, 호박, 고추, 파프리카, 수박, 멜론, 상추, 가지, 배추, 파(대파), 미나리, 감자, 국화, 백합, 카네이션
② **산출식** : 생산비보장보험금 = 피해작물 재배면적 × 피해작물 단위면적당 보장생산비 × 경과비율 × 피해율

18 원예시설작물(딸기·토마토·오이·참외 등)의 생산비보장보험금 산출식에서 수확기 이전 사고의 '경과비율' 계산식은 다음과 같다. 제시된 용어를 답란에 서술하시오.

$$경과비율 = \alpha + [(1 - \alpha) \times (생장일수 \div 표준생장일수)]$$

① α =
② 생장일수 :
③ 표준생장일수 :

정답

① α = 준비기생산비계수(40%, 국화·카네이션 재절화 재배는 20%)
② **생장일수** : 정식(파종)일로부터 사고발생일까지 경과일수
③ **표준생장일수** : 정식일로부터 수확개시일까지 표준적인 생장일수

19 원예시설작물(딸기·토마토·오이·참외 등)의 생산비보장보험금 산출식에서 수확기 중 사고의 ① 경과비율과 ② 생장일수, ③ 표준생장일수에 대해 답란에 서술하시오.

① 경과비율 =

② 생장일수 :

③ 표준생장일수 :

정답

① **경과비율** = 1 - (수확일수 ÷ 표준수확일수)
② **수확일수** : 수확개시일부터 사고발생일까지 경과일수
③ **표준수확일수** : 수확개시일부터 수확종료일까지의 일수
   ※ 위 계산식에도 불구하고 국화·수박·멜론의 경과비율은 1이다.

20 다음은 원예시설작물(딸기·토마토·오이·참외 등)의 생산비보장보험금 산출시 '피해율'에 대한 계산식이다. 빈 칸에 들어갈 내용을 답란에 순서대로 쓰시오.

> ㉠ 피해율 = (   ) × (   ) × (1 - 미보상비율)
> ㉡ 피해비율 = (   ) ÷ (   )

정답

㉠ 피해비율, 손해정도비율, ㉡ 피해면적(주수), 재배면적(주수)

21 원예시설작물 중 장미(나무가 죽지 않은 경우)의 생산비보장보험금 계산식이다. 괄호 안에 들어갈 내용을 답란에 쓰시오.

> 생산비보장보험금 = (㉠) × (㉡) × 피해율
> ※ 피해율 = 피해비율 × (㉢) × (1 - 미보상비율)

정답

㉠ 장미 재배면적, ㉡ 장미 단위면적당 나무생존시 보장생산비, ㉢ 손해정도비율

22 원예시설작물 중 장미(나무가 죽은 경우)의 생산비보장보험금을 다음 구분에 따라 답란에 쓰시오.

① 생산비보장보험금 =

② 피해율 =

③ 손해정도비율 =

정답

① 생산비보장보험금 = 장미 재배면적 × 장미 단위면적당 나무고사 보장생산비 × 피해율
② 피해율 = 피해비율 × 손해정도비율 × (1 − 미보상비율)
③ 손해정도비율 = 100%

23 원예시설작물 중 부추의 생산비보장보험금 계산식이다. 괄호 안에 들어갈 내용을 답란에 쓰시오.

> 보험금 = 부추 재배면적 × (   ) × 피해율 × (   )

정답

보험금 = 부추 재배면적 × (**부추 단위면적당 보장생산비**) × 피해율 × (**70%**)

24 원예시설작물 중 시금치·파(쪽파)·무·쑥갓의 생산비보장보험금 계산식이다. 괄호 안에 들어갈 내용을 답란에 쓰시오.

① 생산비보장보험금 = 피해작물 재배면적 × (㉠) × 경과비율 × 피해율

② 경과비율

수확기 이전 사고	경과비율 $= \alpha + [(1 - \alpha) \times (㉡)]$
수확기 중 사고	경과비율 $= 1 - (㉢)$

③ 피해율 = 피해비율 × (㉣) × (1 − 미보상비율)

정답

㉠ 피해작물 단위면적당 보장생산비
㉡ 생장일수 ÷ 표준생장일수
㉢ 수확일수 ÷ 표준수확일수
㉣ 손해정도비율

25

종합위험 시설작물 손해평가 및 보험금 산정에 관하여 다음 물음에 답하시오. `기출유형`

(1) 농업용 시설물 감가율과 관련하여 아래 (   )에 들어갈 내용을 쓰시오.

고정식 하우스			
구 분		내용연수	경년감가율
구조체	단동하우스	10년	(①)%
	연동하우스	15년	(②)%
피복재	장수 PE	(③)년	(④)% 고정감가
	장기성 Po	5년	(⑤)%

(2) 다음은 원예시설작물 중 '쑥갓'에 관련된 내용이다. 아래의 조건을 참조하여 생산비보장보(원)을 구하시오(단, 아래 제시된 조건 이외의 다른 사항은 고려하지 않음).

○ 조건

품 목	보험가입금액	피해면적	재배면적	손해정도	보장생산비
쑥갓	2,600,000원	500m²	1,000m²	50%	2,600원/m²

- 보상하는 재해로 보험금 지급사유에 해당(1사고, 1동, 기상특보 재해)
- 구조체 및 부대시설 피해 없음
- 수확기 이전 사고이며, 생장일수는 25일
- 중복보험은 없음

정답

(1) (   )에 들어갈 내용

① 8
② 5.3
③ 1
④ 40
⑤ 16

(2) 생산비보장보험금

① **수확기 이전 경과비율**

경과비율 $= \alpha + [(1-\alpha) \times (생장일수 \div 표준생장일수)]$
$\qquad = 10\% + [(1-10\%) \times (25일 \div 50일)] = 0.55 = 55\%$

※ α(준비기생산비계수) = 10%
※ 쑥갓의 표준생장일수 = 50일

② **피해비율**

피해비율 = 피해면적 ÷ 재배면적 = 500m² ÷ 1,000m² = 0.5 = 50%

③ **피해율**

피해율 = 피해비율 × 손해정도비율 = 50% × 60% = 0.3 = 30%

※ 손해정도가 50%이므로 손해정도비율은 60%이다.

④ **생산비보장보험금**

생산비보장보험금 = 재배면적 × 단위면적당 보장생산비 × 경과비율 × 피해율
$\qquad = 1,000m² \times 2,600원/m² \times 55\% \times 30\% = $ **429,000원**

26 종합위험방식 원예시설작물 딸기에 관한 내용이다. 아래의 내용을 참조하여 물음에 답하시오.

○ 계약사항

품 목	보험가입금액(원)	가입면적(m²)	전작기 지급보험금(원)
종합위험방식 원예시설(딸기)	12,300,000	1,000	2,300,000

○ 조사내용

피해작물 재배면적 (m²)	손해정도 (%)	피해비율 (%)	정식일로부터 수확개시일까지의 기간	수확개시일로부터 수확종료일까지의 기간
1,000	30	30	90일	50일

(1) 수확일로부터 수확종료일까지의 기간 중 1/5 경과시점에서 사고가 발생한 경우 경과비율을 구하시오(단, 풀이과정 기재).

(2) 정식일로부터 수확개시일까지의 기간 중 1/5 경과시점에서 사고가 발생한 경우 보험금을 구하시오(단, 풀이과정 기재).

정답

(1) 수확일로부터 수확종료일까지의 기간 중 1/5 경과시점에서 사고가 발생한 경우 경과비율
경과비율 = 1 − (수확일수 ÷ 표준수확일수)
- 수확일수 : 수확개시일부터 사고발생일까지 경과일수 = 50일 × 1/5 = 10일
- 표준수확일수 : 수확개시일부터 수확종료일까지의 일수 = 50일
- 경과비율 = 1 − (10일 ÷ 50일) = 0.8 = **80%**

(2) 정식일로부터 수확개시일까지의 기간 중 1/5 경과시점에서 사고가 발생한 경우 보험금
생산비보장보험금 = 피해작물 재배면적 × 피해작물 단위면적당 보장생산비 × 경과비율 × 피해율
- 피해작물 재배면적 = **1,000m²**
- 피해작물 단위면적당 보장생산비 = 보험가입금액 ÷ 피해작물 재배면적 = 12,300,000원 ÷ 1,000m²
  = **12,300원/m²**
- 경과비율 = α + [(1 − α) × (생장일수 ÷ 표준생장일수)]
  = 0.4 + [(1 − 40%) × (18일 ÷ 90일)] = 0.52 = **52%**
  ※ α = 준비기생산비계수(40%)
  ※ 생장일수 : 정식(파종)일로부터 사고발생일까지 경과일수 = 90일 × 1/5 = 18일
  ※ 표준생장일수 : 정식일로부터 수확개시일까지 표준적인 생장일수 = 90일
- 피해비율 = 30%
- 손해정도비율 = 40%

손해정도	1~20%	21~40%	41~60%	61~80%	81~100%
손해정도비율	20%	40%	60%	80%	100%

- 피해율 = 피해비율 × 손해정도비율
  = 30% × 40% = 0.12 = **12%**
- 생산비보장보험금 = 1,000m² × 12,300원/m² × 52% × 12% = **767,520원**

27 표고버섯(원목재배)의 생산비보장보험금 산출식은 다음과 같다. 괄호 안에 들어갈 내용을 답란에 쓰시오.

① 생산비보장보험금 = (㉠)×(㉡)×피해율
② 피해율 = 피해비율×손해정도비율×(1 − 미보상비율)
  • 피해비율 = (㉢) ÷ (㉣)
  • 손해정도비율 = (㉤) ÷ (㉥)

정답

㉠ 재배원목(본)수
㉡ 원목(본)당 보장생산비
㉢ 피해원목(본)수
㉣ 재배원목(본)수
㉤ 원목(본)의 피해면적
㉥ 원목의 면적

28 표고버섯(톱밥배지재배), 느타리버섯(균상재배), 양송이버섯(균상재배)의 생산비보장보험금 산출식은 다음과 같다. 괄호 안에 들어갈 내용을 답란에 쓰시오.

① 생산비보장보험금
  • 표고버섯(톱밥배지재배)
    생산비보장보험금 = (㉠)×배지(봉)당 보장생산비×경과비율×피해율
  • 느타리버섯(균상재배), 양송이버섯(균상재배)
    생산비보장보험금 = 재배면적×(㉡)×경과비율×피해율
② 경과비율
  • 수확기 이전 경과비율 = (㉢)
  • 수확기 중 사고 경과비율 = (㉣)
③ 피해율 = 피해비율×손해정도비율×(1 − 미보상비율)
  • 표고버섯(톱밥배지재배) 피해비율 = (㉤)
  • 느타리버섯(균상재배), 양송이버섯(균상재배) 피해비율 = (㉥)
  • 손해정도비율[표고버섯(톱밥배지재배)] = (㉦)

정답

㉠ 재배배지(봉)수
㉡ 단위면적당 보장생산비
㉢ $\alpha + [(1 - \alpha) \times ($생장일수 ÷ 표준생장일수$)]$ ※ α : 준비기생산비계수
㉣ 1 − (수확일수 ÷ 표준수확일수)
㉤ 피해배지(봉)수 ÷ 재배배지(봉)수
㉥ 피해면적(m^2) ÷ 재배면적(m^2)
㉦ 손해정도에 따라 50%, 100%에서 결정한다.

29 다음은 표고버섯(톱밥배지재배), 느타리버섯(균상재배), 양송이버섯(균상재배)의 생산비보장 보험금 산출식에서 준비기생산비계수와 손해정도비율을 나타낸 표이다. 빈 칸에 들어갈 내용을 답란에 쓰시오.

① 준비기생산비계수(수확기 이전 사고)

품 목	표고버섯(톱밥배지재배)	느타리버섯(균상재배)	양송이버섯(균상재배)
준비기생산비계수			

② 손해정도비율[느타리버섯(균상재배), 양송이버섯(균상재배)]

손해정도	1~20%	21~40%	41~60%	61~80%	81~100%
손해정도비율					

[정답]

① 준비기생산비계수(수확기 이전 사고)

품 목	표고버섯(톱밥배지재배)	느타리버섯(균상재배)	양송이버섯(균상재배)
준비기생산비계수	66.3%	67.6%	75.3%

② 손해정도비율[느타리버섯(균상재배), 양송이버섯(균상재배)]

손해정도	1~20%	21~40%	41~60%	61~80%	81~100%
손해정도비율	20%	40%	60%	80%	100%

30 다음은 버섯종류별 표준생장일수를 나타낸 도표이다. 빈 칸에 들어갈 내용을 답란에 쓰시오.

품 목	품 종	표준생장일수
표고버섯(톱밥배지재배)	전체	㉠
느타리버섯(균상재배)	전체	㉡
양송이버섯(균상재배)	전체	㉢

[정답]

㉠ 90일, ㉡ 28일, ㉢ 30일

31 종합위험방식 원예시설·버섯 품목에 관한 내용이다. 각 내용을 참조하여 다음 물음에 답하시오. 기출유형

○ 표고버섯(원목재배)

표본원목의 전체면적	표본원목의 피해면적	재배원목(본)수	피해원목(본)수	원목(본)당 보장생산비
40m²	20m²	2,000개	400개	7,000원

○ 표고버섯(톱밥배지재배)

준비기생산비계수	피해배지(봉)수	재배배지(봉)수	손해정도비율
66.3%	500개	2,000개	50%

배지(봉)당 보장생산비	생장일수	비 고
2,800원	45일	수확기 이전 사고임

○ 느타리버섯(균상재배)

준비기생산비계수	피해면적	재배면적	손해정도
67.6%	500m²	2,000m²	55%

단위면적당 보장생산비	생장일수	비 고
16,400원	14일	수확기 이전 사고임

(1) 표고버섯(원목재배) 생산비보장보험금의 계산과정과 값을 쓰시오.

(2) 표고버섯(톱밥배지재배) 생산비보장보험금의 계산과정과 값을 쓰시오.

(3) 느타리버섯(균상재배) 생산비보장보험금의 계산과정과 값을 쓰시오.

정답

(1) 표고버섯(원목재배) 생산비보장보험금
- 피해비율 = 피해원목(본)수 ÷ 재배원목(본)수
  = 400개 ÷ 2,000개 = 0.2(= 20%)
- 손해정도비율 = 표본원목의 피해면적 ÷ 표본원목의 전체면적
  = 20m² ÷ 40m² = 0.5(= 50%)
- 피해율 = 피해비율 × 손해정도비율 = 20% × 50% = 10%
- 생산비보장보험금 = 재배원목(본)수 × 원목(본)당 보장생산비 × 피해율
  = 2,000개 × 7,000원/개 × 10% = **1,400,000원**

(2) 표고버섯(톱밥배지재배) 생산비보장보험금

- 경과비율 $= \alpha + [(1 - \alpha) \times (생장일수 \div 표준생장일수)]$
  $= 66.3\% + [(1 - 66.3\%) \times (45일 \div 90일)]$
  $= 83.15\%$

  ※ 준비기생산비계수 $= 66.3\%$
  ※ 표준생장일수 $= 90$일

- 피해율 $=$ 피해비율 $\times$ 손해정도비율
  $= 25\% \times 50\% = 0.125(= 12.5\%)$

  ※ 피해비율 $=$ 피해배지(봉)수 $\div$ 재배배지(봉)수
  $= 500개 \div 2,000개 = 0.25(= 25\%)$

- 생산비보장보험금 $=$ 재배배지(봉)수 $\times$ 배지(봉)당 보장생산비 $\times$ 경과비율 $\times$ 피해율
  $= 2,000개 \times 2,800원/개 \times 83.15\% \times 12.5\%$
  $= \mathbf{582{,}050원}$

(3) 느타리버섯(균상재배) 생산비보장보험금

- 경과비율 $= \alpha + [(1 - \alpha) \times (생장일수 \div 표준생장일수)]$
  $= 67.6\% + [(1 - 67.6\%) \times (14일 \div 28일)]$
  $= 83.8\%$

  ※ 준비기생산비계수 $= 67.6\%$
  ※ 표준생장일수 $= 28$일

- 피해율 $=$ 피해비율 $\times$ 손해정도비율
  $= 25\% \times 60\% = 0.15(= 15\%)$

  ※ 피해비율 $=$ 피해면적 $\div$ 재배면적
  $= 500\text{m}^2 \div 2,000\text{m}^2 = 0.25(= 25\%)$

  ※ 손해정도가 55%이므로 손해정도비율은 60%이다.

- 생산비보장보험금 $=$ 재배면적 $\times$ 단위면적당 보장생산비 $\times$ 경과비율 $\times$ 피해율
  $= 2,000\text{m}^2 \times 16,400원/\text{m}^2 \times 83.8\% \times 15\%$
  $= \mathbf{4{,}122{,}960원}$

[버섯종류별 표준생장일수]

품 목	품 종	표준생장일수
표고버섯(톱밥배지재배)	전체	90일
느타리버섯(균상재배)	전체	28일

1 과수(포도, 비가림시설)

01 농업수입보장방식의 손해평가 및 보험금 산정에 대한 설명이다. 괄호 안에 들어갈 내용을 답란에 쓰시오.

> ① 농업수입안정보험은 기존 농작물재해보험에 (㉠)을 반영한 농업수입 감소를 보장하는 보험이다. 농업수입감소보험금의 산출시 가격은 기준가격과 수확기가격 중 (㉡)을 적용한다. 즉, (㉢)이 상승한 경우 보험금 지급에 적용되는 가격은 가입할 때 결정된 (㉣)이다.
> ② 따라서, 실제수입을 산정할 때 실제수확량이 평년수확량보다 적은 상황이 발생한다면 (㉢)이 (㉣)을 초과하더라도 (㉤)에 의한 손해는 농업수입감소보험금으로 지급된다.

정답

㉠ 농산물 가격하락, ㉡ 낮은 가격, ㉢ 수확기가격, ㉣ 기준가격, ㉤ 수확량 감소

02 농업수입감소보장방식 과수 품목(포도, 비가림시설)의 시기별 조사의 종류를 답란에 쓰시오.

정답

① 피해사실확인조사
② 착과수조사
③ 과중조사
④ 착과피해조사
⑤ 낙과피해조사
⑥ 고사나무조사
⑦ 비가림시설피해조사

03 농업수입감소보장방식 과수작물의 피해사실확인조사에 대한 설명이다. 괄호 안에 들어갈 내용을 답란에 쓰시오.

> ㉠ 농업수입감소보장방식 과수작물에 적용되는 품목은 (   ) 품목이다.
> ㉡ 대상재해는 자연재해, 조수해, 화재, (   )이다.
> ㉢ 농업수입감소보장방식 과수작물의 피해사실확인조사시 보상하는 재해 여부 및 피해 정도 등을 감안하여 실시하는 추가조사는 (   )이다.

[정답]

㉠ 포도, ㉡ 가격하락, ㉢ 수확량조사

04 농업수입감소보장방식 포도 품목의 착과수조사에 대한 설명이다. 괄호 안에 들어갈 내용을 답란에 쓰시오.

> ① 착과수조사는 (㉠)와 관계없이 보험에 가입한 농지에 대하여 실시한다.
> ② 조사시기는 최초 수확 품종 (㉡)으로 한다.
> ③ 조사대상주수 = 실제결과주수 - (㉢) - (㉣)
> ④ 적정 표본주수는 품종별 · 수령별 조사대상주수에 비례하여 산정하며, 품종별 · 수령별 적정 표본주수의 합은 전체 표본주수보다 (㉤) 한다.
> ⑤ 선정된 표본주별로 착과된 전체 과실수를 조사하되, 품종별 수확시기 차이에 따른 (㉥)를 감안한다.

[정답]

㉠ 사고 여부
㉡ 수확기 직전
㉢ 미보상주수
㉣ 고사나무주수
㉤ 크거나 같아야
㉥ 자연낙과

05 농업수입감소보장방식 포도 품목의 과중조사에 대한 설명이다. 괄호 안에 들어갈 내용을 답란에 쓰시오.

---

① 과중조사의 조사대상은 사고접수가 된 농지(단, 수입보장 포도는 가입된 모든 농지 실시)이며, 조사시기는 품종별 (㉠)에 각각 실시한다.

② 농지에서 품종별로 착과가 평균적인 (㉡) 이상의 나무에서 크기가 평균적인 과실을 (㉢) 이상 추출한다.

③ 표본과실수는 농지당 (㉣) 이상 추출하여 품종별로 구분하여 과실 개수와 무게를 조사한다.

④ 현장에서 과중조사를 실시하기가 어려운 경우, 품종별 (㉤)을 적용하거나 증빙자료가 있는 경우에 한하여 농협의 품종별 (㉥)로 과중조사를 대체할 수 있다.

⑤ 수확전 대상재해 발생시 계약자는 수확개시 최소 (㉦) 전에 보험가입 대리점으로 수확예정일을 통보하고 최초 수확 (◎) 전에는 조사를 실시한다.

정답

㉠ 수확시기, ㉡ 3주, ㉢ 20개, ㉣ 30개, ㉤ 평균과중, ㉥ 출하자료, ㉦ 10일, ◎ 1일

06 농업수입감소보장방식 과수 품목의 착과피해조사에 대한 설명이다. 괄호 안에 들어갈 내용을 답란에 쓰시오.

---

① 착과피해조사는 착과피해를 유발하는 재해가 있을 경우에만 시행하며, 해당 재해 여부는 재해의 종류와 (㉠) 등을 고려하여 (㉡)가 판단한다.

② 착과피해조사는 착과된 과실에 대한 피해정도를 조사하는 것으로 해당 피해에 대한 (㉢)에 실시하며, 필요시 품종별로 각각 실시할 수 있다.

③ 착과피해조사에서는 가장 먼저 (㉣)을(를) 확인하여야 하며, 이때 확인할 (㉣)는(은) 수확전 착과수 조사와는 (㉤)을(를) 의미한다.
 • 주수조사 : 농지내 품종별·수령별 실제결과주수, (㉥), (㉦)을(를) 파악한다.
 • 조사대상주수 계산 : 실제결과주수에서 (㉥), (㉦)을(를) 뺀 조사대상주수를 계산한다.

정답

㉠ 과실의 상태
㉡ 조사자
㉢ 확인이 가능한 시기
㉣ 착과수
㉤ 별개의 조사
㉥ 수확완료주수
㉦ 미보상주수 및 고사나무주수

07 농업수입감소보장방식 과수 품목의 낙과피해조사에 대한 설명이다. 괄호 안에 들어갈 내용을 답란에 쓰시오.

> ① 낙과피해조사는 (㉠) 이후 낙과피해가 발생한 농지에 대하여 실시한다.
> ② 낙과피해조사는 (㉡)로 실시한다. 단, 계약자 등이 낙과된 과실을 한 곳에 모아 둔 경우 등 (㉡)가 불가능한 경우에 한하여 (㉢)를 실시한다.
> ③ 낙과수 전수조사시에는 농지내 전체 낙과를 (㉣)로 구분하여 조사한다. 단, 전체 낙과에 대하여 (㉣) 구분이 어려운 경우에는 전체 낙과수를 세고, 전체 낙과수 중 (㉤) 이상의 표본을 추출하여 해당 표본의 품종을 구분하는 방법을 사용한다.

정답

㉠ 착과수조사, ㉡ 표본조사, ㉢ 전수조사, ㉣ 품종별, ㉤ 100개

08 다음은 농업수입감소보장방식 포도 품목의 고사나무조사에 대한 설명이다. 괄호 안에 들어갈 내용을 답란에 쓰시오.

> ① 나무손해보장 특약을 가입한 농지 중 (㉠)에 대해서 고사나무조사를 실시한다.
> ② 고사나무조사는 (㉡) 시점 이후에 실시하되, 나무손해보장 특약 종료 시점을 고려하여 결정한다.
> ③ (㉢) 등을 감안하여 약관에서 정한 보상하는 재해로 인한 피해가 맞는지 확인하며, 필요시에는 이에 대한 근거 자료를 확보할 수 있다.
> ④ 품종별·수령별로 실제결과주수, 수확완료전 고사주수, 수확완료후 고사주수 및 (㉣)을(를) 조사한다.
> ⑤ 수확완료후 (㉤)에는 고사나무조사를 생략할 수 있다.

정답

㉠ 사고가 접수된 모든 농지
㉡ 수확완료
㉢ 농지 및 작물상태
㉣ 미보상고사주수
㉤ 고사주수가 없는 경우(계약자 유선 확인 등)

09 농업수입감소보장방식 비가림시설피해조사를 다음 조사방법에 따라 답란에 서술하시오.

(1) 조사기준
(2) 평가단위
(3) 조사방법

[정답]

(1) 조사기준

해당 목적물인 비가림시설의 구조체와 피복재의 재조달가액을 기준금액으로 수리비를 산출한다.

(2) 평가단위

물리적으로 분리 가능한 시설 1동을 기준으로 보험목적물별로 평가한다.

(3) 조사방법

① 피복재 : 피복재의 피해면적을 조사한다.
② 구조체
• 손상된 골조를 재사용할 수 없는 경우 : 교체수량 확인후 교체비용 산정
• 손상된 골조를 재사용할 수 있는 경우 : 보수면적 확인후 보수비용 산정

10 농업수입감소보장방식 포도 품목의 농업수입감소보험금 산정식을 다음 구분에 따라 답란에 쓰시오.

① 농업수입감소보험금 =
② 피해율 =
③ 기준수입 =
④ 실제수입 =

[정답]

① 농업수입감소보험금 = 보험가입금액 × (피해율 − 자기부담비율)
② 피해율 = (기준수입 − 실제수입) ÷ 기준수입
③ 기준수입 = 평년수확량 × 농지별 기준가격
④ 실제수입 = (수확기에 조사한 수확량* + 미보상감수량) × Min(농지별 기준가격, 농지별 수확기가격)
   * 다만, 수확량조사를 하지 않은 경우 : 평년수확량 × Min(농지별 기준가격, 농지별 수확기가격)

11 농업수입감소보장방식 포도 품목의 농업수입감소보험금의 산정시 피해율에 대한 설명이다. 괄호 안에 들어갈 내용을 답란에 쓰시오.

> ① 피해율은 기준수입에서 실제수입을 뺀 값을 (㉠)으로 나누어 산출한다.
> ② 기준수입은 평년수확량에 (㉡)을(를) 곱하여 산출한다.
> ③ 실제수입은 수확기에 조사한 수확량에 (㉢)을 더한 값에 농지별 기준가격과 농지별 수확기가격 중 (㉣)을(를) 곱하여 산출한다.

[정답]

㉠ 기준수입, ㉡ 농지별 기준가격, ㉢ 미보상감수량, ㉣ 작은 값

12 농업수입감소보장방식 포도 품목의 농업수입감소보험금의 산정에 대한 설명이다. 괄호 안에 들어갈 내용을 답란에 쓰시오.

> ㉠ 수확량조사를 하지 않아 조사한 수확량이 없는 경우에는 (   )을(를) 수확량으로 한다.
> ㉡ 계약자 또는 피보험자의 (   )로 수확량조사를 하지 못하여 수확량을 확인할 수 없는 경우에는 농업수입감소보험금을 지급하지 않는다.
> ㉢ 자기부담비율은 보험 가입할 때 (   )가 선택한 비율로 한다.
> ㉣ 포도의 경우 (   )인 송이는 상품성 저하로 인한 손해로 보아 감수량에 포함되지 않는다.

[정답]

㉠ 평년수확량, ㉡ 고의 또는 중대한 과실, ㉢ 계약자, ㉣ 착색 불량

13 농업수입감소보장방식 포도 품목의 수확량감소 추가보장 특약의 보험금 산정식을 다음 구분에 따라 답란에 쓰시오.

① 보험금 =
② 피해율 =

[정답]

① 보험금 = 보험가입금액 × (피해율 × 10%)
② 피해율 = (평년수확량 − 수확량 − 미보상감수량) ÷ 평년수확량

14 농업수입감소보장방식 포도 품목의 나무손해보장 특약의 보험금 산정식을 다음 구분에 따라 답란에 쓰시오.

① 보험금 =

② 피해율 =

③ 자기부담비율 =

[정답]

① 보험금 = 보험가입금액 × (피해율 − 자기부담비율)
② 피해율 = 피해주수(고사된 나무) ÷ 실제결과주수
③ 자기부담비율 = 약관에 따른다.

15 농업수입감소보장방식의 비가림시설보험금 산정방법에 대해 서술하시오(단, 동일한 계약의 목적과 동일한 사고에 관하여 보험금을 지급하는 다른 계약이 없음).

[정답]

비가림시설보험금의 산정방법
손해액이 자기부담금을 초과하는 경우 다음과 같이 계산한 보험금을 지급한다.
① 재해보험사업자가 보상할 손해액은 그 손해가 생긴 때와 곳에서의 가액에 따라 계산한다.
② 재해보험사업자는 1사고마다 재조달가액(보험의 목적과 동형·동질의 신품을 조달하는데 소요되는 금액을 말한다) 기준으로 계산한 손해액에서 자기부담금을 차감한 금액을 보험가입금액 내에서 보상한다.

> 지급보험금 = Min(손해액 − 자기부담금, 보험가입금액)

16 아래 조건에 의해 농업수입감소보장 포도 품목의 ① 피해율 및 ② 농업수입감소보험금을 산출하시오(단, 피해율은 %단위로 소수점 셋째자리에서 반올림하여 둘째자리까지 구하시오).

- 평년수확량 : 1,000kg
- 미보상감수량 : 100kg
- 농지별 수확기가격 : 3,000원/kg
- 자기부담비율 : 20%
- 조사수확량 : 500kg
- 농지별 기준가격 : 4,000원/kg
- 보험가입금액 : 4,000,000원

정답

① 피해율 : 55%
② 농업수입감소보험금 : 1,400,000원

해설

① 피해율
- 기준수입 = 평년수확량 × 농지별 기준가격 = 1,000kg × 4,000원/kg = 4,000,000원
- 실제수입 = (수확량 + 미보상감수량) × Min(농지별 기준가격, 농지별 수확기가격)
  = (500kg + 100kg) × 3,000원/kg = 1,800,000원
- 피해율 = (기준수입 − 실제수입) ÷ 기준수입
  = (4,000,000원 − 1,800,000원) ÷ 4,000,000원 = 0.55 = **55%**

② 농업수입감소보험금
농업수입감소보험금 = 보험가입금액 × (피해율 − 자기부담비율)
  = 4,000,000원 × (55% − 20%) = **1,400,000원**

17 태풍(강풍)과 집중호우로 농업수입감소보장방식 포도 품목에 피해가 발생하였다. 다음 조건에 따른 나무손해보장 특약의 보험금을 계산하시오.

- 보험가입금액 : 20,000,000원
- 실제결과주수 : 1,000주
- 태풍(강풍)과 집중호우로 인한 피해주수 : 250주
- 자기부담비율 : 5%

정답

보험금 : 4,000,000원

해설

보험금 = 보험가입금액 × (피해율 − 자기부담비율)
피해율 = 피해주수(고사된 나무) ÷ 실제결과주수 = 250주 ÷ 1,000주 = 0.25 = 25%
∴ 보험금 = 20,000,000원 × (25% − 5%) = **4,000,000원**

2 논·밭작물[콩, 양배추, 양파, 감자(가을재배), 마늘, 고구마, 옥수수, 보리]

01 농업수입감소보장방식 논·밭작물의 손해평가 및 보험금 산정시 적용되는 품목을 답란에 쓰시오.

> 정답

마늘, 양파, 양배추, 감자(가을재배), 고구마, 콩, 옥수수, 보리

02 농업수입감소보장방식 논·밭작물 품목의 재해사고로 인한 조사의 종류를 답란에 쓰시오.

> 정답

① 피해사실확인조사
② 경작불능조사
③ 수확량조사
④ 재파종조사(마늘만 해당)
⑤ 재정식조사(양배추만 해당)

03 농업수입감소보장방식 논·밭작물 품목의 피해사실확인조사에서 보상하는 재해 여부 및 피해 정도 등을 감안하여 추가조사가 필요한지 여부를 판단해야 한다. 피해사실확인조사의 ① 대상재해와 ② 추가조사의 종류를 답란에 쓰시오.

> 정답

① **대상재해** : 자연재해, 조수해, 화재, 병해충(감자 품목만 해당)
② **추가조사의 종류** : 재정식조사(양배추만 해당), 재파종조사(마늘만 해당), 경작불능조사, 수확량조사

04 농업수입감소보장방식 논·밭작물 품목의 시기별 조사의 종류에 대한 도표이다. 표의 빈 칸에 들어갈 내용을 답란에 쓰시오.

조사의 종류	조사대상	조사시기	비 고
재파종조사			마늘만 해당
재정식조사			양배추만 해당
경작불능조사			

정답

조사의 종류	조사대상	조사시기	적용 품목
재파종조사	피해사실확인조사시 재파종조사가 필요하다고 판단된 농지	피해사실확인조사 직후 또는 사고 접수 직후	마늘만 해당
재정식조사	피해사실확인조사시 재정식조사가 필요하다고 판단된 농지	피해사실확인조사 직후 또는 사고 접수 직후	양배추만 해당
경작불능조사	피해사실확인조사시 경작불능조사가 필요하다고 판단된 농지 또는 사고 접수시 이에 준하는 피해가 예상되는 농지	피해사실확인조사 직후 또는 사고 접수 직후	마늘, 양파, 양배추, 감자(가을재배), 고구마, 콩, 옥수수, 보리

05 농업수입감소보장방식 논·밭작물 품목의 수확량조사에 대한 설명이다. 괄호 안에 들어갈 내용을 답란에 쓰시오.

① 적용 품목 : (㉠)
② 조사대상 : (㉡)

정답

㉠ 마늘, 양파, 양배추, 감자(가을재배), 고구마, 콩, 옥수수, 보리
㉡ 계약된 농지 전부에 대하여 수확량조사를 실시한다.

06 농업수입감소보장방식 콩 품목의 수확량조사에서 수확량조사 적기는 콩잎이 누렇게 변하여 떨어지고 꼬투리의 (   ) 이상이 고유한 성숙(황색)색깔로 변하는 시기인 생리적 성숙기로 부터 (   )이 지난 시기이다. 괄호 안에 들어갈 내용을 순서대로 답란에 쓰시오.

[정답]

80~90%, 7~14일

07 다음은 농업수입감소보장방식 논·밭작물 품목의 수확량조사에서 수확량조사 적기를 나타낸 도표이다. 표의 빈 칸에 들어갈 내용을 답란에 쓰시오.

품 목	수확량조사 적기
양배추	(㉠)이 완료된 때
양파	양파의 비대가 종료된 시점(㉡)
감자 (가을재배)	감자의 비대가 종료된 시점(㉢)
마늘	마늘의 비대가 종료된 시점(㉣)
고구마	고구마의 비대가 종료된 시점(㉤)
옥수수	옥수수 수확의 적기(㉥)
보리	(㉦)이 여물어 수확이 가능한 시기

[정답]

㉠ 결구 형성
㉡ 식물체의 도복이 완료된 때
㉢ 파종일로부터 제주지역은 110일 이후, 이외 지역은 95일 이후
㉣ 잎과 줄기가 1/2~2/3 황변하여 말랐을 때와 해당 지역의 통상 수확기가 도래하였을 때
㉤ 삽식일로부터 120일 이후에 농지별로 적용
㉥ 수염이 나온 후 25일 이후
㉦ 알곡

08 농업수입감소보장방식 논·밭작물 품목의 수확량조사에서 면적 확인방법을 서술하시오.

정답

면적 확인방법
① **실제경작면적 확인** : GPS 면적측정기 또는 지형도 등을 이용하여 보험가입면적과 실제경작면적을 비교한다. 이때 실제경작면적이 보험가입면적 대비 10% 이상 차이가 날 경우에는 계약사항을 변경해야 한다.
② **수확불능(고사)면적 확인** : 보상하는 재해로 인하여 해당 작물이 수확될 수 없는 면적을 확인한다.
③ **타작물 및 미보상면적 확인** : 해당 작물 외의 작물이 식재되어 있거나 보상하는 재해 이외의 사유로 수확이 감소한 면적을 확인한다.
④ **기수확면적 확인** : 조사 전에 수확이 완료된 면적을 확인한다.
⑤ **조사대상면적 확인** : 실제경작면적에서 고사면적, 타작물 및 미보상면적, 기수확면적을 제외하여 조사대상면적을 확인한다.

09 농업수입감소보장방식 논·밭작물 품목의 수확량조사에서 표본조사 방법을 다음 구분에 따라 서술하시오.

① 적용 품목 :
② 표본구간수 산정 :
③ 표본구간 선정 :
④ 표본구간면적 및 수확량조사 :

정답

① **적용 품목** : 마늘, 양파, 양배추, 감자(가을재배), 고구마, 콩, 옥수수, 보리
② **표본구간수 산정** : 조사대상면적 규모에 따라 적정 표본구간수 이상의 표본구간수를 산정한다. 다만, 가입면적과 실제경작면적이 10% 이상 차이가 나 계약 변경 대상일 경우에는 실제경작면적을 기준으로 표본구간수를 산정한다.
③ **표본구간 선정** : 선정한 표본구간수를 바탕으로 재배방법 및 품종 등을 감안하여 조사대상면적에 동일한 간격으로 골고루 배치될 수 있도록 표본구간을 선정한다. 다만, 선정한 구간이 표본으로 부적합한 경우(해당 지점 작물의 수확량이 현저히 많거나 적어서 표본으로 대표성을 가지기 어려운 경우 등)에는 가까운 위치의 다른 구간을 표본구간으로 선정한다.
④ **표본구간면적 및 수확량조사** : 해당 품목별로 선정된 표본구간의 면적을 조사하고, 해당 표본구간에서 수확한 작물의 수확량을 조사한다.

10 다음은 농업수입감소보장방식 논·밭작물 품목의 수확량조사에서 표본구간면적조사 방법을 나타낸 도표이다. 괄호 안에 들어갈 내용을 답란에 쓰시오.

품 목	표본구간 면적조사 방법
콩	• 점파 : (㉠) 및 이랑폭조사 • 산파 : (㉡) 또는 표본구간의 가로·세로길이조사
마늘, 양파	• 이랑폭 2m 미만 : (㉢) 및 이랑폭조사 • 이랑폭 2m 이상 : (㉣) 및 이랑폭조사
양배추, 감자(가을재배), 고구마, 옥수수	(㉤) 및 이랑폭조사
보리	• 점파의 경우 포본구간마다 (㉥)의 길이와 포기당 간격을 조사 • 산파이거나 이랑의 구분이 명확하지 않은 경우 규격의 테(㉦)를 사용하여 조사

정답

㉠ 이랑길이(4주 이상), ㉡ 규격의 원형($1m^2$) 이용, ㉢ 이랑길이(5주 이상), ㉣ 이랑길이(3주 이상),
㉤ 이랑길이(5주 이상), ㉥ 4포기, ㉦ 50cm×50cm

11 농업수입감소보장방식 논·밭작물 품목의 수확량조사에서 전수조사 방법에 대한 설명이다. 괄호 안에 들어갈 알맞은 내용을 쓰시오.

① 적용 품목 : (㉠)
② 전수조사 대상 농지 여부 확인 : 전수조사는 (㉡)을 하는 농지 또는 수확 직전 상태가 확인된 농지 중 자른 작물을 농지에 그대로 둔 상태에서 기계 탈곡을 시행하는 농지에 한한다.
③ 중량조사 : 대상 농지에서 수확한 전체 (㉢)의 무게를 조사하며, 전체 무게 측정이 어려운 경우에는 (㉣) 이상의 포대를 임의로 선정하여 포대당 평균 무게를 구한후 해당 수치에 수확한 전체 포대 수를 곱하여 전체 무게를 산출한다.
④ 콩(종실)의 함수율조사 : (㉤) 이상 종실의 함수율을 측정후 평균값을 산출한다. 단, 함수율을 측정할 때에는 각 횟수마다 각기 다른 포대에서 추출한 콩을 사용한다.

정답

㉠ 콩, ㉡ 기계수확(탈곡 포함), ㉢ 콩(종실), ㉣ 10포대, ㉤ 10회

12 다음은 농업수입감소보장방식 논·밭작물 품목의 수확량조사에서 표본구간별 수확량조사 방법을 나타낸 도표이다. 괄호 안에 들어갈 내용을 답란에 쓰시오.

품 목	표본구간별 수확량조사 방법
콩	표본구간내 콩을 수확하여 꼬투리를 제거한후 콩 종실의 무게 및 (㉠)조사
양배추	표본구간내 작물의 뿌리를 절단하여 수확(외엽 2개내외 부분을 제거)한후, 정상 양배추와 80% 피해 양배추(㉡), 100% 피해 양배추(㉢)로 구분하여 무게를 조사
양파	표본구간내 작물을 수확한후, 종구 (㉣)을(를) 절단하여 해당 무게를 조사[단, 양파의 최대 지름이 (㉤) 미만인 경우에는 80%, 100% 피해로 인정하고 해당 무게의 20%, 0%를 수확량으로 인정]
마늘	표본구간내 작물을 수확한후, 종구 (㉥)을(를) 절단하여 해당 무게를 조사[단, 마늘통의 최대 지름이 (㉦) 미만인 경우에는 80%, 100% 피해로 인정하고 해당 무게의 20%, 0%를 수확량으로 인정]
감자 (가을재배)	표본구간내 작물을 수확한후 정상 감자, 병충해별 20% 이하, 21~40% 이하, 41%~60% 이하, 61~80% 이하, 81~100% 이하 발병 감자로 구분하여 해당 병충해명과 무게를 조사하고, 최대 지름이 (◎) 미만이거나 피해정도 (㉧) 이상인 감자의 무게는 실제 무게의 (㉧)를 조사 무게로 함
고구마	표본구간내 작물을 수확한후, 정상 고구마와 (㉨)로 구분하여 무게를 조사
옥수수	표본구간내 작물을 수확한후 착립장 길이에 따라 (㉩)로 구분한후 해당 개수를 조사
보리	점파의 경우 표본구간마다 (㉪), 산파이거나 이랑의 구분이 명확하지 않은 경우는 규격의 테(㉫)를 사용하여 표본구간의 작물을 수확하여 해당 중량을 측정

정답

㉠ 함수율(3회 평균)
㉡ 일반시장에 출하할 때 정상과실에 비해 50% 정도의 가격이 예상되는 품질이거나 일반시장 출하는 불가능하나 가공용으로 공급될 수 있는 품질
㉢ 일반시장 및 가공용 출하불가
㉣ 5cm 윗부분 줄기
㉤ 6cm
㉥ 3cm 윗부분
㉦ 2cm(한지형), 3.5cm(난지형)
◎ 5cm
㉧ 50%
㉨ 50% 피해 고구마, 80% 피해 고구마, 100% 피해 고구마
㉩ 상(17cm 이상)·중(15cm 이상 17cm 미만)·하(15cm 미만)
㉪ 4포기
㉫ 50cm×50cm

13 농업수입감소보장방식 논·밭작물 품목의 보험금 산정방법에서 다음 보험금의 지급사유를 답란에 서술하시오.

① 재파종보험금(마늘)의 지급사유 :

② 재정식보험금(양배추)의 지급사유 :

> **정답**

① **재파종보험금(마늘)의 지급사유** : 보험기간 내에 보상하는 재해로 10a당 식물체 주수가 30,000주보다 적어지고, 10a당 30,000주 이상으로 재파종한 경우 재파종보험금은 아래에 따라 계산하며, 1회에 한하여 보상한다.

> 지급보험금 = 보험가입금액 × 35% × 표준피해율
>
> ※ 표준피해율(10a기준) = (30,000 − 식물체 주수) ÷ 30,000

② **재정식보험금(양배추)의 지급사유** : 보험기간 내에 보상하는 재해로 면적피해율이 자기부담비율을 초과하고, 재정식한 경우 재정식보험금은 아래에 따라 계산하며, 1회 지급한다.

> 지급보험금 = 보험가입금액 × 20% × 면적피해율
>
> ※ 면적피해율 = 피해면적 ÷ 보험가입면적

14 농업수입감소보장방식 논·밭작물 품목의 경작불능보험금 산정방법을 다음 구분에 따라 답란에 서술하시오.

① 지급사유 :

② 지급거절사유 :

③ 환급보험금 발생 여부 :

> **정답**

① **지급사유** : 보험기간 내에 보상하는 재해로 식물체 피해율이 65% 이상이고, 계약자가 경작불능보험금을 신청한 경우 경작불능보험금은 자기부담비율에 따라 보험가입금액의 일정 비율로 계산한다.

② **지급거절사유** : 보험금 지급대상 농지 품목이 산지폐기 등의 방법을 통해 시장으로 유통되지 않은 것이 확인되지 않으면 경작불능보험금을 지급하지 않는다.

③ **환급보험금 발생 여부** : 경작불능보험금을 지급한 때에는 그 손해보상의 원인이 생긴 때로부터 해당 농지에 대한 보험계약은 소멸되며, 이 경우 환급보험료는 발생하지 않는다.

15 농업수입감소보장방식 논·밭작물 품목(옥수수외 품목)의 농업수입감소보험금 산정에 대한 설명이다. 괄호 안에 들어갈 내용을 답란에 쓰시오.

---

① 농업수입감소보험금 = 보험가입금액 × (㉠)
② 피해율 = (㉡) ÷ 기준수입
③ 기준수입 = (㉢) × 농지별 기준가격
④ 실제수입 = {수확기에 조사한 수확량 + (㉣)} × Min(농지별 기준가격, 농지별 수확기가격)
⑤ 수확량조사를 하지 않아 조사한 수확량이 없는 경우에는 (㉤)을(를) 수확량으로 한다.
⑥ 미보상감수량은 (㉥)에서 (㉦)을(를) 뺀 값에 (㉧)을(를) 곱하여 산출하며, 평년수확량보다 수확량이 감소하였으나, 보상하는 재해로 인한 감소가 확인되지 않는 경우에는 감소한 수량을 모두 미보상감수량으로 한다.

정답

㉠ 피해율 – 자기부담비율
㉡ 기준수입 – 실제수입
㉢ 평년수확량
㉣ 미보상감수량
㉤ 평년수확량
㉥ 평년수확량
㉦ 수확량
㉧ 미보상비율

16 농업수입감소보장방식 옥수수 품목의 농업수입감소보험금 산정에 대한 설명이다. 괄호 안에 들어갈 내용을 답란에 쓰시오.

---

① 농업수입감소보험금은 보험가입금액에 (㉠)에서 자기부담비율을 차감한 비율을 곱하여 산정한다.
② 피해율은 기준수입에서 (㉡)을 뺀 값을 기준수입으로 나누어 산출한다.
③ 기준수입은 평년수확량에 (㉢)을 곱하여 산출한다.
④ 실제수입은 해당 농지의 기준수입과 실제 조사한 농지의 (㉣)의 차이로 한다.
⑤ 계약자 또는 피보험자의 (㉤)로 수확량조사를 하지 못하여 수확량을 확인할 수 없는 경우에는 농업수입감소보험금을 지급하지 않는다.

정답

㉠ 피해율
㉡ 실제수입
㉢ 농지별 기준가격
㉣ 손해액
㉤ 고의 또는 중대한 과실

17 농업수입감소보장방식 옥수수 품목의 농업수입감소보험금 산정시 손해액 산출에 대한 설명이다. 괄호 안에 들어갈 내용을 답란에 쓰시오.

> ① 기준가격 ≧ 수확기가격
>   손해액 = (기준가격 − 수확기가격) × (㉠)
> ② 기준가격 < 수확기가격
>   손해액 = (㉡)
> ③ 피해수확량은 (㉢) 옥수수 품목과 같은 방법으로 산출한다.
> ④ 수확량조사를 실시하지 않아 조사한 피해수확량이 없는 경우 피해수확량은 (㉣)으로 한다.

[정답]

㉠ 평년수확량 − 피해수확량
㉡ 기준가격 × 피해수확량
㉢ 종합위험 수확감소보장방식
㉣ 0

18 다음의 계약사항과 보상하는 재해에 따른 조사내용에 관하여 수확량, 기준수입, 실제수입, 피해율, 농업수입감소보험금을 구하시오(단, 피해율은 % 단위로 소수점 셋째자리에서 반올림하여 둘째자리까지 다음 예시와 같이 구하시오. 예시 : 0.12345 → 12.35%). [기출유형]

○ 계약사항

상품명	보험가입금액	보험가입면적	평년수확량	자기부담비율	기준가격
농업수입감소보장보험 콩	900만원	10,000m²	2,470kg	20%	3,900원/kg

○ 조사내용

조사종류	조사방식	실제경작면적	고사면적	타작물 및 미보상면적
수확량조사	표본조사	10,000m²	1,000m²	0m²

기수확면적	표본구간 수확량 합계	표본구간 면적 합계	미보상감수량	수확기가격
2,000m²	1.2kg	12m²	200kg	4,200원/kg

① **수확량**

수확량(표본조사) = (표본구간 단위면적당 수확량 × 조사대상면적) + {단위면적당 평년수확량 × (타작물 및 미보
상면적 + 기수확면적)}

표본구간 단위면적당 수확량 = 표본구간 수확량 합계 ÷ 표본구간면적 = 1.2kg ÷ $12m^2$ = $0.1kg/m^2$

조사대상면적 = 실제경작면적 − 고사면적 − 타작물 및 미보상면적 − 기수확면적
$$= 10,000m^2 - 1,000m^2 - 0m^2 - 2,000m^2 = 7,000m^2$$

단위면적당 평년수확량 = 평년수확량 ÷ 실제경작면적 = 2,470kg ÷ $10,000m^2$ = $0.247kg/m^2$

∴ 수확량(표본조사) = ($0.1kg/m^2$ × $7,000m^2$) + {$0.247kg/m^2$ × ($0m^2 + 2,000m^2$)} = **1,194kg**

② **기준수입**

기준수입 = 평년수확량 × 농지별 기준가격
$$= 2,470kg × 3,900원/kg = 9,633,000원$$

③ **실제수입**

실제수입 = (수확량 + 미보상감수량) × Min(농지별 기준가격, 농지별 수확기가격)
$$= (1,194kg + 200kg) × 3,900원/kg = 5,436,600원$$

④ **피해율**

피해율 = (기준수입 − 실제수입) ÷ 기준수입
$$= (9,633,000원 - 5,436,600원) ÷ 9,633,000원 ≒ 0.43563 = 43.56\%$$

⑤ **농업수입감소보험금**

농업수입감소보험금 = 보험가입금액 × (피해율 − 자기부담비율)
$$= 9,000,000원 × (43.56\% - 20\%) = 2,120,400원$$

19 농업수입감소보장보험 마늘 품목에 한해와 조해피해가 발생하여 아래와 같이 수확량조사를 하였
다. 계약사항과 조사내용을 토대로 하여 ① 표본구간 단위면적당 수확량, ② 수확량, ③ 실제수입,
④ 피해율, ⑤ 보험가입금액 및 농업수입감소보험금의 계산과정과 값을 각각 구하시오(단, 품종에
따른 환산계수는 미적용하고, 소수점 셋째자리에서 반올림하여 둘째자리까지 다음 예시와 같이
구하시오. 예시 : 수확량 3.456kg → 3.46kg, 피해율 0.12345 → 12.35%로 기재). 기출유형

[계약사항]
- 품종 : 남도
- 실제경작면적 : $3,300m^2$
- 자기부담비율 : 20%
- 평년수확량 : 10,000kg
- 가입수확량 : 10,000kg
- 기준가격 : 3,000원/kg

[조사내용]
- 실제경작면적 : $3,300m^2$
- 타작물 및 미보상면적 : $500m^2$
- 표본구간면적 : $10.50m^2$
- 미보상비율 : 20%
- 고사(수확불능)면적 : $300m^2$
- 표본구간 : 7구간
- 표본구간 수확량 : 30kg
- 수확기가격 : 2,500원/kg

정답

① 표본구간 단위면적당 수확량 : 2.86kg/m²
② 수확량 : 8,665kg
③ 실제수입 : 22,330,000원
④ 피해율 : 25.57%
⑤ 보험가입금액 및 농업수입감소보험금
   • 보험가입금액 : 30,000,000원
   • 농업수입감소보험금 : 1,671,000원

해설

① 표본구간 단위면적당 수확량

$$(\text{표본구간 수확량} \times \text{환산계수}) \div \text{표본구간면적} = \frac{30kg}{10.50m^2} \fallingdotseq 2.857kg/m^2 = \mathbf{2.86kg/m^2}$$

※ 문제 조건에서 환산계수는 미적용함.

② 수확량
   • 조사대상면적 = 실제경작면적 − 고사(수확불능)면적 − 타작물 및 미보상면적 − 기수확면적
     $= 3,300m^2 - 300m^2 - 500m^2 - 0m^2 = 2,500m^2$

   • 단위면적당 평년수확량 = 평년수확량 ÷ 실제경작면적 $= \dfrac{10,000kg}{3,300m^2} = 3.03kg/m^2$

   • 수확량 = (표본구간 단위면적당 수확량 × 조사대상면적) + {단위면적당 평년수확량 × (타작물 및 미보상면적 + 기수확면적)}
     $= (2.86kg/m^2 \times 2,500m^2) + \{3.03kg/m^2 \times (500m^2 + 0m^2)\}$
     $= 7,150kg + 1,515kg = \mathbf{8,665kg}$

③ 실제수입
   • 미보상감수량 = (평년수확량 − 수확량) × 미보상비율
     $= (10,000kg - 8,665kg) \times 20\% = 267kg$
   • 실제수입 = (수확량 + 미보상감수량) × 최솟값(농지별 기준가격, 농지별 수확기가격)
     $= (8,665kg + 267kg) \times$ 최솟값$(3,000$원$/kg, \ 2,500$원$/kg)$
     $= 8,932kg \times 2,500$원$/kg = \mathbf{22,330,000원}$

④ 피해율
   • 기준수입 = 평년수확량 × 농지별 기준가격
     $= 10,000kg \times 3,000$원$/kg = 30,000,000$원
   • 피해율 = (기준수입 − 실제수입) ÷ 기준수입
     $= (30,000,000$원 $- 22,330,000$원$) \div 30,000,000$원
     $\fallingdotseq 0.25566 = \mathbf{25.57\%}$

⑤ 보험가입금액 및 농업수입감소보험금
   • 보험가입금액 = 가입수확량 × 기준가격 = $10,000kg \times 3,000$원$/kg = \mathbf{30,000,000원}$
   • 농업수입감소보험금 = 보험가입금액 × (피해율 − 자기부담비율)
     $= 30,000,000$원 $\times (25.57\% - 20\%) = \mathbf{1,671,000원}$

20 다음의 계약사항과 조사내용을 참조하여 ① 수확량(kg), ② 피해율(%) 및 ③ 보험금을 구하시오(단, 품종에 따른 환산계수 및 비대추정지수는 미적용하고, 수확량과 피해율은 소수점 셋째자리에서 반올림하여 다음 예시와 같이 구하시오. 예시 : 수확량 12.345kg → 12.35kg, 피해율 12.345% → 12.35%).

기출유형

○ 계약사항

품 목	보험가입금액	가입면적	평년수확량	기준가격	자기부담비율
마늘 (농업수입감소보장)	2,000만원	2,500m²	8,000kg	2,800원/kg	20%

○ 조사내용

재해종류	조사종류	실제경작면적	수확불능면적	타작물 및 미보상면적	기수확면적
냉해	수확량조사	2,500m²	500m²	200m²	0m²

표본구간 수확량	표본구간면적	미보상비율	수확기가격
5.5kg	5m²	15%	2,900원/kg

정답

① 수확량(kg) : 2,620kg/m²
② 피해율(%) : 57.16%
③ 보험금 : 7,432,000원

해설

① 수확량(kg)

> 수확량 = (표본구간 단위면적당 수확량 × 조사대상면적) + {단위면적당 평년수확량 × (타작물 및 미보상면적 + 기수확면적)}

- 표본구간 단위면적당 수확량 = (표본구간 수확량 × 환산계수) ÷ 표본구간면적
  = 5.5kg ÷ 5m² = 1.1kg/m²(※ 환산계수 미적용)
- 조사대상면적 = 실제경작면적 - 수확불능면적 - 타작물 및 미보상면적 - 기수확면적
  = 2,500m² - 500m² - 200m² - 0m² = 1,800m²
- 단위면적당 평년수확량 = 평년수확량 ÷ 실제경작면적 = 8,000kg ÷ 2,500m² = 3.2kg/m²
- 수확량 = (1.1kg/m² × 1,800m²) + {3.2kg/m² × (200m² + 0m²)} = **2,620kg/m²**

② 피해율(%)

> 피해율 = (기준수입 - 실제수입) ÷ 기준수입

- 기준수입 = 평년수확량 × 농지별 기준가격 = 8,000kg × 2,800원/kg = 22,400,000원
- 실제수입 = (수확량 + 미보상감수량) × 최솟값(농지별 기준가격, 농지별 수확기가격)
  = (2,620kg + 807kg) × 2,800원/kg = 9,595,600원
- 미보상감수량 = (평년수확량 - 수확량) × 미보상비율 = (8,000kg - 2,620kg) × 15%
  = 807kg
- 피해율 = (기준수입 - 실제수입) ÷ 기준수입 = (22,400,000원 - 9,595,600원) ÷ 22,400,000원
  = 0.571625 = **57.16%**

$$피해율 = (평년수확량 - 수확량 - 미보상감수량) \div 평년수확량$$

- 미보상감수량 = (평년수확량 - 수확량) × 미보상비율 = (8,000kg - 2,620kg) × 15%
  = 807kg
- 피해율 = (8,000kg - 2,620kg - 807kg) ÷ 8,000kg = 0.571625 = **57.16%**

③ **보험금**

$$보험금 = 보험가입금액 \times (피해율 - 자기부담비율)$$

- 보험금 = 2,000만원 × (57.16% - 20%) = **7,432,000원**

제3장 가축재해보험 손해평가

제1절 손해의 평가

01 다음은 가축재해보험에서 손해의 평가와 관련하여 보험계약자 등의 의무에 관한 내용이다. 괄호 안에 들어갈 내용을 답란에 쓰시오.

① 계약전 알릴의무 : 계약자, 피보험자 또는 이들의 (㉠)은 보험계약을 청약할 때 청약서에서 질문한 사항에 대하여 알고 있는 사실을 반드시 사실대로 알려야 할 의무이다. 보험계약자 또는 피보험자가 (㉡)로 계약전 알릴의무를 이행하지 않은 경우에 보험자는 그 (㉢)로부터 1월 내에, (㉣)로부터 3년 내에 한하여 계약을 해지할 수 있다. 그러나 (㉤)가 계약 당시에 그 사실을 알았거나 중대한 과실로 인하여 알지 못한 때에는 그러하지 아니하다.

② 계약후 알릴의무 : 가축재해보험에서는 계약을 맺은후 보험의 목적에 약관상 알릴의무 사실이 생긴 경우에 계약자나 피보험자는 (㉥) 서면으로 보험자에게 알려야 할 의무이다. 재해보험사업자는 계약 후 알릴의무의 통지를 받은 때에 위험이 감소된 경우에는 그 (㉦)를 돌려주고, 위험이 증가된 경우에는 통지를 받은 날부터 (㉧) 이내에 보험료의 증액을 청구하거나 계약을 해지할 수 있다. 보험계약자 또는 피보험자가 보험기간 중에 계약후 알릴의무를 위반한 경우에 보험자는 그 사실을 안 날로부터 (㉨) 내에 계약을 해지할 수 있다.

정답

㉠ 대리인
㉡ 고의 또는 중대한 과실
㉢ 사실을 안 날
㉣ 계약을 체결한 날
㉤ 보험자
㉥ 지체 없이
㉦ 차액보험료
㉧ 1개월
㉨ 1월

02 가축재해보험에서는 모든 부문 축종에 적용되는 계약후 알릴의무와 특정 부분의 가축에게만 추가로 적용되는 계약후 알릴의무가 있다. 모든 부문 축종에 적용되는 계약후 알릴의무에 관한 내용(11가지)을 답란에 쓰시오.

[정답]

모든 부문 축종에 적용되는 계약후 알릴의무
① 이 계약에서 보장하는 위험과 동일한 위험을 보장하는 계약을 다른 보험자와 체결하고자 할 때 또는 이와 같은 계약이 있음을 알았을 때
② 양도할 때
③ 보험목적 또는 보험목적 수용장소로부터 반경 10km 이내 지역에서 가축전염병 발생(전염병으로 의심되는 질환 포함) 또는 원인 모를 질병으로 집단폐사가 이루어진 경우
④ 보험의 목적 또는 보험의 목적을 수용하는 건물의 구조를 변경, 개축, 증축하거나 계속하여 15일 이상 수선할 때
⑤ 보험의 목적 또는 보험의 목적을 수용하는 건물의 용도를 변경함으로써 위험이 변경되는 경우
⑥ 보험의 목적 또는 보험의 목적이 들어있는 건물을 계속하여 30일 이상 비워두거나 휴업하는 경우
⑦ 다른 곳으로 옮길 때
⑧ 도난 또는 행방불명되었을 때
⑨ 의외의 재난이나 위험에 의해 구할 수 없는 상태에 빠졌을 때
⑩ 개체수가 증가되거나 감소되었을 때
⑪ 위험이 뚜렷이 변경되거나 변경되었음을 알았을 때

03 가축재해보험에서 소 부문의 가축에게만 추가로 적용되는 계약후 알릴의무에 관한 내용을 답란에 쓰시오.

[정답]

소 부문에 적용되는 계약후 알릴의무
① 개체 표시가 떨어지거나 <u>오손, 훼손, 멸실되어 새로운 개체 표시를 부착하는 경우</u>
② 거세, 제각, 단미 등 외과적 수술을 할 경우
③ 품평회, 경진회, 박람회, 소싸움대회, 소등 타기 대회 등에 출전할 경우

04 가축재해보험 약관에서 말 부문의 가축에게만 추가로 적용되는 계약후 알릴의무에 관한 내용을 답란에 쓰시오.

[정답]

말 부문에 적용되는 계약후 알릴의무
① 외과적 수술을 하여야 할 경우
② 5일 이내에 폐사가 예상되는 큰 부상을 입을 경우
③ 거세, 단미(斷尾) 등 외과적 수술을 할 경우
④ 품평회, 경진회, 박람회 등에 출전할 경우

05 가축재해보험 약관에서 종모우 부문의 가축에게만 추가로 적용되는 계약후 알릴의무에 관한 내용을 답란에 쓰시오.

정답

종모우 부문에 적용되는 계약후 알릴의무
① 개체 표시가 떨어지거나 오손, 훼손, 멸실된 경우
② 거세, 제각, 단미 등 외과적 수술을 할 경우
③ 품평회, 경진회, 박람회, 소싸움대회, 소등 타기 대회 등에 출전할 경우

06 보험계약자 등의 보험사고발생 통지의무에 관한 상법상 규정 내용과 법적 효과를 답란에 쓰시오.

정답

① **상법상 규정** : 보험계약자 등의 보험사고발생 통지의무는 법정 의무로 「상법」에서는 "보험계약자 또는 피보험자나 보험수익자는 보험사고의 발생을 안 때는 지체 없이 보험자에게 그 통지를 발송해야 한다(상법 제657조 제1항)"라고 규정되어 있다.
② **법적 효과** : 보험사고발생 통지의무는 보험자의 신속한 사고조사를 통하여 손해의 확대를 방지하고 사고원인 등을 명확히 규명하기 위하여 법으로 인정하고 있는 의무인 동시에 약관상 의무이며, 보험계약자 등이 정당한 이유 없이 의무를 이행하지 않은 경우에는 그로 인하여 확대된 손해 또는 회복 가능한 손해는 재해보험사업자가 보상할 책임이 없다.

07 다음은 가축재해보험에서 손해방지의무에 대한 설명이다. 괄호 안에 들어갈 내용을 답란에 쓰시오.

① 손해방지의무는 보험사고가 발생하였을 때 보험계약자와 피보험자가 손해발생을 (㉠) 하는데 적극적으로 노력해야 하는 의무이다. 「상법」상 "보험계약자와 피보험자는 손해의 (㉠)을 위하여 노력하여야 한다. 그러나 이를 위하여 (㉡)과 보상액이 보험금액을 초과한 경우라도 보험자가 이를 부담한다(상법 제680조)"라고 규정하는 (㉢)인 동시에 약관상 의무이기도 하다.
② 계약자 또는 피보험자가 고의 또는 중대한 과실로 손해방지의무를 게을리한 때에는 (㉠)할 수 있었을 것으로 밝혀진 손해를 손해액에서 (㉣)한다.

정답

㉠ 방지 또는 경감, ㉡ 필요 또는 유익하였던 비용, ㉢ 법정 의무, ㉣ 공제

08 가축재해보험에서는 보험의 목적이 사람의 지속적인 관리가 필요한 생명체라는 특수성 때문에 계약자 또는 피보험자에게 보험의 목적에 대한 관리의무를 부여하고 있다. 계약자 또는 피보험자의 보험목적관리의무를 답란에 서술하시오.

정답

보험목적관리의무
① 계약자 또는 피보험자는 보험목적을 사육, 관리, 보호함에 있어서 그 보험목적이 본래의 습성을 유지하면서 정상적으로 살 수 있도록 할 것
② 계약자 또는 피보험자는 보험목적에 대하여 적합한 사료의 급여와 급수, 운동, 휴식, 수면 등이 보장되도록 적정한 사육관리를 할 것
③ 계약자 또는 피보험자는 보험목적에 대하여 예방접종, 정기검진, 기생충구제 등을 실시할 것
④ 계약자 또는 피보험자는 보험목적이 질병에 걸리거나 부상을 당한 경우 신속하게 치료하고 필요한 조치를 취할 것

09 가축재해보험에서는 보험목적의 수용장소와 사용과 관련해서도 보험계약자 또는 피보험자에게 보험목적의 관리의무를 부여하고 있다. 보험목적의 수용장소와 사용과 관련하여 계약자 또는 피보험자의 보험목적관리의무를 답란에 서술하시오.

정답

① 보험목적은 보험기간 동안 언제나 보험증권에 기재된 지역 내에 있어야 한다. 다만, 계약자가 재해 발생 등으로 불가피하게 보험목적의 수용장소를 변경한 경우와 재해보험사업자의 승낙을 얻은 경우에는 그러하지 않는다.
② 보험목적을 양도 또는 매각하기 위해 보험목적의 수용장소가 변경된 이후 다시 본래의 사육장소로 되돌아온 경우에는 가축이 수용장소에 도착한 때 원상복귀 되는 것으로 한다.
③ 보험목적은 보험기간 동안 언제나 보험증권에 기재된 목적으로만 사용되어야 한다. 다만, 재해보험사업자의 승낙을 얻은 경우에는 그러하지 않다.

10 가축재해보험에서는 보험목적에 대한 조사를 원만히 수행할 수 있도록 재해보험사업자의 권한을 규정하고 있다. 보험목적에 대한 조사를 위해 약관에서 규정한 재해보험사업자의 권한을 답란에 서술하시오.

정답

① 보험의 목적에 대한 위험상태를 조사하기 위하여 보험기간 중 언제든지 보험의 목적 또는 이들이 들어 있는 건물이나 구내를 조사할 수 있다.
② 손해의 사실을 확인하기 어려운 경우에는 계약자 또는 피보험자에게 필요한 증거자료의 제출을 요청할 수 있다. 이 경우 재해보험사업자는 손해를 확인할 수 있는 경우에 한하여 보상한다.
③ 보험사고의 통지를 받은 때에는 사고가 생긴 건물 또는 그 구내와 거기에 들어있는 피보험자의 소유물을 조사할 수 있다.

11 다음은 「상법」 제676조에서 규정한 손해액의 산정기준에 대한 설명이다. 괄호 안에 들어갈 내용을 답란에 쓰시오.

> ① 보험자가 보상할 손해액은 그 손해가 발생한 (㉠)의 가액에 의하여 산정한다. 그러나 당사자간에 다른 약정이 있는 때에는 그 (㉡)에 의하여 손해액을 산정할 수 있다.
> ② 제1항의 손해액의 산정에 관한 비용은 (㉢)의 부담으로 한다.

[정답]

㉠ 때와 곳, ㉡ 신품가액, ㉢ 보험자

12 다음은 가축재해보험 소 부문의 손해액 산정에 대한 설명이다. 괄호 안에 들어갈 내용을 답란에 쓰시오.

> 가축재해보험 소 부문에서 손해액은 손해가 생긴 때를 기준으로 축종별 보험가액 산정방법에 따라서 산정한 보험가액으로 한다. 다만, 고기, 가죽 등 (㉠) 및 보상금 등이 있는 경우에는 보험가액에서 이를 차감한 금액을 손해액으로 하고 (㉠)의 계산은 도축장발행 정산서 자료가 있는 경우와 없는 경우로 분리하여 다음과 같이 계산한다.
> • 도축장발행 정산자료인 경우 : (㉡)
> • 도축장발행 정산자료가 아닌 경우 : (㉢)

[정답]

㉠ 이용물처분액
㉡ 도축장발행 정산자료의 지육금액 × 75%
㉢ 중량 × 지육가격 × 75%
　　※ **중량** : 도축장발행 사고소의 도체(지육)중량
　　※ **지육가격** : 축산물품질평가원에서 고시하는 사고일 기준 사고소의 등급에 해당하는 전국평균가격(원/kg)

13 다음은 가축재해보험 소 부문의 손해액 산정에 대한 설명이다. 괄호 안에 들어갈 내용을 답란에 쓰시오.

> ① 폐사의 경우는 보험목적의 (㉠)에 해당하고, 사고 시점에서 보험목적에 발생할 수 있는 (㉡)이 보험가액이므로 보험가액이 손해액이 된다. 긴급도축의 경우는 보험목적인 소의 도축의 결과로 얻어지는 고기, 가죽 등에 대한 수익을 (㉢)이라고 하며, 이러한 (㉢)을 보험가액에서 공제한 금액이 손해액이 되고, 이용물 처리에 소요되는 제반 비용은 (㉣)을 원칙으로 한다.
> ② 소(한우, 젖소, 육우)의 보험가액 산정은 월령을 기준으로 산정하게 된다. 월령은 폐사의 경우 폐사 시점, 긴급도축의 경우 긴급도축 시점의 월령을 (㉤)으로 계산하고, 월 미만의 일수는 무시한다. 다만, 사고발생일까지 (㉥) 이하인 경우는 (㉥)로 한다.

정답

㉠ 전부손해, ㉡ 최대 손해액, ㉢ 이용물처분액, ㉣ 피보험자의 부담, ㉤ 만(滿), ㉥ 1개월

---

14 가축재해보험 한우(암컷, 수컷 – 거세우 포함)의 보험가액 산정은 월령을 기준으로 6개월령 이하와 7개월령 이상으로 구분하여 산정한다. 보험가액 산정방법을 답란에 쓰시오.

① 1개월 이상 6개월 이하 :

② 7개월 이상 :

정답

① **1개월 이상 6개월 이하** : 보험가액 = 「농협축산정보센터」에 등재된 전전월 전국산지평균 송아지 가격
② **7개월 이상** : 보험가액 = 체중 × kg당 금액

---

15 가축재해보험 한우(암컷, 수컷 – 거세우 포함)의 월령이 6개월 이하인 경우 보험가액 산정에 대한 설명이다. 괄호 안에 들어갈 내용을 답란에 쓰시오.

> ① 월령이 (㉠) 미만[질병사고는 (㉡) 미만]일 때는 질병 「농협축산정보센터」에 등재된 전전월 전국산지평균 송아지 가격의 (㉢)를 보험가액으로 한다.
> ② 월령이 1개월 이상 3개월 이하인 경우
> 보험가액 = 「농협축산정보센터」에 등재된 전전월 전국산지평균가격 (㉣) 송아지 가격
> ③ 월령이 4개월 이상 5개월 이하인 경우
> 보험가액 = 「농협축산정보센터」에 등재된 전전월 전국산지평균가격 (㉤) 송아지 가격의 암송아지는 85%, 수송아지는 80% 적용

정답

㉠ 2개월, ㉡ 3개월, ㉢ 50%, ㉣ 4~5월령, ㉤ 6~7월령

16 가축재해보험 한우(암컷, 수컷 – 거세우 포함)의 월령이 7개월 이상인 경우 보험가액 산정에 대한 설명이다. 괄호 안에 들어갈 내용을 답란에 쓰시오.

> ① 보험가액 = (㉠) × (㉡)이다.
> ② (㉠)은 약관에서 정하고 있는 월령별 "발육표준표"에서 정한 사고 소(牛)의 월령에 해당되는 체중을 적용한다. 다만, 한우 수컷 월령이 (㉢)을 초과한 경우에는 655kg으로, 한우 암컷 월령이 (㉣)을 초과한 경우에는 470kg으로 인정한다.
> ③ (㉡)은 "산지가격 적용범위표"에서 사고소의 축종별, 성별, 월령에 해당되는 「농협축산정보센터」에 등록된 사고 전전월 (㉤)을 그 체중으로 나누어 구한다.

정답

㉠ 체중, ㉡ kg당 금액, ㉢ 25개월, ㉣ 40개월,
㉤ 전국산지평균가격(350kg 및 600kg 성별 전국산지평균가격 중 kg당 가격이 높은 금액)

17 다음은 가축재해보험에 관한 내용이다. 다음 물음에 답하시오.　　　　　`기출유형`

(1) 가축재해보험에서 모든 부문 축종에 적용되는 보험계약자 등의 계약 전·후 알림의무와 관련한 내용의 일부분이다. 다음 (　　)에 들어갈 내용을 쓰시오.

> [계약전 알림의무]
> 계약자, 피보험자 또는 이들의 대리인은 보험계약을 청약할 때 청약서에서 질문한 사항에 대하여 알고 있는 사실을 반드시 사실대로 알려야 할 의무이다. 보험계약자 또는 피보험자가 고의 또는 중대한 과실로 계약전 알림의무를 이행하지 않은 경우에 보험자는 그 사실을 안 날로부터 (①)월 내에, 계약을 체결한 날로부터 (②)년 내에 한하여 계약을 해지할 수 있다. 그러나 보험자가 계약 당시에 그 사실을 알았거나 중대한 과실로 인하여 알지 못한 때에는 그러하지 아니하다.
>
> [계약후 알림의무]
> • 보험목적 또는 보험목적 수용장소로부터 반경 (③)km 이내 지역에서 가축전염병 발생(전염병으로 의심되는 질환 포함) 또는 원인 모를 질병으로 집단 폐사가 이루어진 경우
> • 보험의 목적 또는 보험의 목적을 수용하는 건물의 구조를 변경, 개축, 증축하거나 계속하여 (④)일 이상 수선할 때
> • 보험의 목적 또는 보험의 목적이 들어 있는 건물을 계속하여 (⑤)일 이상 비워두거나 휴업하는 경우

(2) 가축재해보험 소에 관한 내용이다. 다음 조건을 참조하여 한우(수컷)의 지급보험금(원)을 쓰시오 (단, 주어진 조건외 다른 사항은 고려하지 않음).

[조건]
- 보험목적물 : 한우(수컷, 2022.4.1. 출생)
- 가입금액 : 6,500,000원, 자기부담비율 : 20%, 중복보험 없음
- 사고일 : 2024.7.3.(경추골절의 부상으로 긴급도축)
- 보험금 청구일 : 2024.8.1.
- 이용물처분액 : 800,000원(도축장발행 정산자료의 지육금액)
- 2024년 한우(수컷) 월별 산지 가격동향

구 분	4월	5월	6월	7월	8월
350kg	3,500,000원	3,220,000원	3,150,000원	3,590,000원	3,600,000원
600kg	3,780,000원	3,600,000원	3,654,000원	2,980,000원	3,200,000원

정답

(1) 계약 전·후 알릴의무
① 1
② 3
③ 10
④ 15
⑤ 30

(2) 한우(수컷)의 지급보험금
① 한우 수컷 월령 : 2024년 7월 3일 – 2022년 4월 1일 = 27개월 2일 = 27월령
  ※ 월령은 만(滿)으로 계산하고, 월 미만의 일수는 무시한다.
② 체중 : 한우 수컷 월령이 25개월을 초과한 경우에는 655kg으로 한다.
③ kg당 금액 : kg당 금액은 "산지가격 적용범위표"에서 사고소의 축종별, 성별, 월령에 해당되는 「농협축산정보센터」에 등록된 전전월 전국산지평균가격(350kg 및 600kg 성별 전국산지평균가격 중 kg당 가격이 높은 금액)을 그 체중으로 나누어 구한다.
  - 3,220,000원 ÷ 350kg = 9,200원/kg
  - 3,600,000원 ÷ 600kg = 6,000원/kg
④ 보험가액
  보험가액 = 655kg × 전전월 전국산지평균가격(350kg 및 600kg 성별 전국산지평균가격 중 kg당 가격이 높은 금액)
  = 655kg × Max[9,200원/kg, 6,000원/kg] = 6,026,000원
⑤ 이용물처분액 : 도축장발행 정산자료가 있는 경우 도축장발행 정산자료의 지육금액 × 75%로 계산한다.
  이용물처분액 = 800,000원 × 75% = 600,000원
⑥ 지급보험금 : 이용물처분액이 있는 경우에는 보험가액에서 이를 차감하고 지급한다.
  지급보험금 = (보험가액 – 이용물처분액) × (1 – 자기부담비율)
  = (6,026,000원 – 600,000원) × (1 – 20%) = **4,340,800원**

18 가축재해보험 소에 관한 내용이다. 다음 물음에 답하시오.

○ 조건 1

- 甲은 가축재해보험에 가입후 A축사에서 소를 사육하던 중 사료 자동급여기를 설정하고 5일간 A축사를 비우고 여행을 다녀왔음
- 여행을 다녀와 A축사의 출입문이 파손되어 있어 CCTV를 확인해 보니 신원불상자에 의해 한우(암컷) 1마리를 도난당한 것을 확인하고, 바로 경찰서에 도난신고후 재해보험사업자에게 도난신고확인서를 제출함
- 금번 사고는 보험기간내 사고이며, 甲과 그 가족 등의 고의 또는 중과실은 없었고, 또한 사고예방 및 안전대책에 소홀히 한 점도 없었음

○ 조건 2

- 보험목적물 : 한우(암컷)
- 자기부담비율 : 20%
- 출생일 : 2023년 11월 4일
- 보험가입금액 : 2,000,000원
- 소재지 : A축사(보관장소)
- 사고일자 : 2024년 8월 14일

○ 조건 3

[발육표준표]

한우 암컷	월 령	7월령	8월령	9월령	10월령	11월령
	체 중	230kg	240kg	250kg	260kg	270kg

[2022년 월별 산지가격 동향]

	구 분	5월	6월	7월	8월
한우 암컷	350kg	330만원	350만원	340만원	340만원
	600kg	550만원	560만원	550만원	550만원
	송아지(4~5월령)	220만원	230만원	230만원	230만원
	송아지(6~7월령)	240만원	240만원	250만원	250만원

(1) 조건 2~3을 참조하여 한우(암컷) 보험가액의 계산과정과 값을 쓰시오.

(2) 조건 1~3을 참조하여 지급보험금과 그 산정 이유를 쓰시오.

(3) 다음 (   )에 들어갈 내용을 쓰시오.

> 소의 보상하는 손해 중 긴급도축은 "사육하는 장소에서 부상, (①), (②), (③) 및 젖소의 유량 감소 등이 발생하는 소(牛)를 즉시 도축장에서 도살하여야 할 불가피한 사유가 있는 경우"에 한한다.

(1) 한우(암컷) 보험가액

한우(암컷)의 보험가액 산정은 월령을 기준으로 6개월령 이하와 7개월령 이상으로 구분하여 다음과 같이 산정한다.

월 령	보험가액
6개월 이하	전전월 전국산지평균 송아지 가격
7개월 이상	체중 × kg당 금액

① 체중 : 사고 소(牛)의 월령에 해당되는 체중을 적용한다. 9개월령 = 250kg
② kg당 금액 : "산지가격 적용범위표"에서 사고소의 축종별, 성별, 월령에 해당되는 전전월 전국산지평균가격
(350kg 및 600kg 성별 전국 산지평균가격 중 kg당 가격이 높은 금액)을 그 체중으로 나누어 구한다.
  • 350만원 ÷ 350kg = 10,000원
  • 560만원 ÷ 600kg ≒ 9,333원
  • kg당 금액 = **10,000원**
③ 보험가액 = 체중 × kg당 금액
　　　　　 = 250kg × 10,000원/kg = **2,500,000원**

(2) 지급보험금과 그 산정 이유

① 지급보험금

지급보험금 = 0원

② 산정 이유

축사(보관장소)를 72시간 이상 비워둔 동안에 생긴 도난손해는 보상하지 않는다. 즉 5일(120시간) 이상 축사(보관장소)를 비우고 여행을 다녀왔으므로 보상하지 않는다.

(3) (　　)에 들어갈 내용

① 난산
② 산욕마비
③ 급성고창증

> 소의 보상하는 손해 중 긴급도축은 "사육하는 장소에서 부상, **(난산)**, **(산욕마비)**, **(급성고창증)** 및 젖소의 유량 감소 등이 발생하는 소(牛)를 즉시 도축장에서 도살하여야 할 불가피한 사유가 있는 경우"에 한한다.

19 가축재해보험 젖소(암컷) 보험가액 산정은 월령을 기준으로 보험사고 전전월 전국산지평균가격을 기준으로 9단계로 구분하여 다음과 같이 산정한다. 표의 빈 칸에 들어갈 내용을 답란에 쓰시오.

월 령	보험가액
1개월~7개월	
8개월~12개월	
13개월~18개월	
19개월~23개월	
24개월~31개월	
32개월~39개월	
40개월~55개월	
56개월~66개월	
67개월 이상	

정답

월 령	보험가액
1개월~7개월	분유떼기 암컷가격 ※ 연령(월령)이 2개월 미만(질병사고는 3개월 미만)일 때는 50% 적용
8개월~12개월	분유떼기 암컷가격 $+ \dfrac{(수정단계가격 - 분유떼기\ 암컷가격)}{6} \times (사고월령 - 7개월)$
13개월~18개월	수정단계가격
19개월~23개월	수정단계가격 $+ \dfrac{(초산우가격 - 수정단계가격)}{6} \times (사고월령 - 18개월)$
24개월~31개월	초산우가격
32개월~39개월	초산우가격 $+ \dfrac{(다산우가격 - 초산우가격)}{9} \times (사고월령 - 31개월)$
40개월~55개월	다산우가격
56개월~66개월	다산우가격 $+ \dfrac{(노산우가격 - 다산우가격)}{12} \times (사고월령 - 55개월)$
67개월 이상	노산우가격

20 가축재해보험(젖소) 사고시 월령에 따른 보험가액을 산출하고자 한다. 각 사례별(①~⑤)로 보험가액 계산과정과 값을 쓰시오(단, 유량검정젖소 가입시는 제외, 만원 미만 절사).

〈사고 전전월 전국산지평균가격〉

○ 분유떼기 암컷 : 100만원
○ 수정단계 : 300만원
○ 초산우 : 350만원
○ 다산우 : 480만원
○ 노산우 : 300만원

① 월령 2개월 질병사고 폐사
② 월령 11개월 대사성질병 폐사
③ 월령 20개월 유량감소 긴급 도축
④ 월령 35개월 급성고창 폐사
⑤ 월령 60개월 사지골절 폐사

정답

① **월령 2개월 질병사고 폐사**
연령(월령)이 2개월 미만(질병사고는 3개월 미만)일 때는 분유떼기 암컷가격의 50%를 적용하므로,
보험가액 = 100만원 × 50% = **50만원**

② **월령 11개월 대사성질병 폐사**

$$\text{분유떼기 암컷가격} + \frac{\text{수정단계가격} - \text{분유떼기 암컷가격}}{6} \times (\text{사고월령} - 7\text{개월})$$

$$= 100\text{만원} + \frac{300\text{만원} - 100\text{만원}}{6} \times (11\text{개월} - 7\text{개월}) = 233.33\text{만원}$$

= **233만원**(※만원 미만 절사)

③ **월령 20개월 유량감소 긴급 도축**

$$\text{수정단계가격} + \frac{\text{초산우가격} - \text{수정단계가격}}{6} \times (\text{사고월령} - 18\text{개월})$$

$$= 300\text{만원} + \frac{350\text{만원} - 300\text{만원}}{6} \times (20\text{개월} - 18\text{개월}) = 316.67\text{만원}$$

= **316만원**(※만원 미만 절사)

④ **월령 35개월 급성고창 폐사**

$$\text{초산우가격} + \frac{\text{다산우가격} - \text{초산우가격}}{9} \times (\text{사고월령} - 31\text{개월})$$

$$= 350\text{만원} + \frac{480\text{만원} - 350\text{만원}}{9} \times (35\text{개월} - 31\text{개월}) = 407.78\text{만원}$$

= **407만원**(※만원 미만 절사)

⑤ 월령 60개월 사지골절 폐사

$$다산우가격 + \frac{노산우가격 - 다산우가격}{12} \times (사고월령 - 55개월)$$

$$= 480만원 + \frac{300만원 - 480만원}{12} \times (60개월 - 55개월)$$

$$= 480만원 - 75만원 = \mathbf{405만원}$$

21 가축재해보험 육우의 보험가액 산정은 월령을 기준으로 2개월령 이하와 3개월령 이상으로 구분하여 산정한다. 다음 구분에 따른 보험가액 산정방법을 답란에 쓰시오.

① 2개월 이하 :

② 3개월 이상 :

[정답]

① **2개월 이하** : 보험가액 = 「농협축산정보센터」에 등재된 전전월 전국산지평균 분유떼기 젖소 수컷가격[단, 연령(월령)이 2개월 미만(질병사고는 3개월 미만)일 때는 50% 적용]
② **3개월 이상** : 보험가액 = 체중 × kg당 금액

22 가축재해보험 육우의 보험가액 산정에 대한 설명이다. 괄호 안에 들어갈 내용을 답란에 쓰시오.

① 월령이 (㉠) 미만, 질병사고는 (㉡) 미만인 경우는 보험사고 「농협축산정보센터」에 등재된 전전월 전국산지평균 분유떼기 젖소 수컷가격의 (㉢)를 보험가액으로 한다.
② 사고 시점에서 산정한 월령별 보험가액이 위와 같이 산정한 분유떼기 젖소 수컷가격보다 낮은 경우는 (㉣)을 적용한다.
③ 체중은 약관에서 정하고 있는 월령별 "발육표준표"에서 정한 사고 소(牛)의 월령에 해당되는 체중을 적용한다. 다만, 육우 월령이 25개월을 초과한 경우에는 (㉤)으로 인정한다.
④ kg당 금액은 보험사고 「농협축산정보센터」에 등재된 전전월 젖소 수컷 (㉥) 해당 전국산지평균가격을 그 체중으로 나누어 구한다. 다만, 전국산지평균가격이 없는 경우에는 전전월 전국도매시장 지육평균가격에 지육율 (㉦)를 곱한 가액을 kg당 금액으로 한다.

[정답]

㉠ 2개월, ㉡ 3개월, ㉢ 50%, ㉣ 분유떼기 젖소 수컷가격, ㉤ 600kg, ㉥ 500kg, ㉦ 58%

23 다음은 가축재해보험 돼지 부문의 손해액 산정에 대한 설명이다. 괄호 안에 들어갈 내용을 답란에 쓰시오.

> 가축재해보험 돼지 부문에서 손해액은 (㉠)를 기준으로 보험가액 산정방법에 따라서 산정한 보험가액으로 한다. 다만, 고기, 가죽 등 (㉡) 등이 있는 경우에는 보험가액에서 이를 차감한 금액을 손해액으로 한다. 피보험자가 이용물을 처리할 때에는 반드시 재해보험사업자의 입회하에 처리하여야 하며, 재해보험사업자의 입회 없이 이용물을 임의로 처분한 경우에는 (㉢)가 인정·평가하여 손해액을 차감한다. 이용물 처리에 소요되는 제반 비용은 (㉣)을 원칙으로 하며, 보험가액 산정시 보험목적물이 임신 상태인 경우는 (㉤)으로 간주하여 평가한다.

[정답]

㉠ 손해가 생긴 때
㉡ 이용물처분액 및 보상금
㉢ 재해보험사업자
㉣ 피보험자의 부담
㉤ 임신하지 않은 것

24 다음은 가축재해보험 돼지 부문의 보험가액 산정에 대한 설명이다. 괄호 안에 들어갈 내용을 답란에 쓰시오.

> ① 종모돈의 보험가액 산정 : 종모돈은 종빈돈의 평가 방법에 따라 계산한 금액의 (㉠)를 가산한 금액을 보험가액으로 한다.
> ② 종빈돈의 보험가액 산정 : 종빈돈의 보험가액은 재해보험사업자가 정하는 전국 도매시장 비육돈 평균지육단가(탕박)에 의하여 (㉡)으로 한다. 다만, 임신, 분만 및 포유 등 종빈돈으로서 기능을 하지 않는 경우에는 비육돈의 산출방식과 같이 계산한다.
> ③ 자돈의 보험가액 산정 : 자돈은 포유돈(젖먹이 돼지)과 이유돈(젖을 뗀 돼지)으로 구분하여 재해보험사업자와 계약 당시 (㉢)으로 한다.

[정답]

㉠ 20%, ㉡ 비육돈 지육단가 범위에 해당하는 종빈돈 가격, ㉢ 협정한 가액

25 가축재해보험 돼지 부문(비육돈, 육성돈 및 후보돈)의 보험가액 산출과정을 다음 구분에 따라 답란에 쓰시오.

① 대상범위(적용체중) :
② 110kg 비육돈 수취가격 =
③ 보험가액 =

정답

① **대상범위(적용체중)** : 육성돈[31kg 초과~110kg 미만(출하 대기 규격돈 포함)까지 10kg 단위구간의 중간 생체중량]
② 110kg 비육돈 수취가격 = 사고 당일 포함 직전 5영업일 평균돈육대표가격(전체, 탕박) × 110kg × 지급(육)율 (76.8%)
　　※ 돈육대표가격은 축산물품질평가원에서 고시하는 가격(원/kg)을 적용한다.
③ 보험가액 = 자돈가격(30kg 기준) + (적용체중 − 30kg) × $\dfrac{[\text{110kg 비육돈 수취가격} - \text{자돈가격(30kg 기준)}]}{80}$

26 다음은 가축재해보험 가금 부문(닭, 오리, 꿩, 메추리, 타조, 거위, 칠면조, 관상조 등)의 손해액 산정에 대한 설명이다. 괄호 안에 들어갈 내용을 답란에 쓰시오.

> ① 보험가액(중량 × kg당 시세)이 병아리 시세보다 낮은 경우는 (㉠)로 보상한다.
> ② 육계 일령이 40일령을 초과한 경우에는 (㉡)으로 인정한다.
> ③ 토종닭 일령이 84일령을 초과한 경우에는 (㉢)으로 인정한다.
> ④ 오리 일령이 45일령을 초과한 경우에는 (㉣)으로 인정한다.
> ⑤ 삼계(蔘鷄)의 경우는 육계 중량의 (㉤)를 적용한다.

정답

㉠ 병아리 시세, ㉡ 2.3kg, ㉢ 2.8kg, ㉣ 3.5kg, ㉤ 70%

27 다음은 가축재해보험 가금 부문(닭, 오리, 꿩, 메추리, 타조, 거위, 칠면조, 관상조 등)의 보험가액 산정에 대한 설명이다. 괄호 안에 들어갈 내용을 답란에 쓰시오.

> ① 닭 · 오리의 보험가액 : (㉠), 부화장, 오리 모두 6가지로 분류하여 산정하며, 보험가액 산정에서 적용하는 평균가격은 (㉡)에서 고시하는 가격을 적용하여 산출하되 가격정보가 없는 경우에는 (사)대한양계협회의 가격을 적용한다.
> ② 꿩, 메추리, 칠면조, 거위, 타조 등 기타 가금의 보험가액 : 보험계약 당시 (㉢)으로 한다.

정답

㉠ 종계, 산란계, 육계, 토종닭, ㉡ 축산물품질평가원, ㉢ 협정한 가액

28 다음은 가축재해보험 닭·오리의 보험가액 산정에 대한 설명이다. 괄호 안에 들어갈 내용을 답란에 쓰시오.

> ① 종계의 보험가액 : 병아리(생후 2주 이하)는 사고 당일 포함 직전 (㉠)의 육용 종계 병아리 평균가격으로 하고, 성계(생후 3~6주)는 (㉡)로 한다.
> ② 산란계의 보험가액 : 산란계(생후 20~70주)는 (550일 – 사고일령) × (㉢) × (사고 당일 포함 직전 5영업일의 계란 1개 평균가격 – 계란 1개의 생산비)으로 한다.
> ③ 육계의 보험가액 : 육계(생후 1주 이상)는 사고 당일 포함 직전 5영업일의 (㉣)에 발육표준표 해당 일령 사고 육계의 중량을 곱한 금액으로 한다.
> ④ 토종닭의 보험가액 : 토종닭(생후 1주 이상)은 사고 당일 포함 직전 5영업일의 토종닭 평균가격(원/kg)에 발육표준표 해당 일령 사고 토종닭의 중량을 곱한 금액으로 한다. 단, 위 금액과 사육계약서상의 중량별 매입단가 중 (㉤) 금액을 한도로 한다.
> ⑤ 오리의 보험가액 : 오리(생후 1주 이상)는 사고 당일 포함 직전 5영업일의 (㉥)에 발육표준표 해당 일령 사고 오리의 중량을 곱한 금액으로 한다.

정답

㉠ 5영업일
㉡ 31주령 가격×30%
㉢ 70%
㉣ 육용실용계 평균가격(원/kg)
㉤ 작은
㉥ 생체오리 평균가격(원/kg)

29 다음은 가축재해보험 말, 종모우, 기타 가축 부문의 손해액 산정에 대한 설명이다. 괄호 안에 들어갈 내용을 답란에 쓰시오.

> 말, 종모우, 기타 가축 부문에서 손해액은 계약 체결시 계약자와 협의하여 평가한 (㉠)으로 한다. 다만, 고기, 가죽 등 (㉡) 및 보상금 등이 있는 경우에는 (㉠)에서 이를 차감한 금액을 손해액으로 하며, (㉠)이 사고발생시의 보험가액을 (㉢)할 때에는 사고발생시의 가액을 보험가액으로 한다.

정답

㉠ 보험가액(이하 "협정보험가액"이라 한다), ㉡ 이용물처분액, ㉢ 현저하게 초과

30 가축재해보험 축사 부문의 손해액에 대한 지급보험금 계산방식을 다음 구분에 따라 답란에 서술하시오.

① 보험가입금액이 보험가액의 80% 해당액과 같거나 클 때 :

② 보험가입금액이 보험가액의 80% 해당액보다 작을 때 :

정답

① **보험가입금액이 보험가액의 80% 해당액과 같거나 클 때** : 보험가입금액을 한도로 손해액 전액을 보상한다. 그러나, 보험가입금액이 보험가액보다 클 때에는 보험가액을 한도로 한다.

② **보험가입금액이 보험가액의 80% 해당액보다 작을 때** : 보험가입금액을 한도로 아래의 금액을 보상한다.

$$손해액 \times \frac{보험가입금액}{보험가액의\ 80\%\ 해당액}$$

31 가축재해보험 축사(畜舍) 부문에서 동일한 계약의 보험목적과 동일한 사고에 관하여 보험금을 지급하는 다른 계약(공제계약을 포함한다)이 있고, 이들의 보험가입금액의 합계액이 보험가액보다 클 경우 지급보험금의 계산방식을 다음 구분에 따라 답란에 쓰시오.

① 다른 계약이 이 계약과 지급보험금의 계산방법이 같은 경우 :

② 다른 계약이 이 계약과 지급보험금의 계산방법이 다른 경우 :

정답

① **다른 계약이 이 계약과 지급보험금의 계산방법이 같은 경우** :

$$손해액 \times \frac{이\ 계약의\ 보험가입금액}{다른\ 계약이\ 없는\ 것으로\ 하여\ 각각\ 계산한\ 보험가입금액의\ 합계액}$$

② **다른 계약이 이 계약과 지급보험금의 계산방법이 다른 경우** :

$$손해액 \times \frac{이\ 계약의\ 보험금}{다른\ 계약이\ 없는\ 것으로\ 하여\ 각각\ 계산한\ 보험금의\ 합계액}$$

32 가축재해보험 축사 부문의 손해액에 대한 지급보험금 산정시 자기부담금에 대한 설명이다. 괄호 안에 들어갈 내용을 답란에 쓰시오.

> (㉠)으로 인한 손해일 경우에는 산정한 보험금액에서 보험증권에 기재된 (㉡)을 곱한 금액 또는 (㉢)
> 중 큰 금액을 자기부담금으로 한다. 단, (㉣)로 인한 손해일 경우에는 보험증권에 기재된 (㉡)을 곱한
> 금액을 자기부담금으로 한다.

정답

㉠ 풍재·수재·설해·지진, ㉡ 자기부담비율, ㉢ 50만원, ㉣ 화재

33 다음은 가축재해보험 보험목적물의 감가에 대한 설명이다. 괄호 안에 들어갈 내용을 답란에 쓰시오.

> 손해액은 그 손해가 생긴 때와 장소에서의 보험가액에 따라 계산한다. 보험목적물의 경년감가율은 손해보험
> 협회의 "(㉠)"을 준용하며, 이 보험목적물이 지속적인 개·보수가 이루어져 보험목적물의 가치증대가
> 인정된 경우 잔가율은 보온덮개·쇠파이프 조인 축사구조물의 경우에는 최대 (㉡)까지, 그 외 기타
> 구조물의 경우에는 최대 (㉢)까지로 수정하여 보험가액을 평가할 수 있다. 다만, 보험목적물이 손해를
> 입은 장소에서 (㉣) 이내 실제로 수리 또는 복구되지 않은 때에는 잔가율이 (㉤) 이하인 경우에는
> 최대 (㉤)로 수정하여 평가한다.

정답

㉠ 보험가액 및 손해액의 평가기준, ㉡ 50%, ㉢ 70%, ㉣ 6개월, ㉤ 30%

34 가축재해보험 축사(畜舍) 부문에서 손해방지의무에 관한 내용을 답란에 서술하시오.

정답

손해방지의무
보통약관의 일반조항 손해방지의무에 추가하여 손해방지 또는 경감에 소요된 필요 또는 유익한 비용(이하 "손해방지비용"이라 한다)은 보험가입금액의 보험가액에 대한 비율에 따라 축사 보통약관 지급보험금의 계산을 준용하여 계산한 금액을 보상한다. 지급보험금에 손해방지비용을 합한 금액이 보험가입금액을 초과하더라도 이를 지급한다. 즉 손해방지비용도 부보비율(80%) 조건부 실손보상 조항을 적용하여 계산한다.

01 가축재해보험 소(牛)도체결함보장 특별약관에서 손해액 산정과 지급보험금 계산에 대한 설명이다. 괄호 안에 들어갈 내용을 답란에 쓰시오.

> ① 손해액의 산정 : 특약에서 손해액은 사고소의 도체등급과 같은 등급의 전국평균 (㉠)과 사고소 도체의 (㉠)으로 계산한 1두 가격의 차액으로 한다.
> - 보험가액 = 정상도체의 해당 등급(사고소 등급)의 (㉡)
> - 손해액 = 정상도체의 해당 등급(사고소 등급) − (㉢)
> ② 지급보험금의 계산 : 손해액의 산정에서 정한 보험가액 및 손해액을 기준으로 하여 보통약관의 지급보험금 계산방식과 같이 계산한 금액에서 (㉣)을(를) 차감한 금액을 지급보험금으로 한다. 지급보험금 계산방법에 따라 계산된 금액의 (㉤)을(를) (㉣)으로 한다.

정답

㉠ 경락가격[등외등급 및 결함을 제외한 도체(정상도체)의 가격]
㉡ 1두 가격
㉢ 사고소의 1두 경락가격
㉣ 자기부담금
㉤ 20%

02 가축재해보험 소(牛)도체결함보장 특별약관에서 지급보험금 계산방식을 다음 구분에 따라 답란에 서술하시오.

① 보험가입금액이 보험가액과 같거나 클 때 :

② 보험가입금액이 보험가액보다 작을 때 :

정답

① **보험가입금액이 보험가액과 같거나 클 때** : 보험가입금액을 한도로 손해액 전액을 보상한다. 그러나, 보험가입금액이 보험가액보다 클 때에는 보험가액을 한도로 한다.
② **보험가입금액이 보험가액보다 작을 때** : 보험가입금액을 한도로 아래의 금액을 보상한다.

$$손해액 \times \frac{보험가입금액}{보험가액}$$

03 가축재해보험 소(牛)도체결함보장 특별약관에서 '도체의 결함'은 축산물품질평가사가 판정한 "( ), ( ), ( ), ( ), ( ), 기타(ㅌ)"를 말한다. 괄호 안에 들어갈 내용을 답란에 순서대로 쓰시오.

> **정답**

근출혈(ㅎ), 수종(ㅈ), 근염(ㅇ), 외상(ㅅ), 근육제거(ㄱ)

04 가축재해보험 돼지 질병위험보장 특별약관에서 보상하는 질병을 답란에 쓰시오.

> **정답**

보상하는 질병
① 전염성위장염(Transmissible gastroenteritis ; TGE virus 감염증)
② 돼지유행성설사병(Porcine epidemic diarrhea ; PED virus 감염증)
③ 로타바이러스감염증(Rota virus 감염증)

05 가축재해보험 돼지 질병위험보장 특별약관에서 보상하는 손해에 대한 설명이다. 괄호 안에 들어갈 내용을 답란에 쓰시오.

---

① 가축재해보험 보통약관의 일반조항 보상하지 않는 손해에도 불구하고 이 특약에 따라 보상하는 질병을 (㉠)으로 하여 보험기간 중에 폐사 또는 맥박, 호흡 그 외 일반증상으로 (㉡)가 확실시 되는 경우 그 손해를 보상한다.
② 이 특약에 따른 질병에 대한 진단확정은 해부병리 또는 임상병리의 전문수의사 자격증을 가진 자에 의하여 내려져야 하며, 이 진단은 (㉢) 등에 대한 형광항체법 또는 (㉣) 진단법 등을 기초로 하여야 한다. 그러나 상기의 병리학적 진단이 가능하지 않을 때는 (㉤)로 인정된다.

> **정답**

㉠ 직접적인 원인
㉡ 수의학적으로 구할 수 없는 상태
㉢ 조직(fixed tissue) 또는 분변, 혈액검사
㉣ PCR(Polymerase chain reaction ; 중합효소연쇄반응)
㉤ 임상적인 증거

06 가축재해보험 돼지 질병위험보장 특별약관에서 보상하지 않는 손해에 대한 설명이다. 괄호 안에 들어갈 내용을 답란에 쓰시오.

> ① 국가, 공공단체, 지방자치단체의 명령 또는 사법기관 등의 결정 여부에 관계없이 (㉠)은 보상하지 않는다. 단, 재해보험사업자가 보험목적의 도살에 (㉡) 또는 보험목적이 보상하는 손해의 질병으로 치유가 불가능하고, 상태가 극도로 불량하여 보험자가 선정한 수의사가 인도적인 면에서 도살이 필연적이라는 증명서를 발급한 경우에는 보상하며, 이 경우 보험자는 보험자가 선정한 수의사에게 (㉢)을 실시하게 할 수 있다.
> ② 다음의 결과로 발생하는 폐사는 원인의 직·간접을 묻지 않고 보상하지 않는다.
> • 보상하는 손해의 주된 원인이 이 계약의 (㉣) 이전에 발생한 경우
> • 외과적 치료행위 및 약물 투약의 결과 발생한 폐사. 다만, 수의사가 (㉤)의 목적으로 실행한 외과적 치료, 투약의 경우에는 보상한다.
> • 보험목적이 (㉥)된 경우
> • 제1회 보험료 등을 납입한 날의 (㉦) 이내에 발생한 손해. 다만, 이 규정은 보험자가 정하는 기간 내에 1년 이상의 계약을 다시 체결하는 경우에는 적용하지 않는다.

정답

㉠ 고의적인 도살
㉡ 동의한 경우
㉢ 부검
㉣ 보장개시일(책임개시일)
㉤ 치료 또는 예방
㉥ 도난 또는 행방불명
㉦ 다음 월 응당일(다음 월 응당일이 없는 경우는 다음 월 마지막 날로 한다)

07 가축재해보험 돼지 질병위험보장 특별약관에서 ① 손해액 산정방법과 ② 자기부담금에 관해 답란에 서술하시오.

정답

① **손해액 산정** : 보상할 손해액은 보통약관의 돼지부문의 손해액 산정방법에 따라 산정하며, 보험가액은 다음과 같이 산정한다.

$$보험가액 = 모돈두수 \times 2.5 \times 자돈가격$$

② **자기부담금** : 보통약관 지급보험금 계산방식에 따라서 계산한 금액에서 보험증권에 기재된 자기부담비율을 곱한 금액과 200만원 중 큰 금액을 자기부담금으로 한다.

08 가축재해보험 돼지 축산휴지위험보장 특별약관에서 사용하는 다음의 용어를 답란에 정의하시오.

① 축산휴지 :

② 축산휴지손해 :

③ 사업이익 :

④ 1두당 평균가격 :

⑤ 경영비 :

⑥ 이익률 :

[정답]

① **축산휴지** : 보험의 목적의 손해로 인하여 불가피하게 발생한 전부 또는 일부의 축산업 중단을 말한다.
② **축산휴지손해** : 보상위험에 의해 손해를 입은 결과 축산업이 전부 또는 일부 중단되어 발생한 사업이익과 보상위험에 의한 손해가 발생하지 않았을 경우 예상되는 사업이익의 차감금액을 말한다.
③ **사업이익** : 1두당 평균가격에서 경영비를 뺀 잔액을 말한다.
④ **1두당 평균가격** : 비육돈, 육성돈 및 후보돈의 보험가액에서 정한 비육돈 생체중량 100kg의 가격을 말한다.
⑤ **경영비** : 통계청에서 발표한 최근의 비육돈 평균경영비를 말한다.
⑥ **이익률** : 손해발생시에 다음의 산식에 의해 얻어진 비율을 말한다.

$$이익률 = \frac{1두당\ 비육돈(100kg\ 기준)의\ 평균가격 - 경영비}{1두당\ 비육돈(100kg\ 기준)의\ 평균가격}$$

※ 단, 이 기간 중에 이익률이 16.5% 미만일 경우 이익률은 16.5%로 한다.

09 가축재해보험 돼지 축산휴지위험보장 특별약관에서 보상하는 손해를 답란에 서술하시오.

[정답]

보상하는 손해
보험기간 동안 보험증권에 명기된 구내에서 보통약관 및 특약에서 보상하는 사고의 원인으로 피보험자가 영위하는 <u>축산업이 중단 또는 휴지되었을 경우 생긴 손해액을 보상</u>한다.
① 보험금은 이 특약의 보험가입금액을 초과할 수 없다.
② 피보험자가 피보험이익을 소유한 구내의 가축에 대하여 보통약관 또는 특약에 의한 보험금 지급이 확정된 경우에 한하여 보장한다.

10 가축재해보험 돼지 축산휴지위험보장 특별약관에서 보상하지 않는 손해를 답란에 서술하시오.

정답

보상하지 않는 손해
보통약관의 일반조항 및 돼지부문에서 보상하지 않는 손해에 추가하여 <u>다음의 사유로 인해 발생 또는 증가된 손해는 보상하지 않는다.</u>
① 사용, 건축, 수리 또는 철거를 규제하는 국가 또는 지방자치단체의 법령 및 이에 준하는 명령
② 리스, 허가, 계약, 주문 또는 발주 등의 정지, 소멸, 취소
③ 보험의 목적의 복구 또는 사업의 계속에 대한 방해
④ 보험에 가입하지 않은 재산의 손해
⑤ 관계당국에 의해 구내 출입금지 기간이 14일 초과하는 경우(단, 14일까지는 보상한다)

11 가축재해보험 돼지 축산휴지위험보장 특별약관에서 손해액 산정 및 지급보험금 계산에 대한 설명이다. 괄호 안에 들어갈 내용을 답란에 쓰시오.

> ① 피보험자가 축산휴지손해를 입었을 경우 손해액은 보험가액으로 하며, (㉠)에 대해서만 아래에 따라 계산한 금액을 보험가액으로 한다.
> • 보험가액 = (㉠) × 10 × (㉡) × (㉢)
> ② 영업에 있어서 특수한 사정의 영향이 있는 때 또는 영업추세가 현저히 변화한 때에는 손해사정에 있어서 (㉢)에 공정한 조정을 하는 것으로 한다.
> ③ 지급보험금은 손해액 산정에서 정한 보험가액 및 손해액을 기준으로 하여 "보험금 지급 및 심사의 지급보험금 계산 방법"에 따라 계산하며, (㉣)은 적용하지 않는다.

정답

㉠ 종빈돈, ㉡ 1두당 비육돈(100kg 기준) 평균가격, ㉢ 이익률, ㉣ 자기부담금

12 가축재해보험 돼지 축산휴지위험보장 특별약관에서 피보험자가 축산휴지로 인한 손해를 경감할 수 있는 방법을 답란에 서술하시오.

정답

피보험자가 축산휴지로 인한 손해를 경감할 수 있는 방법
피보험자는 축산휴지로 인한 손해를 아래의 방법으로 경감할 수 있을 때는 이를 시행하여야 한다.
① 보험의 목적의 전면적인 또는 부분적인 생산활동을 재개하거나 유지하는 것
② 보험증권상에 기재된 장소 또는 기타 장소의 다른 재산을 사용하는 것

01 가축재해보험 약관에서 보험금 지급과 관련하여 보험가액과 보험가입금액에 대한 설명이다. 괄호 안에 들어갈 내용을 답란에 쓰시오.

---

① 가축재해보험은 「상법」상 손해보험에 해당하며, 손해보험을 지배하는 기본적인 원칙 중의 하나는 (㉠)이다. 손해보험에서 피보험자가 보험사고로 인하여 입게 될 경제적 이익을 (㉡)이라 하며, (㉡)을(를) 금전적 가치로 평가한 것이 (㉢)이다. 따라서 (㉢)의 기능은 이득금지의 판정 기준이 되며, (㉢)은 재해보험사업자의 법률상 보상한도액으로 보험계약상 재해보험사업자의 보상한도액인 (㉣)과 비교된다.

② 보험가액과 보험가입금액은 통상 일치하는 것을 기대하지만 보험가액은 통상 사고가 발생한 곳과 때의 가액으로 평가되므로 수시로 변경될 수 있다. 보험가액과 보험가입금액과의 관계에서 상호 일치하는 경우를 (㉤)이라 하고, 양자가 일치하지 않는 경우에는 (㉥)의 문제가 발생한다.

[정답]

㉠ 이득금지의 원칙
㉡ 피보험이익
㉢ 보험가액
㉣ 보험가입금액
㉤ 전부보험
㉥ 초과보험, 중복보험 및 일부보험

02 가축재해보험 약관에서 지급보험금의 계산에 대한 설명이다. 괄호 안에 들어갈 내용을 답란에 쓰시오.

전부보험, 초과보험의 경우는 (㉠)을(를) 한도로 손해액 전액을 보상하고, 일부보험의 경우는 (㉡)에 따라서 손해액을 보상하며, 중복보험의 경우는 각 보험증권별로 지급보험금 계산방식이 동일한 경우와 다른 경우로 구분하는데 계산방식이 동일한 경우는 가입금액 (㉢), 다른 경우는 (㉣)으로 산정하게 된다.

[정답]

㉠ 보험가액
㉡ 보험가입금액의 보험가액에 대한 비율
㉢ 비례분담방식
㉣ 독립책임액분담방식

03 가축재해보험 약관에서 지급보험금의 계산방식에 대한 설명이다. 괄호 안에 들어갈 내용을 답란에 쓰시오.

> 지급할 보험금은 아래에 따라 계산한 금액에서 약관 각 부문별 제 규정에서 정한 (㉠)을 차감한 금액으로 한다.
> ① 보험가입금액이 보험가액과 같거나 클 때 : 보험가입금액을 한도로 (㉡). 그러나 보험가입금액이 보험가액보다 클 때에는 (㉢)을 한도로 한다.
> ② 보험가입금액이 보험가액보다 작을 때 : 보험가입금액을 한도로 (㉣)의 금액

정답

㉠ 자기부담금
㉡ 손해액 전액
㉢ 보험가액
㉣ 손해액 × (보험가입금액 / 보험가액)

04 가축재해보험 약관에서 지급보험금의 계산방식에 대한 설명이다. 괄호 안에 들어갈 내용을 답란에 쓰시오.

> ① 동일한 계약의 목적과 동일한 사고에 관하여 보험금을 지급하는 다른 계약이 있고, 이들의 보험가입금액의 합계액이 보험가액보다 (㉠)에는 약관의 규정에 따라 계산한 금액에서 이 약관 각 부문별 제 규정에서 정한 (㉡)을 차감하여 지급보험금을 계산한다. 이 경우 보험자 1인에 대한 보험금 청구를 포기한 경우에도 다른 보험자의 지급보험금 결정에는 (㉢).
> ② 이 보험계약이 타인을 위한 보험계약이면서 보험계약자가 다른 계약으로 인하여 「상법」 제682조에 따른 (㉣) 행사의 대상이 된 경우에는 실제 그 다른 계약이 존재함에도 불구하고 그 다른 계약이 없다는 가정하에 계산한 보험금을 그 다른 보험계약에 (㉤)하여 이 보험계약에서 지급한다.
> ③ 이 보험계약을 체결한 재해보험사업자가 타인을 위한 보험에 해당하는 다른 계약의 보험계약자에게 「상법」 제682조에 따른 (㉣)을 행사할 수 있는 경우에는 이 보험계약이 없다는 가정하에 다른 계약에서 지급받을 수 있는 보험금을 (㉥)을 보험계약에서 보상한다.

정답

㉠ 클 경우
㉡ 자기부담금
㉢ 영향을 미치지 않는다
㉣ 대위권
㉤ 우선
㉥ 초과한 손해액

05 가축재해보험 약관에서 지급보험금의 계산과 관련하여 「상법」 제682조에서 규정한 "제3자에 대한 보험대위"를 답란에 서술하시오.

정답

제3자에 대한 보험대위(상법 제682조)
① 손해가 제3자의 행위로 인하여 발생한 경우에 보험금을 지급한 보험자는 그 지급한 금액의 한도에서 그 제3자에 대한 보험계약자 또는 피보험자의 권리를 취득한다. 다만, 보험자가 보상할 보험금의 일부를 지급한 경우에는 피보험자의 권리를 침해하지 아니하는 범위에서 그 권리를 행사할 수 있다.
② 보험계약자나 피보험자의 제1항에 따른 권리가 그와 생계를 같이 하는 가족에 대한 것인 경우 보험자는 그 권리를 취득하지 못한다. 다만, 손해가 그 가족의 고의로 인하여 발생한 경우에는 그러하지 아니다.

06 가축재해보험 약관에서 지급보험금의 계산과 관련하여 "자기부담금"에 관한 설명이다. 괄호 안에 들어갈 내용을 답란에 쓰시오.

① 자기부담금은 보험사고발생시 계약자에게 일정 금액을 부담시키는 것으로, 이를 통하여 재해보험사업자의 (㉠)을(를) 축소하여 보험료를 경감하고 피보험자의 자기부담을 통하여 (㉡) 및 사고방지에 대한 의식을 고취하는 기능을 하게 된다.
② 가축재해보험에서 소, 돼지, 종모우, 가금, 기타 가축 부분의 자기부담금은 지급보험금의 계산방식에 따라서 계산한 금액에서 보험증권에 기재된 (㉢)을(를) 곱한 금액을 자기부담금으로 한다. 다만, 폭염·전기적장치·질병위험 특약의 경우 위의 자기부담금과 (㉣) 중 큰 금액을 자기부담금으로 하며, 축사 부문의 풍수재·설해·지진으로 인한 손해의 경우 위의 자기부담금과 (㉤) 중 큰 금액을 자기부담금으로 한다.
③ 말 부문의 경우는 지급보험금의 계산방식에 따라서 계산한 금액의 (㉥)을(를) 자기부담금으로 한다. 다만, 경주마(보험가입후 경주마로 용도 변경된 경우 포함)는 보험증권에 기재된 (㉦)을(를) 곱한 금액을 자기부담금으로 한다.

정답

㉠ 지출비용, ㉡ 도덕적 해이, ㉢ 자기부담금비율, ㉣ 200만원, ㉤ 50만원, ㉥ 20%, ㉦ 자기부담금비율

07 잔존보험가입금액을 정의하고, 가축재해보험 약관에서 잔존보험가입금액의 적용에 관해 답란에 서술하시오.

정답

① **잔존보험가입금액의 정의** : 보험기간의 중도에 재해보험사업자가 일부손해의 보험금을 지급하였을 경우 <u>손해발생일 이후의 보험기간에 대해서는 보험가입금액에서 그 지급보험금을 공제한 잔액을 보험가입금액으로 하여 보장한다.</u> 이때 보험가입금액을 잔존보험가입금액이라고 한다.

② **가축재해보험에서 잔존보험가입금액** : 돼지, 가금, 기타 가축 부문에서 약관 규정에 따라 손해의 일부를 보상한 경우 <u>보험가입금액에서 보상액을 뺀 잔액을 손해가 생긴 후의 나머지 보험기간에 대한 잔존보험가입금액으로 하고 있다.</u>

08 다음은 가축재해보험에서 규정한 비용손해의 지급한도에 대한 설명이다. 괄호 안에 들어갈 내용을 답란에 쓰시오.

> ① 가축재해보험 약관상 보험의 목적이 입은 손해에 의한 보험금과 약관에서 규정하는 잔존물처리비용은 각각 지급보험금의 계산을 준용하여 계산하며, 그 합계액은 보험증권에 기재된 (㉠)을(를) 한도로 한다. 다만, 잔존물처리비용은 손해액의 (㉡)을(를) 초과할 수 없다.
> ② 비용손해 중 (㉢)은(는) 약관상 지급보험금의 계산을 준용하여 계산한 금액이 보험가입금액을 초과하는 경우에도 이를 지급한다. 단, 이 경우에 (㉣)은 차감하지 않는다.
> ③ 비용손해 중 (㉤)은 보험가입금액을 초과한 경우에도 이를 전액 지급한다.

정답

㉠ 보험가입금액
㉡ 10%
㉢ 손해방지비용, 대위권보전비용, 잔존물보전비용
㉣ 자기부담금
㉤ 기타 협력비용

09 다음은 가축재해보험에서 규정한 비용손해에 대한 설명이다. 괄호 안에 들어갈 내용을 답란에 쓰시오.

> 일부보험이나 중복보험인 경우에 손해방지비용, 대위권보전비용 및 잔존물보전비용은 (㉠) 등으로 계산하며, (㉡)은 공제하지 않고 계산한 금액이 보험가입금액을 초과하는 경우도 지급한다. 비용손해 중 (㉢)은 일부보험이나 중복보험인 경우에도 (㉠) 등으로 계산하지 않고 (㉣)하며, 보험가입금액을 초과한 경우에도 (㉣)한다.

[정답]

㉠ 비례분담방식
㉡ 자기부담금
㉢ 기타 협력비용
㉣ 전액 지급

10 가축재해보험 보험가액 및 손해액 평가에서 (1) 보험가액 및 손해액의 적용가격, (2) 보험사에서 지급할 보험금의 계산, (3) 잔존물처리비용과 보험금 등의 지급한도에 관하여 각각 서술하시오. `기출유형`

[정답]

(1) 보험가액 및 손해액의 적용가격
  ① 가축에 대한 보험가액은 보험사고가 발생한 때와 곳에서 평가한 보험목적물의 수량에 적용가격을 곱하여 산정한다.
  ② 가축에 대한 손해액은 보험사고가 발생한 때와 곳에서 폐사 등 피해를 입은 보험목적물의 수량에 적용가격을 곱하여 산정한다.
  ③ 보험가액 및 손해액의 적용가격은 보험사고발생 시간과 장소에서 시장가격(고시가격) 등을 감안하여 보험약관에서 정한 방법에 따라 산정한다. 다만, 보험가입 당시 보험가입자와 재해보험사업자가 보험가액 및 손해액 산정 방식을 별도로 정한 경우에 그 방법에 따른다.

(2) 보험사에서 지급할 보험금의 계산
  보험사에서 지급할 보험금은 아래 계산한 금액에서 자기부담금을 차감한 금액을 지급한다.
  ① 보험가입금액이 보험가액과 같거나 클 때 : 보험가입금액을 한도로 손해액 전액(단, 보험가입금액이 보험가액보다 클 때에는 보험가액을 한도로 지급함)
  ② 보험가입금액이 보험가액보다 작을 때 : 보험가입금액을 한도로 비례 보상(손해액 × 보험가입금액 ÷ 보험가액으로 계산한 금액)

(3) 잔존물처리비용과 보험금 등의 지급한도
  ① 손해에 의한 보험금과 잔존물처리비용의 합계액은 보험증권에 기재된 보험가입금액 한도 내에서 보상하며, 잔존물처리비용은 손해액의 10%를 초과할 수 없다.
  ② 비용손해 중 손해방지비용, 대위권보전비용, 잔존물보전비용은 지급보험금이 보험가입금액을 초과하는 경우에도 지급한다.
  ③ 비용손해 중 기타 협력비용은 보험가입금액을 초과한 경우에도 이를 전액 지급한다.

11 피보험자 A가 운영하는 △△한우농장에서 한우 1마리가 인근 농장주인 B의 과실에 의해 폐사(보상하는 손해)되어 보험회사에 사고보험금을 청구하였다. 다음의 내용을 참조하여 피보험자 청구항목 중 비용(①~④)에 대한 보험회사의 지급 여부를 각각 지급 또는 지급불가로 기재하고 ⑤ 보험회사의 최종 지급금액(보험금 + 비용)을 구하시오. [기출유형]

피보험자(A) 청구항목			보험회사 조사내용
보험금	소(牛)		폐사 시점의 손해액 300만원(전손)은 보험가입금액 및 보험가액과 같은 것으로 확인(자기부담금비율 : 20%)
비용	(①)	잔존물처리비용	A가 폐사로 인한 인근 지역의 수질 오염물질 제거를 위해 지출한 비용(30만원)으로 확인
	(②)	손해방지비용	A가 손해의 경감을 위해 지출한 유익한 비용(40만원)으로서 보험목적의 관리의무를 위하여 지출한 비용에 해당하지 않는 것으로 확인
	(③)	대위권보전비용	A가 B에게 손해배상을 받을 수 있는 권리를 행사하기 위해 지출한 유익한 비용(30만원)으로 확인
	(④)	기타 협력비용	A가 회사의 요구 또는 협의 없이 지출한 비용(40만원)으로 확인

최종 지급금액(보험금 + 비용)	(⑤)

[정답]

① 지급불가, ② 지급 , ③ 지급, ④ 지급불가, ⑤ 310만원

[해설]

① **지급불가**

보험목적물이 폐사한 경우 잔존물처리비용에는 사고현장에서의 잔존물의 견인비용 및 차에 싣는 비용을 포함하지만, 사고현장 및 인근 지역의 토양, 대기 및 수질 오염물질 제거비용과 차에 실은후 폐기물 처리비용은 포함하지 않는다. 따라서, 지급불가에 해당한다.

② **지 급**

손해방지비용 중 손해의 방지 또는 경감을 위하여 지출한 필요 또는 유익한 비용은 보상하며, 보험목적의 관리의무를 위하여 지출한 비용은 보상하지 않는다.

③ **지 급**

A가 B에게 손해의 배상을 받을 수 있는 권리를 지키거나 행사하기 위하여 지출한 필요 또는 유익한 비용인 대위권보전비용을 보상한다.

④ **지급불가**

기타 협력비용을 보상받기 위해서는 회사의 요구 또는 협의가 있어야 하므로, 지급불가에 해당한다.

⑤ **최종 지급금액(보험금 + 비용)**

보험금 = (손해액 – 자기부담금) × (보험가입금액 ÷ 보험가액)

※ (보험가입금액 ÷ 보험가액) = 1

최종 지급금액 = (손해액 – 자기부담금) + 손해방지비용 + 대위권보전비용
= (300만원 – 60만원) + 40만원 + 30만원 = **310만원**

※ 자기부담금 = 손해액 × 자기부담비율 = 300만원 × 20% = 60만원

12 다음은 가축재해보험의 보험금 심사에 관한 일반적인 내용이다. 괄호 안에 들어갈 내용을 답란에 쓰시오.

> 보험사고 접수 이후 피해사실의 확인, (㉠) 등 손해평가 과정 이후 재해보험사업자의 보험금 지급 여부
> 및 지급보험금을 결정하기 위하여 보험금 심사를 하게 된다. 사고보험금 심사는 우연한 사고로 발생한
> 재산상의 손해를 보상할 것을 목적으로 (㉡)으로 판매되는 손해보험 특성상 약관 규정 내용을 중심으로
> 판단하게 되며, 보험계약의 (㉢)이라는 특수성 때문에 약관의 해석은 보험계약자 등을 보호하기 위하여
> 일정한 해석의 원칙이 필요하다.

[정답]

㉠ 보험가액 및 손해액의 평가, ㉡ 약관 형식, ㉢ 단체성과 부합계약성

13 가축재해보험의 보험금 심사방법에서 적용하는 약관을 정의하고, 보통약관과 특별약관의 특징을 답란에 서술하시오.

① 약관의 정의 :

② 보통약관 :

③ 특별약관 :

[정답]

① **약관의 정의** : 약관은 계약 일방 당사자가 다수의 상대방과 계약을 체결하기 위해 일정한 형식에 의하여 미리
정한 계약의 내용을 말한다.
② **보통약관** : 보험자가 같은 위험에 처해 있는 다수의 보험계약자와 보험계약을 체결하기 위해 보험자가 미리
작성한 보험계약의 내용을 이루는 일반적, 보편적, 표준적인 계약조항을 말한다.
③ **특별약관** : 보험계약자와 보험자가 개별적으로 계약의 내용을 협약하여 정한 약관(개별약관)을 말한다.

14 가축재해보험의 보험금 심사방법에서 적용하는 특별약관의 특징을 설명한 것이다. 괄호 안에 들어갈 내용을 답란에 쓰시오.

> ① 특별약관은 (㉠)으로 보통약관에 우선 적용된다.
> ② 특별약관에서 달리 정하지 아니한 부분에 대해서는 (㉡)이 구속력을 가지게 된다.

[정답]

㉠ 개별약정, ㉡ 보통약관

15 가축재해보험 보험금 지급의 면·부책 판단 요건에 대한 설명이다. 괄호 안에 들어갈 내용을 답란에 쓰시오.

> ㉠ 보험기간 내에 ( )에서 담보하는 사고인지 여부
> ㉡ 원인이 되는 사고와 결과적인 손해사이 ( ) 여부
> ㉢ 보험사고가 상법과 보험약관에서 정하고 있는 ( )에 해당하는지 여부
> ㉣ 약관에서 보상하는 손해 및 보상하지 않는 손해 조항 이외에도 ( ) 위반효과에 의거 손해보상책임이
>   달라질 수 있으므로 주의한다.

정답

㉠ 보험약관
㉡ 상당인과관계
㉢ 면책조항
㉣ 알릴의무

16 가축재해보험 보험금 지급심사시 확인해야 할 사항(유의사항)을 답란에 쓰시오.

정답

① 계약 체결의 정당성 확인
② 고의, 역선택 여부 확인
③ 고지의무위반 여부
④ 면책사유 확인
⑤ 기타 확인

17 가축재해보험 보험금 지급심사시 보험계약 체결에 대한 보험대상자(피보험자)의 동의 여부 등을 확인하는 것은 ( )을(를) 확보하는 과정이다. 또한 고의적인 보험사고를 유발하거나 ( ) 여부를 확인한다. 다수의 보험을 가입하고 고의로 사고를 유발하는 경우가 있으므로 특히 주의를 요하며, 보험계약이 ( )에 의한 계약인지 확인한다. 괄호 안에 들어갈 내용을 답란에 순서대로 쓰시오.

정답

계약 체결의 정당성, 허위사고, 역선택

18 가축재해보험 보험금 지급심사시 유의해야 할 사항으로 면책사유를 확인해야 한다. 확인해야 할 사항을 답란에 쓰시오.

정답

① 고지의무위반 여부
② 보험계약의 무효사유
③ 보험사고발생의 고의성
④ 청구서류에 고의로 사실과 다른 표기
⑤ 청구시효 소멸 여부

19 가축재해보험 보험금 지급심사시 유의사항 중 '기타 확인'에 대한 설명이다. 괄호 안에 들어갈 내용을 답란에 순서대로 쓰시오.

① 개별약관을 확인하여 계약 체결의 ( ), ( ), ( ), ( ), ( ) 이외에 보험금 지급에 영향을 미치는 사항이 있는지 확인한다.
② 미비된 보험금 청구서류의 보완 지시로 인한 ( ), 불필요한 민원을 방지하기 위하여 보험금 청구서류 중 ( ), ( )에 영향을 미치지 않는 범위 내에서 일부 서류를 생략할 수 있으며, 사고내용에 따라 추가할 수 있다.

정답

① 정당성 확인, 고의, 역선택 여부 확인, 고지의무위반 여부, 면책사유 확인
② 지연지급, 사고의 유무, 손해액 또는 보험금의 확정

20 보험사기는 보험계약자 등이 보험제도의 원리상으로는 취할 수 없는 보험혜택을 부당하게 얻거나 보험제도를 ( )하여 고액의 보험금을 수취할 목적으로 ( )이며, ( )으로 행동하는 일체의 불법행위로서 「형법」상 ( )의 한 유형이다. 괄호 안에 들어갈 내용을 답란에 순서대로 쓰시오.

정답

역이용, 고의적, 악의적, 사기죄

21 최근 제정된 「보험사기방지특별법」에는 보험사기행위와 보험사기죄에 대한 벌칙이 규정되어 있다. 괄호 안에 들어갈 내용을 답란에 쓰시오.

> ① 보험사기행위란 보험사고의 발생, 원인 또는 내용에 관하여 보험자를 (㉠)하여 보험금을 청구하는 행위를 말한다.
> ② 보험사기행위로 보험금을 취득하거나 제3자에게 보험금을 취득하게 한 자는 (㉡) 이하의 징역 또는 (㉢) 이하의 벌금에 처한다.

[정답]

㉠ 기망, ㉡ 10년, ㉢ 5천만원

22 보험사기의 성립요건(5가지)을 답란에 쓰시오.

[정답]

보험사기의 성립요건
① 계약자 또는 보험대상자에게 고의가 있을 것
② 기망행위가 있을 것
③ 상대방인 회사가 착오에 빠질 것
④ 상대방인 회사가 착오에 빠져 그 결과 승낙의 의사표시를 할 것
⑤ 사기가 위법일 것

23 보험사기와 관련하여 보험사기행위자와 사기증명에 대해 서술하시오.

① 사기행위자 :

② 사기증명 :

[정답]

① **사기행위자** : 사기행위에 있어 권유자가 사기를 교사하는 경우도 있으며, 권유자가 개입해도 계약자 또는 피보험자 자신에게도 사기행위가 있다면 고지의무위반과 달리 보장개시일로부터 5년 이내에 계약을 취소할 수 있다.
② **사기증명** : 계약자 또는 피보험자의 사기를 이유로 보험계약의 무효를 주장하는 경우에 사기를 주장하는 회사 측에서 사기 사실 및 그로 인한 착오 존재를 증명해야 한다.

24 보험사기에 대항하여 보험회사가 취할 조치사항에 대해 답란에 서술하시오.

정답

① 청구한 <u>사고보험금 지급을 거절</u>할 수 있다.
② 약관에 의거하여 <u>해당 계약을 취소</u>할 수 있다.

25 업무방법에서 정하는 보험사기 방지에 관한 내용이다. (　)에 들어갈 내용을 각각 쓰시오.

기출유형

성립요건	• (㉠) 또는 보험대상자에게 고의가 있을 것 : (㉠) 또는 보험대상자의 고의에 회사를 기망하여 착오에 빠뜨리는 고의와 그 착오로 인해 승낙의 의사표시를 하게 하는 것이 있음 • (㉡)행위가 있을 것 : (㉡)이란 허위진술을 하거나 진실을 은폐하는 것, 통상 진실이 아닌 사실을 진실이라 표시하는 행위를 말하거나 알려야 할 경우에 침묵, 진실을 은폐하는 것도 (㉡)행위에 해당 • 상대방인 회사가 착오에 빠지는 것 : 상대방인 회사가 착오에 빠지는 것에 대하여 회사의 (㉢) 유무는 문제되지 않음
보험사기 조치	• 청구한 사고보험금 (㉣) 가능 • 약관에 의거하여 해당 (㉤)할 수 있음

정답

㉠ 계약자, ㉡ 기망, ㉢ 과실, ㉣ 지급을 거절, ㉤ 계약을 취소

2025 시대에듀 손해평가사 2차 한권으로 끝내기[문제편]

개정3판1쇄 발행	2025년 05월 30일(인쇄 2025년 04월 18일)
초 판 발 행	2022년 05월 10일(인쇄 2022년 04월 20일)
발 행 인	박영일
책 임 편 집	이해욱
편 저	정경철, 김원철 외 손해평가연구회
편 집 진 행	서정인
표지디자인	하연주
편집디자인	윤준하 · 하한우
발 행 처	(주)시대고시기획
출 판 등 록	제 10-1521호
주 소	서울시 마포구 큰우물로 75 [도화동 538 성지 B/D] 9F
전 화	1600-3600
팩 스	02-701-8823
홈 페 이 지	www.sdedu.co.kr
I S B N	979-11-383-9100-9 (14320)
정 가	29,000원

행운이란 100%의 노력 뒤에 남는 것이다.

– 랭스턴 콜먼(Langston Coleman) –

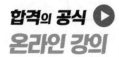

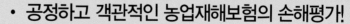

손해평가사

이론중심 전략강의로 단기간 합격을 보장합니다.

1차·2차 시험 이렇게 공부하라!

회독과 반복	선택과 집중	정답과 오답

생소한 개념, 어려운 용어
반복적으로 학습

자신있는 과목에 집중하여
평균 점수 올리기

오답을 놓치지 않고
따로 정리하여 오답확률↓

시대에듀 합격 전략 커리큘럼과 함께하면 합격! 아직 늦지 않았습니다.

기본이론
기본개념 확립을 위한
핵심이론 학습

문제풀이
단원별 문제풀이로
문제해결능력 향상

기출문제해설
최근 기출문제 분석으로
출제 포인트 집중학습

핵심 3단계 구성으로
한방에 끝내는 합격 이론서

1차 한권으로 끝내기

핵심이론 + 예상문제 + 기출문제

최신 개정법령을 반영한 핵심이론
시험에 출제될 가능성이 높은 예상문제
기출문제 단원별 수록

손해평가사
시험의 처음과 끝

시대에듀의 손해평가사 수험서

손해평가사 1차
한권으로 끝내기(4x6배판)

손해평가사 1차
기출문제해설(4x6배판)

손해평가사 2차
기출문제해설(4x6배판)

손해평가사 2차 [문제편]
한권으로 끝내기(4x6배판)

손해평가사 2차 [이론편]
한권으로 끝내기(4x6배판)

※ 본 도서의 이미지는 변경될 수 있습니다.